澄心清意

阅读致远

爱默生传

Emerson

上

激情似火的思想家

The Mind on Fire

[美] 罗伯特 · D. 理查德森——著　　陈建刚——译

图书在版编目（CIP）数据

爱默生传：激情似火的思想家 /（美）罗伯特 · D. 理查德森著；陈建刚译 . —杭州：浙江文艺出版社，2022.3

ISBN 978-7-5339-6627-0

Ⅰ . ①爱…　Ⅱ . ①罗…　②陈　Ⅲ . ①爱默生（Emerson, Ralph Waldo 1803 -1882）— 传记　Ⅳ . ①B712.41

中国版本图书馆CIP数据核字（2021）第250449号

责任编辑　周　易
封面设计　周安迪
责任印制　吴春娟
营销编辑　宋佳音
数字编辑　姜梦冉

爱默生传：激情似火的思想家

［美］罗伯特 · D. 理查德森　著　陈建刚　译

出版发行　浙江文艺出版社
地　　址　杭州市体育场路347号
邮　　编　310006
电　　话　0571-85176953(总编办)
　　　　　0571-85152727(市场部)
制　　版　杭州天一图文制作有限公司
印　　刷　杭州富春印务有限公司
开　　本　710毫米×1000毫米　1/16
字　　数　614千字
印　　张　45.75
插　　页　11
版　　次　2022年3月第1版
印　　次　2022年3月第1次印刷
书　　号　ISBN 978-7-5339-6627-0
定　　价　148.00元

献给同样深信日子是诸神的安妮

前　言

本书最初计划要写成一部与《梭罗传：瓦尔登湖畔的心灵人生》（1986）相配套的纯学术成长类传记。在研究梭罗和爱默生时，我采用的方法均是先阅读他们曾经读过的作品，然后再设法将他们的阅读同他们的写作联系起来。然而，离开爱默生的个人及社会生活，他学术智慧的成长历程就会变得难以理解。于是，这本传记最终既记录了爱默生的学术成长历程，也涵盖了他的个人和社会生活。从大量新近获得的资料（如爱默生的兄弟们、姑妈玛丽·穆迪·爱默生以及他的朋友卡罗琳·斯特吉斯等人写给他的书信）中，我们看到了一个比康科德的石膏圣人雕像更加鲜活的爱默生。

爱默生为思想而活。他像一个狂热的恋人，执着地追寻着各种思想。他把人的心灵和思维与人的活动和能量联系起来，反对将人的头脑看作是一张空洞的白纸等消极观念，更愿意将注意力集中在个体能量的源头之上，集中在那些能够让思想迸发出光芒的激情之上。火山是他创造性思维的主要意象，他曾写道："我们不仅需要填充气球的氢气和安装在车厢下面的减震钢簧，而且还需要那深藏于安第斯山脉之下的地核之火。"

抛开爱默生伟大而不幸的名望及其对名望的执着追求，我们看到的是一个思想深邃、精力充沛且感情丰富的人。他习惯于反对蹈常袭故，支持一切狂野和自由的想法。这位个人主义和自立精神的伟大代言人，同时也是一名充满爱心的好邻居、一个热衷奉献的好公民、一位慈祥可爱的好父亲、一个忠实可靠的好兄弟，以及一位重情重义的好朋友。撰写一部关于智力的自然史是爱默生一生的主要目标，但在他看来，这一目标最终未能完满实现。在撰写该传记的过程中，我试图重构爱默生激情的自然史，以此来表达对他这一目标的敬仰。

正如杰斐逊和林肯一样，爱默生本人的生活及其作品正在持续不断地影响和改变着美国人的自我认知。正因如此，有关他的传记会时不时地问世。爱默生从不为某些群体、阶级或机构写作，他的作品针对的往往是一个单独的听者或读者。与其他许多已出版且很有价值的爱默生传记相比，该传记的不同之处在于它并没有将关注点集中到爱默生的学术影响之上，而是聚焦在爱默生本人之上，即这位倡导个人主义的先哲到底是一个什么样的人。

在该传记的撰写过程中，我得到了许多无私的帮助。很多参考和引用的学术著作及评述文章均在注释中做了说明。非常感谢拉尔夫·瓦尔多·爱默生学会、马萨诸塞州历史学会图书馆的克里斯·斯蒂尔、新英格兰古迹保护协会、康科德博物馆的大卫·伍德、康科德公共图书馆的玛西娅·莫斯、梭罗学会、波士顿图书馆、哈佛大学霍顿图书馆、波士顿艺术博物馆、米斯蒂克海港的莉兹·格维兰姆和保罗·奥佩科、特殊文物收藏馆馆长伊丽莎白·斯瓦姆、卫斯理大学参考馆馆员琼·尤拉莱、蒂娜·弗塔多及新贝德福德免费公共图书馆，以及仍在由尤金·艾瑞主持的与爱默生相关作品的计算机词汇索引系统这一庞大工程中持续研究的迈克尔·普雷斯顿等，感谢他们提供的各种帮助！感谢周广元、贝丝·马什、盖尔·史密斯和艾达·沃尔特斯等人士对我的无私教导。同时也非常感谢苏珊·巴登斯、W. J. 贝特、德洛丽丝·卡彭特、维克多·卡斯泰拉尼、加里·科利森、丽贝卡·弗雷泽、格雷格·盖滕比、琼·古德温、维克多·古列维奇、罗伯特·格罗斯、菲利普·古拉、贾斯汀·卡普兰、菲利斯·罗斯、大卫·肖尔、保罗·施瓦伯等人的大力支持和帮助。埃莉诺·M. 蒂尔顿让我参考了她新近完成的爱默生书信集的打印稿；鲍勃·伯克霍尔德将他关于爱默生的参考书目那无与伦比的知识分享给我；阿尔·冯·弗兰克将其新版的爱默生布道集的打印稿拿给我看；乔治·古德斯皮德让我阅读了他收集到的一些从未出版的爱默生家信。衷心感谢哈里·奥尔特和丹尼尔·琼斯在照片识别和复制方面给予的合理建议和专业知识。

在这个历时八年的研究项目中，我在知识和学术方面所得到的帮助数不胜数，实在是无法一一道谢，更别说逐个还人情了。罗斯科·希尔给我提供了关于柏拉图的资料，菲利斯·科尔为我展示了那位让人费解又颇感有趣的玛丽·穆迪·爱默生的相关资料，梅根·马歇尔让我分享了伊丽莎白·皮博迪的一些信息，而我对德国唯心主义者的理解均来自杰雷·苏伯的无私付出。在我接受继续教育的过程中，承蒙伯顿·费尔德曼和艾伦·曼德尔鲍姆在诸多方面的关照，无法详表；其间，我的女儿安妮和莉莎也对我关心备至。斯坦利·霍尔维茨始终如一地鼓励着我；约翰·西蒙·古根汉姆基金会给予我一年的经费支持，这着实是一场不错的及时雨。

美国超验主义学会负责人乔尔·迈尔森为本书的创作做出了突出贡献。一向以慷慨著称的他，将自己整理的数千页查尔斯、爱德华和威廉等爱默生的兄弟们的信件及其他作品的抄件转交给了我，正是这些资料，让我们能够从一个全新的层面来了解爱默生家族。此外，乔尔还审读了我的全部书稿，对我帮助极大。拉里·布尔、安妮·迪拉德、阿曼达·克拉克·弗罗斯特和戴维·罗宾逊等也通读了这部书的手稿。他们无与伦比的学识让我获益匪浅；当然，书中存在的错误与不足，应均为我个人的原因所致。寥寥数语，不足以表达对所有给予我帮助的人们深深的感激之情。

我们用各种各样的标准来衡量我们自己。我们的力量、智慧、财富，甚至是好运，都能温暖我们的内心，让我们觉得自己并没有愧对人生。然而，比所有这些都更加深刻和超然的，是我们对自己能够付出多大努力的感知……没有这种感知，人为皮囊；有了这种感知，方成英雄。

——威廉·詹姆斯

目　录
contents

学生时代

第1章　序

1832年3月29日，28岁的爱默生来到年轻妻子艾伦的坟前。自从妻子在一年零两个月前去世以后，他每天都会从波士顿徒步来到罗克斯伯里妻子的坟前，这已经成为他的习惯了。但今天却有所不同，他所做的不再是像往常那样同已逝的艾伦的灵魂进行交流那么简单，而是要打开妻子的棺椁。艾伦年轻貌美，17岁与他订婚，18岁同他完婚，但在不到20岁时就因肺结核晚期撒手人寰了。为了给她治病，家人想尽了各种办法，包括乘坐四轮敞篷马车走很远的路来到乡下，为的是呼吸大量新鲜的空气。因为艾伦老是咳血，他们的共同生活几乎在一开始就笼罩了一层阴影。

将心爱的人的棺椁打开，既不是怪诞骇人的可怕之事，也并非因爱疯狂的失常之举。其实，爱默生所做的事并非前所未闻，在他生活的那个时代，至少有两个人做过同样的事情。其中一个是著名女作家玛格丽特·富勒的一位名叫詹姆斯·弗里曼·克拉克的朋友，他是一位一神论牧师，在上大学时就曾将一位深爱的女士的棺椁打开过。此外，作家埃德加·爱伦·坡的遗著保管人鲁弗斯·格里斯沃尔德，同时也是一位文选编辑人，也曾在妻子葬礼后的第四十天撬开她的棺材。[1]

那天，爱默生不仅打开了那个家庭墓穴，而且还打开了妻子的棺椁。他必须这样做，他想要亲眼看个究竟，因为在内心深处，他并不相信妻子真的已经离开了人世。在日记里，他仍然不停地给妻子写信，就好像她还活着似的。也许肉体的死亡能够让人坚信灵魂的存在。一位近代作家曾经说过："面对自己心爱的人的尸体，不但会让人们萌生灵魂存在的想法、生命不朽的信念以及深深的负罪感，而且还会产生模糊的道德责任观念。"我们并不知道是什么让爱默生有如此举动，但我们知道他对这种最直接的、无须中间环节的亲身体验充满渴望。这也是他坚持认为人应该试图与宇宙结成一种原始关系的原因。它是一种非常普遍的个人与宇宙之间的关系。在强调自立、个人能力充分发挥以及灵魂或精神的重要性方面，爱默生堪称伟大的美国战士。他从不简单地断言，总是探寻事物的根源。爱默生毕生的探索——他所说的内心深处的拷问——就是"你的力量从何而来?"。对此，他的回答总是始终如一："从我的不墨守成规而来。我从不听从你们那所谓的法则，也从不相信他们那所谓的福音，它们只会浪费我的时间。对于简单的乡村生活，我甘贫乐道。因此，我的生活充满甜蜜。"[2]

爱默生之所以能够直面死亡，很大程度上受到了他的姑妈玛丽·穆迪·爱默生的影响。玛丽是爱默生父亲的亲妹妹，她才华横溢，但在她生命中的每一天，都有意向死而生，她大部分力量均来自死亡——那个阴冷的伴侣。她那尖酸辛辣、充满斗志的散文，也往往用死亡和痛苦来检验对信仰的忠贞。"如果通过肢体腐烂和丧失知觉的方式能够让我更多地感知上帝的教义，我宁愿这么做，"她写道，"我一直是这么想的，难道善良的林肯·雷普利还能不相信我吗?"[3]

现在，爱默生已经学会不再把思想看作是抽象的概念，而认为它们是具体的感知、法则、模型和平面图。思想世界如同表象世界一样真实。那些任何看似没有表象重要的思想，均因其滞后于表象所致，是思想创造和解释了这个有形的世界。对爱默生来说，思想是有形的，也是有力的。“我们要相信的是指南针的磁性，而不是它的指针。”他写道。思想，甚至是关于死亡的想法，均离不开感官体验。

在当天的日记里，爱默生简短地写道：“我进入了艾伦的坟墓，并打开了她的棺椁。”他们于1829年9月30日结为伉俪，二人的爱深沉而彻底。婚后的日子似乎已经非常明朗：一起旅行，一同写作，并用书信来表达思念；他们对主张禁欲的震教徒们一笑了之；她想当一位诗人，他想做一名传教士。爱默生获得了在波士顿布道的机会，于是他们便在那里安了家。随后，这个家就成为爱默生大家庭的中心，因为瓦尔多·爱默生的母亲和他的弟弟查尔斯也搬来和他们住在一起。可如今，在妻子艾伦离世后一年多的时间里，爱默生的生活在迅速地瓦解，日子过得孤独而凄凉。他的母亲曾试图说服他身患疾病的弟弟爱德华从西印度群岛回来照顾他。爱默生的职业生涯也一团糟，虽然他是波士顿一个重要教堂的受人爱戴的牧师，但他自己却很难相信永生，他对《圣经》的历史准确性也产生了怀疑。事实上，爱默生的职业危机正在急剧加深，他无法继续扮演牧师这个角色了。他对自己的信仰产生了怀疑，常常感到空虚，失去了方向。他的弟弟查尔斯给玛丽姑妈写信说：“瓦尔多生病了……我从来没见过他如此沮丧……他好像要崩溃了。”[4]

1832年，在艾伦位于罗克斯伯里的坟墓被打开的那一天，爱默生的生活正处在颓废的边缘。大学毕业已经十多年了，而爱情已死，事业渺茫。他不知道自己真正的信仰是什么，不知道自己到底是谁，也不知道自己应该做什么。他觉得“变化无常的现在正渐行渐远”，取而代之的是坚实不变的过去。“我们行走在过往的熔岩之上。”他写道。

就在之前的几个月里，爱默生每天都会步行去艾伦的坟墓前看望亡妻；但现在，妻子的死亡不再那么困扰他了。他写了两篇布道讲稿，一篇名为《活人之神》，另一篇是关于天文学方面的。此时，在长期从事宗教事务的过程中，爱默生的认识到达了一个重要的转折点。“天文学不可阻挡地修正着所有宗教，”他写道，“哥白尼天文学说不可阻挡的作用就是它让人类救赎的莫大阴谋变得难以置信。”此时的爱默生将不再纠缠于生死，在5月份的一篇日记里，他写道：“在被地狱的泡沫吞噬之前，请表达出我们的惊讶吧。我会伸出双手，向宇宙大声问好。”[5]

这一年尚未结束，爱默生就告别了布道讲坛，把母亲安顿到别处，变卖了家当，独自乘船前往欧洲考察。1832年圣诞节那天，当客轮从波士顿起航时，一场从东北来的风暴也正在路上，并一头扎进苍茫的北大西洋里。

第2章　哈佛时光

十一年前，也就是1821年的春天，是拉尔夫·爱默生在哈佛大学四年级的最后一个学期。那时，刚满18岁的他决定把自己的名字改为瓦尔多。毕业典礼定在8月举行，他将作为班上的诗人代表创作并朗诵诗歌作品。这一殊荣并不像看上去那么风光，因为班里已有六名同学拒绝了这个差事。尽管爱默生学习诗歌非常认真，但他在其他方面并不是一个出色的学生；他成绩平平，在班上算不上优等生。爱默生个子高挑，在14岁时便难以置信地长到了6英尺高；他身材偏瘦，四肢修长，皮肤白皙，浅棕色的头发下面是一双蓝色的眼睛和一个高大的鼻梁；他神气十足，虽有着孩子般的傻气，但也展现出不同寻常的沉稳。在校园里，从来没有人看到过他跑步，也从来没有人赞扬过他。爱默生的同班同学后来成为哈佛大学校长的乔塞亚·昆西曾经评价爱默生说，他当时只是一个普通的学者。就像其他年轻人一样，在哈佛当时所能衡量的领域里，爱默生默默无闻。但他涉猎甚广，课外阅读量至少是所学课程阅读量的三倍，而且他已经习惯了早上四点半或五点起床，或处理信件，或写日记。

爱默生上学时，哈佛是个不起眼的地方，规模并不大，全校只有不到250名学生。学校看上去既像个寄宿男校，又像个高等教育中心。爱默生就读的班级有60名学生，大多来自马萨诸塞州和新英格兰地区，只有27%的学生来自其他地方。但来自南方的同学不算少，其中就有11位同学来自南卡罗来纳州，占全班同学的18%。在爱默生的时代，大学入学年龄通常是13或14岁，到17或18岁的时候就已经毕业了。因此，那时的大学生活有时会充满喧闹。爱默生大二的时候，在学校礼堂的一楼大厅就曾经上演过一场规模宏大的食物大战，大战很快就发展到不只是扔食物了；最终，学校礼堂几乎所有的陶器都变成了碎片。但如果认为这就是当时大学生活的主旋律，那就错了。那时的年轻人成长得很快，爱默生3岁之前就能阅读，14岁就开始登台讲课了。那时的女学生都如稳重的小女人，男学生都像成熟的小男人。从课程设置看，哈佛既不像现在的高中，也不像现在的大学，它既提供了基础知识类课程，也设置了高级研修类课程，扮演着早期大学的角色。

爱默生的必修课同其他人一样。他学习希腊语和拉丁文，可以阅读希腊文的《伊利亚特》和《新约全书》，可用拉丁文阅读李维、贺拉斯、西塞罗、尤维纳利斯和佩尔西乌斯等作家的作品，以及胡果·格劳秀斯的《基督教信仰的真理》。他还学习代数、平面几何、解析几何和球面几何等课程。爱默生大一时学习过罗马历史，大四时学习过美国宪政原则，还阅读过《联邦党人文集》。在科学方面，他大三时学习物理学（物质、运动或力学、流体静力学、气体力学、电学和光学等）和天文学，大四时学习了化学；他还学过政治经济学。在哲学方面，他学过形式逻辑学课程，以及杜格尔德·斯图尔特和威廉·佩利那构思深远且引人入胜的道德哲学。此外，他还读过洛克的《散文集》。

在哈佛，爱默生接受了扎实的教育，这种教育开明而不拘泥，在很多方面都很实用。除了能够预想到的对希腊语和拉丁语的重视外，哈佛对英语的重视同样引人关注。大一时，除了学习罗伯特·洛斯的《英语语法简介》，爱默生还拜读了约翰·沃克的《修辞语法》，该书几乎完全是教人们如何进行雄辩、朗读和演讲的。沃克关注的是“正确”发音；爱默生学会了“观点”这个词的正确读音是“opinion”，而不是“uppinion”；“明智的”读“sensible”而不读“sensubble”；“可怕的”是“terrible”，而不是“terrubble”。大二时，爱默生学习了布莱尔那本经典的《修辞学讲义》，并经常练习写作。布莱尔主张清晰流畅的英文风格，这一主张为人们广泛接受。布莱尔认为，比喻性语言不是学校的专利，而应是普通大众自然且充满活力和激情的语言表达。[1]

关于爱默生在大学时所学的那些规定课程，也有令人诟病的一些方面。爱默生自己后来也曾说过，即使明知大学对天才素有敌意，你也要把孩子送到那里，希望他能够得到最好的教育。但在某些领域，大学确实提供了深入、具体且有用的教育，而实用英语就是其中之一。

但哈佛的宗教教育则是另外一回事。爱默生曾拜读过佩利和巴特勒针对基督教自由主义进行伟大辩护的文章，这些辩护被认为是理性且严肃的思想丰碑，是替代天启宗教后的自然神学，与18世纪的科学思想并不矛盾。佩利关于上帝存在的最有趣的证明莫过于他关于人类眼睛设计的详细论证。巴特勒的《自然宗教与启示宗教之类比》（1736）曾被称为英国最著名的神学著作，它在宗教领域的重要性堪比培根在科学领域的重要性。在爱默生的时代，这本书已盛行多年，被广泛接受，就像韦伯的《新教伦理与资本主义精神》（1904）在我们这个时代的影响力一样。该书指出，出于与拒绝天启宗教同样的理由，并且面临与拒绝天启宗教同样的困难，自然神论者接受了上帝是非人格的造物主或上帝是世界始因的观点。佩利和巴特勒都认为，天启基督教本质上完全符合自然宗教和现代科学的发现。巴特勒在为天启和《圣经》辩护时，已经巧妙地更改了之前较为普遍的辩护理由。

《自然宗教与启示宗教之类比》多次暗示，验证宗教的证据应该在人们的头脑中探寻，而不是在书本或制度中寻找。“宗教的正确动机，”巴特勒说，“就是宗教本身恰当的证据，它需要用我们的道德和良知来判断。”佩利和巴特勒的著作不是加尔文主义，不是冷嘲热讽，也不是情感或反动的诉求。就像那些无论在哪里都会被规定为必读的宗教文本一样，它们激起了人们的反感。但同时，这些书也隐藏着新的宗教方法的种子。[2]

爱默生用来研究《新约全书》的大学课本也充满了跃跃欲试的神学革命。格里斯巴赫《新约全书》的希腊文版本为广大受教育的美国人接触新的德国《圣经》提供了机会。格里斯巴赫的这个版本是以马太福音先于其他福音版本为基础的，书中以极其丰富的注解阐释了其他福音本身并非真正的目击证言，它们只不过是马太福音的不同版本而已。这一观点令许多人感到不安，如果其他一本或多本福音书均不是可靠的目击证言，假如路加福音或马可福音中的故事并不是作者本人亲身经历的，而是间接得到的，那《圣经》的绝对权威就会成为一个悬而未决的问题。[3]

从爱默生大学时期的作文看，那时的他很多时候与传统的年轻人没什么区别，这有点儿出人意料。他讨厌数学，成绩非常糟糕；比起化学和物理学，他更喜欢文学中的独白。他本人对事物的见解也并没有什么与众不同，他认为历史就是历代帝国衰落灭亡的过程，他的观点同吉本的说教并无差异。爱默生在大学时写过一首题为《印度迷信》的长诗，但内容空洞、思想排外，甚至还带有种族主义色彩；他以一种居高临下的姿态，从欧洲基督教的角度对印度神话进行概述。对于剧院和戏剧，他表达了清教徒式的强烈不满，他的宗教言论也只是一些诸如人性堕落和即将到来的审判日等传统说教。[4]

在哈佛求学时的爱默生是个穷小子，对于生活的拮据有着切肤之感。爱默生后来曾说，如果当时手头宽裕的话，他的生活将会有很大不同。那时，母亲的房租、弟弟上学的开销以及爱默生自己的学费都依靠在缅因州任教的哥哥威廉的微薄收入。别的男孩大学一年的花费一般是600美元左右，而爱默生大学四年的花销加起来还不到300美元。大一时，爱默生以“校长优待生”的身份获得了一个给校长当差以换取学费的助学岗位。后来，爱默生获得了一笔专门为家境贫困的学生而设的奖学金，这一奖学金是由捐赠人以房租的形式赠予学校的。作为奖学金的受益人，爱默生不得不自己向租户收取租金。

一年级之后的大学生活对爱默生更具吸引力。他加入了好几个俱乐部，其中有一个还是他帮助成立的。除了上课、学习、进行课外阅读和参加俱乐部活动外，爱默生每天还抽出时间到剑桥的郊区去散步，他模仿戈德史密斯的《荒凉的村庄》一诗，给这个地方取名为“甜蜜的奥本”。彼时的爱默生对大自然的感受已非常强烈。他坦言，当绵延不绝的春天的云朵终于让位于6月的蓝天时，他欣喜若狂。“我喜欢夏日清晨闪烁如画的风景，”爱默生写道，“它点燃了我心中的激情和对大自然炽热的崇拜。”[5]

每天中午，在大学校园后面的操场上都有班级间的足球活动。那里也是建立新友谊的地方。爱默生发现自己莫名其妙地被一个名叫马丁·盖伊的大一新生深深地吸引。他在日记中坦率而毫不尴尬地写道，当与盖伊四目相对时，他的内心躁动不安。这种始于一瞥的迷恋之情，曾经伴他一生，而这种情愫大多时候都是针对女性的。他后来写道，只需瞥上一眼，就能唤起对另外一个人的极大兴趣。他提出了一种叫作“一瞥”的理论。虽然爱默生后来把日记本上大部分与马丁·盖伊有关的记录都画掉了，但是那些最初的记录表明了他在情感上还是比较开放的。虽然生性沉静，不会给人留下威严伟岸的印象，但在面对情感时，他并不会退缩。

因为爱默生的几个兄弟年龄相差都不大，所以就有了他们接连在哈佛就读的情形。因为手头并不宽裕，他们不得不想办法额外赚钱，有时甚至会替别人写文章。弟弟爱德华曾给一名学生写过一篇作文，他仔细地拿捏措辞，力图使之符合买家的真实写作水平。这名学生曾站在爱德华宿舍的台阶上，将写好的作文大声读给其他人听，让他们看看这篇文章是否值得他为之付出50美分。[6]

大学校园之外，整个美国乃至整个世界正在发生着变化。1821年8月10日，也就是爱默生毕业前两周，密苏里正式成为美国的一个州。经过一场充满争议的激烈辩论，密苏里被授予了州的地位，尽管它故意违宪，无礼地通过立法将来自其他州的自由黑人排除在本州之外。美国奴隶制问题并没有因《密苏里妥协案》而被搁置；相反，它再也无法永远安稳地睡大觉了。在南美洲，反抗西班牙殖民统治的行动正在进行。1819年，玻利瓦尔成为大哥伦比亚（包括委内瑞拉、厄瓜多尔和巴拿马）的总统。1820年，那不勒斯、皮埃蒙特、西班牙和葡萄牙均爆发了革命。1821年，当爱默生的班级即将毕业时，欧洲的独裁者们正在合力镇压那不勒斯的叛乱。再往东边，希腊爆发了独立战争。[7]

第3章　心灵的成长

大学三年级中期是爱默生一生中的一个重要转折点。1819年12月，他开始将自己读过的书籍列成清单记录下来；1820年1月初，他开始用笔记本记录引文、阅读评论以及进行原文摘录，并决定参加鲍登奖作文竞赛。当月下旬，爱默生又启动了一项他自己称之为“大千世界”的系列笔记本项目，并开始在第一本上做记录。到了2月份，他放弃了“拉尔夫”这个名字，开始以“瓦尔多”签名。

在之前的三个月里，爱默生的自我意识发生了很大变化。他现在变得更有条理，也更有抱负。他开始饶有兴趣地展开想象力，并开始尝试写作。他的日记也有了新的创意。例如，亚伯拉罕·塔克的《探寻自然之光》共8卷，该书命名贴切，主题贯穿整个系列，但爱默生在阅读该书的过程中，却发现了一个远离作品主题的兴趣点。塔克试图探究的问题是“理性本身是否足以指导我们行为的各个方面，或者《启示录》和超自然的帮助是否是必要的”（答案是前者）。在塔克无意中写下的几个词语的提示下，爱默生精心构思了一个段落，将世界上那些尚无人类居住的地方描述为“人类观察不到或意想不到的有情众生的居所”。与那些理性主义课程形成强烈对比的是，爱默生的日记体现出他对想象，对童话和传说，以及对民间故事、小说和诗歌等明显而持续的兴趣。[1]

爱默生在这一阶段非常活跃。他把大学三年级最后的几个月全部花在了“读书、写作、讨论和散步”上了。1819年12月到1820年2月间，除了阅读大学课本和家人来信外，爱默生拜读过的著作包括拜伦的《唐璜》、阿奇博尔德·艾利森的《论趣味》、爱德华·钱宁的就职演说、本·琼森的《人人高兴》和《人人扫兴》、乔安娜·贝利的一部戏剧集、塞缪尔·罗杰斯的诗歌《人生》、托马斯·坎贝尔的《英语诗歌散文》、新一期的《北美评论》、托马斯·布莱克威尔的《荷马的生活与写作》、罗伯特·洛斯的《希伯来圣诗讲演集》、华盛顿·欧文的《见闻札记》、培根的《散文集》、达西尔的《柏拉图对话集》第1卷、司各特的《待嫁的新娘》、克雷布的一本诗集、亨利·哈特·米尔曼的《萨摩，光明之城的主人》等。这些均为富有想象力的文学作品，从约翰逊和拜伦的讽刺诗歌到米尔曼《萨摩》中托尔金式的奇幻。爱默生在1819年到1820年的那个冬天阅读的这些纯文学作品及其思想，成为伴随他一生的财富。他对柏拉图和培根都有着浓厚的兴趣，但对培根的兴趣并非因为他是现代实验科学之父，而是因为他是一位文体家和散文家。

这些书目中有两本不同寻常，一本是布莱克威尔评论荷马的，另一本是洛斯写的关于希伯来圣诗的。这两部作品既是现代人们对《荷马史诗》和《圣经》进行评论的重要基础，也是诗人作为“先知”这一现代观念的重要基础。18世纪中叶，虽然布莱克威尔和洛斯在英国著书，但他们的思想却成为了德国所谓“高级评论”创始人的思想基础。随后，这种新的品读《圣经》的方法披着德国的外衣，又回到了英国，并在19世纪初被美国所接受。[2]

托马斯·布莱克威尔发起了对荷马的历史性批判。他试图推翻希腊神话仅仅是童话故事这一观念，认为希腊神话就是希腊宗教，而诗人荷马，像奥菲斯一样，是哲学、历史和政治领域的真正导师和创始人。正如布莱克威尔在历史背景下考察希腊神话、文学和宗教一样，洛斯在1747年的《希伯来圣诗讲演集》中认为，《圣经》也可以像希伯来诗歌一样，被富有成效地研究。他指出，在希伯来语中，诗人和先知是同一个词；既然他把《旧约全书》中的先知们看作是那个时代的诗人，那么现代诗人就完全有可能扮演现代先知的角色。现代诗人就是现代先知，这一概念被众多哲人所接受，从洛斯到布莱克，又从赫尔德到惠特曼。如果我们能把《荷马史诗》看作是希腊宗教，把希伯来宗教看作是犹太诗歌的话，那么结果就是：一方面我们会对这两种文本的历史可靠性产生怀疑，而另一方面，诗人作为当代先知、真理讲述者、福音创作者以及他们自己生活的年代和地区的主要见证者的地位就会得到提升。如果我们认为《荷马史诗》是希腊人所写，《圣经》是希伯来人所写，那么现代的英、美、德等国的诗人先知们就可以理所当然地问："我们的经文在哪里？我们的见证人又在哪里？"年轻的爱默生对诗人的角色的看法，部分来自布莱克威尔和洛斯的作品中隐含的内容。[3]

在1819年末至1820年初的那个冬天，爱默生与这两本书结缘，而这种结缘也绝非偶然。对于爱默生的老师爱德华·埃弗雷特来说，洛斯和布莱克威尔二人的著作都是十分重要的。爱德华·埃弗雷特是哈佛非常受欢迎的年轻教师。1819年底，他来到剑桥区任教于哈佛，这在当时可是个大新闻。埃弗雷特对爱默生的影响超过了哈佛其他任何老师，他不仅是爱默生在知识方面的第一位偶像，也曾一度是爱默生的个人偶像。[4]

从德国哥廷根回到美国时，爱德华·埃弗雷特年仅25岁，在哈佛任希腊文学教授。他年轻俊朗，精力充沛，善于雄辩，很有魄力，与同为希腊语教师的波普金博士（即“老波普”）形成鲜明反差，波普金博士是一名乏味的老师。爱默生后来满怀温情地回忆起埃弗雷特“光芒四射的帅气”，那双大眼睛，那大理石般的眼睑，以及那浑厚而有力的声音。埃弗雷特总能了解到那些最新的、令人不安的学术研究，他对时事和现代文学也颇感兴趣，并把对希腊的研究看成是通往智慧、能力和雄辩的大道。正如爱默生所指出的，埃弗雷特让他的学生“第一次了解到沃尔夫关于荷马文学的理论”（经过对史诗文本的仔细分析，沃尔夫确信《伊利亚特》和《奥德赛》均非一位诗人所作，它们很可能是很多位诗人在相当长一段时间内的共同作品）。此外，埃弗雷特还把克里斯蒂安·戈特洛布·海纳的批判思想带到了剑桥区。海纳教导说，包括犹太教和基督教在内的所有宗教，都始于神话里的哲学。[5]

在介绍海纳时，埃弗雷特将神话先于神学的现代宗教史观带到了新英格兰，而在介绍沃尔夫的同时，埃弗雷特也将《荷马史诗》解构为民间口头史诗的观点带到了美国。埃弗雷特还向美国学生们介绍了现代《圣经》学派的创始人约翰·戈特弗里德·艾希霍恩的著作，其所称的高级批判开了现代《圣经》解体研究的先河，即把一部作品分解成不同时期、不同作者的不同叙述。这是令人兴奋的事情，爱默生对这位新来的教授以及他所带来的信息印象深刻。爱默生写道：“他富有技巧和充满天赋的授课方式让学生们对知识充满好奇，即使一个最无礼的学生也能发现，在哈佛的讲堂里正有一个崭新的清晨在向他敞开怀抱。”埃弗雷特身兼牧师、学者、演说家、编辑和作家等身份，是他那一代人中的佼佼者。爱默生深受鼓舞，壮志满怀，他在日记里发誓：“我要长期认真地关注和研究希腊的语言、典籍和历史，力图达到熟知的程度。”1820年4月，他为僧侣俱乐部写了一首诗，在诗中回忆了一个伟大的过去：“再也听不到那昔日的欢歌/不要问为什么/缪斯女神也会惆怅哀叹/手持香炉铃铛的长袍僧侣啊/将那自由的脚步和远征的思想禁锢。”受埃弗雷特新思想的影响，爱默生开始把诗歌从韵律的束缚中解放出来。他认为，韵律是由“黑暗时代的修道僧侣们”发明的，目的是要“给诗歌和心灵的自由翱翔戴上镣铐”。[6]

此时，爱默生还决定参加鲍登奖作文竞赛，他写了一篇关于苏格拉底的品格的文章。虽然爱默生这篇最早的散文把伦理思想和柏拉图这两个了不起的话题结合在了一起，但文章平淡无奇，令人失望。这种平淡只能部分地解释为，在哲学方面，彼时的哈佛俨然是佩利、巴特勒和塔克等人的功利主义的天下。只有在描写苏格拉底“严谨而热情地”研究自然时，爱默生的文章才展现出了一些美好的前景。在这篇没有获奖的文章的核心部分，作者提出了一个重要的、能够代表他后来思想的观点：苏格拉底对思想比对知识本身更感兴趣。爱默生说，苏格拉底的目的“不是传授文学知识、信息、科学或艺术，而是用自己的观点去打开人类的思想”。但在文章的其余部分，爱默生既不能有力地表达自己的思想，也不能对苏格拉底的思想做出令人信服或难忘的描述。那时的爱默生对自己的思想和目的均不明确，他对哲学饶有兴趣，对口才、演说、宗教，对写哥特式小说和当一名诗人也都兴致不减。[7]

在哈佛最后一年半的记录宗教的笔记里，爱默生描述了自己从传统的令人敬畏的“审判日”观点到试图理解“上帝临在”的转变过程。他认为这是“一个美好而崇高的话题”。这些想法的共同之处在于，它们感兴趣的不是教条或神学，而是以个体的身份去直接感受和体验宗教。然而，爱默生更渴望学到的是宗教口才。埃弗雷特老师不但本人口才滔滔，而且也教给学生们练就滔滔口才的方法。沃克和布莱尔的教材也是侧重于公众演讲，而新聘的演说和修辞学教授，即爱默生的英语教师爱德华·钱宁——以及后来的梭罗和小理查德·亨利·达纳——对演说也都颇感兴趣。

爱德华·埃勒里·钱宁时年28岁，是波士顿著名的牧师威廉·埃勒里·钱宁的弟弟。他于1819年底入职哈佛，并于12月8日做了就职演讲，主题是关于演说家的力量和重要性的。爱默生后来曾细读过这篇演讲稿。和埃弗雷特一样，钱宁也热衷于当代文学，并在埃弗雷特之前担任《北美评论》的编辑。钱宁年轻有为，足以成为爱默生的楷模。与活力四射的埃弗雷特有很大不同的是，钱宁温文尔雅。他对写作的看法让人觉得很是有趣，他对学习写作也有着全新的见解。他鼓励学生们快速写作。钱宁意识到，如果作者经常把自己"与伟大的作家进行比较"，就会陷入危险的境地。他强烈反对那种总是把自己与他人进行比较的愚蠢行为，认为这并非是智慧的开始，而是软弱的开始。他说："如此，我们会逐渐失去从那些我们崇拜的作家身上辨别美好事物的能力。"钱宁对演讲的兴趣深深地影响了爱默生，使他对口才有着持续的喜爱。此外，钱宁还谈到了年轻作家的处境。[8]

同其他学业一样，爱默生在大学期间并未在写作方面展现出多么地与众不同，尽管已经有了这样的迹象。他的文章话题散乱多样，其中有一篇是令人恐怖的哥特式风格，讲的是一名挪威女先知和她的魔术师儿子的故事。该故事太过虚幻——除了梦幻十足之外，别的什么都没有，俨然是挪威版的《瓦泰克》。在爱默生的这篇文章中，女主角尤尔萨说：

> 在北方，我用谴责和复仇的吼声唤醒了群山。听到我的吼声，奥丁神应和着发出电闪雷鸣。上千只狼被这突如其来的可怕闪电惊得连忙逃窜；它们奔跑到山脚，露出凶残的牙齿，开始追赶一群笨拙的人。当有只黑狼扑向它的猎物时，我看到一张张苍白的面孔转过来惊恐地看着那恶狼。[9]

用来弥补这部北欧狂想曲的不足的，是一篇爱默生第二次角逐鲍登奖的文章，题为《伦理哲学的现状》。他首先赞扬了古代斯多葛学派"理性而正确的伦理观"，然后考察了霍布斯、库德沃斯、克拉克、普莱斯、巴特勒、里德、佩利、史密斯和斯图尔特等的作品，最后得出结论：现代人比古代人更为务实。他指出古罗马时期的父权是如何持续膨胀的，父亲又是如何变成暴君的，并认为这样的事情“在当代是无法容忍的”。爱默生的文章，即使是这种严肃的学术写作，也在仿效埃弗雷特的风格中变得绚丽多彩：

> 人们看到，这些以和平及宗教名义的使徒们将欧洲各国武装起来，发动了前所未有的、更加顽固、更加邪恶的东征之战；怀着极大的敌意，他们并未停歇，又历经了七次流血和恐怖，直到将十字架染成深红色。

在很多方面，这些爱默生的早期作品主要反映了作者的青春激情。尤尔萨的故事揭示了爱默生刚烈而躁动的情绪化的一面，但同时也展示了他挖掘酒神精神的能力；而这篇关于伦理哲学的论文反映的则是爱默生毕生的兴趣，它并非是认识论，而是伦理学。他探寻的问题已经不是“我能知道什么”，而是“我应该怎么生活”。[10]

在大学最后一年半的时间里，爱默生更多地把自己看成是一位诗人。对他而言，诗人的概念有时指的是更广义的作家，有时则是狭义的诗歌创作者。但他大学时期创作的诗歌都不怎么出色，他也没想过要将它们发表。其实，有些诗句还算不错（“高声诵读的诗人是在悲哀地低吟”），还有些诗句意象独特（“古老韵诗的银色镣铐”）。他对弥尔顿和莎士比亚崇拜有加；在现代诗人中，他钦佩拜伦，取笑华兹华斯，但他后来又改变了自己的品味。同他的大学生活一样，爱默生大学时期的作品也充满着矛盾。受诗人骚塞的影响，爱默生曾写过一首名为《印度迷信》的长诗，以此反对印度宗教传统。但后来他又开始欣赏印度宗教了。他曾用一首押韵的诗来抨击押韵本身，还写过许多充满学生气息的诗歌和散文。与此同时，他却在日记中坦承，为自己的才能感到不安和恐慌，一点儿也不盼望大学生活早点儿结束。[11]

1821年8月，就是密苏里被正式接纳为美国的一个州和欧洲发生革命的那个月，在爱默生即将大学毕业的前几天，一位名叫桑普森·里德的年轻的教师候选人在哈佛发表了一篇《关于天才的演讲》。里德比爱默生大三岁。他的演讲稿比爱默生当时所能写出的任何东西都好。在那个8月，里德给爱默生留下了非常深刻的印象。几年后，在写给玛格丽特·富勒的一封信中，爱默生说自己依然记得那次演讲，那是他迄今为止第一次对真正的天赋或原创力有了衡量标准。里德的演讲既不是批判，也不是操练，不能算赞同，也不叫争论。它不单是一种评论，主要是一种声明，是演讲者对自己深信的内容的肯定。整个演讲充满激情，信念坚定。"人类的内心总是藏有某种真爱，就像地球上总是存在火种一样。"里德开始说道，他理所当然地肯定了个人的重要性，"每个人都有自己独有的心态。"但他接下来要说的，不是神化了的个人才能，而是相反；所谓的天才，其实就是向其他人揭示一般真理的中间人。"人类的智慧之眼是为了探寻光明，而不是制造光明。"里德说。"当神圣的真理开始驱散黑暗时，"他继续道，"我们首先看到的是天才，即那些所谓的有超强理解力和深厚学问的人。"在完成他那宇宙级的隐喻时，里德说道，"路德、莎士比亚、弥尔顿和牛顿等天才用他们光明的一侧面向我们"之日，就是真理开始到达我们的心灵之时。[12]

里德表达的是宗教的愿景，但这一愿景并不是狭隘的。"那么，"他说，"要知道，天才是神圣的：天才不是认为自己是上帝，而是承认自己的力量来自上帝。"为了探寻新的真理，他寄希望于科学和科学家们，寄托于自然研究。他对教堂里的事不感兴趣。"无须非凡之眼，就能看到死亡的手指已经落在教堂之上了。"他评论说。

里德对听众的忠告比较尖刻：他们不应躺在现有的大学或教堂的安乐椅上，而应"确保他们所接受的生活是真实的"。里德说自己在寻找"精神与自然的和谐"；他知道，对于当代人以及其他任何一代人来说，"思想带着力量而来，在自然中创造了语言"。展望未来，里德预言“科学里将充满生命，因为自然界充满了上帝”。现在是改变的时候了。夜幕已经退却，清晨即将到来。[13]

第4章　家与家人

1821年大学毕业后，爱默生回到了波士顿镇。这是一个经济繁荣、不断壮大的商业海港，人口刚刚超过4万人。那时波士顿已经成为一个镇，由镇民大会管理。在18世纪的大部分时间里，该镇的人口一直稳定在2万左右，但在19世纪的头20年里，每隔十年人口就会增长30%。从1820年开始，波士顿人口增长的速度进一步加快；到1830年，人口又增加了40%，达到61000人，随处都能看到喧嚣和混乱的建筑工地。从1804年开始，这个梨形半岛周围原始的潮滩开始被填平。19世纪20年代中期，波士顿曾有600多名木匠为争取每天工作10小时的权利举行过罢工（以失败告终）。由于人口太多，镇的建制已经无法发挥作用，于是在1822年，波士顿改镇设市。[1]

1803年5月25日，爱默生出生在位于夏日大街和昌西大街交会处街角的一所房子里。房子的附近有棚子、木屋和谷仓，还有一个池塘；直到1815年，夏日大街附近还有一个两英亩大的牧场。但那时，城镇已经基本取代了乡村。爱默生记得小时候他总觉得自己被“束缚在街道里，被阻隔在山野和林木之外”。[2]

爱默生的父亲是一名牧师，他1809年之后的薪水是每周25美元，外加全年30捆木材和免费使用一套房子。因为经济拮据，跳舞与骑马和这个家庭根本沾不上边儿。爱默生从未买过雪橇，而且由于附近环境恶劣，他也从不敢去滑雪橇。他后来回忆说，曾经有一次，自己弄丢了买新鞋的钱，家人“让他在对面杨树下的落叶中苦苦寻找那丢失的钞票”。爱默生的兄弟们都喜欢读书，他们非常珍视接受教育的机会。爱默生对家庭学习氛围有着温馨的回忆：“在干完力所能及的家务活之后，兄弟们总是急切地去客厅匆匆预习完第二天的课程，然后就挤出时间偷偷阅读一本费尽周折弄到的小说，而父母也很宽容，常常用背诵几页普鲁塔克或戈德史密斯的作品作为对他们的惩罚。”爱默生也还记得，“每当出去上学或做事的家人回来时，大家都会充满温情地看着他，给他亲切的问候，回来的人就会感到一阵温暖和喜悦”。每周有三天，早餐可以吃上巧克力和烤面包，但不加黄油。星期六会有“咸鱼晚餐，里面加上家里能够找到的各种蔬菜、熔化的黄油和碎猪肉等”。[3]

拉尔夫在六个兄弟中排行老三。和其他几个中间的孩子一样，他有点儿傻气。父亲曾提醒他不要太轻浮，但总有轻浮体现在他的信里，并一直伴随着他进入大学。他曾经用欢快的诗歌给莎拉·奥尔登·布拉德福德写过一些信。他曾在写给哥哥威廉的一封字谜信中使用了很多谐音。信的开头便是：“［deer］ Brother: ［eye］［hoop］［yew］［last will and testament scroll］［knot］［bee］ offend ［head］ if ［eye］ attempt...”（他实际想说的是：亲爱的哥哥，我希望你最后的愿望能够顺利实现，如果我试图……）。他还写过几句关于洗碗碟的诗：“悦耳的刀声/和谐的音调/均来自诗人（洗碗者）那粗犷的双手。”他喜欢拜伦的诗句：“他们为那些在切割机中死去的人们悲伤/同样也为饼干和黄油悲伤。”然而，亲戚们大多认为拉尔夫是他们兄弟中最没有前途的一个。关于他早期的诗歌和朗诵作品，有很多趣闻逸事，这些在他成名之后都被人记录下来了。在那些为数不多的有关他儿时的幸存资料中，我们可以看到在拉尔夫3岁之前的某个时候，他的父亲曾经抱怨说：“拉尔夫还不怎么能阅读。”爱默生后来回忆说：“教育的好处在于，它能够帮助那些在生活中犯了错却没有被关注到的孩子。”[4]

没有得到人们的关注，并不能说明拉尔夫就没有关注力。他曾回忆起1812年美国第二次独立战争期间波士顿的情形，他和其他一些9岁的孩子一起被渡到波士顿港的诺道岛帮助挖掘防御工事。他关于那件事的主要记忆就是口渴难耐。

他还记得，他和其他波士顿镇民一起登上屋顶观看“切萨皮克”号护卫舰驶出港口与英国“香农”号护卫舰作战的情景。1813年6月1日，那是一个美丽的夏日，微风拂过，海面微波荡漾。装备有38门大炮的“香农”号驶入外港，试图挑起战斗，美国“切萨皮克”号护卫舰的舰长劳伦斯被迫应战。劳伦斯舰长跟在“香农”号后面出发了，两艘战舰默默地驶离了海岸，在由小船组成的热情的旁观舰队的陪同下寻找适合战斗的空间。下午四点，“切萨皮克”号率先开火，但15分钟后，战斗就宣告结束。“香农”号战舰的士兵登上并占领了“切萨皮克”号，劳伦斯上校也受了致命伤。两艘战舰看上去像两座漂浮的医院。“香农”号有24人死亡，50人受伤；“切萨皮克”号则有47人死亡，99人受伤。“切萨皮克”号也被作为战利品送到了哈利法克斯。那是波士顿倒霉的一天。[5]

在儿子拉尔夫的生活中，他的父亲威廉·爱默生牧师是一个形象模糊的普通人。他是波士顿第一教堂的牧师，在公共事务中发挥了积极的作用。爱默生记得父亲是一位“有点儿社交能力的绅士”，对孩子们很严厉。成年的爱默生曾回忆父亲是如何教他游泳的：他“强迫我跳进码头或澡堂外的海水里，把我吓得要死”。这种经历给爱默生的印象如此强烈，以至于四十多年后，他“仍能记得那种恐惧。在经历了这次海水折磨之后的某一天，我听到父亲叫我再去洗澡的声音（就像亚当在花园里听到上帝的声音）时，试图躲藏起来，但只是徒劳”。[6]

威廉·爱默生死于1811年，当时拉尔夫只有8岁。他是个联邦主义者，也就是说，他在政治上是保守主义者，在宗教上是一神论者或自由主义者。他对科学较感兴趣，曾读过普里斯特利和潘恩的作品，他的写作风格温和平淡，力求正确和理性。他对文学很感兴趣，曾为一本年轻人的杂志《多兰经》节选过文章，他还积极参与创办《基督教箴言集》和《文艺选集月刊》，后者是《北美评论》的前身。威廉·爱默生还编辑了《诗篇与赞美诗选》（1808），这是美国第一本为每首赞美诗的唱法标出音调名称和建议琴键的赞美诗集。他还编写过一本名为《波士顿第一教堂简史》的历史纲要小册子，内容包含了马萨诸塞湾殖民地的整个历史。他的文章语气独特，属于沉着的自然神论的风格，趋于现代，但又不很明显："是的，我的兄弟们，广袤的世界是造物主的居所。每一道光线都是他存在的证明。可怕的黑夜宛如子宫，是他休憩的宫殿。在每一缕风中，你都能够嗅到他的气息。"威廉·爱默生42岁时死于"消耗性消瘦症"，一种硬性小肠巨大肿瘤。那时，他的妹妹玛丽·穆迪·爱默生不愿意为他哀悼，由此可见，她非常反对哥哥的宗教观点。然而，她后来对自己的过激反应有所悔悟。爱默生对父亲缺乏兴趣，典型的表现就是在接下来的几年里，他更在意姑妈的反应，而不是父亲的死亡。[7]

爱默生母亲出生时的名字是露丝·哈斯金斯。在丈夫去世后，她便撑起了这个家，靠收留寄宿生来设法维持孩子们的教育。后来，她住在康科德镇的四儿子家中，直到1853年去世。爱默生很乐意回忆母亲，她出生时的身份是英国子民，兄弟姐妹共13人，她排在中间。她是虔诚的教徒，在威廉·爱默生搬到波士顿之前就嫁给了他。多年来，她一直保持着写日记的习惯，以便"详细地记录上帝为我所做的一切"。她是一个内心平静而镇定的女人，从不急躁，也从未表达过对任何事物的不满。她含蓄内敛，但并不冷漠无情。爱默生曾回忆，有一次他和哥哥威廉很晚才回家，母亲看到他们时惊喜地叫道："孩子们哪，你们知道我有多担心吗?"爱默生回忆说："那晚躺在床上，我高兴极了，母亲是如此关心我们。"[8]

有件事令露丝·爱默生深受打击。那是1807年，她的长子——年仅8岁的约翰·克拉克离开了人世，当时拉尔夫只有4岁。三个月后，她在写给一个姐姐的一封信中说："自从他去世后，我每天都挣扎在无比的痛苦中，时间的流逝并没有让这种痛有些许的减轻。"她努力用万物皆来自上帝的道理来宽慰自己，从而减轻痛苦。而露丝·爱默生并不是只有在遇到磨难时才会借助宗教来武装自己。她一直过着虔诚的宗教生活，每天早饭后，就会回到房间，读书沉思，不让人打扰。[9]

爱默生的宗教情结可追溯到他的母亲。他的父亲“对耶稣的本质和作用表现出矜持的态度”。爱默生后来想，对于宗教，他的父亲或许未能做到忠心不移，但母亲却没有这样的矜持。她是一个坚定的基督教信徒，一直遵守着基督教信条，参与各种教会活动。她希望自己的孩子们能够善待“所有动物和昆虫”。她读过费内隆的著作、威廉·沃根的《谈英国教会的正确日课》、约翰·弗拉维尔的《保守你心》和约翰·梅森的《自知》等。这一类的书不属于学术作品，不会引起论辩或争议。虽然她一生都保存并拜读那些伴她长大的英国教会的祈祷书籍，但这些书既不是关于神学、教会历史或教会政权方面的，也不是正式祷告或虔诚的教科书。它们只是用来抚慰读者心灵，教导人们进行精神上自立的书。它们旨在成为物质世界中指导人们精神生活的实用指南。露丝·爱默生读的这些书籍不是关于一神论的，不是关于清教徒的，甚至也不是关于新教徒的。在她非常喜欢的几位作家中，费内隆是天主教徒，沃根信仰的是英国国教，弗拉维尔是长老会的，而梅森则是一名早期卫理公会教徒。[10]

这些著作的共同之处在于它们都关注宗教思想、宗教意识以及个人的直接宗教体验，强调宗教自知和宗教修养。费内隆坚持认为，人类必须克服自利。弗拉维尔说，面对成功、逆境、危险和公众干扰、外在匮乏、伤害、不公正和死亡，基督徒的主要任务就是“保守你心”。在《保守你心》这本书里，几乎全都是关于如何保持完整的内在心灵或灵魂，以及如何通过挖掘个人内心资源来面对生活的内容。梅森教导人们形成一种自我宗教倾向，他说：“自知，就是了解我们自己，以便知道我们是什么样子的，应该是什么样子的，然后努力做到。这既是为了在这个世界上活得舒适而有意义，也是为了在另一个世界上能够活得幸福。”这些书共同关注的是个人宗教生活的质量，发挥个人灵性的可能性，以及对个人宗教体验的真实感受。即使他的父亲活得再长久些，爱默生也不可能从父亲那里得到这种精神生活的滋养。[11]

同尼采一样，爱默生在成长过程中也受到了一些具有杰出思想和精神成就的女性的影响。首先是他体贴周到的母亲。此外，汉娜·亚当斯是爱默生家里的常客，她是美国第一部《宗教词典》和第一部由美国人编写的犹太教历史书的作者；另一位经常到访的客人是莎拉·奥尔登·布拉德福德·雷普利，爱默生第一次从教就是在她丈夫开办的学校里。她懂拉丁语、希腊语、法语、意大利语和德语；除了语言，她还懂文学；她曾辅导过几名男孩，使他们成功考进了哈佛；她读过荷马和柏拉图，也读过数学、自然哲学、心理学和神学，包括关于德国批评和德国神学的现代发展及革命性传承方面的书，爱默生说她"从不卖弄学问"。但对爱默生影响最大的一位女性是爱默生的姑妈，他父亲的妹妹，她比所有人都更聪明、更有创意，她的名字叫玛丽·穆迪·爱默生。[12]

第5章　死亡天使

在爱默生接受的所有教育中，最重要的那部分来自他的姑妈玛丽·穆迪·爱默生。正是她——而不是波士顿的牧师们或哈佛的教授们——为年轻的爱默生和他的兄弟们设定了一个真正的知识标准。从孩提时代一直到30岁出头，爱默生内心成长和发展的最好印证，便是与姑妈的往来信件。爱默生认为，姑妈在她全盛时期曾是"马萨诸塞州最好的作家"，她为爱默生兄弟们设定了一个"无法估量的高标准"，并扮演了"他在接受教育过程中无人替代"的角色。她博览群书，口齿伶俐，率直坦诚；她精力无限，魅力无穷，具有吸引年轻人的天资。她是一位孜孜不倦的辩论者，她是一位精力充沛的神学家。最重要的是，她是一位新锐的宗教思想家，她几乎就是一个先知。她的作品，虽然令人失望地未能得到社会的重视，但个性鲜明，堪比圣约；她风格奇特，充满活力，美丽张扬。爱默生说，她“既不是一本法令书，也不是一册好文摘，而是一部好《圣经》”。玛丽·穆迪·爱默生就是美国的雅各布·波墨，她的日常就是与天使摔跤。[1]

玛丽·爱默生的怪异让她成为现实版的狄更斯笔下的怪人。她身高4英尺3英寸。她让人把床做成棺材的形状，外出时身上穿的是裹尸布；由于经常外出，她的裹尸布一度换了好几身。她力量惊人，她的侄子回忆道：“她的力量无人能比，她能扯开封闭的马车篷进出自由，也能打开紧闭的房门自由进出。”她直言不讳，《波士顿联邦》的讣告作家说：“她是那种在半小时内比任何人都能说出更令人不快的话语的人。”对此，爱默生评论道：“我知道他和玛丽姑妈很熟。她给人们留下一连串生动的古怪逸事，但这些怪诞形象却掩盖了她本身独有的天才。归根结底，与其说她是一个有趣的女人，倒不如说她是一位幻想家。”[2]

玛丽·爱默生经常来看望露丝和她的儿子们；当她不在露丝家里时，就会给这个家的每个孩子一封接一封地写信，或教导，或告知，或探究，或推荐阅读内容，有时还会对某些思想或文章进行批判。她对每个能够想到的话题都表达了自己的看法，并强迫孩子们也照样做。她对年轻人尤其感兴趣。“当遇到一个令她感兴趣的年轻人时，她立刻会通过同情、奉承、逗趣、讲趣事、机智或责难等各种方式猛烈进攻，直至与之结识并亲密起来。”爱默生写道，“在这种突如其来的亲密关系里，她会使出浑身解数，因为她知道自己很快就会开始讨厌他们，所以决心好好享受与他们相处的最美的时光。”对于瓦尔多，她最终开始反对他的新思想，并不再担任他的非正式的精神导师，但是她对他的影响是永久性的。[3]

玛丽·爱默生并非在自己亲生父母的家里长大，这在当时其实很普遍。她一生都生活在极度贫困之中。爱默生曾说，贫穷成了她的缪斯女神。尽管有人曾向她求过婚，但她从未结婚，有时独自生活，有时和其他人住在一起。她一生中的大部分时间都在缅因州度过，生活在沃特福德附近一个叫韦尔的农场里。她说自己的“人生旅途没有一刻不被琐碎的事情包围，算不上有多美好，也谈不上有多差劲”。她的日常生活既包括书本也包括家务。从她30岁时写过的一段文字中，我们可以了解她具有代表性的一周的大致情况：

> 每天早晨天亮之前起床；一遍又一遍地因需要去找各种书；阅读巴特勒的《类比》；评论《圣经》；从一本小书中学习几封西塞罗的书信；阅读莎士比亚；洗衣，刷地毯，打扫屋子，烘焙。[4]

她自学成才，早年热衷的一部作品是一首写满整整一本书的长诗，而她手头的这本缺失了封面和标题。后来，当她查阅著名诗人的作品时，才发现她如此欣赏的那首并不知道题目的长诗原来叫作《失乐园》。她早期读过的英国作家有杨、阿肯赛德、塞缪尔·克拉克和乔纳森·爱德华兹等。后来，正如她侄子指出的那样，她开始读柏拉图、普罗提诺、马可·奥勒留、斯图尔特、柯勒律治、库森、赫尔德、洛克、斯塔尔夫人、钱宁、麦金托什和拜伦等。而这些作家中的每一位，对爱默生来说也都非常重要。玛丽·爱默生比她想试图说服的大多数新英格兰地区的牧师更博学，她读过斯宾诺莎、沃斯通克拉夫特、卢梭、艾希霍恩、波墨、威廉·劳和歌德等人的作品。当谈到自己的时候，她说自己的阅读在不同的领域、不同的作家甚至是不同的单本书之间来回穿梭。充当她智慧指南针支点的思想和作品主要有新英格兰古老的清教、塞缪尔·克拉克关于启示宗教与牛顿的伟大发现及世界观的和解的著作、理查德·普莱斯的《道德评论》、康德关于道德意识的客观内容的断言以及杰曼·斯塔尔夫人的作品。玛丽·爱默生特别钦佩斯塔尔夫人的小说《柯丽娜》和论著《论德国》。在《柯丽娜》这部小说中，作者对命运多舛但才华横溢、富有想象力和感情丰富的女主人公进行了充满同情的描写；在《论德国》中，斯塔尔夫人对热情进行了有力的辩护。[5]

1804年到1805年，在哥哥担任《文艺选集月刊》的编辑时，玛丽·爱默生曾为该刊写过两篇文章，一篇是关于想象力在宗教生活中的重要性的，另一篇是关于自然历史及其与自然神学的关系的。她的文章并不比该杂志上刊登的其他任何一篇差，但是她的天资并没有在联邦主义文学思想所偏爱的那种礼貌书信体及对话式的文学中得到充分发展。在宗教方面，玛丽·爱默生与哥哥的意见不同。哥哥信仰的是一种非宗教式的一神论，这是一种趋于理性的、以科学为导向的教会式的自然神论，比起灵感，它更强调社会凝聚力的作用。对于上帝，如同之前最虔诚的清教徒，或者后来的梅尔维尔和艾米丽·狄金森一样，玛丽·爱默生既不能做到完全信仰，也不能坦然面对彻底的不信仰；比起一神论，她更推崇加尔文主义。然而，正如爱默生后来评论的，她自己"不是真正的加尔文主义者，而是希望别人都成为加尔文主义者，就像约翰逊博士在赫布里底群岛的牧师那样，他希望约翰逊博士信仰奥西恩，但自己却不信仰"。她把自己描述成一个"虔信派"，这是个不错的标签；她拥抱基督，但只是把他当作一个中保，期盼着有朝一日能够完全甩掉基督。她说，在自己的脑海里有一个先知，比耶稣基督更伟大。[6]

在爱默生读过的最重要的作品中，有一部分便是玛丽·爱默生未曾出版的著作。有一段时间，大概从他30岁出头开始，爱默生将姑妈那些最好的书信、正式谈话及餐间闲聊等都抄写在笔记本里，足足四大本，共870多页，全都仔细地排好页码并编入索引。爱默生定期回头品读她的文章，每次都会让他产生同样震撼的感受。他在1841年写道："玛丽姑妈真的是个天才，我昨天一整天都在看她的信，她的文章总是那么新奇、微妙、活泼、公正和不可预测。即使你完全了解柏拉图主义或加尔文主义的文学和社会状况方面的著作，了解很多英文甚至是中文的作品，你也无法预料到她的某个思想或某个精妙的表述。”她对一切的表达，都是那么的大胆而有力，甚至有点儿过头。她建议爱默生家的孩子们“永远做你害怕做的事情”。她思维活跃，有着丰富的想象力，这塑造了她豪放的情感与性格。“我从没想到会结婚，”她在写给她最喜欢的侄子查尔斯的信中说，“我热衷于浪漫的味道，我知道我不是注定要讨人喜欢的。”查尔斯是爱默生最小的弟弟。[7]

在爱默生摘抄的姑妈写给查尔斯的几封信中，记录着姑妈对瓦尔多的思想发展越来越不确定的情况。爱默生在信中看到了自己被谈论和放手的情况。“至于瓦尔多的信，”姑妈在1832年1月写信给查尔斯时说，“我已经没有什么可说的了，到了他该离开我的时候了。他对于事物的怀疑和叛逆，我无权抱怨。但他给我写的信总是带着优雅的讨好，我很喜欢。他所想的……或想做的，随着时间的推移，自有其结果揭晓的时候。”[8]

关于自然界及其与人生经历重要期的关系，玛丽·爱默生有着很深的感受。1828年，回顾她哥哥（也就是爱默生的父亲）的离世时，她写道：

> 十七年前的今天，是我曾经第一次爱戴和钦佩的人在这个世界上的最后一天。没有共同言语，以及不同的教育和信仰使我们冷漠地对待彼此，但对于他死亡的记忆，对于我犯错误的那一天的记忆，将是我今生无法抹去的痛。面对他冰冷的尸体，我虽禁食祈祷，但并不上心。今天上午我一直都在同一群小鹅嬉戏。大自然是多么令人惊奇啊！虽然这些鹅仔已没有了父母的照料，却有一种让人惊叹的群集本能，尽管这并不能为它们提供什么保护。

虽然她的一生是充满贫穷、痛苦和对死亡的期盼的一生，但却有着17世纪般的活力。对她来说，痛苦是强烈情感的缩影，而情感是她生命的主要特征。她曾经写道："上帝，请让我知晓，你的直接作用就是触及每一根痛苦的神经，或挖开眼睛，或割断骨头。彼时，我就可以和你一起为人类和天使们攀登的高峰而欢呼和赞美。"她常用身体来做这种令人不安的比喻。谈到流言蜚语，她说："社会就像一具通过嘴巴来通便的尸体。"她能够将伟大的话题阐释得极为精妙。从下面这段她写给24岁的爱默生的文字中可以看到，她关于永生的描述与佩利、巴特勒、塔克或普莱斯等冷静而理性的探讨形成了鲜明的对比：

> 如果今天我能够死去，那该多好。那样，对永生的渴望就会得到满足或者终止。当我挣扎于永恒的存在时，困境依旧存在，就像我童年重复的游戏那样，永远无法形成一种思想，也无法让自己在无尽的事物中竭尽所能……是因为在我们之上总有一堆堆事情与我们结伴而行，或是它们不停的变化以及影响使我们不能形成唯一不变的思想，从而使它在本质和绝对意义上永远保持着同一吗？它有一个起点吗？或者像柏拉图认为的那样，这就是上帝的旨意——个体在去世多年后就会再生？新秩序终将会出现。在那里，不朽的灵魂将会转世（什么是不朽的呢）。但如果走向森林，我将会看到不朽，那是种子的再生。我将不去思考，也不愿思考——只是感受户外的愉悦，丝毫不愿尝试去思考，因为这种让人狂想的事物使得思考无法正常进行。[9]

没有任何一个人，包括卡莱尔在内，能像玛丽姑妈那样能够在写给爱默生的信中极好地将哲学的敏锐性和慷慨激昂的陈述结合起来。爱默生认为，姑妈在信中所展示的基本风格，就是她能够"很好地发挥日常的口头语、插入语、停顿以及小题大做等语言和技巧的力量，无论是描述祷告的场景，还是描述农场或谷仓的细节，都充满幽默和热忱，让人着迷。她的语言充满快乐，但就像是在梦中捕捉到的一样，无法模仿"。尽管她从未达到正式掌控语言的巅峰，但她在使用身体意象方面见长。就爱默生而言，姑妈是死亡天使；就像狄金森一样，死亡对于她而言就是一种生命的终极体验。最重要的是，她对最深入和最直接的人生体验的渴求一定影响了瓦尔多，促使他在自己的生活中追求更加真实、直接和原始的东西。[10]

玛丽·穆迪·爱默生教会瓦尔多在富足时警惕风险，在贫穷时利用条件，要敢于尝试那些让自己感到害怕的事物，要敢于行使自己对所有文章进行评判和挑战的权利。玛丽感知传递的信息都是直接的，她的例子也解释了为什么后来的爱默生对奥尔科特、玛格丽特·富勒、桑普森·里德、琼斯·维里、雅各布·波墨和斯威登堡等人都能敞开胸怀。正是由于姑妈本人的一些失败，让爱默生认识到，“在我们和我们所追求的事物之间有一片难以通过的、充满暗流的海洋”；也正是由于姑妈的这些失败，使爱默生在前进的道路上一直被她那种永不言败的精神鼓舞着，直到抵达彼岸的海滩。这种精神激励比之前的语言激励能让爱默生走得更远。在日记里，爱默生总是把英文的玛丽姑妈变位成特纳摩娅①，并在前面加上“先哲”二字。通过姑妈的生动事例，爱默生很早就学会选择性地同那些虽历经失败但从不屈服的人为伍。[11]

第6章　苏格兰常识哲学

从哈佛毕业后，爱默生回到母亲位于波士顿联邦大街的家里，在哥哥威廉创办的一所女子学校里当老师。那时他18岁。授课之余，他写了许多不同主题的散文稿件。1822年1月，他又开始像大学期间那样以短文和随笔的形式在笔记本上写东西，几乎每月都能完成一

---

① 爱默生将“Aunt Mary”合成一个词，并将字母顺序打乱，变位成“Tnamurya”这个词，用它指代玛丽姑妈。——译者注（若无特殊说明，本书中所有脚注均为译者注）

本。他正在读西斯蒙第的巨著《论南欧文学》和《意大利共和国史》。他认真阅读了爱德华·埃弗雷特的兄弟亚历山大的一本关于欧洲的书，并向朋友称赞该书。此外，他还读了很多小说。在接下来的两年里，他或多或少坚持不断地阅读了苏格兰常识哲学家亚当·斯密、托马斯·布朗、詹姆斯·麦金托什、托马斯·里德等人的著作，尤其是杜格尔德·斯图尔特的。爱默生的一个学生后来曾回忆说，要想取悦这位年轻的男教师，最好的方法就是当着他的面赞扬杜格尔德·斯图尔特。

苏格兰常识哲学是爱默生就读哈佛时的主流思维方式。在斯图尔特看来，这是一种以道德问题为中心的普遍而慷慨的思维方式。斯图尔特的思想无论就其本身而言，还是就其他思想流派而言，都异乎寻常地连贯和一致，这是因为斯图尔特自己曾写过一部完整的现代思想史，正如黑格尔在对德国唯心主义进行阐释前，先解释之前的哲学，以此为背景为自己的创作做准备一样。斯图尔特还写过一篇文字优美、清晰自然的英语散文，以此让他的观点广泛可及。威廉·加斯对托马斯·里德的评价同样适用于斯图尔特：他不仅通过写文章探讨常识哲学，而且还在生活中运用这些常识哲学。最重要的是，斯图尔特的观点很受欢迎。他的那部于1821年发表的关于现代思想史的巨著是《论述：形而上学、伦理学和政治哲学的进步》，光看书名的后半部分，就着实吓人一跳。爱默生从这本书中得到的是一种现代思想的路线图，一种可进可出的思考框架。杜格尔德·斯图尔特的知识世界为爱默生提供了一套可行的想法和假设，其中有些让他受用终身。[1]

斯图尔特的这部《论述》将现代思想追溯到弗兰西斯·培根。在写给《大英百科全书》长达500页的文章的开头，斯图尔特解释说，他起初只是为了将培根粗略而宏伟的现代知识纲要补充完整，但后来他发现自己不得不拒绝培根把知识划分为历史（基于记忆）、哲学（基于理性）和诗歌（基于想象）三部分的观点。斯图尔特也拒绝了洛克把知识分为物理学（或自然哲学）、伦理学（或道德哲学）和逻辑学（包括修辞学）的分类方法。他提出了物质和精神的划分方法，认为它们是“两个最具普遍性的中心词语，理应成为百科全书划分艺术和科学的基础”。这是斯图尔特的出发点，它表明苏格兰常识哲学和德国唯心主义在基本原理上有着非常紧密的关系。[2]

对斯图尔特来说，现代思想的历史大部分是关于人类头脑是否具有先天观念以及头脑本质上是主动的还是被动的争论的历史。对于这些争论，斯图尔特用清晰的，但如今在某种程度上被忽视了的论点，给出了一个令人惊叹的复杂版本。他首先从笛卡尔开始，认为笛卡尔是真正的“关于人类思想的实验哲学之父”。更重要的是，斯图尔特阐释了洛克是如何被误解和简单化的，甚至就连他的追随者和门徒们也不例外。斯图尔特指出，“我们所有的知识显然都源于感官”这一生硬的观点，其实反映的是洛克的追随者伽桑狄、孔狄亚克和狄德罗等人的立场，而不是洛克本人的。斯图尔特说，洛克本人认为，我们的知识来自感觉和反思，他仔细地引用了洛克对后一种力量的描述：

> 另一方面是对我们内在心理活动的感知，通过经验让理解力插上思想的翅膀，因为大脑能够利用已获得的思想。当灵魂开始反思和思考时，就会产生新的思想；如果不这样做，新的思想就不会产生。

如果这不是一种脱离经验、空间和时间而存在的本体自我，那么比起洛克被经常提及的“心灵如一块等待书写感觉经验的白板”的论断，它要复杂得多，而且也更经得起推敲。[3]

斯图尔特的真正敌人不是洛克，而是大卫·休谟。他认为，休谟主张的是“我们知识的所有对象都分为印象和观念两类”。印象就是感官印象；而观念是“印象的副本”。因此，休谟直接怀疑诸如心灵这种东西的存在。他甚至怀疑笛卡尔的“存在具有思维能力的我”这一不容置疑的观点。休谟不但认为心灵是虚构的物质，而且还坚持物质是“虚构的、已分解的物质”的观点。最具戏剧性的是，休谟否认因果的存在，认为“物理因果仅作为前情和后续而为人所知”。换句话说，不存在因果关系，只存在前后顺序。这种将原因和后果割裂的结果，就是激进的怀疑主义。“因为我们不可能对任何在外在感觉或内在情感中都从未出现的东西有所了解，所以必要的结论就是我们根本不知道这样的联系或力量。”在斯图尔特看来，休谟旨在“确立一个普遍的怀疑论，并让每一位读者对他们自己的能力产生不信任”。[4]

在斯图尔特之后，爱默生多年来一直与休谟斗争。在很大程度上，爱默生本人的生活和工作——实际上就是超验主义本身——就是对休谟的驳斥。因此，了解爱默生及其同时代的人们是如何充分面对和认识休谟虚无主义的潜在威胁是十分重要的。正如爱默生在《爱丁堡评论》上读到的一篇关于斯图尔特的长文中说的那样：

> 休谟先生的学说……不是我们尚未达到真理，而是我们永远不会达到真理。这是一种绝对普遍的怀疑论，自称源自理解的本质。如果一个人真的相信它，他将不可能对任何主题形成任何意见，不可能赞同任何一个命题，也不可能区别真理和谬误的含义；他将不会相信、探究或推演真理；同理，他也将不会不相信、不同意或不质疑真理，他将不能坚持自己的普遍怀疑原则；最后，如果他仍然坚持与自己一致，他甚至将不会思考。[5]

苏格兰常识哲学本身对休谟做出了一系列回答。正如斯图尔特所说，里德、麦金托什、史密斯、布朗和斯图尔特的共同点，在于人们相信“道德观念的普遍性是人类特质的重要组成部分”。该派别的早期人物弗兰西斯·哈奇森曾断言：“道德的区别，即道德感，是直接通过灵魂的特殊能力或作为灵魂特殊能力的结果来进行理解的。”这种观点认为，道德上的区别并不取决于理性或智力，而是取决于我们的感觉或情感。1824年7月，爱默生拜读了亚当·斯密的《道德情感论》一书，作者在书中对道德与情感之间的联系进行了最深入的研究。斯密认为："由于我们对其他人的感受没有直接的经验，所以我们无法了解他们受影响的方式，只能通过设想来判断我们自己在相同的情况下应该有什么样的感受。"通过想象，我们可以把自己置于他人的处境中；通过对他人痛苦的认同感，可以想象出在类似的情况下我们自己会有怎样的感受，并据此采取行动。换句话说，道德情感源于同情和对同情的认同。[6]

苏格兰常识哲学的第一条教导，是我们都拥有某种叫作道德感或道德情感的东西，它植根于人性的情感、感情和认同感里。这种倾向于好的行为而不是坏的行为或偏爱有价值的东西（我们现在这样称呼）而不是其他的能力，是我们任何人在任何时候都拥有的。这些哲学思想家的第二条伟大教导就是里德所说的常识，斯图尔特所说的人类信仰的基本法则或人类理性的基本要素。这些要素来源于对我们自己身份和记忆证据的信任。对斯图尔特来说，首先是意识，它确保我们存在，其次是记忆，然后是人类信仰遵循的基本规律。换言之，第一，我存在；第二，今天的我还是昨天的那个我；第三，物质世界是独立于我的精神的存在；第四，自然界的一般规律将在未来继续以同样的方式运作，就像过去一样。[7]

苏格兰常识哲学既避开了伽桑狄、狄德罗、霍尔巴赫和拉·梅特里的纯粹唯物主义，也避开了莱布尼茨和贝克莱的纯粹唯心主义。它是肯定的哲学，而不是怀疑的哲学，它坚持道德的现实性；它让人们追问"我应该怎样生活"，它也肯定了意识的现实性和重要性。斯图尔特说："因为我们对物质世界的所有认识最终都建立在通过观察所确定的事实之上，所以我们对人类精神的所有认识最终都建立在我们对自身意识拥有证据的事实之上。"斯图尔特进一步指出，人类的思维能力在各个时代都是一样的，而我们所表现出来的多样性现象仅仅是人类所处的不同环境的结果。如果思想或意识在各个时代和地区都基本相同，那么道德感也应是如此。"道德观念的普遍性是人类特质的重要组成部分。”使意识和道德具有普遍性的是我们的“教育的易感性，它是人类的普遍存在”。道德、意识和可教育性这三项特质不仅在任何时代和任何地区，而且在任何人身上都是一样的。也就是说，它们对于任何人在本质上都是平等的。[8]

对爱默生来说，苏格兰常识哲学具有一定的局限性。作为一个哲学体系，它几乎没有为想象力、艺术或文学留一席之地。它过于强调道德；它虽为原创力或洞察力留有余地，但对二者并不十分重视，而且大大低估了它的对手康德及其追随者的哲学。斯图尔特反对康德，称其在库德沃斯的基础上并未取得真正的进步，但爱默生却比较欣赏康德。然而，苏格兰这些思想家的思想体系和历史方法也为爱默生敞开了一种新的世界观，这种世界观强调的是伦理思想，而不是认识论或形而上学的思想；这是一种倾向于肯定的、非常全面的观点（斯图尔特曾读过威廉·琼斯爵士的作品，能够对印度思想和贝克莱的唯心主义进行比较），一种既向宗教开放又向科学敞开大门的观点。[9]

在爱默生的书本和教室之外，1821年底和1822年初的世界似乎正日益走向动荡。拿破仑死在了遥远的圣赫勒拿岛。那不勒斯的独立运动完全被欧洲君主制联盟镇压。在米兰，西尔维奥·佩利科因写信反对奥地利人而陷入牢狱之灾，他后来还以此写了一部名为《我的监狱生活》的回忆录。遣返美国黑人的运动创造了非洲的利比里亚。玻利瓦尔和秘鲁解放者圣马丁在厄瓜多尔的瓜亚基尔会晤，希望能够确定南美洲的未来。希腊的独立运动升级为一场大战，激起了全欧洲人民同情的浪潮。正值声名显赫之时的拜伦，用他的诗歌来赞美希腊人的崇高。

除了学术之外，还有其他一些事情也让爱默生感到异常兴奋。他在1822年2月底指出，自己在写作中无法使用神谕文体所必需的“冷漠而僵硬的语调”。他认为自己正开始经历恋爱的感觉。他用拉丁文记录了对两个朋友的情感波动，一男一女，但没有记录他们的名字。他怀着一种只有他自己才知道的热情，希望他们俩都成为“生活的一部分，我的一部分”。[10]

第7章　爱默生兄弟

爱默生记录的这个年轻男子很可能是他大学时代的马丁·盖伊。1822年，随着时间的推移，19岁的爱默生发现他和盖伊的友谊热情逐渐减弱，最后几乎完全消失了。生活在前弗洛伊德时代，天真的爱默生并未因对盖伊的感情而感到尴尬。几乎没有经历过思想斗争，他就认可了自己的这种“激情”，并且只有其中一部分日记评论用拉丁文记录，而用拉丁文记录两性的事情是当时惯用的保密手段，但只发生在青少年当中。没有迹象能够让我们了解这个年轻女子的名字。1821年，爱默生有段时间曾给一位名叫伊丽莎白·皮博迪的女子教授希腊语，那时她18岁，他19岁；他俩都很害羞，“他们从未把眼睛从书本上移开过”。有一天，他还教过一个名叫伊丽莎白·霍尔的女孩，教的也是希腊语，但那女孩只有11岁。[1]

在爱默生大学毕业后的几年里，我们对他情感生活的了解就是他深深地融入到了他的直系亲属中，尤其是他那些富有学问、满怀抱负的兄弟们中。他们互相支持、鼓励和批评；他们彼此之间以及他们和玛丽姑妈之间的关系非常亲密和坦诚。从几个背景中，我们能够看到爱默生开始崭露头角的原因：19世纪20年代的波士顿是哈佛和一神论的世界；存在苏格兰常识哲学的知识背景和它对前两个世纪的描述；还有他那令人惊讶的姑妈。但是，要理解爱默生在这一时期的动机和感受，就不能对他的兄弟们一无所知，正如西蒙娜·德·波伏瓦的一生真正始于她的朋友扎扎的去世，正如约翰·梭罗的死让亨利·梭罗开始自由写作一样。爱默生的成长和他早年人生的跌宕起伏，都与他那些才华出众且雄心勃勃的兄弟凄惨的失败紧密交织在一起。

露丝和威廉·爱默生牧师共生育了八个孩子。大儿子菲比出生于

1798年，但只活到2岁。第二个孩子约翰·克拉克出生于1799年，也于1807年夭折了，这让他的母亲非常难过。最后一个出生的孩子叫玛丽·卡罗琳，但从1811年出生到1814年去世也只活到了3岁。在约翰·克拉克和玛丽·卡罗琳之间，有五个男孩，他们都健康地长大了。威廉生于1801年，年龄最大；接下来是拉尔夫，他生于1803年；然后分别是1805年出生的爱德华，1807年出生的罗伯特·伯克利和1808年出生的查尔斯。五个男孩在七年之内相继出生，他们一起上学，一起写信，一起教书，一起住在大学的公寓里；他们共同分享书籍，相互寄送钱物，为了不辜负玛丽姑妈，他们都尽了自己最大的努力。他们是一个亲密的家庭团体，常常开会决定该轮到谁来干活，谁来学习或旅行。未来的生活和事业一直是他们相互关心的话题。在整个大学和之后的若干年里，拉尔夫一直是最不受关注、最没进取心、最没前途，但最幸运的人。[2]

作为家中的长子，威廉有着一个大哥通常应有的优势和担当。他13岁进入哈佛上大学，1818年毕业时，拉尔夫在哈佛刚读完大一。威廉毕业后立刻就去缅因州肯纳邦克的一所学校教高中课程。在接下来五年半的时间里，他一直在教书，看着拉尔夫和爱德华大学毕业，看着查尔斯上大学二年级。“在整个少年和成年早期，他勇于担当，做出了很多牺牲”，成为家庭传奇的一部分。威廉在兄弟们当中很有威望，他们称他为“执事”、“大亨”和“我们的苏丹”。爱默生说威廉有着“个人优势”和“士兵或校长般充满气质的眼睛”。爱默生的儿子后来回忆说，威廉早年便担负起照料全家的责任，这是“他一生中最浓墨重彩的一笔”。[3]

1823年12月，威廉终于从工作中得以解脱，到德国的哥廷根学习神学，为传道做准备。刚开始学到的东西给他留下了深刻的印象。但是，德国宗教研究中毫无热情的分析和面前冷漠的历史的世界很快让威廉失去了对基督教的信仰，打乱了他成为一名牧师的雄心。在历经各种牺牲、迟疑、希望和计划之后，他最终返回美国，情绪低落。

再花60美元，他就可以拿到德国博士学位，但这对他来说已经不值得了。他决定去纽约从事法律方面的工作，但热情并不是很高。为了在那里能够安定下来，除了攻读法律外，威廉还努力为《商务杂志》撰写和翻译文章。经过几年的努力，他在法律上取得了成功，最终成为一名法官。但在德国的经历让他对学术方面的兴趣和雄心变得永远麻木了。[4]

威廉·爱默生后来结婚生子，活到了67岁。他与新英格兰的亲戚们一直保持着亲密而温暖的关系，他一直是那位受人尊敬的哥哥。人们从未说过——但总是觉得——威廉这个受人尊敬和公认的人才，代表的却是一个失败者；他在丧失了个人的信仰和力量后，躲藏在了世俗的秩序中。当然，玛丽姑妈并不想让他们任何一个男孩从事法律职业，她希望他们所有人都能成为牧师，不是为了地位、名誉或受人尊敬，而是为了她自己能够感受到的那种英雄的信仰和个人的使命。

瓦尔多比威廉小两岁，爱德华又比瓦尔多小两岁。爱德华英俊潇洒，身高5英尺10英寸，一头淡黄色的头发，一双蓝色的眼睛，鼻子尖挺。他看上去像一名士兵，事实上他确实当过大学民兵的军官。他坚强自信，善于雄辩，执行力强。瓦尔多对爱德华有一种"浪漫的钦佩"，他似乎拥有爱默生所缺乏的所有品质。当瓦尔多把自己和爱德华进行比较时，他为自己迟缓的生活、消极的行为和轻率的言辞感到羞愧，爱德华"以超乎寻常的精力谈吐、行动和生活"。爱德华雄心勃勃，他被一种永不退却、鼓舞人心的良知驱使着。他是班里的尖子生，不仅排名第一，而且领先第二名很大一截。1824年哈佛毕业之时是他的荣耀时刻。那一刻，美国独立战争的英雄，年迈的拉法耶特侯爵，就坐在讲台上，爱德华·爱默生向英雄致辞。[5]

从爱德华在大学四年级时写给查尔斯的一封信中，我们可以看出爱德华的巨大动力。查尔斯那时是大一新生，在班里也是名列前茅。爱德华告诫查尔斯必须争当第一名，第二名毫无意义，因为毕业后，在真正的社会里：

> 那些曾经在成千上万的小班级中以及在学院和大学里勇夺第一的学生，在步入社会这个大学校时，就能抢占第一梯队的位置；而那些自以为在一人之下而沾沾自喜的第二名，此时却发现，自己不得不给成千上万的第一名“让路”了。[6]

在毕业典礼上做了精彩的演讲之后，爱德华在大学里得到了一个教书的职位，但他现在却选择了法律，而不是教书或传道，于是他进入了当时已经很出名的丹尼尔·韦伯斯特的律所。丹尼尔·韦伯斯特之前就对他很感兴趣。像威廉一样，爱德华拼命工作，为了挣钱，他还做兼职教师。他从未拥有真正的健康，在位于沃尔瑟姆的雷普利叔叔的学校教书的时候他才14岁，但经常抱怨自己不是咳嗽就是头痛。他当时住的那个房间里没有暖气，他告诉妈妈，即便气温降到26华氏度时，他每天晚上仍然有一个小时的时间无法控制地阵阵出汗。于是，他被送到弗吉尼亚州的亚历山大市养病，在那里待了半年多，以便能够恢复健康，这样就可以去上大学。但大学毕业一年后，他的身体又垮了，不得已又去欧洲待了一年。可是，1826年10月从欧洲回来时，他看上去比离开时更加疲惫不堪，但还是硬撑着。他开始有一种预感，觉得自己快要撑不住了，他曾伤感地说，“如果能活下去，我会成为一名律师”。他写信给威廉说自己老是感到疲惫，但又补充道：“不管怎样，我觉得自己的身体这只重要的饭碗还能撑几年，尽管碗里的浅酒已经快要喝光了。”他的弟弟查尔斯也看到爱德华正面临的麻烦，于是写信给威廉说：“爱德华看上去几乎没有力气来完成他必须参加的人生竞赛了。”查尔斯补充说：“如果他英年不测，那对我们来说是一种最为黑暗的惩罚……”1828年春天，23岁的爱德华终于放松下来，他写信给威廉说：“我不再研读法律，也几乎不怎么写信。我已经向上帝和自然投降了。”他坦言：“自从投降的那一刻起，我开始变得更聪明、更健康、更快乐了。”[7]

但十天之后，爱德华的精神完全崩溃了，他表现得十分狂躁。他走下楼，癫狂地嘲笑年迈的雷普利医生。他还表现出了暴力倾向。“爱德华病得很厉害。”查尔斯写道。爱德华后来曾有过一段清醒期，但6月下旬又出现了精神崩溃的情形，被送进了麦克莱恩精神病院。他的母亲非常震惊。她心疼地认为，儿子死了会更好受些。[8]

经过治疗，爱德华的理智得到恢复，但他曾经充沛的精力或果断的风格再未得到恢复。他想要继续从事法律方面的工作，但踌躇不决，谨慎地征求各方的意见。若干年后，他的同名侄子爱德华·瓦尔多·爱默生写道：“他像断了主弦的乐器一样。”他的身体状况也很糟糕，自孩提时代起就可能一直伴随他的结核病开始恶化了。他乘船去了波多黎各，在那里当了一名职员。1834年病逝，年仅29岁。[9]

爱默生家里倒数第二小的男孩名叫罗伯特·伯克利，人们总称他伯克利，他于1807年出生。他智力迟钝，虽然活了52岁，但成人的身体里长着一颗孩子般的心。他小时候嗓门很大，举止令人尴尬；后来变得烦躁不安，唠唠叨叨。每当出现周期性的精神崩溃时，就需要到福利机构收容治疗。他一生都需要别人照顾，经常住在家里，有时候也住在缅因州，有时还得住在麦克莱恩精神病院。他在罗克斯伯里小镇的一户人家家里也住过一段时间，还曾在切姆斯福德的一个农家家里住了很长时间。家里的往来信件也会经常提到他，总是说他挺好的。他是我们偶尔会瞥见的那种有福气的智障者，远离烦恼，过着简单的生活。他甚至还上演过一出创办自己版本的家族企业的闹剧。有一次，他离家出走了十四天；爱默生写信给威廉说，伯克利从切姆斯福德到了新罕布什尔州的弗农山，在那里，“他拿着一份表格，打算创办一家声乐学校，在被聪明的人发现之前，他已经成功地招收了十五六个孩子”。[10]

查尔斯出生于1808年，是家里最小的男孩儿。他中等身材，头发浓密，鼻子没有哥哥们的大，不是爱默生家族典型的大鼻子。他非常聪明，讨人喜欢，尤其是玛丽姑妈对他喜爱有加。他在高中时就曾获得过拉丁语奖项，他发现大学入学考试远没有想象的那么可怕，并在哈佛大学二年级时便获得了鲍登奖。他的哥哥们觉得，对他来说，没有什么事情是困难的。在信中谈到自己期望得到的荣誉时，他表现得很轻松。实际上，查尔斯对自己的未来一点也不明确，但就像告诉姑妈的那样，他觉得努力成为第一是他的职责。而另一方面，他认为自己并不比任何人差，就像灰姑娘一样，只是别人不知道而已。"我看不出哪个人比我更聪明。"他向姑妈吐露心声。但在后来的一封信中，他承认谦虚是多么的困难，"让我不沉浸在我所得到或期待的那些微不足道的荣誉中"是多么的困难啊。但在内心深处，他却有不同的感受："在家里，他们应该最了解我，但为什么他们都不太重视我？"玛丽姑妈让查尔斯每周都给她写信，他让她也每周都给他回信。为了表明自己喜欢法律胜过神职，他向姑妈解释说："我极度怀疑自己适合担任神职……我的头脑没有那么聪明。"[11]

查尔斯的骄傲自大让爱德华和瓦尔多有些生气。当查尔斯还是个随和的大一新生时，爱德华就曾严厉地要求他多加努力，但在爱默生眼里，查尔斯在整个大学期间依然像以前一样，"不愿意付出太多就想得到快乐、恩惠和荣誉，不像爱德华要用勤劳的双手甚至生命来换取"。爱德华可怕的精神崩溃就发生在查尔斯即将毕业之际；那时，他被安排在毕业典礼上致告别辞。爱德华在麦克莱恩精神病院治疗期间，瓦尔多去哈佛倾听了查尔斯的致辞，随后给查尔斯写了一封长信，直截了当地指出这次演讲的不足之处，并在提到查尔斯时使用的是第三人称。瓦尔多说，演讲者最大的错误在于他认为观众会理所当然地对他感兴趣，并没有认识到让观众感兴趣才是演讲者要做的事。瓦尔多说，演讲虽然很华丽，但缺乏说服力，没有深入到观众的内心，也没有试图去影响观众，它并不是针对观众的演讲，"相反，他（查尔斯）并不觉得观众是他应该关注的对象，而是觉得自己才是观众关注的对象"。爱默生详细的长篇评论充分表明了他在1828年之前对公众演讲的了解。这封信对查尔斯的影响是可以想象的。毕业演讲和瓦尔多的这封来信令查尔斯很是失望。他在给姑妈的信中说："我需要一个长长的安息日，然而我幼稚而不安分的心理却无法让我从安息日以及新月或精神节日中得到成长或持久的涌泉。我几乎要绝望了。"[12]

毕业后，查尔斯的生活发生了变化。他在查尔斯·阿珀姆的办公室学习法律，后来就读于哈佛的法学院。尽管丹尼尔·韦伯斯特认为查尔斯的法律学得不错，即使他在缅因州的偏远地区当律师，也能吸引不少客户，但查尔斯还是觉得自己很难继续学习法律。他找不到法律方面的抱负，反而加深了对文学的兴趣。此时的瓦尔多不仅对他和气起来，而且还成为查尔斯越来越亲密和越来越钦佩的朋友和伙伴。1832年从法学院毕业时，查尔斯对康科德镇罗克伍德·霍尔的女儿伊丽莎白·霍尔（又名莉齐）产生了浓厚的爱恋之情；他的这份感情得到了回报，他们坠入爱河。这是查尔斯一生中的大事；到目前为止，他的遗著中最大的那部分就是写给伊丽莎白的信。他们订了婚，并最终计划在1836年9月举行婚礼。

但查尔斯总是无法摆脱阴暗的一面。在他雄心壮志的背后，是对名望、伟大和某种被关注的向往，这是一种不祥的空虚感。他斗争了多年，先是同宗教信仰斗争，后来是同基于自我的哲学思想斗争。他得出的结论是，后者只不过让自己产生困惑："当我们以自我为中心看世界的时候，会发现没有什么比这更令人困惑的了。"就像他母亲喜欢的费内隆一样，查尔斯渴望自己能够被淹没在更伟大的东西之中。然而，他的道路总是显得阴暗而向下。在还差一年大学毕业时，查尔斯在写给玛丽姑妈的一封信中说："每次我越来越接近人群时，空气就会变得越来越浓重，越来越肮脏，我的灵魂似乎也越来越远离了它的本性和应待之地。"[13]

伴随着这种阴郁的沉思，查尔斯哈姆雷特式的沮丧情绪变成了真正的文学才能。瓦尔多保存了一个记载查尔斯语录的笔记本。查尔斯对自己曾经有过的疏离感如此描述："我是一枚流落到西班牙的美国硬币，虽然材质没变，但却不能流通。"他觉得"小睡正在消磨掉整个世界"，并以厌倦但不失优雅的语调指出，他"找不到任何理由不让这个世界焚毁。在过去的某个时候，游戏已经结束"。他喜欢弥尔顿；爱默生说查尔斯是弥尔顿的忠实读者，并回忆查尔斯在"朗诵弥尔顿的诗歌《力士参孙》时钻石般锐利的声音"。[14]

查尔斯的健康状况恶化了。同1834年因肺结核去世的爱德华一样，查尔斯也同样患有隐性肺结核病。他的生命只有在深爱着自己仰慕的莉齐时才能燃起火焰，而她也给了他相同的回应。但是他无法逃避自己的预感，内心越来越感到死亡的临近。"生命在消逝，"他写道，"一天接一天，一夜又一夜。祝福吧，终于可以从肉体和疾病的痛苦中解脱出来了，我可以渴求它不被责怪吗？"像玛丽姑妈一样，他可以看到自己的死亡。他在日记中写道："11月的冷雨淋湿了荒芜的山野，对我来说，这其实算不了什么。"[15]

1836年春季，查尔斯从未健壮的身体状况突然恶化。他来到了纽约威廉家里，在那儿休养了一些日子。5月9日那天，也就是婚礼前四个月，他早上出去散步，走着出去，却躺着回来，到黄昏时分便离开了人世。他写了很多诗歌，其中一首名为《特克拉之歌》，诗的尾声如下：

当世界变冷时，心也就老了，
再也看不到大自然的光明了。
圣女啊，把这孩子还给你吧！
从地球之树上，我摘下了那朵花，
那是我生活过真爱过的地方，
也是我行将凋零的地方。[16]

第8章　年轻作家

从1821年爱默生18岁时大学毕业，到1823年5月全家搬到罗克斯伯里之前这段时间，爱默生一直在威廉的女子学校教书。他充其量也就是个中等水平的老师，也许，当汉娜·史蒂文森说“父母和学生都并不认为学校是一种失败”时，她代表的是大多数人的观点。作为老师，爱默生给伊丽莎白·皮博迪和伊丽莎白·霍尔留下了深刻的印象。他年轻时还曾在另一所学校里教过小理查德·亨利·达纳，但没有教给他任何有用的写作技巧。多年后，当他阅读并欣赏达纳的杰作《航海两年》时，他懊恼地意识到了这一点。偶尔也有一个崇拜他的弟子，比如彼得·亨特，对他说的每一个字都听得津津有味，视为神谕，觉得一切都值得听。但是爱默生的心思从未放在学校教学上。教书对他而言，就像查尔斯所说的在“老旧的厨房里拿起船桨”一样。虽然尽到了自己的责任，但他总是不满意。他梦想成为一名诗人、演说家或牧师。这些梦想的共同之处在于它们都需要写作，爱默生把所有时间和精力都奉献给了写作事业，写作能够把他从教学中解救出来。[1]

大学毕业后的几年里，除了与兄弟们和玛丽姑妈有信件往来外，爱默生在思想方面的交流是孤立的。借用查尔斯·兰姆的话说，爱默生生活在“精力未被分享的孤独”之中。他并没有和大学时的教授们形成朋友关系；现在，他正在给一些昔日的同学写冗长而正式的信件，试图推动一些文学和思想上的交流。他在大学里学到的一件事就是如何记日记。在1819年读大二时，爱默生就开始记录一本大学主题笔记以及他阅读过的书籍清单。第三个笔记本的前半部分是他大学时期写的关于苏格拉底的文章草稿，后半部分变成了诗歌。第四本始于1820年乔治·蒂克诺的演讲笔记，并逐渐发展成为散文和诗歌草稿的一般笔记本。同样在1820年，他开始启用一个名为“宇宙”的笔记本系列，并为每个命名为“宇宙”的笔记本都编了号。这其实就是普通的笔记本，里面都是从他读过的书中摘录的段落。也是这一年，他又开始了另一个系列，名为“大千世界”。他在第一年完成了两本；1821年，也就是毕业那年，搁置了一段时间；1822年又开始认真记录并完成了第三到第九本，在这七本里，记录的都是爱默生自己对各种学科的思考和观察；1823年，他又完成了三本。

有条不紊、坚持不懈、有目的地记日记是爱默生早期精神生活中最引人注目的方面之一。他不停地写，什么都写，一写就是几百页。当无话可说时，他就将自己无话可说的情况记下来。对于写下来的东西，他会反复阅读，并做了索引。他把信件里的内容抄到日记里，又把日记里的内容抄到信件里。当再读自己写过的东西时，爱默生觉得有许多地方都非常可笑，他还会标上诸如“在即将到达主题之前停笔了”之类的评论。但他仍然坚持记日记。这些早期的日记大多比较拙劣，基本没有什么原创性，但日记从未间断，令人印象深刻。它们是付出，是初稿，是散文的雏形；而散文，成为他毕生的写作形式。[2]

在波士顿联邦大街那所房子的阁楼里，爱默生继续着自己的梦想，他就各种各样的话题记录和积累了很多注解、想法和段落。在邪恶是什么的问题上，爱默生写道：“从世界的每个角落都能找到答案……在那些被奴役者、病人、穷人、失望者、不幸者、垂危者、幸存者的身上，在他们的哭喊声中，邪恶就在那里。”他认为对比是“人类思想的法则”，而权力“似乎在神学里无处不在，是其根基”。关于社会情感，他写道：“人类显然是为了社会而存在的，就像眼睛是为了视觉而存在一样。”他后来又说：“人们生活在社会状态中，而不是个体状态中。”他对伟大很感兴趣，认为伟大的最佳境界是“抛弃世俗的血缘关系，并将自己与不朽的思想联系起来……它晦涩难懂，鲜为人知”。关于文明衰落，他谈了很多，认为“一切事物都有腐朽的倾向”。而他最糟糕的作品是对“戏剧表演的邪恶影响”进行长期而古怪且充满激情的抨击。他认为戏剧是“剧毒和腐朽”的，是“现有的邪恶”；他总结说：“剧院是恶臭的下水道，反叛的恶习不断上演，直至精疲力竭。”[3]

爱默生还对预言进行过评论，但比起预言本身，他更感兴趣的是预言家的心态。关于殉道，爱默生认为它“证明了统一的存在和个性特征的力量，而对于其他有着普通思维的人们而言，这或许只能在幻想中出现”。在平民大众的问题上，爱默生想知道在不同时代他们是否都是一样的。这样的文章，大部分都是为了练习和锻炼。还有一篇文章，他在后面列出若干参考文献，然后写道：“当我还有话要说时，我将继续讨论这个话题。”隔了些天，他又补充道：“不再提它了。”但是，就像水泵在抽出清泉之前总会吸出浑水一样，爱默生有时也会产生真知灼见，能够提出虽显粗糙但很重要的构想。在1822年3月的一篇文章中，他评述道：“我们对变化和变迁充满怨言”，其实我们应该说，“我们探究的事物本身并没有改变……世界，即寂静的宇宙，它本身从未改变；永恒变化的是每个人的思想”。[4]

在这个活跃的播种阶段，爱默生采取的是博览群书的方法，只有在研究某个特定项目时，他才会系统地阅读相关书籍。他既读当代书，也读古籍。他习惯性阅读的杂志有《北美评论》《爱丁堡评论》和《基督徒观察者》等。几乎每读一本书，他都会从中摘出短语、细节、事实、隐喻、逸事、俏皮话、格言和想法等。四十多年来，他一直这样精力充沛地边阅读边摘录；他的个人笔记本和索引（包括索引的索引）最终达到了令人吃惊的230多卷，填满了一个大书柜的整整四层书架。这些笔记本部分是他原创作品的宝库，部分是归档系统，以便他储存和查阅这些在一生的阅读中对每个感兴趣的话题累积的成果。

从1821年底到1823年初的这段时间里，爱默生阅读了瑞士经济学家西斯蒙第的《中世纪意大利共和国史》和莫斯海姆的《基督教教会史》。其间，他的姑妈还曾询问他阅读艾希霍恩的《启示录》（《启示录》另一个新的激进的“文学”诠释本）和拉姆·莫汉·罗伊的书的情况。后者是伟大的印度教一神论者和现代印度教自由主义的创始人，曾因发表在《基督徒观察者》期刊上的文章引起过不小的轰动。他读了莎士比亚的《哈姆雷特》和《安东尼与克莉奥佩特拉》；读了斯塔尔夫人的女权主义小说《柯丽娜》，这是玛丽姑妈另一本珍爱的书和另一位喜欢的作家；阅读库柏的《间谍》（1820）和《拓荒者》（1823），还有司各特的《威弗莱》（1814）和《昆廷·杜沃德》（1823）以及凯瑟琳·塞奇威克的《红杉》（1824）。尽管爱默生继续读古典文学，但他从来没有像梭罗那样对古典文学那么痴迷。现在，他还读罗马斯多葛学派塞内卡的《信件》、奥维德的《爱的医疗》和卢克莱修的《物性论》。他通过斯塔尔夫人的《关于卢梭作品和性格的书信》第一次对卢梭产生了兴趣。他还读了吉本的书，这位作家曾在爱默生的散文风格上短暂地留下了印记。这个时期，他还读了培根和柏拉图（《美诺篇》）两位思想家的作品；他后来也经常读他们的作品。[5]

大学毕业后的一年半里，爱默生取得的显著成果是他发表了第一篇文章《关于中世纪宗教的思考》。这是一篇关于腐朽和衰败的文章，是当时年轻人最喜欢的话题，但爱默生从来没有把这篇文章列入他的任何作品集，也许是因为它完全不同于他后来写的任何作品。爱默生把欧洲中世纪看成是介于古典文明与宗教改革之间的一段野蛮时期。这篇文章提出了文明为什么要屈服于野蛮的问题。这篇文章是模仿他人之作，总体上对中世纪持否定态度；文中对宗教改革虽有简短而含糊的肯定，但被充斥整篇的对罗马迷信的不屑和攻击掩盖了。这部作品的整体语调不仅是怀疑，而且是对哲学激进启蒙运动的轻蔑的怀疑。[6]

当我们认识到此时的爱默生尽管被怀疑论者大卫·休谟的彻底否定论所吸引但仍然很难接受其观点时，这篇文章的基调和主题都变得更加容易理解，它最终是关于“（欧洲国家的）自由见解应服从于地方议会和罗马法院条例”的。这段时间里，休谟的名字遍布于爱默生写给玛丽姑妈的信中。1823年10月，他读到了一篇题为《必然因果关系的思想》的文章，虽然标题不怎么亮眼，但却是休谟《人类理解研究》一书的核心章节。休谟在该文中指出，我们对能力、力量和能量的看法都取决于我们对必要联系的看法。“这似乎是一个不容置疑的命题，”休谟首先轻松快活地说，“我们所有的想法只不过是我们印象的副本。”他说：“我们不可能想到我们以前没有感觉到的任何东西。”他接着说：“对于外部物体，考虑到起因产生作用的过程，我们永远不可能在单个实例中发现任何力量或必要联系，或任何将因果联系起来的特性。”休谟说，关键是“联系”一词，我们并没有真正感知因果，我们只能感知序列，一个事件跟随另一个事件。我们无法“理解能够让起因产生作用的任何力量，或者起因与假定结果之间有任何联系”。关于休谟对因果关系的著名评论，爱默生之前就有所了解，但现在他才明白，挑战因果关系就意味着挑战我们对力量本身的认识。休谟写道：“不同事件看上去似乎是结合在一起的，可它们从来不可能关联在一起。但是，由于我们对在任何外在感觉或内在情感上从来没有出现过的东西都一无所知，因此附带的结论似乎就是，我们根本无法了解联系或力量，而且这些词本身也绝对没有任何意义。”[7]

确实如此。不管是科学还是神学，如果没有因果关系，就没有力量；没有根源，就没有上帝。力量只有在引发某种事物时才是力量。休谟的逻辑导致了一个完全没有联系的世界，没有能量去创造的世界。那么，人类又该往哪里去呢？这个问题对于爱默生来说尤为紧迫，他一生的中心工作就是发现并利用存在于人类和世界上的那些力量源泉。脱离了基本知识，力量的创造是一种几乎不存在的状态。即使在逻辑上能够证明这一点，爱默生也绝不会接受它。从这一时期的日记中可以看出，爱默生敏锐地意识到，休谟的问题应该得到回答。

由棉花和土地双重泡沫破灭的叠加效应导致的1819年的经济萧

条在1823年有所缓解，这使得爱默生一家的拮据生活变得稍微宽松了些，但1823年1月的爱默生却焦躁不安，且心怀不甘。“我一直在上学，”他给一位朋友写信说，“我既不学法律，也不学医学和神学，既不写诗歌，也不写散文。”他与乔治·班克罗夫特进行了交流；乔治刚从德国哥廷根大学毕业，正兴致勃勃地计划在欧洲体育馆边上开办一所美国中学。爱默生还去聆听了他的偶像爱德华·埃弗雷特教授的一个关于“伊洛西斯城的秘密”的演讲。埃弗雷特并不是他现在唯一崇拜的人。他还听过哈里森·格雷·奥蒂斯在1823年的演讲，他说自己对这次演讲感到既惊讶又兴奋。1823年底，他还去听了威廉·埃勒里·钱宁关于启示录的布道，让他印象深刻。从那时起，爱默生对埃弗雷特的兴趣逐渐减弱，因为他越来越欣赏钱宁的思想和风格了。[8]

1823年5月，爱默生一家从波士顿的联邦大街搬到了罗克斯伯里的坎特伯雷区。他们住在乡村小巷里的一所不大的房子里。这个小巷后来变成了胡桃大道，离蓝山大道很近。罗克斯伯里的这一部分当时还是乡村，“一片长满沙地柏的荒野，但风景不错，还有伏牛花灌木丛、猫藤、漆树和布丁石等”。他们的新住处离波士顿很近，爱默生步行就可以去那儿，但那儿也很荒凉，有时他出门去田野和树林里漫步时，会顺便带一把老式枪打猎。8月份，他徒步去过康涅狄格山谷，爬上过霍利约克山，还参加了阿默斯特学院的毕业典礼。他随身携带的是培根的《散文集》。爱默生还参观了当地一个仅有一个矿工的铅矿，该矿工在那里已经干了整整十二年，挖出一个975英尺深的大坑。矿工独自一人在这个“潮湿而寂静的坟墓”里度过了所有的时间，他向爱默生坦言，“他从未遇到地精小妖，这地方非常适合冥想”。[9]

这个秋天，爱默生的心情十分忧伤。刚过20岁的他感到前途渺茫，他抱怨道：“童年的梦想正在渐渐远去，开始清醒地认识到自己的天赋和条件非常平庸，令人生厌。”他优雅而又忧郁地指出：“我们把所有的责任都葬送在一种不确定的拖延里。”他心神不宁，害怕被生活抛弃。在日记里，他记录了这种自责心情的低谷："你将在这绝望的幻想中昏睡一生——你生活的目标尚未找到，更无法实现。"[10]

相比之下，威廉就要去德国学习了，而爱德华·埃弗雷特、乔治·班克罗夫特和乔治·蒂克诺等都已经从德国哥廷根留学归来，带回来的全是德国最新的学术和批评思想。1823年10月初，哥哥威廉拿到了所有的推荐函，并于同年12月5日踏上了去哥廷根学习神学的征程。

第9章　辞典与批评家的乐园

在威廉准备去德国的时候，瓦尔多对威廉·埃勒里·钱宁的思想和本人开始越来越感兴趣。钱宁是波士顿的一位牧师，也是美国一神论奠基人中最伟大的一位，彼时，他正处于权力的巅峰。1819年，他在巴尔的摩进行了一场题为"唯一神论基督教"的布道，该布道即刻被公认为新运动中起决定性作用的圣典，并于1825年形成了单独的教派。钱宁的巴尔的摩布道主张只有一个神。他反对"三位一体说"，也就是说，他"颠覆了上帝的统一性"。按照钱宁的说法，一神论者相信"耶稣基督与上帝截然不同，比上帝低一等"。他们相信上帝"父母的性质"，相信这个世界不是一个忏悔和哀悼的地方，而是一个教育的地方。一神论者们与加尔文主义彻底决裂，他们反对在宗教中过度情感化，把信仰建立在苏格兰常识哲学所称的在每个人身上都可以找到的道德观念之上。一神论教派认为他们自己是真正的革新。钱宁本人集道德力量和精神力量于一身，是一位卓有成效的演说家，在"唯一神论基督教"布道的结尾，他呼吁人们进行革命："我们诚挚地祈祷上帝，将那篡夺精神的坚固堡垒推翻、推翻、再推翻！"[1]

一神论运动的重点部分是在精神上强调耶稣的道德教导，部分是使自然神论现代化，从而形成一个能够拥抱现代科学的宗教；还有一部分是对加尔文主义的关键内容进行的激烈驳斥。1820年，当爱默生还在哈佛读大三时，钱宁就写过一篇题为《反对加尔文主义的道德辩论》的文章，吹起了愤怒而嘹亮的号角，反对植根于恐惧与恐吓的加尔文主义。钱宁让“堕落”的自然人焕发了生机，他说：“一个人的最终信赖必须依靠他自己的头脑，这是一个重要的真理。”钱宁认为，我们的道德意识可能并不像我们想象的那么清晰和统一，但如果我们不能相信自己的道德意识，那上帝就可能是完全邪恶的。通过表达对一个名叫伊万·卡拉马佐夫的魔鬼代言人的愤怒，钱宁对论述进行总结并使其达到高潮：“如果上帝的正义和善良与加尔文主义归因于他的那些管理的运作和模式（永恒的诅咒、地狱之火、复仇）相一致的话，那我们追求的信仰完美又有什么用呢?”钱宁质问：“如果把神圣的正直委托给在他手里变得有罪且无能的永生苦难的众生的话，那我们恳请知道，我们对这样的正直还有什么兴趣？它包含着怎样的善的承诺？还有什么样的我们能够想象到的邪恶不是它的自然结果呢?”[2]

1821年3月14日，就在爱默生大学毕业前几个月，钱宁做了一个题为“天启教的证据”的演讲，给爱默生留下了深刻印象。多年来，爱默生一直把此次演讲内容视为一种标准或试金石。钱宁当年41岁，大约是爱默生年龄的两倍。像埃弗雷特一样，钱宁是爱默生上一代人中最杰出的代表。在这次充满活力的演讲中，钱宁引证休谟关于我们无法证明因果的论点，帮助我们理解为什么这个论点至关重要。当然，钱宁是站在对方的角度说的。他说：“所有基督教的证据都可溯源为一个伟大的原则，即每一种结果都必然有一个充分的理由。”他又接着说：“我们宣称我们的宗教是神圣的原创的，因为我们无论从人类本性的力量或激情中，还是从我们的宗教产生时的情形中，都找不到充分的理由。”[3]

钱宁很愿意说，《圣经》其实和其他任何一本书一样需要诠释，他自己广泛研究《圣经》的结果说服了他，使他认为《圣经》是完全可信的。他指出，福音书对基督的品格给出了完全一致和统一的看法，那时的使徒书信也准确地反映出“正是由于宗教第一次传播过程的特殊条件产生的精神状态”。那时，福音书和使徒书信在所有重大事情上都完全履行了它们的职责，那就是解释基督信息的兴起、性质和早期传播。钱宁认为《圣经》做了真实的记录，与作为我们基督教思想的唯一来源基本上是一致的，因此值得信赖。1823年10月，正当威廉准备离开德国时，爱默生聆听了钱宁另一次关于《圣经》启示可靠性的布道。当爱默生家人问钱宁对威廉去德国留学的看法时，他建议威廉不要去德国学习神学。也许德国的历史研究非常好，乔治·班克罗夫特就很适合学历史，但就神学而言，的确不怎么样。

钱宁担心德国新历史主义对《圣经》的批判，因为他们的批判大多是消极的和破坏性的。他们年复一年地、一个学者接一个学者地指责《圣经》——不是这部分，就是那部分——存在诸如神话、奇迹、魔法、民间传说、迷信、自相矛盾和不一致等瑕疵。在钱宁意识到德国《圣经》研究就是对《圣经》的猛烈质疑之前，他本人对《圣经》的信仰已经形成了。因此，钱宁的信仰没有受到影响，但却被剥夺了进行同样猛烈反击的洞察力和对19世纪初基督教浪漫重生的领悟力，而后者也有德国思想家的功劳，如康德、赫尔德和施莱尔马赫的作品。

威廉·爱默生在1823年12月5日登上“海洋”号双桅帆船，开始了前往欧洲的旅程。在德国，在他不得不向家人汇报的那些内容中，大部分都令人沮丧。瓦尔多认为的那种给人深刻印象且极其重要的讲坛雄才在德国似乎并不存在。哥廷根大学的规模很大，当时的学生多达1500名，是哈佛的五倍。威廉给家里写信，表示不赞成将德国的大学复制到美国。他认为，学生人数的庞大是他们进步的障碍。学生们非常吵闹，喝酒和决斗司空见惯，他们几乎不怎么和教授联系。而神学院的学生又是最差的，他们更能喝酒，更能决斗，更缺乏自尊。尽管如此，威廉还是学会了德语。1824年5月，他开始去听戈特弗里德·艾希霍恩关于前三个福音传道者的系列演讲中的第一个。[4]

约翰·戈特弗里德·艾希霍恩（1752—1827）是“现代旧约批评之父”，1824年，他即将结束漫长而卓越的职业生涯。艾希霍恩具有令人敬仰的学术包容性，包括耐心系统地考虑那些对立的证据和观点。他有效地将犹太教和基督教传统的核心文本转换为一组或多或少不可信的故事、神话和传说，以某种方式与历史事件结合在一起，使得最终的叙述并不比希罗多德更可靠。（当然，也并不比希罗多德更不可靠。）艾希霍恩怀着沉稳、善意和智慧研读《圣经》，就像研读其他任何文本一样，仔细核实信息来源和类比内容，对书中矛盾、借用、前后不一和抄写错误的内容十分警惕。他会仔细寻找措辞、意象或修辞的变化，因为这可能意味着作者身份的改变。他和许多同事还有学生一起参照其他证据，如约瑟夫斯或考古学的证据，来核对《圣经》。艾希霍恩和他的门徒们坚持认为《圣经》由人类所写，就像其他所有书籍一样；他们主张，在现代意义上，《圣经》不应该凌驾于其他书籍之上，我们应该用与研究其他领域相同的学术和批评方法来解读它。艾希霍恩于1783年创作了一部意义深远的巨著《旧约导论》，这部作品是他的主要成就，此后他不断修改和再版，直到1827年去世。[5]

类似的批评也在对《荷马史诗》的评论中展开。正如弗里德里希·奥古斯特·沃尔夫（1759—1824）所主张的，《荷马史诗》实际上是由不同的人收集的不同文本。艾希霍恩认为，假定的《摩西五经》（《圣经》的前五本书）的作者“摩西”实际上是几个不同时期的不同作家的总称。此外，作为一个理性主义者和启蒙运动的弟子，艾希霍恩相信科学，相信牛顿有序的世界观，把一切奇迹都解释为被误解的自然现象。当摩西的脸映照在高山之巅时，那并不是上帝的光辉，而是他本人努力攀登的结果。[6]

艾希霍恩的这些想法并非全都是他个人的独创，他所做的，就是让那些质疑者和无神论者曾经提出的观点在精神上得到人们的尊敬。

他给自己的观点提供了有力的学术支持。艾希霍恩教授风度翩翩，和蔼可亲，平易近人，广受钦佩。1824年8月上旬，在初见艾希霍恩三个月后，威廉已经对他着迷了。“我的思想似乎经历了一场让我自己都感到吃惊的革命，”他写信给一位朋友解释说，“我不可避免地把这种变化主要归因于艾希霍恩的著作和讲座。”此时的他仍然打算当牧师，依然敦促瓦尔多尽快来德国留学。对威廉来说，尽管这种新批评精神毁灭性的一面最终起到了决定性作用，但他至少意识到其中也有建设性的一面。他建议瓦尔多读艾希霍恩的批判性著作，而不是他的历史类书籍。在1824年8月的一封信中，他建议弟弟读赫尔德的全部著作；1825年3月，威廉又给弟弟推荐了施莱尔马赫。这两个建议瓦尔多都采纳了。[7]

1823年12月，当威廉刚刚起航去德国时，瓦尔多正陷入毫无回报的教学之中，对未来没有任何明确的计划。他情绪低落，抱怨这“可怕的死水”般的“噩梦”会使得一切变得更加糟糕，觉得自己需要采取行动了。在那个阶段，他的日记里满是意志消沉的评论。他不无忧虑地说：“我们容忍时间和机会的流逝，因为要让它们屈服于我们的意志，需要付出太多的努力。”他指出：“我们对天堂的看法冷漠而匮乏……所有那些毫无灵感的描述都是无力而空洞的。”[8]

但是，威廉去德国留学的事最终让瓦尔多振作了起来。他不再对自己的命运、困在家里的感受以及其他事情表达不满，而是一反常态地把威廉的好运气归因于坚持不懈的个人努力。1823年12月下旬，除了哈姆雷特式的哀伤和拜伦式的孤独之外，爱默生的日记开始有了新的、不同寻常的狂喜和鼓舞。就像在暴风雨中站在甲板上的以色列国王亚哈一样，爱默生面对宇宙大声追问：“有谁能够控制我？我为什么不能完全自由地行动、说话、写作和思考呢？我对于宇宙，或者宇宙对于我，究竟意味着什么？是谁创造了错误和正确、意见和习俗的枷锁？这枷锁我必须得戴吗？”伴随着这种超然感觉的，是一股非凡的能量，一种对力量和解放的美妙感觉。“孤独地生活在广阔的社会之中，”他写道，“我看到了这个世界、人类、牲畜以及无生命的自然，而我就在他们之间，但我不是他们；我听到了暴风雨的歌声……我看到城市和国家，我见证激情……但我不参与其中……我并不认同他们。”[9]

这次内心的爆发与其说是自我孤立，不如说是奋起反抗。它重新定义了中心和边缘，这让人想起梭罗笔下的苍鹰，它并不孤独，却让在它之下的一切猎物感到孤独。毫无疑问，这种感觉是一种绝对的自我明确，一种非凡的自我肯定，一种疯狂而浪漫的自我思索。这不是通过逻辑论证，而是通过感觉经验，对休谟进行回答。不管其他万物是否存在，但爱默生认识到了自己的存在：“我对宇宙说，大能者，你不是创造我的主！如果愿意，请回到混沌中去吧。离开你，我仍然存在，活得安然。如果我丢了性命，那也是天命，它可比你厉害。星辰、世界和系统，一个个都将被击个粉碎——而我，将永远活着。”[10]

第10章　斯塔尔夫人、另一个德国及神学研究

在爱默生看来，德国人不但好学，而且博学，这是他从那些从哥廷根传回来的信息中了解到的。在写给威廉·瓦尔多的一封信中，他把德国草率地称为“辞典与批评家的乐园”。同时，他对德国还有另一种截然不同的看法，它来自斯塔尔夫人的名作《论德国》(1813)。爱默生对斯塔尔夫人的作品的了解可以追溯到几年前，因为她也是玛丽姑妈最喜欢的作家。安娜·路易丝·热尔曼娜·内克，即斯塔尔·荷尔斯泰因男爵夫人，凭借她的才智和人格力量，在法国知识界占有一席之地，据说可以和拿破仑匹敌。她的作品主要有小说《柯丽娜》和《黛尔菲娜》两部、关于卢梭和法国革命的论著若干、《论激情的影响》以及她的杰作《论德国》。她是法国革命和后革命

时期的重要知识分子。拿破仑非常害怕她，不准她在巴黎方圆40里格①的范围内居住。

玛丽·穆迪·爱默生能够与斯塔尔夫人产生共鸣的原因有很多。斯塔尔夫人是一个自力更生、英勇坚强的文学女性（正如《柯丽娜》的女主人公一样）。斯塔尔夫人有着严谨的加尔文主义背景，她把这种背景转变为对宗教情感力量的浓厚兴趣，在《论德国》的最后三章里大力赞美热情，认为热情是所有有价值的思想和行动不可或缺的基础。

1817年，也就是爱默生上大学的那一年，正值名声鼎盛之时的斯塔尔夫人离世了。之后，斯塔尔夫人的作品被广泛地讨论、翻译、评论和转载，她被认为是“自伏尔泰和卢梭时代以来她的国家产生的最具影响力的作家”。爱默生于1822年3月从图书馆里借来《柯丽娜》和《论德国》两本书，但他似乎没有时间去阅读，直到1822年10月，他才开始读《柯丽娜》。这部小说是关于一个才华横溢、极有天赋的年轻女子的故事，她是一位即兴创作的艺术家和表演家，同男性保持着浪漫的友谊，却过着自己的独立生活。1823年1月，爱默生又拜读了斯塔尔夫人的《论法国大革命》；2月，他阅读了她的《回忆录》；5月，他又试着读《论德国》；9月，读了她关于卢梭的书；在1824年头几个月里，他一连读了好几本《爱丁堡评论》，该杂志刊登了一些关于《论德国》和《论法国大革命》的长篇评论。[1]

正当威廉写信介绍充满学术氛围的德国时，瓦尔多从斯塔尔夫人那里了解到了一个完全不同、更加全面地看待这个国家的视角。迄今为止，《论德国》仍然是外国人对另一个国家评论得最好的著作之一，它曾对美国的思想界产生过巨大影响。乔治·蒂克诺之所以去德国留学，就是因为斯塔尔夫人对该国的学术氛围大加赞赏。爱德华·埃弗雷特、摩西·斯图尔特、詹姆斯·马什、乔治·班克罗夫特、乔治·

① 里格为长度单位，1里格等于3英里。

雷普利、约翰·德怀特、詹姆斯·弗里曼·克拉克、西奥多·帕克、玛格丽特·富勒和亨利·朗费罗等人都是受到了此书的影响，才开始学习和研究德语和德国文学。该书清晰易懂，很有吸引力，由德国和德国人、文学和艺术、哲学及宗教四个部分构成。除了有一个段落提到了米夏埃利斯之外，全书几乎没有关于《圣经》评论的内容，但作者对康德及其追随者们进行了精彩而富有价值的介绍；同时，因为宗教精神在德国比较兴盛，该书对此也做了较多介绍。

对于斯塔尔夫人来说，宗教的核心就是“对无限的感知”，她非常小心地将其与无限本身区分开来。她解释说，无限“在于没有限制，而对无限的感知——比如想象力和心灵体验——是积极的、富有创造性的”。斯塔尔夫人只对宗教体验感兴趣，对宗教的教条、神学、历史和仪式等均不感兴趣，而玛丽·穆迪·爱默生及其侄子，以及后来的威廉·詹姆斯也是如此。她珍视热情，因为它“被无限的情感所激发”，她举了这样一个例子：

> 当我们凝视星空时，会看到那闪烁的点点星光，那是无数个世界，就像我们自己的世界一样。银河系的灿烂星辰在太空中绕圈而行，我们的思想迷失在无限之中，我们的心脏为未知的宇宙而跳动，我们感到只有体验到世俗生活的另一面，我们的生命才会真正开始。[2]

斯塔尔夫人还认为宗教十分重要，它不能只局限在礼拜日的上午。她说：“如果宗教不能贯穿于一切生活和事物之中，如果我们的灵魂不能持续坚守这种无形的信念和这种自我奉献及自我升华的愿望，宗教就失去了应有的意义。”她认为，“每时每刻都在发生的自然的、不需刻意为之的崇拜行为”应贯穿于生命的全部，这是理想的宗教信仰状态。[3]

她认为，没有热情就没有伟大的成就。热情是“真正使德国民族出类拔萃的品质”，是德国在文学、宗教和哲学领域取得巨大成就的主要因素。对于斯塔尔夫人的这个看法，玛丽姑妈已有耳闻，而在开始系统地阅读斯塔尔夫人的著作之前，爱默生对此也有所了解。他一遍又一遍地回到斯塔尔夫人的作品中。爱默生早期经常参阅斯塔尔夫人的著作，她是爱默生反复阅读的作者之一，每次阅读都会有新的收获，就像微微转动万花筒便可在熟悉的筒壁内看到不同的图景一样。也许美国的生活和文学能够及时接住热情圣火的接力棒，因为这个国家没有理由再继续受德国现象的左右了。正如词源显示的那样，热情与内心的联系比其他任何地方都紧密。斯塔尔夫人指出，热情指的就是“我们内心的上帝”。[4]

1823年12月和1824年1月是爱默生富有成果的两个月。除了斯塔尔夫人的作品，他还读了杜格尔德·斯图尔特的著作、亚当·斯密的《国富论》、伯克的《法国革命反思录》、麦克劳伦所著的牛顿传记以及莱布尼茨的《信》。他还读了卢梭和伏尔泰的作品，读了孟德斯鸠的《论法的精神》、尼尔的《清教徒史》和埃里斯的《近期英使访华使节日志》。爱默生这一时期的笔记还谈到了乔纳森·爱德华兹和本杰明·富兰克林，尤其是后者。在爱默生看来，富兰克林一个人的影响力似乎抵得上一个机构的影响力。爱默生指出：“他是个具有神奇的精神力量的人，这种精神力量似乎旨在通过个人的影响来发挥作用，而这种影响通常是由若干机构缓慢而秘密的工作以及国家的发展才能完成的。”在谈到神话如何演变时，爱默生指出（没有具体指明某个人）：在希腊，一个“毫无人性的强盗”是如何在“第二个版本中成为英雄，第三个版本中变为巨人，而在第四个版本中被奉为神”的。现在，他关注的主题包括友谊、自信和历史。[5]

爱默生关注的内容比较分散，他对此素有所知。早在1823年3月，爱默生就写道：“一个目标集中的人才能成为一个伟大的人。”然而，差不多时隔一年，爱默生发现自己还是同时在关注好几个方向。面对如山的书本，他有点儿不知所措了。1824年2月，他非同寻常地希望自己出生在更早的时代。在那个时代，“族长们从来不会为成堆的作者和创作日期而困扰”，他嘟囔道，“生命被浪费在寻找通往真理道路的必要准备中，在踏入真理之门的同时，生命就已耗尽”。爱默生挣扎在神学和文学之间，不断拷问自己：“我是该征服我的内心呢，还是要服从它的本性呢？”他应该成为一名学者，一位博学的牧师，还是应该试着用自己积累的材料写一些原创性的东西？他不愿再被学习所困，他很喜欢霍布斯说过的一句话：“如果我像其他人一样读那么多的书，我就跟他们一样愚蠢了。”[6]

3月，爱默生的心情阴郁且浮躁：“当死后并离开这个肮脏的星球时，我是否应该怀着徒劳的愿望，让这短暂一生的记忆得到永存呢？”他知道，已经到了改变自己的时候了。他写信给姑妈，问她——他甚至为这个请求表示歉意——当她去世时，能否将她写过的文稿遗赠给他。爱默生的21岁生日快到了，他觉得必须做点什么，必须迈出一步。4月中旬，他似乎已经下定了决心。“我正在开始我的专业研究，”他庄严地写道，“我立志要把我的时间、才华和希望都献给教堂。”在一篇较长的日记中，爱默生对自己的才华、希望和抱负进行了浮士德式的考察。虽然决定为神学献身，但他的选择并非完全出于宗教原因。他想成为第一，想要成功，想要出人头地，想要口才滔滔，也想让自己的滔滔口才为人所知。与此同时，他又矛盾地评价说自己的推理能力欠佳，生性懒惰，自我放纵，缺乏温情。正如每一个不得不为小职业而放弃大世界的人所感受到的那样，他时不时地产生无助、羞耻和被捉弄的感觉。有时他觉得自己就是个骗子，害怕“他们会发现我”。[7]

爱默生一旦做出了研究神学的决定，就开始采取行动，而他的情绪也开始有所好转。他从爱德华·钱宁教授那里得到一份阅读清单，共十四本书，包括清教徒理查德·巴克斯特牧师的作品，亨利·施高格的《灵魂中神的生命》(1677)，还有英国国教牧师杰瑞米·泰勒在17世纪创作的两部伟大作品《活得圣洁》和《死得崇高》。清单上还有威廉·劳的《敬虔与圣洁生活的严肃呼召》(1729)，约翰·韦斯利称该书播下了卫理公会的种子；此外，还有威廉·佩利、汉娜·莫尔、詹姆斯·比蒂和大卫·哈特利的著作。比起专业性来，钱宁的书单更鼓舞人心。它涵盖了整个17世纪和18世纪初期英国精神的许多重要的作品，并将巴克斯特严肃的清教徒主义与泰勒因妻子离世而发的感人反思结合在一起。泰勒将妻子比喻成一朵玫瑰，"飘零委顿于荒芜杂草之中"。爱默生一直保留着亨利·施高格的那本著作，多年以后，他仍然把它推荐给别人。施高格说，宗教并非教派或外在的责任，甚至也不是狂热与虔诚；他坚持认为，宗教是"心灵与上帝的结合，是神性的真正参与，是上帝的形象刻化在心灵里，或者，用传教士们的话来说，是基督在我们心中的灵现"。[8]

这些作品中有好多对爱默生来说并不陌生，但他现在处在一种没有灵感的状态。他急于为成为一名牧师做好准备，还要获得相关证书，于是开始研究其他一些更严肃的书籍，并开始琢磨研究《圣经》和《圣经》注释的技能。7月，他读了《旧约》里的箴言篇和纳撒尼尔·拉德纳的《使徒和福音的历史》。但是，即使沉浸于文本细节的磨砺中，他仍然保持着写一本书的雄心，使其成为"那些收集并体现各自时代智慧的巨著"之一。在研读箴言篇时，爱默生并不满足于做一个注释者，他把自己想象成它的作者。当想到自己想要写的那本书时，爱默生列出了所罗门箴言、蒙田箴言和培根的散文，他说："我想为这些珍贵的著作再增加一卷。"[9]

但是，前面的路还远未明朗，爱默生自己的处境常常使他闷闷不乐的情绪多于兴高采烈。8月下旬，爱德华以难以置信但令人沮丧的卓越成绩毕业了，而查尔斯的前途似乎也一片光明。身处德国的威廉，正在接受现代知识尼亚加拉瀑布式的洗礼。相比之下，瓦尔多还在家里教书，空余时间研究神学，并苦苦地渴望着文学人生。他不停地给威廉写信，再三敦促，让威廉明确地告诉自己德国教育到底有哪些好处，并询问他自己——瓦尔多——是否应该去德国，不管付出什么样的代价。他的信里充满恳求的语气，不只是出于职业方面的担忧。

到目前为止——实际上是在他30岁之前的十多年里，爱默生得到最好的忠告、接受的最大的智力挑战、施加给自己最原始的力量以及最大的关注，均来自玛丽姑妈。1824年夏天的某个时候，爱默生将一封名为“致柏拉图的信”寄给姑妈，内容是“关于希腊人阅读基督教书籍的方式”的。他在信中略带讽刺口吻，对柏拉图被启示宗教所取代表示哀悼。他抨击教会，尤其是堕落了的神学。他指出，正是日内瓦的加尔文将整个欧洲束缚在神学的枷锁之下。玛丽·穆迪·爱默生，他的姑妈，用柏拉图的口吻做了慷慨激昂的回复，但这封回信从未发表过。她“对可怜的瓦尔多进行了彻底的批判，指出他关于柏拉图和基督教的观点实际上都是低级可笑的”。玛丽迅速而有力地对柏拉图的《理想国》进行捍卫。然后，在一段可与《理想国》的结尾相媲美的令人惊叹的文字中，她描述了柏拉图的去世和对来世的启迪，以及柏拉图惊人的看法与基督教的伟大真理是多么的接近。玛丽姑妈的这封回信是一部未经承认的基督教人文主义的经典作品。她通过寓言所表达出的对柏拉图迫切而鲜明的信仰是无法抵制的。当瓦尔多还在怀疑自己的才智时，他的姑妈通过关于柏拉图的寓言向他展示了信仰力量的伟大。[10]

1824年11月，爱默生决定放弃教书的职业，开始越来越认真地转向神学研究。他每周都能见到钱宁教授，教授明确告诉他，通过自学，他可以将哈佛通常三年的神学课程缩短为两年。于是，他从钱宁教授那里得到了第二份书单，这是一份包含综合大纲和书单在内的长达34页的清单。这份清单不但对爱默生进行宗教研究而言十分重要，而且对早期的一神论研究来说也很重要。整个大纲显然是以《圣经》学习为主。钱宁列出了相关书籍的各种版本、索引、词典、历史和地理辅助读物、合参（用来说明四部福音或旧约和新约本质上一致的书）、年代图表和评论等。钱宁自己的神学课程完全致力于用《圣经》

的原始语言和齐全的研究装备来研究《圣经》。他认为，因为《圣经》是基督教主要的文献和来源，所以基督教牧师应该对《圣经》进行单独研究。只有彻底了解和掌握了《圣经》及其解释，才能谈及神学争论或教会历史。面对如此庞大而耗时的专业阅读，爱默生为自己制订了时间表。他阅读了利兰的《论天启宗教的优点和必要性》，购买了托马斯·牛顿的《关于预言的论文》，研究了勒克莱尔的《关于灵感的书信》。借助《圣经》，爱默生对先知们的文章和使徒们的书信进行了谨慎的研究，并利用空白书页做了大量笔记。[11]

但是，爱默生并没有或者不能完全投入到这种坚定而专注的专业学习中，至少现在还没有做到这一点。他12月份的日常学习计划里除了神学之外，同时还有其他三个不同的领域。他继续研究希腊，研读了米特福德的《希腊史》；他致力于“雄辩”，每天阅读西塞罗和爱德华·埃弗雷特的书；他每天还花些时间阅读文学作品，如莎士比亚、弥尔顿、约翰逊、蒲柏和蒙田等人的作品。但他仍然痛苦地感到自己知识匮乏。他越来越被钱宁所吸引，钱宁正在取代埃弗雷特成为他新的偶像。虽然十分钦佩钱宁的布道和博学，也知道《圣经》研究让钱宁的学术研究更加牢固，但爱默生还是减少了对《圣经》的研究。他仍然能够强烈地感受到加尔文主义的力量，它就像第一次吹响的反对日内瓦恶魔的理性号角。爱默生表示，自己讨厌“二元神论和有着日内瓦学派特征的令人作呕的哥特文学”。

1824年12月底，爱默生向牧师的职业又前进了一步。他关闭了女子学校，为进入哈佛神学院更加努力地准备着。他同时在格里斯巴赫的希腊文《新约全书》和罗森穆勒的《评论》这两部著作里辛勤地耕耘，还拜读了汉弗莱·普里多克斯的《犹太历史中的新旧约》、麦克奈特的《四福音和谐》、巴克明斯特的《布道演说集》以及韦斯特和巴特勒的作品。他在康诺普·瑟尔沃尔介绍施莱尔马赫的《圣路加福音的批评》的论文专著上做了详细标注。最后这部论文专著是一本新书，于1825年出版，在钱宁的两个书目上都找不到该书。从爱默生当时的笔记可以看出，他在新英格兰追求神学的同时，也关注着德国的新作品，这一点得到了钱宁的赞许。[12]

即使在大量阅读神学作品时，爱默生也会抽出时间来阅读文学。他读了吉本和卢梭的作品，还写了一篇关于想象力的罪恶的文章。所有这些工作的艰辛，开始体现在他的写作中。他就像一座沉睡的火山，他在沉重的家族历史的枷锁下挣扎。玛丽姑妈曾告诉他，他的祖先有四代都是牧师。现在，威廉和爱德华都已转行进入法律界，这种家族传统只能完全靠爱默生来延续了。他告诫自己："逝者们已经沉睡在漆黑的深夜，而我的事业应当与生者在一起。"他还提醒自己："过去已无法改变，未来又难以捉摸，所以还是要抓住当下。"[13]

1825年2月，爱默生从罗克斯伯里搬到剑桥区，在哈佛神学院注册了学籍，住在神学院的10号厅。他给姑妈写了一封言辞激烈的信，用极端理性主义的措辞谴责神话，用"轻浮的神话""神话的浮躁和粗俗的迷信"等语言来描述神话。尽管这是一个不错的批判神话和去神话化的方法，但它同时也是一个充满怀疑、理性和启迪的方法，很难让人将它与有信仰的人生联系在一起。在神学院学习了不到一个月，爱默生的眼睛就看不太清楚了，无法继续深造。[14]

神学

第11章　祷告永不停止

几乎可以肯定，爱默生在1825年初患的眼病就是葡萄膜炎。这是一种风湿性眼部炎症，经常会使患者感到头痛，并常常与其他风湿病相关。究其根本原因，它很可能是结核病引起的。结核病在当时十分猖獗，波士顿一半的成年人都患有这种疾病，且三分之一的死亡病例与此病相关。在接下来的九个月里，爱默生接受了两次手术。在其中一次手术中，他的角膜被白内障手术刀刺破了。1825年9月，他的眼睛恢复到可以再次教书了，这次是在康科德北部的一个叫作切姆斯福德的乡村学校。11月，他开始少量地阅读柏拉图的作品，但直到1826年1月，他才又重新开始了记日记的日子。[1]

这一情况也可能是由于压力太大造成的。爱默生不仅狂热地研究神学，而且要教书，还要在怀疑论的世界艰辛地奋斗。他的眼疾就是在撰写一篇关于一神论的核心内容的文章过程中发生的。在这篇名为《上帝的统一》的文章中，爱默生先从柏拉图开始，因为柏拉图的"整个哲学都包含着神圣统一这个概念"。接着，他又将注意力快速转移到休谟身上。爱默生现在已经意识到，任何在思想上可以为其自身辩护的有神论都必须经得起休谟怀疑论的考验。他过度沉迷于对休谟的研究，以至于姑妈后来告诫他，害怕他"过度地沉浸在休谟的思维方式中，导致无法摆脱出来”。[2]

现在，爱默生在直面一个有名的质疑，它源于伊壁鸠鲁，并以休谟为中心，它为摩尼教徒关于必须有两个——而不是一个——第一原则的论点开辟了道路。伊壁鸠鲁说：假如上帝存在，他是不是“有意愿阻止邪恶，但却无能为力”？如果是那样，那么是因为他无能呢，还是因为他能够阻止但却不愿意呢？那样的话，他是不是就太狠毒了？爱默生的质疑有力而深刻。他很难理解，为什么休谟要否认因果之间的联系，而且这一否认为霍尔巴赫男爵主张的既没有造物主也没有上帝造物的怀疑主义铺平了道路。霍尔巴赫认为宇宙由物质和运动组成，两者都一直存在。爱默生对西塞罗精彩绝伦的观点也有所了解，西塞罗的《论神性》是休谟撰写《自然宗教对话录》的基础，后者虽然更有名，但并非更有说服力。[3]

西塞罗说，问题并不在于神是否真的存在，为了便于辩论，让我们暂且承认神是存在的。

> 但争论的关键问题是，神是不是什么都不做、什么都不管？他们是否从来就不关心和管理这个世界？或者相反，万物是否一开始就是由他们创造和形成的，并将永远被他们统治着？

换句话说，问题不在于是否有神存在，而在于他们是否在干预我们的事务。爱默生既不能解决这个问题，也无法解决摩尼教的命题。摩尼教认为，除非假定有善恶两神，否则人们必须接受“邪恶可以源自万善之泉”这一悖论。写到这里，爱默生进行不下去了，怀疑主义无法继续前行。也是在这个时候，爱默生的眼睛感染了葡萄膜炎，他被迫终止了学业。[4]

为了得到休息和放松，爱默生来到拉德叔叔位于牛顿的农场，想“试着通过辛勤劳动来获得健康”。他和农人们一起在田里干活，这些人当中有一个是卫理公会教派的信徒，叫塔波克斯。爱默生后来回忆，塔波克斯“对我说，人类应该不停地进行祈祷，所有的祈祷最终都能应验。我对这句话深思冥想，据此写下了我的第一篇布道讲稿”。爱默生从这个论断中得出的结论是“我们必须注意自己所提出的问题”。这种在田间地头发生的由一个未受过教育的人将自己的深刻见解传授给另一个蒙昧无知的人的情形，与爱默生在剑桥神学领域的博学而深奥形成了鲜明的对比。这是宗教人士的共同见解；同斯塔尔夫人的见解一样，即认为人的整个生命应该是一种连续不断的崇拜行为，但很显然，爱默生最先是从农人塔波克斯那里感受到了这一见解在现实生活中的力量。这个我们只知道他的名叫塔波克斯的农人，后来他被爱默生列在了对自己有帮助的人的名单的首位。[5]

1825年10月，威廉从德国归来。在德国求学的过程中，他对宗教的信仰动摇了。在拜访歌德时，他向这位伟大诗人坦白了很多内心的想法。歌德鼓励他坚持自己的牧师计划，告诉他个人想法不会影响教区居民。但在威廉乘船回国途中，海上发生了一场可怕的暴风雨，有一阵子船好像就要沉到海底似的。站在甲板上，在“足以把桅杆折弯的大风”中，威廉觉得自己就是《圣经》戏剧中的一个小丑。他写信给姑妈：“我不得不将目光投向永恒。”他说，意识到自己无论活着还是死去都无法实现歌德提出的这种并不真诚的安排。轮船最终经受住了暴风雨的考验。威廉到家后，立刻将自己要辞去牧师职务并开始学习法律的打算告诉了弟弟。此时，爱德华的健康状况每况愈下，威廉回来后，爱德华中断了法律学习，前往南欧养病。面对这些波折，玛丽姑妈建议瓦尔多立即准备开始布道，不管他的眼睛是否痊愈，也不论他是否拥有相关学位。在接连不断的包括信仰在内的危机中，都是玛丽·穆迪·爱默生扶着舵柄的手让爱默生一次次渡过了难关。虽然他和姑妈争辩的次数比其他任何兄弟都多，但打心底里比他们更信任姑妈。[6]

视力恢复后，爱默生不愿再把这双眼睛用在那些枯燥无味且永无止境的《圣经》研究的大纲上，而是用来阅读那些能够照亮和点燃自己内心的文章，好像视力太宝贵了，除了能使自己提升洞察力的东西之外，不能用在其他任何东西上似的。1825年11月，他读的是柏拉图的作品；12月，眼疾尚在恢复期间，且因臀部风湿病引起严重跛足时，他在坚持读普鲁塔克的《道德论集》，并给威廉写信，向他推荐了一本蒙田的书。[7]

由于感兴趣，柏拉图成为爱默生一生主要的关注点。爱默生认为，观念是真实存在的，因为实质上它是一些方式和规律，这些方式和规律先于现象，是解释所有现象的基础。而柏拉图则是爱默生这一思想唯一最重要的来源。爱默生发现了柏拉图，就像当年施里曼发现了特洛伊一样。多年来，爱默生步步深入地翻译、评论和编辑柏拉图的文章，直到找到真正有价值的东西。爱默生精通希腊文，他熟悉柏拉图的文章，但更喜欢翻译柏拉图的文章。他对柏拉图的总体理解，前后至少经历了七个明显的阶段。

爱默生读到的第一个版本的柏拉图，是18世纪早期安德烈·达西尔和尼古拉斯·索沃伦的相关著作，他们把柏拉图看作一个原始正统的基督教徒，其作品虽然不完全是启示录，但提供了基督教所有重要的教义。爱默生了解的第二个版本的柏拉图，来自于拉尔夫·库德沃斯、亨利·莫尔和剑桥的柏拉图学派。他们有一定的神秘感，致力于信仰和理性之间的平衡，对直接宗教经验的内在光芒深信不疑。剑桥柏拉图学派的创始人本杰明·惠茨科特喜欢引用箴言第20章里的话："人类的灵是上帝的灯。"爱默生眼里第三个版本的柏拉图，是18世纪德国犹太教的伟大精神领袖摩西·门德尔松，莱布尼茨曾把摩西的《斐多》看作是柏拉图《斐多篇》的现代改写版。

爱默生了解到的第四个版本的柏拉图，是托马斯·泰勒和弗洛耶·西德纳姆的版本，他们用英语描述了第一个完整的柏拉图，但这个柏拉图基本上是普罗克洛斯和其他新柏拉图学派的柏拉图。泰勒的柏拉图是一个新毕达哥拉斯主义者，一个异教徒，他提出的是一个引以为豪的神学替代概念，虽然这个概念与基督教在哲学上是一致的，但在神学、神话学和教会学上却完全不同。第五个版本的柏拉图，是维克多·库森的，他的柏拉图是一个伟大的折中主义者。第六个是施莱尔马赫的柏拉图，他是翻译柏拉图的现代学者中第一个开始探索柏拉图哲学的人。施莱尔马赫对柏拉图本人的文章——只是柏拉图本人的文章——进行了严苛的审查。作为翻译柏拉图的现代传统奠基人，施莱尔马赫认为，柏拉图是基督教或新毕达哥拉斯思想的主要和根本的代表。爱默生了解的第七个版本的柏拉图，是波恩图书馆1848年至1854年斯泰鲍姆文章的英译本。后来，爱默生还根据这个英译本写了一篇文章，后又将其补充到《代表人物》中论述柏拉图的那个章节里。[8]

爱默生拜读了达西尔的柏拉图版本的第一卷。1823年12月，他对《美诺篇》很感兴趣。1824年5月，他写了一封《致柏拉图的信》寄给姑妈，姑妈给她的回复极富想象力。此后不久，爱默生又读完了《理想国》，卢梭称该书为“有史以来关于教育方面的最好论著”。1825年3月，眼睛发病时，他正积极地从达西尔的角度写关于柏拉图的文章。柏拉图的整个哲学，他写道，“包含着神圣统一的概念”。爱默生发现，柏拉图的引证与亚历山大马赛克描述的历史是一致的。达西尔的观点之一是，在历史上，柏拉图紧随最后几位希伯来先知出现，就好像柏拉图确实是下一位继承者似的。爱默生还指出：“柏拉图的多神论……是一种多神教，完全符合基督教徒的共识，即将一部分神圣力量赋予天使。”[9]

就像柏拉图一样，普鲁塔克和蒙田也是爱默生在1825年比较熟悉的名字。这两位作家的书他至少都读过，当决定要去写一些原创、有个性且有价值的东西时，爱默生首先想到的就是普鲁塔克和蒙田（其次是培根）。爱默生总是不断重读某些作家的著作，有时一遍遍地从图书馆把相关的书借出来，却又抽不出时间去看。因此，有时很难确切地说出某本特定的书究竟是在何时对他产生了影响。

柯勒律治指出，一共有四种类型的读者：沙漏型、海绵型、滤袋型和宝石型。第一种类型的读者让所有吸收进来的知识又全部溜走了；海绵型读者不仅将吸收了的知识一股脑倒了出去，而且还把自己弄脏了一些；滤袋型读者给自己留下来的都是糟粕；唯有宝石型的读者，他们把一切都用筛子筛选一下，只将钻石留下。虽然此时的爱默生还算不上一个有计划的读者，但他是个快速阅读的天才，并有一套做笔记的系统方法。爱默生大多时候属于纯宝石型，他以自己的方式快速穿梭于巨大的矿山，从中找出最有价值的石块儿装进口袋。通过快速阅读，寻找能为己用的东西。有些书，包括普鲁塔克和蒙田的作品，对他来说特别珍贵，值得无数次地重读。他非常钦佩普鲁塔克在《希腊罗马名人传》中描述的对生活问题的斯多葛式的处理方式，以及在《道德论集》中展现的活泼的好奇心和通过例证和逸事发表观点的写作习惯。《道德论集》是由若干卷组成的杂文集，它是早期散文的范例，但书名起得不怎么样，其实叫普鲁塔克的《散文集》更好。[10]

1825年12月下旬，爱默生离开位于切姆斯福德的学校，搬回到罗克斯伯里，并在1826年1月重新开办了弟弟爱德华的学校。他又回到笔记本里弥补曾经落下的内容，评说历史，描写不同人们的孤独。1826年2月，他又开始研究神学；一个月后，他腿瘸得厉害，放弃了位于罗克斯伯里的学校。从几次生病的时间点来看，爱默生的病情很可能是身心问题共同的结果。理性主义蒙蔽了他的双眼，而怀疑论让他变成了跛子，但眼疾和臀部感染似乎更是结核病攻击的结果。学习的压力使情况变得更加糟糕，甚至加重了他的病情。其实，爱默生的内心世界正在远离——而不是走向——普遍性怀疑。疾病让爱默生非常沮丧，他曾在3月份抱怨说："我的年华正在消逝。"这种近乎绝望的自责从来没有彻底离开过他。他觉得日子一天天地从自己身边溜走，永不回头，这种感觉伴随着他一生的大部分时间。他觉得自己能把一整天的时间都充分利用起来的情况很少，他把这种想法一遍遍地记录下来，有时用诗歌，有时用散文。其中1826年的版本这样写道：

"日子如梦般从我身边接踵而去/毫无喜悦，一成不变。"[11]

但1826年春天的某个日子被爱默生充分利用起来了，因为那天他发现了蒙田。受眼疾困扰，他已经无法继续在哈佛进行严肃而毫无个性的研究，但在蒙田那里，他有别样的发现。虽然这是一种在新的研究出现时就会寿终正寝的研究，也不会对降低面包价格产生什么影响，但蒙田的作品同时也是一扇生活之窗，一种与主导神学院的《圣经》评论截然不同的写作模式。"读者朋友，你手里拿的是一本诚实的书，"蒙田开始写道，"我渴望别人看到的，是一个真实、朴素和平凡的我，没有丝毫模仿和掩饰，因为我描述的就是真实的自己。"蒙田给读者展示的，是一个精力充沛且坚韧不拔的直观的自己，是一个斯多葛主义者。蒙田的文章既不关注理论，也不借用抽象，而是像他崇拜的普鲁塔克和普林尼的文章那样，几乎全都是例证和逸事。"去掉这几句，它们就会受伤流血。"爱默生后来谈到蒙田时说。蒙田写了很多关于身体、饮食、疼痛和血液本身的文章。在描写一个被亚历山大大帝迫害的逝者时，蒙田写道：亚历山大"命令士兵在他的脚后跟上钻孔以确保其不会昏迷过去，又把他绑在马车后面一阵拖拽和乱砍，直至身体被肢解，血肉模糊"。[12]

对蒙田的长期迷恋为爱默生提供了另一种看待自己面临的主要问题的方法。蒙田是个怀疑论者，但与休谟、西塞罗或博林布鲁克截然不同。特别是休谟，其破坏性似乎更大于有益性。爱默生非常赞同法国哲学家皮埃尔·贝尔关于哲学具有腐蚀性的评论，并将之抄写下来。贝尔说：哲学"在一开始修正错误时是合适的，但如果不止步于此，它就会攻击真理本身"。蒙田并不是那种什么都不相信的怀疑论者，事实上，他最长的一篇文章是《向雷蒙·塞邦德致歉》。爱默生现在读的正是这篇文章，它是一篇生动的叙事性散文，不仅捍卫基督教，而且也捍卫自然神学，同时努力将骄傲的人类描述为一个庞大的自然秩序的一部分。所有这些都值得我们敬畏和称奇。正如爱默生后来在《代表人物》中关于蒙田的章节中说的那样，他在蒙田的作品里看到了一种介于纯理想主义者和纯感官主义者之间的立场。“抽象主义者和唯物主义者互相攻击，嘲笑者们表达了唯物主义糟糕的一面，于是出现了第三者，占据了二者中间的位置。”[13]

在文章的每一句中，蒙田都主张这一立场。在整篇文章里，人们都能听到他独特的声音，这与爱默生目前所苦苦挣扎的讲坛风格完全不同。蒙田既谈论思想，也谈论“热切甜美、浓烈入脾的青春之吻”。蒙田从不高估书籍的价值。“如果说我是个读书人，那也是一个不太走心的读书人。”他说。然后他又补充道：“我不会因为在阅读中遇到困难就满怀忧虑……如果得不到快乐，我宁愿什么也不读……苦思冥想会让我的视力模糊，会让我迷失方向。”蒙田对爱默生产生了非凡而持久的影响，从蒙田一些有影响力的书吸引了他的注意开始，这种影响就发生了。他读蒙田的著作时情绪激昂，“对我来说，这书仿佛就是我自己的某个前世所写”，他后来回忆道，“在此前或此后，再没有哪本书能给我更多的东西了”。尽管蒙田的风格对爱默生产生全面影响是许多年之后的事，但是在1826年初，蒙田似乎已经为爱默生指明了走出休谟式的虚无主义和讽刺嘲笑的泥潭的途径。[14]

6月，爱默生撰写了他人生中的第一篇布道演说稿，即《祷告永不停止》。爱默生说，从某种意义上讲，每个秘密的心愿和内心的欲望都是一种祈祷。他现在还明白了一个道理，而且可以把它表达出来，那就是“从本质上讲，除了作为智慧的手段之外，过去实际上什么都不是”，而且“它所能为你做的一切都与你能为你自己所做的事无关”。虽然爱默生的风格尚未成熟，但那些在他后来作品中熟悉的某些思想和态度已经开始集结了。

尽管他的疾病可能尚未痊愈，但对爱默生来说，1826年夏天是一个转折点，一个充满确定的时期。此时，怀疑的钟摆已经摆到最远的地方，并开始折返回来。1826年6月15日，爱默生写信给姑妈，用笛卡尔式的简洁记录了他信念的底线和出发点：“我知道我的存在，也知道我的一部分渴望着另一部分的存在，就像记忆或理性一样。”这是一个基础性的命题，类似于钱宁和施莱尔马赫提出的现代基督教的基础一样。钱宁说："作为宗教起源的人性本源，就是希望与比自己更完美的人建立关系。"而施莱尔马赫，用他的美国崇拜者和作品翻译者乔治·雷普利的话说，认为"宗教……在它的原始元素中，既不是知识也不是行动，而是一种我们对上帝的依赖以及我们需要赎罪的感觉"。[15]

1826年8月，美国为前总统约翰·亚当斯和托马斯·杰斐逊举行了国葬。其间，爱默生聆听了韦伯斯特的演讲，对他印象深刻。该月下旬，弟弟查尔斯顺利大学毕业，并第二次获得了鲍登奖。但是，该年秋天对爱默生影响最大的事件，莫过于他读了桑普森·里德刚刚出版的《心灵成长观察》。五年前，爱默生就曾被里德的"关于天才的演讲"所打动。而现在，在一个决定性的时刻，爱默生正好遇到了里德这本长达91页的书，认为这是他"读过的最好的著作之一"。爱默生被这本书彻底征服了，他对哥哥威廉说："这是自柏拉图以来最好的一本柏拉图式的书"。[16]

里德在很多方面都很像爱默生。他是一名牧师的儿子（马萨诸塞州布里奇沃特市），他先是在哈佛上大学，后又进入哈佛神学院为传道做准备，但他并未修完神学院的全部课程，也无法找到一个牧师的职位。他曾试着教书，也曾试着做一名医生，但最终成为了一名药剂师，后来还做药品批发生意。即使如此，里德对现代宗教仍保持着严肃而持续的兴趣。大学时期，他曾对瑞典的斯威登堡产生了浓厚的兴趣，多年来一直是斯威登堡学派在波士顿的主要代言人。里德1826年的《心灵成长观察》和爱默生1836年的《自然》的厚度相同，雄心相似。该书是里德个人信仰的宣言，其中一些令人惊叹的思想成为爱默生在今后岁月里基本人生观的重要组成部分。

里德宣称，人类思想的漫长历史已经发展到了观念体系的新时代。之所以说是新时代，是因为人类头脑中有了新的兴趣，需要有一个与之相适应的精神哲学出现。在这本书最原创的部分中，里德抨击了我们传统的按先后顺序排列的时间观念，指出时间本身并不会产生变化；我们的时间观念“本身是变化的影响”。时间和空间一样，是生活永恒环境的一部分。时间不会流逝，流逝的是我们自己：“那么，就其存在于我们的头脑中而言，它并不真实。”这种时间错序的结果，就是把所有的人和时代放在同一个平面上，即个人和时代的平面上，其结果就是从年代史的概念中解放出来。这是一个被广泛接受的惯例。当时，爱默生正在研究的神学院课程也以年代学为特征和主导。为了使所有的事件都能与单一可靠的年代表相对应，人们付出了巨大的努力来调整对事件神圣和世俗的描述。里德让爱默生从对普里多克斯的《关系》和艾萨克·牛顿的《古代王国编年史修正》的研究中，从用历史方法对旧约和新约进行的研究中解放出来。[17]

里德还有一个能够吸引爱默生的方面，那就是他强调内心的积极力量，而不是消极力量，特别是在记忆和情感方面。他在书中坚持认为“自然科学是一切有用知识的基础”。里德呼吁能有这样一种宗教，它能够在一切事物中都看到上帝的存在。他主张世界上存在两种语言，一种是由天地万物组成的语言，一种是由文字组成的语言；这既是一种语言理论，同时也是象征主义和形而上学的理论。至于对作品的批判和理解，里德说给出“一条评判的法则”，那就是让读者或批评家们尽量“去接近当时产生作品的知识和道德背景”。在此后的一生中，爱默生始终坚持，评判每一部作品都应考虑到创作该作品的精神层面。比起结果，里德更相信过程。他说：“要想让一个孩子学会诗歌，我们首先应该在自己内心唤起诗歌的力量。”[18]

自从这一年患了眼疾之后，爱默生再也不会对眼睛、视力和视觉漠不关心了。有关视觉的隐喻贯穿于他的作品之中。即使在这方面，里德依然是他的老师。里德写道：“理解力是视觉，它具有发现光明的力量；理性也是视觉，它的力量在运动和经验中增大。”对里德来说，心灵的成长并不是一个自我关怀和自我发展的过程，而是一个教育过程，它在“积极有用”的体验中成长。《心灵成长观察》让爱默生明白我们应该期待什么样的世界；它是当代人的有力见证，是当下的福音。[19]

里德对爱默生的影响，从爱默生这年秋天写给姑妈的一封信中可见一斑。他说："像我们这样过多地从历史的角度来认识自己是错误的，因为这样会让时间横亘在上帝和我们之间。"他接着说："把宇宙的每一刻存在都看作是一种新的创造，看作是一种从神到观察者心灵的那一刻发生的启示，会更合适些。"这种对现在与时间及历史的关系的新的理解，是爱默生一生中几个伟大而独特的观念当中的第一个。自此，他从未忘记这一点，在1836年的《自然》和1841年首次出版的散文集中，都体现了这一观念。[20]

1826年的秋天，对于爱默生来说，情况并不顺利，他不得不继续生活在时间里。10月，他被批准——或者用米德尔塞克斯牧师协会官方的话说，被"认可"——进行布道，而且他确实在塞缪尔·雷普利叔叔位于沃尔瑟姆的教堂里进行了人生的第一场布道演说，题目是"祷告永不停止"。但是，爱默生现在除了眼睛和臀部的问题外，还增加了胸部"器官狭窄"的问题，几乎可以肯定是胸膜炎发作。爱默生再次放弃了在学校教书的工作。"夏天的日子已过，收获的季节已尽，但我们仍未被救赎。"他在日记中引用耶利米的话痛惜道。但是他尚能阅读，且投入到了另一个阅读项目中，这个项目不是读《圣经》年代表和评论，而是读那些他当时所了解的最令人振奋的书籍，除了斯塔尔夫人的《论德国》和普鲁塔克以及斯图尔特的作品外，现在又新加了马可·奥勒留的《沉思录》和柯勒律治的《文学传记》。这年11月，他还第一次接触了泰勒版的柏拉图。随着冬天的来临，爱默生的身体越来越差，他向塞缪尔·雷普利叔叔借了70美元，开启了南方之旅，为的是让身体适应南方温暖的气候。1826年11月24日，爱默生搭乘"克莱马蒂斯"号轮船离开波士顿，目的地是南卡罗来纳州的查尔斯顿。[21]

第12章　勒不那王子

从波士顿到查尔斯顿，105英尺长的“克莱马蒂斯”号帆船航行了十四天。这是爱默生平生第一次离开家乡新英格兰，整个旅程充满新奇。谈到海的力量时，他就像年轻的亨利·亚当斯一样，对力量本身充满担忧。他惊叹“这个时代的人们是如何利用这些有着巨大动力的蒸汽机来工作和游玩的”，以及水手们是如何“勇敢地面对无法估测的风暴恶魔的”。在查尔斯顿，爱默生有一些老朋友和熟人，比如同学梅利什·莫特和一神教牧师塞缪尔·吉尔曼。爱默生发现南方人的举止比北方人要好得多，这让他印象深刻。在此期间，他在日记本上记录了很多关于道德品质形成以及在道德方面是否有新发现的日记。他写信给哥哥威廉，说自己既不是很舒服也不是很难受，感到自己得了“路加病”。由于查尔斯顿的纬度仍然偏高，天气较冷，他又继续向南，于1月10日乘船来到圣奥古斯丁。[1]

对爱默生来说，佛罗里达比查尔斯顿更为陌生，但给他留下的印象也更为深刻。佛罗里达于1819年被西班牙割让给美国，1822年成为领地，直到1845年才成为美国的一个州。1824年，佛罗里达自己的议会代表承认，这个地方只不过是“一团纠缠的藤蔓和一片迷宫般的灌木丛”。罗诺克镇的约翰·伦道夫认为，“没有人会移民到佛罗里达，即使是从地狱那里”。[2]

当船接近圣奥古斯丁时，爱默生说：“早在我们看到陆地之前，就能听到海滩上的咆哮声，海边到处都是羽毛和绿色的细树枝。”在圣奥古斯丁，爱默生无事可做，他对此抱怨得比较多，不过在离开之前他开始越来越喜欢这个地方了。他甚至写了几首诗颂扬这座“深海小城”以及它的温暖阳光和朴素好客。圣奥古斯丁是北美洲最古老的欧洲人的定居点。两个半世纪以来，它一直是西班牙人聚居的中心。

那悠久的西班牙城堡、古老的城门、狭窄的街道、有围墙的花园、中央广场和天主教堂，整个城镇都被两排丝兰植物围住。圣奥古斯丁一点也不像波士顿那么忙碌，爱默生也适应了当地人的悠闲生活，他并没有写布道演说词或其他东西，又因为不能打台球，所以他散步更多一些。“在海滩上漫步，”他写道，“用棍子在沙滩上击打一个绿色的橙子让它往前翻滚。”橙子是圣奥古斯丁的主要作物，橙子树每年都保持在120万株左右，爱默生觉得它们好似港口里的藤壶，看上去很不舒服，但却无法清理。[3]

爱默生开始创作诗歌了。旅行归来后，为了记下他在圣奥古斯丁写的一些诗歌，他开始整理人生第一个“诗歌笔记本”。这些诗歌的语气是叙事和挽歌式的，有描述自己的：“凌晨一点我来到这里/站在绿色的大地上凝望月亮。”有写背井离乡的：“……心情沉重/我独自一人走在长长的海岸上/却找寻不到任何乐趣。”也有写这座城市本身的：“我看到圣马可阴森的堡垒和成堆的石头/还有那隐没在海里的深深的地基/这引起了西班牙人的关注。”写这首诗时，爱默生的心情和拜伦一样；他就是佛罗里达的恰尔德·哈洛尔德。圣奥古斯丁让他想起了比利时古老的多特，那座沉没在海底的城市；在那里，水手们“仍能下潜到水面以下，看到那破碎的尖顶和被海草覆盖的废墟”。他强烈地感觉到了死亡的命运。“腐烂，森林的每片叶子上都写着‘腐烂’二字，”他写道，“每一阵掠过的清风都是一种庄严的宣告，万物皆会灭亡。”[4]

在爱默生1826年到1827年的南方之行中，最重要的一件事是他遇到了种植园主阿希尔·缪拉，他是拿破仑的侄子，前那不勒斯的王储。缪拉和爱默生住在圣奥古斯丁的同一栋房子里；爱默生听说缪拉在圣奥古斯丁以西200英里的塔拉哈西附近有一个种植园。后来，他们在从圣奥古斯丁到查尔斯顿的漫长而风雨交加的旅程中同住一间客舱。爱默生略带拘谨地写道：“通过友谊，我把自己和一个热爱真理的人联系在一起，他对真理的热爱感染了我……然而他是一贯的无神论者，不相信灵魂的存在，当然也不相信灵魂的不朽。”[5]

他们相遇时，爱默生24岁，缪拉26岁。缪拉身高5英尺7英寸，容貌俊美，长方脸形，希腊式的鼻子，额头浑圆。他的父亲，若阿尚·缪拉元帅，是拿破仑最喜欢的骑兵将领；他的母亲是拿破仑最小的妹妹卡洛琳。缪拉元帅曾被任命为那不勒斯国王，虽然在滑铁卢战役之后被驱逐并处决，但他的儿子仍然称自己为缪拉王子，并给他的种植园起名为勒不那（Lipona），即那不勒（Napoli）的变位词。阿希尔很讨厌他的舅舅拿破仑。在他还是个孩子的时候，有一天，拿破仑亲切地揪了一下阿希尔的耳朵，男孩却大发雷霆，对拿破仑说：“你是个恶棍，一个十足的恶棍。”拿破仑打了男孩一个耳光，气冲冲地离开了房间。就在几年前，也就是1821年，这位伟人去世了。现在，在他父亲被处决和各地的波拿巴主义者被击败之后，阿希尔从欧洲被流放，并很快成为了美国人。他于1824年来到佛罗里达，并开辟一个种植园。他有自己的奴隶，还有一个孩子。他吃鳄鱼排、煮猫头鹰和烤乌鸦。他给爱默生看卡诺瓦雕刻的他母亲的大理石半身像。他的生活与爱默生的生活形成了鲜明的对比。缪拉热爱体育活动，也是个知识分子，有很多时候他和爱默生在一起聊天，特别是在从圣奥古斯丁到查尔斯顿的船上。爱默生认为缪拉的思想超越了自己。缪拉大胆的怀疑主义似乎既坚定了爱默生自己的怀疑主义，又激励了他反驳的勇气。爱默生后来把缪拉列入了对他的思想有过主要帮助的人的名单里。[6]

当爱默生和阿希尔·缪拉相遇时，阿希尔正在写一本关于美国的书。他在书的序言中写道：“我游历过这个国家的很多地方，我在森林里定居，在那里看到一个新的国家正在崛起。”缪拉特别钦佩“美国人的实践自由”和美国政府的治国原则，也就是“由人民自己管理”的原则。他解释说，这一原则的意思是，“（政府）给每个权力部门、每个观点、每个政党和每个个人都留有分别属于他们自己的一定程度的权力和道德力量，如果这些还不能称为自由本身的话，那它也非常接近自由了”。缪拉意大利人式的赞许与美国南方人的观点正好吻合。因为已经习惯了那种罗马是如何被北方野蛮民族摧毁的思维定式，他把美国的北方描绘成了一幅很不讨人喜欢的景象：“北方各州嫉妒我们的奴隶制度和我们的繁荣，可对于他们，我们却没有什么可嫉妒的。”缪拉冷冷地指出，如果北方坚持要强行解放的话，那它就会将“人类建造的最好的大厦——美国联邦——毁坏掉”。[7]

在遇到爱默生之前，缪拉已经完成了关于这个国家的概况、政党及新定居点的几个章节。在写关于奴隶制的章节时，缪拉虽然已经与爱默生结识，但那时还没有真正了解这个北方人。因此，在这个问题上，两个年轻人意见相左。缪拉指出，虽然南方人普遍认为奴隶制是一种必需但邪恶的制度，但他自己倾向于将其视为一种积极制度。缪拉认为，奴隶制能够让一个新的国家在农业方面大量利用资本成为可能，奴隶制使得种植园主能够“陶冶自己的心灵”，从而“成为人类最完美的典范之一”。在去南方旅行之前，爱默生就已经做出了明确反对奴隶制的判断，而在圣奥古斯丁，他亲身体验到了这种“特殊的制度”。一天，他在政府大厅里参加圣公会的会议，外面院子里正在进行的就是奴隶的拍卖，从敞开的窗户便可听到拍卖的声音。爱默生说：“因此，一只耳朵听到了欣喜若狂的哈哈笑声，而另一只耳朵则受到‘快点儿走，先生们，快点’的款待！”他补充说：“我们几乎不用离开座位，就可以把《圣经》的经文送往非洲，或者竞拍同样从非洲绑架来的四个孩子，不要他们的母亲。”[8]

1827年3月30日，爱默生从圣奥古斯丁乘坐“威廉”号单桅帆船前往查尔斯顿，开始了他的返乡之旅。那是一次可怕的旅程。一开始，他们还比较冷静，但暴风雨持续了好几天，最后食物也用完了。在暴风雨最猛烈的时候，缪拉和爱默生一上一下躺在各自的铺位上，不停地讨论着。这段旅程后不久，爱默生将他和缪拉的深厚友谊记了下来。缪拉在后来的一封信中承认，爱默生的思想对他影响很大，并承认他当时在宗教问题上的立场可能只有百分之五十是正确的。在四年后写的关于宗教的章节中，缪拉不遗余力地赞美新英格兰的一神论者，称之为“纯有神论者，正直而开明的哲学家”。他称赞钱宁是“真正的柏拉图”，并断定一神论“很可能会成为开明人士的主要教派”。这是一个非常不错的认识。[9]

而缪拉对爱默生产生的深远影响却截然不同。首先，缪拉完全不是爱默生能够想象得到的一个人。他是个贵族、王子、意大利人、拿破仑的亲戚，是一个生活舒适的无神论者，他还是一个奴隶主。缪拉的日常生活主要由参加各种活动组成，他的知识兴趣几乎完全是政治方面的，他写的书很少会提到文学。与缪拉的谈话能够让爱默生在很多不熟悉的领域里受到启发。尽管爱默生自己的基本信念并没有改变，但让他印象深刻的是，如此不同的两个人不但能够谈心，而且竟然能够成为朋友。最重要的是，爱默生被自己在这种情况下所拥有的知识充足感所鼓舞。

对爱默生来说，这次南方之旅进行得很顺利，他的体重从141磅增加到152磅，他还曾有过做诗人、小说家甚至画家的念头。爱默生见识了这个世界上一个新的地方，他甚至已经喜欢上了圣奥古斯丁，即使在那里有一种背井离乡的感觉。他曾亲眼目睹过奴隶制。缪拉曾写道：“理论上可怕的事情在实践中经常会变得完全可以容忍。”但爱默生并没有发现有这样的情况。在返回途中，爱默生乘坐的轮船遇到了暴风雨，就像他哥哥威廉从德国回来时遇到的那样。但与威廉相反的是，瓦尔多能战胜威胁。暴风雨以某种隐匿的方式对他给予了肯定。“每时每刻都让我变成一个更有力量的人。”他写信给姑妈说。他不仅在书房里能够抵得住休谟的论调，而且在现实生活中也可以抵得住缪拉的说教。爱默生写道：“此时此刻，想到我脑海中特有的想法可能是宇宙中最新的，感觉真的好开心。”爱默生认为，当缪拉给爱默生的哲学思辨能力施加负担时，缪拉对那种认为万物皆有上帝的世界观的反应是迟钝和盲目的，爱默生的一个同伴曾经说过，这种世界观不是泛神论，而是超神论。因此，爱默生在“威廉”号帆船的下铺上经受的不仅仅是一次暴风雨。现在，经过外面世界的考验，他认可了自己，重新振作起来，开始回到传道和播善中来。[10]

当再次回到北方，回到教堂时，爱默生尚未意识到自己正在回到一个平静而确定的世界里。缪拉看到教堂正在“被无可抗拒的见解、文学和现代哲学的巨大潮流所淹没”，预言它必将以基督教的推翻而寿终正寝。正如缪拉所理解的，反对迷信的一神论是推翻传统基督教最强大的力量之一。爱默生也看到危机即将到来。在5月8日给弟弟爱德华的信中，爱默生指出，每当神职人员的平均智力与普通民众的平均智力失去平衡时，“旧的教堂就会关闭，新的秩序就会开始”。他还努力权衡着自己的前途。他告诉爱德华，在刚刚过去的这个冬天里，他感觉到自己的天平横梁总是摇摆不定。[11]

第13章　天平的横梁

1827年4月到6月初，爱默生一路向北，一边返乡，一边走亲访友，偶尔也做几场布道演说。在巴尔的摩，他遇到了波士顿的一神论者塞缪尔·巴雷特和F. W. P. 格林伍德。在离开巴尔的摩的轮船上，他又遇到了一位名叫爱德华·斯特布勒的贵格会使徒，此人拥有使徒式的自信，令人印象深刻。斯特布勒有一个鲜明的观点，那就是他主张正义应当作为放弃恶的补偿。他说：“如果一个人放弃了肮脏，那纯洁就应该成为对他的补偿；如果一个人舍弃了仇恨，那他就应该得到爱的回报。”他的这番话与爱默生长期以来坚持的想法极其一致。爱默生一直都记得这番话，并在随后的几年里不断提起。斯特布勒的儿子曾说，他父亲的“一个伟大目标，就是让他的听众们铭记研究自己的事情、关注自己的经历和反复阅读自己的生命历程的重要性”。[1]

在亚历山大，爱默生走访了拉德一家。拉德和爱默生是表兄弟，是他母亲那边的亲戚。费城有很多值得一看的地方，包括托马斯·苏利的工作室和本杰明·韦斯特名为《基督治愈病人》的画作。爱默生还拜访了威廉·亨利·弗内斯，他是自己的儿时玩伴、同窗校友和终生的朋友。在纽约，他见到了哥哥威廉，威廉刚做完几场关于德国的演讲。爱默生故意放慢了返乡旅程的脚步，以便观察自己的健康和体力状况。他的南方之行确实使他精神焕发，元气恢复了不少，但与此同时，他几乎像往常一样总是感到时间在流逝。对此，他的脑海里有一个充满个性和拟人化特色的景象：所有的日子都排成一列，像选美大赛中的选手那样依次登台。最终，这一景象变成了他最好的一首单体诗《日子》，这首诗最充分地表达了他那种似乎从未充分利用自己的机会和时间的感觉。这年5月，他在日记中这样写道：

> 在我的生命中，岁月如梭，永不停歇。在人类社会中，它们没有荣耀；在无形的世界里，它们不会辉煌。时间好似一张无情之网，将心怀抱负的人们围了起来，他们的眼睛盯着伟大的目标，身体却被那道微妙的藩篱永远隔开。[2]

爱默生于6月份回到家，随后写信给哥哥威廉，说他正在考虑“以健康不佳为由完全放弃牧师这个职业”。但问题并不仅仅是身体不好那么简单，关于职业，爱默生还有一个更根本性的问题，那就是当一名作家还是当一个牧师。因为有埃弗雷特做榜样，爱默生有时觉得自己也可以既当作家又当牧师，但随着时光傲慢地从他身边流逝，这两个角色似乎越来越站在相反的方向在向他招手。在他的书信和日记中反复出现的景象，就是老式天平的横梁，先是向这边倾斜，然后又倾斜到那边。[3]

返回家乡后，爱默生在剑桥区的神学院找到一个房间安顿下来。他此时的横梁正强烈地向牧师这边倾斜。他受邀在波士顿第一教堂布道，并一直持续了大半个夏天。爱默生怀揣父亲的信仰，决心在父亲的城市和父亲的教堂撰写讲稿并进行布道。这些布道讲稿虽然整体上是对原教义的修饰、调整和重新调整，但它们成为爱默生后来作品中许多想法和短语的来源。它们标志着作者基本接受了塑造了自己的那个制度体系。爱默生的这些布道演说铿锵有力，令人钦佩，但在思想上和辩论中多少有点儿让步，还有些地方在精神层面上也做出了退却。他在一篇关于成为基督信徒的布道中说："直接与上帝建立联系并依赖上帝的想法太过高远，在世俗的日常冲突中，它无法维持和安抚我们的美德。"该篇布道剩下的内容是关于"作为社会人的我们是多么善良，又是多么邪恶"的。爱默生以现实主义和实践主义的名义，对基督教的伟大精神问题从现代、自由和一神论的角度做出了回答。在补偿问题上，他宣称，总的来说，正义已经实现了，而且是在地球上。关于苦难和"遭丧之家"的重要性，爱默生坚持认为，基督是苦难者的榜样，而不是我们受苦的救赎者。他宣讲了安息日作为休息天的好处。他称赞基督教是进步的教会，因为它成功地摆脱了加尔文主义，拒绝这个世界是"神圣复仇的绞刑台"的认识，并废除了那些严厉的苦行僧般的仪式。对于"人类是什么"的问题，爱默生回答说，人类生命的意义在于个体教育。在另一篇布道中，爱默生则设问："什么是无知?"然后他断言，无知的存在仅仅是为了满足对知识的渴望。[4]

到此时为止，爱默生最受欢迎的一篇布道演讲稿是关于如何在家里表现虔诚的，他一共讲过27次。他认为"宗教的主要方面就是我们必须在家里表现得好"，上帝可能已经指定了我们的生活境遇，"但我们的美德完全可以由我们自己决定"。至少我们认为，"让人们每天有一个小时的时间做到没有任何斑点或瑕疵"是很容易的，他补充道。[5]

爱默生在这些布道演说中的用语整体上是非常传统的。他使用的仍是18世纪末期常用的长句和掉尾句，一个句子即使打印出来通常也会有10到14行之长，有时甚至长达18行。这样的句子既无优势，也不得体。演讲稿中有很多异议和反对的设问，为的就是在礼拜天上午提出来，然后再进行答复，以此来真诚地告诫人们要深思熟虑，并接受已被认可的行为。他频繁使用修辞性问句，有时半个小时布道就能用上二十个反问句。爱默生的神学是现代的、自由的，让人想起钱宁，有时还会想起施莱尔马赫，但他的文体模式仍然是爱德华·埃弗雷特的。在很多情况下，尤其是在文体方面，人们无法将瓦尔多·爱默生的布道与他父亲的布道进行区别。他经常使用“现在，我的朋友们，请允许我提醒你们注意……”这样的句子，在这种重复的、仪式化的亲密关系面前，读者们往往畏缩不前了。[6]

对于自己在布道上有哪些问题，爱默生大体上是知道的。就像他的许多富有启发性的陈述一样，他在给玛丽姑妈的一封信中也给出了这样的解释：“如果人们能够避免使用那些让所有奇特事物变得不够新奇的通用的语言和说话方式，而只按照自己的个性表达出自己头脑中最重要的那些东西的话，那么每个人都会变得很有趣。”尽管传统的布道方式和能够被接受的话题并不利于个性发挥，尽管牧羊人与羊群的关系使爱默生不可避免地处于不安（因为不劳而获）的道德主导地位，但他仍继续致力于布道演说。1827年下半年，他在马萨诸塞州不停地奔波，分别在北安普顿、迪尔菲尔德、格林菲尔德、伦诺克斯、哈佛、沃尔瑟姆、沃特敦和新贝德福德等地进行布道。[7]

爱默生并没有将全部时间用在传教和写布道演讲稿上。他继续畅游在蒙田、普鲁塔克、柏拉图和赫尔德的书海中。虽然此时还很难将这些作家在作品中所表现出来的智慧、活力和极强的表达能力运用到自己的作品中，但他仍然坚持阅读这些作家的作品，让自己面前始终有那么一批伟大的榜样，时刻提醒自己不能轻易地把已有的努力当作是自己努力的极限。

爱默生也在坚持写诗。他开始崇拜华兹华斯，还有菲利西娅·赫曼斯的《迷失的仙女星》（“还有离开天堂的荣耀吗？/哦，空无痕迹，但你那天仙姐妹们/仍然高高在那儿”）。他现在的诗歌已经不再像青春时期那么过度狂躁和充满激情了。1827年回到北方时，他已经开始收集整理自己的诗稿和散句，把它们记录在第一个诗歌笔记本里。他同时在写三种不同的诗。一种是浪漫的挽歌，其中一个例子就是写圣奥古斯丁的诗："那里有你，深海小城……再见了，温柔的小镇，愿美好降临于你。"第二种是华兹华斯式的个人叙事无韵诗，通常是自传体诗，描写他在自然界的感受和成长历程。正如他所写的，希望读者能像他一样：

……放下手中的书本和世俗的烦恼
大胆地穿过清新的田野
带着高贵勇士的好奇之心
探寻那躲在阳光之外的林中空地，
还有那里的朦胧魅力。

他还写了一些关于寻找"难得见到的尊贵兰花/带有丁香花香味的低矮的松萝/或野生草莓的朋友小委陵菜"的长诗。[8]

爱默生的第三种诗歌，也是他写得最好的一种，是浪漫的抒情短诗，根据自己的心情，爱默生能够用这些抒情小诗表达各种各样的情感。在他早期最好的诗句中，有一首描写了失去亲人的感受：

快快穿越这凶残的大海
暴风雨拍打着我的小船
它艰难地在大海中前行
星星一个接一个地陨落
耶稣和玛利亚为我祈祷
可我的希望几乎要破灭。

但到了6月返回北方的时候，他的绝望已经变成了希望。下面这首诗的第二节对这一点做了预示：

这生命之杯并非轻浅
但我们已经喝光了最美的琼浆
将所有玉液一饮而尽
它的余香让我们回味无穷。
承蒙许门赐福
温柔如花的少女终成眷属
比菲狄亚斯被释放更美好的
存在于那采石场上。[9]

随着秋天的到来，爱默生天平的横梁又开始摇摆不定了。天平的一边是和布道相关的所有内容：传统、制度认同、父亲、父亲的教堂、玛丽姑妈的催促、稳定的薪水、自己及家庭的稳定、现有的社会地位、受人尊敬、古老的康科德、古老的波士顿以及能言善辩的埃弗雷特、巴克明斯特、钱宁、斯帕克斯和塔克等；而天平的另一边则是诗歌以及与诗歌相关的一切：独创性、个人情感、热情、姑妈的榜样（如果不是她的建议的话）、自由阅读、思索、随心所欲地写作以及充满语言活力的蒙田、普鲁塔克、柏拉图、赫尔德、桑普森·里德和卡莱尔等。

爱默生不仅在自己职业的选择上摇摆不定，而且在情绪和信念方面也常常摇摆不定。在6月份写给玛丽姑妈的信中，爱默生说，自己的灵魂在不朽这一问题上“处于礼貌的平衡状态”。他认为，肉体的消亡会“对所有信徒的观念产生不可思议的影响”。这将是“一个光荣的时刻”，他补充道，“然而年轻人并不希望它的到来”。8月，他又写信给姑妈，表示虽然他“想知道各种经文里到底是如何描述那个死在骷髅地的尊贵之人的”，他很好奇，但他并不愿意用自己的一生去通过“探究词汇和查阅辞典”来找到答案。在拒绝研究《圣经》时，他清楚地向姑妈表达了自己内心一直以来的一个独特见解：“有一部分真理光明而崇高，它们每时每刻都存在于每一个人的头脑之中。”[10]

爱默生在11月份写给玛丽姑妈的信是关于宗教情感的，并没有涉及神学、教堂或修辞学。从这里，我们也可以看到，尚未解决的天平平衡危机是如何切实地推动着他的内在成长的。他明明感到有一股巨大的力量，把自己推向姑妈、斯塔尔夫人和宗教神秘主义者的热情那边，但这种热情紧接着又被钱宁那占支配地位的理性主义坚决地否定了。爱默生告诉姑妈，世界上许多最优秀的人都是抵制热情的，“冷静而谨慎的基督徒”就是如此，比如培根、洛克、巴特勒、约翰逊、巴克明斯特等，“而狂热者承认或坚持认为世界并不愿意接受他，因而便充满信心地诉诸每个时代都能接受的且只有少数人能够代祷的宗教语言”。尽管他知道坚持“正确的情感是不可能的”，但爱默生仍然发现，“在理智和情感之间调整生活”是一个持续的问题。而从这个挑战中走出来的是更好的诗歌和更有力的散文，虽然这在他的布道中并不明显。“事实变成了知识，事件变成戒律。”他在12月中旬的日记中这样写道。而在这个12月里发生的一个伟大事件，就是爱默生在新罕布什尔州康科德镇的一次布道之旅中结识了艾伦·塔克。[11]

第14章　艾伦·塔克

当16岁的艾伦·塔克和24岁的瓦尔多·爱默生相遇时，正值1827年的圣诞节。虽然我们手头现在仅有她的一张毫无生气的微型画像，但仍然可以看到她是一个身材微胖、细腰肥臀、额头宽大且满头黑发的女子，令人称道的是她那紧紧卷曲在头顶的发髻。艾伦长着长长的鼻子，丰满的嘴巴，黑亮的大眼。大家都夸她长得非常漂亮，但吸引人们注意的不是她的美丽，而是她的精神。她生活在一个大家庭中，生活充满活力和欢乐。她的父亲比撒列·塔克曾是波士顿一家绳索厂的老板，但已经去世。艾伦彼时同她的母亲玛格丽特和继父威廉·肯特上校住在新罕布什尔州的康科德。艾伦很喜欢户外运动，从她的书信中可以知道她比较关注自然。她谈鲜花盛开的果树："在盛开的光辉中——看不到一片绿叶。"她家里养马，她自己也很喜欢骑马。也有一些小动物陪她左右：一只名叫拜伦的猎犬，一只金丝雀，一只小羔羊，一只白鼠和一些松鼠。[1]

相识一年后，瓦尔多和艾伦订婚了。尽管他写给她的书信如今无踪可寻，但是她给他的都是充满温情、豁达和活泼的情书，大多是关于因为情深而让小事也能照亮生活的内容。她的信里充满活力和渴望，有很多"我爱你，瓦尔多·爱默生"的表达，以此来取悦那个最迷恋的求婚者。当时，艾伦身边已经有很多对她感兴趣的年轻人了，但当她选定爱默生后，便全心全意地投入到这份感情当中。"我是你的，现在和将来，完全属于你。"她写道。"亲爱的瓦尔多，我爱你。"艾伦·塔克说，"我日日夜夜都能梦见你。""晚安，记着来看我……因为我仍然是你自己的，你自己的，还是你自己的。"这一切都表明，正像她深深地爱着爱默生一样，爱默生也一样深深地爱着她。他们彼此都有对方的昵称。起初是埃琳莉和老爷子，后来是王后和国王。[2]

艾伦不但聪颖，而且也有自己的主见。她在一封给爱默生的信中写道："我想告诉你，我非常爱你，我希望你永远爱我，"并故作严肃地补充道，"如果这与你未来的计划相符的话。"但后来她又为写"这样一封鞭策式的信"而道歉。关于她的妹妹，她有一次曾写道："玛格丽特正在读这本新小说，刚才，她抬起头叹了口气。"她有自己独立的判断，认为自己手里的那个爱默生的微型画像不太好看。后来，她认为著名画家托马斯·苏利不应该错过爱默生费城的朋友弗内斯太太的画像。在听从爱默生的建议读亨利·施高格的作品期间，她冷静而清晰地指出，施高格想要表达的思想被他过度的重复削弱了。[3]

艾伦本打算成为一名诗人。她觉得自己很有天赋，而且也读了不少书。她保存下来的诗的质量几乎与彼时的爱默生相当。在她写得最好的诗里，有一种清新脱俗的抒情意境："我们一直在漫步，一直在漫步/在河景甜美的地方。”她可以淡定而冷静地表达悲伤。在一首诗中，她描绘了自己因为不再被爱而即将死去的情景：

> 绿草滩因我的骨更加娇嫩，
> 黑土地为我的头搭配色彩。
> 柔和的风，胜过冰冷的言，
> 所有的爱，逃得无边地远。

她写得最好的诗歌，就像自己的生命一样，带有死亡的标记。她也有很强的色彩感：“我的归宿是坟墓，这确定无疑/它的白如白垩，它的红很吓人。”在写这首诗时，她已经得了肺结核，她的病情成为全家人的痛苦。她开玩笑地建议，用一滴朱红的鲜血作为家族徽章。之所以这样开玩笑，是因为这是无法逃避的。1825年，弟弟乔治也死于肺结核。正如艾伦写给瓦尔多的一样，乔治在他日记的最后一行也曾写过“感觉血液就像是他静脉里熔化了的铅”的句子。乔治去世后，艾伦保管了他的日记，好像是要以某种方式继续他的生活似的。她似乎早就知道——也许在某种程度上，她和瓦尔多都不愿承认地明白——他们俩在一起生活的可能性很小。在一封艾伦写给瓦尔多的信中，有一段评论让我们深入了解到她幸福的表面下隐藏的恐惧，她写道：“让他们爱得如此热诚而纯洁吧，很少有爱侣能够幸福终老，然后双双躺在泥土里。已经毁灭了其中一个的死亡之手，只会让另一个变得麻木（害怕），以此作为一种警告或告慰。”她的这种想用爱来压制死亡的欲望，是一种自然的表露，也谈不上什么“文学性”。“让我们就这样相爱吧！噢，我可爱的瓦尔多。相信我们现在已做到，我们的感情不必通过组合才能加深/我们情深似海，海水将珍珠和宝石拍到岸上。”[4]

1828年新年伊始，也是爱默生与艾伦相识之时，爱默生对威廉说自己“小心翼翼地活着，靠吃鸡蛋来增强体质”。他再一次阅读了亚伯拉罕·塔克的书，此时，他对理性的自然宗教的同情也越来越强烈。他又写了几篇布道演说。有时，他感到犹豫不决："我浪费了好几天的时间来决定应该怎样度过几个小时的时间。"爱默生一直都在读卢梭的《爱弥儿》，却无法接受卢梭对病人的蔑视。但是卢梭的散文和爱默生读过的任何东西一样生动有力，引人瞩目。卢梭说："自然，人为自己而活，他是独立的整体，只依靠自己和他的同类。"卢梭的《爱弥儿》的风格生硬、简洁、流畅，且辞藻华丽，这比爱默生迄今为止读过的任何一本书，包括英国科顿的《蒙田散文集》，都更接近自己成熟的风格。《爱弥儿》的话题也很适合爱默生的口味。卢梭说："人一生都被各种机构所监禁。一个人要想活出样子来，要想成为他自己，并且至死不变，他就必须要言行一致，必须知道自己应该走哪条路，并且必须充满活力且义无反顾地沿着这条路走下去。"[5]

爱默生也继续研究柏拉图。2月份，他变得对苏格拉底的守护神（"一个控制苏格拉底行为的无形天才"）很感兴趣，把它当成一个人物形象，或者更准确地说，当作一个神话人物，用来表达自己的心声。他经常奔走于马萨诸塞州的各个城镇进行传教，如沃尔瑟姆、卡莱尔、戴德姆、列克星敦和梅德福等，但他从来不接受能够成为永久牧师的任何约定。他故意不接受全职牧师的工作，以便能够保留精力做其他的事。

对于艾伦，爱默生没有她那样的谨慎感。1828年5月，他返回到新罕布什尔州的康科德。就在这时，爱德华精神崩溃了，瓦尔多匆匆赶到60英里外的马萨诸塞州的康科德去帮忙。当爱德华看上去好些时，爱默生又回到新罕布什尔州。此后，爱德华的精神问题一遍又一遍地复发，爱默生不得不来回照顾弟弟，而爱德华现在也不得不住进麦克莱恩精神病院。就在爱默生为家里第一次真正的悲剧伤感时，他和艾伦坠入了爱河。他通过面对生活来赶走烦心的事。然而在家里，面对爱德华的精神崩溃，爱默生要求自己和查尔斯都要达到更高的标准。7月，查尔斯获得了鲍登奖，但爱默生写了一封长信批评他。在信中，他感叹真正的公众演讲者实在是少得可怜。爱默生现在开始在波士顿的第二教堂布道，该教堂现任牧师亨利·韦尔健康状况不佳，教堂很快就会找一位新牧师来替代他。爱默生恋爱了，所以他开始对获得永久牧师职位的可能性感兴趣了。[6]

此时，爱默生对自然历史的兴趣也扩展到了科学阅读领域。他读了J.E.史密斯的《植物生理学导论》、雅各布·毕格罗的《波士顿植物志》、汉弗莱·戴维的《化学元素分析》以及马尔萨斯和本杰明·拉什等人的书。读这样的书，虽然不是直接针对爱德华的病，但并不是没有一点儿关系。爱德华令人震惊的精神崩溃，让爱默生更加坚定了他的理性假设和基本的禁欲主义道德。这个世界混乱不堪，原因是我们没有控制好自己。即使他对艾伦·塔克的兴趣变得无法控制，他也坚持要控制住自己的激情。

从爱默生在1828年11月27日发表的布道中可以看出，正是因为弟弟爱德华的不幸、对艾伦的爱恋以及第二教堂召唤他做牧师的可能性越来越大等因素，迫使他重新审视自己。这是他今年的最后一次布道，也是学徒生涯的最后一次布道，同时也是他最努力的一次布道。这段经文来自保罗《哥林多前书》："不要因为关于人和器械的可怜争论而感到烦恼，因为万物都是你的，不管是保罗、阿波罗、塞法斯，还是世界、生死、现在或将来。"就像这段经文悠长且越来越兴奋的语调一样，爱默生的语气也带着胜利的喜悦。既然万物都是我们的，他说："让我们在生活中欢乐吧。"基督的生命意义在于"通过时间来展示永恒"。生命的任务就是"认识你自己"。我们可以读史，但我们从历史中可能会学到认识（我们自己），或者可能什么也学不到。不知是由于对艾伦的迷恋，还是对爱德华病情自我保护的反应，还是由于他受到几个教堂的追捧，爱默生在这篇布道演讲稿中展现了一种新的确定性，一种新的个人信念，"你的财富掌握在自己手中"。他说："你就是自己的宇宙。""对我们来说，没有什么是智慧和毅力所不能得到的。"[7]

1828年12月初，波士顿第二教堂急需一位牧师。爱默生在认真考虑这个职位，但希望自己暂时离开一段时间，以便其他候选人也有临时布道的机会。于是，他和正在康复的弟弟爱德华一起回到新罕布什尔州的康科德。12月17日，在他们结识将近一年后，爱默生和艾伦·塔克订婚了。她17岁，他25岁。正如爱默生在写给威廉的信中说的那样，他"现在很幸福，也很安心"。爱默生运气不错，没有什么烦恼，但想到两个夭折的哥哥，他会突然觉得人生脆弱不堪，就像一个月前他感到人生无所不能一样。面对如此多的成功，他感到有点儿害怕，这是可以理解的。

1829年1月11日，第二教堂以74票赞成、3票反对和1票弃权的结果正式邀请爱默生担任其年轻牧师。这意味着不菲的收入，但让他更开心的是同艾伦订婚。年轻的理性主义者转身向上帝祈祷。他在1829年6月17日的日记中写道："上帝会原谅我的罪孽并帮我得到他的怜悯吗？"像往常一样，他在给玛丽姑妈的信中能够非常清楚地表达自己的想法。他提醒姑妈："虽然生活拮据，但我们兄弟几个最终都长大成人了。"威廉现在开始从事法律工作，爱德华已经恢复了理智和健康，伯克利从来没有像现在这样舒服过，查尔斯"在各方面都干得不错"。而现在，他自己似乎也处于事业成功和个人幸福的边缘，有一种"人生之杯变得更大更满的特殊的幸福感"，有一种"对突如其来的成功逆向产生恐惧的感觉"。他对玛丽姑妈说："担心自己成功之后会走向衰落。"然后，他以一种反常而真诚的谦卑结尾。在人生得到满足时，他没有居功自傲；在神学或情感上，也没觉得自己优人一等。"在这个世界内外，我无法找到任何抵御这种恐惧的堡垒或解药，我坦承我对它们有着无限的依赖。"爱默生个人主义的部分力量在于，他在关键时刻能够坚信个人主义并非意味着孤立或自立；这并不矛盾，因为只有坚强的人才能坦承自己有时令人惊讶的依赖性。[8]

第15章 神职与婚姻：爱情与理智

波士顿第二教堂在城镇的最北端，尽管远离繁华地段，但它仍以古老而自豪，其历史可以追溯到1650年英克里斯·马瑟和科顿·马瑟父子的时代。教堂坚固结实，可容纳大约一百个家庭同时礼拜，他们习惯了拥有一流的牧师。爱默生接替的是亨利·韦尔牧师，他去哈佛大学当教授去了。韦尔牧师坚持肯定有效的即兴布道的重要性，并已经通过这种方式为一神论的发展做出了重要贡献。爱默生接受了教堂的邀请，这是他对与艾伦订婚这一事件所做的反应，表现出了近乎完美的自我克制。“我已经从完全依赖中吸取了教训。”他在正式的接收函中这样写道。对于一个把自己的名字看成与自立有着相同含义的人来说，这是一个非同寻常的表达，但依赖感是爱默生性格中突出而持续的特点，而且现在变得尤为重要。他一再呼吁自立，这并不是空洞的自负，而是从依赖中赢得了回报。这种依赖感和谦逊、自贬的情感是相伴而生的，可视之为爱默生的费内隆情结。[1]

弗朗索瓦·费内隆是爱默生母亲最喜欢的作家。费内隆是法国18世纪坎布雷天主教的大主教，既赞成寂静主义，又赞成妇女教育的自由化。他是个圣洁的人，非常关心穷人。曾经有一次，他穿过敌人的防线，为的是找到并带回一头母牛，而这头母牛是一个被疏散的农民的唯一生计。1829年，一本新的费内隆作品选集在波士顿出版，钱宁在1829年3月的《基督徒观察者》中对该书进行了全面评论。费内隆教导说，虔诚的生命是需要自我克制的，他号召我们“为自己而死，为上帝而活”，“放弃自己的意志，选择上帝的意志作为我们的唯一准则”，“不相信自己，要相信上帝”，“将自爱钉死，让上帝之爱取而代之”。对于费内隆来说，自我是灵魂与上帝之间的巨大障碍。而爱默生逐渐形成的信念却恰恰相反，强调自我是通往神圣的唯一道路，但他的最终立场在很大程度上得益于费内隆所倡导的自我克制。这种自我克制对爱默生家族来说非常熟悉，我们不仅在露丝·爱默生身上能够看到，而且在查尔斯身上也可以看到。[2]

尽管这份新的工作代表了职业生涯的重大成功，但它同时也意味着约束了爱默生的自由，他敏锐地感觉到了这一点。爱默生的神职授任仪式定在3月份举行，他写信给威廉，戏称自己的“执行日”快到了。神职授任是件大事，有许多牧师前来参加，还举行了盛大的晚宴。爱德华在现场注意到，人们反复提及他们的父亲，“瓦尔多已经成长起来，接起了父亲的工作”。[3]

爱默生以一名基督教牧师的身份开始正式履行神职工作，主要内容包括布道、祈祷以及执行圣礼和教牧关怀。他在履行这些职责的过程中成败参半。他目前最大的兴趣就是布道和研究布道；在祷告中表达自己的思想，力图使之最接近自己的信念和观点。在圣事问题上，他与教区的居民意见不一，并最终导致他退出教会；而在教牧关怀方面，他也很是绝望。爱默生对他的新教众说：“上帝赋予人类推动人类前进的最强大的工具就是口才。”在为布道做准备的过程中，他从保罗的《罗马书》中摘录了“我不以福音为耻”的经文，他常常问自己，如果是保罗，他会怎么做。亨利·韦尔曾两次写信给爱默生，抱怨他在布道中没有充分提及《圣经》。确实如此，爱默生并不经常提及《圣经》(他只是宣读经文。当然，这些经文来自《圣经》)，因为对他来说，《圣经》不再是学习的对象，而是模仿的例子。他对自己以及教区居民个人的主要宗教经历感兴趣，而不愿重复和关注那些记录下来的关于久远过去的历史人物的宗教经历。当爱默生对一本书进行研究时，比如说《箴言集》，他不再把自己看作一名评论家，而是一本类似著作的潜在作者。[4]

作为一名积极的牧师，爱默生在工作中试图重现保罗的宗教热情。当后来与教会分道扬镳时，他把自己看作一名现代的路德。爱默生对伟大人物的这种个人认同，归根结底是对一种能够给我们以启示的宗教的渴求——正如他在《自然》中所说的那样，而不仅是对某个人物宗教历史的渴求。他希望用保罗那样强烈的热情去感受基督教。他并不希望仅仅讲授保罗的感受，好像在现代社会这样做是行不通的一样。当然，爱默生不会在公开场合把自己比作圣·保罗。年迈且诚实的亨利·韦尔也无法估量爱默生对原初体验的热情的真实程度。

虽然爱默生承认，自己有时对终生必须每周写一篇布道演讲稿而感到恐惧，但他没有因为韦尔的批评而感到气馁。回访教众对他来说是更大的考验，到3月下旬时，他已经回访了五十次。布道时，他可以自己选择主题。但在教区工作中，他严格按照习俗和期望来界定自己的角色。有时，因为手头没有回访教众的详细地址，结果他花了不少时间走访了同名或住在同一街区的完全陌生的教众，查尔斯为此还嘲笑过他。在一位名叫格林上尉的老兵临终前，爱默生想不出该说些什么，看到上尉床边的桌子上有一堆药瓶，他便开始谈论起玻璃制造技术来。“年轻人，”尚未离世的老兵说，“如果不知道自己该怎么做，你最好还是回家吧。”[5]

作为牧师，爱默生的年薪起初定为1200美元，在之后的7月又涨到了惊人的1800美元，而后者比十年后一位哈佛全职教授的年薪还要多。爱默生立即成为家里的有钱人，他借钱给威廉，并接济查尔斯。波士顿第二教堂牧师的职位也给了爱默生一个被各种机构认可的坚实的身份，他很快就拥有了若干其他公共机构的头衔。1829年5月，他成为马萨诸塞州立法机构的牧师；同年底，成为波士顿学校委员会的成员。爱默生这个之前或多或少与体制无关的人，似乎一夜之间就完全变成了一个制度内的人了。作为波士顿一所重要教堂的牧师，在尚未弄明白自己到底是谁，或自己的真正信仰是什么之前，爱默生已经成为了在信仰和学习方面的公众象征。[6]

6月，艾伦的身体状况经历了一段“插曲”，而这已经不是第一次了。爱默生告诉查尔斯，艾伦的老毛病又犯了，但这次来得很突然，夜里痛苦难耐，咳了血，但不像以前那么多。尽管爱默生承认“情况不容乐观”，但他们还是抱有希望。波士顿的杰克逊医生开出的药方是新鲜空气和“颠簸”；这或许是最坏的建议，但在当时，没有人能给出更好的办法。怀着可悲的信任，他们遵循了医生的建议。艾伦骑着马在新英格兰遛弯儿，试图把结核病从体内甩出去。年轻的牧师回到波士顿后，在写日记的过程中，冥思苦想时常常会突然想起艾伦：“噢，艾伦，我真的非常爱你。”7月，他经常做关于死亡的布道，而且做得很好；不想拥有的经验总是成熟得很快。8月，他和艾伦在新罕布什尔州骑马旅行。一天，结束骑行后，爱默生在日记中写道，他们当天“顺利完成了30英里的颠簸，一路穿过长满松树的平原，跨过一座橄榄球状的大桥，爬上了陡峭多石的山丘，在和风和阵雨中颠簸前行”。经过200多英里的颠簸，艾伦竟然觉得好多了，这着实令人费解。[7]

1829年9月30日，瓦尔多·爱默生和艾伦·塔克在新罕布什尔州的康科德举行了婚礼，庆祝活动持续了三天。但令人费解的是，爱默生家里只有查尔斯参加了婚礼仪式，所以查尔斯有一种被冷落的感觉是可想而知的。婚后，这对年轻夫妇搬到位于波士顿查顿街的基廷夫人的房子里，开始一起生活。这段时间，爱默生的教区居民曾就允许哪些人来领取圣餐一事发生过争论，其实爱默生也不想有任何人被排除在外。但在1829年那个秋天，这样的事情似乎并不重要。瓦尔多和艾伦幸福地生活在一起。艾伦还把自己的母亲和妹妹也接过来跟他们一起生活。玛丽姑妈非常欢迎艾伦加入爱默生家族。艾伦的书信里洋溢着幸福，讲述着自己的“美好时光”和“美好生活”。爱默生常用诗歌来表达自己对艾伦的感情，他就像写十四行诗的莎士比亚一样，试图用文字和爱情去直面死亡，用诗歌的永恒来击败时间。他在幻想一个永远不会成为现实的未来：

> 艾伦，我的挚爱，多少个如金岁月，
> 出落成一朵朦胧而美丽的花朵。

> 愿那一刻永远不会到来，
> 我在阳光的喜悦中，我在阴郁的忧伤里。
> 无论何时都不能阻止我讲述，
> 我的挚爱，那无法超越的爱。[8]

婚后紧接着的那段时间，也是爱默生智力和情感显著成长的阶段。许多书籍和思想在兴奋和激动的体验中接踵而至。通过詹姆斯·马什的文章，他了解到柯勒律治关于心灵本质的全新且令人信服的论断，约翰·赫尔德的著作向他展示了如何让个人重回历史学和宇宙学中心及起点的方法。

柯勒律治的《对沉思的援助》（1826）比其他任何一本书都更能帮助爱默生将他从桑普森·里德那里发现的新思想和他在柏拉图、普鲁塔克、蒙田以及17世纪的旧思想中发现的新意义综合起来。詹姆斯·马什对美国版本的《对沉思的援助》长达58页的介绍，清晰而令人激动地指出柯勒律治这本书的中心意义。正如培根和洛克等作家一样，马什首先从人的思想开始。“第一原则（哲学、道德和宗教的）的终极基础，必须要在我们自身存在的法则中寻找和发现，否则根本无法找到。”他说。但是马什认为，在诉求自然法则的过程中，休谟和布朗草率地得出结论：“意志权力……是一种内在的行为能力，它在可理解的动机的驱使下，按照固有的规律，以与其性质相适应的方式自由行动。”[9]

正如柯勒律治和康德那样，马什对此反驳说：“如果我们拒绝承认存在一种能够凌驾于法律之上的权力意志，且通过绝对的自决行为来控制该权力意志的运作，那么我们就会长期陷入道德和宗教的困惑之中。”马什指出，通过考察，发现我们确实“拥有某种特殊能力，它是不同于知性的另一种思想来源”。这种思想源泉被称为理性。问题的关键，不是柯勒律治是否完全遵循康德，也不是马什或爱默生是否完全理解柯勒律治或康德各自的细微差别，而是理性这一概念本身以及爱默生如何运用理性。

经过马什的阐释，柯勒律治的作品使爱默生发现了一个经过充分阐述和仔细论证的论点，那就是在自我中有一种能够自我决定的积极力量。这种力量叫作理性，它不仅高于感性，而且也高于完全依赖感官输入的知性。爱默生不仅和马什一样发现了柯勒律治所阐述的这种力量，而且还发现这种力量是用语言来解释的，这种语言本身就是“一种活的力量，与产生它的思想力量是同质的，并用具体行为对我们头脑中相应的能量进行回应”。这是马什在自己的巅峰时期对柯勒律治的学术巅峰的阐释，如此双巅峰的组合，对爱默生产生了令人震惊的效应。这是对在那种存在于每个个体灵魂中的力量的性质所进行的冷静、现代、严谨和无可辩驳的叙述。在随后的几年里，爱默生对马什的这一阐释逐渐形成了一种信念，并在余生里都始终坚守这一信念。[10]

在研究马什对柯勒律治的评论的同时，爱默生又一次拜读了赫尔德的《人类历史哲学概要》。就像柯勒律治同那些“在政治期刊上散布不满、出格的言论和恐慌的大胆恶意分子”进行斗争一样，赫尔德对那些认为人类的宇宙中心地位被新科学所取代的人们所感到的“极度惊讶”进行了严厉反驳。赫尔德尤其反对：

> 把地球看作在广袤深空中的一粒沙子，沿着轨道围绕太阳运行；太阳又同千万个其他星体一起，围绕着它们共同的中心运动。也许在太空的不同地方，还有许许多多这样的太阳系；直到最终，理解和想象在这浩瀚而永恒的海洋中迷失了方向，既找不到出路，也摸不清终点。

赫尔德自己明白，自然规律在任何地方都是一样，这是科学背后的伟大法则。赫尔德这篇清晰而充满肯定的文章的结论，在1800年的英译本中被完整地转述如下：

> 就其本质而言，支配我思考和行动的内在力量是永恒不变的，就像支配太阳和星星的力量一样，就像地球的运转会磨损、星星的运动可改变其位置一样，这种内在力量依托的器官可能会磨损，活动范围也可能会改变；但那些支配其存在并使其以不同形式再次出现的法则永远不会改变。它的实质与上帝精神一样永恒，而我的存在（并非我的肉体形态）的根基与宇宙的支柱一样牢固。

赫尔德接着总结道："宇宙的结构能够证实，我的存在的核心——内在生命——是永恒的。无论我身处何处、人为何形，我都会像现在一样，是宇宙力量体系中的一种力量，我会成为某个上帝世界难以想象的和谐的存在。"[11]

这种自我定位和自我验证的观点也让爱默生习以为常。1829年11月7日，他在日记中写道："每当看到彩虹时，就会发现自己正处在它拱形的正中央。你看到的也是这样，离我们一英里远的人们看它也是这样。因为地球是圆形的，所以每个人都是站在地球的上面。许多年后，弗吉尼亚·伍尔夫在谈到爱默生时说："他所做的，是让别人无法拒绝的断言，因为他把宇宙放在了自己的内心。通过发现自己的感受，每个人都可以发现宇宙的法则。"[12]

第16章　吾为心生

1829年秋天，这对年轻夫妇过着忙碌而充实的生活。爱默生担任了州参议院牧师，这项工作的负担还不算重，而负担比较重的是波士顿学校委员会的工作。当然，他还得兼顾自己的教堂。波士顿现在是美国最大的海港，而爱默生的教堂坐落在波士顿北端的北角区，那里码头环绕，水手众多，商业活动十分频繁。

爱德华·泰勒（梅尔维尔的《白鲸》中那位水手传教士梅普尔的原型）刚刚开始在北角区的海员圣地做牧师工作。玛丽·皮博迪后来回忆道，泰勒和爱默生早年曾一起工作，彼此之间产生了深厚的敬意，多年来他们一直是朋友。爱默生从泰勒那里学到了一些关于语言的重要知识，泰勒做证说，爱默生的传道工作实际上比大多数文字记录里描述的都更有效。泰勒是卫理公会教徒，这确实与一神论相去甚远，但爱默生喜欢泰勒那令人兴奋的、充满活力的演讲，他坚持认为泰勒是美国两位最伟大的诗人之一。泰勒至少参加过一次“超验俱乐部”的会议。爱默生说，他“把智慧和想象力都慷慨地用在他那些形形色色的水手和船员身上了，你在整个法国全境都找不到像他这样的牧师了”。[1]

泰勒中等个头，身材偏瘦，但结实灵活，脸上“长满了大海般的皱纹”。他精力充沛，不知疲倦，是著名的科德角野营集会的七位创始人之一。该集会始于1819年马萨诸塞州的韦尔弗利特，后又转移到附近的伊斯特姆。泰勒的一个崇拜者说，泰勒的野营集会“举办得非常出色，既有惊喜、一语中的、俏皮话和明智的建议，也有彩图、灯光、篝火、星星、信仰和希望，还有仁爱、耶稣、神圣和天堂，令人难以忘怀”。他的录音讲话听起来确实很像梅普尔神父的声音。一名听众描述他在布道中谈及宇宙的法则时说：“上帝的法则，就像绞盘桩一样，虽没有太多运动，但直接贯穿一切——这就是我们要走的路。”后来，当爱默生与教会就圣餐的意义发生争辩时，一名听泰勒神父布道的教徒说“爱默生疯了”。泰勒虽然并不同意爱默生关于圣餐的看法，但他还是马上为爱默生进行了辩护。泰勒说：“爱默生先生可能会有不同的想法，但他比他认识的任何人都更像耶稣基督，他讲过耶稣；他的宗教受到了考验，而且也经受住了考验。”有一次，当一群牧师嘲笑说“爱默生正在带领年轻人下地狱”时，泰勒说：“如果爱默生真要下地狱的话，有一件事我敢肯定，那就是他会彻底改变地狱的氛围，如此，我们就可以往那里移民了。”[2]

为了健康，艾伦遵照医生的嘱托，尽可能地多运动。爱默生也加入其中，并买了一套哑铃。艾伦比较富有，爱默生现在的薪水也不错。这对年轻夫妇的花费相当可观，他们有两套马车，每人一套。爱默生有时每月付给房东基廷夫人100美元的房租。他们在一起生活得很开心。艾伦那时在写诗，每天都要写一点；爱默生正处于智力和情感都迅速发展的时期。生活充实而令人满意。

但伴随愉快而忙碌的这一切的是一个无法改变的事实，即艾伦的病情总是在不断地恶化。爱默生在1829年进行年终布道时告诉教众，十年以后，“我们这里有四分之一的人将会死去，而再过五六十年后，这个屋子里所有活着的人都将不再活着”。死亡率曾经只是个统计数字，而现在已成为必须面对的现实。“我们舒适的住所变成了痛苦之家，”爱默生说，“我们的生命之灯已经燃烧到了灯座。”[3]

1830年新年伊始，爱默生正在研究一种新的、引人注目的现代神学。他从“基督教是否在每个人的生活和经历中得到验证”这一前提出发。柯勒律治认为，“基督教既不是理论，也不是思辨，而是生活——不是生活哲学，而是生活本身；不是知识，而是存在”。继柯勒律治之后，爱默生坚持认为：“每个人都有自己的宗教，即自己的上帝。”关于“上帝是什么”这一话题，他现在的回答是：“上帝是头脑中形成的最高尚的人格概念，是个人灵魂的完美实现。”基于这一立场，他开始在1月份的布道中阐明关于友谊的神学。他认为，基督与善人灵魂之间的关系不是救赎关系，而是友爱关系。我们对基督的感情是一种“深厚的友谊之情”。爱默生试图从人性出发重新定位并重建神学，部分原因是他已经认同了当时激进的新宗教思想——它是施莱尔马赫的遗产——部分原因是在和艾伦一起跟病魔做斗争的过程中，他很快就变得更加深刻、更加体贴和更加人性化了。[4]

1830年2月，他给艾伦写了一首意在抵制死亡的爱情诗。这首展望他们携手共度晚年岁月的诗歌，实则是一首充满希望的挽歌：“当银须飘飘/岁月已把我们带到了生命的黄昏……/一切都已逝去，唯爱将会永存。”3月，爱默生和艾伦一起向南旅行，他们经过哈特福德和韦瑟斯菲尔德（玛丽姑妈当时正暂住在那里）来到纽黑文，然后又去了纽约和费城。他们一起写轻松愉快且押韵的日记，但艾伦不停地咳嗽，“呼哧呼哧地喘气”，这是不祥之兆。他们在长岛海湾遭遇大风，被迫返回陆地；对于艾伦在行程中经历的艰辛，爱默生很是担忧。后来，当艾伦的病情稍微好些时，爱默生返回波士顿工作，而她暂住在费城。4月，在他担任神职一周年纪念日当天，爱默生就“我们的生命为何如此匆匆走向尽头”的话题做了一次布道。他意识到了生活中的失败，意识到取得的成就是那么的微乎其微，他说：“人吃了悔恨的苦药，对自己病痛的一面变得非常敏感。”他在5月份做的一次布道是关于“保持信心”的，这是他母亲的一个老话题，他试图从伟大基督教的安慰传统中汲取力量。在另一次布道中，他试图说明为什么我们对下一个世界的了解不比我们对现在这个世界了解得多。“我们这个教区每年都有大约十五六人去世，”他伤感地指出，“我们真的想要知道他们究竟是谁吗？”[5]

爱默生一遍又一遍地做关于死亡的布道。而死神现在如此逼近。他在6月份的一次布道中说：“因此，活着就是在为死亡做好准备。”爱默生在布道中使用了大海的意象，就像他在紧张或遇到危机时经常做的那样：“让我们一起在那广袤大海寂静的岸上边走边思考吧，我们很快就会向那片大海起航。”8月，艾伦的病情又一次加重。她和瓦尔多商量，想让他放弃教堂牧师的神职，同她一起搬到南方去居住。他说，自己已经准备好“冲破一切束缚”，尽所有可能帮助她。[6]

婚姻以及艾伦的病情不仅让爱默生变得深沉而成熟，而且还让他变得更有同情心。他们意识到在一起的时光太过珍贵，所以把它过到极致，生活此时充满了年轻的爱的希望和信任。爱默生对永生的信仰从未如此强烈，也从未如此迫切地需要永生。他也变得更加强大了，因为艾伦以某种方式赋予了他力量，让他有能力去寻找、发现并阐释他那些关于个体最终权威的基本和独特的信念。1830年9月，结婚一周年后，爱默生举行了一场关于自我文化或者说内在神谕的精彩布道。十多年后，这次布道演说里的一些短语被用在了他的散文《自立》和《诗人》的一些句子中，如"我们做事必须要有目的""相信你自己的思想，那就是天才""天才供给我们的不是他自己的财富，而是全民的财富""天才具有代表性""每个人的思想中都有一种比这种思想更强大的力量"等。爱默生的这种写作风格已经上升到与主题相匹配的程度。格言式的明确且简短和辛辣尖刻的句子，已经取代了一年前冗长的修辞。"只有当你在自己的灵魂中发现基督教时，我才会向你推荐它。"他告诉教众。他建议他们每个人都应"以敬畏的心态保持自己的本性"。这个9月的另一天，爱默生在波士顿的第十二教堂做了一场之前就做过的关于友善的布道。来自普利茅斯的一个名叫莉迪亚·杰克逊的年轻女子聆听了他的布道。[7]

爱默生这种新的自信表现与阅读的伟大功绩不谋而合，他一生都是一个伟大的读者。他不仅重新阅读柏拉图、蒙田、普鲁塔克、斯塔尔夫人、杜格尔德·斯图尔特等老伙计的著作，还紧跟新书和期刊的步伐。他广泛阅读每一个自己感兴趣的领域，并总是在不停地拓展新的领域。他写作和阅读的速度都很快；像蒙田一样，他不会深究细节；像作家通常做的那样，他积极地阅读，努力寻找用得上的内容。他曾指出："我们读书不是为了确认作者的观点，就是为了反对作者的观点。"他还补充说这几乎没什么区别。他警惕地注意到，我们的阅读似乎总是以一种奇怪的方式和我们手头上的某个任务相联系。"因为只有那些和我们脑海里的内容相关的书籍，我们才会去读。"爱默生很清楚，如果他告诉人们要"相信自己"，一定会招致很多反对；当然，我们也不能建议每个未受过教育的人都坚定地依靠自己那少得可怜的资源，而不试图增加新的资源。爱默生并不赞赏无知，他在日记中反复强调柯勒律治默默地鼓励人们学习："知识决定我们成为什么样的人。"知识越多，就更应自立，自立就越有道理。他坚持认为阅读应该是积极的阅读，这样才能对人的成长有塑造功能，而任何被动阅读只是一种简单的文字输入罢了。“既要有创造性的写作，也要有创造性的阅读，”他在《美国学者》中这样写道，“当大脑沉浸于劳作和发明时，无论我们在阅读什么，它都会放射出照亮事物多层蕴意的光芒。”他还发现，自己有很多材料实际上是通过阅读从别人的作品中提取的。他赞同地指出，歌德说，“如果只知道利用自己的资源，即使是最伟大的天才也永远不会实现多大的价值”。他继续说道：“天才是什么？就是抓住并利用任何打动我们的事物的能力……我的每一篇作品均源于千万个不同的人以及千万个不同的物给我的启示。”爱默生也是如此，他贪婪地读书，并把所读的内容都记下来。他阅读的内容直接进入到他的写作中，而写作又为阅读提供了方向和目的。“我们使用的每一个词语都有千万层意思，或者说可以运用到千万个场景之中。如果不是这样的话，我们就不用看书了。你的话只适合你自己的情况，不适合我的。”[8]

在柯勒律治和赫尔德的影响下，爱默生在这一年里加大了科学方面的阅读量。赫尔德引用物理定律的普遍性重新定位人类在宇宙中的位置；柯勒律治呼吁人们关注胡贝尔的蜜蜂研究成果，以及卡比和思朋斯合著的四卷本的《昆虫学导论》。桑普森·里德在最新一期《新耶路撒冷杂志》发表的一篇马拉松式的长篇评论中也讨论了后者；《新耶路撒冷杂志》在三年里共发行了12期。爱默生还拜读了乔治·库姆的《人的构造》（1828），这是现代社会科学的创始性学术成果，也是在分析大脑不同功能的基础上，为创造人类行为科学所作的早期努力。爱默生称库姆的著作是“一段时间里读过的最好的布道”。库姆列出人类大脑的27种特定功能，他说其中有19种功能与动物相同，包括自尊、爱的认可、谨慎和仁慈等。在只有人类才有的情感中，库姆强调了尊敬、希望、理想、意识和坚定。尊敬是崇拜的倾向；希望是期待和展望的倾向；理想是对美的热爱和对卓越的渴望，它的相关趋势是奇迹。库姆把正义的感情归结为他所谓的意识；坚定是指性格或目标的坚定。他指出，宗教植根于我们崇拜、希望和奇迹的倾向。这种对人类特性的科学分类，基于当时（尚未成熟的）对人类大脑及其功能的认识，它给爱默生带来了希望，希望人类科学能为人类生活提供比宗教启示更为坚实的基础。事实上，在爱默生看来，与那些神学文本或怀疑哲学相比，科学本身对于真正的奇迹有着更大的威力，更值得我们去崇拜。他很赞同牛顿在离世前不久说过的话：

> 我不知道这个世界如何看我，但在我自己看来，我只不过像一个在海边玩耍的男孩，时不时停下来，偶尔发现一块光滑的鹅卵石或一个比平常更漂亮的贝壳，却完全没有被发现在我面前的真理的海洋。[9]

1830年6月，爱默生开始对本土植物学非常感兴趣，他阅读了毕格罗的《波士顿植物志》和《美国医用植物学》。12月，他读了亚历山大·冯·洪堡的《新大陆热带地区旅行记》，该书对南美洲引人入胜的详细叙述，成为19世纪中叶萦绕在北美大陆人们心头的困惑，并在弗雷德里克教堂的大画布上留下了其最伟大的艺术表现形式。1831年2月，也就是艾伦病情加重的那个月，爱默生正开始阅读法国著名动物学家、现代比较解剖学和古生物学创始人及动物分类系统创始人居维叶的著作。

自然历史为爱默生提供了不断扩大的神奇视野。他既对这一学科本身很感兴趣，同时又对它可作为自然神学的一种自立和自我验证的方式颇感兴趣。在这种情形下，“自然哲学”这个神圣而庄严的短语似乎也派不上什么用场了。爱默生现在正逐渐地，同时也是不可避免地从神学转向科学。泛神论是一个神学术语，用来观察所有事物中的上帝。爱默生想弄明白泛神论是否可以用科学术语来表达和赋予其新的力量。他在卡比和思朋斯的著作中读到，“在万物中看见上帝，在创造物的映射中看到并崇拜造物主的荣耀，并不意味着成就”。在日记中，他开始使用“光学仪器”一词，这种感觉就像一个世纪后T. S. 艾略特所说的那样，“我们有一种思维习惯，它使我们更容易用自然术语来解释奇迹，而不是用奇迹来解释自然”。或者，正如不久之后的沃尔特·惠特曼所说，“老鼠亦是奇迹，惊愕了亿万不信上帝的人”。[10]

第17章　杰兰多与第一哲学

1830年秋天，随着艾伦的病情逐步恶化，爱默生宣布，为了艾伦，他愿意断绝所有社会联系和停止职业活动。与此同时，爱默生发现自己与知识的联系也断开了，开始经历一个基本的哲学调整期。艾伦总结说，如果她不去南方旅行，可能身体会更好些，医生对此表示同意。查尔斯的意见是，那时任何气候都无法拯救她了。虽然查尔斯看到的是糟糕的一面，但他说的确实是事实。对艾伦和瓦尔多来说，生活的全部已沦为维持日常必需了，就是能够简单地活着。

10月，也许是因为必须要做些什么，爱默生开始用一个新笔记本，专门就钱宁推荐的一本新书做笔记，这本书是约瑟夫·德·杰兰多的《哲学体系的比较史》，共三卷。爱默生在正确的时间选择了杰兰多。在杰兰多的笔下，哲学是科学的新宠，它取代了狭隘而枯燥的神学研究。杰兰多把哲学看作是学习的核心；他提出了一些基本问题，并要求得到有用的答案。对于杰兰多来说，哲学不仅仅是一堆深奥难懂的名词，它包含着真正的原则和思想。它并不反对知识，而是感知知识；它是一种力量的启示，是一种对事物联系的认知；它是行动的出发点。杰兰多的哲学并不是抵制热情的武器，而是热情的经纪人，它能够到达冰冷的常识无法到达的地方。在艾伦的生命消退之时，爱默生读到了杰兰多的著作。杰兰多给了他一种新的信仰的可能性，用它来战胜自己的绝望。[1]

爱默生发现，杰兰多作为出发点的两个想法正合自己的心意，这两个想法都在杰兰多的《自我教育》一书中有所阐述，该书由伊丽莎白·皮博迪翻译并于1830年出版。“实际上，一个人的生活是一种持续的自我教育过程，其结果使自己变得更完美。”但是，如果生活从根本上讲是自我修养和自我发展的过程，那么一个人的生活就不能脱离社会、政治或社会正义。杰兰多真正的出发点是康德的绝对命令：“必须只能按照你同时也能成为普遍规律的准则去行动。”杰兰多说：“社会状态，是一种自然状态，社会是自然对人类的伟大使命。没有社会，就没有真正的人类。人类社会之于人类心灵，正如物质世界之于人类感官。”因为离开了社会，人类无法存在，所以离开了对他人的正义，个人的正义也将没有任何意义。

> 我们需要设身处地地考虑别人的境遇，去感知别人的看法和感受，从而明白应该为别人做些什么，就像明白应该为我们自己做些什么一样。如果做不到这一点，我们就无法完全理解正义这一概念。

这个秋天，爱默生被自由以及对普遍自由标准的需要这两个问题困扰着。普遍自由标准针对的是所有人，而不单单是针对受过教育的精英。“少数人获得了自由，所有人就都可能是自由的”，这是他这年11月得出的简明的结论。[2]

作为对哲学发展的历史综述，杰兰多的《哲学体系的比较史》比斯图尔特更有雄心。斯图尔特只是对自培根以来的哲学进行了简述，而杰兰多则开始探索所有哲学的基本问题，即那些囊括了不同地方和不同时期的思想的永恒主题；他设想了一种能够打开所有哲学之门的钥匙。为了做到这一点，他从古希腊以及古代中国、印度和波斯等传统文化开始，并一直延续探索到现今，对康德和他的追随者们进行了主要和广泛的叙述。事实上，杰兰多的这本书被认为是反对苏格兰常识学派和佩利哲学、对理想主义进行有力辩护的一本书。在爱默生看来，苏格兰常识哲学有一定的局限性，它并没有给休谟一个令人信服的回答。虽然确实坚持普遍的道德观念，但它同时也缺乏一个令人满意的自由概念，而佩利精心设计的利己主义也因太过功利而存在着同样的缺陷。但正是佩利书中关于公民服从的章节，让梭罗做出了他那著名的回答。对这些以及其他一些问题，杰兰多的著作都给出了新的、令人兴奋的解决方案。

在书中，杰兰多将其对哲学的热情，对本质或原创性的执着，以及清晰的思路和有条理的论述，与他令人惊叹的渊博知识进行了有效的结合。他引用《摩诃婆罗多》作为一个原始唯心主义的例子。在这个例子中，我们可以看到“感官是灵魂行动的工具，它们不会形成知识”。他认为自然和法则是非常基本的概念，它们既存在于环境多变的希腊哲学中，也可存在于环境相对不变的中国哲学中。中国哲学认为，“上天建立的秩序称为自然，符合自然的东西叫作规律。这种规律（在头脑中）的反应称为道”。爱默生对这些观点进行了仔细的记录，这是他第一次认识到，古代的印度人、中国人和波斯人的思想在哲学上与希伯来人、古希腊人和基督教的思想是相通的，它们不仅有资格受到关注，而且很可能是新的见解的来源。杰兰多认为，所有的思想都是重要的、有趣的和潜在有效的。

爱默生通读了杰兰多的这本法文原版书，并认真做了笔记。杰兰多认为，希腊的前苏格拉底哲学家们尤其值得研究；而爱默生自己现在的一些重要主题就来源于这些哲学家们。爱默生在笔记中写道，泰利斯认为，“水为万物之始”“灵魂的本质即运动”，且为“自由运动”。阿那克西曼德认为，“无限是一切事物的开始，它完全永恒且无比巨大”。爱默生从这段评论里认识到了他后来提出的“超验主义”。他还指出阿那克萨戈拉是如何比泛神论更进一步，将世界与作者分离的，并指出最终的原因可能不是力量而是智慧。[3]

爱默生从杰兰多看待毕达哥拉斯和赫拉克利特的方式中受益匪

浅。毕达哥拉斯认为，现实是数学的，事物的基本原理就是数字，而存在物是以数字的形式被法则捆绑在一起的。这激起了爱默生对科学的新的兴趣。毕达哥拉斯首先将世界称为“宇宙”，意思是秩序、和谐，并延伸为美。毕达哥拉斯告诉我们，节制是美德的本质特征，“超越自我的帝国”是获得美德的方法。毕达哥拉斯坚持认为，灵魂是神性的散发。爱默生总是认为了解比知识更重要，过程比结果更重要，行动比目标更重要。现在，他发现这一区分在杰兰多对赫拉克利特的认同中得到了很好的体现。对赫拉克利特来说，智慧不在于积累大量的知识，而在于“发现支配一切事物的规律，而自然中的一切均受到不变规律的支配。那些不和谐现象，其本身与整体仍然是和谐一致的。同时，一切都在变化中”。赫拉克利特所主张的，就是永久变化和固定规律的同时存在是可能的。[4]

从柯勒律治到马什，爱默生开始接受这样一种观点，即最高形式且最值得信赖的知识是由依赖直觉的领悟、直接感知的时机、心理认知行为以及一系列的心理活动组成的，正如他现在所认识到的，这些可以用“理性”一词来概括。习惯上，爱默生用视觉意象来描述、理解这一行为过程，称之为洞察、感知或幻象。他现在对杰兰多的阅读，以及今后所有的阅读，都是在通过历史记录寻找理性瞬间爆发的痕迹，梅尔维尔称它们为闪现出来的直觉真理。他已经意识到，自己的思想能够在孔子、毕达哥拉斯和赫拉克利特的思想中得到反映。历史并未证明爱默生是错的，而是不断地验证他本人的看法。1830年11月，当爱默生阅读杰兰多的著作时，这种验证的感觉如此强烈，以至于他用语言记录下来，并在后来用到了《自立》这篇文章里：

当一个人在追求真理的道路上达到一定的程度时，他就会永远地意识到，他必须把自己的更好或更坏视为自己的一部分，他在自己辛勤耕耘的土地上收获的是属于自己的肉。虽然无垠的宇宙充满美好，但唯有通过在此地付出辛劳，方能增加一粒一子。

而这年秋天，杰兰多就是他的肉。杰兰多给了他一段在不同时代和国度里寻找和发现理性的历史，一种关于理性的自然历史。[5]

1830年，波士顿之外的伟大世界正在经历一次剧变。西蒙·玻利瓦尔统一南美的梦想破灭了，他自己也死在了流放途中。玻利瓦尔曾说，如果没有失去自己心爱的人，他的生活将会大不一样，因为他永远不会进入政治。在范迪门地（塔斯马尼亚岛的旧称），亚瑟总督付出了荒谬且高昂的代价，组织白人武装横穿这个巨大的岛屿，设立一条警戒线，试图诱捕和根除剩下的原住民。大多数原住民成功越过了警戒线，这一行动最终只捕获了两名原住民。7月，巴黎大革命推翻了波旁王朝，并拥戴路易·菲利普登上王位。在美国，随着地方各州拒绝承认或执行联邦法令，以及著名的韦伯斯特-海恩辩论的发生，南北之间的裂痕进一步加深了。

这年11月的冬天，黑暗笼罩着爱默生，他正经历着一种消沉、令人精神错乱的对死亡的恐惧。他指出，即使是像塞缪尔·约翰逊那样的强人，“当面临死亡时”，也会表现出“无比的恐惧和巨大的忧郁”。他认为，基督教在预防人们产生愈来愈强的恐惧感方面无所作为，反而通过强调道德感等方面“加剧了人们对死亡的恐惧”。[6]

到了12月，有更多坏消息传来。爱德华的身体突然变得更糟了。尽管爱默生试图说服身在纽约的爱德华到波士顿过冬，但爱德华还是决定去南方的圣克鲁斯岛。此时，爱默生正在阅读托马斯·布朗爵士的《瓮葬》。对爱默生来说，这样的阅读并不会给人带来安慰，而只是一种通过文学对自己进行的预防接种。也许他觉得布朗对死亡的想象疗法会让他为即将到来的事情做好准备。他指出，在布朗这部名作的“每一个字眼儿里，都能嗅到坟墓的味道”。当布朗的主题扩展到新世界时，他尤其感到震惊：“美洲这个伟大的古物被埋葬了数千年，对我们而言，地球的大部分仍然埋葬在它的坟墓里。”布朗把死亡与土地，而不是与风景联系在一起。这是威廉·卡伦·布莱恩特在《死亡随想》中探讨的一种联系。我们把逝去的亲人埋葬在这片土地上，随着一代又一代亲人的逝去，我们对那片土地的依恋会变得更加强烈。也许只有通过死亡和埋葬，人们才会感觉到土地是他们真正的家园，你失去的还在你的家园里。爱默生对自然有诸多感情，从现在起，又增加了一种对那片埋葬亲人的土地日益强烈的依恋之情。[7]

1831年以一种好斗的姿态开始了。1月1日，威廉·劳埃德·加里森发行了第1期《解放者》："我不会原谅，我不会含糊其词。我不会后退一英寸，我的声音会被听到。"在南方，这一年将经历一场由纳特·特纳发动的奴隶暴动；在西部，因印第安部落的重新安置问题爆发了黑鹰战争。1月24日，艾伦的病情再次加重。爱默生写信给爱德华表示，现在他们在所有的计划前面都加上了"如果"一词。这些计划不是何时实施的问题，而是如果她的病情是否能好点儿的问题。在寻找所能找到的任何安慰时，爱默生摸索着回到加尔文主义的黑暗世界。他现在承认，加尔文主义的那些"错误"是"一种夸大的说法，我们可以追溯到产生这些错误的属灵真理"。[8]

1月30日，查尔斯从漂泊不定和自我怀疑中振作起来，积极参与到抗议美国政府对印第安人政策的活动中。尽管联邦政府签署了十六项条约，佐治亚州也签署了六项，而且这些条约"都承认印第安人拥有他们自己的土地的权利，这种权利是彻底的和排他性的"，但政府还是试图再次把印第安人从他们的土地上赶走。查尔斯对此非常愤怒。杰克逊总统在1830年12月4日给国会的信中直截了当地说："因此，这是政府对新成立的各州的责任，对于那些国会控制范围内的所有土地，我们都应尽快取缔印第安人对这些土地的所有权。"在这一问题上，查尔斯是个积极分子，他曾在剑桥区组织了一次义愤填膺的会议。他并没有被政府重新安置印第安人的花言巧语所迷惑。他说，政府"刚刚通过恐吓、压迫和公开贿赂的手段迫使（印第安人）进入沙漠，从而让他们面临死亡"。[9]

第18章　尘世之美的陨落

1月底，艾伦“病入膏肓”。除了医生频繁地来家里，他们还雇了一名护士。查尔斯也从剑桥赶来看望艾伦。身体允许时，艾伦还会坚持出去骑马，每当回到家时，她都双手冰凉，护士就会帮她擦手，以促进血液循环。2月2日星期三那天，她的身体状况比较好，出去骑了两次马。三天后，也就是周六，当查尔斯再来看她时，发现艾伦的状况“令人心痛地恶化了”。现在，瓦尔多和艾伦的母亲对她的康复第一次感到了绝望。19岁的艾伦以勇气和沉着面对末日，谈及那一时刻的到来时表现得“平静而甜美”。瓦尔多艰难地接受了现实，他“在痛苦的折磨中屈服了”，是艾伦安慰了他。[1]

到了星期天，她已经“濒临死亡的边缘”了。查尔斯在给威廉的信中写道：“每一次呼吸都异常痛苦。”她似乎活不到第二天了，瓦尔多彻底绝望了；爱默生的弟弟说：“他已泪水涟涟。”到星期一早上，尽管夜里比前一个晚上睡得好一些，但艾伦已经极度虚弱，母亲和姐妹们都围在她身边。下午，雷普利牧师来到家里，为她做祈祷。四点，心情沉重的查尔斯去看望艾伦，“跟她做最后的道别”。瓦尔多的心已经随着即将离世的人而去，但艾伦的心却停留在活着的人身上。她请求查尔斯在她走后多安慰瓦尔多，尽量让他高兴起来，“让他不要太难过”。[2]

2月8日星期二凌晨两点过后不久，艾伦觉得自己就要走了。她为自己和守望她的人做了祈祷，挨个儿亲吻了他们，然后便快速地沉下去了。在经历磨难的过程中，她一直面对前方，她相信上帝，相信来世，这些信仰和自己的品格力量一直让她坚持着，直到接受死亡。但她的最后几句话似乎是对此生和她与爱默生在一起的幸福时光的回顾。她漫无边际地说了一些让人听不太清楚的话。瓦尔多听见她说：

"我没有忘记平静和欢乐。"早上九点，她离开了人世。[3]

当天上午晚些时候，爱默生给玛丽姑妈写了一封信。无论在什么时候，玛丽姑妈都是他的力量源泉，从未失信过。他此时的心情很奇怪，夹杂着震惊、不自然的平静和刀割般的痛苦。后来，他把这种痛苦形容为在"尘世间的美好被彻底毁灭"后"由悲伤变成的刺痛"。在把艾伦的死讯告诉姑妈的时候，他的话语中夹杂着艾伦的那份冷静和信念。他说："今天早晨我的天使去了天堂，现在我孤单一人在这个世界上，但我感到一种奇怪的快乐。艾伦的斗争终于结束了，她的痛苦终于解脱了。"这种痛苦在爱默生接下来的一句话中生动地表现出来："她的双肺将不再被撕裂，她的头部也不会再被血液灼伤，她的整个生命也不会再受到她那有力而精致的灵魂与虚弱的躯体之间的战争的折磨了。"他说，过去的几天是"他人生中最痛苦的几天"。爱默生哀伤地渴望得到姑妈的安慰，因为姑妈每天都与自己的死亡保持着亲密关系，爱默生称她为死亡天使："告诉我，亲爱的姑妈，我对她的记忆是否还会那么丰美？"[4]

艾伦去世后第五天，爱默生在日记里用令人宽慰的基督教语言表达了自己的观点，而在平时，他会避免使用这种语言，特别是在公开演讲中。他写道："自从艾伦去到天堂，在那里观察、了解、祈祷、爱恋和求情以来，我已经白白浪费了五天时间。上帝啊，请怜悯我这个罪人吧！请救治我那因她的离世而变得痛苦和虚弱的灵魂吧！"从一开始，爱默生就在自己的头脑里将艾伦和坚定而谦逊的宗教信仰联系在一起。他们的订婚和结婚，她的死亡以及从现在起对她的记忆，总是和对上帝信仰和依赖的声明、谦卑的感觉、没有得到的幸福以及对祈祷的冲动联系在一起。艾伦的离世，让爱默生失去了所有抵御损失的个人屏障。此时，正如他做的那样，只能诉诸悠久而传统的基督教了。时间流逝，但他一直保留着对她神圣的记忆。就像比阿特丽斯对但丁那样，艾伦成为爱默生的理想，但他也努力避免再承受这样的损失。[5]

在艾伦和爱默生这一时期的作品中，都有一种对死亡浪漫式的渴望。2月20日，也就是艾伦死后第12天，爱默生极力控制着自己的情绪，开始此次变故后的第一次布道演说，其中，他谈到了“坟墓绝妙的吸引力”：“当来到那空荡的房子里，找不到永远不会再见面的亲人时，我们便满怀渴望地回到坟墓，把它作为唯一能够治愈我们的悲伤并让我们平静下来的地方。”如同济慈一样，对爱默生来说，这并不是一种对死亡的过早的病态关注，而是一种直面死亡的不可避免的情感。这不仅是一个接受死亡的问题，同时也是一个拥抱死亡的问题。并不是每个人都能做出这样的反应，而这种反应能被玛丽·穆迪·爱默生完全理解。[6]

艾伦去世时爱默生27岁。爱妻的离世以及同时经历的精神危机让爱默生获得了重生。在此之前，爱默生是一个理性主义者，虽被理想主义的真理所吸引，但并不完全相信。在这之后，他开始彻底但含蓄地、发自内心地相信精神的真实性和首要性，尽管他总是意识到精神只能在物质世界中显现出来。然而，在艾伦去世的这段时间里，爱默生最强烈的感觉是一种失落感和疏离感，特别表现为一种分离意识。爱默生说，那些逝去的人“跟随他们的主而去了。他们进了一所房子，然后房门就关上了”。爱默生的世界真的坍塌了。“我还能再把大自然的千般景象、早雾晨霭、夜空繁星、红花绿草，还有所有诗人，与一个迷人的挚友的心和生命联系起来吗？不，不可能了。人只能出生一次，只能洗礼一次，只能有一次初恋；像人一样，感情也无法永葆青春。”他感到，不仅自己的个人世界与自然世界隔绝了，而且自己与艾伦也隔绝了；同时也感到，他与自己也隔绝了，正如在许多首他那时写的关于艾伦的诗歌中，他用诗人多恩的语气说道：“教教我，我被逝者遗忘了/而逝者把她自己也忘了/我同我自己也断了联系。”[7]

正如他承认的那样，爱默生“因悲伤过度，身体非常虚弱，且有些精神失常”。在艾伦离世的几天里，爱默生仍然能够听到她那艰难的呼吸声，看到她即将离开的样子。爱默生向她大声呼唤，直接呼喊她的名字，就像请求圣人一样求她。爱默生的生活呈现出一种“无法弥补的遗憾”和“可怜的冷漠”的基调，但他不会像查尔斯那样一直绝望下去。即使在悲伤的时候，他也能意识到悲伤最终会减轻。“我几乎会害怕这一时刻的到来。”他在日记中写道。同时，爱默生坚持认为，在艾伦的肉体死亡后，她的精神会以某些形式存活下来。他现在在读普罗提诺的书，他的笔记表明，他首先对这个新柏拉图主义者产生了个人兴趣。因为普罗提诺如此全神贯注于精神，以至于他对自己的身体感到羞耻，觉得身体是对自己的羞辱。轻视肉体是肯定心灵和精神的一种方式。爱默生在6月的一首诗中对此进行了阐述：

死亡何所惮，
入土亦坦然。
六月鲜花下，
遗骨好安家。
昆虫吾为食，
坟月相媚好。

艾伦的去世使爱默生有一种失落感，他为自己打那以后从未真正活着而感到遗憾。以下诗句很好地反映出他1831年6月空虚的生活：

岁月无痕杳然去，
香消我自固步封。
生命芬芳无觅处，
花来花去终成空。[8]

爱默生设法重新开始工作。除了定期的布道外，他还承诺从3月8日开始一直到5月初，对《圣经新约》中的福音书做一个系列演讲。这样的演讲是详细的、学术的和带有批判性的，它对最近的《圣经》研究成果进行了总结，这完全不同于布道中的简单陈述。在这些演讲中，爱默生承诺把自己对每一位福音传道者的所有了解全都展示出来，阐释《圣经》的传播历史，并回顾关于三个符类福音（即马太福音、马可福音和路加福音）的起源以及它们与约翰福音的关系的各种理论。就在艾伦的去世使他感到与生活脱节之时，他不得不对作为基督教信仰主要基础的《圣经》中那些福音书的真实性的证据，进行彻底而公开的检验。

爱默生引用的内容均为可靠资源。他引用了赫伯特·马什1802年发表的题为《论前三部福音书的起源及构成》的论文，总结了从勒克莱尔到艾希霍恩和赫尔德的早期观点。爱默生还引用了康诺普·瑟尔沃尔在译著《论路加》（施莱尔马赫著，1825）中写的长达150页的导言中关于施莱尔马赫和吉赛勒的观点。爱默生的第一次演讲回顾了《圣经》之外关于马太、马可和路加历史存在的证据，认为它们确实是存在的。第三次演讲详细回顾了从圣杰罗姆（公元420年）到现在的福音文本的传播过程，爱默生强烈倾向于接受福音书的真实性。在他的散文里，爱默生似乎在附和并回答吉本。他总结道：

> 这四个不算太长的故事，虽然诞生于犹太和罗马建筑的丰碑的庇护之下，但它们已经超越了这些宏伟的建筑。如今，这些建筑早已成为废墟，但代表文明的它们超越了中世纪的野蛮制度，跨越广袤的土地，历经无数次战争和愚昧的洗礼，已经安全地降福到我们的眼睛、耳朵和心灵之中。[9]

对福音书的真实性做出总体的肯定是一回事，而具体说明真实性的确切步骤是另一回事。关于圣杰罗姆的拉丁文通俗译本的来源这一难题，爱默生指出，这四部福音书都在公元98年出生的殉道士游斯丁的作品中被提到和引用过；是它让我们回到耶稣死后的七十年内。

真正的问题是，在耶稣去世后和游斯丁出生前这七十年间，这些福音书是在何时何地由谁以何种方式传播的。这些问题依然是目前《圣经》研究中的一个难题。[10]

主要的问题是，马太、马可和路加有很多相同的材料，而且其中一些还是逐字逐句相同。很明显，福音传道者要么是互相抄袭，要么就是抄自同一个来源。艾希霍恩和马什认为，早先的福音书一定是失传了，而他们三位福音传道者都是从这本失传的书中应用了福音。欧文辩称马太福音是在路加福音之前完成的；布欣认为路加福音在马太福音之前；施托尔主张马可福音先于另外两个福音。格里斯巴赫在爱默生的大学课文中认为，马可福音是基于马太福音和路加福音写成的。施莱尔马赫对上述大部分观点予以否定，他倾向于把这几位福音传道者视为德国学术文本专家。施莱尔马赫同意吉赛勒和丹尼尔·威西的建议，即我们不应该寻找一本失传的福音书，而应该假定最早的福音书不是书面的，而是口头的，其中包括耶稣的说教，因为威西指出，在引用耶稣时，不同福音书之间的一致性是最多的。爱默生没有理由怀疑福音书的真实性，但他不再认为这些福音或任何其他外部证据对寻求宗教生活的个人会有很大帮助。“如果我们撇下那些文字，去探究使徒及主的精神，我们会发现有一个证据将从感性到理性与耶稣的每一个教导相呼应。”[11]

就在爱默生被认为最需要外部支持之时，他却拒绝接受基督教建立在古老的著作或制度之上的观点。他并没有像西奥多·帕克宣称的那样，认为如果没有福音书，基督教会存在得更好些；他也没有像18世纪的作家威廉·劳那样坚定，而威廉·劳是玛丽姑妈、查尔斯和他母亲的最爱。劳是：

“从认为基督教的外部证据以及他们所认同的整个神学概念完全无用开始的……我们通过直接意识来了解事实，不必为事实去研究摩西；摩西证明不了事实，他只是告诉我们该如何做和何时去做。”

正是由于爱默生的直觉——这是他力量的关键所在，他在极端情况下往往不会寻求传统的支持，甚至也不寻求《圣经》的帮助，而是从自己的资源那里寻求支持，然后独自前行。[12]

第19章 完美信仰

关于福音书的演讲可以看作是爱默生对《圣经》研究的告别演说。虽然他并没有真的要拒绝福音书，但他认识到，除了这四本之外，还有很多福音书，而桑普森·里德和圣马太一样，也是人类核心真理的可靠见证人。1831年5月，即艾伦去世后第三个月，在完成系列福音演讲之后，爱默生在《薄伽梵歌》中发现了另一部经文，正如法国哲学家维克多·库森曾描述的那样。

库森（1792—1867）比爱默生大11岁。他起初对孔狄亚克的超理性主义较感兴趣，后来又开始欣赏苏格兰常识哲学以及康德、谢林和黑格尔的思想。他的《普罗克鲁斯》一书出版于1820年至1827年间，并于1825年开始亲自翻译柏拉图的著作。1827年，他的《哲学史教程》出版；爱默生于1831年读到了该书。库森属于折中主义哲学流派。从这个意义上说，折中主义并不意味着将零碎的内容拼凑在一起，而是将心理学方法与哲学史相适应。库森对大脑如何工作这一问题很感兴趣；他的主题是唯心主义哲学的发展对感觉哲学的挑战。他的《哲学史教程》属于哲学剖析类书籍。他发现四种原始的“系统”原型，即感觉主义、理想主义、怀疑主义和神秘主义，它们在以后的每一个时代和每一个国家都会重复出现，并且总是以相同的顺序出现。库森是哲学史上的波利比乌斯。他在印度发现了最早的周期现象，称《吠陀》为理想主义阶段，称《薄伽梵歌》为神秘主义阶段，并将后者誉为“古印度最有趣的神秘主义纪念碑”。[1]

在接触库森之前，爱默生对印度的态度可以在他上大学时写的一首名为《印度迷信》的诗的标题中得到充分的概括。现在，从库森对阿朱那和克利须那之间辩论的精辟而简短的论述中，爱默生了解到，印度拥有宏大、复杂而精致的经文，在宗教及伦理上完全可以和基督教的经文媲美。库森记录了这样一个情节：阿朱那表示自己不愿意战斗，因为他有朋友和家人在对方的军队里；对此，克利须那回答说：“你为什么会提到朋友和亲情？为什么提到的是人类？其实亲情、朋友、人类、野兽或者石头，它们都是一体的，有一种永恒的能量创造并不断更新着你所看到的一切。”这一幕令爱默生印象深刻，就像梭罗和后来的T. S. 艾略特给他留下的印象一样。爱默生的《梵天》一诗的核心内容就来自于此。“所以去战斗吧，”克利须那说，“因为一切皆为幻觉。行动本身亦是幻觉，即便当它被视为真实时……毫无疑问，必须采取行动，但应将其看作没有采取过行动一样。”[2]

爱默生明白，在《薄伽梵歌》里，能够看到一部没有年表的历史和一种认为所有事物均为同一性的信仰。这种信仰超越了事物的表象，是一个关于普遍正义和普遍平衡的深刻概念。这种信仰与那些认为一切皆有补偿的想法非常吻合。[3]

在很多方面，库森均与爱默生走在了平行的路上。库森的《哲学史教程》第10章讲的是对待伟人的通行做法，库森与爱默生在这个问题上有着相同的理解，即应将伟人视为代表性或象征性的人物，而不应把他们当作独立的个体。伟大人物是“国家、时代、人性、自然和宇宙秩序的代表”。在这个主题上，此时的库森比爱默生走得更远一些，但爱默生在19世纪40年代又一次回到了这个主题上。[4]

自从1831年满怀激情地读到库森的文章后，爱默生开始对印度的思想和表达方式产生了浓厚的兴趣和尊重。虽然杰兰多为爱默生准备了接触印度思想的机会，但爱默生总是把这归功于库森。从此，他摒弃了牧师的轻蔑和骚塞似的屈尊，开始对印度教产生“崇拜”情结。自此，爱默生把《薄伽梵歌》视为与福音书具有同等地位的经文，并一直这样认为。[5]

6月，爱默生和查尔斯一起去了趟佛蒙特州的绿山和尚普兰湖，途中偶遇柯勒律治的崇拜者詹姆斯·马什，马什那时是佛蒙特大学的校长。10月下旬，爱默生再次回到华兹华斯的作品中。他赏读了华兹华斯的十四行组诗，深受《达登河》、《责任颂》等诗，尤其是《戴翁》的鼓舞。爱默生还品读了《罗布·罗伊》、《一位诗人的墓志铭》和《幸福勇士的品性》等作品，被华兹华斯的灵性所感动。他在日记中问道："世间万物不正是按照其内在本质的情形而永恒吗？"最重要的是，此时的爱默生十分钦佩作为作家的华兹华斯运用语言的技巧和力量，他如何能够"勇敢而忘我地避开每一个意象和文字的本义"，意在"坚持自己的思想，并用极简的形式将之表达出来"？[6]

自7月以来，爱默生一直在坚持写作。"在表达某个意思时，如果认为自己有不同的词可选的话，那永远也写不出好文章来，"他这样写道，"在写作中，常常只有一个恰当的词，除此之外，任何一个词都是不合适的。"他赞同弗里德里希·施莱格尔的说法："在一篇好的散文里，每一个词都是重要的。"从黑尔兄弟的《对真理的猜想》这篇题目极具吸引力的文章中，爱默生摘抄了这句话："当我们坐下来写作时，最主要的就是说出你必须说的话。"当爱默生思考自己真正知道些什么、必须要说什么以及怎样才能把文章写好这些问题的时候，从他1831年整个下半年的一些只言片语中，我们能够感觉到他内心有一股压力在积聚，如潮水般在涌动上升。同时，从他不无赞许地引用谢林的一句评论中，也可以明显地看出，他并不仅仅满足于对生活的评论，他更渴望生活本身。谢林的这句话是："一些人思考的是事物，另一些人思考的是事物本身。"10月下旬，他一边读华兹华斯，一边又开始读莎士比亚的十四行诗。他认为莎士比亚的这些诗歌比那些戏剧更能帮助他了解莎士比亚的天才。爱默生十分钦佩莎士比亚"充分利用激情的力量来挖掘所有事物本质的能力"。[7]

每天，爱默生都会步行到位于罗克斯伯里的艾伦的坟前。他不仅写关于艾伦的诗，而且还专门写给她。但在日记里写到艾伦的时候，有时一句话甚至一个单词还没写完就中断了。这段时间除了继续布道，他还陷入了由一个愤怒的家长煽动的公众对波士顿公立学校表达不满情绪的攻击中。10月份，查尔斯的健康突然出现了问题。之前的9月下旬，爱默生就曾写信给爱德华，称查尔斯的身体非常虚弱，“像一个枯萎的苹果”。随后，查尔斯患了重感冒，伴有咳嗽，他“极度昏迷，经不起任何劳累，甚至连说话都非常艰难”。他的朋友亚瑟·莱曼每天都来给他读书。此时，查尔斯放弃了生活的希望。今年早些时候，他似乎曾放弃过对才智的渴望，抱怨说自己无法成为库森。而现在，他几乎连说话都停止了。爱默生在信中写道：“他对自己感到很失望，尽管非常冷静和清醒。”12月初，大家决定让查尔斯到波多黎各，和爱德华一起在南方生活，以便身体能好起来。现在，兄弟几人中只有瓦尔多还没有从玛丽姑妈为他们设想的生活方式中脱离出来。爱默生写信给威廉，诉说了心中的部分疑虑：“谁能想到，当艾伦——我的玫瑰——走了之后，我们引以为豪的爱德华和查尔斯却要成为我们首先倒下去的亲人呢？”[8]

爱默生前面的路似乎充满了黑暗和不确定因素，尤其是在职业生涯方面。然而，在内心深处，他并没有崩溃和绝望。无论教区和学校董事会的工作有多艰难，他总是会略带自我嘲讽地指出，“我对学习的信仰是完美的”。爱默生认为自己与休谟正好相反，休谟在独自钻研时总是怀疑自己，而出道后又总是相信自己；爱默生则始终坚守着自己的信念，坚持认为，“我的思想是上帝赐予我的启示”。1831年12月，天寒地冻，从12月10日到圣诞节，整个波士顿都在持续的寒冷中硬撑着，冷清而阴郁。燃料短缺，物价上涨。谁会受苦？显而易见。“上帝啊，救救穷人吧！”爱默生在一封又一封的信中写道。[9]

第20章 隔绝

艾伦的离世不仅削弱了爱默生的个人世界，而且也削弱了爱默生与结婚时所青睐的公共机构的联系。对于艾伦的永别，爱默生的反应是将自己从教堂、波士顿和当时流行的思想（即苏格兰常识）中，从波士顿学校董事会和马萨诸塞州参议院牧师虚幻的尊严以及狭隘的布道形式中分离出来。痛失贤妻让他的生活黯然失色，同时也让他获得了解脱和自由。既然不再拥有传统的幸福，何不放弃传统的生活。尽管略带恐慌，他还是加倍努力，试图经营自己的生活，丰富自己的思想。

站在28岁的人生驿站，爱默生审视着自己的人生，他懊恼地注意到，亚历山大大帝在30岁时已经征服了世界。尽管失去很多，但雄心依存，他开始认真地谋划撰写一本书。“我不是要就以下主题写一本书吗?”他写道。草拟的提纲共九章，其中八章以命题或论文的形式表述。第一章，境由心生；第二章，正义已至；第三章，善为恶之源；第四章，灵魂不朽；第五章，祈祷；第六章，本真最好；第七章，人心可辨万物；第八章，心在万物中；第九章，真理为正。[1]

这是爱默生1836年出版的《自然》那本书模糊的早期蓝图。我们从它1831年的雏形可以看到，爱默生是如何在与桑普森·里德、柯勒律治、杰兰多和库森相同的一个主题上下功夫的，而这个主题就是心灵的本性和力量。从第一章到第九章的提纲可以看出，这本书的整体结构是以心灵为中心的一个圆，这是费希特式的强调自我的一个极端例子。这本书的标题要是改成《心灵》，可能会更合适些。该书最明显的缺陷，就是没有强调——甚至都没有觉察到——心灵所面对的那个世界，即自然世界。

从第一章到第九章的命题，我们能够看出爱默生的思想走向。一个表述，不能因为教会、福音或牧师们是这样说的，就把它当作真理。在第九章谈到“真理为正”时，爱默生发出了自己从神学转向科学的信号。换言之，他现在坚持认为，神学和道德真理必须要经受与科学或自然真理相同的考验。从爱默生的布道中，我们无法看出他的神学研究到底进展到什么程度，因为那些布道仍然是为不冒犯教区居民而量身定做的，但在这年1月，从爱默生与里德和托马斯·伍斯特（另一位斯威登的追随者）的对话中，我们能够看到一些端倪。爱默生说：“我们都同意，上帝是我们与其他已经离去或尚未离去的灵魂之间的沟通。”这一立场的激进之处在于它并不相信是上帝在与我们沟通，而是坚持认为上帝就是沟通本身。这种略带老练的神学观点，已经远远超过了他自己的教会（或者说，实际上是除了斯威登堡教会和贵格会以外的任何同时代的教会）。这表明，从某种重要意义上讲，爱默生已经和教会分道扬镳了。[2]

关于爱默生对沟通能力本身（这是施莱尔马赫宗教思想中引起新英格兰人关注的一个主题，这种关注一直持续到19世纪40年代）的关注，他可能在1832年的头几个月里以其他方式表达过。在去钱宁的教堂聆听泰勒神父布道演讲时，爱默生不无满意地注意到，有些自鸣得意的钱宁现在也不得不坐下来听别人在做他本人无法做到的事。爱默生还去联邦街教堂参加一个大型聚会，听切罗基人伊莱亚斯·布迪诺特和约翰·里奇的布道演说。他对后者印象深刻，曾在日记里写道：“他说自己的演说将会像印第安人一样直白明了，这是一种相当不错的印第安口才。”爱默生同时指出，里奇“完全了解自己的演讲优势——浪漫，并将之发挥到极致”。他觉得里奇的演讲完全超越了其他人，如亚历山大·埃弗雷特、塞缪尔·霍尔和比彻博士等。[3]

里奇的印第安真名是卡-纳格-达-塔拉-格，意为“走在山顶之人”。他生于约1771年，此时已61岁，头发花白，具有领袖气质。从他的一幅当代肖像画看，里奇面容威严，鼻子宽大，额头高挺且爬满皱纹，眼睛深红。他穿着量身定做的衣服，有着参议员般的神气。他年轻时是一名战士，21岁便加入部落委员会，当对印第安人重新安置的问题第一次被提出时，他就明确地表示反对。多年来，他一直是部落发言人，杰斐逊、麦迪逊和门罗等几位总统都曾会见过他。他是基督徒，曾把儿子送到康涅狄格州的康沃尔接受教育。他将犁、纺车和织布机等农具介绍给切罗基人。他坚持不懈地反对杰克逊总统和佐治亚州的重新安置政策，并走遍全国，动员人们反对这一政策。当重新安置不可避免时，他又极不情愿地表示同意，认为这总比打仗要好些。从现存的资料中，我们能够看出他的演讲风格，它和爱默生之前听过的任何演讲风格都不一样。在杰斐逊执政晚期，当将印第安人迁移到密西西比河以外地区的提案被首次提出时，里奇曾公开反对该部落的酋长。在部落委员会讨论该提案时，里奇说：

> 我的朋友们，你们都已经听到酋长的讲话了。他告诉我们，那片没有阳光之地就是我们大伙儿未来的居住之所。作为个人，他有权发表自己的意见，但作为部落首领，他发表的意见并不具有约束力，因为它不是通过部落委员会形成的，它不是在大白天指定的，而是在一个黑暗的角落里策划的。竟然在没有经过这些人同意的情况下，就要把他们从自己的家园拖赶到没有阳光的黑暗之地！[4]

里奇和泰勒演讲的共同之处在于，他们都拥有生动而有力的个人风格，充满了从各自生活中直接提取的鲜活意象，后来惠特曼将这种风格特点归纳为“实打实的英雄主义”。此时，有一个重要的事实被忽视了，那就是爱默生正在远离他的波士顿、哈佛、苏格兰常识、一神论等世界，并将注意力集中到一位极具吸引力的卫理公会演说家、一位切罗基人的领袖以及斯威登堡学派的身上，为他们鲜活的思想和清新的演讲所折服。爱默生在日记里记录下那个“走在山顶之人”的故事后，曾闷闷不乐地对查尔斯说，截至前天，他已经写了146篇布道演说了："写了那么多，但没有一篇像样的！"[5]

1832年上半年，爱默生的日记里逐渐多了一种令人振奋的气息。他贪婪地阅读，制定了严格的日程，并遵从自己的直觉。爱默生有了十分明确的新的兴趣，对新思想以及这些新思想缘何被人们接受很感兴趣。"除了我们自己，我们还能看到什么、阅读什么、获得什么呢？"他在2月的时候这样问自己，"同样是阅读库森的书，一千个读者有一千种理解。朋友，拿起这本书仔细品读吧，你在这本书里发现的东西，永远也不可能同我在这本书里发现的东西一样。"早些时候，爱默生曾关注过大脑是如何工作的，它一会儿这样一会儿那样，就像自然界中水晶体的形成一样。他写道："大脑的工作过程同矿物王国的结晶过程非常类似，我从中看到的是独特的非凡之美和别样乐趣。在思考这一点时，我逐渐被引导到更多的思想上，这些思想先是部分地显现出来，然后再慢慢充分地展现。"爱默生把晶体形成的自然过程和思想结晶的心理过程都看作是"上帝的建筑"。这是爱默生希望在自己计划的那本书中抓住并力图阐释的东西。[6]

与此同时，爱默生正在博览群书。这些书有些是充满活力的作家的著作，如库森或大卫·哈特利，他此时正在阅读大卫的《人之观察》。但他在这一阶段更多地阅读了关于伟大人物的书籍，如布鲁斯特的《牛顿的一生》、尼奇的关于康德思想的书、莉迪亚·蔡尔德的关于斯塔尔夫人和罗兰夫人的传记，比贝尔的关于伟大的瑞士教育改革者佩斯塔洛齐的书，以及泰因茅斯的《威廉·琼斯爵士的一生》等。威廉·琼斯爵士是英国法学家和语言学家，是引起西方对古印度重新认识的关键人物。爱默生对成功者和成功者们的成就有着同样的兴趣。他当时最感兴趣的是，那些伟大人物是如何完成他们的工作的。实际上，在广泛地阅读关于这些伟人生活的书籍的时候，爱默生仍然没有摆脱坟墓的阴影。他依然每天步行到位于罗克斯伯里的艾伦的坟墓旁，并与她的灵魂进行交流。3月29日，他在日记中记录了他打开艾伦棺椁的情形，但并没有给出解释。[7]

正如爱默生观察到的那样，人们永远无法猜到玛丽姑妈接下来会说什么样的话或写什么样的文章，所以当爱默生看着艾伦的尸体时，我们也无法知道他心里到底想了些什么。福楼拜曾说过，每个人的心里都有一个高贵的房间，而爱默生的这个房间被艾伦所占据。福楼拜接着又说，他把自己的那个高贵的房间完全封闭起来。但爱默生从来没有这样做过，他故意让自己对艾伦的记忆保持活力，甚至允许他身边的人为自己朗读艾伦以前的书信。尽管坟墓里发生的一幕让一些评论人士颇为不安，他们甚至断定这一定是一场梦。但从某种程度上看，这就是真实的爱默生。不管艾伦是生是死，他都要亲自去看一看。躯体的腐烂是否能够证实灵魂显然已经离开身体这一现实，是否让他更加痛苦呢？或者他是否以杰瑞米·泰勒或托马斯·布朗爵士等17世纪的方式面对死亡？这些都不得而知，但这次墓地之行的效果比较明显。他抛弃了旧的关系，接受了新的思想和新的可能性。站在亡灵面前，爱默生不得不在死者和活人之间做出抉择。在4月份的礼拜天里，他一连进行了几个礼拜的布道演说，主题分别为“近在咫尺的美德”、“近在咫尺的快乐”和“活人之神”，都是一些一如既往的世俗性话题。此外，他将自己的阅读扩展到了西方和基督教传统之外。或许是受到琼斯的激励，爱默生寻找并开始研究安克蒂尔·杜伯龙关于琐罗亚斯德教的著作，这是第一次关于古代波斯宗教传到西方的真实叙述。爱默生不仅被恶神阿里曼和善神马兹达的形象所打动，更被故事的叙述方式所吸引。他问道：“难道我们不觉得，这些原始寓言就像地球仪和图表一样在对鲜活的自然法则进行直观的解释吗？比起那些平淡乏味的文章，这些虚构的故事是否会让我们更能接近神圣的真理呢？”[8]

1832年5月对爱默生来说是一个非同寻常的月份。不管出于哪一种原因，或是哪几种原因，他开始向世界敞开胸怀。对于查尔斯收藏的贝壳，他能令人吃惊地马上辨认出它们的种类。他说自己“第一眼就能辨认出新的贝壳的颜色和式样”。所有事物似乎都是鲜活的，充满了各种可能性："每一个海扇壳上的每一个节瘤都有着自己的表情。"这些贝壳令他着迷："我想，一整个柜子的贝壳能够表达整个人类的思想；同样，一个全球植物群落、一部百兽演化历史以及一幅展现千姿百态云彩的油画，都能够表达整个人类的思想。每个事物都是那么重要。"这些话语告诉我们，此时的爱默生对世界的认识有了新的升华。他拥抱和接受了这样的变化。自然和自然之美感动了他，让他为之赞美，这是他对大自然极具特色的回应。他在5月中旬写道："如果在被地狱的泡沫吞噬之前，我们在这个世界上的历程仅仅只是一瞬间，那在这个过程中表达我们的惊讶不是更好吗？我会挥动双手，向宇宙问好。"如果有那么一刻，爱默生觉得传统的基督教牧师们——甚至是自由的一神论牧师们——无法再继续赋予自己生命的意义，那这一刻就是当他认识到自己对世界的正确反应是吃惊、对世界的正确表达是赞美的时刻。[9]

这里不同寻常的，并不是爱默生此时的想法，甚至也不是产生他那非凡意识的那一刻，而是对这种意识极具远见的认识高度。此时的爱默生充满活力，"随着时间的流淌，我们现在经历的任何阴影都将烟消云散，任何思想都将随风而去，任何事件也都将湮灭在历史长河之中。那些正在消失的现在，每时每刻都转化为对过去坚实的记录"。爱默生描述了一幅关于火山的非同寻常的画面。他指出，发生在当下的短暂的火山爆发过程，是如何转变为一个固定且不可改变的历史记录的。他说："走进火山口，我们或许会在曾经的熔岩上发现一只苍蝇的断足或一根掉落的毛发，它们被凝固在硬化的燧石上，永远保留了下来。"此后不到十个月，爱默生决定离开波士顿第二教堂，不再做一名专职的教区牧师。

火山这一意象对爱默生启发很大。后来，他专程参观了埃特纳火山和维苏威火山，并在康科德家里的前厅墙上挂了一幅描绘维苏威火山喷发的画作，并让这幅画一直伴随着自己。现在，1832年，爱默生对熔岩的引用，暗示了他内心产生新兴趣的热度和紧迫性。他又一次在科学和自然世界的书海中航行，仿佛已经看到了自然科学书籍对平衡思想精神的必要性。他阅读的自然书籍包括汉弗莱·戴维爵士的《农业化学元素》、莱斯利的《自然哲学的元素》、马威的《林奈系统下的贝类学》、德拉蒙德的《给一位年轻的自然主义者的信》、豪伊的《自然哲学初论》以及弗朗索瓦·休伯的《有关蜜蜂自然史的新观察》等。但爱默生这段时间读的最重要的一部作品是他在1831年12月读到的约翰·赫歇尔的《自然哲学基本教程》。

天文学家约翰·赫歇尔1772年出生，他的父亲也很出名。赫歇尔的《自然哲学基本教程》是一本引人入胜且通俗易懂的关于科学思维的书。赫歇尔指出，虽然人类的身体不够强大，但我们俨然已经成为宇宙的主宰，因为“人类是善于思考的生物；他们对这个世界及周围的事物的思考，并不是被动和漠然的，而是以一种有秩序、有计划的系统方式进行的”。[10]

赫歇尔最有趣和最独特的地方，就是他从外在本质转向了对思维本质的思考。他对人类科学创造力的本质很感兴趣。比起新发现本身，他关心更多的是产生这些新发现的力量。他指出，一个调查者“会自觉地意识到，他的那些对来自内心世界的思想及感觉的洞察力，实际上正是他所有力量的源泉”。[11]

赫歇尔对科学的热情超越并取代了他对宗教的热情。他说：“一个真正的哲学家的品质，是既希望一切事物皆不可能，也相信一切事物均有合理性。”当然，赫歇尔也是尊重事实的，但他更尊重支配事实的原理：“我们绝不能忘记，自然哲学家探究的对象是原理而不是现象，也就是说，是规律而不是孤立的事实。”同时，他完全明白所有现象的潜在好处和意义。他不断地谈到自然科学是赋予人们“愉悦的伟大来源”，他坚持认为，“对自然哲学家来说，没有一个自然物体是不重要或微不足道的”。赫歇尔关于科学家和自然哲学家的概念是：“习惯于探索一般原因，寻找一般规律的范例，在那些无知且无探究精神的人们既看不到新奇也看不到美丽的情况下，他却对周围的事物充满好奇。”[12]

爱默生立刻对这本书产生了兴趣，这让他对科学本已存在的兴趣更加浓厚了。他把所有能够找到的赫歇尔的书都读了个遍，并时刻关注他的新书，还把赫歇尔推荐给他的朋友们。在培养爱默生对科学和自然的新的兴趣方面，任何一本书都比不上赫歇尔的《自然哲学基本教程》。有段时间，与弥尔顿相比，爱默生甚至更喜欢赫歇尔：“在‘失乐园’里，有什么能像赫歇尔或萨默维尔那样让人兴奋和惊讶的呢?”爱默生对科学产生新的兴趣以及对科学力量和科学发现产生新的信仰的结果，是最终让他——先是在日记中，然后是在1832年5月27日对教众的布道演说中——说出这样的话：“我认为哥白尼天文学无法避免的影响，就是让神学的救赎计划变得完全不可思议。”新天文学为人们揭示了一个新世界和一个新宇宙，它们再也不能被用‘堕落’一词描述了。[13]

第21章　可怕的自由

爱默生公开表示，自己对天文学的偏爱超过了传统的基督教神学，这表明他与教会开始决裂。但并不是同有神论的决裂，也不是对世界宗教观的拒绝，而是对基督教核心思想，即人类罪恶的根源在于亚当和夏娃以及通过基督的牺牲来拯救人类等观点的具体拒绝。基督教的“救赎计划”这一概念，正是圣餐或如一些新教徒所说的上帝的晚餐的意义所在。在爱默生称救赎计划“完全不可思议”的一周内，他给教会写信，阐明自己业已改变了的对圣餐的看法，并希望可以改变圣餐制度。他预计教会将会拒绝自己的请求，因而他会辞去牧师的圣职。教会并不想失去爱默生这样的牧师，可在良心上又不可能废除这个被他们视为基督教核心圣礼的制度。6月中旬，教会委员会宣布，爱默生可以拥有信仰自由，但必须保留圣餐制度，随后整个教会开会通过了这个决定。[1]

但爱默生始终坚持自己的立场，为了认真考虑这个问题，他郑重其事地把自己封闭在新罕布什尔州的山区。7月中旬，爱默生决定辞职，不管后果会怎么样。正如在写给玛丽姑妈的信中说的那样，他“不打算吃宗教这碗饭了”。然而，如果说爱默生是因为圣餐问题才离开教会的，这样的说法并不完全正确，其实他与教会的决裂早已显现，而在圣餐上的分歧只是爱默生正式宣布这种决裂的一个借口。当然，他与教会的决裂并不标志着他宗教信仰的丧失。事实上，他对宗教的信仰只会更多，不会更少。他之所以觉得圣餐仪式毫无意义，是因为这一仪式已经简化到只是吃吃喝喝了。爱默生在这个问题上的立场既不是轻率的，也不是毫无根据的。他最近一直在研究贵格会教徒关于这个问题的观点。贵格会教徒仔细区分了耶稣在迦百农关于自己是生命之粮的讲论（如约翰福音所说）和最后的晚餐的讲论，他们认为后者只是逾越节的一种特殊形式，且只为门徒们设计，并非针对以后的所有时代。基督在迦百农的讲论确立了一个新的习俗，它不是简单的一个现代逾越节，而是一个只在精神层面上庆祝的习俗。贵格会教徒不仅认为面包和葡萄酒是象征性的，而且它们所代表的基督的身体和血液也是象征性的，它们是与基督同在的精神状态的一种隐喻。因此，在圣餐仪式上的真吃真喝，均被认为是与这种精神体验不相称的物质享受。[2]

爱默生与传统基督教的决裂由来已久，可以追溯到艾伦去世之前。1829年12月，他就曾向玛丽姑妈抱怨说，这是“英雄者与正统派之间的战争”。1832年2月，早在正式决裂之前，玛丽姑妈就以其惯常的天赋首先看到了端倪，她恳请自己的侄子继续留在教会里。到6月初，爱默生清楚地认识到，“要想成为一名好牧师，就得离开教会”。其实，深层次的问题在于，教会严重依赖表面的形式，而爱默生越来越无法忍受那些腐朽的传统宗教形式。正如他7月份在新罕布什尔州对自己说的那样，“宗教在头脑中不能是一种轻信，在实践中也绝不能是一种形式。宗教是一种实实在在的生活，是一个人的立身之本；它不是别的什么可以得到或补充的东西，而是你拥有了那些能力之后的新生活”。[3]

对爱默生身边的人来说，他的新生活就是一个新失败。家人对他的表现非常失望，查尔斯唠叨说，“为表达个人见解”，他做得有点儿过分了；玛丽姑妈则认为他确实身处险境。爱默生离开波士顿第二教堂，就意味着放弃了他父亲的世界，同时放弃的，还有体制内的联系和支持、有保障的社会地位以及可观而稳定的薪水。但如果从另一个角度看这些相同的事实，却预示着一种胜利，一种从教会及国家体制形式的束缚中得以解脱并获得了重新开始的机会，一种让他能够完全按照自己的方式真实地生活的机会。他曾经指出，如果让自己来制定规则，“我会在每周六发布公告，将那些教众在汇报宗教体验时不得使用的所有词语都一一列出，包括‘精神生活’‘上帝’‘灵魂’‘十字架’等；如果他们下周找不到新的表达方式，可以保持沉默”。1832年9月，爱默生正式请辞；10月，教会接受了他的申请。为此，他写了一首诗，开头部分为：

> 我不会背叛自己的内心
> 我绝不用别人的眼睛看世界
> 我眼里的善就是善，恶就是恶
> 我会因此而自由。

总体来看，爱默生10月份的状态就是顺应自己的内心。“我为什么不首先满足内心呢?”他问道，“一个人必须能够自学，因为他只能按照自己的状态进行阅读。”“真正的哲学是唯一的先知。”[4]

1832年深秋，在经历了这场伟大抉择之后，爱默生在身心上都有一种失落的感觉。10月份短暂的热情过后，他发现自己真的完全地、令人可怕地自由了。他可以自由地重新开始，可以自由地回到曾向安定而富足的牧师生活倾斜的那个天平横梁，可以自由地选择另一条路。爱默生坦承，突如其来的自由在某些方面让他感到恐惧：

> 看看人们的内心，竟然如此地放纵自由，在体面的白墙之下，这一恶习会变得多么可怕！在社会上，在同伴间，在陌路中，你必须保持端庄的仪表，有一百件不能做的事；但是在内心，你的自由有时如此可怕！[5]

整个秋天，爱默生都病恹恹的，长期腹泻的后果是身体虚弱不堪。查尔斯写信告诉玛丽姑妈，他从未见过瓦尔多如此沮丧。爱默生构思了很多计划，但没有一个是可行的。他想成为“当代的普鲁塔克”；轻率地构想着创办一家杂志；读了卡莱尔关于现代德国文学的文章后又开始思考歌德的作品；想写一篇关于上帝造物的讲稿，并用一个冬日在草图上勾勒出上帝造物的缩影；还曾考虑再次前往气候温润的南方，并拿出了关于西印度群岛的书准备研究。[6]

12月10日，正好有一艘轮船要驶往欧洲，在那一刻，爱默生决定改变行程，直接去南欧旅行。他放弃了自己的房子，变卖了家当（“有一种家庭没落的凄凉之感”），将一直和他生活在一起的母亲安顿到别处。妻子走了，布道生涯也结束了。他将神学和神职抛在身后，朝着一个虽然尚未明朗但他知道那里既有文学又有自然历史的方向出发了。查尔斯在给玛丽姑妈的信中写道：“事情似乎一团糟。”1832年12月下旬，这艘排水量为236吨的“碧玉”号双桅帆船载着爱默生向马耳他驶去。当埃利斯船长驾驶着轮船进发时，一场东北来的风暴正伴随着灰白色的巨浪在大西洋上空怒号。那一天是圣诞节。[7]

灵 光

第22章　美国眼光

由于爱默生的病情比较严重，埃利斯船长本不想带他上船，以免他在漫长的航行中丧生。事实上，第一个星期的旅途尤为艰难，持续的狂风暴雨把乘客们限制在让他们“既后悔又懊恼的船舱内，每天不得不面对恶心、黑暗、不洁、食欲不振和进食困难等情况。人们的耳朵里总是充斥着可怕的水流声，一次次地担心船会沉入海底”。就像以前在海上遇到暴风雨那样，爱默生开始默诵弥尔顿的《利西达斯》，他“一句接一句不停地默念着，这里一小节，那里一短句，就像神话故事中伊西斯面对奥西里斯被分割的尸体一样”。[1]

当暴风雨终于平息的时候，爱默生的健康也恢复了不少。他开始长时间地待在甲板上。航行本身以及水手们的动手能力给他留下深刻印象。他学会了使用六分仪，对自己在算术、天文学和地理等方面的笨拙深感遗憾。长时间的航行迫使他把注意力从自己身上移开，转向外面，转向更广阔的世界。他在日记里不停地提到眼睛和眼睛所看到的景象。他对每件事都做出总结。他认为，海上生活给了他一个伯克式的教训：“所有知识都是有用的。”在他看来，航行本身就是人类生活的一个画面。他写道：“在这颗星球上，我们每年都在没有港口的深海中航行。”[2]

船上的生活让爱默生真正理解了行动的价值以及语言文字的不足。他写道："今天早上发生的事情很有说服力，用文字记录下来的东西却无法如实描述事实。事实必须用事实自己来见证，任何形式的语法和看似逼真的描述均不能为事实提供证据。"爱默生用不同寻常的强烈语气评价自己的评论："这是一条抓住了世界核心的格言。"但有些事情，爱默生也不太确定，例如，他不知道自己为什么要去欧洲。一天清晨，他很早起床，"在前桅帆脚索的背风处独自沉思了一个多小时"。他尤其被天空的云朵所震撼，在他看来，这些云朵上面的阳光与欧洲、非洲和尼罗河上空的阳光是一样的："它们对我说：你走这么远的路是要去寻找彩绘的画布、雕刻的大理石和著名的城镇吗？"最为关键的是，这些著名作品的创作均始于同一片阳光之下；人们必须在大自然中寻找"这些作品的创造源泉"。正如他所说的那样，他意识到，"当你置身于欧洲时，你会更加体会到这一原则。它能够让人们充满活力，让美国更加美国"。[3]

当爱默生越来越接近那个与历史、年表、社会、城市和艺术联系在一起的"旧世界"时，他越来越感到压力的存在。他观察到，"当这只长着强壮翅膀的海鸥和那只有着条形花纹的剪水鸟从眼前的波浪掠过时，你会发现它们是真正的艺术作品，更配得上你的热情赞扬"。这样的描述表明，爱默生试图按照斯多葛学派"遵从自然"的原则来生活。尽管尚未着陆，但爱默生已经做好了面对欧洲压力的准备了，他声称自己比以往任何时候都更能强烈地感受到自己的美国特色。"用东方的视角去窥探古老的欧洲？"他用以实玛利式的幽默写道。

> 沉睡吧，先人！我们是你可怜的后代，在我们身上已经发育了健全的肌肉和神经，我们拥有十足的开拓精神；在凉意袭人的西方阳光的阴影里，我们吮吸着自由的空气，变得日渐成熟；如今，我们把船只驶向你的港口，把我们好奇的美国人的目光投向你的城镇、塔楼和居室。[4]

1833年2月2日，经过五周的航行，“碧玉”号终于抵达了马耳他。等待泊位、抛锚停泊、接受检疫等一系列程序又差不多用掉了两周的时间。2月15日，爱默生和他的同船乘客们终于下船登陆，开始兴高采烈地在瓦莱塔的老城区四处游览，脸上写满了热情和好奇。在日记中表达了自己对欧洲的矜持并给自己做了精神动员之后，爱默生现在可以自由地接受眼前这一切了。

> 整整一天，我和旅伴们都在这座石头小镇游逛。自始至终，它像是一个让人称奇不已的盒子。尽管我表达惊奇的方式特别幼稚，但真的无法阻止眼球在眼眶里不停地转来转去，也无法阻止舌头不停地发出快乐和惊奇的赞叹声。

他特别欣赏那里的教堂。“从那些神圣的经文、精美的绘画以及安详的信仰中，我愉快地领略到了这里的宗教氛围。”他喜欢管风琴奏出的音乐和那些高呼口号的修士，觉得这里的教堂建筑远比自己之前见过的任何教堂都要精美：“天主教教堂的修士们竟然能够设计出像长椅这样令人称奇的东西！”所有这些都给爱默生的欧洲之行带来了良好的开端。与歌德以及其他人的行程不同，爱默生从南向北开启了他的欧洲之旅。他喜欢从“这个小端口”进入欧洲，在那里的所见所闻让他感到振奋。他这样描述马耳他：“欢迎，欢迎，你们这些新乐趣！你们让我这个美国人的眼睛再次如一个孩子面对奇妙画册的目光般绽放。”[5]

在马耳他待了一周之后，爱默生乘坐一艘名为“伊尔·桑提西莫·埃斯莫”号的双桅帆船前往西西里岛东南端的锡拉库萨镇。经过16个小时的航行，帆船于第二天中午到达该岛。爱默生发现，那里到处都是他儿时就耳熟能详的地方和名字。透过位于锡拉库萨镇奥提伽古城阿马尔菲地区的旅馆房间的窗户，他能清楚地看到埃特纳火山。

他写信给国内的哥哥威廉说："我喝的是阿瑞图萨清泉，还收集了阿纳巴斯河两岸的纸莎草；我参观了西塞罗当年赞不绝口的地下墓穴……早餐时，当地人给我推荐了醇香的核布拉蜂蜜。"他还摘下"几十朵美丽的鲜花，而摘花的地方离库阿涅青水泉只有三四英里远，这青水泉正是传说中草木女神珀耳塞福涅被冥王哈得斯劫持后返回冥府的地点"。爱默生相信，个体的生命历程能够概括整体的生命历程，而这次欧洲之行是他本人对整个欧洲历史的追溯。在西西里岛，爱默生感到自己仿佛步入了那个神话传说的时代，身处"男女诸神的游乐场一样"。锡拉库萨镇古老而小巧，爱默生在旅馆房间便可看到对面卡匹托尔山上朱庇特神庙的柱子、阿基米德的坟墓以及那个名为"狄奥尼修斯的耳朵"的岩洞。这座城市的人口曾一度达到80万之多，而目前的人口却还不到这个数字的二十分之一。满眼望去，都是废墟。对这些废墟各自的来历，爱默生了如指掌。对他而言，西西里岛不仅充满神话传说，而且还同众多历史名人联系在一起，如狄奥尼修斯和希罗两个暴君、离开雅典前往西西里岛的柏拉图以及痛斥总督维勒斯腐败的官员西塞罗等。但更重要的是，西西里岛同普鲁塔克笔下的泰摩利昂和狄翁这两位英雄联系在一起。爱默生崇拜的著名英国诗人华兹华斯就曾写过一首主题为狄翁的诗，而后来的美国作家梅尔维尔也写过一首主题为泰摩利昂的诗。泰摩利昂和狄翁二位是共和制的英雄，均反对暴政。他们在爱默生时代的美国也被人们所铭记，不仅仅因为他们征服了西西里的暴君，恢复了共和国，而且还因为他们坦然拒绝了那唾手可得的绝对权力。[6]

在锡拉库萨镇待了几天后，爱默生骑着骡子，穿过梅利利来到卡塔尼亚镇。卡塔尼亚是一座充满火山熔岩且地震频发的小镇。在这个繁忙而拥挤的小镇中，他饶有兴趣地参观了圣阿加塔大教堂。随后，爱默生继续北上前往墨西拿，途中从埃特纳火山的东侧经过。这是一座巨大的活火山，方圆180英里，高达11000英尺，占据了西西里岛东岸的大部分区域。在它四周平缓但同时也是致命的斜坡上，仍生活着11.5万人。从1783年震后重建的墨西拿，爱默生又乘坐汽船前往巴勒莫，一路穿过墨西拿海峡，并经过了斯库拉巨岩和卡律布狄斯大漩涡，在海上可以看到斯特隆博利岛和利帕里（或埃奥利亚）火山群岛。无论从海上看，还是从蒙雷亚莱大教堂上看，巴勒莫的景色都给爱默生留下了深刻印象。这里有令人毛骨悚然的嘉布遣会修士的地下墓穴，里面陈列着几百具身着不同服饰的木乃伊。这个城市拥有400多座教堂和修道院，它们替代了曾经林立的清真寺尖塔，成为这座曾经一度是西方伊斯兰教桥头堡的城市的主宰。此时，爱默生正在用德语慢慢阅读歌德的《意大利游记》，在即将读到歌德在巴勒莫突发灵感的那一刻时——歌德突然明白自己所说的“植被”一词的含义的那一刻，爱默生抬头看到巴勒莫有许多公共植物园。[7]

随后，爱默生又搭乘汽船来到那不勒斯，最终踏上了欧洲大陆的土地。他极力抑制着内心的激动，在这座著名古城厚重的石头建筑面前，他可不想让自己看上去那么大惊小怪。“那不勒斯又怎样？”他在日记中写道，“我可不会让一个名字就左右我的判断……这里适合那些反对世界而未曾赎罪的普通人。”虽然没有同伴，也不能与他人谈心，但爱默生还是在那不勒斯待了整整12天。这座城市的富足，以及它的过去对它的现在的绝对主导——至少从外表看是这样——都让爱默生印象颇深。他去美术馆欣赏拉斐尔、提香、圭多·雷尼以及科雷乔等画家的作品。他喜欢“赫库兰尼姆、庞贝和卡拉卡拉浴场等场所的各种大理石、青铜制品和壁画作品”，尤其是那些形态各异的全身及头部的雕像，比如“西塞罗、阿里斯泰德、塞内加和戴安娜、阿波罗等”。他接着说：“这些精致的古老雕像所表现出的纯洁和严谨与那些看客所表现出的仅仅追求感官刺激的轻浮形成了鲜明的对比，没有什么比这更引人注目的了。”他总结说：“这些雕像有着早期人类的容貌，是人类社会早期的代表。”他先后走访了拜亚、阿佛纳斯湖、雷亚尔别墅、赫库兰尼姆和庞贝等地，还有“许许多多的无名废墟”。歌德认为那不勒斯是个充满快乐的地方，爱默生对此非常惊讶。“向任何方向走五码的距离，你总能看到最令人伤心的东西，也总能听到最可怜的哀号。你仿佛行走在医院的病房里，而不是漫游在快乐的城市里。”爱默生爬上维苏威火山顶，发现那里“地面温热，烟雾弥漫”，的确是个令人生畏的地方。就像今天一样，人们可以从山顶俯视火山口深处，通过鞋底来感受它的炙热，领略“浓烟从脚下布满盐矿和硫黄的火山口滚滚而出的景象”。[8]

随后，爱默生便急匆匆地继续前行，并于3月27日抵达罗马，打算在那里待一个月。如果说西西里让爱默生联想到神话传说和古希腊时代，那么那不勒斯——或尼亚波利①——代表着希腊和罗马这两个古文明之间的联系。罗马在爱默生眼里到处都充满着文艺复兴的气息。4月4日去圣彼得教堂听祷告曲时，爱默生被眼前的景象惊呆了，那场面完全出乎他的想象：“夜幕降临，当一支长长的宗教队伍在教堂一角穿行时，我感觉到它是如此浩荡，以前从未有过这种感觉。”几天后，他在日记中直言：“我喜欢圣彼得教堂，它是地球的一件饰物。”尽管他反对迷信（当人们用头部去触碰圣·泽诺比亚的半身雕像以求来年免受头痛之苦时，他感到不可思议），也保持着新教徒的偏见，但他还是对天主教的意大利充满了兴趣。他承认，这里的教堂让他感到欣喜，这里的修道院对他充满诱惑，这里的宗教仪式使他得到欣慰。所有一切都令他兴奋不已，但并未赢得他的认同，部分原因是他几乎不怎么会说意大利语。[9]

爱默生在罗马有几个朋友。虽然这座城市仅有13.8万人，但却有很多外国人。他弟弟爱德华的同学刘易斯·斯塔克波尔和威廉·普拉特一起陪他游览了当地的景点。在那里，他还结识了约翰·克兰奇和威廉·沃尔两位美国艺术家。通过一个名叫艾希哈尔的人的介绍信，他结识了约翰·斯图亚特·穆勒，而穆勒又写信把他介绍给了托马斯·卡莱尔。在罗马，他还参观了美国雕塑家霍雷肖·格里诺和丹麦

① 尼亚波利，那不勒斯的古称。

伟大雕塑家贝特尔·托尔瓦德森的工作室。在来自纽约奥尔巴尼的安娜·布里奇的陪伴下，爱默生度过了几个小时的愉快时光。[10]

罗马的景点让爱默生陶醉其中，同时也丰富了他的视觉感受。从万神殿到蒂沃利小镇，他不想错过任何一个美景。他去梵蒂冈博物馆的次数和该博物馆对公众开放的次数一样多。“我们一个房间接着一个房间地走着，穿过布满雕像、花瓶、石棺、浮雕、半身像和烛台的长廊，穿过这些用不同材料创造出的各种形式的美，为眼前这宏伟的艺术所倾倒，陶醉其中。不管你是谁，都值得去那里看一看，”他在日记中写道，“这些作品都是人类文明的瑰宝，它们来自不同时代的不同国家，极为罕见，弥足珍贵。若非亲眼所见，根本无法相信在这个星球上竟然还会有如此精美的石头。”对于那些向来就受人敬仰的作品，如《拉奥孔群雕》、米开朗琪罗的《摩西》和拉斐尔的《变形》等，爱默生同样钦佩有加。像大多数人一样，他也喜欢卡诺瓦的雕塑和圭多·雷尼的绘画作品。但爱默生也会时不时以自己的方式关注到那些被人们忽略的部分，比如“圣彼得大教堂保罗三世纪念碑上那个拘谨的法官的精美头像”和画家安德烈亚·萨基创作的“《圣·雷莫多的愿景》”等。对于萨基的那张描绘加尔默罗会修士的作品，爱默生尤其喜欢画家将人群中最后一个修士蒙上面纱的造型，这一造型让他联想到那个行进在通往以马忤斯的路上刚刚复活的耶稣，也让我们联想到爱默生《日子》一诗中的那些蒙面僧侣的形象。罗马甚至走进了爱默生的梦境，他说：“整夜，我游走在雕像和喷泉之间。”[11]

5月，爱默生在佛罗伦萨度过。这个城市最让他难忘的，是米开朗琪罗的作品以及同沃尔特·萨维奇·兰多的见面。兰多是一位英国诗人，他的大作《想象的对话》深得爱默生的喜爱。在兰多位于菲耶索莱的别墅里，爱默生拜访了他。这是他第一次与一位相当重要的英国诗人见面。兰多的身上有着英国人的傲慢和自满。他对任何事情都保持着自己专横的看法，而爱默生尽可能地想说服他。爱默生吃惊——同时也有点儿震惊——地发现，比起马其顿帝国的缔造者亚历山大，兰多更喜欢亚历山大的父亲菲利普，他看重切斯特菲尔德伯爵，贬低埃德蒙·伯克，不愿意谈论或者不了解卡莱尔。他满嘴都是诗人骚塞（“他不停地跟我谈论着骚塞；骚塞有何了不起？”爱默生在日记中发牢骚说），却连英国天文学家赫歇尔的名字都不知道。多年以后，当爱默生与兰多的这次谈话的记录出现在《英国人的性格》一书中时，兰多被激怒了，他发表了一封致爱默生的公开信，满是怨气地辩解说自己并非无知，只不过是“疏忽大意”而已，但他在信中把赫歇尔的名字拼错了。[12]

在佛罗伦萨兰多的寓所里，爱默生还见到了英国作家奥古斯都·黑尔。奥古斯都和他的兄弟朱利叶斯合编了《真理的猜想》一书。书名很吸引眼球，是关于现代道德和礼仪文章的原句原段的集锦，这在当时并不多见（比如：“古人害怕死亡，而基督徒害怕的是快要死亡的过程。”“奇怪的是，我们表示个性和统一两个概念时，用的竟然是同一个符号。”）。爱默生很喜欢这本书。他还喜欢意大利作家曼佐尼的《约婚夫妇》，比起在意大利大街上看到的人们的行为举止，他更喜欢该书中描述的情形。爱默生认为意大利是一个既让人感到快乐又使人增长见识的地方。他常常被意大利人挂在嘴边的一个形容词逗得合不拢嘴：“我在餐厅问服务员奶油的味道怎么样，‘棒极了’，他回答说。”[13]

离开佛罗伦萨，爱默生乘马车向东北方向前行，分别在博洛尼亚、费拉拉、帕多瓦和威尼斯短暂停留；之后又一路向西，经过维罗纳和布雷西亚来到米兰。到6月11日离开米兰前往瑞士时，他已在意大利逗留了整整五个月之久。意大利激发了爱默生的视觉想象力，使他之前广泛涉猎的知识更加形象化和具体化。比起艺术，也许这里的自然风光给爱默生留下的印象更为深刻。埃特纳火山是他对西西里岛的最初印象，而他最喜欢的地方莫过于罗马郊外的埃斯特别墅区了，那里的房子、庭院、花园和喷泉等相得益彰，融为一体。爱默生喜欢那里的一切，“开阔的广场，银色的小河，明媚的阳光，轻柔的微风——我愿它们长留在我的记忆中，这是意大利最美的景象”。[14]

第23章 做一名自然主义者

通过拿破仑在辛普朗山口修建的驿道，爱默生来到了瑞士。这段旅途他走了整整一天。为了在下坡时能够刹住车，车夫在马车的一个轮子上绑了一根刚砍伐的粗大的青木。在前往洛桑的路上，爱默生一路经过了莱曼湖、西庸古堡和沃韦小镇。在洛桑，他参观了历史学家吉本的居所。对爱默生而言，让瑞士出名的并不是它的风景，而是它的名人。在爱默生对欧洲历史逐步追溯的过程中，瑞士代表的是18世纪。他说日内瓦这座“严肃的古城”让他想起了加尔文、卢梭、吉本、伏尔泰、斯塔尔夫人和拜伦等名人。他知道日内瓦加尔文教派的神职人员刚被赶下台，取而代之的是一神论派，但值得称赞的是，他并未对此幸灾乐祸。他硬是被旅伴们拖出来参观了伏尔泰在费尼的居所，但回来时，他“一路上连说它同记忆中描述的相差甚远”。[1]

来到巴黎，爱默生发现这是一座“堪比纽约、充满喧闹的现代都市”，丝毫没有那种“弥漫在意大利城镇上空古典的历史气息”。在巴黎，爱默生完成了自己的“欧洲历史之旅”，重新回到了当下的19世纪。此时，爱默生已是一个老练的旅行者，他不像托马斯·杰斐逊那样垂青于购物，他渴望得到的是体验。“任何能够摸得到、闻得到或尝得到的东西，对我都没有什么吸引力。”他写道。他也不无遗憾地指出，在过去的六个月里，“除了克兰奇和兰多，我没有认真地同任何人说过话，我差点儿就这样返回美国了”。[2]

他写信给哥哥威廉说：“我盯着数不清的商店橱窗不停地看呀看。”这是一座镜子之城：

> 对我们的眼睛来说，巴黎的一切都是永恒的谜团，永远分辨

> 不出哪个是物体本身，哪个是它的投影……甚至在上晚餐甜点时也会在水果盘里摆上镜子，使蛋奶水果点心、红樱桃和甜李子增加一倍，你吃了一个，却发现两个都不见了。

爱默生参观了卢浮宫和国王图书馆，参加了7月4日为拉法耶特侯爵举行的晚宴，并聆听了法国一神论者沙泰勒神父的布道。他经常光顾巴黎那些富丽堂皇的阅览室，有些阅览室竟然订阅了四百多种期刊。令爱默生无比惊讶的是，仅巴黎一个城市就发行了二百多种报纸。爱默生自己缺乏方向感，这使他敏锐地发现别人也一样。“每个年轻人都渴望真正的存在，都希望能够全身心地去追求一个伟大的目标或一件美好的事情。”他写道，“同时，他们都戴着手套，或是看书，或是旅行，或是签契，抑或是哄诱老人。”[3]

爱默生此次欧洲之行最重要的一点，就是发现巴黎充满着科学的气息。在去欧洲旅行之前，科学就已在他心中占据了重要位置。在佛罗伦萨，兰多对赫歇尔的无知让他十分震惊。同样在佛罗伦萨，他拜访了制造望远镜的乔瓦尼·阿米西，并参观了自然历史博物馆。爱默生在巴黎一直逗留了一个多月。刚到这座城市不久，他便走访了索邦大学。在那里，爱默生聆听了路易斯·泰纳德和约瑟夫·路易斯·盖·吕萨克关于化学的演讲。1833年7月13日，爱默生参观了巴黎植物园和自然历史馆。这是一个让他对自然和植物顿悟的时刻，它扩展和回应了爱默生在梵蒂冈博物馆的所见所想。这无疑是他欧洲之行到那时为止最重要的时刻，与他在巴勒莫的公共花园里突然领悟到歌德的“植被”这一概念的一刹那十分相似。[4]

巴黎植物园的前身是皇家花园，像其他机构一样，在大革命之后被重新规划和命名。从18世纪中叶到19世纪中叶，该植物园一直由朱西厄家族前后三代人管理，这保证了植物研究的延续性。与当代典雅的城市花园不同，彼时的植物园其实就是重要的科研中心。他们当中的佼佼者就相当于当代的陶氏化学公司，它们由政府资助，在药学、食品、林业及纯科学领域从事开创性的研究工作。爱默生参观巴黎植物园的时候，那里的科学家正把植物分类课题作为最重要的研究工作。他本人对这个地方的描述也突出了这一点，他说："他们试图把所有植物（即活的有机体，并非装裱好的死的标本）进行分类，将较近的归为一类，形成朱西厄自然分类系统中的一级。"[5]

现代植物学分类系统基本上是由安托万·罗兰·德·朱西厄（1748—1836）创立的，他是《植物属志》（1789）的作者，多年来一直是巴黎植物园和法国植物学研究工作的领路人。1826年，安托万把这一位置让给了他的儿子阿德里安，爱默生在巴黎停留之际，阿德里安正在外地进行植物学考察。巴黎植物园是按照安托万·朱西厄的自然分类系统设计的，爱默生也认识到了该分类系统的重要意义。赫歇尔的《论自然史研究》就涉及了分类这一普遍课题，而詹姆斯·德拉蒙德在《给一位年轻的自然主义者的信》（1831）中也谈到这一点。爱默生在去欧洲之前就曾拜读过这封信，回到美国后，他又拜读了《植物哲学原理》（1821），该书前面三个章节是瑞士植物学家奥古斯丁·彼拉姆斯·德·康多勒的《植物学基本理论》（1819）的译本。

林奈的人为分类系统是18世纪中叶人们对迅速增长的已知植物种类进行有序归类的一项重大突破。根据花中雄蕊的数量特征，林奈把植物分成了24个纲。（瑞士植物学家德·康多勒指出，林奈过多地关注了花的雄蕊。）这一分类系统的最大优点是，只要能确定一个样本中雄蕊的数量，就可以知道它属于哪个纲。花中有五个雄蕊的植物属于五雄蕊纲，有六个雄蕊，就是六雄蕊纲，以此类推。这一分类系统的主要问题在于它忽略了植物的所有其他部分以及能够指向其他重要分类方法的各部分之间的联系。对于这一著名的分类系统，林奈本人也承认它有局限性。他说自己已经没有能力总结出一个真实的或自然的分类系统，但他呼吁能够建立一个自然分类系统，并提供了大量碎片化的资料。后来这些资料被安托万·罗兰·德·朱西厄收集整理，且将它们细分为100个纲。在后达尔文时代，人为分类系统和自然分类系统的差异很容易辨别。我们可以建立无数个人为分类系统，但自然分类系统却只有一个。达尔文指出“后代渐变”原理（达尔文进化论的基础）最初是在植物分类的自然系统方面被发现和应用的。[6]

爱默生在巴黎植物园看到的展品是按照朱西厄的自然分类系统陈列的，让他兴奋不已的不是展品本身，很大程度上是这些展品分类陈列的方式。分类意味着相互关联，关于分类的争论不仅仅在于物种在自然界是如何分布的，而且在于它们是如何相互联系的。有两个方面令爱默生激动不已：首先，在同一个地方收集了如此丰富且令人震惊的外来动植物群；其次，每组展品中的各标本之间明显存在着联系。例如，他对鸟类展品感到惊讶：“多么希望我也从那里来。”他列举了许多种鸟，从新荷兰的鹦鹉到巴西的小蜂鸟、极乐鸟、黑天鹅、白孔雀、朱鹭、火烈鸟、巨嘴鸟和秃鹫等。他被眼前的奇妙景象惊呆了。

> 这些高雅的生灵身披色彩斑斓的华丽外衣，让我想起之前看到过的满满一陈列柜颜色各异、形状不一的贝壳。这里收藏的展品如此精妙，让游客像新郎一样感到平静和亲切，并大大扩展了人们的想象。[7]

陈列馆——或者说博物馆——的另一区域陈列着各种矿物质，有“巨大的石英块和各种形状的天然金，还有水晶、结晶体、矿物纤维、矿物粉末、扁平状的金属矿以及像被火烧过似的黑银等”，这一切就像《天方夜谭》中讲述的宝藏故事一样。爱默生对此既感到神奇，又满怀激动：

> 啊！我不禁叹道。这个自然历史的陈列馆是用博爱、智慧和品味建成的，当看到这一系列令人着迷的生灵，如贝壳、蝴蝶、鸟类、野兽、鱼类、昆虫以及蛇类等动物的时候，你会觉得宇宙

> 比以往任何时候更是一个令人惊奇难解的谜，你会感到生命无处不在，即便在岩石的缝隙中也能萌生生命的形式。

在游览植物园和参观室内展品过程中，爱默生发现“组合在一起的事物要比单个事物精妙得多”。他对生物间相互关联的网状关系非常着迷。关于分类，赫歇尔指出：“以各种可能的方式将事物相互交叉关联，目的就是要把自然界的一切事物编织在一个紧密联系又相互依赖的网络中。”[8]

爱默生对巴黎植物园的反应之所以如此兴奋和激动，关键在于赫歇尔对分类目的的描述。他凝视着展柜里的展品，看到了无处不在的各种联系。那些生物标本不仅仅自身相互联系在一起，而且还与爱默生本人联系在一起：“这种联系既不是怪异或粗暴的，也不是美丽的，而是人类作为观察者所固有的某种属性的体现。”也许这是爱默生自艾伦离世后第一次如此激动和愉悦地感受到自己与自然世界的联系，甚至在身体上也能感受到这种联系。他深受感染：“在我体内，感觉到了蜈蚣，还有南美鳄、鲤鱼、鹰和狐狸。这种奇怪的感受感染了我。我不断地对自己说，我将成为一名自然主义者。”[9]

现在，爱默生的兴趣明显转向了科学，但他并没有成为一名科学家，甚至也不是一名博物学家；尽管他对物质世界很感兴趣，但他对巴黎植物园的反应并不是要当一名科学家。他坦承，从现在起，自己的思想同自然世界有着牢不可破的联系，而且在对这种联系的研究中，他从未对科学的方法和素材失去兴趣。

爱默生读过或很快就会读到许多关于自然神学的著作，如佩利的《自然神学》、德拉蒙德的《给一位年轻的自然主义者的信》和查尔斯・贝尔的《手》。然而，他现在对科学的兴趣主要不是与神学相关的。他并没有否定自然神论者关于上帝设计宇宙及其规则的主张，实际上，他对此持欢迎态度，但该主张本身并不是最重要的。比起自然世界作为上帝设计宇宙及其规则的证明，爱默生对自然世界和人的心灵之间的联系更感兴趣。

美国和德国超验主义的一个显著标志就是，二者均坚持心灵与自然的联系。在爱默生以及后来梭罗的著作中，都体现了人们对自然的兴趣，至少在一定程度上是人们对科学能教给我们自然知识的兴趣。爱默生对科学的兴趣和对自然世界的兴趣是相辅相成的。他开始大量阅读科学书籍和科学传记，尤其对科学思维的工作方式、科学知识的本质以及科学探究中精确与好奇的完美结合很是迷恋。多年来，爱默生对科学敞开怀抱，使他的思想很接地气，且充满观察力，而他的作品也牢牢地扎根于现实世界中。

第24章　我的幸运日

在巴黎植物园，爱默生洞察到各种生物都相互联系在一起。这一充满远见卓识的时刻，最终让爱默生从神学转向了科学，并预示着新的情感智慧的开启。四天后，爱默生离开巴黎前往英国。他对欧洲之行到目前为止给他带来的收获进行了反思。他觉得自己的直觉和判断力经受住了此次欧洲经历的考验，认为自己不再像是一个缺乏教育和没有经验的外乡人了。现在，他乘船从泰晤士河的入海口逆流而上，来到英国的伦敦。他有点儿急躁不安，游船外面的景色没有什么特别，也勾不起他的兴致，因为此时的爱默生一心想见到的是人。再次回到一个连嬉闹的儿童的话都能听懂的国度，他非常开心。但再次听到熟悉的英语只会提醒他已经很长时间没有跟人们进行真正的交流了，不管是知识分子，还是其他什么样的人。他拜访了弥尔顿的居所，参观了亨特博物馆。8月5日，他前往位于北郊的海格特见柯勒律治。[1]

柯勒律治时年61岁，虽然生命已剩下不到一年的时间，但他在交谈中仍表示自己像往常一样离不开烟枪。爱默生描述他是“一位身材矮胖的老人，一双蓝色的眼睛炯炯有神，穿一身黑色西装，拄着拐杖。与我的想象不同的是，他面容白净，肤色较好，但洁白的领结和整洁的黑色西装均因吸食鸦片给弄脏了”。他头发灰白，额头较高；黑兹利特曾形容他额头“发亮，像是用象牙雕刻似的，眉毛长而突出，眼睛在眉毛下不停地转动，宛如一片闪烁着光芒的深蓝大海”。[2]

对柯勒律治的许多作品，爱默生都非常熟悉，此次拜访是为了向这位老人表达他的敬意。1826年，爱默生就拜读了柯勒律治的《文学传记》(1817)；1829年10月，爱默生开始阅读《对沉思的援助》(1825)。1829年12月，他又读了《朋友》。这些作品让爱默生的思想得到了升华，他写信给玛丽姑妈说：“他的思想充满活力，他的知识如此渊博。”对爱默生而言，柯勒律治是一位来自宇宙的神灵，相信“心灵既是所有人的旁观者，又是所有人的审问者；他站在中心位置——就像站在光芒四射的高山上——向四周投去威严的目光”。爱默生也拜读过柯勒律治的一些诗歌，如《神言集》，这意味着爱默生应该也读过《古舟子咏》，但他也许对《忽必烈汗》和《克里斯特贝尔》并不了解。他发现柯勒律治的作品充满鼓舞和激励的力量，尤其是他在哲学和宗教思想以及思维与想象力的本质方面的文章。柯勒律治是后康德主义者，他关于理性、理解、幻想和想象力的论述，是前面五十多年里人类思想的结晶。柯勒律治的作品充满创造性思维和想象力，他的分析深入而精辟，没有任何作品能与之媲美，至少在英语的世界里是这样。[3]

向他的美国客人打过招呼后，这位伟人便滔滔不绝地同爱默生足足谈了一个多小时，中间没有停歇。能专门为这样一个完全不知名的年轻人腾出时间来，柯勒律治已经做得非常好了，尽管爱默生对柯勒律治言辞激烈的长篇大论感到有点儿难以抑制的失望。老人针对的是爱默生很久以前就维护的一神论，柯勒律治自己就是一神论的背弃者。他年轻时曾是一位一神论牧师，几乎负责整个教区的传教工作。但他早已从早期的自由主义转向了更加威严的三位一体的英国正统国教。柯勒律治也曾见过钱宁，他表示，钱宁最终变成了一神论者真是太可惜了，说钱宁的问题在于“他热爱基督教，这没有错，因为基督教是优秀的宗教，值得热爱，但他热爱的是基督教中的善，而不是它的真理”，这是柯勒律治反对一神论的最有力的论据。[4]

当柯勒律治停下来喘气时，爱默生告诉他，自己也是一个一神论者，并表示应该把这一事实说出来才公平。爱默生这么做也许更多是出于对钱宁的忠诚，而不是出于他个人的信念。“‘是的’，柯勒律治说，‘我想是这样的。’然后又继续之前的话题。”爱默生随后又设法问起《朋友》这本书，说许多美国人在读柯勒律治的书时都是“带着愉悦并有所收获，但并不赞同他的神学主张”。爱默生还询问他是否与他的美国学生兼编辑詹姆斯·马什通信。柯勒律治对画家华盛顿·奥尔斯顿赞不绝口，特别希望爱默生能代他向奥尔斯顿问好。柯勒律治谈话的大部分内容听起来就像从他自己著作中节选的段落，“也许就是原文，理解起来并不容易”。谈话持续了一个多小时，随后，爱默生向柯勒律治告别。他并不是第一位让柯勒律治对《古舟子咏》中的婚礼嘉宾深表同情的客人。爱默生对谈话做了详细的记录，好像他意识到这次谈话对将来会有更大的参考价值。但他并没被柯勒律治说服，双方均未让步。柯勒律治有点儿固执，不可能屈尊于一个刚刚结识的友人。不过这次会面并不完全令人沮丧，柯勒律治并没有让爱默生感到害怕或不适；如果说有的话，那就是这位伟大的英国批评家及诗人似乎陷入了宗派问题和神学术语的藩篱之中，而爱默生正在抛弃这些东西，觉得它们不再重要。

爱默生一路向北穿过英格兰地区，沿途参观了肯纳尔沃斯城堡、沃里克镇和马特洛克镇。他发现英国的植物和美国的非常相似，一路上认出了铁线莲、薄荷草、黄花菜、毛地黄、野欧芹和野天竺葵等植物。但国外旅游的孤独感让他越来越感到压抑。“让我独自一人欣赏这些漂亮的植物太难受啦。”他心里想。8月16日，爱默生到达爱丁堡。26日，经过多次询问和艰难的“从爱丁堡到高山地带的浪漫之旅"，他终于来到了简与托马斯·卡莱尔位于克雷根普托克的家门口。那里"荒山野岭，杂草丛生"，离邓弗里斯镇16英里。[5]

托马斯·卡莱尔当时37岁，已是一位成功的散文作家，并有意要成为伟大的历史诗人和法国大革命诗人。爱默生说：

> 他身材高大，面容清瘦，额头突起，沉着自若，谈吐自如；他坚持并享受着自己的北方口音；他的讲话充满了生动活泼的逸事和行云流水般的幽默，让他所看到的一切都生动地浮出水面。

托马斯被可怕的消化不良所困扰；事实上，他一生都受此病的折磨。正如他的传记作者理查德·加内特说的："就像老鼠总是在啃噬他的肠胃一样。"他的妻子简·威尔士·卡莱尔跟他一起住在克雷根普托克。她机智健壮，才气四溢；她从小就说服父母让自己学拉丁语（"我想学拉丁语，请让我做个男孩吧。"）；她晚上睡觉时会把一个重物绑在一只脚踝上，这样她就不会睡得太久；她年轻貌美，楚楚动人，任何一个和她交谈五分钟的男人都会"觉得有必要向她求婚"。[6]

在动身前往马耳他的两个月前，爱默生才知道托马斯·卡莱尔的名字，但他多年来一直热衷于阅读这位"德国新光"作家匿名发表的文章。1827年，卡莱尔在《爱丁堡评论》上发表了一篇关于吉恩·保罗·里克特的长文，首次引起公众的广泛关注。里克特是一位不着边际的德国实验派作家。在阅读卡莱尔的这篇文章时，爱默生觉得作者对里克特风格的描述对玛丽姑妈也有帮助。文章还描述了一种后来很快在英语中以"卡莱尔风格"著称的写作风格："每一部作品，无论是小说还是严肃的论文，都被奇妙的包装包裹着，人们需要通过疯狂的引述来展现它，并将其与作者联系起来。"[7]

爱默生最初关注卡莱尔的作品，是被他那狂野而熟悉的写作风格所吸引，而他对卡莱尔的真正热情来自于《德国文学现状》（1827）、《时代征兆》（1829）和《时代特征》（1831）等作品。这些不朽的文章，每一篇都有明确、积极的主张。文章语言丰富多彩，极具说服力，完全不同于卡莱尔后来那种过激、狭隘且充满令人心烦的抱怨和过度夸张的咆哮的长篇大论。卡莱尔谴责功利主义的机械时代，呼吁新的思想时代，并在1827年成为一位大胆的新的倡导者。

与他的其他作品相比，《德国文学现状》一文更像是对超验主义的召唤。在卡莱尔对德国哲学家费希特的赞誉中，我们可以看到爱默生式的美国学者和惠特曼式的美国诗人。费希特说："可见的宇宙中有一种神圣思想无处不在；这个可见的宇宙实际上只是一种符号和可感知的表象。"然后他坚持认为：

> 这个神圣思想的指定解释者不是神学家，而是文学家：我们可以说，有一个永恒的神职代代相传，从事这一神职的人们是上帝永恒智慧的传播者和现实世界的传承者，在他们的著作和行动中，以他们特定时代所需要的特定形式展示和体现着上帝的永恒智慧。

对于这个"神圣理念"究竟是什么的问题，卡莱尔的回答中暗示了万物本质统一的概念。他说，"神圣理念"指的是"不管一种事物有多少名字，也不管它有多少存在形式，我都已经知道它们是同样的事物。对此，你用一个奇怪的符号来表示它，而这个符号对我来说很是陌生"。这是爱默生后来在德国哲学家谢林的作品和印度教中发现的同一哲学的萌芽。同一哲学认为，世界存在着根本的统一性，即所有人类经验的基本相似性，这种相似性比许多看似明显的差异更加重要。[8]

除此之外，《德国文学现状》的第二部分是关于神秘主义的。卡莱尔说，神秘主义只是英国人无法理解康德及其追随者们严格、深奥和深远的新的思想哲学而形成的表面印象。康德主义者从内而外解决问题，他们否定洛克和休谟；他们探寻的是人类思想的内在特征——

我们现在称之为深层结构——的基本真理；他们坚持认为，我们头脑中存在着比单纯的感官经验积累所能解释的更多的东西。他们“相信理解和理性都是器官，或者更确切地说，都是思维发现真理的运作方式”。康德认为，“理性可以发现真理本身，即绝对的和原始的真理，而理解只能发现关系，如果没有假设，理解就无法做出决定”。[9]

卡莱尔有力地驳斥了那些嘲笑德国文学品位低劣、德国思想神秘莫测的知识分子的主张。他后来的攻击倾向已很明显；他称自己是反对平庸的榔头。在《时代征兆》(1829) 一书中，卡莱尔抱怨说，现在是一个机械时代，在这样的时代里，“没有思想科学，只有普通科学，它在物质方面或多或少取得了一些进步”。他呼吁一个充满“精神活力”的新时代，呼吁出现充满“动力”的科学，能够“探寻人类那些未经改变的原始力量和原始能量，找到那些关于爱、恐惧和困惑的神秘根源和那些关于热情、诗歌、宗教的神秘源泉，而所有这些都具有真正无限的生命力”。他说，人类“并不是机制的产物，在更真实的意义上，人类是机制的创造者和生产者”。《时代特征》是卡莱尔写过的最好的作品之一。批评通过说明来平衡，谴责通过宣传来平衡。“这种对物质对象的屈服并非源于自然本身，而是源于我们不明智地看待自然的方式。”英语里没有哪个词能更有力地表达德语中“教化”这一概念的重要性。“要改造世界，或改造国家，聪明人不愿意去做；除了愚笨之人，所有人都知道，这种改造非常缓慢，唯一可靠的是从每个人自身开始并逐步完善。”[10]

《时代特征》(1831) 是卡莱尔早期发表的那些伟大文章的第三篇。就像读作者的其他文章一样，爱默生在读这篇文章时抱着一种乐于接受的心态。《时代特征》试图描述“直觉”的含义，它与“逻辑”和“论证”的含义截然不同。怀疑和探究都是必要的，但它们只能被理解为人类思维活动的中间环节。我们需要的，是思维活动应该再次恢复其最初的肯定和神圣戒律的特征。卡莱尔称，自己从“康德主义、费希特主义、谢林主义和库森主义”等思想中认识到，“对科学头脑而言，信仰宗教再次成为可能和必然”。[11]

在读卡莱尔的文章时，爱默生总是预先带着浓厚的兴趣和接受的心态。他还读过卡莱尔评论席勒、路德、歌德和玉米诗人艾略特的文章。卡莱尔和爱默生是同一个时代的人，而柯勒律治和华兹华斯则比他们早一代。这对爱默生而言有着很大的不同，甚至在见面之前，爱默生就知道卡莱尔和自己有很多共同点。

当爱默生出现在克雷根普托克卡莱尔的家门口时，他们立刻就像熟人一样，很是合得来，一整天都在边散步边谈话中愉快度过。卡莱尔夫妇说服他改变了行程计划，爱默生在那里又待了一夜，于是他们的谈话继续进行。他们谈论杂志，谈论美国，谈论兰多、柏拉图、米拉波、吉本和卢梭，谈论劳伦斯的《项狄传》、丹尼尔的《鲁滨孙漂流记》和威廉·罗伯逊的《美洲史》等。他们谈论的话题还涉及了社会问题，如“英国的贫民、拥挤的国土，以及公众人物自私地放弃应承担的责任等”。二人爬上绵长的山峦，向南远眺华兹华斯的家乡，海阔天空，无所不谈。“有了基督死在十字架上的事件，”卡莱尔说，“才有了后来位于邓斯科尔的苏格兰教会，然后才有了你和我的相识。时间的存在只是相对的。”[12]

爱默生总是把这次拜访看作是他“生命中的幸运日”，他被卡莱尔旺盛的精力和极强的表达能力所吸引。他像一座活火山，而不是一座死火山，用他那“炽热的熔岩洪流笼罩着一切”。卡莱尔向另一位新近结识的朋友约翰·斯图尔特·穆勒讲述这次会面，指出爱默生从波士顿起航时就一直被疾病和负面情绪所困扰，他熬过了这么远的路途，确实不容易。卡莱尔曾对穆勒说：“我所喜欢的，是这个年轻人健康的心态，是他思想和身体的统一，同他在一起，任何人和物似乎都为他们自己找到了平和的状态。”简·卡莱尔后来也坚持认为，爱默生的来访是他们在克雷根普托克经历的最难忘的事情，就像天使来访一样。也许卡莱尔和爱默生之间的会面并不像莎士比亚笔下麦克白遇见女巫那样，是苏格兰荒原上最令人难忘的一次相遇，但正如卡莱尔的早期传记作者所说的那样，那仍然是一次非凡的相遇，在那一刻，两个仍处于成长期的非凡天才相遇了，就像梅尔维尔遇见霍桑的那一刻一样，或者就像多萝西·华兹华斯一直记得柯勒律治闯入她和哥哥威廉的生活的那一刻一样。多萝西清楚地记得柯勒律治是如何在走近时离开大路，并“跳过栅栏，在无路的田野里蹦跳而下的”。[13]

两天后，爱默生前往赖德尔山拜访华兹华斯。诗人当时63岁，已经完成了他的主要作品。老人当时的身体较差，且一直面临着失明的威胁。华兹华斯有一种公众人物特有的非凡气质。他几乎秃顶，但仍有少量飘扬的白发，前额精致；眼睛大而突出，但很容易发炎；长鼻子，高鼻梁，上唇长。当爱默生见到华兹华斯时，诗人身体欠佳，形容憔悴，略显苍老，朴素平实，由于戴着一副减轻眼睛发炎症状的“绿色护目镜”，更显其貌不扬。爱默生至少从大学三年级起就开始读他的诗。1826年，第一次读到《狄翁》和《不朽颂》；从1828年起，每年都会阅读华兹华斯的诗，读过《罗布·罗伊》《幸福勇士的品性》和《丁登修道院》，他特别欣赏歌颂自由的十四行诗《使命颂》以及《远游》的头几册。后来，爱默生的一个年轻的熟人说，爱默生能够背诵《序曲》和《远游》的大部分章节。在日记里，爱默生既表达对华兹华斯的钦佩，又不断地与他进行争论，“一个如此强大和怀着雄心壮志的人，但每次尝试都失败得那么惨”。但爱默生并没有以一个雄心勃勃的年轻人的心态，对华兹华斯过分地挑剔。[14]

华兹华斯和蔼可亲，他热情地接待了这位年轻的美国客人。他谈到了美国，并热情地提到了钱宁；还谈了他当时最愿意谈论的话题，那就是他并不赞成公共教育，理由是“它使整个社会受到的教育非常肤浅，这与道德文化的约束很不协调”。爱默生努力唤起自己新的热情。华兹华斯“极力批判”歌德的《威廉·迈斯特的学习时代》，并认为卡莱尔的作品晦涩难懂，觉得他“有时疯了”，就连柯勒律治也写得比卡莱尔容易让人读懂。华兹华斯只是听说过库森，对此人并不了解。他称赞卢克莱修是一位远比维吉尔优秀的诗人，因为卢克莱修善于利用“例证的力量”。华兹华斯刚从斯塔法岛回来，正在写主题为芬格尔山洞的十四行组诗，并为爱默生朗诵了其中的几首。分手时，爱默生回忆说，华兹华斯“说他要给我指一条去旅馆更方便的路；他跟我一起走了大半英里，一路上滔滔不绝，还时不时地停下来着重解释某些词句，最后怀着极大的善意和我分开，并穿过田野返回”。[15]

第二天，爱默生来到利物浦，准备乘船回国。此时，他为期九个月的欧洲之行达到了高潮，但也做好了结束行程的准备。他精神抖擞，满脑计划，心急如焚地等待着回国客轮的起航。

第25章　受过教育的眼睛

日复一日，大风把焦躁不安的爱默生困在了利物浦：“他们说，如果客轮真的起航，我们会淹死在下风岸；但如果不起航，我就会在等待中死去。”回家的渴望使他意识到，自己对没有出生在英国一点儿也不感到遗憾。但与柯勒律治、卡莱尔和华兹华斯这些英国名人的接触，让他仍然可以说英国最棒的地方在于它是“世界上最像美国的国家”。爱默生觉得自己见到的是英国最优秀的人才，但他毫不留情——甚至满腹牢骚——地断定：“他们中没有一个能算得上一流人才。”爱默生进一步感到，欧洲并没有给自己一个新的评判标尺，而是让“自己的信仰更加坚定”。他拥抱自己对热情的冲动，说：“我打心眼里认为，与其像今天的伟人那样被别人轻率地欣赏，倒不如像我这样去轻率地欣赏别人。”他对自己称之为“早产圣徒”的那些人持怀疑态度，认为那些被封为圣徒的人缺乏“很多必要的知识”。[1]

在利物浦的旅店房间等待回国期间，爱默生又开始在日记中探讨之前的遗留问题。他果断明确地认为，“依然存在着传统基督教的错误”以及“宗教主义者们的错误”。他认为，宗教主义者们“紧紧抓住一些或简短或口头或积极或正式的不完善的道德法则版本……而上帝的法则、那些以物质法则作为其恰当象征的伟大循环真理以及天文学等都未被关注到，甚至一提到它们，就会嗤之以鼻”。现在，爱默生认为加尔文主义和一神论都并不完美，各有不足之处。通常，我们认为爱默生是一个拥抱和肯定新思想的人，但他对新思想做出肯定的前提是断然地拒绝旧思想。爱默生先是明确地与大多数正统及正式的基督教决裂，随之而来的是三个方面的肯定。他写道：“我决心要证明，所有真理都能自证其说：上帝的教义不需要诉诸经书；而基督教被所有人错误地当作教义体系，……它是一种生活规则，而非一种信仰规则。”每个教派都是一种虚假的，并不完美的道德法则形式。内在的统一解释了为什么“每一个教会的杰出人物，苏格拉底、托马斯·厄·肯培、费内隆、巴特勒、佩恩、斯威登堡、钱宁等说的都是同样的教义”。关于这种统一集中的教义，爱默生列举了一些显著特点。[2]

这一概述的前三个特点，是对斯多葛思想的现代重述，后来将成为爱默生《自然》的部分内容。斯多葛学派听起来很像马可·奥勒留：“一个人的内心包含着他的政府所需要的一切，他就是他自己的法则，所有可能降临到他身上的真正的善或恶，都必然来自他自己。”除了这种专制的概念——而不是秩序概念——爱默生还指出了补偿和对应的概念。“一个人，无法给予他任何东西，也无法从他身上拿走什么，但总有补偿。人类和世界万物之间存在一种对应关系，且这种关系为人类所熟知。”接着，爱默生大胆地以歌德的“教化”或自我修养为基础的方式——而不是以传统教义的问答方式——概述了人生的目的：“人生的目的似乎在于让自己为他人所熟悉。”他宣称自己不仅摆脱了传统的过去，也摆脱了传统的未来：“他不是按照向他描述的那样活到未来，而是通过现实生活来活到真实的未来。”他以一个简单的陈述结束了自己对宗教人文主义——而非世俗人文主义——的核心真理的概述：“最大的启示，就是上帝存在于每个人的内心。”这并不是拟人论，恰恰相反，这是神化论；这一思想也是民主个人主义的基础。[3]

船终于起航了。“看着英国的最后一片土地在眼前渐渐消失，我没有丝毫的遗憾。”爱默生写道。这的确是充满暴风雨的旅程。强劲的逆风把乘客都困在甲板下面的船舱里，甲板外面传来的“每一根绳索的断裂声或每一根桅杆的噼啪声”都让他们忧心忡忡。统舱的乘客们只能要么整夜坐着，要么躺在湿漉漉的铺位上。船上的那头奶牛也不肯起来让人挤奶。爱默生在日记中提到，有四条狗“整天战战兢兢，每当海水涌进船舱时，就会不停地吠叫”。但是爱默生却很是满意，因为他就要回到“那个没有贵族、没有假发、没有债务的家园/那里也没有城堡、没有大教堂、没有国王/有的，只是大片的森林”。在爱默生的内心，他已明确了具体的方向，尽管尚有某些外在的实际问题需要考虑。“我喜欢写关于自然的书，”他写道，“希望我知道自己应该在哪里生活，怎样生活。”[4]

船一靠岸，爱默生便开始行动起来。他于1833年10月9日抵达波士顿，随后两天之内，便着手为刚刚成立的波士顿自然历史学会举办本季的开幕演讲做准备。他看望了自己的母亲、玛丽姑妈以及查尔斯和威廉，威廉宣布他即将结婚。爱默生应邀在波士顿第二教堂布道，他利用这个机会发出了自己思想变化的信号。之前，他在日记中写道：“未来时代的教师必须致力于研究和解释人类的道德结构，而不是解释那些难懂的文本。”在这次布道中，他进一步强调了老师的重要性：“教学是一切事物的永恒目标和永恒祈祷。教学是上帝最重要的意旨，它照亮天地万物。”如果一个年轻人将他接下来的职业生涯与宇宙的最终目标联系起来，我们为他欢欣；然而，伴随这一极其认真的语调的，是他对大自然旨意的一种新的认识：“存在的终点就是知识；如果你说知识的终点是实践——是的，没错，但实践的终点又是知识。”现在，爱默生不再把自我认识和自我修养看作是达到某种目的的手段，而是把它们看作是生活本身的目的。对爱默生来说，这一见解是全新的，在这个意义上可以说是他独创的，但据他所知，这其实并不新奇。他告诉他的教众，这个观点让斯多葛学派的箴言和戒律重新复活起来。爱默生从“认识你自己”开始，对这些箴言和戒律做了一个小小的排序。如果正如斯多葛学派所宣称的那样，善人与上帝的不同仅在于时间的长短上，那么结果就是“认识你自己，成为上帝”；这一认识反过来导致了“敬畏自己”这一戒律。[5]

爱默生现在既没房子，也没家具，从英国回来后的一年多里，他在波士顿和牛顿两地多次搬家。在回国后的几个月里，他先后写了四篇科学方面的讲稿，并以此做了演讲。四篇讲稿之间虽然有些联系，但不够紧密。学园演讲活动才刚刚开始，社会对公众演讲的需求很大，爱默生意识到，学园演讲可能会成为他的新职业。而随着这份新职业，爱默生也开启了一门新学科。虽然他不是科学家，但他对科学家的思想和科学对现代生活的意义极感兴趣。1793年，托马斯·潘恩曾以他一贯难以接受但令人难忘的率直说：“科学是真正的神学。”因为科学研究的是上帝的力量和他的工作方式。爱默生现在回忆说，培根也说过，“人类是自然的牧师，是自然的解释者”，我们的目的是“不仅要解释（自然这本大书的）每一段的含义，而且还要解释整本书的范围和论点”。[6]

现在，爱默生对人与自然的关系极感兴趣。他与康德、谢林和英国浪漫主义诗人们有着相同的关注点。他写道：“晨雾中的美是棱镜无法反映的。”“人类灵魂中并没有激情，或许也没有思想的影子，但在本质上有思想的象征。”对爱默生来说，这种共同的关注就是科学的伴奏曲，是自然这本大书的“并行文本”，这也正是爱默生自己的兴趣所在。人类思想和自然之间的联系，或者说类比关系，比“任何一条已被揭示的法则更深刻、更普遍。这几乎就像是在我们内心有一个无法察觉的智者，他有能力识别出每一项新发现的法则”。[7]

1833年11月5日，从欧洲回来还不到一个月，爱默生就发表了他的第一次新科学演讲——“自然历史的用途”。他满是兴奋地详细讲述了他在巴黎的经历，把巴黎植物园比作一个“植物的语法王国，生长在那里的每一种植物都按照纲、目、属进行分类”。“想象一下，”爱默生说，“这张大自然的字母表，这本有着绿、黄、深红等色彩斑斓的、沐浴着阳光和微风的大词典，是多么的简单易懂啊！这是多么令人兴奋的事情啊！”朱西厄的巴黎植物园里的植物是这样，整个地球的植物也是如此。与《圣经》中的那个悲伤的论调相反①，爱默生坚持认为“眼睛能够看得够”。接着，他指出自然历史的主要用途。首先，自然历史研究主要在户外进行，有利于健康；其次，它对农民及其他群体都是有用的，能为我们提供丰富的商品；再次，在爱默生看来也是更为重要的，科学能够让人愉悦。他说：“眼睛看到的这一切，每一株植物，每一只蜘蛛，每一片苔藓，树皮上的每一块霉菌，都让我们感觉到，它们的存在是那么的恰到好处，就像一个内部空间设计合理、秩序井然的精妙的化妆盒。”[8]

爱默生现在到处都能看到设计，但他不再像佩利那样，把关注点从设计转到上帝这个设计师身上；相反，他的关注点在于设计本身，在于人类大脑如何能够看到并理解事物的复杂性和设计的含义。“如果去研究一棵尖顶草的经济性，”爱默生说，“观察它如何吸收汁液，如何吸收光线，如何抵御寒冷，如何排斥多余水分，就会发现它的形状、颜色、气味以及叶片在风中弯曲时的姿势，都在向我们展示着一种精巧的设计。”爱默生认为，自然历史的第四个主要用途，就是对自然的研究能够培育和历练人的思想，使之精确，并激发热情，他称之为“人格的最高境界”。最后，爱默生说，“科学的作用是让人类能够自己解释自己”，他希望“了解自然法则所有的事实，这将会赋予人类在生命体系中的真正位置”。爱默生在这场或其他演讲中所表达的思想是，人们一旦失去了证明上帝这个设计师的存在的超然兴趣，

① 《圣经》里有“万事皆辛劳，无人能尽言：眼看，看不够；耳听，听不饱”的说辞。——译者注

他们之前关于宇宙设计论的争论就会转变成对研究自然界的事物如何契合共生的现代科学的兴趣。[9]

爱默生对自然作为一种语言有着无法抗拒的兴趣，他认为它是书面和口头表达中有效意象的主要来源。当我们理解了作者将自然作为语言、隐喻和各种意象的来源时，爱默生关于自然与心灵之间的对应关系的大部分论述就变得完全实用了。正如爱默生在这次演讲中谈到的那样，当他谈论“外在自然的表达力，或外在世界与内在思想及情感世界的对应关系”时，或者当他谈论“把人类与周围所有动物及其他生命联系起来的那种微妙同感”时，或者当他说“整个自然是人类思想的隐喻”时，他指的是作者主要以自然为语言和符号，而这些符号——白鲸、乌鸦、瓦尔登湖、草的叶子等——之所以可以作为符号使用，是因为自然界和每个头脑之间早已存在着基本的联系。当理解了作家或艺术家用自然事物进行表达或自我表达时，爱默生的一些艰涩难懂的断言（如“每一个自然事实都是某种精神事实的一个象征”）就容易理解了。爱默生本人也认识到并强调了这种自我表达。他在演讲结束时说：“自然是一门语言，人们所认识到的每一个新的事实都是一个新的词语，但它并不是一门在词典中被变成碎片的枯死的语言，而是一门组合起来形成的具有最重要和最普遍意义的语言。”他宣布：“我想学这门语言，不是为了学习一种新的语法，而是为了让我可以读懂用这种语言书写的这本伟大的自然之书。”[10]

对爱默生来说，将我们与世界联系在一起并让我们感到无比快乐的永远是我们受过教育的眼睛，而不是被看到的客观事物。部分是因为这个原因，爱默生在表达探究、知识和智慧等方面时，最喜欢使用的象征符号就是活的眼睛这一意象。他知道眼睛的重要性，喜欢古罗马历史学家塔西佗说过的“在战斗中，首先被征服的是眼睛”这句话。眼睛是爱默生的伟大象征。1833年秋，他在日记中写道：“对于一只受过教育的眼睛而言，宇宙是透明的。”眼睛永远不只是一个比喻。爱默生善于运用自己的感官功能，他认为，“任何感官活动都会给人们带来无比的愉悦，任何某种感官功能失而复得的人都会发现这一点”。正是这种感觉、生命的特性以及在观察过程中永不消减的兴趣，让爱默生使用的那些最好的形象不但力量惊人，而且生动形象。1834年1月，爱默生在“人与地球的关系”的演讲中说，“对天文学家来说，地球是一个移动的天文台”，使他“能够改变自己在宇宙中的位置”，并获得观察其他行星和恒星的新角度，“好比地球这颗行星是一只在太空中航行的活的眼睛，时刻观察着这些行星和恒星”。[11]

第26章　玛丽·罗奇：别无选择的生活

1833年11月9日，从欧洲回来一个月后，也就是在做完第一次科学演讲几天后，爱默生前往马萨诸塞州的新贝德福德镇，代替表兄奥维尔·杜威在那里的一神论教堂做了一个多月的传教工作。从1833年11月到1834年4月，爱默生在新贝德福德这个古老的捕鲸小镇断断续续待了将近三个月。在那里，他听到了关于渔业的各种各样的故事。公共马车上，有位海员给他讲述了一只老抹香鲸的故事：“这只抹香鲸被海员们称为白鲸，但多年来，小镇上的捕鲸人一直叫它老汤姆，它冲撞那些袭击它的捕鲸小船，并用嘴把它们撕成了碎片。”[1]

自17世纪以来，新贝德福德就一直是一个贵格会势力较强的城镇，他们拒绝缴税供养牧师，早在1716年就正式反对奴隶制，并成为逃亡的奴隶们的避难所。几年后，废奴运动领袖弗雷德里克·道格拉斯正是在这里有了自己新的名字和新的开始，和贵格会废奴主义者一起反对奴隶制。其中一名贵格会废奴主义者叫丹尼尔·里克特森，是梭罗的好友。1833年到1834年在新贝德福德逗留期间，爱默生同一个名叫黛博拉·布雷顿的贵格会教徒搭伙食宿。这座小镇最让他感兴趣的是贵格会教徒，尤其是一个名叫玛丽·罗奇的教徒，她的故事让爱默生倍感兴趣，给他留下了深刻的印象。爱默生阅读了1823年她被驱逐出当地贵格会长老委员会的手稿。玛丽·罗奇和她的妹妹伊丽莎白·罗德曼被理事会除名，是因为他们支持玛丽·纽霍尔。纽霍尔是一个有影响力的、激进的新教义贵格会教徒，其观点对旧的贵格会秩序提出了尖锐的挑战。这次事件导致贵格会教徒中的一些自由派集体离开，加入了爱默生现在正在布道的一神论教会。[2]

爱默生对贵格会的兴趣并不是从这里开始的。1820年，他在哈佛大学参加了一个关于威廉·佩恩的公共论坛。此外，在1827年他从圣奥古斯丁回家的路上，有个贵格会药剂师也给他留下了深刻印象，此人名叫爱德华·斯特布勒，来自亚历山大市。爱默生私下里总把斯特布勒和耶稣进行比较，觉得斯特布勒说话时“像一个很有权威的人”。1830年，爱默生再次阅读了威廉·佩恩的著作。1832年，在决定离开第二教堂时，他对科学新的兴趣日渐浓厚，开始沉浸在贵格会作家的作品中，除了克拉克森的《贵格会的肖像》（1806）、休厄尔的《贵格会史》（1722）以及佩恩的更多作品外，他还阅读了亨利·图克的《福克斯生活回忆录》（1815）。1832年9月9日，他在主的晚餐的布道中，阐述了自己与教会决裂的原因，其中的重要论点就直接来自于克拉克森。[3]

贵格会的思想与爱默生本人的思想非常契合。1839年前后，当一个名叫戴维·哈斯金斯的亲戚直白地问起爱默生的宗教信仰时，他回答说，自己“更倾向于贵格会。虽然贵格会的‘声音还很小’，但那声音是我们内心的基督”。他回答得很认真，“比平时更加深思熟虑，话语之间的停顿也更长”。爱默生对贵格会的思想如此熟悉，让我们很难判断它对爱默生的影响到底有多深。对于贵格会，就像德斯塔尔夫人、柯勒律治、卡莱尔、康德、印度教和斯多葛学派一样，与其说爱默生皈依了，不如说他是被它的教义说服了。1833年，当爱默生去新贝德福德时，他已经接受了一些和贵格会基本原则类似的思想，即绝对相信来自内心的声音，亦即“灵光”。[4]

贵格会的教义，正如该教派的创始人兼使徒乔治·福克斯和他的追随者们以及爱默生读的那些历史学家所理解的那样，代表着真正的改革。克拉克森说：

> 在目前看来，贵格会可以被定义为在神的影响下的一种实用基督教的尝试。宣称信奉该教派的人们认为，他们注定会放弃那些影响其信条的风俗及风尚，不管这种影响以何种方式进行。

克拉克森注意到，贵格会有个核心理念，那就是他们认为自己也有义务遵守美德，不是一般性的遵守，“而是遵守一生”。托马斯·克拉克森是18世纪一位重要的废奴主义者，贵格会曾给过他很多支持。为此，他写了一套关于贵格会的三卷本的书作为感谢。克拉克森用富有同情的笔调，清楚地解释了著名的贵格会禁令（没有音乐、舞蹈、小说和戏剧，不能为娱乐而破坏动物们的生活等）、怪异的贵格会习俗[没有专门的受薪牧师，不举行婚礼、洗礼和葬礼仪式，使用“thee（你）”和“thou（你们）”，来代替单复数不好区分的“you（你，你们）”等]以及贵格会的激进主义（拒绝缴税养活牧师、废奴主义、妇女平等及和平主义等），并指出，所有这些都建立在简单而积极的宗教原则的基础之上。克拉克森说：“上帝给予所有人的，除了智慧之外，还有灵性和理解力……这种精神可以理解为是首要和绝对正确的向导——而《圣经》只是次要的手段。”[5]

因此，贵格会对爱默生来说是最重要的新教，是宗教权威在个体中的坚定定位。“贵格会教义，”克拉克森坚持说，“作为重要且绝对正确的指导原则，已经被一些人充分接受。但那些抵制它的人，却想扑灭它。”贵格会和神学是一致的。“因此，这一教派的职责除了宗教指导之外，还起着救赎的作用。”让人们重获新生，这种新生的种子“如同来自天国的宗教的种子或者自然界植物和蔬菜的种子一样真实”。[6]

但贵格会的真正力量和能量既非来自禁制，也非来自神学，而是来自“将生活中心置于与上帝进行内在交流的现实之上”。贵格会崇尚个人经验。一位现代贵格会历史学家说：“没有哪个宗教团体会如此刻意地将个人和团体生活建立在灵魂与上帝直接接触这一至高无上的事实之上。”灵光真实存在，且并非遥不可及；它强调道德和行动，而非知识或神秘。

> 正是由于这种注重道德的努力，使得贵格会不同于英联邦时期大多数其他教派。贵格会的所有观点均非首创，也不新颖，它们都曾被某个宗教人士或宗教团体提出过。但有所创新的是，贵格会把他们的思想固化在一个鲜活的真理中，并运用到生活中去，自此不息，持续前行。

确切地说，贵格会不仅是一种“形式必须不断地服从于生活”的宗教，而且还是一种“让所有生命变得神圣、所有自然均为圣所、所有工作都是圣事的宗教体验，让每个人，无论男女……均能适得其所”。[7]

这就是爱默生在克拉克森、威廉·佩恩和威廉·休厄尔的作品中读到的有关贵格会的内容。休厄尔的《贵格会史》是一本较早的书，主要是关于教会创始人乔治·福克斯的生活和劳动的。对于贵格会的特点和成果，佩恩给出了非常中肯的评论。“在改变别人之前，他们首先改变的是自己，”佩恩说，“他们引导人们去发现自己内在的本原，尽管这种本原并不属于他们自己。”让爱默生着迷的不仅仅是贵格会的言，还有他们的行。他读过几本关于福克斯生活的书，福克斯坚持说：“我的言，就是行。”那年在从圣奥古斯丁返程北上的路上遇到斯特布勒的情形，依然历历在目。现在，1833年秋天，他在新贝德福德遇见了玛丽·罗奇并与她交流，她让爱默生看到一个完全可信的例子，并对灵光本身的确切性质和运作方式给出了令人信服的解释。[8]

玛丽·罗奇1777年出生于马萨诸塞州的楠塔基特岛。她同玛丽·穆迪·爱默生和露丝·哈斯金斯·爱默生是同一代人。她的父亲是当时最成功的捕鲸商之一；到1759年，罗奇夫妇已经先后推出了三代贵格捕鲸船。玛丽·罗奇的母亲是楠塔基特星巴克家族的后代。因为她的父亲在独立战争期间主张楠塔基特保持中立，结果在玛丽十几岁时，全家被迫先后定居法国和英国。直到18岁时，她才回到美国。1812年，她和另外几个人组建了一个讨论小组，他们写文章，读杜格尔德·斯图尔特和约翰·卡斯帕·拉瓦特等人的作品。19世纪20年代初，当玛丽·纽霍尔的"新光"主张开始传播到新贝德福德时，玛丽·罗奇已经四十五六岁了，是新贝德福德贵格会的一位长老。她是一个令人敬畏的人，一个现代的安妮·哈钦森。她信仰"新光"，并为之辩护，认为它"不是《圣经》之光，而是人们的内在之光，是宗教的最终权威，因为《圣经》也只是对每个人灵魂中活跃着的精神的一种表达"。

经过一系列旷日持久的辩论和商讨，"旧光"派取得了胜利，玛丽·罗奇被剥夺了长老资格。随后，她带领大批信仰"新光"的贵格会教徒走进了新贝德福德的一神论教堂。爱默生的堂兄奥维尔·杜威牧师那时刚到这个一神论教堂不久。玛丽·罗奇的个性力量在当时的记载中随处可见。见到玛丽后，杜威牧师说："女士！您没被那暴风雨击垮吧?"玛丽谈到自己在与"旧光"派辩论中的立场时表示："就我自身而言，如果伸手言和，可能会使我的处境有所改变，但我不能那样做，我也不会那样做。"[9]

爱默生深受这个现代路德式的反叛者的影响。他说："如果她赞成一件事，即使全世界的人都在她耳边大声反对，她还是会赞成的。"在听了她的故事，读了"审判"她的手稿，并与她探讨了她强烈的信念之后，爱默生在日记中做了详细的记录：

> 她说，同传统贵格会意见不一的那些年，她受了很多苦，内心挣扎、彷徨。她不得不回到家里，以便找一方能够安放心灵的港湾。当认识到自己任何特意的行动都是徒劳后，她别无选择，只能无奈地接受，尽管无法理解这样做的原因。

她不愿把这一经历弱化为简单的标签。“她反对把这种精神指引称为印象、暗示或神谕，它们全都不准确。”无论是哈特利、华兹华斯还是里德，他们的语言都无法表达它。“它是如此简单，却几乎无法用语言表述。过了好长一段时间，她才等到些许满意的结果。她曾一度处于情绪低落的状态。”一位朋友安慰她，要耐心接受自己的情绪和缺憾，相信她定会打破自己对传统的所有依赖，最终获得更加美好的东西。当拥有一种更好的精神状态后，她发现这种改变的开始是点点滴滴渐进积累的过程。[10]

爱默生觉得这一解释很有说服力，打算将其设定为自己的目标。他在日记中继续写道：“你能相信吗，瓦尔多·爱默生？你有能力让自己从选择的困惑中解脱出来，把耳朵贴近灵魂，走上正确的道路？”罗奇女士的经历本身就已经很有说服力了，但爱默生高兴地发现，罗奇女士的经历竟然与苏格拉底主张的坚守信念以及“费希特坚持的伟大道德不可撼动”的观点是多么的一致。最重要的是，爱默生被罗奇女士的沉着和完美的自信所打动。他将她最好的句子抄写了下来。“我发现，”她说，“虽然朋友们的安慰是最令人愉快的事，但我那小小的信念，尽管还是一粒小小的种子，却没有什么可以让它动摇。”[11]

3月21日，爱默生正在读玛丽·罗奇1823年参与的那场辩论记录。第二天，他在日记中写道：“最需要提出和阐释的主题应该是自立原则，什么是自立，什么不是自立，它需要我们去怎么做，它如何教会我们尊重朋友。”玛丽·罗奇对爱默生的影响是深远的。她不仅让他明确方向，还给他指出下一步应该怎么做。她似乎帮助他走向了通往自己内心深处的道路。[12]

1834年4月，从新贝德福德回来后不久，爱默生来到剑桥区的奥本山，在一个阳光明媚的山谷里席地而坐。

> 我睁开双眼，让四周的景物穿过它们进入我的灵魂。此时，我再也看不到剑桥区或波士顿离我有多近，再也不在乎马萨诸塞州的时钟显示的是几点几分，我只看到了自己出生的那片高贵的土地，还有深空中那颗给予它温暖和启迪的伟大的星星。我看到了云朵……那是白昼，是天堂的景象。无数绿色的松树针叶在日光下闪烁跳动着，似乎在向我挑战，让我读出它们的谜语。去年落下的土褐色的橡树叶，在地上随风翻了几个小跟头，又一动不动地躺在那里。风在高高的树顶上喧闹翻腾。[13]

此后不到一年，爱默生写了一篇关于乔治·福克斯的演讲，作为“传记”系列演讲的一部分。从演讲中有几点能够看出，贵格会的视角对他来说非常重要。他说，爱的激情和宗教的热情是“阻止人类堕落的补救力量”。(在这次演讲中，爱默生用福克斯举例说明宗教热情；在其他演讲里，他则将路德视为改革的代表，将米开朗琪罗视为艺术的代表，将弥尔顿视为诗歌的代表。）爱默生描述了灵光以及它是如何“能让一个灵魂拥有整个宇宙”的。灵光是“一个绝对正确的指引……在他（福克斯）看来，灵光并无独特之处，它给每一个接纳它的人以引导”。爱默生进一步认为，灵光不仅是个人宗教体验的不可或缺的源泉，而且也是现代政治——甚至是民主理想——不可或缺的源泉。他说，灵光是“最共和的原则”。

> 当“上帝在我们心中”这一熟悉的真理一度成为一种信念时，这种深刻的宗教热情就会鼓动一群不加思考的人。历史上所有的宗教运动，或许还有所有建立在权利诉求之上的政治革命，都只不过是这种热情的新的例证。[14]

福克斯的吸引力，部分在于他不仅是一个理想主义和现实主义——理想主义者，因为他力图“使事物的表象与人的思想相适应”；与此同时，他还是一个现实主义者，因为他总是用“实际事物来代替空洞的形式”。福克斯的经历以及他的那些与经历相关的措辞永远注入了爱默生那深深的信仰之泉里。福克斯发现，“接受牛津大学或剑桥大学的教育，并不意味着就足以担当基督的牧师”，因为“只能以与圣典发表时相同的精神才能理解圣典”，后者成为爱默生的批判思想的主要原则。[15]

我们每个人都读过几百本书，但阅读本身并不能使我们成为伟大的作家，也不怎么能改变我们的生活。当仔细研究爱默生阅读的大量著作时，它本身对我们创作过程和创作风格的培养几乎毫无帮助。有时，爱默生某个月的阅读清单里只是一些用来散心消遣的书籍。任何人都可以积累一个可观的阅读量，但只有积极过滤和对目标的持续关注才能将阅读转化为现实生活经验，进而转化为充分的创作表达，这些都是伟大作家的独有特征。

在爱默生看来，福克斯把理想主义和现实主义结合了起来，而贵格会教义的真谛则是揭示了精神和自然之间的联系。爱默生对贵格会最感兴趣的时候，同时也是他对科学最感兴趣的时候。科学和贵格会都告诉我们，所有伟大的真理都是不证自明的；我们不能够也不应该求助于任何其他权威。爱默生在关于福克斯的演讲笔记中强调了这种联系：“谁能告诉我，自然的极限在哪里？精神帮助是自然的，它是每个人被赋予的自然的一部分。”在贵格会和科学、柏拉图主义和斯多葛学派的融合中，我们可以看到一个共同的原则：精神并不是独立于自然之外的王国，而是通过自然被揭示且唯一被揭示的领域。[16]

第27章　鲜活生动的理性

1833年12月，在写给爱德华的一封信中，爱默生对弟弟被困在波多黎各独自生活充满伤感，随后他又补充说，其实他们一家几口没有一个人真正生活在自己的家里。母亲露丝住在牛顿，查尔斯“与乔治·爱默生一起住在华盛顿大街，并在法院街度过每个白天”，他自己也是在新贝德福德待了几个月后刚返回波士顿。他说自己感到这个家庭的成员都太分散了。但在接下来的一个月，一家人又要聚在一起了。这段时间，爱默生的学术和社交活动都比较多。他很认真地写作，把那些日记本看作是自己的“储蓄银行”，比以前更系统地利用它们；他还购买了大小统一的日记本，制作更为详细的索引，更加谨慎地确定条目的日期。此外，因为没有家，他可以自由走动，能够随意接受布道或演讲安排，虽然有点儿不习惯，但他喜欢这种自由的感觉。正当爱默生对科学和贵格会的兴趣与日俱增时，他偶然发现了一篇关于柯勒律治和德国新思想的令人振奋的文章，作者是一个名叫弗雷德里克·赫奇的熟人。[1]

赫奇是剑桥西区的一神论牧师；他是哈佛一位逻辑学教授的儿子，比爱默生小两岁。他曾受教于乔治·班克罗夫特，13岁时去了德国，在那里学了四年健美；1822年回到剑桥区后，他进入哈佛大学的低年级班，这个班里还有爱德华·爱默生、迦勒·斯特森、乔治·雷普利和霍雷肖·格里诺等人。大学毕业后，他又在哈佛神学院深造，并于1829年获得学位。大学时人们称他为格马尼库斯·赫奇。他身材矮小，但很健壮。后来，当他和一个又高又瘦的叫查普曼的人出现在卡莱尔的家门口时，卡莱尔说他们俩一个像圆，一个像切线。卡莱尔注意到赫奇有一双诚实善良的灰色眼睛，给人留下了深刻的印象；他的“脸像岩石一样坚毅，声音如榴弹炮般高亢”。[2]

赫奇关于柯勒律治的文章也极具说服力。文章中既没有奉承的话，也没有礼节性的赞美。赫奇称柯勒律治为最高层次的知识分子、深邃的思想家和伟大的作家，但并不认为他是伟大的诗人或批评家。赫奇注意到柯勒律治的生活中到处都散落着未完成的任务，并指出柯勒律治失败的原因是他的离心力与向心力不成比例。赫奇叹息道，柯勒律治从来没有对康德和他的追随者们给读者做出一个彻底的阐释，尽管他是最适合做这件事的人。接着，赫奇非常低调地在短短几页内做了柯勒律治没有做的事情。赫奇满怀信心（凭着扎实的德语和对康德、费希特和谢林等作品的理解），大胆地描绘了“哥白尼的革命”这一康德的哲学用语。

> 在天文学中，如果以地球为中心观察天体运动，天体的运动是混乱的；如果以太阳为中心观察，天体的运动就很容易被理解。同理，我们可以清楚地理解和判断，康德及其追随者们思辨的视角也只能有一个，那就是内在意识，它不同于共同意识，是一种主动而非被动的状态。[3]

对于那种“谈论的是思想，思考的是实体”，把一切事物都简化为印象、概念和感觉的哲学，康德和他的追随者们非常反对。但赫奇说：

> 在先验主义哲学中，客观对象作为一种有限的存在形式被认知，无限的和无条件的（质量或状态）是其存在的基础，或者更确切地说，是我们认识它的存在的基础，所有现象均可归为本体或认知规律。[4]

赫奇强调了哲学方法的重要性。他在文章中阐释康德是如何思考最新科学进展，并得出这些进展都是高级研究方法成果的结论。康德还提出了一种新的哲学方法："既然我们的直觉依赖于没有直觉的世界的性质这一假设无法说得通，那就（让我们）假设没有直觉的世界依赖于我们直觉的性质吧。"这是争论的中心，是"整个批判哲学的关键，其本质在于提出一个无条件存在的绝对自我，它并不被任何高于它自身的东西所决定，但它通过自身来决定一切"。赫奇指出，费希特在解释这一点上走得太远，试图在此基础上将一切都体系化，结果在这个过程中变得"十分主观"。赫奇本人更倾向于谢林的立场，这种立场非常受柯勒律治的欢迎，而爱默生现在也要接受这一立场。赫奇在总结谢林的先验唯心主义时说：

> 因此，在所有科学领域，有两个元素或极点，即主体和客体，或理性和自然。与这两个极点相对应的是两个基本科学，一个始于自然，向上发展到理性；另一个始于理性，终于自然。第一个是自然哲学，第二个为先验哲学。[5]

如果说从某一时刻开始，美国出现超验主义，那就是在爱默生读赫奇的这篇宣言的时候。爱默生在写给弟弟爱德华的信中称这篇文章"鲜活、灵动、理性"。这是一个极高的赞誉，可能会让人吃惊，但它确实是一篇精彩绝伦的文章——简明、严谨、清晰。格马尼库斯·赫奇对主题和形式逻辑的驾驭是不容置疑的，他对思想的表达同卡莱尔的《德国文学现状》一样清晰有力，整篇文章在学识层面和领悟能力上，都远远优于爱默生目前写过的任何文章。当我们把赫奇的这篇文章与马什介绍柯勒律治的《对沉思的援助》以及桑普森·里德的《心灵成长观察》等放在一起考虑，就可以理解为什么爱默生现在开始感到，1834年的美国新英格兰地区的思想家们完全可以和英国同期的思想家们相媲美；英国似乎只有卡莱尔一人在创作，他甚至找不到一个英文出版商来出版他的《旧衣新裁》。

在这几个月里，爱默生反复阅读柯勒律治的著作。对于1834年的爱默生而言，理性和理解之间的巨大区别——理性的浪漫重估——越来越具有现实性、日常性和紧迫性。也是在这一年，柯勒律治去世了，哲学的火炬现在并未像爱默生认为的那样传递给卡莱尔，而是传给了爱默生自己。5月份，在写给爱德华的一封信中，爱默生说：

> 理性是灵魂的最高机能，即我们通常所说的灵魂本身；理性从不推论，也不证明，而只是感知；理性是视界。理解则在不辞辛劳地进行比较、设计、补充、论证；它不仅看着眼前，而且还盯着远方，既解权宜之需，又能惯常用之。[6]

爱默生现在认识到，弥尔顿、柯勒律治和德国思想家们的“理性”其实就是贵格会公认的灵光的另一种称呼。同一现象，一些人从哲学和逻辑上加以解释，而另一些人则从实用和心理上去解释。这些关于理性的概念，是爱默生能够自立的根本基础和必要的初始阶梯。柯勒律治和贵格会均指出了相信基本自我是合理甚至必要的原因。

1833年12月，爱默生再次考虑创办一本杂志作为新思想的交流平台。爱默生的弟弟查尔斯在康科德做了一次关于苏格拉底的演讲。1834年1月初，元旦期间的爱默生依然忙碌，手头有大量的事情要做。他做了两个演讲，一个是“人与地球之关系”，另一个是“水”；他再次燃起自己从未久别的对传记的兴趣，开始徜徉在牛顿、拉普拉斯、居维叶、路德和米开朗琪罗等名人的生平逸事之中。爱默生说，他关注的是传记人物与读者本人在知识和道德品质方面隐含的比较。他认为传记能够让读者产生兴趣的，主要不是客观文献，也不完全是书中的主题；爱默生对传记感兴趣的，是作者对这一主题的理解。

1834年2月，在新贝德福德布道并见到罗奇女士期间，爱默生还顺便去普利茅斯进行了传教。在教众中，有位名叫莉迪亚·杰克逊的女士。那一年，她31岁，他30岁，双双坠入爱河。莉迪亚来自普利茅斯的一个古老家庭，家族历史可以追溯到17世纪的约翰·科顿，在当地，科顿的影子一直持续到现在，就像霍桑的小说一样。莉迪亚永远忘不了“她童年的宗教恐惧……那时，每一次闪电似乎都是冲突的开始，街上的每一次喧嚣都是厄运的来临”。“恐惧，”她说，“深入到她的骨子里。”她告诉女儿艾伦，无论自己内心如何不愿接受这种恐惧，但每当“生病或者疲倦的时候，她就成了宗教恐惧的牺牲品”。[7]

莉迪亚没有爱默生的第一任妻子艾伦漂亮，但很有魅力。她的头并不大，但有一头从未剪过的长发。从照片来看（基本都是后期拍的），她有一张刚毅而沉思的脸。她小时候上过舞蹈课，走路时总能保持优美的步态。莉迪亚16岁时父母双亡，她记得当时并没有很悲痛的感觉。她还记得母亲曾因莉迪亚的弟弟夭折而悲痛不已。杰克逊一家外表简朴，莉迪亚记得母亲只吻过她一次。她喜欢动物，养过三只猫，分别叫珀里、黑腿和斯夸勒。她性格倔强，很难接受新事物。一个冬天的夜晚，她的姑妈不肯让一对流浪猫进屋避寒，也不给它们喂食。“它们饥寒交迫，”莉迪亚说，“蜷缩在木头堆边不停地哀叫着，身上的毛随着寒风瑟瑟抖动……我曾一度希望自己从未出生过。”[8]

莉迪亚·杰克逊对诗歌很感兴趣。她有几个写满了诗歌的小笔记本，其中有几首是她最喜欢的。她喜欢佐治亚州的诗人理查德·亨利·怀尔德的《我的生命就像夏日的玫瑰》。值得注意的是，她往往从美国诗人（其中一些来自南方）和时髦的英国诗人那里寻找灵感。她喜欢杨和威廉·柯珀，两人的诗有很多她都能背下来。她读过《堂吉诃德》，还上过德语课，所以她还接触过一些德国诗歌。她还读过歌德的《威廉·迈斯特的学习时代》，曾“被这部作品迷住了”。1825年，在前往伍兹霍尔的路上，莉迪亚拜读过司各特的《待嫁的新娘》；其间，她有过一场重大而难忘的经历，她说正是那场经历让她步入一个新的状态。同一年，莉迪亚还经历了一次宗教皈依。

莉迪亚以前就听过爱默生布道。几年前，当爱默生做完某次布道后，她发现自己一动不动地坐在那里，对他充满了仰慕之情，这是她第一次被他迷住的情形。现在，1834年，一个朋友在布道结束后问她，当布道的内容与她的思想一致时，她是什么感觉。[9]

2月，爱默生在普利茅斯待了四天；3月，他又在那里待了一段时间。这期间，他正在就自己的意大利之旅精心准备两个充满故事的演讲。此外，他还怀着极大的敬仰之情并带着“一本书所能够激发出的所有感情”阅读了斯塔尔夫人的《柯丽娜》。他发现这部作品是“女性悲剧的真实写照”；尽管觉得故事情节有些离奇，奥斯瓦尔德为父亲感到悲伤的程度有些过度，但他认为柯丽娜的处境和感情不仅很有可能，而且“比历史更真实”。也许是意大利和《柯丽娜》为莉迪亚准备了爱默生，抑或是莉迪亚为《柯丽娜》准备了爱默生。这已经不是爱默生第一次读这本玛丽姑妈最喜欢的书了：他以前曾多次把这本书从图书馆里借出来。柯丽娜充满热情，执着于情感生活。有了柯丽娜的罗马，是“一个因情感而充满活力的世界，而没有情感的世界本身就是一片沙漠”。柯丽娜是位诗人，是位即兴艺术家和表演者，她能够通过自己的艺术，让罗马的废墟来表达男主人公奥斯瓦尔德能够感受却无法表达的内心世界。柯丽娜对悲伤的奥斯瓦尔德的影响，暗示了莉迪亚对仍在为艾伦去世而悲伤的爱默生的影响。“如果他能恢复对故土的记忆并通过想象重获一种新的生活，也就是说如果他能重生到未来，但又不与过去决裂，这会怎样呢？”[10]

1834年头几个月，爱默生越来越多地投入到演讲和写作当中。他还没有找到自己的主题，无论是关于旅行的充满故事的演讲，还是科学本身，都无法让他长久地保持十足的兴趣。他开始逐渐偏离传教讲道，积极地摸索一种与听众的新的关系，即师生的关系。他敏锐地意识到教师这一职位的缺点。他说：“每一名教师都会有一种不断增长的固有力量，这是一种累积的惯性，它与教师的创新学说的说服力成正比。”随着追随者的出现和增加，也增加了教师继续保持完美的压力，但教师也有很大优势。“教师的力量的全部秘密在于坚信人是可以转变的，”他愉快地补充道，“而且事实也是这样。”他新近发现了优秀作品的必备条件。“好的散文，”他引用施莱格尔的话说，“每个字都应该是举足轻重的。”在准备写作时，就像准备做其他任何事情一样，“太多的物质准备让精神无所适从，并最终迷失方向”。当作者开始思考一个主题时，首先要做的是“需要选定一个社会，查阅大量书籍，浪费大量稿纸……还需要考虑各种外来因素和个人因素”，直到他最终忘记一开始想说的话，“写作时千万不要漏掉你起初想说的话，这个规则绝对不是多余的”。[11]

4月时，爱默生心情很好。尽管任务繁重，“精神得不到满足”，但他还是感觉到了能量的注入——不是来自讲坛，而是“来自玛丽·穆迪·爱默生，来自卡莱尔，来自伴随着最高亢的旋律醒来后看到的这美妙一天”。他觉得自己正“处在一片我们从未徜徉的思想海洋的边缘”。[12]

第28章　生机盎然的自然理论

对于爱默生来说，1834年是充满奇迹的一年。这年他31岁，无论他走到哪里，都会在新的刺激下发现新的证据。贵格会、柯勒律治、赫奇、莉迪亚·杰克逊、意大利等等，都会对他产生影响。他仍在热切地追求科学，用新的视角阅读歌德和卡莱尔的作品。当然，他也总是能够腾出时间来，走进自然。4月下旬，雨很大，爱默生设法来到牛顿郊外的森林里享受“清醒的孤独”：“今天，我看到一只老鹰以螺旋上升的方式飞向天堂，每飞一圈就变得更小一些，直到消失在空中。”在脚下，他看到低矮的马醉木、流动的委陵菜、三雄蕊植物、绿色野蔷薇、蓝花棘豆、女贞灌木和月桂树等。两天后，他又看到了低矮的蓝莓、沼泽梨属植物、五叶银莲花和野生草莓等。5月初，他在波士顿自然历史学会第四届年会上发表了他的第四次科学演讲“自然主义者”。在演讲中，他谈到了自然历史在教育中的地位。[1]

科学总是指向当下，爱默生说："永恒的现在统治着自然，自然产出我们的灌木丛中那迷人的玫瑰，它们同曾经让罗马人或迦勒底人着迷的那些玫瑰完全一样。"爱默生在演讲中引用了卡莱尔和歌德的句子。在列举了自然研究显而易见的切实好处之后，爱默生开始考虑它对我们思维的影响。"自然科学削弱了人类的识别能力，"他声称，"自然本身没有错误的逻辑。自然的所有特性都是永恒的：酸液和金属从不撒谎，是就是，不是就不是。它们可能是新发现的，但绝不是新产生的。"他认为，人类还可以借助大自然来防范某些可能出现的科学上的不幸，例如那些让我们的感官变得毫无用处的技术进步："时钟和指南针削弱了我们通过观测天体来确定时间和方向的能力，从而对我们造成了伤害。"[2]

爱默生对科学的兴趣依然浓厚，尽管他现在开始对分类和分类学产生了一些疑虑。他认为"自然科学的所有分类都是比较武断的"。这样的认识是有道理的。在爱默生的时代，林奈分类系统仍然有很多支持者；研究人体的一般特性的学科称为人体学，研究运动规律的学科是运动学，研究光的规律的是光学，研究热量的是热学。爱默生承认许多分类法具有简便易懂的特点，但他同时也看到，对分类法的追求也可以使人们沦为"纯粹的昆虫猎手"。但他比以往任何时候都更热衷于歌德在其《植物变形记》中进行的那种科学探究，以歌德为榜样，爱默生此时给自己选定了一个挑战。"我们现在还没有关于生命自然的理论，"他写道，"但当我们拥有它时，会发现它本身就是真正的分类。"这预兆了后来达尔文要做的事。此外，爱默生还有别的想法。他知道"动态"这个词不仅仅指运动，还指运动的源头、意志、思想或灵魂。他对某种科学很感兴趣，这种科学不是纯物质的或纯机械的，而是能够解释"活的世界"的科学。他想了解的不仅仅是物质，而且是物质如何控制和孕育生命。[3]

之前，在这条路上走得最远的人就是歌德。1834年春夏两季，爱默生再次对歌德进行了研究。他以前曾读过歌德的作品。1828年，爱默生曾试图读他的德语作品，同年他还读过一本匿名翻译的《歌德回忆录》（纽约，1824），1830年读了《浮士德》，1832年又读了《威廉·迈斯特的学习时代》。正是在1832年，当试图拜读卡莱尔的所有作品时，爱默生开始通过卡莱尔来了解歌德。卡莱尔称歌德为“他那个时代最杰出的诗人和思想家”，并认为“他的思想史实际上就是他那个时代的德国文化史”。卡莱尔宣称，歌德“在这个艰难的、令人难以置信的功利时代来到这里，向我们揭示一个看不见却并非虚幻的世界……在这个虚幻的世界里，现实和理想可能会再次相遇”。[4]

1832年，爱默生被卡莱尔的一篇评论歌德的文章所打动。在评论中，作者摘录了《威廉·迈斯特》中一些与尊崇相关的句子。歌德承认尊崇是宗教的基础。对我们之上事物的尊崇，产生了民族或国家宗教；对我们周围事物的尊崇，产生了哲学宗教；对我们之下事物的尊崇，产生了基督教：“在这三种尊崇之外，是对自己的最高尊崇，而以上谈到的那些尊崇通过对自己的尊崇展现出来。”[5]

在意大利旅行期间，爱默生拜读了歌德的《意大利游记》，其中有一段描写的就是歌德在巴勒莫公共花园中对植物性质顿悟那一激动人心的时刻。爱默生后来对歌德的植物学思想有了自己的理解：

> 歌德提出了现代植物学的主导思想，即叶是植物的基本单位。植物的每一部分都只是为了适应新的条件而形变的叶子；通过改变条件，一片叶子可以转变成任何其他器官，任何其他器官也可以转变成一片叶子。

在歌德看来，植物学需要解释的是生长的过程，而不是生长的产物。他感兴趣的是植物在生长过程中的形变，而不是植物的分类。歌德把将生命视为过程的这一基本概念，从对植物学研究扩展到对人类自身的理解。爱默生现在阅读卡莱尔翻译的歌德的作品《威廉·迈斯特的漫游时代》，该书被认为是“一部无论在哪方面都堪称第一……唯一描绘现代社会的"小说，该书关注的也是教育和成长的历程。此时的爱默生看到，歌德所有著作的共同特征，就是关注事物的发展过程。爱默生评价歌德的《罗马哀歌》说："有待解决的问题是，这个叫歌德的灵魂应该如何接受教育？"6月份，他总结道："自我修养是歌德所有作品的道德寓意。"[6]

歌德有着非凡的才能，但更难得的是他运用这些才能的能力。使他成为如此优秀导师的一个品质是他愿意谈论如何运用才能。在笔记本里，爱默生大量抄写了歌德谈论独创性和他人影响的段落。除了强调完全原创和新颖的事物之外，歌德还把天才定义为"抓住并解释每一件令我们印象深刻的外来材料的能力"。他抗议说，"如果把这种艺术挪用看作是对天才的贬抑"，那他自己就一事无成了。歌德如此明确地致力于广泛和坦率地重复利用他人的材料，对爱默生有着极大的帮助，他觉得这种方法太有效了。歌德说："我的每一部作品都来源于成千上万的人和事……我的作品是从整个自然中汲取的生命集合，只不过是冠以歌德的名字而已。"对爱默生来说，同"教化"（自我修养）这个概念同样重要的，是歌德对这种文学挪用的认可和支持，而文学挪用是教化的关键过程。[7]

当然，这种挪用并不意味着因为自己没有任何想法而去接受别人的想法，它指的是一个人不仅要有自己的思想，而且要在他人的思想与自己的思想一致或是对自己的思想重复或扩展时，接受他人的思想。同理，艾略特可以这样说：成熟的诗人剽窃，不成熟的诗人模仿；而一位印度作家也可以主张：在一定程度上，我们没有盗用，我们只拿走那些已经属于我们的东西。歌德送给爱默生的伟大礼物有两个：第一，人生的目的在于教育、发展、自我意识和自我表达；第二是对世界的材料进行同感挪用和创造性重组的一种开放的工作方法。

恰当挪用这一公理的一个重要推论，就是在接受那些对自己印象深刻的事物的同时，还应忽视那些对自己印象不深的。爱默生就是这么做的。他博览群书，建议别人也广泛阅读，但同时也要警惕被阅读淹没或过度影响的危险。“不要试图成为一个伟大的读者，”他告诫威廉姆斯学院一个名叫查尔斯·伍德伯里的年轻学生，“不要单纯追求阅读量，阅读是为了发现有用的事实。”他认为一个人应该“学会发掘书本，觉察到那些你想要的内容，而不是在书籍本身上浪费时间”。一本书中，只需关注那些精华的内容，“通常一章就够了”。他鼓励快速浏览和跳读的阅读方法，“快速一瞥能够发现长时间凝视所注意不到的东西。只需找到作者在某个地方隐藏的有用信息即可，将那些与你无关的段落直接跳过”。[8]

爱默生真正推荐给这个学生的，是一种快速阅读以及在这一过程中注意力高度集中的阅读方法。在年轻的伍德伯里的进一步追问下，爱默生给出了细节：

> 学会如何从每个章节的开头以及从对句子的快速浏览中判断你是否需要通读它们。因此，你要一页一页地翻，了解作者的思想，但不要把时间耽搁在他身上，直到找到你要找的东西。但好好想一下，你读书只是为了开始你自己的工作。

最后一点至关重要。对爱默生来说，读书本身并不是目的。他读起书来，就像一只雄鹰在沼泽地上空迎风滑翔，警觉地搜寻着有用的猎物。读书是为了滋养和激发自己的思想。他建议说，如果一个人在阅读时发现自己已经开始陶醉其中了，就要停下来。他对伍德伯里说：“长时间不间断的阅读会破坏读者的思想，不管读的是什么内容，也不管它多么吸引人。”“千万别这样做。一旦发现自己变得全神贯注了，即使是刚读到第一段也要停下来。”一个人不仅要有勇气自由地挪用任何认为属于自己的东西，而且还要有更大的勇气去抵制和拒绝一切和自己无关的东西。[9]

这一年，爱默生还从另一个角度认识了自我实现的道理，这是在《弗雷泽杂志》分期连载的卡莱尔的作品《旧衣新裁》中得到的。在一封写给卡莱尔的信中，爱默生告诉他，自己过多地受到这本书的文本结构的影响，并建议卡莱尔“跳过那些离题甚远的关于快乐的复杂描述，以便给读者一种简单的感觉，不要老是变来变去”。爱默生对卡莱尔说，尽管他的“日耳曼末日论的风格有点儿怪异”，但他还是很喜欢这本书。就像卡莱尔这本小说中那位热情洋溢的特弗斯德罗克教授一样，爱默生也在寻找“我们最终如何拥有一门肯定和重建的科学，而不是否定和毁灭的科学”。他喜欢这本书宣称的对于超验——而不是“后验”——的偏爱，以及对于了解一个人的本身——而不是他所穿的衣服——的坚持：“无论怎样，衣服都是看得见的，但除了一件在天堂里根本看不到的衣服之外，还会有什么呢？”像爱默生一样，卡莱尔也喜欢视觉形象。他说自己的书是“洞察力、灵感、迟钝、双重视觉，甚至完全失明的混合体”。卡莱尔认为：“没有好奇感的人，不过是一副后面没有眼睛的镜片而已。”“所有看得见的东西都是象征。”他用类似后来的亚哈船长的语言坚定地说道。卡莱尔也用爱默生后来在《自然》一文中使用的语言说：“所有智慧，都始于用武装的眼睛盯着衣服……直到这些衣服变得透明。”在真正的君主的眼里，从来就没有衣服。[10]

和爱默生一样，卡莱尔也认可赫里索斯托姆的名言：“真正的舍金纳（上帝的居所）是人类。”卡莱尔问道：“上帝的存在不仅显现在我们的眼前，而且还显现在我们的内心，就像在我们的同胞身上显现一样。”卡莱尔相信工作是教育的适当产物，相信“通过培养内在的特殊能力——而不是模糊的或一般的能力——能够实现和谐的自我发展”。对爱默生来说，现在更重要的是卡莱尔坚信事物都是相互联系的：“枯叶并没有死亡和消失，它本身和它周围都充满力量，尽管这种力量产生的作用是相反的；否则它怎么会腐烂呢？”这种对自然整体性的信念，是他在这一年第一次获得的丰硕成果，也是他诗歌的中心主题。[11]

第29章　个体与整体

1834年5月，爱默生开始与卡莱尔通信，寄给卡莱尔一本韦伯斯特的演讲集和里德的《心灵成长观察》。卡莱尔回了一封充满温情的长信，信中提到了很多新闻，对自己关于法国大革命的书充满期待，并坚称“唯一的诗歌就是历史，我们能够证明这是对的”。这一年，爱默生还给肯塔基州路易斯维尔的一神论牧师詹姆斯·弗里曼·克拉克写了几封鼓励的信。克拉克比爱默生小七岁，是玛格丽特·富勒的远房表弟及好友。克拉克曾先后就读于哈佛大学和哈佛神学院。他认识伊丽莎白·皮博迪、威廉·亨利·钱宁、老奥利弗·温德尔·霍姆斯、克里斯托弗·克兰奇、约翰·德怀特以及其他许多即将参与到超验主义运动的人物。时年24岁的克拉克对卡莱尔和歌德产生了浓厚兴趣，并写了一篇文章为卡莱尔免受保守派安德鲁斯·诺顿的攻击而辩护。爱默生非常赞赏这篇文章，敦促他将文章发表，并在给克拉克的回信中，加入了卡莱尔最近一封信中的一些精选内容。在让朋友们觉得自己是圈内人方面，爱默生有自己的一套办法。[1]

5月，艾伦·塔克的遗产分配问题终于有了定论。由于艾伦的母亲和一个名叫玛格丽特的姐姐相继去世，事情有些耽搁；也由于艾伦一个姐夫对爱默生要求分得塔克家里艾伦应得的遗产显然感到不满，出现了一些不愉快，结果爱默生不得不诉诸法律解决。法院将塔克家由子女们继承的那部分财产的三分之二判给了艾伦，并将艾伦的全部份额转判给了爱默生。他想，自己现在每年可以得到大约1200美元的遗产收入，虽然这笔钱比爱默生当牧师时挣得的少些，而且还要等好几年才能从塔克家产里拿到全部的钱，但这笔钱的确能够派上很大用场。爱默生的开销很多，不仅要养活母亲以及查尔斯和伯克利两个弟弟，而且还借给身在纽约、生活拮据的威廉一大笔钱。爱默生只是不再那么贫穷，他离富裕还差得很远。例如，他从来没有像老亨利·詹姆斯那样有一万美元的年薪。从1837年开始的金融恐慌和经济危机一直持续到40年代中期，而在接下来的这十多年里，爱默生对于金钱的担忧一直是他往来信件中的一个显著话题。[2]

7月，爱默生去缅因州班戈传教。班戈是一个木材加工小镇和深水港，生产板材的作坊多达150家，木材源源不断地沿东海岸运送到美国各地。每年往来的船只达一千多艘，其中大部分是从班戈驶离的装运木材的中型帆船。爱默生指出这座仓促繁荣起来的小镇的发展计划："当用尽了整个林区的木材后，它就会成为一个农业和制造业的城镇。"爱默生来到班戈以北的佩诺布斯科特河边，参观了古镇及当地印第安村庄。在那里，他遇到了一个令人印象深刻的姓尼普顿的人，很可能叫路易斯·尼普顿，此人后来成为梭罗在缅因州森林里的向导。[3]

回到波士顿后，爱默生接到了一个令人悲伤的任务，那就是为自己在第二教堂做牧师期间的老朋友和支持者乔治·桑普森主持葬礼。伊丽莎白·皮博迪和布朗森·奥尔科特也在吊唁者之列。皮博迪时年30岁，是一位精力充沛、热情洋溢的青年知识分子，与爱默生早就认识，是她把克拉克为卡莱尔辩护的那篇文章转给爱默生的。奥尔科特在波士顿经营着一所学校，之前还没有见过爱默生。[4]

爱默生在1834年成长为一位成熟的诗人。他所创作的水平最高且最具特色的几首诗歌均完成于这一年。从1833年12月到1834年初夏，许多事情都对爱默生产生了深刻的影响：赫奇关于柯勒律治的作品，为关于科学和意大利等内容的演讲撰写的讲稿，对《柯丽娜》的阅读，与贵格会主义和玛丽·罗奇的接触，从布道到演讲的有意识的转变，以及歌德和卡莱尔等人的作品。他的生活不再支离破碎；相反，它正在变成令人惊讶的坚固整体。他越来越关注如何以恰当的形式去阐释自己这些新的坚定信念，包括在诗歌和散文中。

早在渴望成为一名牧师之前，他就有成为一名诗人的雄心。这是爱默生个人梦想中最早——某种程度上也是最重要——的一个。孩提时代，他曾写过挽歌和一些无意义的小诗。10岁时，他曾写过一部名为《福尔图斯》的叙事诗，描写的是一个英雄杀死了两万敌人和两头魔兽的故事。在大学里，他是班级诗人。他对弥尔顿和华兹华斯的许多诗歌都熟稔于心。他也为艾伦写过一些感人的诗句。在欧洲旅行期间，当新大陆同那不勒斯和罗马碰撞时，他用诗歌表达自己的感悟。爱默生曾说梭罗的情感生活在其诗歌中有最好的表达，而爱默生本人也是如此。当他开始写信向莉迪亚·杰克逊解释自己的时候，当他们表达爱意的时候，他特意告诉她："我天生就是个诗人，尽管水平不高，但确实是诗人。这是我的天性和天职。"[5]

作为1834年美国大学优等生荣誉学会哈佛大学的诗人代表，爱默生不得不按时为毕业典礼创作数量适当的诗句。他那些关于丹尼尔·韦伯斯特的诗句有一种传统的庄严，带着弥尔顿式的铿锵，并大量使用了蒲柏的押韵和对句技巧："莫纳德诺克山对其根基的依赖/也比不上他对常识和公益的信赖。"但当应邀在别人的纪念册中留言时，他又习惯性地写下了风格完全不同的诗句："啊，还有什么能比友谊更让人快乐呢/人的意志可以战胜整个世界/既要有温顺如水的态度，又要有不可摧毁的意志。"1835年2月，爱默生向莉迪亚·杰克逊阐明了自己对诗人的看法："从感知者的角度看，我是一个诗人，是灵魂和物质和谐的挚爱者，尤其是事物之间对应关系的追随者。"这是他后来在《诗人》一文中描述的表现主义诗歌概念的最初的模糊轮廓。在那篇文章中，他说："造就一首诗的不是音韵，而是催生音韵的主题。"爱默生指出，诗歌"是将在自然中发现的某个文本进行复制的结果，其在本质上应该与该自然文本相吻合"。真正的诗不是纸上的文字，而是文字背后的事件、感觉或想法。1834年的爱默生能够这么说，是因为他在重复与他志趣相投的柯勒律治的一句话："路德很伟大，正如柯勒律治所说，他表演诗歌。"[6]

从1834年的某个时候开始，爱默生用一个新笔记本来记录和保存自己新近创作的诗歌。这一年最早的一首诗《杜鹃花》是在5月份创作的，就是在他从新贝德福德回来后，在奥本山公墓看到非凡景象的那个重要的让人振奋的4月之后不久。这首诗共十六行，是一种延长版的十四行诗，可称之为长十四行诗，在最后一行进行押韵和加强语气。就像爱默生的大多数诗歌一样，这首诗也是以描写户外的景物开始的。“5月，当海风刺穿了我们的孤寂时/我在树林里发现了清新的杜鹃花。”这首诗充满了紫色的花瓣、黑色的湖水和红色的鸟儿。这一点和他在奥本山那令人兴奋的时刻是一样的。花的简单存在，正是“为什么有美的存在”这一不安且挑剔的问题的最好答案。

诗人对杜鹃花说：“去告诉他们，亲爱的，如果眼睛是为了观看而生/那么美本身就是它存在的理由。”美——这里指的是和谐，或者世界——不是次要属性的辅助物，也不是我们出于其他原因而赞美真正喜欢的东西的手段。美是首要的，是根本的，是基础的，也是既定的。不久，爱默生将他对于美的认识写到了他的《自然》一文中：“因此，对于灵魂而言，世界的存在是为了满足对美的渴望。我称其为一种终极目标。至于灵魂为什么追求美，没有理由，也无法解释。在最广泛和最深远的意义上，美是对世界的表达。”这就是希腊人所说的世界，或称作美。爱默生说：“美的标准是形形色色的自然形态的合体。”在《杜鹃花》中，爱默生到达了这一合体的中心：“啊，玫瑰的竞争者！/我从来不想去问，我从来也不知道（为什么你会存在）/可是，就凭我的简单无知来猜测/是自我——那带我到那儿的相同力量也带去了你。”[7]

在爱默生这一年的笔记本中，出现了一些诗歌材料，尽管它们还没有最终形成诗歌的形式。他在笔记、书信和日记中多次表达了《日子》这首诗背后的感悟，这是一种令人懊悔的感觉，因为日子就是诸神，每一天都承载着我们永远无法完全得到的礼物。1834年2月，在新贝德福德逗留期间，爱默生写道：“岁月流逝，日月如梭，每个人都戴着黑丝带，戴着他自己的悲伤回忆。然而，我却深情地将年鉴视为一本希望之书。”5月，他在日记中写下了另一段关于万物与世界关系的尚未形成诗歌的文字：“记得小时候，我被海滩上贝壳的颜色和形状迷住了，捡了很多放在口袋里。但当我回到家时，却什么也找不到，只有一些干瘪难看的贻贝和蜗牛壳。”这段记忆很快就变成了《个体与整体》这首诗。这位饱经磨砺的诗人在诗中再现了他的海滩经历，然后评论说：“我渴望真理，而美，只是青涩童年的玩具。”这种对失落感的表达触发了爱默生济慈式的意识扩展。“我正说着，在我站立之处/是石松那美丽盘绕的藤蔓/向四周延伸。”世界远比诗人更聪明。“松果和橡子落了一地/永恒的天空在头顶盘旋。”美并不是能够被孤立、提取、带走和固定的东西。“我又一次看到，我再一次听到/涌动的河水和早起的鸟儿——/美偷偷溜进我的感官/这完美的整体把我彻底征服了。”[8]

12月下旬，一场暴风雪让爱默生用文字记下了自己的心声，似乎要把自己的声音和暴风雪的吼声做个比较：“肆虐的暴风雪把屋外变得更加漆黑，穿过墙壁的缝隙时呼呼作响，吹在脸颊上刺骨地冷；伴着这疯狂的音乐，我要唱出我的雄歌，尽管沙哑而低沉。”正如在《杜鹃花》和《个体与整体》中看到的一样，诗人自觉艺术的微弱努力对世界本身的创造力来说毫无意义——尽管后者可以通过诗人来表达。这一次记录的结果，是后来的《暴风雪》这首诗，它是爱默生最优秀的诗作之一，后来美国诗人惠蒂尔受到该诗启发创作了《雪界：一首冬季田园诗》。诗歌开头两句：“天空号角齐鸣，宣告/暴风雪的来临，它从原野上掠过。”第一部分把视角从外面的暴风雪转到被困在室内的人们：“一家人围坐在/火焰跳动的壁炉边，被关在喧嚣的私密世界里。”暴风雪这个“烈狂的工匠”开始“围着每一个迎风的木桩、大树或房门/建造他尖顶的白色堡垒”。“北风的砖石”在一夜间便创造了白色的世界，创造了一个北国的阿拉丁宫殿，随后悄然离去，“当太阳露面后，只留下这惊愕的艺术/人间工匠开始一砖一石地缓慢模仿/用整整一个时代的时间来完成，狂风的一夜之作/这暴风雪的嬉戏之作”。[9]

所有这些诗歌都是由同一种基本的洞察力所激发的，这种洞察力现在被爱默生变成了一个鲜活的、经验丰富的现实。世界本身就是一首伟大的诗，它是所有用人类语言表达的诗歌的源泉。当诗人能够牢牢抓住这种联系时，他就可以——通过自己弱小的力量——接触到世界的力量和美丽。这是爱默生一生的核心见解之一。它不仅从未离开过爱默生，而且从未失去它那美妙的紧迫感，从未失去对爱默生感官的控制，也从未失去将日常中的普通时刻提升为读者一直想称之为神秘体验的意识上升阶段的能力。从现在起，爱默生的生活核心就是把自己交给每一个神圣日子里不起眼的顿悟时刻。

在向莉迪亚解释他作为诗人的使命时，爱默生说自己诗歌的语气比较深沉，“大部分都是散文中的内容”。这说明他已经不愿意在诗歌和散文之间划分界限了。他有时用“诗人”这个词指“诗匠”，有时指作家。非常重要的一点是，在《个体与整体》和《暴风雪》这两首诗中，许多措辞和句子以及意象均源自最初的散文，后来才被修改为有韵律或接近韵律的诗句。[10]

1834年，爱默生不仅在诗歌方面日趋老练，而且在散文方面也已经成熟起来。这一年他在日记和演讲中的很多句子，在后来出版的作品中基本都没有变动。3月，他曾写道：“一个人很少有真正的孤独。他只是需要在孤独中隐退，就像他需要从社会中隐退一样……当我在自己的房间里读书写作时，虽然那里没有人，但我并不孤单。”爱默生通过简短有力的陈述句，而不是明确的选择句或否定句，来强化他的断言。“我们总是准备着去生活，但从来没有过上真正的生活。”他在4月份写道。“波浪向前涌动，但组成它的水滴却没有向前移动。”他用生动的语言把抽象的内容固化在具体的意象中，以便更好地理解。“给我一只眼睛，我能在橡子果里看到一支海军。”爱默生写道，“一堆砖头里有神圣的东西吗？理发店或厕所里有某种神吗？有，所有的事物都有神的存在。”对于要求人们不要吃某些食物的呼吁，他回应说："处罚者难道不吃蓝莓吗?"对于每一个一般性陈述，他都会给读者一个具体意象："看似不可能，但在整个社会中，每隔一段时间，就会出现几个了不起的人……就像一个木匠在做栏杆时总会在每安装五六根木杆后，安装一根铁杆一样。"爱默生现在可以轻松自如地运用祈使语气，并在生活和写作中持续有意识地表达自己的观点。"把头低下来，看看你双腿后面的风景，看看你自己的林地和谷仓空地是多么的迷人。"[11]

现在，爱默生可以怀着彻底且不容置疑的信念，用一种恰当的语言来阐释人们熟悉的关于自立的思想。"坚持自己，绝不模仿。你自己的天赋可以随时以自己毕生的素质修养来展示，但模仿或盗用任何人的才华，你只能对它生涩地、暂时地、部分地占用。"爱默生曾对查尔斯·伍德伯里说，"下定义可以省去许多辩论的笔墨。"通过下定义来重新划定主题界限的方法，成为爱默生写作风格的一大特点："心灵的教育在于不断地用事实代替语言。"他可以在一句格言的结尾插入一个小意外："每个人的理性都足以指导他的行动，如果使用的话。"爱默生的格言风格，是将个人思考转化为有力概括的完美媒介。注意音韵和措辞让爱默生的文章处处呈奇："自然中任何物体，都会在强光下产生美。"爱默生的散文风格不再受那些离谱规范的约束，开始与之渐行渐远。他不想再走老套的程式：争论、证明、提出证据、根据预设的逻辑基础得出结论。正如尼采和基克格德所做的那样，并且出于类似的原因，爱默生正在寻找一种恰当的语言，来直接表达个人直觉。格言警句的陈述或祈使式的表达形式简洁有力，能够自证其说。[12]

8月下旬，作为美国大学优等生荣誉学会诗人代表，爱默生在哈佛大学发表了一首长达15页的诗。正如自己所承认的那样，这首诗并不怎么出色；在后来的几部作品集中，他都是只收录了几行。他告诉弟弟查尔斯说这首诗是一个败笔，"和其他任何不幸的文章一样"。查尔斯给他鼓劲，说这是一个巨大的进步，每一次失败都是一块垫脚石，“三次失败等于一次胜利”。但爱默生并未平静下来，他对查尔斯说：“我的全部成功，就其本质而言，全部是由特殊的失败构成的——我那些公开发表的不起眼的文章，在当时看（可能毫无例外地）都是失败的。”爱默生从来没有完全摆脱世界并不需要他的这种感觉。“每个人都是有用的，”他曾经说，“但每个人又都不是那么有用的。”他还令人惊讶地说，对于请他做一名修辞学和演讲技巧的教授的邀请，他在一生的任何时候都不会拒绝，即便这个大学地处穷乡僻壤。无论他的生活有多美好，也从来没有完全达到他想要的标准。爱默生在1834年秋天对自己的评价中有一句话更能完美地表达这种感觉：“我从来没有坐过一辆对我来说跑得足够快的马车。”[13]

第30章　合流

9月，树林及林中小道上到处都是蟋蟀。爱默生说：“倘若一个人在路上不小心摔倒，马上就会被蟋蟀吃掉。”1834年10月，爱默生来到康科德镇，和他的继祖父以斯拉·雷普利在一个名为“老宅子”的牧师宅院里一起生活了一段时间。同去的还有他的母亲和弟弟查尔斯。这座房子是爱默生的亲祖父威廉·爱默生建造的，坐落在康科德河畔，就在与阿萨贝特河交汇处的上游，与独立战争的战场旧址和老北桥毗邻。爱默生的祖父，即康科德的威廉·爱默生，在独立战争期间是第一教区的牧师。他曾在这座桥上参加过战斗，并随军前往提康德罗加，但于1776年不幸死于野外露营引起的热病，年仅31岁。这位爱国牧师去世时，他的儿子——爱默生的父亲——年仅7岁，他的女儿玛丽·穆迪·爱默生才1岁。[1]

爱默生祖父的遗孀菲比后来嫁给了以斯拉·雷普利。雷普利完全取代了爱默生的祖父：娶了他的妻子，继承了他的土地，并接替他成为第一教区的牧师。雷普利生于1751年，属于另一个时代的人。爱默生寄宿在他这里，发现这位老人比较圆滑、虚荣和专横，对别人基本上不感兴趣。因此，雷普利实际上生活在凄惨的孤独之中。“这是一种可怕的孤独，就像迷路的旅者在寒冷的裹挟下感到的孤独一样。”爱默生的书房是老宅子二楼靠西北角的一个房间，从房间里便可俯瞰河流和当年的战场。爱默生在1834年搬到康科德暂住，也算是问祖寻根了，尽管他在这方面收获甚微。例如，在他对继祖父雷普利的尖刻评价中，看不出一点家庭的感觉。那幢宅邸倒是个好地方。爱默生那本关于自然的书和随后关于人物传记的系列讲稿都是在那里形成雏形的。但在爱默生心中，正是写作赋予了这个地方意义，而不是其他。尽管在康科德吃住无忧，但那里并没有他的位置，也没有他的地位。12月，他曾考虑在沃尔瑟姆定居。他一边凝视着康科德那片祖上的田野，一边给卡莱尔写信说：“言语表达就是足够的位置。”[2]

来到康科德一周后，从波多黎各传来爱德华去世的消息。这一消息并非完全出乎意料。在写给爱默生的信中，爱德华让哥哥别再鼓励他对生活抱有希望，自己能活一天算一天，只要没有痛苦就很开心了。爱默生的脑海里常常会闪现以前的爱德华的形象，比如爱德华曾给瓦尔多写信反对柯勒律治关于理性和理解的新术语的情形；爱德华更喜欢用“灵魂”这个词来形容前者，并坚持认为，“告诉人们用‘理解’来‘推理’只会让人感到困惑，并没什么启发意义”。波多黎各温暖的气候可能对爱德华的肺结核有点帮助，但正如他自己所说，“天使之箭射入得太深了”。爱德华去世时年仅29岁。他是几个成年兄弟中第一个去世的，虽然死在了遥远的地方，但爱默生觉得天使之箭也刺伤了自己。爱默生在日记中写道：“他此生的一大堆希望就此陨落了。我看到我自己的一部分希望也落空了。”[3]

也许是为了填补爱德华去世的空白，爱默生今年比以往任何时候都更多地接近查尔斯。查尔斯曾当过律师，但业务不多。“我坐在办公室里，”他告诉威廉，“看不到一个客户，只能读一些法律书。”每隔一两天他就会给伊丽莎白·霍尔写一封情书，里面充满了对她的渴望。他曾参加过一次对海盗的审判，也写过两篇分别关于个人和社会的讲稿。他读过新英格兰历史，准备做一个关于马萨诸塞湾殖民地总督温斯洛普的演讲。他对佩奎特战争中清教徒的行为感到羞耻，称之为无耻、残忍和懦弱的行为。他还读过休厄尔的《贵格会史》、柯勒律治的《席间漫谈》、斯塔尔夫人的《黛尔菲娜》以及桑普森·里德和卡莱尔等人的著作。如果说爱德华没有接受柯勒律治的思想的话，查尔斯则曾徘徊在柯勒律治思想的边缘。现在，他深深地被瓦尔多从贵格会那里衍生的信条所打动，而且别无选择："袖手旁观，让上帝为你做决定。"查尔斯写信告诉伊丽莎白：

> 我们的行动是在周围的事物给我们的印象下进行的，这是一个最朴实的原则。它让人们尽可能无意识地生活。我们会一直自由地前行，直至感到自己受到了某种制约。我们无须与这种制约抗衡，正确行动采取之时，便是这种制约消除之日。

"那就从你自己做起吧，"查尔斯总结道，"不是因为这样做更有尊严，而是因为这样做是必然的结果。"[4]

爱德华于1834年10月1日去世。此后不久，玛丽姑妈也搬到了康科德，与瓦尔多、查尔斯和露丝一起住在老宅子里，一直待了一年半左右。在爱默生前半生的每一个关键的转折点，玛丽姑妈总能设法给他帮助。这一时期，他和姑妈自然没有书信往来，但很有可能正是在姑妈这段较长时间的逗留期间，爱默生开始收集姑妈的著作和名言，并将其列为一个单独计划。他最终收集了四卷手稿。[5]

这年秋天，爱默生能够明显意识到，自己的力量在持续地聚拢和集中。他在日记中写道："不管在什么地方，只要我读到一个充满智慧的句子，就立刻有一种占有和挪用的欲望。"这年秋天，爱默生已站在自己的第一部主要作品《自然》的门槛上了。使之成为可能的，是他从欧洲回来后一直在经历着的内在过程，这个过程可以用尤多拉·韦尔蒂所说的“那个美妙的词——合流”来形容。一系列的想法、印象、见解、信念和阅读等，就像一系列的小溪汇入一条大河。这是一个合流的过程。因为与其说这是方向的改变，不如说这是一种集聚和增强。科学的经验告诉我们，世界受规律支配，真正的理论能够自证其说。玛丽·罗奇关于灵光的概念是一个醒目的信号灯，人们一旦识别，就会对它既无法拒绝，也无法证实。第一条细流，是桑普森·里德、爱德华·泰勒和那个“走在山顶之人”等都坚持在大街上、田野里、甲板上以及篝火旁体验个人经历、感受生活语言的主张。约翰·弗拉维尔、威廉·劳、亨利·施高格以及托马斯·厄·肯培等人的古老著作聚焦的，是每个人的内心生活和经验，这是第二条细流。汇入这两条细流的，是极具说服力的费希特的现代个人英雄主义和康德的哲学主观主义，它们是爱默生最近从卡莱尔以及赫奇论述柯勒律治的文章中学到的。第三条细流是柯勒律治本人对理性和理解之间的区别所做的切合实际且有催化作用的阐释。第四条则是来自亚洲和波斯的细流，如安克蒂尔·杜伯龙对中亚的琐罗亚斯德教的描述，中国儒家的《诗经》和印度的《薄伽梵歌》等，它们都已被证实是来自非西方的文化。第五条是一湾更古老的细流，它是斯多葛学派从“认识你自己”到“尊敬你自己”的发展，“教化”的概念，以及爱默生从钱宁、杰兰多，尤其是歌德那里了解到的关于成长或自我发展的理念。第六条，也是最深的，处于中心位置且从未改变的细流，就是柏拉图的细流；柏拉图是苏格拉底的守护者，他的神话诗是爱默生唯一认真对待过的神话作品。而所有这些细流所产生的影响都是由爱默生的终极资源所引导的，这就是一神论者的基本信念，即超越自然的东西是通过自然向我们揭示的，奇迹是通过科学和自然揭示的，内在生命是通过感官生命揭示的。

爱默生这些年内心生活的中心内容，在任何一条甚至全部六条细流中都很难找到，因为它来自令人惊讶但又不可避免的趋同性，即这些细流汇聚融合的发展潜力。它的方向是确认个体意识的自主性和充分性，这将最终形成伴随爱默生一生的思想及写作的那宽阔的中心洪流。

作为合流过程的一部分，他把所有的笔记本又重新整理了一遍，为之前的笔记重新编制了索引，并开始使用新笔记本。他更加明确了自己作为导师和诗人的角色。随着爱德华的去世，他的一部分也死去了，就像艾伦的去世让他也死了一部分一样。而现在更迫切的，是将剩下的那部分自己充分表达出来。这年秋天，他意识到，自己的生活正走向顶点。现在，他的洞察和见解形成了全新的格言式的绝对信念，这些见解极其重要，为他未来十年的工作打下坚实的基础。“民主的根源和种子是你自己的理性判断。”

> 民主/自由的根源在于神圣的真理，即每个人心中都有神圣的理性……尽管自世界诞生以来很少有人按照理性的指示来生活，但所有人被造出来时都有这样做的能力。这对所有人都是平等的，而且是唯一的平等。

这一信念现在有一种信条的力量：“我相信物质世界的存在是精神或现实的表达。”在12月，爱默生更直截了当地写道：“我相信基督教是极其真实的。”他这样认为的原因是，基督教“过去和现在一直教导说，世界与真理是永恒对立的，并指出了精神法则的绝对权威性”。[6]

大自然对他来说比以往任何时候都更重要。

> 有什么东西能如真实的自然一样美丽呢？不管是在破晓的清晨，还是在落日的黄昏，我都从未见过像昨晚那样绮丽的景色。或远望天空，整个穹顶上的每一朵或灰色或石板色的云彩下面都有一个硕大的玫瑰花环；或远眺小河，两岸满是苍翠的绿林（从老宅子北边的桥向北开始），给人一种美妙绝伦的感觉。对此，

> 我丝毫没有怀疑它的真实性，也丝毫没有回想自己是否还在梦中。

他去纽约的布鲁克林做了一次演讲，然后就匆匆回到了康科德。他为自己远离城市里混乱的政治，为这片“我的先辈们的安静田野”而感到高兴。[7]

他已经准备好了。通过阅读柯勒律治是如何采取措施集中精力的，爱默生在这方面也得到了加强。柯勒律治说：“对于任何我不太熟知、需提前掌握其主要知识的话题，我从不做演讲……对于任何我成年后的生活中很长时间都没有思考过且没有特别的外在目的的话题，我从不做演讲。”正如经常发生在爱默生身上的那样，这个令人振奋的例子让他下定了重要决心，即专注工作，倾力写作。他以特有的——如果可以借用的话——虚张声势走上了新的征程，独自一人自在地站在台上，终于能够代表自己——而不是任何人——发出声音了。他在日记中写道：“我决定，从今以后，对于不完全是我自己作品的任何讲稿、诗歌或论著，我都不做演讲。”[8]

自 然

第31章 莉迪安

在1835年1月29日开始为实用知识传播会做演讲之前，爱默生先后做了六次传记系列的演讲，这是他决心只做与自己相关的工作的第一批成果。多年来，他一直对传记有着浓厚的兴趣，并且一直怀揣撰写一部现代的“普鲁塔克名人传”的雄心，甚至他的日常生活也被这种习惯性的伟大理想所照亮。怀特海德说，除了理想之外，教育是不可能的。在收到爱德华去世的消息后的十天里，爱默生仿佛感觉到刺痛突然深入到他的肋骨，他开始积极反思人物传记对生活中可能发生的事情的教育意义。“米开朗琪罗·布奥纳罗蒂、约翰·弥尔顿、马丁·路德、乔治·福克斯、拉法耶特、福克兰和汉普顿等人，这些名字不正是教育的种子吗?”他对人物传记本身并不感兴趣，也并非为了崇拜武力，当然也不是为了以牺牲现在为代价来推崇过去。他认为，普鲁塔克式的传记观理所当然地具有教育意义。摩西斯·哈达斯说过，普鲁塔克的目的是将希腊精神化为一种生活方式，使之在国家主权丧失后，依然可以流传千古。爱默生也有类似的目标。几乎从一开始，他就构想用已故伟人的成就和造诣，来说明19世纪的美国也拥有各种可能性。他对人们总是将自己与伟人联系起来的过程很是着迷。他认为传记是一种媒介，就像语言一样。他写道:

每个人都是两极的，从来不是一个圆；因此，在数以百万计的人海里，你会发现每个人的本性都有着对立和不一致的特点。既然我们可以用一种语言翻译另一种语言，把动词译成动词，把名词译成名词，那么这人海中是否也有外貌一致的情况呢？我们应该能够找到一个时代的特点与另一个时代特点相对应的情况，也可找到一个人的特点与另一个人的特点每时每刻都相对应的情况。[1]

爱默生曾经考虑，将“马丁·路德的传记写成同今天利物浦报纸上报道棉花价格的文章的最后一段一样实际和中肯的形式”。他构想了一幅“应该能够立刻成为历史和预言的人像画”，并用一个问题来解释，“这是否就像每个伟人——或全面发展的人——同其他每个人之间都存在着完美的对应性”。不管研究哪位历史人物，爱默生都发现，记住自己在这个过程中所扮演的角色是至关重要的，“当我思考路德的历史地位时，只有让自己的思想从他的作品中通过才能接近他的思想”。爱默生深信，不仅他自己，任何读者都能找到自己的生活和伟大人物之间的联系：“让一个人按照他真正看到的方式去写作。在历史长河中，每个人都能够发现他人作品与自己作品之间的对应关系，并能够在罗马、伦敦、日本或任何地方记录下来。”[2]

因此，所有的传记最后都是自传。这种看法非但没有缩小我们的视野，反而为我们打开了一扇大门。爱默生在1834年12月的日记中写道：

我认为，每一个优秀天才的出现，都在我们的制度里有所预示，因为他只是让我们的内在思想变得显而易见罢了，但我们至今还无法知晓（或实现）这种内在思想。我们的能力绝无边界，我们中的任何一个都拥有整个充满未经验证的几何学、微积分、自然哲学和伦理学的世界，我们的面前是一个广阔的世界。

这一观点的结果是空前的，不仅我们自己的制度能够预言伟人，而且伟人也成为我们所有的制度的种子："就其本性而言，每个伟人都会指出或暗示一个国家所有的制度和秩序是否存在和是否健康。"[3]

写这些讲稿的人再次坠入爱河。1835年1月24日，爱默生给莉迪亚·杰克逊写信，向她求婚。28日，她接受求婚的信就送到了爱默生的手中。第二天，爱默生做了系列演讲的第一讲。在2月的大部分时间里，他俩鸿雁传书，内容热情洋溢。他甚至还从疯狂的讲稿写作中抽出几个小时，在普利茅斯与她见了面。普利茅斯所有的人都在关注他的来访。这一年，她33岁，他32岁，如果说他俩的关系缺少他和艾伦之间的那种抒情、浪漫的情调的话，那么可以说他俩的关系本身是一种冲动，是一种既有理智又有情感的强烈冲动。沉浸在传记研究中的爱默生意识到，"心智相投的两个人能够相互慰藉"，这是多么的罕见啊。"我们被囚禁在生活里，"他在1月中旬写道，"与完全不同于我们的人在一起"，只是偶尔会有一个"带着使命的灵魂"对我们说话。对爱默生而言，莉迪亚·杰克逊就是这样一个灵魂；而对莉迪亚而言，爱默生也是如此。他们的相遇让双方激动不已，带着某种命中注定的气息。爱默生在1月份的日记中写道："曾经，一位年轻男士和一位年轻女士在公众集会上首次相见。"很显然，他还记得1834年2月那次与莉迪亚的相遇："男士满心欢喜地注视着那张美丽的脸庞，直到吸引了女士的目光。"这种目光的交流是多么的重要。爱默生在当时就对这一点做了论述。他谈到了眼睛伏击，甚至还创建了"一瞥"理论，他写道："人性是自然魔法的结果，人性中存在一些神秘的东西。其中最主要的就是一瞥（媚眼）。这是两个完全陌生的人，在同一所房子里建立起的神秘联系，通过这种方式，所有的奇迹之泉都喷薄而出。"[4]

这一次相遇很自然地让他想起早先时候与艾伦的那次见面。经得双方同意，这种对艾伦的记忆被缝进了瓦尔多和莉迪亚的幸福婚姻里。带着并非必需的忠诚，爱默生（还有查尔斯和伊丽莎白·霍尔）让艾伦一直活在心中。“当爱情设法让一种魔法超越了自身真理的吸引，去关注一些偶然和并不重要的事情时”，艾伦意味着美好的青春回忆、短暂的瞬间和暂时的相遇，莉迪亚则意味着心灵的相遇。如果这听起来不那么浪漫的话，我们应该记得，心灵——也就是意识——是爱默生的一切；没有比这更高的赞美了。他说：“两个美好的心灵相遇，是一种莫大的幸福。俩人均有良好的教养，他们之间在学习内容方面的差异足以激发彼此的好奇心，而他们之间的相似之处则足以在交谈中一触即发地理解对方的隐喻。”[5]

爱默生的求婚书信充满热情，闪烁着理智的光芒，与那一瞥所带来的生理上的激动相匹配。爱默生用贵格会式的语言告诉她，自己无法抗拒“恳求你爱我”的冲动。他说自己的求婚出于“最高级的冲动”。她给他一种“温柔的尊重”的感觉，让他“为自己的理性和理解”而欢欣。套用柯勒律治的话，这对爱默生来说，是现实生活中的语言，而不是一道考题，这是人类所能拥有的最高形式的爱。他对她说，他恋爱了，“以一种新的更高的形式”。当然，这都是胡言乱语，但这是爱的胡言乱语，带着被她深深迷住的语气：“我愿意这样称呼一个我如此爱恋的人……我相信，建立在这种基础上的感情是永远不会变质的。”有一天，在谈话过程中，莉迪亚紧张地停了下来，认真地问爱默生，是否觉得她的谈话很无趣。“是很无趣！”他回答道，“你的谈话简直就是天堂。”[6]

我们现在无法找到莉迪亚对爱默生求婚的回信，但我们知道她很快就回了信。和他一样，她想都没想就直接答应了。不到一周，他就开始称她为莉迪安（尽管有段时间他在信封上写的还是莉迪亚），他们开始计划一起生活。有人推测爱默生之所以称她为莉迪安，是为了避免她结婚后的名字在新英格兰的发音里被读作莉迪亚尔·爱默生；我们可以明确的是，爱默生当时曾对一个表弟说：“她的真实名字就是莉迪安，但洗礼时被错误地写成了莉迪亚。”莉迪安——她随后不久也这样称呼自己——不仅是一个有教养的聪明女人，而且还是一个知识分子。朋友和家人都认为她和爱默生的思想很相似；弗兰克·桑伯恩认为，爱默生从她身上学到了很多东西，他是对的。后来，她曾参加过玛格丽特·富勒的“谈话课堂”，写过一篇巧妙的讽刺作品——《超验圣经》，还曾向那些早些时候聚在爱默生周围的激进分子们提出建议。1835年夏天，在写给伊丽莎白·皮博迪的一封长信中，我们可以清楚地看到莉迪安知识分子的一面。她说，斯威登堡和他的追随者们给她留下了最深刻的印象，尤其是“对应学”和“类比学”的观点。她认为自己不属于任何特定的教派，但曾说，她发现在基督及其使徒们的语录中，自己能时不时地看到那些光芒的最终来源。她相信“每个人都应该把自己看作是一个伟大整体的一部分”，认为“我们的个体生命……本身并不完整”。她还认为，我们每个人都有“适合自己位置的某种自然特质”。她坚持认为，“在赋予我们辨别能力之前，我们必须有意愿看到我们的召唤”。有句熟悉的话说，人们总是同和自己性格对立的人结婚，她认为这句话是对的。她觉得最完美的婚姻应该是两个对立的气质相统一的婚姻。莉迪安对“教化”一词也有自己的看法，她说：“在我看来，在培养我们自己的天性时，我们有责任尊重它的特性；我们不应该试图把自己变得像每个人或其他人一样。”[7]

莉迪安一直称爱默生为爱默生先生，我们不得不穿过传统的新英格兰保护区的石墙，来推测他们俩之间的真正感情和亲和力。他们的女儿艾伦曾说：“她爱父亲的那种非凡方式让我感到惊讶，就像她对待父亲的那种冷淡让人吃惊一样。”在他们恋爱的日子里，在他们结婚后的十年里，每次收到他的信，莉迪安都会兴奋得“无法控制”。艾伦写道：“母亲绝对不可能在另一个人面前打开它，一定会锁上房门，一个人读很多遍，习惯了之后，才会从兴奋中恢复过来，然后才把信拿到奶奶的房间。”在《19世纪的女性》一书中，作者玛格丽特·富勒列举了四种婚姻，第一种，也是最简单的婚姻，是共同防御世界的二人联盟。爱默生夫妇，至少在早期，是富勒婚姻种类中最高类型的一个例子，她称之为“两个灵魂朝着共同的圣殿朝圣”。[8]

莉迪安身上有一种不可思议的透视能力。女儿艾伦回忆说，早在爱默生突然提出求婚的前一天，莉迪安就“清晰地看到她自己打扮成新娘，和我父亲一起走下楼梯（位于普利茅斯温斯洛的家）准备结婚”。艾伦还提到了1835年1月26日，也就是爱默生的求婚信到达的前一天，她母亲有一刻突然“看到我父亲非常俊朗的脸在靠近她，凝视她，停留了片刻就消失了”。她喜欢用《圣经》占卜，随意翻开一页，从里面寻找上帝的指引。她相信预兆。她对19世纪30、40年代风靡全美的灵媒、唯灵论和桌上招灵等很感兴趣。这种兴趣并不是迷信，至少不是通常意义上的迷信。它综合了高度洞察、极强意念以及机缘巧合等各种因素，它似乎证实了生命观并不仅仅是物理因果。莉迪安的意念强度是出了名的。爱默生有时称她为亚洲人，因为“他认识的所有新英格兰人，从来没有哪一个有过如此深沉的感情，即使在微不足道的事情上，也会不断地召唤出这种深沉的感情”。[9]

莉迪安有几张抱着孩子的照片，照片里的她看上去非常温柔。但她在后来的一张照片里却是一种痛苦的表情，这让人固执地联想到爱默生的母亲露丝，但莉迪安的眼睛透着一种异乎寻常的深沉和力量。自从19岁患猩红热之后，莉迪安身体就一直不好。她经常生病，经常感到疲倦。她还有一个比身体状况更糟糕的精神层面的问题，那就是她过于认真，而且随着时间的推移，这种情况只会变得更糟糕。过于认真有其滑稽的一面，她可能会因为突然想起把一本大书压在了一本小书上面，而半夜起来处理，但在滑稽背后是潜在的焦虑，这可不是什么有趣的事情。

开始的时候，莉迪安焦虑地认为，自己得配得上在当地备受敬仰的爱默生先生。一直梦想着经营一家大型企业的前景也曾困扰着她。在谈到任何家务活的小困难和小失败时，她的女儿曾说：“她会以一种极其夸张的观点来看待这些小事的重要性，并会因为它们不停地生闷气。”在莉迪安的内心深处，有一条持续反复的悲剧主线，在绝望的时刻，偶尔就会显露出来。情绪低落时，她甚至会真希望自己从未出生过。她为许多事情所困扰：童年的恐惧、爱默生的第一次婚姻以及他永远都不属于自己的感觉等。他们会一起谈论他的第一任妻子艾伦。一天晚上，莉迪安梦见她和爱默生在天堂里见到了艾伦。在梦里，莉迪安随即离开了，把爱默生留给了艾伦。当莉迪安讲述这个梦时，爱默生有意安慰她说：“只有高尚的人才会做这样的梦。”[10]

莉迪安的二女儿伊迪丝后来坚持认为，她姐姐所说的从1841年开始的三十年里，母亲的“悲伤一直是生活的底色”，其实是严重夸大了。当然，爱默生夫妇在1835年是很幸福的，而且也可以说，在接下来的五年里，莉迪安和爱默生先生“一直像在甜蜜期”。[11]

第32章　新耶路撒冷

1835年，爱默生32岁。他个头较高，穿上鞋能达到6英尺，身材笔直，肩膀较窄且有些倾斜，长脖子，蓝眼睛，深棕色头发。他衣着宽松，不止一个人说过他看起来像个富裕的农场主。他常常把钱放在一个旧皮夹里，并在皮夹上缠上四五圈线绳。从35岁开始，他每天6点钟起床，喝一杯咖啡，然后就一直工作到中午12点或1点（很多年后，从加州旅行开始，他习惯了新英格兰的老传统，早餐吃起了馅饼）。他的原则是每一次演讲写40页稿纸；在做演讲时，他站在那里低头看着稿子，除了翻页，双手总是交叉着放在前面。在刚开始做这份职业的时候，曾有人告诉他要把目光放在后面的观众身上，因为这样做的话，“声音自然会提高到让所有观众都能听得见的程度”。他习惯的动作是紧握右拳——指关节向上，手臂在肘部弯曲——然后前臂充满力量地迅速向下一挥。霍桑的儿子朱利安说，爱默生用“他自己独有的，像吹起床号的喇叭一样的眼神”来配合这个手势。[1]

传记演讲能够反映出爱默生新的希望和活力。审视别人的生活似乎也给了他自己希望。在米开朗琪罗身上，他看到了“艺术家的完美形象”，一个天生就是为了看到和表达世界之美的人。他钦佩米开朗琪罗是如何“一辈子只追求一个职业”的，这与他自己曲折的现在和不明朗的未来形成鲜明对比。尽管非常喜欢米开朗琪罗的作品，但爱默生更欣赏“他对自己人生更完美的雕琢”。为重建罗马圣彼得大教堂，米开朗琪罗向教皇提出的“不收费，不干涉”的要求，体现了他公正无私的精神；对此，爱默生很是赞赏。他强调这位雕塑家对理想美的追求，强调他是如何“通过眼睛来寻找灵魂的”，但他知道，对于艺术家或作家等搞创作的人而言，考验他的不是创作意图，而是创作意图的实施。爱默生引用米开朗琪罗的话赞许地说：“只有他本人的手才能完美地执行他心中的想法。”[2]

在关于路德的演讲中，爱默生认为，路德是“一个独自用宗教武器倡导宗教革命的学者”，他通过一些细节把路德描述得生动而形象。在谈到路德发表的反对滥用赦罪符的论文（这是路德一生中最大的危机）时，爱默生指出，他“紧紧盯着滥用宗教职权不放，而这些滥用职权的现象，只有那些不懂愤慨的常人之眼才不会看到”。对于路德“火山般的暴脾气”，爱默生有所关注，同时也关注到路德是如何拥有“有史以来人类最可怕的决心”的。对爱默生来说，路德是现代的以赛亚，是“他的时代和他的国家的先知和诗人”。他并不是：

> 文学层面的诗人，因为他没有写过诗，但他行走在一个迷人的世界里。在他眼中，一切都具有象征意义。在他看来，所有发生的事，所有的习俗，所有的制度，以及所有的人，都只是超自然力量活动的表现……所有的物体，所有的事件，都是透明的，他看穿了它们背后的善与恶。

关于米开朗琪罗的演讲，预示了爱默生在《自然》中关于美的大部分内容，而关于路德和弥尔顿的演讲则是《诗人》这篇散文的雏形。路德有别于纯粹的诗人，“其他诗人描述的是他们的想象力，而路德相信并执行着自己的想象”。[3]

在爱默生眼里，弥尔顿如同耶利米一样，同样给人永不削弱的鼓舞力量。他认为“没有哪个人的思想能像弥尔顿的思想那样，至今还影响着英国和美国那些受过教育的知识分子”。正是弥尔顿本人让爱默生坚信，诗人的生活才是真正的诗歌。弥尔顿说：“如果希望今后能够写出歌颂那些值得赞美的事物的作品，那他自身就应该是一首诗。”爱默生十分钦佩弥尔顿那体现在所有作品中的个人因素，最重要的是，他对自由的热爱，无论这种自由是公民的，教会的，文学的，还是家庭的。[4]

第四个演讲是关于乔治·福克斯的。按照爱默生的处理，福克斯是宗教情感——灵光——的化身，同时也是后来“让个体灵魂拥有整个宇宙”这一观念的运作者。然后，爱默生选择伯克作为这次系列演讲的最后一场，他认为伯克是雄辩思想的代表，并将“原则应用于英国的公共事务之中”。伯克在这个系列演讲中的位置，就像拿破仑在现实世界中政治和权力的代表人物中的位置一样。爱默生用这个演讲来否定个人和地方的判断标准，并达到塞缪尔·约翰逊的高度。爱默生说：“在对人类功过的最终评判中，不存在反复，也没有更多的机会。每一个新来者的真正地位，既不是赞同者帮助的结果，也不是反对者阻止的结果，而是靠他自己的行动和思考来实现的，而行动和思考对人类的永恒思想具有真正重要的意义。”[5]

爱默生从传记研究中学到了很多东西。他在1月份写道：“宗教狂热者们的传记是多么精确的相似。”

> 斯威登堡、居伊昂、福克斯、路德，也许还有波墨，通过相互借鉴，他们发现对上帝的追寻是内在的，而不是外在的。这就

> 是耶稣的发现。他们每个人都觉察到，构建的一切制度都是毫无价值的，只有沉思冥想才能产生无穷的智慧。

正如爱默生和他的朋友们所看到的，他现在已经超越了一神论，但并未超越宗教。赫奇和富勒的好友詹姆斯·弗里曼·克拉克现在敦促爱默生去研究施莱尔马赫。此人认为宗教精神在人类精神中居于决定性地位，而他的革命性的基督教浪漫主义神学正基于此。[6]

很显然，爱默生不再是一个一神论的支持者；当然，他也从来没有，不管是现在或以前，对加尔文主义者表示过丝毫的支持。他现在支持的是一些团体和个人，这些团体和个人中的大多数甚至比一神论者更远离基督教主流，他们不同于卫理公会教徒，但有点儿像呼吁上帝“保佑褪色船帆”的那个另类而粗鲁的泰勒神父；他们不像是贵格会教徒，倒是有点儿像乔治·福克斯和玛丽·罗奇；他们也不是新耶路撒冷教会，倒是与斯威登堡和桑普森·里德有着类似的主张。

至于爱默生对柏拉图、康德、歌德、普鲁塔克或蒙田等人产生浓厚的兴趣，我们毫不奇怪，但他对斯威登堡、里德和奥格尔等人的迷恋，则是另一回事。人们很容易求助于公认的伟大人物来获得灵感，但要想在一个小人物、边缘人物或有缺陷的人物的作品中看到以前没有人见过的东西，就需要有独创性。歌德对不怎么诚实的奥西恩的兴趣、梅尔维尔对水手诗人迪布登的兴趣、梭罗对瓦罗和科卢梅拉等罗马农民作家的兴趣以及爱默生对斯威登堡的兴趣，均向我们展示了一些人是如何能够利用其他人都拒绝使用的材料来建造一座富丽堂皇的宫殿的。斯威登堡就是个很好的例子。人们普遍认为他是个边缘人物，甚至有些古怪；然而歌德、康德、布莱克、柯勒律治和爱默生都对他的作品很感兴趣。这一年，爱默生宣布：“我所寻找和等待的导师，既能以敏锐的诗性洞察力从广义的角度正确地阐释那些美好的事物，也能以严肃的方式对道德本质做出精确而科学的解释。”如果这一表述涵盖了康德的研究工作，它同样也涵盖了斯威登堡的相关工作。[7]

伊曼纽·斯威登堡（1688—1772），被切斯瓦夫·米沃什称为“伟大的瑞典想象力大师”，像康德一样，他阐述了心灵与自然、内在与外在、宗教与科学之间的联系。他的出发点是科学。他的早期著作是关于气泵设计、采矿冶炼、盐效萃取、货币管理和航海技术等领域的。他的研究领域从采矿业和冶金业跳到了动物王国（越过植物天地）。在几篇关于解剖学、生理学和心理学的长篇论著中，他详细研究了大脑、神经系统、皮层和内分泌腺，并取得了许多重要发现。将斯威登堡所有著作统一起来的总体原则，就是对灵魂以及物质层面上存在的一切事物——我们的时空世界——与非物质的心灵世界所具有对应关系的这一想法的公开探寻。这是斯威登堡著名的“对应学”。斯威登堡是18世纪的柏拉图，他在启蒙运动时期的后牛顿实验室里提出了自己的观点。

斯威登堡的拉丁文著作《动物经济》（1740—1741）和《动物王国》（1744—1745）直到1844年和1845年才分别被翻译成英文。在此之前，爱默生对斯威登堡的绝大部分了解均来自桑普森·里德和纪尧姆·奥格尔。里德的《心灵成长观察》之所以引起爱默生的注意，部分是因为里德坚持认为，当今时代是人们的思维方式经历革命性变革的时期。里德强调，一次次的变革，细究起来，只有一个根源，即“世界上正在发生的一切变化都源于心灵”。和康德一样，他确信“心灵的法则本身和物质的法则一样固定和完善”。里德还认为，人类的头脑是主动而不是被动的，“自然科学是所有实用知识的基础”。里德接受了斯威登堡“对应学”的伟大观点。自然界中的一切事物在心灵世界中皆有对应。斯威登堡和里德都相信上帝就是这样设计的。爱默生对内在与外在、心灵与世界的对应关系也很感兴趣，但他不是教条主义者，他感兴趣的是这种对应的运作方式。因此，当他在1835年夏天读到伊丽莎白·皮博迪翻译的纪尧姆·奥格尔的《真正的弥赛亚》的第一部分手稿时，非常开心。[8]

奥格尔是一名法籍瑞典人，他认为，既然卢梭和其他一些人可以把自然状态说成是政治思想的起点或底线，那我们就必须认识到，自然语言是人类语言观念的关键。奥格尔首先指出："上帝创造的有形物质只能是——肯定是……无形世界的外在体现。"[9]

奥格尔随后说："我们看到的、摸到的和闻到的一切，从太阳到一粒沙子，从我们自己的身体和它令人钦佩的器官到蠕虫的身体，都是从那个充满精神和活力的内心世界涌动而出的。"语言体现的是"我们对大自然怀抱里生命和智慧象征的感知，以及将这种感知传递给他人的能力"。[10]

这就是世界本身是象征性的观点，也是克莱夫·斯特普尔斯·刘易斯的观点。刘易斯指出，在象征的世界里，我们自己才是寓言本身。而罗伯-格里耶却不接受这种观点，他不以为然地说：如果你从相信隐喻开始，你将以相信上帝结束。无论一个人最终是否会相信上帝，奥格尔都会引导我们，将自然作为语言的原始基础和源泉。自然是语言产生的最初源泉，这种见解虽然有点儿形而上学，但它也有较大的现实影响，使我们有可能将我们的文字起源追溯到自然世界。比如，"傲慢"的本义是扬起眉毛，"考虑"的最初意思是研究星星，而"经验"则是从危险中攫取东西的意思。词源学揭示了每一个单词背后的自然现象，只要我们能够追溯得足够远。[11]

这年冬天，爱默生阅读的著作还包括索福克勒斯的《厄勒克特拉》和柯勒律治的《政治家手册》。从《政治家手册》这本书里，他摘抄了一条大学以来他一直试图遵循的定律："没有热情，任何伟业都是空谈。"次年3月，当春天来临时，爱默生在树林里散步；这时，他关于自然的那本小书的念头和经验开始堆积起来。

> 当我在树林里散步时，我经常感到，在我生活中发生的一切，不管是灾难还是屈辱（请保住我的双眼），大自然都会给我甜蜜的安慰，让我得以恢复。站在空旷的土地上，我的头浸染在

清朗的空气中，飞扬到无限的天际；在这种同宇宙的关系中，我变得无比快乐。此时，最亲近的朋友的名字听起来也觉得陌生而意外。我就是这种尚未习惯的美和力量的继承人。[12]

第33章　写作艺术及雅各布·波墨

1835年的三四月间，爱默生敦促卡莱尔来美国讲学，还向他提起了一本即将创办的新杂志，起名为《超验主义者》，或许为《精神探索者》。曾有人让赫奇当杂志的主编，但他去了班戈，于是爱默生建议卡莱尔来担任这个职位。在那个年代，新杂志在美国到处涌现。除了里德于1827年创办的《新耶路撒冷杂志》之外，还有《荷兰籍纽约人》（1833）、《南方文学信使》（1834）、《南方文学杂志》（1835）和《西方文学信使》（1835）等。[1]

爱默生正在创作《自然》这本书，并将其视为一本散文集。“你什么时候能超越蒙田呢？”他在日记里问道，“你的那些文章在哪儿呢？”他对现在的写作过程越来越感兴趣，不管结果是在演讲台上宣读，还是作为一本书出版。他开始有规律地为每一个新系列的演讲准备一个新笔记本。他对作为一名作家的实用原则概括得非常简短：首先，“能够坐得住”；其次，要记日记，“因为要习惯于以更严谨的方式和更明确的时间间隔，将自己的想法用文字做出解释，而不仅仅是通过谈话进行解释”。[2]

公开演讲使他更加意识到，在写作时要时刻想着真实读者或听众的重要性。“那些只关注自己的作品能否成功，而不管时代也不考虑公众舆论的人是幸福的；那些把写作看成是出于对传授某些思想的热爱，而不是出于推销的需要——我们总是写给不知名的朋友——的人是幸福的。”爱默生在日记中已经储存了大量的材料，他现在正在以一种新的方式组织这些素材。“当我还年少时，我就幻想着写手稿和日记，并在这些日记本开始的页面上列出人类研究的伟大课题，如宗教、诗歌、政治、爱情等；这样，我就可以在几年的时间里完成一部百科全书了。”爱默生曾尝试过这种提前加索引的方式，但发现并不奏效：“年复一年，我们的列表怎么也做不完整；最后发现，我们做的是一条抛物线，而这条抛物线两端的弧线永远不会汇合。”于是他尝试了一种新的方法，后来还把这种方法介绍给伊丽莎白·皮博迪。伊丽莎白回忆道：

> 他建议我准备一个手稿本，将我脑海中浮现的关于任何有趣主题的最初意象所形成的思想脉络记下来。这份手稿完全是非正式的，可以从一个主题跳到另一个主题，中间只需画上一条黑线即可。写完之后，我可以把这个主题的标题写在页面的顶端；当想用这些材料写一篇文章的时候，我所有的想法都已经准备好了。

编制索引是爱默生的一个非常重要的方法，因为这样，他就可以先写内容，然后再整理；因为这样，能够让他从不断增加的笔记本中很容易地找到大量的特定材料。[3]

现在，他不仅仅要试图了解那些主要结论和见解，而且还要试图捕捉那些浮现在他脑海中，然后又迅速从视线中消失的最细微、最短暂的暗示和微光：“在一个人的头脑里……最有用的部分不是他已了解的内容，而是那些在他面前徘徊不定的念头和暗示，那些没有关注过的可望而不可即的东西。从爱默生的日记里能够看出，他多年来一直在意识的边缘搜寻，渴望能够记下那些哪怕最微小的鲜活的指引或暗示。他会努力回忆和记录做过的梦的内容，会及时记录事物给他的第一印象，而不是经过思考的东西，会‘睁着眼睛整夜回想让他内心愤怒发狂的因素’。”这些都在努力抑制心灵的压抑过程，从而攫取和记录所有到达意识表面的东西。爱默生日记里的大部分内容，都不是为了撰写完整的作品和公开演讲的讲稿，甚至也不是为了记录个人的信念。他关注的是探索——然后是留住——各种冲动、散文、暗示、考验、激情、夸张的事物和瞬间，以及头脑中飞驰而来又极易飞驰而去的花朵。[4]

尽管爱默生自嘲地说“自己通常有着吉卜赛式的勤奋”，但他还是花了大量的时间有条不紊地持续抄写和重抄期刊材料，编制索引，编排字母索引以及索引的索引。当要写讲稿时，他会把这些索引进行整理，列出可能的段落，然后再把这些段落集合起来，排序，再排序，最终形成谈话或演讲的成稿。如果做系列演讲，完成一个40页的讲稿大概需要20个小时。[5]

爱默生写作的一个关键环节就是利用主题和索引标题。但他散文的秘密主要在于句子。爱默生那些较为成熟的散文主要不是世俗说教，不是像英国作家兰姆的个人散文，也不是梭罗的短途游记。爱默生的散文是围绕一个主题的伟大句子的集合，正如普鲁塔克或蒙田的散文是围绕一个主题的生动逸事的集合一样。爱默生的写作风格曾被描述为“一支由军官组成的军队”或“一袋用帆布条绑在一起的鸭子”。爱默生对自己的这一风格也有所了解，他的语言有时像是用推进器弹射火箭一样。“我是火箭制造者。”爱默生曾经说。他很早就明白“谁能写出一个好句子，谁就能写出一本好书”的道理。他清楚地知道，虽然自己的文章几乎没有正式的结构，但每个句子本身的逻辑都比较紧凑，而且每个句子的力量和结尾都能把它从其他句子中衬托出来。他写道：“我坐在那里毫无章法地阅读、写作，没有一个完整的结果；我不会压缩段落，而且每个句子都有无法驾驭的小词。”[6]

在爱默生的笔记本中反复出现的主题之一，就是写作本身，但对于这个主题他只是断断续续地编入索引，却从来没有动笔写过。其实，关于写作的实际过程，他有很多话要说，但这一过程从未写入他的散文《诗人》或《美国学者》之中。尽管他写得特别快，甚至不得不停下来等待墨水变干，但写作从来都不是没有问题的，也从来不是他可以想当然的。“似乎在另一个任务即将到来之前，我永远也完成不好手头的正在进行的任务。即使你给我一个星期让我写一首诗，我也写不出来，但如果我约好后天做演讲，这首诗就会立刻进入我的脑海。”[7]

他的日记和谈话有很多关于写作的实用建议。“丢掉形容词，”他告诉伍德伯里，“多使用名词。”“写作的艺术在于能够把两件看似不相干的事物放在一起，就像马和车结合起来可以组成马车一样。”他还列出了许多禁用的词组，包括“after all”（毕竟）、“kindred spirit”（亲情）、“yes, to a certain extent”（是的，在一定程度上），以及“as a general thing”（一般来说）等。他相信写作需要全身心的投入。“一个艺术家需要倾其毕生精力，就像他手中的蜡笔一样，直到他耗尽最后的力量。”写作就像射箭，“成功取决于目标，而不是手段；要看的是靶心，而不是箭头。”觉得射不中的时候，就冲过去：“写作的方法就是当箭用完的时候，就让身体冲到靶子上。”[8]

爱默生关于写作最好的评论，是关于创作的切实过程。“在写作中，”他说，“角色描写是最重要的，就像用达盖尔摄影法拍摄的人像一样，如果捕捉不到恰当的表情，你面前的人物就无法栩栩如生。”任何人都可以写作，诀窍是让生活融入其中。他寻求“感染源、酵母以及一切能够引起催化发酵并将发酵物转化为一块静止的面团的东西”。爱默生善于抓住自己思想中每一个细微想法的习惯，被用来观察自己作为一个作家的多愁善感。“抓住三四个关键词语，使之成为文章的核心和命脉，而其余的词都是用来阐述和修饰的；选择好三四个关键词，就能确定人物的行为思想，其余的都是情景、点缀和发挥。”[9]

1835年3月，爱默生阅读了威廉·豪伊特的《四季书》。这本描述自然年历的书，记录了一年四季充满诗情画意的自然现象，从“许多地方开始洗羊”的春天一直到“这个季节的田野小径特别吸引人”的冬季。爱默生曾想，或许有一天他也能写出一部记录“我营地周围的森林在一年中每个月的自然变化”的书，一部豪伊特会认为“与其说是典范，不如说是模仿”的书。尽管爱默生本人从未有机会接近和实施这个想法，但亨利·梭罗随后会把他生命最后几年的最好精力，花在这样一个综合记录一年四季自然变化的项目上。[10]

爱默生再一次阅读了库德沃斯的《宇宙的真实智慧系统》，对其中的柏拉图主义表示钦佩。经历了这么多年的阅读和写作，爱默生本人也开始致力于阐述“第一哲学”的原则，并针对这个项目开始使用一本新的笔记本。“第一哲学”这个术语来自培根，爱默生用它来表示“思想的原始法则……它是关于是什么——而不是像什么——的科学”。[11]

爱默生和莉迪安频繁通信。他想在康科德定居，而她则想把家安在普利茅斯。最终康科德取得了胜利，婚礼定在9月中旬举行。这年夏天，在创作《自然》的过程中，爱默生也更加深入到了唯心主义哲学中，他阅读了伊丽莎白·皮博迪的《校志》手稿，注意到这所学校是如何“一直致力于向孩子们展示一切事物的象征性特征”的。他烦躁不安，因为他又触及了“补偿”这个古老的哲学命题，他称之为“一种对道德观念持续不变的信念”。一切表象都必须被本质所取代，一切事物的获得均需付出代价。“当一个自负的人结束演讲而听众们直呼‘讲得真好’时，他们依然是用演讲者的一个方面来平衡其另一个方面。”[12]

在创作《自然》的过程中，爱默生对哪些是自己不想做的事情有了更清楚的认识。在阅读约翰·诺里斯在1701年发表的《关于理想与可知世界的理论》时，爱默生指出，诺里斯在文中“几经周折明确的一些事实也正是我自己一直想明确的”，但诺里斯是用一种充满抽象的和技术哲学术语的语言这么做的。“这些论证、推断及定义全都是废纸。”他总结道。[13]

爱默生对哈佛神学院的造访也得出了同样的结论。“今天早上在神学院，我聆听了所谓最好的演讲，但演讲的内容既无推定的基础，也无推定的结果。”下午，另一位演讲者在演讲中“带着令人乏味的语气和手势以及所谓最为认可的表情，但演讲的内容却没有任何实质性的东西；虽然有人回答了他的问题……但那些回答仍然没有任何意义”。[14]

当然，爱默生也发现了一些内容丰富且切中要害的著作。奥格尔曾对自然是精神语言做出了提示和详细的叙述。爱默生在1835年夏天读的最重要的一部著作是他在8月初读的雅各布·波墨的《曙光》①。波墨（1575—1624）是普鲁士的一个鞋匠，路德的一名追随者。他有两个主要的启示，一个是在1600年提出的，另一个是在1610年提出的。他打破了中世纪宗教坚持人要向上帝攀登的观点。“我并没有向上攀登去寻找上帝，”波墨在《曙光》里写道，“这样做并不能找到上帝；上帝就在我的身体里，他的关爱向我揭示了这一点。”这一概念被称为“路德教的神秘之心”，它从斯陶皮兹传到路德那里，主要观点是在人们寻找上帝之前，上帝的爱已在他们心中。[15]

与其说波墨是个神秘主义者，不如说他是个诺斯替主义者。他的作品以启示为基础，运用神话和象征——而不是概念——来揭示智慧。他认为，“可见世界是内在世界永恒光明与永恒黑暗的外在呈现……永恒是自身呈现的一种反映”。对波墨来说，人既是一个微观的生灵，又是一个微观的圣灵。精神世界和无形世界是物质世界和可见世界的基础。只有在自己内心深处才能找到上帝。在学术界或书籍中寻求神的智慧只能是徒劳的。[16]

波墨把这一切都看作是直接的个人知识。《曙光》告诉我们，作者自己领悟到这个世界的日出是永恒不变的。爱默生在诺里斯和神性学派那里并未找到这种直接而令人信服的个人体验，但他在奥尔科特和波墨那里都找到了，认为波墨是“以赛亚和耶利米理论的最佳助手。你要相信他是认真的，而且当你理解了他的观点后，世界将是他

① 雅各布·波墨的《曙光》，又译作《黎明女神》。

所描述的那样。他极富想象力”。[17]

爱默生也是这样。他曾经给一个想要了解他生活情况的人这样写道：

> 我没有什么了不起的经历，也没有能够扮演一个故事里哪怕最微不足道的人物的资本。我的人生道路是如此的循规蹈矩，在这种无可救药的平凡中，就连一个目光锐利的人也不会有所建树。我们真的不要再谈论这个令人乏味的话题了。

他现在专注的是造句，这也是他一生中大部分时间所做的事情。“向无限延伸，筑起一条通向混沌和暗夜的道路。”他主张只使用那些能够代表事物本身的词语。他写道：“字里行间表达的事物，在理解上会有不同程度的偏离。”他现在情绪高昂，觉得自己有能力做一些事情。像他同卡莱尔说的那样，如果语言表达到位了，那说明行动也到位了。他满怀激情地给自己提出了一条生活准则，作为梅尔维尔笔下对巴特尔比的一种回应：“我不会再争论、反对、借鉴、服从、偏爱或忍受了。我要放弃全部野蛮，我要拥抱真正的生活。”[18]

第34章　婚姻与康科德

1835年七八月间，除了兴奋地吸收奥格尔、皮博迪和波墨等人的思想精华外，爱默生还忙于另外两件事。6月底，他答应在康科德两百周年庆典上做主旨演讲；7月初，他决定买下康科德的一栋名为柯立芝的房子，作为莉迪安和自己的家。尽管有时会抱怨生活，但各种忙碌激励着他继续向前。为了准备这次演讲，爱默生正专心于历史研究。这是他一生中唯一一次对新英格兰的殖民历史表现出持续的兴趣。他翻阅了爱德华·约翰逊的《新英格兰的神奇变迁》、哈伯德的

《新英格兰印第安战争录》、科顿·马瑟的《基督在北美的辉煌业绩》、约翰·温思罗普的《日记》、托马斯·哈钦森的《马萨诸塞史》、班克罗夫特的《美国史》以及其他许多书籍。他还翻出了祖父对康科德战役的记录，并采访了在桥上参加战斗的幸存者们。此外，他还借用了莱缪尔·沙塔克即将出版的《康科德的历史》的一些证据。9月12日，爱默生发表了长达两个小时的演讲，向公众详细介绍了他的新家园。这次演讲象征着爱默生正式登上了康科德的舞台。[1]

这次演讲并不是简单地陈述个人观点，而是按时间顺序对康科德镇的历史做了详细的梳理。爱默生讲述了该镇会议民主制度的兴起，把小镇自由和自治传统的自豪感与它卑劣地对待最先在这里生活的印第安人并列起来。他仔细记录了小镇的发展历程，这也是最接近沙塔克内心的一个话题。爱默生借用了沙塔克的著作，特别是引用了一些统计数据。同时，爱默生还指出了目前存在的大量年轻人离开小镇的问题。十位革命老兵坐在庆典人群的最前面，作为小镇现在同过去联系的活的见证。[2]

这次讲稿被正式印刷出版。它是爱默生的第一个真正的出版物。32岁的他已经拥有了牧师的名声，一定程度上也拥有了演说家的名声，但这些名声仅限于马萨诸塞州东部地区。虽然曾写过很多东西，但他都压着没有出版。他写的布道讲稿加起来足足有四卷之多，讲稿可以填满整整一卷，信件也够满满一大卷；到现在为止，爱默生写过的日记已经足够出版五六卷排版紧凑的每卷500页左右的书了。当然，公开发表布道词和演讲稿是当时一种主要的出版形式，我们也没有理由认为爱默生对他之前所写的一切都不满意。从某种意义上说，到现在为止，在爱默生的心目中，他认为之前所有的写作都是在做必要的准备。即使在后来名声显赫之时，他也从未出版过自己在搬到康科德之前所写的任何东西。可以说，他的四卷布道讲稿、早期的演讲词以及所有的笔记和索引，都被压下来了。它们就当是爱默生两个——不，加上那首诗的话，应该是三个——学徒期吧。所有这些早期作品被翻埋到土壤里，成为下一季庄稼的有机肥料。如果我们现在收集出版爱默生的早期作品，就会看到爱默生是如何成长的，他是怎么阅读的，以及那个时代的真实的爱默生到底是什么样的。但这些作品并不能展示爱默生希望自己被看到的样子，也无法展示在那个时代，他在马萨诸塞州东部以外地区被看到的样子，这个任务需要用他的《自然》、已出版的《散文集》、两卷诗集以及他自己出版的其他著作来完成。

1835年9月13日，也就是完成那个历史性演讲的第二天，他乘坐轻便马车前往普利茅斯。14日，爱默生和莉迪安在女方家里举行了婚礼。由于新娘迟迟没有穿好衣服，心急火燎的新郎上楼去接她，一对新人在楼梯口会面，然后一起走下台阶。这虽然不符合当时的习俗，但却印证了莉迪安在1月份预见的景象。这场婚礼本身没有什么特别之处，像当时马萨诸塞州大多数婚礼一样。爱默生只有一个名叫乔治·布拉德福德的朋友在场，他的母亲和弟弟查尔斯都未能过来。莉迪安收到一份结婚礼物，那是一个双瓶墨水台。那天一直阴雨不断，但到下午晚些时候竟然放晴了，金色的落日正好赶上了傍晚的婚礼。第二天，这对夫妇乘马车前往康科德，住进了那栋他们下半辈子要共同生活的房子里。

这所白色的房子很宽大，呈L形，有谷仓和狗舍。它坐落在离康科德市中心300码的地方，就在两条通往镇子的岔路口。右边的岔路是康科德联合收费公路，现在叫2号公路，是一条通往剑桥区的山路，使用率并不高；左边是大城公路（今天的2A号公路），通往5英里以外的列克星敦，然后到波士顿。房子坐落在一片地势较低的两英亩大小的土地上，后面是一个斜坡，一直通向米尔溪，在小溪的另一边是镇上的救济院和避难所。房子前面有一道白色的篱笆，爱默生进屋时往往把未吸完的半支雪茄丢在篱笆下面。公路的北侧有一片叫作革命山的高地，可以抵御冬天凛冽的寒风。房子较大，除了新婚夫妇外，还可以容纳爱默生的母亲和厨师南希·科尔斯沃西。查尔斯和玛丽姑妈经常来这里吃饭，但在康科德别的地方各有住处。这栋房子由J. J. 柯立芝于1828年建造，起名为柯立芝城堡，爱默生夫妇给它重新起名为布什，去除了原名的浪漫主义色彩。之前，爱默生只住在租来的房子里，莉迪安婚前一直住在一所特别大的豪宅里。新家需要摆铺地毯，栽树种草。莉迪安将她自己的很多玫瑰树从普利茅斯托运过来，有淡粉色的大马士革玫瑰、英国白玫瑰以及红玫瑰等。年轻夫妇非常好客，经常有成群结队的人来吃饭。艾伦·爱默生后来说，她母亲在准备饭菜时，往往从“打二十多个鸡蛋开始”……[3]

1835年的康科德比波士顿安静了许多，尽管这并不意味着什么。1820年至1830年的十年里，波士顿的人口增长了惊人的41%，而1830年至1840年间又以34%的增速迎来了第二次人口快速增长期：从6万左右增长到9万多。波士顿人口的急剧增长是新兴的城市发展热潮的结果。未来的发展似乎还得是在有水的地方。只要溪流允许，手工作坊就会沿着小溪随处延伸。波士顿修建了四通八达的运河；捕鱼船队十分壮观，随便一眼望去就能将150多艘船帆纳入眼底。有个名叫都铎的具有开拓精神的波士顿商人，在当地的池塘切冰，并把冰装在厚厚的锯末层中，将其远销到印度的加尔各答。[4]

康科德不仅可以让爱默生躲避“城市社会里的顺从和模仿”，而且还可以让他享受自己所说的“普通乡村生活中温热柔和的三伏天”。1835年，康科德的人口为2021人，在1830年的人口普查中有28名获得自由的有色人种，低于1820年的34名。尽管这个镇子地势低洼，整体上是个沼泽地，但却是一个非常有益于健康的地方。这里五分之一的人口能够活到70岁以上，而当时其他各地的人口能够活到这个年龄的比例分别是：法国三十一分之一，伦敦十分之一，康涅狄格州八分之一。康科德人口平均年龄为48岁，肺痨致死的仅占全部死亡人数的14%，各种发烧致死的占20%，而终老而死的约占8%。[5]

康科德的教区事务和城镇事务有很多都是重叠在一起的。1834

年，马萨诸塞州才正式将教会和州政府分开，但直到1856年，康科德才实施了这个新法律。教会不再是城里唯一的社会力量。当爱默生搬到那里时，康科德有一个名为“社交圈”的专属组织，成员只有25人，这个机构可以追溯到1778年（现在还在继续运转）。镇子里有一个图书馆，始建于1794年，并于1821年进行了改扩建。镇子里还有一个女性慈善协会和一个禁止饮酒协会，二者均可追溯到1814年。爱默生时代的康科德还有一个规模较大的反奴隶制协会，大卫·亨利的母亲辛西娅·梭罗曾是这个协会的活跃人物；康科德的妇女们经常就奴隶问题向华盛顿政府递交请愿书和悼念信。该镇还有一个成立于1828年的学会，它整合了之前的辩论协会；此外，还有成立于1832年的莫扎特学会。

到1835年，康科德共有66名已毕业的大学生，另有四五名在读本科生。该镇共划分为6个学区，男女生分校就读。学校校舍简朴而空旷，没有刷漆，也没有什么设备，其中一所就在爱默生新房子的正对面。冬日里，每间教室里都会有一个火炉用来取暖，但总是要么太热，要么太冷，学校的平均缺勤率高达33%。此外，小镇还有一所规模不大且生源不稳定的私立中学，供那些准备上大学的学生就读。

那时的康科德视野比较开阔。全镇的面积为1.5万英亩，除了13%的林地外，几乎都是开阔地。有近四分之一的土地（约23%）是不可开发的沼泽地。牧场、草地和一千英亩肥沃的农田（农田占7%）构成了全镇主要的景观特征。城区或房子周围没有多少树，人们几乎可以从康科德的任何地方看到地平线。爱默生夫妇刚刚搬来，就开始种树。前面沿公路已经栽种了一排共9棵栗树，他们便在房子东边的一个椭圆形的地块种了4棵榆树和两棵香脂冷杉，并在周围又种了15棵香脂冷杉。整个过程都是由查尔斯负责的。

务农是康科德的主要职业，制造业紧随其后。镇里有一家棉纺厂，共有42名雇工，其中32人为年轻妇女。这家工厂拥有1100个纱锭，20台织机，每年消耗5万磅棉花原料，能生产出18万码布料。另一家制造铅管和铅板的作坊每年使用的铅原料达30万磅。还有一个用蒸汽做动力的铁匠铺，每年可消耗10万磅的铁和4000磅的钢。小镇可以制造轻便马车、四轮马车、马具、靴子、鞋子、斗篷、帽子、风箱、肥皂、枪、砖、桶和木工制品等。铅笔由尼希米·鲍尔和约翰·梭罗制造，梭罗的次子大卫·亨利是哈佛大学的大二学生。康科德还有两个木材厂、两个农场、一个书店兼装订厂和六个仓库。此外，小镇还有一个繁忙的运输行业，整个白天都能看到路上有无数的双驾、四驾或六驾马车来来往往。康科德是个嗜酒的小镇，市中心有三家大酒馆，都以加仑或夸脱为单位出售酒。据贺拉斯·霍斯默说："农民们不务正业，成天游荡在酒馆里，许多大农场都因此荒废了。"牧师们也喝酒，霍斯默又补充道："喝得醉醺醺的，真是无可救药了。"[6]

缓缓流淌的萨德伯里河，被印第安人称为穆克塔基德，意为草地。它在康科德与阿萨贝特河汇合后成为康科德河，然后又流入梅里马克河。康科德平坦的地势和随处可见的沼泽地不利于修建水坝或进行水力发电。像莱缪尔·沙塔克这样有远见的人都希望能修建一条运河穿过小镇，这样，即使康科德无法成为大的工业城镇，至少也会成为一个货运贸易中心。有好几条重要的公路都从康科德镇穿过。该镇有8座桥梁，再加上道路、学校和福利等支出，是一笔不小的数目，且所有这些支出都由当地自行解决，这意味着康科德镇的税收"按全镇财富比例算，要高于其他许多城镇，达到人均约3美元"。[7]

在1845年铁路开通之前，乘平板马车、四轮马车或骑马去波士顿需要两个半小时左右。好在有定时发出的公共马车正好从爱默生家旁边的公路经过，这样即使造访的朋友没有及时收拾好行李，爱默生也可以冲出屋子，让路过的车把式等一下，好让这位朋友赶上回波士顿的最后一班马车。

第35章 奥尔科特及英国文学

1835年秋天，布朗森·奥尔科特来爱默生家做客，他是第一位访客，也是最常来的访客之一。爱默生在6月份读了一本很特别的小书，是关于奥尔科特的圣殿学校的；此外，爱默生从乔治·布拉德福德那里也听说过奥尔科特的事。1835年10月下旬，奥尔科特第一次造访爱默生的家，并在他家待了较长一段时间。奥尔科特比爱默生大4岁，出生于康涅狄格州沃尔科特市，起初取名阿摩司·奥尔科特，完全自学成才。他在弗吉尼亚州做了三年半的小贩，虽然很喜欢弗吉尼亚那个地方，但没有生意头脑，每次做买卖回来，都带不回一分钱，但却带回了非常自信的南方风度。他早期主要阅读的书籍包括弗拉维尔的《保守你心》、班扬的《天路历程》、亚当·斯密的《道德情感论》和罗伯特·欧文的《新社会观》等。《新社会观》是一部具有理性主义特色的著作，几乎和后来的伯尔赫斯·弗雷德里克·斯金纳一样，欧文认为既然我们生来就是一张白纸，只要尽早给予充分的训练，我们就可以接受任何教育。欧文甚至还声称，如果能够得到一只刚出生的小老虎，他都可以很好地教育它。[1]

读了欧文的著作之后，奥尔科特又开始阅读裴斯泰洛齐的作品。裴斯泰洛齐是一位伟大的瑞士教育家，他奠定了现代基础教育的基础。出于对教学的热情，奥尔科特放弃了小买卖的活计，开始创办系列学校中的第一所。1828年，他来到波士顿教书，在那里与阿比盖尔·梅结为夫妻；他还在波士顿聆听过爱默生的布道。1830年，奥尔科特去了宾夕法尼亚州的日耳曼敦，在接下来的三年半里，他在那里一边办学，一边认真读书。1833年，他发现并立即皈依了柏拉图主义。他在日历上把这一天标成了红色，这种标记他只在自己结婚、女儿出生、内战开始和林肯去世时使用过。他还读过卡莱尔、普罗克洛斯、普罗提诺（托马斯·泰勒编辑的版本）、赫尔德、斯威登堡的著作，还有柯勒律治的《对沉思的援助》、波墨的传记以及两本关于康德的书。[2]

1834年，奥尔科特回到波士顿创办了圣殿学校（之所以如此命名，是因为它是在位于特里蒙特街上的共济会圣殿里创办的），按照他自己设计的一个全新的方案来运作。他身材很好，6英尺高，总是戴着比较特别的帽子；他的头呈拱形圆顶状，前额较高。从照片上看，他是一个俊朗、安详、沉着的人；长着一张大而结实、轮廓分明的嘴，两个嘴角下各有一道深深的皱纹；一头直发从脑后那双大耳的上方及后面一直下垂到大衣领子上。

从现在开始，奥尔科特在他的余生里始终相信，精神世界是唯一真实的世界，他和威廉·布莱克一样，几乎完全生活在精神世界里。对奥尔科特来说，宗教是对无限存在的精神沉思，科学是对外在自然的精神沉思，而他对社会科学和人文科学的理解，也是从我们自己或人类同胞的精神沉思开始的。奥尔科特写道，"精神沉思是人类文化的首要原则"，是自我教育的基础。他相信，"上帝的本性无处不在，它存在于宇宙的每一颗粒子的每一个部分之中，包括每个人的灵魂里"。他是这样认为的，也是这样生活的。奥尔科特的学校所设计的每一个细节，都是为了开发每个学生身上他所知的已经存在的潜能。[3]

奥尔科特虽有些天赋，但几乎没有写作的天资。他甚至连一丁点"移情能力"都没有，也就是说，他并没有那种能够抛开自己的个性，以想象的方式进入他人生活和处境的能力。他对莎士比亚文学一窍不通；他既不会讽刺，也缺乏幽默。然而，在交谈（这方面他是公认的大师）和学校管理方面，他却能将自己的满腔热情和高尚品格体现得淋漓尽致。要想看到奥尔科特最好的一面，就有必要从一开始就忽略他的"俄耳甫斯式的语录"以及他后期写的一些东西，然后去专注地审视他在学校经营方面的智慧。伊丽莎白·皮博迪在《校志》（1835）

和《与学生论福音书》（1836）中为我们记录了奥尔科特的教学管理情况。奥尔科特留下来的有记录的谈话，特别是他对《与学生论福音书》的介绍，显示出这位爱默生一直推崇的现代先知的独创性、勇气和才华。《与学生论福音书》的介绍于1836年以《人类文化的信条及戒律》为名单独出版。[4]

这年秋天，奥尔科特对爱默生说："每个人都是一种启示，每个人都应该通过作品把自己记录下来。"但奥尔科特似乎早已知道，他不是用笔来完成对自己的记录。"他的著作就是他的学校，"爱默生说，"他在这部作品中记下了自己的全部思想。"奥尔科特为学校倾注了极大的心血，他花费了大量的时间和金钱来营造一种平静而和美的学校氛围。在他的学校里，所有的教室都有竖框的窗户和高高的天花板，这与当时常见的教室形成了难以想象的对比，因为那时的教室通常只是一个长宽高分别为20英尺、8英尺和7英尺的空盒子。在奥尔科特的学校里，墙上挂着各种绘画，室外有优雅的雕像；每个学生都有一张课桌和一把可以随意挪动的椅子；每个教室都有单独的黑板和一张供客人使用的沙发。奥尔科特的学校既有男生也有女生，甚至还有一个黑人学生，这在当时可是很不寻常的。当奥尔科特需要把学生召集到一起时，孩子们就把椅子搬过来，摆在他的桌子前。这样，他既能关注到所有学生，学生们也能关注到他。如果有某个学生的视线离开了他，他就会静静地等着，直到那个学生的视线再次回来。此外，学生们也会加入到学校的管理工作中，所有的惩罚措施均由学生们讨论通过。奥尔科特深知"替代救赎"的力量。有一次，他让一个违规的学生打他——打老师，因为他要对学生的每一个违规行为负责。伊丽莎白·皮博迪的记录表明，"替代救赎"这个意义深远的基督教手段，很快就让这个顽固不化的问题男孩开始哭泣，并向更好的方向转变。奥尔科特的授课几乎完全通过一种温和而持久的追问的方式进行。当然，也有授课计划表和大量的阅读、写作和练习，但与孩子们对话是奥尔科特最喜欢的授课方式。奥尔科特与当时常见的校长们形成了最鲜明的对比；有位校长曾坦言："每当看到学生的时候，我就忍不住想拿鞭子抽。"[5]

伊丽莎白·皮博迪是奥尔科特在圣殿学校的助手。有时她会坐在教室里，一边听，一边做记录。例如，有一天，奥尔科特让孩子们列举"一些在外在世界里能够描绘和代表生命诞生的事实或现象"。皮博迪的记录是这样的：

> 这让孩子们非常兴奋，他们给出了最惊人的类比。有孩子说，种子播下去，又长出来了；你说的种子是什么意思，身体还是灵魂？两者都有。一个说，树干上的树枝，灵魂是躯干，树枝是身体；另一个道，我认为树干是上帝，而树枝是灵魂……还有一个认为上帝是一块石头，我们是它的碎片；是用暴力破碎的吗？不，不是暴力。接下来有个孩子说，上帝是水，我们的灵魂是水滴；他后来又说，上帝是唯一真实的人，我们是他的肖像。

至少在他的教室里，奥尔科特并不是一个独白的表演者。他相信并刻意践行着对话的教学模式。毫无疑问，他想通过这种形式引出自己希望得到的答案，这有点儿像苏格拉底式的问答法，但至少他承认并尊重每个学生作为独立个体并拥有独立思想的地位。[6]

10月18日，奥尔科特去康科德对爱默生进行第一次真正意义上的拜访。他们促膝长谈，从星期六晚上一直持续到星期日。爱默生认为奥尔科特是个"聪明朴素且善于表达的人"。奥尔科特对瓦尔多和查尔斯都有深刻印象。"有几个这样的朋友是生活的一种乐趣和满足，"他写道，"在这种精神的交流中发现自己。"但奥尔科特并没有像爱默生那样与他的时代隔绝。在他去康科德拜访爱默生的那天，威廉·劳埃德·加里森正在波士顿举行废奴会议。这一活动遭到反对派的破坏，随后发生了暴乱，一大群来自不同阶层且受人尊敬的波士顿民众抓住加里森，用绳子缠绕在他的脖子上，拖着他穿过波士顿的街道。幸亏当局把加里森关进了监狱，否则他很难逃过这一劫。“从康科德回来时，”奥尔科特在日记中写道，“我和妻子去监狱看望了加里森。”[7]

爱默生搬到新家第一个秋天的主要作品，是他从1835年3月初一直到1836年1月中旬撰写和发表的关于英国文学的系列演讲，它由十篇演讲组成，其规模几乎是他之前任何系列演讲的两倍。这是他在转向全职创作《自然》之前所做的一项专心致志的工作。当时大学里没有英语系，也没有英国文学研究，更不用说美国文学研究了，关于这门学科的历史资料也是少之又少。托马斯·沃顿的《英国诗歌史》直到1824年才面世。当时几乎没有英语教授这么一说，英国直到1827年才任命了第一位英语教授。在那个爱默生所称的“学科荒季”的时代，大学的修辞课文并不能给学生们理解文学带来多少帮助。[8]

爱默生的听众们认为，英国及其文学的重要性是不言而喻的，这也许是英国文学研究尚未形成规模的一个原因。对于所谓的美国性格——其实“只是夸大了的英国性格”的观点，爱默生仍然还是接受的。爱默生告诉他的听众（该系列演讲由实用知识传播会出资主办）：“历史表明，大不列颠岛的景象是最令人愉快的。”“它已达到了文明的最高程度”，是一个有着既定法律的国家，也是“宗教感情传播最为普遍”的地方。也许是为了演讲的效果，爱默生在说这些的时候故意夸大其词。他认为，英国作家——包括乔叟、莎士比亚、培根、琼森、赫伯特、赫里克、17世纪的散文作家以及从拜伦到柯勒律治的现代作家——对他自己以及当时其他美国人的意义远远胜于之前的任何一个美国作家。当结束该系列演讲时，爱默生表达了对美国文学的支持；当然，他考虑的并不是过去，而是目前美国文学的可能性。[9]

爱默生和英国有着爱恨交织的关系。在第一次演讲中，他愉快地评论道：现代英国是个有着睿智和优雅民族的国度，但这个民族“从令人讨厌的野蛮人繁衍进化而来，他们同历史所描述的任何可憎的野蛮人没有两样”。他在这方面——以及之前的大部分演讲——的权威依据是莎朗·特纳的《盎格鲁-撒克逊史》。特纳把后巴别塔时代的人类分为文明人和不文明人，并详细论证了英国人完全是后者的后裔。特纳把原始的不列颠人描述为凶残、血腥、阴郁的群体，而把撒克逊人描述为“无畏、活跃、成功的海盗”。[10]

爱默生向特纳寻求的是丰富多彩的历史奇闻，而他向柯勒律治的《论教会与国家体制》寻求的是文学史的知识。正如柯勒律治为教会和国家做出了贡献一样，爱默生现在试图为英国文学做一些贡献。爱默生并不满足于仅仅按照时间顺序来阐释英国文学，而是试图从英国文学的本质特征和演讲目的的角度来理解它。因此，在该系列演讲中，他首先就文学的功能做了一场强有力的引论性演讲。本次演讲是该系列演讲中最精彩的一场，它有力地预示了爱默生当时正在写的一本小书，而本次演讲也有助于我们了解爱默生的《自然》是多么深刻地植根于他对文学本质的关注中。[11]

爱默生一开始就强调思想的巨大力量，这种力量“凌驾于一个人之上，支配或修正着他的每一言和每一行”。“一个人头脑中的想法决定着这个人是什么样的人，”爱默生说，“他的一生都在努力创造一种与他内心思想相一致的外部形象。”这一点主要通过语言来实现，而语言则来源于自然。爱默生对英国文学或任何文学的描述，都是从作者的角度出发。正是作家和诗人，“把坚实的地球、陆地、海洋、太阳和动物等转化为思想的象征”。文学是“心灵世界在物质世界中的外衣”，它“让整个灵性自然发出声音”。爱默生的《自然》这本书整体上是这个开场演讲主要论点的扩大版，这不仅体现在“语言”这一章，而且还体现在其他各章中。自然是心灵表达自己的方式，这句话在实践中的含义是：作家——我们所有人——只能在自然中找到素材——包括主题和语言，然后用这些素材来表达他们的思想。[12]

该系列的其他演讲没有哪一篇能像第一篇那么充满知识的活力。爱默生在第二篇演讲中考察了英国天才的特点；第三篇聚焦于寓言时代，是关于那个时代寓言里浪漫素材的。爱默生取笑说：在那些寓言中，“贵族们前往地图上从未发现过的国家去朝圣，并以挑战未知对手为他们从未见过的女士进行殊死搏斗为乐”。他把中世纪的哥特式寓言比作希腊神话，但显然前者有很大的劣势。第四篇演讲是关于乔叟的，这是爱默生真正钦佩的第一位作家，尽管他强调，乔叟及中世纪作家的作品一般都是直白的模仿，每一部作品都是建立在以前的作品之上，且没有丝毫歉意。爱默生说：

> 事实是，如果我们向前或者向后看，就会发现所有的文学作品都是伪善的。莎士比亚、波普和德莱顿都在模仿乔叟的作品，借光发光；乔叟借用了薄伽丘、科隆纳以及行吟诗人的作品；薄伽丘和科隆纳借用的是他们之前的希腊和罗马作家的作品；而希腊和罗马的这些作家反过来又模仿了他人的作品；以此类推，只要历史能让我们继续往前追踪。[13]

接下来，关于莎士比亚的两篇演讲强调了莎翁“为文学表达目的而服从于自然”的强大能力。莎士比亚是他理想中的诗人，爱默生对十四行诗有着不同寻常的爱好。他把第七篇演讲给了弗兰西斯·培根，爱默生对培根为重塑我们对世界的认识所做的大胆努力表示钦佩，他“把整个科学世界从睡梦中推醒，揭露所有错误的峡谷和大陆，并用创造性的双手改造和重塑整个世界”。在某些方面，爱默生现在的雄心壮志并不比培根少多少。[14]

第八篇演讲谈到了琼森、赫伯特和赫里克；与往常不同且有趣的是，爱默生在第九篇演讲里谈的是他所称的“伦理作家”。“这类作家不是通过满足我们的品味，而是通过满足我们人类的需求来帮助我们的。”按照传统——或多或少是按照爱默生自己思想的谱系——他列出了毕达哥拉斯、色诺芬尼、柏拉图、普鲁塔克、戴奥真尼斯、芝诺、苏格拉底、爱比克泰德、马可·奥勒留、西塞罗（政界）、塞内卡，以及荷马、朱文诺、卢克莱修、贺拉斯、欧里庇得斯和索福克勒斯等作品中关于“伦理的段落”。然后跳到英文《圣经》和伟大的17世纪散文作家培根、斯宾塞、西德尼、胡克、约翰·史密斯、亨利·摩尔、杰瑞米·泰勒、大主教雷顿、哈林顿、阿尔杰农·西德尼、弥尔顿、多恩、托马斯·布朗爵士、班扬、克莱伦登勋爵等作家那里——他认为他们“大部分精通柏拉图的著作，故可以称之为柏拉图主义者”。[15]

最后一篇演讲是关于现代文学的，主要讲了拜伦、司各特、斯图尔特、麦金托什和柯勒律治；这些人所走的道路，也是爱默生从大学时代开始就热切希望能够走的道路。最后，爱默生设问，英国文学对美国人而言意味着什么。他认为，除了狭隘的民族主义外，文学的存在是为了展示世界的美，不管是英国文学还是美国文学。

第36章　整体即个体：创作《自然》

1835年到1836年的这个冬天，外面一直都是一个雪白的世界，这也是新英格兰地区有记录以来最冷的冬天之一，平均气温比正常值低10度。从12月初开始，康科德进入了四个月不间断的以雪橇为主要交通工具的日子。爱默生在1月中旬结束了他的英国文学演讲，然后便投入到创作《自然》的工作中，开始翻阅自己早期的日记，收集和筛选资料。1月下旬，莉迪安怀孕了，这让夫妻俩都非常高兴。之前他们比较困惑，不知道自己是否注定会有孩子。整个冬天，爱默生都在帮助拉塞尔男爵征订卡莱尔的《旧衣新裁》的美国版。拉塞尔通过莉迪安了解了卡莱尔。他借读了爱默生送给莉迪安的《旧衣新裁》的小册子，结果被这本书“迷住了”，便开始与波士顿的一家出版商沟通。爱默生应拉塞尔的要求为此书作序，并于1836年4月此书在美国首发后，给卡莱尔寄去一本。这是《旧衣新裁》的第一个单行版本，而直到1838年它才在英国出版。[1]

爱默生家庭成员的数量正在快速增加。他不久前去世的朋友乔治·桑普森的小儿子希尔曼·桑普森现在和爱默生夫妇住在一起，并在康科德上学，而莉迪安的妹妹露西·布朗也搬了过来，还有爱默生的弟弟查尔斯也在这里生活。来年4月，冬雪终于开始融化，爱默生和莉迪安开始对房子进行较大规模的扩建。到处都是"挖土工人和建筑工人"，"院子里堆满了木材"。查尔斯给莉齐写信道。这段时间，爱默生作为某个委员会的成员，还要去剑桥的哈佛大学考察学生们的逻辑学课程，他还是康科德学校委员会的成员。此外，爱默生承诺从4月初开始在塞勒姆做一个系列演讲。就是在塞勒姆演讲期间，他看到了一位名叫索菲亚·皮博迪的富有天资的年轻艺术复制家的作品。从4月中旬起，查尔斯的健康状况开始变得糟糕起来。[2]

查尔斯的陪伴和谈话对爱默生越来越重要。在爱默生这个冬春两季的日记里，到处都是"查尔斯说""查尔斯想""查尔斯想知道""查尔斯怀疑"等语句。查尔斯疑惑地说："我不用为我那可怜的日记感到惋惜。"查尔斯怀疑"所有的真相是否都不是偶然的"。他想："并不存在什么基督教，好多年以前就已经不存在了。"对于这个世界为什么存在的问题，查尔斯说："斯芬克斯世世代代蹲坐在路旁，每一个路过的智者都试图要猜出她的谜语。"[3]

爱默生在外面忙来忙去。在家里，他也同样有事可做。他以惯常的方式一本又一本地翻阅着各种图书，有些书之前没读过，有些书虽然读过，但现在要换个角度去读。从1835年10月下旬开始，他就一直在品读柯勒律治《文学传记》的第12章，这一伟大章节是英国浪漫主义中对"认识你自己"这一古老训诫最清晰有力的阐述，同时，它也是超验主义的中心章节。这一次，爱默生在柯勒律治的这部书里注意到的是，柯勒律治引用了普罗提诺的不可再分的第一原则来为直觉知识辩护："问它从哪里来，就好像它是一个受地点和运动支配的事物，这是不符合规律的。"爱默生也在读约翰内斯·冯·穆勒的《瑞士联邦史》，这是他经常给别人推荐的一本书，他从中得出了比起雅典更偏爱斯巴达的结论，这在当时的美国和欧洲都是一个普遍的观点。斯巴达人只说必须说的话，而雅典人则把“所有说的话都当成是背诵，他们说话是为了展示”。这个时期读的书还包括斯威登堡的《诠释启示录》（第一次阅读）和库德沃斯的《宇宙的真实智慧系统》（再次阅读），爱默生是戴着卡莱尔的眼镜来读这两本书的。他特别提到了斯威登堡的书，说“我在读这些诗句时感受到崇高的情感”，“被灵魂附身的肉体本身，被比作一件衣衫，因为衣衫也附着于肉体之上；当灵魂通过肉体的死亡，从自然世界移居到它自己的精神世界时，也会把肉体脱掉，当作一件旧衣服一样扔掉”。3月，爱默生从自己关于杰兰多的旧笔记中删去了色诺芬尼关于“万事万物均要回归统一和同一”的评论。[4]

3月初，爱默生发现并阅读了约书亚·马什曼编译的孔子的《论语》。这是一本令人印象深刻的厚达725页的四开大书，宽敞的页边空白，大大的汉字，以及漂亮的大罗马字体的英语译文。对于塞兰布尔的一家小型传教出版社来说，能在1809年出版这样一本书着实是个惊人的创举。长期以来，爱默生一直在寻求一些能够作为原始见证的最基本的著作，那些能够回答散文家蒙田提出的“我知道什么”这一命题的书籍，那些不但不是从其他书籍中提炼出来，而且——正如惠特曼所说——很可能会消失的书籍；爱默生想要寻找的是没有模仿来源且无须致歉或发表免责声明的书籍，书中内容均为作者本人的观察、了解和思考所得。孔子的《论语》就是这样一本书；爱默生对马什曼在书中列出的孔子的短句格言进行了回应，并抄写了好几页：“无友不如己者”“不患人之不己知，患不知人也”“如切如磋，如琢如磨”。[5]

爱默生博览群书，从1820年直到他去世的这段时间里出版的所有图书，似乎没有一本书可以完全避开他的注意。但他并不是一个漫不经心的读者，他不愿意读的书也有很多种。例如，他不读神学争论或学术争论的书籍；他不喜欢旨在对其他书籍进行评论的书。他直言不讳地称这些书是“死人写给活死人的书”。他想要的是第一手的原始旅行见闻、证明资料、信仰宣言、发现纪要、回忆录和诗歌等。他会阅读你的诗歌或小说，但不会阅读你对别人的诗歌或小说的评论。

爱默生认为，不同的读者在同一本书中发现不同的东西是理所当然的。“在每一本书中，每个读者都会找到那么几个隐藏在书中的段落，它们在他眼里是一些秘密或离题之言，毫无疑问，那些段落对他的耳朵而言就是那个意思。”他补充说，“书本身是没有价值的，但它与你从许多其他书中得到的知识的关系是很重要的。”要了解爱默生，不仅要知道他在读什么，而且要知道他从中得到了什么，以及随着时间的推移，留下来的是什么。1835年11月，查尔斯和瓦尔多一起读了索福克勒斯的《安提戈涅》，次年3月又开始读这位作家的《厄勒克特拉》。他们读得很慢，实际上，是查尔斯用他那流利的希腊语读给爱默生听。查尔斯写信告诉莉齐，说瓦尔多“非常迷恋这部希腊悲剧中缪斯女神的那种质朴之美”。[6]

在爱默生这年春天的日记中孔子《论语》摘录的后面，爱默生对奥尔科特的《心灵》进行了评论。奥尔科特很快就成为爱默生亲密的朋友。12月初，他再次来爱默生在康科德的家中小住了几天；2月，他将自己关于童年成长的手稿和1835年的日记全都交给爱默生阅读。他认为“心灵，或童年气息”的概念是，每个孩子都是上帝创造的肉体化身，孩子的生命过程展示了灵魂在肉体中的成长过程：“超自然的东西加速进入生命，并要求有自己意义的显现形态。”这种显现形态即为孩子本身——一个“极具化身意义的词”。[7]

关于这个主题，奥尔科特已经写了五本“书”，厚度从60页到340页不等，每一本都是基于他对自己的女儿们——安娜（1831年生）、路易莎（1832年生）和伊丽莎白（1835年生）——细致而充满爱心的观察的倾心之作。现在，随着莉迪安的怀孕，童年作为化身的主题对爱默生来说也无法抗拒了。他研读了奥尔科特的《心灵》和1835年的日记，这些材料加起来有一千多页，而且均为手写体，字迹难以辨认，令人沮丧。但真正的问题不是难辨的字体，而是它们的可读性。虽然奥尔科特的文章感情专注真诚，充满热情，但完全是不可读的："她（心灵）用手抓住了人的精神，现在，她飞上九天，穿越苍穹，她让想象生动起来。"爱默生建议奥尔科特进行大量的删减和重述，并改变原来的风格，包括删除所有动词词尾的"eth"。奥尔科特不停地写来写去，改来改去，年复一年，但并没有明显的改进。詹姆斯·拉塞尔·洛威尔写道："奥尔科特绝对是一只'人间羔羊'，只要让他拿起笔来，他肯定会死。"人们可能会对玛丽·穆迪·爱默生、雅各布·波墨、斯威登堡或托马斯·泰勒的艰涩难懂的写作风格提出类似的反对意见。奥尔科特的作品和他们的一样，其核心是真正的先知之火，爱默生在1836年春天就能够感受得到。"我是从广阔的精神之地出发的，"奥尔科特在结束他1835年的日记时写道，"是这样的，其他一切都是精神的表现，身体是精神的外围。"[8]

从爱默生的作品中，总能读出一种哀歌曲调，它分散在他的日记、信件以及散文和诗歌里，植根于他的生活中。读到《安提戈涅》时，他的思绪又回到了"一个非常特别的可爱女性形象里……几年前，这个形象给了我温柔而不朽的光芒"。这一年，爱默生也在读但丁的诗歌，虽然他还不知道但丁的《新生》，但他对艾伦的理想化已经让她变成了一个美国的比阿特丽斯："她不需要一个载入史册的名字，也不需要世俗的地位和财富。她完美无缺，她包容万物，用自我来满足灵魂的需要。"[9]

在爱默生创作《自然》时，他的头脑和日记本里塞满了各种想法、别的书籍、家庭生活、友谊、公众事务，以及阅读和更多的阅读。在与爱默生的兴趣、主题和见解的较量中，有些书籍正式登场，成为编织《自然》一书的十字线。此时，他的心情复杂而多变，既有淡淡的哀伤，也有对希腊悲剧中女主角的兴趣，还有对奥尔科特高涨的理想主义和他深刻的人类童年观的钦佩。爱默生还重新阅读了卡莱尔、柯勒律治、斯威登堡和波墨的作品。当然，歌德那持久而有力的影响一直就在那里，像一个巨大的满月，用它的引力影响着爱默生的潮汐。

歌德对爱默生的影响怎么高估都不为过。爱默生从1828年开始用德语阅读歌德的作品，一直到19世纪40年代中期，包括撰写关于歌德的文章，这位著名的德国作家几乎每天都出现在爱默生的生活中。在19世纪30年代中期，爱默生几乎把自己拥有的歌德的55本著作全部读完了。如果他的德语不完美，如果他偶尔出错，如果比起《浮士德》他更喜欢歌德的《意大利游记》、《威廉·迈斯特》、《西东合集》、《埃格蒙特》、《伊菲格涅亚在陶里斯》、诗歌、《色彩论》、《植物变形记》、《自传》、《诗与真》以及《歌德谈话录》等，那么就不能具有优越感地说爱默生完全理解了歌德。爱默生年复一年地用他并不完美的德语费力地研究歌德的大量作品（如果有翻译的话会更好，他讨厌读原著）。在读其他书籍时，爱默生很多情况下都是略读和跳读，但在读歌德的著作时，他却从来没有这样做过。在多年的积淀中，歌德的作品成为爱默生奠定自己信念的基石。歌德会在《人类代表》的最后一篇的最后一页写上浓墨重彩的一笔，以此，“歌德教给人们勇气”，告诉人们，“一个时代的缺点只是对于那些懦弱的人而言的，任何时代都是如此”。现在，在创作《自然》时，爱默生欣然接受了歌德坚持认为美是基本的、独立的和原始的观点。“美的本质……超出了思考能力的限度。”然而，所有人都明白，美的标准却并非如此。“除了整个大自然中万物和谐共生之外，真正的美的标准还有什么呢?”爱默生以同样的热情抓住了歌德的思想：“一切都在每一种形式中：每一种自然形态，最小的颗粒、一片叶子、一束阳光、一瞬间、一滴水等等，均与整体有关，并参与和分享着整体的美。”“一片叶子是整个自然的缩影，而整个自然是一片巨大的叶子。”[10]

也许我们能够列出爱默生在歌德身上发现的一百种思想的火种，但上述两种是爱默生在创作《自然》过程中所研究过的主要思想。此外，爱默生现在从歌德那里汲取的不仅仅是思想，或许可以说，并非主要是思想，还有歌德的思维方式，他显然对此很感兴趣。歌德的思想脉络清晰，具有锐利的现实主义色彩和古典主义风格，这在爱默生所珍视的其他许多书籍中是完全没有的，包括玛丽·穆迪·爱默生、斯威登堡、波墨、奥尔科特、普罗提诺等人的著作。甚至是柯勒律治的作品，也会朝着抽象、虚幻和偏理论的方向奔跑。歌德永恒的智慧，他的现实主义以及他的语言，对爱默生来说，是对柏拉图式的空想家们轻描淡写的散文的一种制衡。对歌德来说，"时间意味着一切"。爱默生注意到歌德如何"将他所观察到的每一种制度、艺术、艺术作品和习俗等总结出一个理论"。（例如，歌德将方尖碑的形状追溯到上埃及地区花岗岩矿床中常见的破裂岩石。）爱默生赞赏并认可歌德的自我认识。歌德写道："很快，我就对每个地带都有所了解，因为，即使是最小的一条河流，我也会探寻它从哪里来，要流到哪里去。"爱默生发现，没有比花时间读歌德的著作更美妙的事情了，"因为在歌德的作品中，每一个词都有意义"。从歌德那里，爱默生学会了万事都需被重视的理念，学会了重视分级、辨别、分离和命名的方式。爱默生最大的志向就是像自己眼中的歌德那样去生活：

> 一个人只要能够挥动着高举的双手大声说：世界！好美！这样的人生就足够美好了。而歌德就是这么做的……他就是这样一个人，他感到事物本身如此美好，所有对它的评论都没有意义，只需四处走走看看，从一个物体到另一个物体，掀开它们的面纱，发现它们的真美，就够了。

爱默生将歌德对拉瓦特的评价用来评价歌德本人，而我们反过来也可以把这一评价用到爱默生自己的雄心上。歌德说："一个人能够探知万物赖以存在的自然的所有边缘，这实在是太可怕了。"[11]

第37章　《自然》：世界的法则

查尔斯·爱默生和伊丽莎白·霍尔在订婚三年后，计划于1836年9月完婚。婚后，两人打算住在瓦尔多和莉迪安新房子里专门为他们扩建的几个房间里。虽然查尔斯的健康状况在慢慢地恶化，但他们仍然满怀希望地计划着未来。4月的一天，伊丽莎白拿着一根测量绳抵在墙上，想看看是否有足够的空间摆放她的钢琴，这时，她突然大声说道："这是徒劳的，不可能的。"查尔斯得了感冒，身体越来越虚弱，为了从他"胸腔里那灼热的火海"中解脱出来，他去了纽约，和威廉住在一起。5月9日，查尔斯在散步时昏倒，在被匆忙召唤的爱默生和伊丽莎白赶来之前，他就去世了。玛丽姑妈的宠儿，弥尔顿的忠实读者，那个被他的未婚妻后来称为"马萨诸塞州有史以来最聪明的知识分子"，那个有趣的弟弟，那个穿着天鹅绒斗篷围着桌子跳舞、比任何人都能让爱默生开怀大笑的人，就这样走了。[1]

爱默生受到了很大的打击。葬礼结束后，在离开查尔斯的坟墓时，爱默生突然奇怪地狂笑起来，对旁边的人说："一个人，从未有过多少亲人的陪伴，如今连这仅有的陪伴也被夺去了，还有什么值得活下去的呢？"他从纽约写信给莉迪安，说他失去了自己身体的一部分："通过他的眼睛，我看到了很多很多。"他说："我不仅感到自己孤苦无依，身世飘零，而且对自己依然苟活于世感到有点儿羞愧。"两周后，他仍在黑暗中摸索，他说："黑夜笼罩着我们周围的一切，尽管我们无法远离黑夜，但我们的天性却永远在追求白天。"[2]

爱默生和伊丽莎白进行了长时间的交谈，他们试图把查尔斯最好的一面——他代表了什么，他生命的意义——从他的肉体中分离出来。就爱默生本人而言，对查尔斯的记忆变成了他的个人友谊原则或友谊原型，他不无悲痛地发现，每当一个朋友"向你展示出一种新的特质时……他往往会从此离开你的视线”。查尔斯的哥哥和查尔斯的未婚妻都试图通过用世俗的不朽来取代那爱默生不再相信的个人不朽的方式来构建查尔斯的形象，以此减轻他们的悲伤。爱默生也试着把查尔斯写过的东西拼凑成一本书，但却发现没有多少精巧的文章，而且大部分文章中有太多黑暗、绝望和自怜的痕迹，于是不得不放弃了这个打算。在某些方面，《自然》是爱默生代表查尔斯写给全世界的公开信，查尔斯同时也是该书“知识”这一章结尾的那个“朋友”。[3]

经过十天“无助的哀悼”，爱默生开始重新找回自我，甚至回想起了那次奥本山之行给自己的兴奋和顿悟。他列出了一份“满足我最高需求但分散于四处的伙伴”的名单，其中有爱德华·斯特布勒、彼得·亨特、桑普森·里德、塔波克斯、玛丽·罗奇、乔纳森·菲利普斯、奥尔科特和穆拉特等。他没有把玛丽·穆迪·爱默生列在名单里，这可能说明要么在列名单时她就在爱默生身边，要么是她和别人不是一个类别，她对爱默生的影响是长期而稳定的，不是偶然结交的那种。在名单里，同样也没有查尔斯的名字。[4]

在5月余下的日子和整个6月里，爱默生一直在创作《自然》。随着写作的顺利进行，他的心情也变得好了起来。现在，他在自己耀眼而炙热的思想指导下进行创作，这些思想不仅构成了《自然》的核心，而且也构成了他未来散文的核心。“相信自己的思想，那就是天才，”他写道，“所有有力的行动，都是让自然的力量来实现我们的目标。”他走出家门，走进狂风中。“我爱森林之神，我爱伟大的潘。”他在日记中写道。6月底，爱默生正在写《精神》这一章的几个段落，他写信给哥哥威廉，说他的小书快要完成了。[5]

这一年，除爱默生的《自然》外，在美国还有其他三本同类的书出版，它们主张的新宗教观在自然特别是人性中得以充分体现，而不是体现在古老经文、宗教机构或转述传奇中。奥雷斯蒂斯·布朗森在《基督教、社会与教会新观》中援引邦雅曼·贡斯当和施莱尔马赫的观点，他声称，“宗教情感是普遍的、永久的和不可摧毁的；而宗教制度则是暂时目标”。乔治·雷普利的《致宗教的怀疑者：论宗教哲学》也援引了施莱尔马赫的话，这从书名就可以明显地看到。雷普利认为，对无形世界的信仰，应当确切地被理解为对内心世界的信仰。作者“意识到，内在的本性是比任何外在感官更重要和更全面的思想的来源，他遵从这些内心思想的决定，把它们当作鼓舞人心的上帝的召唤”。爱默生的老朋友威廉·亨利·弗内斯在费城出版了一本名为《论四福音书》的书。在书中，弗内斯主张基督教是现代的产物，这是不言而喻的真理。弗内斯还指出：“在不知不觉中，每一部历史都不可避免地成为它的作者的历史。”此外，他对自然奇迹的看法也充满吸引力：“如果能够以恰当的方式考虑，即使是最微小的颗粒，也有无法形容的奇迹。”[6]

这一年还有莉迪亚·蔡尔德的历史小说《斐罗西娅》和奥尔科特的《人类文化的信条及戒律》相继问世，前者将伦理一神论相对于异教徒的内在优越性做了戏剧化的呈现，而后者则是基督教化的宣言。每个人本身都是一个新的化身，生命的目的在于个人成长和自我发展，而耶稣就是这个过程的伟大典范和原型。

所有这些书——我们可以再加上里德的《心灵成长观察》——都可以被看作是基督教核心真理的现代见证。但爱默生的《自然》有所不同，它是关于自我和世界或意识和自然之间的核心真理的个人见证。如果这一著作在某些方面与基督教相容，那它至少是与古典斯多葛主义相容的。《自然》不仅能够与柯勒律治的《文学传记》的第12章和卡莱尔的《旧衣新裁》相媲美，而且还可与马可·奥勒留的《沉思录》和爱比克泰德的《师门述闻》相提并论。其实，即便是这些著名的小书，也主要是自助指南或军官们关于正义战争生活的手册。因此，爱默生的《自然》应该更适合被比作是卢克莱修的《物性论》；在罗尔夫·汉弗莱斯的英文译本中，《物性论》被译为《事物存在的方式》。

《自然》是对“世界规律和万物构成”的大胆探索。爱默生一开始就以清理桌子的方式指出："我们这个时代是怀旧的。人们为逝去的先人建墓立碑，编写各种传记、历史和评论。"他的观点是，我们的祖先们"直视上帝和自然"，而现在的人们则通过先人的眼光审视周围的一切。他经常引用的一句号召性的话是："我们为什么不也去享受这种与宇宙的原始关系呢?"这并不是对新奇或创新的呼唤，也不是对美国例外主义的诉求。他接着说："为什么我们的诗歌和哲学总是恪守传统，却缺乏洞察力呢？为什么我们的宗教总是历史的产物，而不是直接的启示呢?"[7]

当代人有权拥有自己与世界原始、直接和真实的关系。我们没必要依靠别人的历史。正如科学比科学的历史更直接、更令人兴奋一样，洞察也比洞察的历史更有说服力。"我们为什么要在历史的枯骨中摸索前行呢?"他问道，并以传道者般简单有力的陈述补充道，"今天，太阳同样放射光芒，照耀着我们。"[8]

导言部分接着指出爱默生打算探讨的话题范围。他探寻的不仅仅是"什么是自然以及它如何运作"的问题，而且还是"自然的终极是什么"的问题。他理所当然地认为，自己的这些探寻如果不是科学的话，至少应该与科学相关。为了论证纯科学与技术的区别，爱默生说："所有的科学都有一个目标，即发现自然规律。"他科学地指出什么可以作为证据："真正的理论可以成为理论本身的证据。这可以通过它能够解释所有现象得到验证。"爱默生愿意用这个标准来评判自己的作品。《自然》并非是一本为了吸引早期或其他权威们注意的书，而是一本不言而喻、自我验证的书，一本像罗伯特·弗罗斯特的诗歌思想一样依靠自身来融化——就像一块火炉上的冰——的书。在导言中，爱默生直接而清晰地用相关术语的定义对该书方法和目标的简要介绍进行了总结，"从哲学意义上看，宇宙是由自然和灵魂构成的"。或者，正如我们现在可能更愿意说的那样，是由自然和意识，或世界和心灵构成的。因此，"严格地说，一切独立于我们之外的、哲学上所界定的非我，即自然、艺术、他人以及我们的肉体，都必须归属于自然的范畴”。[9]

正如标题所示，自然对于世界而言极其重要。在撰写该书的大部分内容时，爱默生也在构思另一本与之相匹配的书，名为《精神》。我们很难说是什么原因，让爱默生没有像大多数理想主义的宣言那样先从写精神开始。也许这是对包括诺里斯和奥尔科特在内努力探索自然的人们的纪念；也许这是由于他致力于探索生活的隐喻而产生的对具体事物的偏爱；也许是因为他对歌德日益痴迷；也许是出于对莎士比亚和米开朗琪罗以及他们对由人和物组成的现实世界莽撞、全然拥抱的这种毫不动摇的爱；也许是因为自然本身。

对大多数读者来说，爱默生的《自然》的成功取决于该书第一章的成功。该章旨在向读者传达并重塑自然给作者的印象。虽然爱默生描述了自己的体验，但他能够将这些体验形成框架，以便读者能与他一起分享。在本章及整本书中，读者被不断提醒，《自然》的核心内容并不是抽象的“事物本质”，而是被密切观察的自然世界。“每到7月，河流欢腾，河床上浅水处随处可见大片大片绽放的蓝色梭鱼草花，黄蝶成群，翩翩起舞。”黎明往往被用来暗示觉醒，就像在波墨的作品里一样，但黎明也可以指普通的晨曦之光：“我常常在屋对面的山顶上眺望晨景……纤细的云朵游走在深红色的霞光里，就像鱼儿遨游在深海中。我站在地面上，就仿佛站在岸边，远望着那静谧的大海。”黄昏的景象同样充满魅力。爱默生这样描述1月下旬的某个黄昏：

> 西边的云朵渐渐幻化成一片片粉色薄云，有一种无以言表的柔软；空气中也弥漫着生命的活力和无比的甜蜜。此时，闭门不出简直就是一种折磨……晚霞里，光秃的树木如燃烧的尖塔，映衬着东面蓝色的天空，还有那枯死的花以及结着寒霜的茎秆和残株，共同合成一曲无声的乐章。[10]

体验是关于某个事物的体验，离开了事物，我们无法谈论体验。爱默生认为，这个事物就是自然。他最珍视的体验，是我们有时在面对自然时所产生的欣喜之情，尽管我们不知道为什么会这样："越过空旷的田野，停留在积雪覆盖的潭边，注目晨暮霞光，彩云装点的天空下，我尽管体验这完美无缺的欢喜，绝不会考虑这样的美景会预示着怎样的好运。我庆幸自己仿佛来到了恐惧的边缘。"著名的关于"透明的眼球"的那一段，是对另一次类似体验的描述，就像他先前在剑桥区奥本山的经历一样。"透明眼球"与想要表达的自我陶醉式的自恋恰恰相反："站在空旷的大地之上，我的头脑浸润在欢快的空气之中，并升腾至无限的空间，所有卑劣的自我主义都消散而去。我变成一个透明的眼球，我化为乌有，却能遍览一切。"如果这是神秘主义，那就是一种普遍存在且易被接受的神秘主义。神秘的目的是要获得与神合一的感觉。爱默生在这里所描述的那种体验，几乎发生在每个有类似经历的人身上。在晴朗的日子里坐在一棵大树下仰望天空，便会有一种瞬间平静和与世界融为一体的感觉，不管这种感觉多么短暂。[11]

当描述自己在自然中的生活时，爱默生最简便和最常用的两个词是"快乐"（仅仅在第一章结尾就用了四次）和"荒野"。他的语言里充满描述美景和狂喜之词。他谈到了光明和快乐，谈到了欣喜若狂，谈到了荒野、兴奋和愉悦，谈到了莎士比亚那无与伦比的隐喻天赋的粗狂之美。爱默生不仅接受了希腊人的宇宙观，认为宇宙就是美，而且还强调这种美的体验是一种狂喜。这种内心的狂野，这种热情的习惯，以及这种对狂喜的日常拥抱，就是典型的爱默生。他要么狂野，要么什么都不是。

第38章 《自然》：心灵的启示

《自然》的主体部分探讨的是自然与人的关系。斯多葛学派一直认为自然教会我们如何生活。按照重要性从低到高的顺序，爱默生的《自然》依次描述了自然的恩赐、益处和教训，并详细说明了它们分别是如何起作用的。首先是自然作为物质，这是最容易理解也是最可以快速讨论的。在那个大家都还不了解人类活动对自然造成何种破坏程度的时代，爱默生将自然描述为我们直接利用的原材料的储存库。直到1864年，乔治·珀金斯·马什出版了《人与自然》一书，人们——即使只有少数人——才清楚地认识到，人类确实可以通过主要的、持久的或有害的方式破坏自然。但是，即使是爱默生低估了这方面的危险，他也并没有提及我们现在所谓的将自然"商品化"的行为。他坚持认为，我们对自然物质的利用是我们最低级和最不重要的利益。[1]

爱默生更感兴趣的，是大自然如何为我们提供美的观念和标准，无论是物体美，还是道德美（美德），或是智性美（真理）："美的标准是自然的全部，是形形色色的自然形态的合体。"美是世界天生固有的，"万物的构成皆为美，或者说人类的眼睛塑造美的力量，凡是自然界的基本形态，如天空、山峦、树木和动物等等，看上一眼就会让人赏心悦目"。最高形式的美隐藏于联系之中，"单独美丽不算美，整体观之皆为美"。美是根本的、原始的，并非从别的东西中派生而来，"因此，世界的存在，是为了满足人们灵魂深处对美的渴望"。[2]

我们的美学基于自然，我们的语言也是如此。我们所称的语言，是自然事实的符号。爱默生说，即使是再抽象的概念，如果追溯到它们的起源，也会发现它们均植根于事物之中。英语里的"consider"（思考）一词来自拉丁语的"*con siderare*"，意思是研究星星；"supercilious"（傲慢的）源于拉丁语的"*super cilia*"，意思是扬起眉毛；"experience"（经验）来自"*ex pericolo*"，指从危险中攫取东西；拉丁语"*Sierra*"（齿状山脊）是英语"saw"（锯子）的词源。那些表达抽象概念的词语往往被切断了词根，无法再唤起人们的想象力，因而也就失去了生命力。早在乔治·奥威尔之前，爱默生就意识到，我们普通的语言里充满了死隐喻。作家的工作是"丢弃那些陈腐的措辞，再次把语言和自然事物联系起来"。因为"这种语言对自然的直接依赖，这种让外在现象成为人类生活某种形式的转变，将永远充满活力"。以其视角怪异的洞察力，爱默生可以这样说："因此，良好的社会和精彩的话语就是永恒的寓言。"[3]

我们可以轻松理解爱默生的这一观点。但此时，他的柏拉图主义出现了。作者之所以能如此成功地将自然用于意象和比喻、名词和动词，是因为自然本身就是一种语言，是隐藏在物质世界背后的规律，是形态或思想的表达。爱默生以最为简单、最富逻辑同时也是最为紧凑的方式（这属于《自然》第一版排字员的错误理解），从"词语是自然事实的表达符号"的主张，进一步转向"特定自然事实是特定精神事实的象征"的主张。后者并非一个简单的表面上的进一步论证，它是一种形而上学，是一种基本的宗教世界观，认为自然和我们自己都是伟大的寓言。[4]

大自然为我们提供了美和表达美的语言。在第五章《知识》中，爱默生思考了大自然教育我们的所有方式。这一章或许很容易会被称为"教育"，但《自然》想要表达的不止于此。在考察了自然对我们的教育、告知和赋予的方式后，爱默生开始从自然如何服务人类转变为询问自然是什么。大自然的背后还有别的东西吗？或者说，有形自然是我们最终和唯一的现实吗？在接下来的《理念》和《精神》两章中，爱默生转向了话题的另一面。带着明显的感觉和紧迫感，他以激进理想主义者的说法开始："我毫无办法去检验感觉的真实性，不知道它们给我的印象是否与远方的实际对象相符，会有什么样的不同，俄里翁[①]是否在天堂里，有哪个神灵在描画灵魂的形象。”他以同样的热情避开极端的、唯我论的和费希特式的结论。“任何对永恒法则的怀疑，都会使人类丧失能力。”（如怀疑地心引力。）他接着谈到这本书的核心论点：

> 文明（如教育）无一例外地让人们坚信特定自然现象的不变性，如热、水、氮，但它又引导我们将自然视为现象，而非物质，将必要的存在归为精神，认为自然是偶然和结果。

尽管这个想法听起来很难理解，但它对作者来说有着特殊而实际的用处。“英雄的激情占据了他的身心，他用物质作为它的象征。”爱默生在这一章里提到了哲学问题，他说：“为一切有条件的存在找到一个无条件的绝对基础。”文章进一步指出了爱默生所说的“宗教始终不变的教义”，即“看得见的事物都是暂时的，看不见的事物才是永恒的”。[5]

《自然》开篇那些让读者目眩神迷的句子，实际上正是精心安排的哲学唯心主义的要点。读者不是随着论证的展开对作者的观点慢慢表示认同，而是对每一个不言而喻的命题感到震惊，并立即认可。《自然》标志着爱默生成熟风格的形成，特别是那些大胆而颠覆性的定义，在极大地改变读者认知的同时，也让人惊叹折服：“想象可被定义为理性对物质世界的使用。”“人的眼睛能够精妙地构图，但要想让它色彩斑斓，则要依赖光线。”“与智力相联系的事物，我们称之为理性；与自然相联系的理性，我们称之为精神。”“在这里，伦理学和宗教有所不同，一个是源于人类的职责体系，另一个则是源于上帝的人类职责体系。”在该书的结尾，爱默生简单有力地把这些句子一个接一个地叠加在一起，构成整个段落，就像夏日午后炎热的平原上空

① 俄里翁，希腊神话中俊美而强壮的猎人。

层层叠叠的云朵。“我们在自然中看到的废墟或者荒原，存在于我们自己的眼睛里。我们的视觉之轴与万物之轴并不一致，因此它们看上去是模糊而不透明的。”表达不满的时候，是爱默生的最佳状态。尽管他非常努力，充满乐观和热情，但他从未放弃过自己的不满。在整个《自然》中，爱默生都在对现代人们相互疏离的根源进行抨击：“世界之所以缺乏统一性，并处于破碎割裂的状态，是因为人类与他自身并不统一。”[6]

《自然》标志着爱默生开始重新思考古典斯多葛主义。在接下来的五六年里，他积极地关注着这个学派，并将其反复应用到多部作品中。在1842年的《超验主义者》中，他坚持认为，超验主义“这种思维方式在罗马时代，成就了斯多葛哲学家们……在宗教政治时代，成就了清教徒和贵格会教徒们；而在一神论和商业时代，它成就了我们所熟悉的唯心主义的特别影响力”。斯多葛主义对爱默生和他的社交圈产生了巨大的直接或间接影响，它的影响可能比清教主义的影响更大。同清教主义一样，斯多葛主义不仅仅是一个性格特征的问题；它是一个为某些性格特征提供基础和连贯性的思想体系。它指导我们，必须把自然作为道德原则的主要来源。公元前4世纪末，在由亚历山大粉碎了作为道德行为传统背景的希腊城邦之后，芝诺创立了斯多葛学派。从芝诺到马可·奥勒留，斯多葛学派旨在为每一个人——不论其社会地位如何——的先天禀赋提供道德行为的基础和增进个人福祉的手段。任何探究特定理论的价值，都取决于它对道德生活是否有指导意义。斯多葛学派并不反对知识，相反，它认为没有知识，特别是科学知识，就没有真正的道德。斯多葛学派赞同赫拉克利特的“世界上所有个体事物均为一种基本物质的表现”，并始终认为自然的进程受规律的支配，这个规律同样也应该支配着人类的行为。斯多葛主义在希腊思想中被称为闪族元素，在基督教中被称为异教徒元素。在现代的爱默生和梭罗身上，它呈现的是自立的精神，并非自足，而是自尊。[7]

把世界划分为可以改变的世界和不能改变的世界，斯多葛学派将焦点转向前者。它总是关注伦理学，几乎从不关注形而上学或认识论。它探寻的问题不是“我能确定什么”，而是“我应该怎样生活”。斯多葛学派主张，既然人与自然只有一个规律，那我们应该通过研究自然来了解我们人类的规律。斯多葛学派强调个人意志、自治或专制。它认为，人类在很大程度上是可以自救的，只要能够调动起来，就有足够的资源可以使用。最近一位评论员曾说：“如果说斯多葛主义承认良心的至高无上，并不反对让我们期待的人生进入更加公正、严肃的世界，那么它的魅力就会一直保持下去。”[8]

《自然》一直被解读为自私自利、乐观狭隘和不合逻辑的福音书。爱默生的个人生活和他在创作《自然》过程中的大量阅读表明，这本书植根于家庭生活、形式逻辑、希腊悲剧和亚洲经典。最重要的是，《自然》是一本现代的斯多葛派手册，是新英格兰版的马可·奥勒留。它也是现代版的柏拉图，美国版的康德。它简要阐释了法则先于事实、目的先于行动、意图先于结果、版式先于印刷的道理。任何事物的计划、想法或概念，无论是最简单的工具，还是最复杂的立法，都要先于实际锤子的使用或实际投票的行动，并做出决定。从这个意义上说，计划或想法比实物产品更真实，更重要。这是唯心主义的主桅，爱默生一生都致力于此。

爱默生最终将证明，自己远不只是美国的柏拉图，因为他将拒绝柏拉图的政治，并将努力调和柏拉图主义和民主理想主义；他也远不只是康德主义在美国的普及者，因为他使德国唯心主义置于所谓的日常生活批判，也因为他把生活与伟大的宗教神秘主义者和狂热者的经历以及伟大诗歌的激情和狂喜联系起来，使康德主义认可了主观知识的权威。此外，爱默生也远不只是美国的马可·奥勒留，因为他将古典斯多葛主义对自治的坚持同酒神式的狂野和完全的自我表达调和起来。最终，爱默生既不是派生的，也不是折中的。他坚持把思想、行为、伦理、宗教和艺术植根于个人经验之中，这是爱默生思想的核心。他让我们深信，宇宙普遍的思想是通过每个人自己的本性来向他揭示的。从这方面讲，柏拉图是爱默生在希腊的先兆，马可·奥勒留是他在罗马的先兆，而康德是他在德国的先兆。

但《自然》并不是让人们去信仰它，也不是最终要有多大意义，它只是思想史上的又一次记录。盛开的玫瑰给我们愉悦，不是因为之前或其他花朵的映衬，而是因为玫瑰本身的美；同样，《自然》是爱默生的个人见证，他的“自我立场”。该书旨在自我验证，我们不用把它当成一种信仰或权威，也不必从历史背景的角度来看待它。它不是争论或辩驳，它只是呈现。套用约翰逊的话来说，即使那本书是真的，但读者却读不出它的真，那也是徒劳的。在《自然》里，没有什么是读者不能验证的。过往能为我们做的最好的事情，就是证实我们的直觉，即我们内心深处的信念是不需要反驳或证实的。这也是任何作家所能做到的最好的状态。通过将自己的感知传递给读者，爱默生完成了帮助他人的最终行动，然后及时隐退：“此时，你知道了，世界为你而存在。现象为了你而完美。只有我们能够看到我们是谁。亚当拥有的一切，你也拥有；恺撒能做到的一切，你也能做到……所以，构建你自己的世界吧。”[9]

第39章　玛格丽特·富勒

1836年7月21日，爱默生的《自然》书稿摆在书桌上，这本书几近完成，但尚有“一条裂缝很难补起来”。这一天，玛格丽特·富勒来到康科德，同爱默生夫妇待了三周左右。一位现代历史学家称，富勒“是同时代人中唯一一个可以与卢梭和歌德在平等层面上进行交谈的人”。她在哈佛花园附近的樱桃街长大，那里属于当时的坎布里奇港。她的父亲蒂莫西·富勒是一位直言不讳、脾气暴躁的律师和杰斐逊民主党人的支持者；玛格丽特从小的教育由他负责。他无情地逼着女儿学习各种课程，其中包括6岁就开始上的拉丁语课。他让她晚上很晚才睡觉，结果她往往因过度兴奋而无法入眠。这样的压力导致她频繁的头痛、神经性胃炎、失眠和做噩梦等。但她也接受了一流的教育，后来她赞扬自己的父亲，因为父亲按培养儿子的标准培养了她。“然而，他太尊重自己的孩子，没有给孩子一点溺爱。他要求她要有清晰的判断力，要拥有勇气、荣誉和忠诚；简言之，就是要求女儿拥有他所知道的所有美德。”[1]

玛格丽特在位于格罗顿的普莱斯考特姐妹创办的学校度过了自己的14岁和15岁。1826年，16岁的她回到剑桥区，成为弗雷德里克·亨利·赫奇的密友和知性伴侣，他比她大五岁，是哈佛神学院的学生。玛格丽特爱上了一个名叫乔治·戴维斯的远房表哥，但对方对她的感情无动于衷。她是詹姆斯·弗里曼·克拉克最亲近的朋友，克拉克和戴维斯一样，也是1829年从哈佛毕业。克拉克很喜欢富勒，也很敬畏她。他打心眼儿里佩服她的才智。他们从1832年开始一起学习德语，克拉克说，他们两人曾被卡莱尔的“狂野号角”所鼓舞，也曾决心研读歌德的作品。

然而，她在剑桥的美好生活还是结束了。1833年春，富勒一家搬到了格罗顿的乡村生活；7月，克拉克去路易斯维尔当了牧师；1834年，赫奇也去班戈当牧师了。1835年，蒂莫西·富勒去世，养家糊口的担子便落在了玛格丽特的肩上。

几年来，富勒一直都希望能见到爱默生。他们有许多共同的朋友。哈丽特·马蒂诺结识了富勒之后，敦促爱默生去了解她。爱默生读过她翻译的歌德的《塔索》，1835年初，他也开始希望能够见到她。1836年7月的那天，当富勒来到康科德时，她26岁，爱默生33岁。富勒留给后人的照片很少。从她朋友们的记录看，她显然很有魅力，尽管没有传统意义上的美貌。她长着一头浓密的金发和一口完美的牙齿，还有一双“闪闪发光、灵动忙碌、洋溢着快乐的”眼睛，脸上总是带着清爽的笑容。正是她的活力——但她的任何一张照片都没有成功展现这一点——打动了所有人。她总是活泼开朗，脸部表情灵活丰富，很难定格在某个表情上。在人们的记忆里，她与人交谈时，“头和脖子姿态优雅，经常微闭双眼看着”对方，目光锐利。她的力量显而易见，熟悉她的塞缪尔·沃德这样评价她：“你怎样才能够描述一种力量？你怎样书写玛格丽特的一生，你就能怎样描述坚强的力量。”[2]

玛格丽特·富勒既拥有思想的力量，也拥有常常被人们描述的人格力量。赫奇赞赏地指出，她的个性结合了男性和女性的双重特征，就像当时人们知道的那样。他说，她的思维特点是“由思想而不是感情来决定。然而，她能够把女人对美的欣赏和这种男子气概结合起来”。关于她的才智，赫奇说：“与其说是优雅，倒不如说是扎实，但没有人比她活得更优雅。”克拉克也对富勒评价道：

> 天才的玛格丽特（她鼓励人们称她为玛格丽特）的第一个也是最引人注目的素质是清楚而敏锐的理解力，这让她能够敏锐地区分不同事物，使每一个思想、观点、人物、特征都清晰可辨，不会混淆。

克拉克还证实了她思考问题时不同寻常的全面性：“有些人看到的是区别之处，有些人看到的是相似之点，但她二者兼能看到。”她对自己有很高的评价，而且能够坦率地告诉别人。有一天，她对爱默生说：“我现在认识了美国所有值得认识的人，我发现没有一个人在智力上能够比得上我。”富勒说的很可能是事实；如果不是，那也很接近了。爱默生本人对此从不否认，即使是在他的日记里也是这样。[3]

富勒的思想有很强的古典基调，虽然明显带有希腊语和拉丁语的特点，但后者更多一些。马修·阿诺德说，比起希伯来文化，她更热衷于希腊文化。而富勒则回忆说，自己从小就开始比较：

希伯来和希腊的历史。在前者的历史中，违背道德的事情会被天真地描述出来；而后者的历史则充满闪光的行为和睿智的言语，以及男女诸神们展现出的各种美和力量，用华丽的语言和诗歌的意象做成耀眼的面纱，来掩盖他们的罪恶和失败。

她接受的大多是文学方面的教育，与哲学或宗教相关的比较少，但与赫奇和克拉克这样的朋友在一起，她很快就能够用特别清晰的思路和活力来探索后者。[4]

21岁时，玛格丽特有过一次影响一生的经历。她在那一刻的情形，有些宗教皈依的特征，也有些神秘体验的元素。这与爱默生在《自然》一书中所描述的经历惊人地相似，这种影响在富勒身上停留了很长一段时间。这一经历发生在1831年的感恩节那天，当她不喜欢的教堂仪式结束后，她说自己“与听者和传道者思想不一，意见不合”。然后带着孩子气的悲伤情绪说：“我感到自己内心充满着力量、慷慨和温柔，但我觉得所有这些他们似乎并不在意……我只有21岁；我的过去毫无价值，我的未来没有希望。”她出门走进了田野。

那是深秋里一个悲伤而灰暗的日子，一片片忧伤的乌云从阴冷的天边缓缓飘过，大地满是暗淡、灰褐的色调，到处都是病弱的绿色，在进行着生命的最后挣扎，偶尔一阵风呼啸而过，将那些不情愿的残枝败叶吹落到路边——除此之外，再没有别的生命。

她停在一条小溪边，“溪水毫无声息，水量少了很多，上面落满了枯叶”。她坐了下来，大脑没有任何思考，“一切都是暗淡的，阴冷的，静止的。突然，明媚的阳光带着甜蜜的微笑洒了下来，就像垂死的恋人那最后的微笑”。那一刻，她说：“有一束来自太阳的真正光芒进入我的思想……从那以后就再也没有离开过我。”这是一个自我启示的时刻，这一刻向她展示的不仅是她是谁，而且还有她与世界的关系。“我怎么变成了这样的玛格丽特·富勒？这意味着什么？我该怎么做？……我看到灵魂需要多久才能在这些时空和人性的限制下学会行动，但我同时也看到它必须这么做。”就像爱默生站在光秃秃的山坡上的那一刻一样，富勒自我肯定的那一刻也同时伴有一种感悟，那就是：一个人并不是孤立的自我，而是处于中心地位的、无所不在的意识的一部分。“我看到，”她用传道书一样的方式继续说，“世上本无自我，自私是环境的产物，是愚蠢的行为；我之所以如此痛苦，正是因为我把自己看成了真实的存在。”[5]

七年以后，那次的经历仍然历历在目。她给一位朋友写道：

> 我觉得，任何适合我的存在，都不会长时间离开我；如果能够离开，说明从未适合过。这是多么的有道理啊！所有的未来似乎都从我的存在中消失，但我确信，在这个沙漠世界里，我不是独自一人；甘霖会从天而降，如果我愿意，可以伴着每一个日出收集它。[6]

在得到此次重要启示的五年前，富勒16岁，那时她正在读斯塔尔夫人、爱比克泰德、弥尔顿和拉辛等作家的作品。在1830年20岁时，她的阅读书单上文学家的名字包括拜伦、诺瓦利斯、歌德（《威廉·迈斯特》）、库姆和柯勒律治等。1833年，她拜读了里希特、迪斯雷利、莱辛和柏拉图等人的作品。在柏拉图的作品中，她尤其细读了《克里托篇》《斐多篇》和《申辩篇》这三部。1834年，她翻译了歌德的《塔索》，赫奇把这部译作推荐给了爱默生。那时，她正在研究艾希霍恩以及基督教证据的普遍问题。到1835年时，她已对自己非常了解，她说“我属于德国主义，不属于超验主义”。她计划创作一个历史悲剧系列，共六部作品。结识爱默生的那一年，她正在研究赫歇尔、马蒂诺、骚塞、海涅的书信、费希特、雅可比等的作品，以及布勒和坦尼曼的哲学史，还有苏格兰常识学派哲学家布朗和斯图尔特的作品。然而，多年来她一直以阅读歌德的作品为主，她认为歌德比任何人都能更充分地理解事物的本质。富勒甚至比爱默生更称得上是歌德的美国读者。

所有记录都显示，富勒最擅长的不是写作，而是谈话。她的正式“谈话课堂”（每门课程的费用相当于哈佛大学半年的学费）非常有名。赫奇注意到，“她写东西比较费劲”。她自己说：“我的声音让我兴奋，但我的笔从来没有。”尽管普遍证明，她的谈话技巧——从未被充分报道过——比她的写作技能更好，但她的思想力量仍能清晰地贯穿于她的文字，特别是在她的代表作《19世纪的女性》之中。在这部作品中，她很好地证明了她在自己所称的“心灵世界”中的永久地位。[7]

玛格丽特·富勒主张女性自立。男性所需要的东西，女性同样需要，这就是自主权，或者说“她自己的标准”。她把生命看作是一个自我发展的过程，把历史看作是人类通过男女的辩证互动，向更完整的人类进化的过程。早在马林诺斯基之前，她就提出了一个明确的理论：任何特定民族的神话都是该民族的文化和社会宪章。她引用神话意象来表达了自己的信念：每个人身上都并存着男性和女性的特质，“阿波罗般的男性身上也有部分女性特征，密涅瓦般的女性身上也带着部分男性的特征”。她本人也常被人评价说具有“男性精神”，但她总是机智地扭转这种暧昧的恭维。她说，“男性化的头脑”里并没有什么特别的美德。她坚信，坚持和勇气是最男性化的品质，但它们同时又是最女性化的品质，二者相当。她的移情能力从对希腊神话形象本质的洞察中可见一斑。“希腊人，”她说，“把我们试图探知的一切形式都看作法则，归为原因。”[8]

在结识爱默生之前，富勒知道他是个演说家。事实上，除了因为本地人的缘故对爱默生感兴趣之外，她看不到他有何特别之处。但是，他的“演说家的伟大力量”极大地感染了她，她评价说，他“大部分时间以读稿子的方式演讲，偶尔会在一些需要表达亲切或庄严情感的段落中抬起头直接表达”。在后来的几年里，在评论爱默生的文章时，富勒称他的“唯一目标就是洞察和阐释我们赖以生存、活动和存在的精神法则，他的自然物是永恒的，他的每一个词都代表一个事实”。她告诉克拉克：

> 爱默生比任何一个美国人都更有益地影响了我（歌德是第一个对她产生极大影响的人）。从他那里，我第一次了解到内心生活的含义……在他照亮我的心灵之前，“心灵有它自己的位置”这句话对我来说毫无意义……这一影响对我的作用，恐怕需要一整卷书才能说清楚，也许在某个时候我会明白，曾经被迫自立是我最好的结果。[9]

在对爱默生慷慨肯定的言辞里，富勒使用了“唯一”和“也许”等小词，这表明她对他仍然有一种隐晦的保留。比起梭罗和惠特曼，爱默生给富勒的很少，而他从富勒那里得到的却比从梭罗和惠特曼那儿得到的都多。二人并非一见如故，但后来爱默生和富勒相处得很好。第一次长时间的拜访结束后，爱默生简洁地写道：“昨天，玛格丽特·富勒结束了对我们长达三个星期的造访返回家中，她是一个非常有成就且非常聪明的人。”他们的关系将经历许多曲折，其中不乏痛苦的，但所有这些曲折都是非常重要的。他认为富勒是现代的柯丽娜，她“更有天赋，聪明善辩，且热爱运动……才智出众，有预见性，按她自己的意愿来解读我的人生，并用这样的话语迷惑我：‘你的人生就是一个性格决定命运的很好例子。’”他们的首次见面为今后交往定下了一个持久的基调。她的批判有点过分，而他的辩驳来得太快。“‘我不知道你是如何评价我的’，我的朋友说。”爱默生在日记中写道，“你确定吗？其实，从我们的谈话中，你能够明白我的意思。所有对你有用的话语你都能捕捉得到。”爱默生的这个回答无疑比实际谈话中的措辞还要好。[10]

如果说爱默生没有戳穿自己对她的心思，那是因为他不得不这么做。他喜欢她，他知道自己爱上了她。玛格丽特·富勒比其他任何人——也许艾伦例外——更了解爱默生的感情生活。她总能触及他的痛处。七年后，有人提议富勒去苏圣玛丽旅行，爱默生写了一首小诗，部分诗句为：

> 她向我走来
> 那双蓝色的球体向我投射出
> 慷慨的光芒，让我沉浸其中
> ……
> 在柔和的光芒里展开曾经折叠的一切
> 我想这会是我度过的最长一天。[11]

从理智上讲，富勒对歌德的热情是搅动爱默生心弦的一个佐证。她和爱默生一样深信，思想是特定人的思想。那时，爱默生尚未完成的《自然》，正游走在抽象和理论的唯心主义边缘，正是富勒——似乎完全有可能——甚至在第一次见面的时候，将爱默生从这种唯心主义思想中拉了出来，并把他推向所谓的传记唯心主义，即只关注那些有生命力的活的思想，那些在事件中能够被感知的规律，那些鲜活的文字和那些使物质充满活力的精神。在富勒首次来访的第九天，爱默生在日记中写道："人是物质和精神相遇并结合的地方。"他们还谈到了自立以及新人创写新经文的话题。在富勒逗留期间，爱默生还写道："尊重你自己，尽管你看不到也说不出为什么，但要始终相信直觉。""去编写你自己的《圣经》吧！从你所读到的所有作品中，从莎士比亚、西尼加、摩西、约翰和保罗等所吹响的号角中精选和收集一切有用的句子吧。"最重要的是，她和他一样对大脑的工作方式感兴趣。就在富勒离开后不久，爱默生在日记中对柯勒律治的一句话做出了惊人的现代解释："每一个自然物，如果观察得当，都会展示一种新的精神力量。""也就是说，"爱默生评论道，"它正在成为意识领域的一部分，并且在成为无意识的真理之前，它现在是可以获取的知识。"[12]

而1836年爱默生与富勒的会面，则开启了他一生中一段重要的关系。在接下来的十年里，他们一直保持着密切的联系，有时甚至几乎是持续不断的联系。他们是朋友也是同事，但在他们彼此的付出和得到中，他们早就不仅仅是知识上志同道合的关系。从富勒身上，爱默生学到了克服长期困难、坚强自立的可能性。她培养了他的艺术鉴赏力，并把他介绍给乔治·桑这样的作家；她帮助他理解歌德；她使他了解到神话的特殊力量；她给了他友谊和开放交流的新标准，对此他觉得很有吸引力，但做起来很难；她还让他了解了一些19世纪妇女运动的情况。

富勒离开后，爱默生很快就完成了《自然》中《未来》一章的创作，这一章把作者的论述拉回到了鲜活的现实。此后，我们再也没有听到有一个所谓《精神》的续本。《自然》完成后，爱默生在瓦尔登湖边上进行了一次长时间的散步。8月底，爱默生收到了《自然》的第一张校样。9月8日，他去哈佛参加校友聚会晚宴，这是哈佛两百周年校庆的一部分，但他竟只觉得哀伤，毫无疑问，这是因为查尔斯和爱德华。第二天，他的小书就出版了。

决然独行

第40章　专题讨论会

《自然》出版的前一天，即1836年9月8日，是哈佛大学两百周年校庆日。那天，亨利·赫奇、乔治·普特南（罗克斯伯里的一神论牧师）、乔治·雷普利以及爱默生等在剑桥威拉德酒店会面，计划举办一个研讨会或定期会议，邀请那些与他们志趣相投、同样认为美国当前思想状况“很不令人满意”的人士参加。于是，所谓的超验俱乐部就这样诞生了，它代表的是比目前“更深远更广泛的观点”。[1]

更具体地说，超验俱乐部背后的动力是对哈佛大学和剑桥区贫瘠的知识氛围的抗议。时任哈佛大学校长的昆西关注的只有历史，他的两百周年纪念演说很快就被编录成两卷本的哈佛大学校史。该校的主要神学家安德烈·诺顿即将出版他的第一卷《福音书真本之证据》（1837），这是一部形式庞大、内容浅薄且倾向性明显的书，作者文风独特，但忽略了过去75年里绝大多数关于这一主题的严肃著作。当时的哈佛大学并没有人具备或倾向于这方面的现代思想。“在剑桥区的学术氛围中，弥漫着一种僵硬、谨慎和保守的气息，在那里待久了，谁也逃不掉。”赫奇说。超验俱乐部从来没有在剑桥区组织过会议。哈佛大学当时共有1位校长、11位教授和7位教师，而超验俱乐部平均每次会议就有11名成员参加，有时参加人数甚至会达到17人。

可以说，俱乐部在知识和文学方面的影响力超过了哈佛。[2]

在威拉德酒店举行第一次会议的11天后，该组织便在雷普利位于波士顿的家里再次聚会，共有10人出席，除了赫奇、雷普利和爱默生外，还有布朗森·奥尔科特、詹姆斯·克拉克、奥雷斯蒂斯·布朗森、康维斯·弗朗西斯和几名神学院学生。这个俱乐部——有时被这样称谓，现在已经从一个设想成为现实了。

爱默生对赫奇说，自己对整个事情都持谨慎态度。爱默生刚从玛格丽特·富勒为期三周的拜访中得到激励，他表示自己更喜欢"和踏实靠谱的人交流"，而不愿同一群貌似自信的"咄咄逼人、语言犀利的夸夸其谈者"交流，他们"常常打断我，并把我逼到墙角，让我必须给出定义，而不是提出建议"。但第一次会议进行得还算顺利。爱默生说："大家谈得很认真，对前景充满希望。"此次会议决定，"只要某个人的加入会把任何一个话题排除在讨论范围之外"，俱乐部就绝不吸收其为成员。他们在谈话过程中尽量避免自鸣得意的语气。下午早些时候，爱默生评论道："在这个广袤的大陆上，大自然如此壮丽，天才却如此温顺，真是太可惜了。天才并不是一个不可挑战的声誉。"但俱乐部现在的成员们还算不上天才。[3]

该会议——或俱乐部，或其他什么称谓（爱默生每次提到它时都有不同的叫法，如赫奇的俱乐部，审美俱乐部，超验俱乐部等）——是在一个关键时刻召开的，即在它的一些成员们相继出版著作的时刻。俱乐部是一个非正式的、开放的新思想论坛和一个信息交流中心，远远不同于"俱乐部"这个词通常所指的那种排他性社会团体，它更像是一个孕育场和发酵器。通常，每次会议都只有一个相对集中的主题；从这些主题的列表能够看出这个俱乐部的主要基调。1836年10月3日，在波士顿奥尔科特的家里举行的会议的主题是"美国天才——阻碍其成长及缺失一流作品的原因"；1836年10月18日，在波士顿布朗森的别墅里讨论的主题是"人文教育"；1837年5月29日，在波士顿雷普利的家里举行的会议的主题为"宗教区别于道德的本质是什么”；1837年夏天，在爱默生的别墅里进行的会议主题是“物种是否超越个体”；1838年5月20日在斯特森位于梅德福的家里，会议的主题为“神秘主义是基督教的一个元素吗”；1838年6月，在波士顿巴托尔的家中，主题为“歌德的性格和才智”；1838年12月，还是在巴托尔家，会议的主题是“泛神论”；1840年5月13日，在爱默生家，主题是“先知和游吟诗人的灵感来源、诗歌性质以及我国这个时代诗歌灵感匮乏之原因”。[4]

“人的生命是一个自我进化的循环，”爱默生在《圆》这篇文章中说，“从一个无形的小圆，向四面八方奔向新的更大的圆，而且永不停止。”这个所谓的超验俱乐部，就是这样为它的成员服务的。成立俱乐部是赫奇的主意。在接下来的四年里，爱默生至少参加了超验俱乐部三十次会议中的二十次，成为俱乐部主要的灵魂人物，但这个团体中还有许多其他杰出且有影响力的人，现在，他们的生活与爱默生的生活深深地交织在一起。

乔治·雷普利比爱默生大一岁，他是马萨诸塞州格林菲尔德本地人，现在是波士顿的一名牧师。他有一个图书馆，里面全都是关于哲学和《圣经》批判的书，包括康德、费希特、施莱尔马赫、赫尔德、库森、黑格尔、叔本华、艾希霍恩、保利努斯、鲍尔和陶乐等。他既读过意大利的维科和乔尔丹诺·布鲁诺的作品，也读过德国的歌德和席勒的著作。在1830年至1837年间，他在《基督徒观察者》上共发表了十篇重要文章。1836年，他发表的一篇关于詹姆士·马蒂诺的“宗教调查的基本原理”的文章，引起了轰动，并被安德烈·诺顿认为是对宗教的“不忠”。雷普利年轻时身材高挑，长着一头浓密的棕色鬈发和一双明亮的黑色眼睛，总是戴着一副金边眼镜。他有一颗从不安分的灵魂，总爱说一些俏皮话。他喜欢卡莱尔讽刺性地描述自己是“一个离开宗教讲坛，指望靠种植洋葱来改革世界的索齐尼派牧师”。雷普利创办并编辑了一本名为《外国标准文学样本》的系列图书；他确实离开了自己的布道讲坛，投入到发现并领导布鲁克农场进行公社制度的实验。最重要的是，雷普利是一名美国伟大的翻译家和评论员，也是施莱尔马赫的追随者，他认为施莱尔马赫是“有史以来致力于研究宗教哲学的最伟大的思想家”。[5]

还有奥雷斯蒂斯·布朗森，他出生在佛蒙特州的斯托克布里奇，和爱默生同龄，自学成才。1826年，布朗森被委任为一名普救论牧师，但对普救论者来说，他有些自由过度，而且还吸纳了罗伯特·欧文和弗朗西斯·赖特的激进自由和社会主义思想。他曾是《自由探索者》的通讯编辑，并在纽约协助成立了工人党。1832年，他成为一神论者，并于1836年在马萨诸塞州的坎顿担任牧师。1835年到1836年的那个冬天，当时还是大三的亨利·梭罗来到坎顿，和布朗森一起教书并学习德语。同年，布朗森在波士顿的工人中组织了一个新的教会，并出版了一本名为《基督教、社会与教会新观》的著作。布朗森身高6英尺多，大方脸，络腮胡。他是一位充满思想活力的多产作家。1838年，他创办了《波士顿评论季刊》，多年来一直亲自撰写该杂志的大部分稿件。1840年的选举又让他在政治上主张保守主义，并于1844年皈依了天主教。在此后的余生里，他一直支持保守主义和天主教这两项事业，成为美国19世纪最著名的天主教徒。在谈到布朗森充满激情和力量的《劳工阶级》一书时，小阿瑟·施莱辛格称布朗森是马克思在美国最重要的先驱。然而，在评价布朗森后来的职业生涯时，拉塞尔·柯克认为布朗森是第一个将马克思主义描述为基督教异端邪说的作家，他“也许是美国最有说服力的反对马克思主义者”。[6]

康维斯·弗朗西斯时年41岁，在梅德福的迦勒·斯特森成为俱乐部稳定成员之前，他是最年长的稳定成员。弗朗西斯是沃特敦的一名牧师。在俱乐部成立的那一年，他出版了一本名为《约翰·艾略特的一生》的书和一篇名为《作为纯内部体系的基督教》的短文。他是一个温和的一神论者，同时也是一个被大多数激进分子和保守派所信任的自由主义者。由于善于交际且年龄较大，他被推选为俱乐部的主持人。[7]

这样的会议确实是大家都需要的。1836年秋天举行了三次会议，在接下来的四年里每年都会举办五六次。俱乐部迅速扩大，其中有个叫西奥多·帕克的年轻人，他是列克星敦一个农场主的儿子，刚从哈佛神学院毕业。帕克矮小健壮，前额较大，秃顶少发。他最引人注目的地方是那双躲藏在金边眼镜后的蓝色眼睛。他善于演讲，是个前途远大的改革者。1836年的时候，他已经为《〈圣经〉解读者》杂志写了好几篇文章，其中包括早期里程碑式地翻译了让·阿斯特鲁克的《创世记猜想》这一著作。那时，他已经开始着手一本不朽之作——对德·韦特的《旧约导论》进行扩编，这是美国内战前《圣经》学术界最重要（也是最被忽略）的一部作品。还有一名叫约翰·德怀特的俱乐部成员，后来成为布鲁克农场的农民，之后又成为一位著名的音乐评论家，他担负着将贝多芬的音乐带给美国人民的使命。另一个成员名叫迦勒·斯特森，他是梅德福的一名牧师，虽年纪较大，但机智敏捷，曾两次主持过俱乐部的活动。钱德勒·罗宾斯也是俱乐部成员，他是爱默生在波士顿第二教堂的继任者。玛格丽特·富勒以及查尔斯·爱默生的“遗孀”伊丽莎白·霍尔也曾参加过俱乐部的会议。霍尔现在是爱默生的一个较亲近的朋友，她本身也是一名知识分子。[8]

成员资格没有严格界定，凡是参加活动的人员均可被视为俱乐部的“成员”。参加会议的成员名单读起来像是一份当时的自由知识分子名人录。其中包括波士顿的牧师及后来《西方信使》的编辑伊法莲·皮博迪、来自沃特敦的杰出古典主义者和教师莎拉·雷普利、艺术家莎拉·克拉克、詹姆斯·克拉克的妹妹，以及后来自费出版《日晷》的伊丽莎白·皮博迪。在后来的日子里，至少还有另外23人参加过几次会议；其中包括诗人琼斯·维里和哈佛大学德语教师查尔斯·福伦。还有反对爱默生思想的一神论领袖亨利·贝洛斯，他还是梅尔维尔晚年在纽约居住时的牧师。此外，从加尔各答完成任务回来的威廉·亚当斯也参加过俱乐部的会议，一神论的元老威廉·埃勒里·钱宁也参加过一次会议。其他曾参加过俱乐部会议的还包括历史学家乔治·班克罗夫特、雕塑家肖巴尔·克莱文格、诗人克里斯托弗·克兰奇（后来因其诙谐讽刺爱默生的漫画而出名）、富勒的朋友塞缪尔·沃德、亨利·梭罗和水手传教士爱德华·泰勒，还有嫁给乔治·雷普利的索菲亚·雷普利，她是《日晷》中那篇名为《女人》的精彩绝伦、扣人心弦的文章的作者。

这些人的背景各不相同，接受的教育程度也高低不一，但现在却走到了一起，因为在一些问题上，他们有着即使不完全一致但也大致相同的见解。他们或个人或集体，对美国的哲学、宗教和文学的现状表达着不满，他们将目光转向欧洲，特别是德国，从康德那里寻找哲学希望，从施莱尔马赫那里寻找宗教希望，从歌德那里寻找文学希望。他们大多反对洛克派哲学，大多相信直觉；他们是浪漫主义者，不是古典主义者或哲学家；他们是政治上的激进分子或自由主义者，而不是保守主义者，他们几乎都遵循着自己的信仰自由和某个社会领域自治的逻辑。玛格丽特·富勒最终投身于报业、妇女运动和罗马革命，帕克毕生致力于废奴运动，而皮博迪也积极参与到幼儿园运动和美国印第安人权利运动之中。爱默生和梭罗也强烈要求废除奴隶制，雷普利创办了布鲁克农场，而布朗森也成为了一个强有力的代言人，先是为劳工，后是为天主教。[9]

没有人知道是谁第一次把这个团体称为超验俱乐部的，但这个名字一直沿用至今，尽管经过了一百五十多年的考验和完善。爱默生于1842年发表的一篇名为《超验主义者》的文章，其中对超验主义定义的陈述至今依然适用："我的大多数听众都知道，今天的唯心主义被称为超验主义，这是由于伊曼努尔·康德曾这么使用过该词。"爱默生接着称赞康德使用该词具有深刻性和精确性，并指出康德的影响已经变得非常普遍，"任何属于直觉思维的东西在今天都被普遍称为超验"。奥尔科特也认为，"超验主义的意思是头脑中原有的东西远比通过感官进入到它里面的东西多”。对于爱默生和奥尔科特的说法，在1836年的俱乐部会议上很少有人会表示反对。他们也会同意马萨诸塞州南马什菲尔德的机械师纳撒尼尔·惠廷在1842年的一次《圣经》会议上所阐释的那样：“与灵魂有关的真理不能通过任何外部证言来证明。”[10]

无论超验主义是什么，它都不适合制度化。它没有专门的研究机构，从未在大学或神学院盛行，在鼎盛时期也仅有两种集体发声的方式（超验俱乐部和《日晷》杂志），而且这两种方式也没有同时存在过。俱乐部的最后一次会议是在1840年，也就是《日晷》创刊的那一年。不管是好是坏，美国的超验主义没有凝聚成合力，它宁愿解散，也不会向任何单一的主权价值产生信仰的妥协。

虽然超验主义并没有改变整个美国人的生活，但它确实改变了且持续改变着一些美国人的生活。超验主义不仅是一场文学、哲学和宗教方面的运动，它更不可避免地是一场社会和政治的运动。在哲学方面，超验主义教导而且继续教导着我们，即使在一个客观知识的世界里，主观意识和有意识的主体也永远不能被忽略。梭罗可以说“最纯粹的科学仍然具有传记性色彩”，或者，正如爱默生所说，最终没有科学，只有科学家。[11]

在宗教方面，超验主义教导我们，宗教精神是人性或人类本身一个不可或缺的方面，它不存在于外在的形式、言语、仪式或制度中。用爱默生的话来说，“宇宙中唯一有价值的东西就是活跃的灵魂”。在文学方面，超验主义认为，表达自我是人性的内在必然，和自我发展一样，自我表达是生命本身的目的之一。超验主义对社会的要求有两点：首先，它坚持主张个人幸福，也就是每一个人的幸福，这是所有社会组织存在的基本目的和最终理由；其次，自主的个体不能脱离他人而存在。在超验主义词汇中，“联合”和“自我”一样充满活力。超验主义认为，教育的目的是促进每个人的自我发展。超验主义的政治轨迹始于哲学自由，止于民主个人主义。[12]

超验主义以其对科学的开放性（理解为对自然的研究），避免了脱离现代科学技术的主流，但它更确信“能改变物质状态的人不是伟大的，伟大的是能改变精神状态的人”。有人说，现代自由主义是没有灵魂的。超验主义，尤其是爱默生唯心主义，为功利自由主义、领袖崇拜和集体主义提供了一种选择。超验主义对个体和个体化原则的信奉，其实就是对每个人与其他所有人共同拥有的灵魂或精神的信奉。如果不是命运的话，那就是超验主义的理想，为现代自由主义提供灵魂，从而拓展了现代生活的可能性。[13]

第41章　锚之锻造

从1836年9月中旬开始到1837年3月初，爱默生一直忙于阅读、思考、写作和交谈。也许是因为《自然》一书的出版，他需要处理相关的接待和销售事宜，而这些进行得都非常顺利；也许是因为新俱乐部讨论活动的激励；也或许是因为对即将出生的孩子的期盼：莉迪安已经怀孕八个月有余了。无论是哪个方面或哪几个方面的原因，反正爱默生情绪高涨，充满活力。他的日记内容丰富，才气四溢，话题广泛。他正沿着《自然》为其铺设好的路线前行，大胆地切断退路，烧断桥梁，好按自己的规划进发：“我是否应该写一篇关于现代思想倾向的文章，以便倡导读者剔除一切多余的东西和传统，从而回到事物的本质上来?”他的语言充满气势，傲然有形。“浪漫主义者吞噬了多利安古语和古老民族的生活。”他说。爱默生认为新的“民主元素”已经“让一些事物变得毫无价值”，它“让国王、伯爵和勋爵这些名字变成了空洞的代号”。他用通俗易懂的语言写道：“过去大量的文学作品，包括田园诗歌、散文随笔、布道政论，以及那些只关注局部的和现象性问题的小说正在消亡。”[1]

就像他兴奋时经常做的那样，他扔掉了阅读清单和目录，那是多个领域的清单和目录。从本质看，“圆形露天竞技场不过是一只装满人的杯子，宝塔不过是一个帐篷，金字塔也就是个泥土墩，哥特式的过道就是一条快乐的林中小路，帕台农神庙也不过是个小屋子而已”。那些被臆想出来的意象成堆地涌动着、翻滚着。“我们用那些自己起的名称来吓唬自己，我们害怕临终看护，害怕蠼螋，害怕死亡飞蛾、圣安东尼之火病和圣维杜斯舞蹈病。”他喜欢“八排粒的玉米、十二排粒的玉米、有斑纹的玉米、獾爱吃的玉米、加拿大玉米、甜玉米、白玉米和密苏里玉米”。他有时还用这种排比式的语言流来形容自己。他曾写过一篇描写“悲伤的，疏远的、不幸的、迷失的瓦尔多·爱默生”的文章。当然，在这种冲动下写出的文章，更多是荷马史诗般的和歌德式的拷问世界的文章。

> 让我们来描绘一个煽动者，一个老派的人，一个国会议员，一个大学教授，一个令人敬畏的编辑，一个牧师，一个改革者，一个沉思的女孩，一个追求时尚和机遇的野心家，一个曾经尝试过和见识过的世故女人。

爱默生曾经说过，他就像他所敬仰的卡莱尔一样，使用这种语言“就像操作一台千变万化的机器，可以根据需要进行切割、推刺、锯断、锉磨、轻揉或粉碎”。[2]

爱默生长长的阅读清单表明自己思想富足、精力充沛，且有一种难以抑制的急切感。“我们大声叫卖，我们推着货车、驾着帆船、划着小船、赶着马车，我们成群结队，我们在运河穿行，为的就是寻找市场，兜售货物。”爱默生的创作灵感持续爆发了几个月，其间，他筹划、撰写并发表了他一生中最具智力连贯性和主题统一性的系列演讲。这些讲稿，为爱默生在未来五六年里创作最优秀的作品奠定了基础，提供了内容。[3]

由于时间紧迫，他写这些新讲稿就更加不同寻常。他有一栋大房子和一个正在扩大的家庭需要供养。1837年1月，威廉遭遇了严重的经济困难，爱默生花了很多时间和金钱帮他。爱默生还负责给东列克星敦教堂布道。各种演讲和信件塞满了他的时间表；有人邀请他演讲、写诗、写文章；他自己经历过丧亲之痛，所以他写的吊唁函篇幅总是很长。当波士顿的媒体抨击奥尔科特激进的教育思想时，爱默生竭尽所能，给报纸写信以示抗议。他从事并促成了一些新的项目，比如翻译艾克曼所著的《歌德谈话录》。

爱默生一直都在不停地写作，到10月初，他把自己计划的项目系列称为“现代历史哲学”。他之所以用了一个比较宽泛的标题，一方面是为了给自己留出一定空间，另一方面则是因为他仍在努力地闯入历史哲学的大门，就像在创作《自然》一样。他有意“直接”表达自己对宗教、文学、科学和艺术的看法，并“从事物的本质上指明这些学科的基础”。他总是把讲课稿和布道稿提前写出来。虽然他承认奥尔科特或富勒的非凡口才，但他依旧认为，书面的讲稿能够超越任何口头才能，因为记录下来的东西可以成为新的上层结构的基础指南。这样，一项工程就能以建设者的全部力量将一栋大厦一层层地往上叠加。他的日记里闪烁着光芒。在建筑的乐趣中，他列举了“蜘蛛网、鸟巢、石蜘蛛的银色网罩、蚕茧、蜂巢、海狸坝”等。他指责科学过度专注于“没有实质的细节”。他改写了牛顿的名言：“月亮的运动只不过是一个苹果的坠落。”他把弄时间，写下“瞬间是浓缩的永恒”这样的语句。多年来坚持记录第一印象、梦想、细微差别和不请自来的反对意见的实践，这让他最终取得了成效。现在，他的日记变得非常生动活泼，甚至是通亮透明的。他能够将自己周围和内心的一切都记录下来，他和莉迪安的关系也非常融洽。1月初的某一天，正当爱默生坐在日记本前苦苦思索“天才”这一话题时，莉迪安走进书房，在纸上写下了自己、儿子和丈夫的名字，这足以“温暖我那冰冷的纸张”。[4]

爱默生正在读查尔斯·莱尔的《地质学原理》，但很失望地发现，它“只是一个罗列事实的目录”。他也在阅读英国化学家汉弗莱·戴维爵士的著作，但最让他兴奋的是爱尔兰诗人塞缪尔·弗格森的一首题为《锚之锻造》的诗，这首诗让他“欣喜若狂”。弗格森的这首诗是以席勒的《钟之声》和朗费罗的《航船的建造》为模板创作而成的。弗格森用铁锤般的现实主义手法，描述了一个重达数吨的大船锚的受热和成型的过程。他把笔墨着重集中在一块白热的粗壮的金属块从硕大的炭炉里被绞盘提起的一刹那：

绞盘拉紧了铁链，下面的黑色土堆在渐渐隆起
上百条血脉般深红的纹理突然迸发
它咆哮着，上升着，撕碎所有的一切……

在弗格森生动的描述中，这一瞬间变成了火山喷发般的创作景象：“在地球上，高高的太阳看不到如此火热壮观的表演。”这首关于力量塑造的诗，风格独特，语言深奥，充满力量：“屋顶的拱肋，炙热的壁炉，火红的铁块/热火朝天的铁匠们，就像站在敌人面前的将士。”[5]

10月15日，爱默生从康科德镇中心一路向东来到瓦尔登湖附近的鹅湖。“在五彩斑斓的深秋树林之中，我一直在思考，到底该用什么原则来贯穿这些讲给市民们的演说。”这就是爱默生在其他场合所说的“锻造时刻”。在这一刻，他以一种新奇的力量和清晰的眼光看到了关于自己的信念和“永恒哲学”的几个重要问题。在斑斓缤纷的树林中，爱默生草草记下了八个基本命题。他首先记下了《历史》《自立》和其他几篇不朽文章的思想基础，即“所有个人都有一个相同的心灵”。爱默生的意思是我们拥有共同的理性，这就是柏拉图主义。人与人之间的沟通是可能的，因为在重要方面，所有人的思想都是相似的。爱默生鹅湖原则的第二条，是斯多葛派的基本法则，即“人与自然之间有一种对应关系，所以物质中的一切都存在于人的头脑中”。这是语言的基础，也是爱默生创作的基础。第三条原则是表

达与性一样，是人类的基本动力，“向外界表达和传递自己的思想，是人性的必然”。他说：“就像所有生物通过相互吸引来繁殖一样，思想也必须通过言语来传播。”作为一个推论，他补充道：“行动是一种莫大的快乐，但无法被预知。”第四条原则的内容是“心灵在不断地努力将现实理想化，使事物的表象不断满足心灵的愿望”。他以建筑和艺术为例来说明这一点。[6]

第五点是分类理论：“心灵的一贯倾向，是将所见的一切统一起来，或将最边缘的事实简化为单一法则。”第六点是对第五点的扩展，也是对第二点的具体应用：“自然界中存在着一种合理的平行倾向性或对应统一性，正如由少量元素组成的复合甲壳、植物叶子或动物一样。”第七点用培根式的话语描述了心灵的偶像，即倾向于“分离细节”并将其放大，由此产生“所有错误的观点和特定的教派”。爱默生的最后一点是前一点的认知视差或纠正假定：“对思想或实践中所有的滥用或错误的补救来自一种信念，它认为，隐藏于表象之下并导致所有表象产生的，是某种特定的永恒规律，我们称之为事物的本质。”当爱默生谈到命运或必然时，他指的就是这些永恒规律。最后一条原则与第一条相呼应；这两条原则都是用现代表述方法对基本的柏拉图主义的重述。[7]

这些原则是爱默生的分类范畴，是他列出的关于精神的主要力量的清单，与任何既定的精神或思想对象的内容无关。这些原则加在一起，构成了爱默生思想的核心。在接下来的几个月里，他的任务就是以令人信服的细节推敲和打磨这些原则。

对爱默生而言，1836年是伟大的一年。他的作品中到处都充满锻造和新生的景象。而比与奥尔科特及富勒的新友谊、《自然》的出版和俱乐部聚会更重要的事，是10月31日他的长子瓦尔多的诞生。爱默生一开始给他起名沃利，满心欢喜地称他为一个“遇上难以言表的烦恼时的开心果”。莉迪安怀孕的过程很辛苦，曾一度病了好几个月，产后两周内也一直不能出门。瓦尔多出生的那周，爱默生同一个名叫彼得·豪的邻居一起去树林里挖了“六棵铁杉种在院子里，它们在我儿子睡觉的时候也会生长”。他自豪地汇报着瓦尔多的成长过程。正如莉迪安所说，他是个“对婴儿的成长极为关注的观察家”。爱默生告诉威廉，沃利在两个半月大的时候就会“吮吸、大哭、大笑和蹬腿，并能发出咕咕和嗯嗯的声音”；在不到四个月大时，“瓦尔多就能挣扎和鱼跃，还常常盯着自己的手心和外界的光研究个不停”。每当孩子生病时，全家就惶恐万分。孩子深深地触动着爱默生的内心。在他的描述中，有一种毫不设防、赤裸自白和近乎祈祷的语气，而这种语气自艾伦离世后就没有再出现过。第二年4月，瓦尔多受了较重的风寒，爱默生写道：“啊！我亲爱的宝宝，才把你从上帝那里接来，可不要现在就离开我啊。”[8]

第42章　我们并非时间之子

这次关于哲学历史的系列讲座一共12场，这是爱默生平生第一次由自己组织和管理的系列演讲。也就是说，演讲没有任何组织赞助，也不属于任何系列活动的一部分，完全由爱默生自己承担风险和责任。1836年12月8日，爱默生在波士顿共济会教堂举行了首场演讲，对系列演讲的内容做了总体介绍，之后他分别就科学的人性、艺术、文学、政治、宗教、社会、工作与职业（爱默生关于劳动的最佳演讲）、行为举止、伦理、当代等话题依次做了演讲，并于1837年3月2日以主题为“个人主义”的演讲收官。爱默生的这些演讲的讲稿之所以没有公开出版，是因为他将它们大量地用在了后来出版的《历史》《自立》《超灵》《艺术》《现代文学思考》《精神法则》和《补偿》等作品中。分散在这些著名文章各处的见解，都曾集中出现在这次系列演讲中，成为爱默生成长发展中一个重要阶段的一部分。此时，他的思想已经达到最系统化的程度。

系列演讲一次又一次地回到两个重要的概念上：一个是激进的去时化的历史概念，另一个是坚持个体服从整体。爱默生一开始就反对"战争与领袖"的历史观，认为以往的史书是"荒芜乏味的编年史"，其"故事的贯穿和统一是通过关注握有王权的少数男女来保证的"。但现在，爱默生坚持认为人类历史只能是对所有男女共同人性的表达。有一种思想是我们共有的，"在这一思想中，历史就是记录"，"历史的一切事实都是作为法则存在于头脑中的"。也就是说，它们存在于每一个人的头脑中，所以整个历史都在每个人的头脑中。历史"都是从个人经验中得到解释"。也许人不再是衡量一切事物的标准，但为了理解历史，"人的本性是衡量一切归因于它的事实的标准。"爱默生说，"那些叙述的事实只有符合我内心的某些东西，才能可信。"[1]

爱默生对历史彻底的重新定义，与其说是一种新的历史观，不如说是一种新的阅读历史的方式。他的伟大作品《历史》实际上是一篇关于阅读历史的文章。在这次系列演讲一开始，我们就能从爱默生的措辞中感受到他言辞的激烈："我们必须将自己变成读到的历史人物，必须变成希腊人、罗马人、土耳其人、牧师和国王、烈士和刽子手，也就是说，必须将这些历史形象同我们个人经历中的某些实际联系起来，否则我们将一无所见，一无所学，一无所获。"就像后来的沃尔特·惠特曼一样，爱默生感觉到，自己与他所读到的任何历史人物都有一种亲缘关系，它是由我们所有人的"完美的共同特征"所促成的。"我看到了我们之间的共同特征，我捕捉到同一只眼睛里射出的光芒，我识别出了微笑、皱眉、空气和声音，无论在头盔、斗篷、鱼片，还是金色皇冠或用棕榈叶装饰的帽子上，都能看到与我们一样的人类。"这是跨越时空的人类特征。理解过去的唯一方法就是把过去想象成现在，"当柏拉图的思考同样进入我的脑海时，当点燃圣约翰灵魂的真理同样点燃了我的灵魂时，时间就不复存在了"。这一"所有人共有的根本特征的惊人事实"，这个强制性的全人类成员身份，意味着至少在这方面，“我们不是时间的孩子”。[2]

爱默生这种坚持共同思想和共同人性的必然结果，是对人们普遍理解的个人主义进行反复和持续的攻击。在这些讲座中，我们看到爱默生对浪漫个人主义进行了非常全面的批判。这些批判是他建立新的自我信任的必要准备。在开篇演讲中，他一口气说道：“我们很早就有这样伟大的发现，即所有人都有一个共同的心灵，个体特征远小于共同特征……错误、罪恶和疾病只能萎缩在肤浅或个体的本性中。”他一次又一次地回到这一点上。“所有的教育都是为了把我们个人或个人的东西沉下去。”他赞许地说。“只有上帝是自立的。”他谨慎地说，“自然界中的每一种生物都与其他生物紧密联系在一起，如果脱离了其他生物，这种生物就会立即灭亡。”[3]

爱默生坚信这一点。“如果将一个人孤立起来，就等于你消灭了他。”失去了周围的世界，他将无法生存。在那场名为“艺术”的演讲中，爱默生甚至说，如果一个艺术家想创作一部被普遍欣赏的作品，就“必须去掉自己的个性”。在名为“政治”的演讲中，他断言：“平等的基础是所有人都拥有共同的心灵……所有人都能接近理性。”在“宗教”演讲的一开始，爱默生就说，自己曾经一直所称的宇宙意识，现在被哲学家们称为理性。他接着直截了当地承认：“与普遍思想对立的本质是个体，即个人。”[4]

在“社会”的演讲中，爱默生也做了类似的区分。他说：“除了这种共性外，每个人都有自己的个性。”最后，在“伦理”那场演讲中，爱默生得出了个人与集体精神之间的这种关系的表述，这种关系将永远伴随着他。他称之为“自信心”，并将其描述为“一种使整个伦理道德成为一体的准则”。关于所谓自信心，爱默生认为：“这并不是让一个人对自己的一时冲动或自负深信不疑，结果使自己与其他所有人完全隔离，并按自己的意志行事的能力；它是一种认知能力，它让个体认为宇宙的共同思想是通过他的本性向他揭示出来。”这是本次演讲系列最佳一场中最精彩的陈述。从今以后，认为每一个体都是整体的一种表现的这一观点将成为爱默生思想中不可动摇的基石。[5]

第43章 美国学者

1837年发生的金融恐慌，对爱默生的影响极其严重，主要是因为他的哥哥威廉。美国从1825年开始普遍繁荣的一个结果，就是纸币的供应量从1830年至1837年间增加了两倍。为了加强中央银行的实力，杰克逊总统下令，规定对美国的所有债务都以铸币支付；海外债权人也提出了类似的要求。1836年小麦价格大跌，棉花价格也随之下跌。银行一家接一家地暂停支付。到1837年5月，波士顿所有的银行都暂停了支付业务，这导致很多商人彻底破产。爱默生投到银行入股的那些钱几乎毫无回报。硬通货非常短缺。1836年12月，威廉说他需要6500美元应急，但即使出20%的利息也无法在纽约找到出借人。他向瓦尔多求助。瓦尔多把自己的资产转移给威廉，以偿还总计6400美元的债务。在接下来的几年里，兄弟俩紧紧绑在一起，努力从这里筹集几百美元抵押贷款，从那里筹措几百美元做预付款，所有这些都是为了能够保住威廉的各种资产和投资。一年又一年，兄弟俩充满焦虑地计算着，将抵偿债务的记录写满了好几页纸。这种情形让爱默生沮丧万分。[1]

3月份，爱默生正式放弃将查尔斯写的文章编辑出版的想法。他发现查尔斯文章中的阴郁的一面让人非常痛苦。“我不敢再继续整理他的文章了。”爱默生在日记中坦言。查尔斯的文章有“太多的悔恨和质疑，有太少的乐观和希望；有太多的悲伤折磨着我。我无法继续体验我高贵的弟弟遭受的痛苦，甚至自己折磨自己了”。尽管深陷家庭灾难之中，并被自己忙碌的家庭琐事所包围，爱默生依然阅读歌德的著作，记写自己的日记，过着忙碌的生活。其间，富勒再次造访，奥尔科特也又一次登门；他也经常去波士顿和东列克星敦；超验俱乐部继续开会；院子里又种了更多的树。有时，爱默生的心情也会大不相同，他陶醉于“完美婚姻的欢乐”之中。当乔纳森·菲利普斯和威廉·埃勒里·钱宁参加俱乐部会议时，爱默生敏锐地观察到，“圣人就像国王一样被尊崇和礼节包围着”，他们的外表“无法真实地表达他们的思想和内心”。[2]

1837年5月，爱默生34岁。他在日记中再次重申，他认为生命充满了象征性，并接着详细说明人们据此将自己划分为不同等级的方式。对于大多数人来说，活着是为了“某个象征性的东西”，仿佛表面上的世界就是真实的世界，仿佛这个世界主要是为己而用的世界。另有一些人，如诗人和艺术家，他们活着是为了“象征的美”，好像可见的世界就是一切。还有一些人，那些拥有某种精神领悟力的人，他们活着是为了“所展示的事物的美”。这不仅仅是爱默生自己的理论。他把这个日益艰难的时代，这个“巨大而普遍的灾难”解读为是现代唯物主义的失败和对美国社会的控诉。“世界已经失败。”他简单直白地说。他指出，即使卡莱尔也有一种令人不安的倾向，那就是他开始崇拜力量，“不管现在的力量是神圣的还是邪恶的”。[3]

逆境常常使爱默生感到莫名的兴奋。这年整个春夏两季，他都过着舒坦的生活；他经常有近乎梦幻般的强烈感觉。4月底，爱默生在精神上经历了一次快速提升。他正在读歌德翻译的普罗提诺关于艺术的著作。普罗提诺希望我们看到艺术品塑造背后的艺术技艺。爱默生说造船的艺术是“除了木头本身之外，船上的一切”。艺术技艺重于手工制品，所以，此时的爱默生总结道：“德行重于智慧。”[4]

6月，爱默生患上了较重的病，无法继续研究，他曾认真考虑过去旅行。尽管如此，他还是在普罗维登斯市一所学校的开学典礼上做了一次演讲，该校将按照布朗森·奥尔科特的原则办学，玛格丽特·富勒便是其中的新教师之一。这次演讲的内容应该是关于教育的，但其演讲的语气却表达了极端的不满。爱默生既想到了席卷全国的金融危机，也想到了波士顿当地人对奥尔科特的学校的攻击，这一攻击致使奥尔科特关闭了他的学校。他告诉听众，一场商业革命已经打破了社会原有的框架，“绝望的保守主义者用双手紧紧抓住学校、国家和教堂里的每一个僵尸”。此次演讲是对社会和教育改革的呼吁。他问道：“人生的最终目的是什么？相信我，人生的主要目的不是发财和生孩子，然后孩子的目的同样也是发财；简言之，人生的主要目的是探索自己。”[5]

即使6月份没怎么做研究，爱默生也设法阅读了多恩的《两周年纪念》和鲍斯韦尔的《约翰逊的一生》，他特别喜欢后者。这个月，他还给哈佛大学校长昆西写了一封信（但这封信现在找不到了）以支持亨利·梭罗。梭罗正计划于8月底毕业，虽然他在哈佛深受老师们的尊重，但昆西认为他比较叛逆，因此班里的各类奖项和荣誉都没有他的份儿。6月第三周，爱默生受邀在哈佛大学美国优等生荣誉学会的年会上做了一次演讲。他是临时被邀请的，该学会的第一选择是牧师乔纳森·梅休·温莱特，他是一位圣公会教徒，也是一本赞美诗集的作者，但温莱特拒绝了邀请。[6]

爱默生刚刚为康科德7月4日的庆祝活动和北桥战役纪念碑的揭幕仪式写了一些诗句，以此来纪念美国独立战争中的一场开局之战。他的这首诗已经成为自己最著名的丰碑了，“粗陋的拱桥下河水潺潺/战斗的旗帜在4月里迎风飘扬/在这里农夫们曾奋勇杀敌/全世界都能听到枪声隆隆”。这年7、8月，爱默生都在为优等生荣誉学会的年会上他的题为“美国学者”的演讲准备着他自己的弹药。[7]

8月31日，爱默生和莉迪安乘坐马车去剑桥参加活动。毕业典礼是在前一天举行的，但中午仍然人潮涌动，他们聚集在一座古老的木质结构的教堂里，这座教堂至今仍然矗立在哈佛广场上，与马萨诸塞大厅隔街相望，就在通往哈佛校园的大门外。布拉托街教堂的外面是——现在仍然是——一座笨拙的哥特式的木制纪念碑，它的油漆似乎永远也无法完好保持一整个冬天。但教堂的内部的风格却截然不同，它是杰斐逊古典主义和联邦简约建筑相互交融的极好例证。爱默生 1837 年这次演讲的听众包括当时美国最高法院大法官约瑟夫·斯托里和马萨诸塞州最高法院首席法官莱缪尔·肖；还有老奥利弗·温德尔·霍姆斯、詹姆斯·拉塞尔·洛威尔、理查德·亨利·达纳、温德尔·菲利普斯和爱德华·埃弗雷特等；出席的还有爱默生以前的老师（如爱德华·钱宁）和同事（如老亨利·威尔），以及一神论的重量级人物（如安德鲁斯·诺顿）等。这些听众都是有头有脸的人物。如果爱默生在演讲中把握机会，发表了具有深远意义的观念，那么在马萨诸塞州东部的小世界里，这些观点都会被清晰地听到。当然，并不是每个人都听了他的演讲，前一天毕业的亨利·梭罗（他参加了毕业典礼，还得到一些奖金）似乎已经从剑桥地区消失了。

爱默生的演讲持续了一个半小时，一位经常参加毕业典礼的听众称他的演讲具有“那种朦胧、梦幻和难以理解的斯威登堡、卡莱尔和柯勒律治式的风格”。爱默生的朋友们鼓励他出版这次的演讲稿，于是他就将其付印成册，费用由自己承担。结果五百本《美国学者》在一个月内就一抢而空。他演讲时可能隐约感到，这次演讲会引起强烈的反响。果然，随着时间的推移，这个演讲变得越来越出名，甚至成为一种传奇。五十年后，老奥利弗·温德尔·霍姆斯称之为“我们的精神独立宣言”。[8]

但爱默生这次演讲最著名的地方，不但是最不具原创性的部分，而且也是最没有特色的部分。布利斯·佩里在 1923 年曾指出，在 1837 年之前的二三十年里，哈佛大学的演讲者们曾一个接一个地警告说，我们已经听够了那种欧洲宫廷式的文艺，而且预言说，我们依赖于人的日子、我们长期做其他大陆学徒的日子就要结束了。也许是由于之前的警告或预言威力不大的缘故，这样的宫廷式学科在美国依然非常普遍，已经成为标准本科生的必修主题。值得注意的是，爱默生对欧洲的文艺如此温和，是因为他本人对欧洲的思想和文学深信不疑。尽管偶尔有民族热情占上风的时候，他对文学民族主义或严格意义上的民族批判也不太感兴趣。当爱默生着手写《代表人物》时，他的人物模型没有一个是美国人。《美国学者》由一个每天都在读歌德、普鲁塔克、蒙田、莎士比亚和华兹华斯的人，一个后来说了以下内容的人所写：

> 此后我们将注意到，19世纪美国文化上的大事件就是对但丁、米开朗琪罗和拉斐尔等天才对美国的重要性的重新认识，人们需要阅读莎士比亚的作品，尤其是歌德的作品。歌德堪称一头奶牛，他们所有的牛奶都可从他身上源源不断地获得。[9]

然而，在写这篇演讲稿的时候，爱默生却处于一种叛逆和挑衅的情绪中。他对波士顿公众攻击奥尔科特的办学理念致使其学校陷入困境的行为感到惊愕和愤怒；弟弟查尔斯在病痛时对生活的绝望让他也有所反应；致使每个人都日夜埋头于自己账簿的金融恐慌也让他畏缩不前；还有他不得不纠正超验俱乐部里盛行的极端欧洲中心主义。雷普利目前正忙于他的外国标准作家系列和德国哲学家施莱尔马赫的研究，而赫奇与布朗森和富勒一样都很“日耳曼”。爱默生本人把歌德看得比其他人都重要。尽管他一生都对各种外国文学感兴趣，但这年春天，他还是提出了一个较大的异议。“总的来说，这些德国魏玛式的艺术朋友到底做了些什么呢?”爱默生质问道，“他们拒绝了所有的传统，切断了所有的联系，并试图以此向绝对真理更近一步，但他们仍然没有比其他人更能接近绝对真理。”爱默生发现，他们并不英勇，也不圣洁，他们未能充分认识和理解自然，也没有力量去阐明或纠正自己的观点。最后，他们还自高自大，但“伟大和崇高的根源仍然存在于普通生活之中”。即使我们不应否定或贬低一位欧洲作家的天才，但受过去天才影响的负担问题仍然存在。“天才的过度影响是下一个天才的敌人。”爱默生对他的优等生荣誉学会的听众们说。对此，他还引证了“已经莎士比亚化了两百多年”的英国戏剧诗人作为证据。[10]

爱默生这种针对欧洲的突然且在某些方面不寻常的蔑视，与其说是为了提振美国，不如说是为了论证个人实际能力的充分性和自立的必要性，以及整体自我相对于在劳动分工情形下产生的分裂自我的优越性。爱默生对书呆子不感兴趣，甚至对思想家也不感兴趣，他感兴趣的是人的思维。他感兴趣的并不是把美国从欧洲的过去中分离开来，而是把个人从无法激发灵感的教育中分离开来，而这种日渐无能的教育方式恰巧是欧洲的。

赞扬个人主义是一回事，但当爱默生贬低那些破坏独立自主的制度时冒犯他的一部分听众则是另外一回事。他的演讲并没有对哈佛大学进行赞扬，也没有给悠久的学术传统高唱赞歌（这种学术传统在那时甚至开始阻碍思想的自由交流了），也没有令人愉快地提及该校所取得的进步。爱默生对《圣经》（“《圣经》书籍是为学者在闲暇时消遣准备的”）或教会或基督（“此人并非生来就是为了养活我们”）也没有一句赞扬之词。相反，他对机构体制提出了明确的批评，当然也包括美国的机构体制：“书本，学院和艺术学校，还有各种其他机构，请不要再重复那些往日天才们的教诲……他们压抑了我，他们只向后看却不会前瞻。”[11]

“美国学者”只是爱默生关于“学者的职责”系列演说和讲座中的第一个。在后来的日子里，他一次次地回到这个话题上，在佛蒙特州的明德学院，在康涅狄格州的卫斯理大学，以及多年后在弗吉尼亚大学，他都做过关于这个话题的演讲。他的第一批听众很可能想知道他所说的“学者”到底是什么意思。当然，这既不是他曾经说过的“珍视书籍的读书阶层”，也不是他在另一个场合所称的“读物的修复者和校勘者及不同程度的藏书狂”。正如现在所理解的，爱默生对学者们的评论几乎总是带有贬损或讽刺的意味。他说，人们发现，学者们总是“用表达力最差的词语造出非常低劣的句子，因为他们只关注词本身”。一年后，他同时把“博学阶层”和“有智力缺陷的群体”排除在学者之外。爱默生总是喜欢读者胜过注解者，喜欢作家胜过读者。他在这篇演讲中所说的学者，类似于我们所说的学生，也有点儿像知识分子，或许更像我们所说的作家。[12]

“美国学者”这一演讲永远保持着新鲜的特点，因为这里被解放的，不是美国文学，也不是美国知识分子，而是独立的个人。事实上，是爱默生自己获得了解放。这个演讲是爱默生个人信仰的宣言。他承诺“如果一个人始终坚定不移地坚持自己的本能，那么这个巨大的世界就会来到他身边”。他这么说，实际是希望能说服自己。也许正是出于这个原因，这篇演说会持续不断地点燃读者们的热情。为什么不会呢？爱默生有意让自己的演讲能够燃烧起来，公开确认那让我们大家感到温暖的共同火苗。为了解释为什么对伟人的永恒崇拜最终是无用的，爱默生说：

> 这是一团中心之火，它时而从埃特纳火山口燃起，照亮了西西里岛的海角；时而从维苏威火山的咽喉喷出，照亮了那不勒斯的高塔和葡萄园。它是从千万颗星星中射出的一束光；它是一颗让所有人都充满活力的灵魂。[13]

从这年8月的最后一天起，爱默生的听众不再是法官、教授、部长、学校董事会成员或其他被制度化的人，从此以后，他们只是一个独立的听者和读者，一个不为人所知但总是独一无二的朋友。当他们遇到爱默生对那些温顺的年轻人进行的令人吃惊的评论，说这些年轻人“在图书馆里长大，相信自己有责任接受西塞罗、培根和洛克等人的观点，却忘记了西塞罗、洛克和培根在写那些书的时候也只是图书馆里的年轻人”的时候，他会感到，而且仍然可能感到，爱默生就是在提着他们的衣领，说的就是他们自己。[14]

第44章　抛弃

优等生荣誉学会演讲后的第二天，超验俱乐部在康科德爱默生的家里举行了聚会。这次聚会最初由牧师和神学院的学生组成。爱默生后来又推荐了奥尔科特加入。现在，他与玛格丽特·富勒共同制订了一个进一步扩大俱乐部成员的计划。此次聚会之前，爱默生曾邀请富勒、伊丽莎白·霍尔和莎拉·雷普利来家里聚餐。爱默生告诉富勒，他不能做什么承诺，“但如果我能把雷普利太太也请来，你陪她一起共进晚餐，一个小时之内你肯定能够说服她们”。这个计划奏效了，从此以后，俱乐部的会议上经常能看到妇女们的身影。[1]

爱默生休息了一阵子，一连十天都没有工作。外面的天气很好，他尽情享受着“普通乡村生活中温热柔和的三伏天”，沐浴在“温暖而柔黄的阳光里——玉米、大豆和不停生长的南瓜，还有花园、田野，以及印第安人的天堂”。卡莱尔寄给他一本自己的新书《法国大革命》，他对这本书称赞有加。爱默生喜欢这本书非传统的一面，它强调的是普通的人和普通的事：“你认识到除了那些军官和公民精神之外的其他人和其他关系的重要意义。”最可贵的是，他告诉卡莱尔，“你已经能够从所有书籍的束缚中解脱出来，记录自己的思想”。他对卡莱尔的赞扬，也正是他自己想要做到的，他在优等生荣誉学会的那次演讲中就试图这么做。詹姆斯·拉塞尔·洛威尔曾说过，“我们在社交和智力上都依附于英国的思想，直到爱默生打破了这种状况，才让我们有机会领略到蓝色海洋的危险和壮美”。[2]

爱默生既想写一本书，又想做另一个系列演讲。莉迪安觉得他此时是想写书，但也许是由于经济原因，他决定先做演讲。他试图找到一个“足以容纳我想谈及的所有内容”的主题，最终确定了“人类文化的原则、手段和目的”。相应地，他10月和11月的日记的内容繁多而庞杂。他在思考存在与表象的问题。与一些较近的女性朋友的交谈迫使他认真思考自己想法的一些含义。“跟女士们在一起时，我总是坚持男人的自负——我自己就倾向于这样做，这对她们有时似乎是一种痛苦和不必要的伤害。”他看到，有很多事业和道路都对女性关闭了大门，“那些我认为很有天赋和才华的女性，那些我觉得不应只是人妻而更应是缪斯的女性，其命运大多悲惨和不幸。”他总结道，一个女性把自己比作历史上的某位女性是对自己的不公平，“她们需要感受到，作为新女性，要勇敢面对新的、神圣的问题；也许最快乐的自然就属于她们自己；切勿因为他们自己的失败而感到绝望，从而破坏了这快乐的自然”。[3]

1837年秋天，爱默生的各种感官均处在活跃和灵敏的状态。同往常一样，他的视觉先于其他感官。世界上到处都是他所说的“吸睛圈套”。任何事实，比如一件腰部没有扣子的外套，“都会引起注意”，吸引我们的眼球。他建议和画家一起散步，那样“你将第一次看到不一样的组合、色彩、云朵和协调”。梭罗曾说，在金黄的10月里，任何气候都是美好的；而对于那些认为奇迹在10月里就已停止的人，爱默生给出了自己的回答：“真的吗？什么时候？今天下午，当我走进树林，避开呼啸的狂风，沐浴在明媚的、充满奇迹的阳光下时，我发现奇迹真的还没有停下来。”[4]

就像往常一样，当他的感官开始变得兴奋，自己也感到神清气爽时，他就会迷恋于荒野。10月，他写道：“哥伦布时代的人们渴望目睹野人，毫无疑问，我们对野人也应该有着强烈的兴趣，但我们对社会人却不会产生这样的兴趣，因为社会人是已经驯化了的社会的人。”爱默生认为荒野不是极端，而是常态。“文化，”他坚持说，“不是修剪和料理花园，而是要展现凶险的灌木与险峻的山峰、广袤的大地同无边的海洋和谐共生的原始景象。”[5]

不管在别人眼里爱默生有多么安详和自信，但他自己的情绪时常经历着大而快的变化。他讨厌疾病，抵触谈论疾病，也不愿意收寄关于疾病的信件；他近乎疯狂地反复提醒自己要自立。有时，他会刹那间感到懊恼、遗憾或失落，或者有一种“人过三十，每天醒来，满目忧伤”的感觉。有时他又像一个热恋中的男人，过着幸福而恍惚的生活。有一天，当发现自己对动物如何吸引异性感到好奇时，他简短地说：“我的拇指甲缝里都已满是惊奇。”他认为，每个人的生活中都有一些令人惊讶的东西：“我们的梦境或某些巧合都会给我们暗示，让每个人在一生中都会停下来凝望那么一两次。”他还知道，坠入爱河不仅仅是野性的一种体现，它更体现的是对平淡生活的背离和引起他人热切兴趣的话题：“在这个星球上，对于那些热恋的人——无论圣人还是野蛮人，只要他们被目睹或报道，其举止和思想就会立即引起我们的兴趣。”[6]

带着这样的情绪和兴趣，爱默生对正式神学的去逻辑化越来越反感也就不足为奇了。他感到一种全身上下由内而外的厌恶：“昨天我翻阅了年轻牧师书房里的几本书，直到冷得浑身打战，这些书与普里斯特利、诺伊斯、罗森穆勒、约瑟夫·艾伦……施鲁斯纳以及诺顿等人有关。”这年秋天，爱默生自己在阅读方面兼收并蓄，不仅阅读了约翰·福斯特的《约翰·皮姆的一生》和乔治·班克罗夫特的《美国历史》第二卷，还对亚洲继续保持着浓厚的兴趣，读了迦梨陀娑的《马沙杜塔》，以及《亚洲学报》上一篇名为《律劳卑勋爵与广州当局谈判概要》的文章。此外，他还读了约翰·麦克莱兰的《在科曼省的一些调查》，这是一本关于印度地质方面的书。爱默生还重读了一些熟悉的作家的著作，这些作家有埃斯库罗斯、本·琼森和歌德等。他非常钦佩汉弗莱·戴维爵士的《旅行的慰藉》，并针对威廉·加德纳的《自然的音乐》做了大量的笔记。[7]

11月，正当爱默生着手进行他的系列讲座时，一个突然的特别事件打断了他，那就是伊莱贾·洛夫乔伊在伊利诺伊州奥尔顿市毙于暴民手中。爱默生并不认识洛夫乔伊，但这件事让他感到非常震惊，并像所有废奴主义者一样引起了他的关注。35岁的洛夫乔伊是一个废奴主义者和长老会牧师，之前，他已经被赶出了圣路易斯。在圣路易斯东部以北的奥尔顿市，反对废奴主义者们曾三次把洛夫乔伊的印刷机扔进河里。当第四台印刷机通过汽船沿密西西比河运来时，在征得市长同意后，洛夫乔伊招募了大约50人的队伍来帮他搬运，并在河边的一个石头仓库里看管这台新的印刷机。第二天晚上，一群反对者前来抢夺机器，双方发生了枪战，其中一名暴徒被打死。市长到来后，肯定了洛夫乔伊保护自己财产的权利，并试图驱赶暴徒们回家，但并未成功。仓库旁边有一个梯子，一名暴徒手拿火把顺着梯子爬上屋顶，点燃了房子。洛夫乔伊拿枪出来瞄准那个家伙，但还没来得及开枪，自己就先中弹了。[8]

约翰·昆西·亚当斯说，洛夫乔伊的死亡“给整个美洲大陆带来了地震般的冲击”，但公众的反应却很复杂。包括威廉·劳埃德·加里森在内的许多废奴主义者。他们原则上坚决反对使用武力，因为他们认为，如果废奴运动拒绝使用暴力，这一事业就会获得更广泛的支持。加里森觉得洛夫乔伊开创了一个危险的先例。而北方各地的报纸则把这一事件视为一个言论自由和新闻自由的问题。曾有人试图在波士顿租个大厅来举办一场“声讨大会”，但由于废奴这一话题在当时仍是不被普遍赞成的事，直到12月8日才找到一个合适的大厅。与此同时，在被认为是废奴主义温床的康科德（尽管这一意识在康科德人中并非普遍存在），人们准备在11月下旬举行一次会议，并邀请爱默生发表讲话。[9]

爱默生的这次讲话稿并未留传下来，但从他在日记中列出的大纲和所做的注解中，我们对他的观点有了大概的了解。他是坚决反对奴隶制的，而且已经很多年了。他写道：“没有人有权利将他人占为己有……因为人不是动产，不能买卖；任何伪善的奴隶交易均是无效的、犯罪的行为。”尽管坚决反对奴隶制，但他仍然无法摆脱当时白人社会中普遍存在的种族主义。他曾怀疑，正如他所说的，“非洲种族是否曾经占据过或承诺要占据人类大家庭中任何较高的位置”。他还没有准备好称自己为一名废奴主义者，但他对这场运动的辩护是有力的："废奴主义者宣称的目的，是要唤醒北方各州的良知，并希望借此也唤醒南方各州的良知：这是一种正义而崇高的希望。"但爱默生主要强调了针对该事件进行自由言论的层面，他说："我们在这一事件上的最大责任，就是要打开讨论这个问题的大门，日复一日、年复一年地稳步进行。"他的这种表述将自己与废奴党隔开了一定的距离。在提出上述废奴主义计划后，他讨论了"该计划对我们的影响"。这部分讲话的提纲除了着重强调言论自由问题外，又进一步主张政治行动。对"我们"来说，废奴主义既是一个"讨论的问题"，也是一个"行动的问题"。他认为讨论的重要性——特别是对新英格兰而言，在于让人们"通过投票，维护奴隶的权利"。[10]

多年来，爱默生一直深入参与社会和政治事务。他曾在学校委员会、公墓委员会、图书馆委员会和学园委员会等部门挂职。在一些具体问题上，他常常要写寄信件，同朋友讨论，在会上发言，并在请愿书上签名。虽然自己并不是组织者，但他给予废奴主义者的，不仅仅是无声的同情或金钱的资助。现在，1837年，他发出了自己的声音，就像后来一次又一次的发声一样。他的日记显示，在公众支持的背后，在人人拥有共同思想的信仰逻辑和美国白人对黑人和当地原住民的种族主义傲慢态度之间，他进行了长期的斗争。

在废奴问题上，此时的莉迪安·爱默生走在了丈夫前面。此外，她对奴隶们在中央航线①上遭受的痛苦和其他奴隶制度的恐怖所产生的生动而富有想象的同情，也超过了自己的丈夫。1837年9月初，莎拉·格里姆克和安吉丽娜·格里姆克姐妹俩在康科德逗留了一个星期。其间，她们和莉迪安一同吃饭喝茶，这让莉迪安下定决心，绝不会"把我的注意力从废奴事业上转移开，直到发现自己在这件事上再

① 中央航线，指旧时自非洲西海岸至加勒比的行程，是奴隶船航行到加勒比或美洲的最长行程。

没有什么事情可做”。[11]

1836年，即爱默生出版《自然》的那一年，格里姆克姐妹也曾发表过几份宣言。安吉丽娜·格里姆克的《对南方基督徒女性的呼吁》和莎拉·格里姆克的《给南方各州神职人员的信》，以及安吉丽娜后来的《对名义自由州的妇女的呼吁》等文章都清楚地表明，北方并不比南方更无辜，“由于她们对肤色的偏见、对奴隶产品的使用以及对（利比里亚）殖民运动的支持，北方的妇女也深深地卷入了奴隶制当中”。既然格里姆克姐妹说服了莉迪安，那么莉迪安无疑也会说服她的丈夫。爱默生总结说：“当我们解决了这个事情的对与错的问题后，我想就已经尽我们所能了。一个人只能将其积极的注意力放在一定数量的声讨上。”给出这样的结论，其实是在为自己辩护。但这是一个诚实的结论，即使它让一些人感到失望。爱默生当下的大部分注意力在于他那关于人类文化的系列讲座上。[12]

第45章　人类文化

12月3日这天，小瓦尔多独自迈出了人生的第一步；他现在有13个月大了。三天后，即1837年12月6日，爱默生发表了新系列的第一场演讲。在谈到这次演讲时，他带着一种不以为然的神情；他告诉威廉，演讲的主题是“关于神学和人类的所有事情，以及其他一些内容”。然而，事实上，此次被他称为“人类文化”的系列演讲，和上一个系列一样，是经过精心策划的。上次题为“历史哲学”的系列演讲从历史开始，以历史的构成单位个人结束。这个新系列则从个体开始，展示了个体的每一部分是如何为我们提供通往人类生活更普遍、更广阔前景的大门和钥匙。

在首场演讲中，爱默生便确立了这个系列的总的主题。演讲的政治论调——后来出现在《代表人物》一书中——已经很明显了：“现代思想教导我们，国家是为个人而存在的。”但这次系列演讲的主题并不是个人和国家，而是自我修养。“他自己的文化，即本性的展现，是人类的主要目的。”爱默生所说的文化，不是指德国人所谓的官方文化，即博物馆、剧院和交响乐表演等，而是指自我发展、教育和教化等。爱默生一如既往地坚持哲学唯心主义，但现在，他在不遗余力地强调唯心主义的实践，并针对性地将唯心主义定义为追求更好，而不是追求最好：“我们将这种更好称之为理想。理想与现实并不对立，它与存在相对立。理想就是现实，而存在只是表面的、暂时的。”他还饶有兴趣地详述了主观性的作用：“自然物体对每个人所具有的那种模糊难辨的吸引力，只是真理的一种迹象，真理在最后才能显现，也就是说，自然规律预先存在于每个人的头脑之中。”[1]

1837年的这些演讲也展现了爱默生现象论的一些内容。“在人类文化的哲学视野中，我们从一个新的有别于大众的视角看待一切事物，也就是说，我们主要考虑的不是事物，而是它们对于个人观点的影响。”第二篇演讲名为“双手的信条”，类似于《自然》中的《物质》一章，他指出我们是如何被日常工作和生活所教育和塑造的。“借助光和火的特性，所有民族都描述着自己对上帝的认识。他们主要通过园丁侍弄的植物球茎的生长变化来描述心灵的成长过程。”每一行业都有自己的规则和用语。所有的知识都是有用的，各个行业都有值得去学的东西。木匠靠“他手中凿子的利刃上闪现着的坚定的道德规范”来生活。[2]

第三篇演讲的题目是“头脑”，这是爱默生第一次尝试探讨“智力的自然历史”。他概括了意识的发展过程，并用准神学的术语进行描述。创造就是发现一个人的存在。“年轻人一旦感觉到并表达出存在（现在的我）的伟大事实，他就会将这个‘我’从原来的‘我’中剥离出来，使之到达任何能够影响到的地方，到达他的身体和所属器官，到达他的家园和土地。”这就是意识的代价，这就是人的堕落。[3]

第四篇演讲“眼睛与耳朵”是关于美感的；第五场演讲是关于

“心灵”或者“感情”的，聚焦于爱、友谊、善良和勇气。关于勇气，爱默生现在有了一个激进的观点，与克利须那神在《薄伽梵歌》中给阿朱那的建议非常类似。爱默生说：

> 勇气总是建立在这样一个信念之上：我的敌人在本质上和我自己是完全相同的，也就是说，你与之战斗的那个人并不比你强大多少。如果我们相信绝对个人的存在，也就是说，每个人的本质不是完全相同的，而是未知和无法测定的，那我们就永远不敢战斗。

第六篇演讲聚焦于知识的完整性，其要点是贵格会的一个主张，即灵光或弱小之声并非突发奇想或个人偏爱，而是属于一个人自己的唯一真正的光，它是熔火之心，是生命之泉。

> 一切伟大而美好的行动、言论和思想，都从必然中产生，这是它们共同的特点；行动者认为必然会这样。通过放弃任性和自我意志，或者说，通过放弃对自然和本能的追求，使得个体行动者认为自己没有任何责任。他遵循着一条神圣的指引，世界是他行动的保障。

这篇演讲是本系列中最好的一篇。其中有些内容后来被用在了《精神法则》和《经验》等文章中。该演讲充满了大胆的联系。爱默生问道：我们对天才的兴趣不就是对荒野和没有驯化的事物的兴趣吗？而我们对荒野的兴趣不就是对真实事物的兴趣吗？[4]

和“双手的信条”一样，题为“谨慎”的第七篇演讲又回到日常生活的实际问题中。之后，爱默生用了两篇题目分别为《英雄主义》和《神圣》的文章来总结该系列演讲。当爱默生在康科德和弗雷明翰等地重复这一系列演讲时，他做了适当的压缩，用《英雄主义》作为结尾篇，并将其收录在日后出版的第一本散文集中。他所说的英雄，并不是卡莱尔所指的勇士或强人。按照爱默生的理解，英雄主义是一个自立的人必须具备的品质：“英雄是一个平衡的心灵，任何干扰都动摇不了他的意志；可以说，他只管愉悦地在自己的乐曲声中前行。”[5]

然而，如果说爱默生只是在这里给英雄主义加了一个微妙的新的强调的话，那他并没有完全抛弃关于英雄主义的旧观点。他援引玛丽姑妈的建议：“总是勇敢地去完成你害怕做的事。”他知道生活中有一些凶残的事情必须要面对；他用“使人的头部一个劲儿地向后弯曲”的牙关紧闭症或“让他朝着妻儿不停地狂叫”的狂犬病来举例子。“在某些方面，人们难以克服的，是日常生活对人的销蚀效应。”他说，“时间被撕得七零八碎，一地鸡毛。门要刷漆，锁要修理；木材不可缺；烟囱要冒烟；或者我患了头痛；然后要纳税……时间就这样被吞噬掉了。”爱默生轻松而高傲地说：“每一个英雄行为衡量自己的标准都是它对外在的善的藐视。”通过强调什么不是英雄主义，爱默生赋予英雄人物以生动的活力。“那么，对于那些让整个人类社会都绞尽脑汁的甜言蜜语、翻花绳、梳妆打扮、奉承恭维、吵架斗殴、牌桌游戏和蛋糕奶油等等，它该说些什么呢？”他援引了两个半月前被害的伊莱贾·洛夫乔伊的话，坚持认为“伟大的本质在于能够觉察到美德，这就足够了”；在这个无懈可击、难以言喻的坚持下，自然界里和人类身上都潜藏着野性。这篇文章预料到了暴力，并为之做好了准备，并且以一种间接的方式，对内战进行了较早的预测。[6]

但爱默生关注的仍然是个人，而不是国家。他以题为“神圣”的演讲和另一个总结性的演讲结束了这个系列，但讲稿的大部分内容今天都找不到了。1838年1月3日发表的那个题为“神圣”的演讲，是当年晚些时候撰写和发表的“神学院献词”的一次预演。演讲将“道德情操”描述为人性的一个基本面，这不仅具有哲学意义，而且也具有宗教意义。爱默生说，在迷信和无神论之间的某个地方，一个人

“开始问……如果在科学和依靠自身神性之间摇摆不定，就不可能最好地达到真正的目标”。比起理性地接受宗教，爱默生更感兴趣的是传递宗教感受。他是基于对最高境界和瞬间的直观见解的描述进行论述的。他说：“崇拜是我们所经历的最高境界。”当我们知道自然之源存在于我们自己的灵魂之中时，我们就会看到“世界是灵魂所创造的永恒奇迹”，我们就会明白，“没有世俗的历史，所有历史都是神圣的”。[7]

这两场充满激情的总结性演讲体现了现实主义的特征。很有意义的是，《谨慎》《英雄主义》和《神圣》这几篇讲稿，将依次出现在几年后爱默生出版的第一部散文集中，题目依次为《谨慎》《英雄主义》和《超灵》。这是一个成熟的爱默生，他知道有别的力量存在，这是一种威严的力量，能够将任何个人努力彻底击败。通常，掩盖现实的不是想象，而是惯常。为了能够到达北极，富兰克林船长在多冰的海面上艰难航行了六个月，却发现自己来到了出发地以南两百英里的地方。所有这些讲座中所传递出的那种对被完美表达的渴望的感觉，或许最能体现在爱默生某一天在康科德看到的一个场景当中：“城里一个娇美女郎……说话果断，自命清高，她对别人的讨好置之不理，有点儿任性，但品质高尚。”爱默生突然觉得“我们也会变得高贵”，他想对那女郎说：“不要向任何人收帆投降，勇敢地进港吧，要不就跟着上帝一起扬帆远航吧。”[8]

第46章　和平原则与切罗基人的血泪之路

在爱默生时代的1837年和1838年，反奴隶制运动并不是成功引起关注的唯一社会问题，还有和平运动，它长期以来一直是贵格会的一个主张，目前正在以“不抵抗”、“基督教不抵抗”和“非暴力”等名义蔓延。洛夫乔伊遇害后，加里森为《解放者报》发布了一份新的简章，称该报除了支持废奴运动外，现在也同样支持不抵抗运动。加里森是想通过一条奇怪路线来主张和平主义。他认为暴力是错误的；他坚称，如果奴隶们放弃了正当地使用暴力来解放自己的权利，那么任何处境不太艰难的人们也应该放弃诉诸武力。后来，当大量废奴主义者开始支持使用暴力时，和平运动与之分裂，成为了一个独立的运动。1838年3月，在和平运动与废奴运动分裂之前，美国和平协会在波士顿主办了一个系列演讲。3月12日，爱默生做了第七次演讲，题为“和平原则”，该讲稿后来被收录在爱默生的作品集《战争》中。

在演讲中，爱默生没有谈及时事。他并没有提及正在进行的塞米诺尔战争，而是以哲学或理论的方式讨论战争话题。当演讲不是以攻击战争而是以赞扬战争开始时，爱默生一定让听众们大吃了一惊。他说，战争的作用是“教育感官，唤起意志，完善体质”，战争是“所有历史的主题”，是“最显赫人物的主要职业”。战争代表着——我们可以说这是一个比喻——伟大而有益的自立原则。“大自然赋予了生命自立的本能，使之不断地通过斗争和反抗来获得自由，最终成为一个能够永远掌控自身安全的人。”[1]

但是，演讲的语调随后却发生了急剧的变化。接下来，爱默生坚持认为，战争的好处只体现在人类发展的原始和早期阶段：“对战争的认可仅是一种初始的、暂时的状态。”对当今有思想的人们来说，战争“开始变得像流行病一样疯狂”。爱默生期望未来能够消灭战争，开创人类发展史上国际法则与国际合作的新纪元，用以取代民族主义和你争我夺的旧时代。爱默生期待能有一个国际性的“会议”作为解决争端的国际论坛。他向听众提出挑战，让他们把维护和平看作是比发动战争更为英勇的努力。他所说的和平原则，并不主要是通过组织一个和平机构，通过和平决议来体现。他说：“和平事业不是一种懦弱的事业，它是一个比战争更积极且更伟大的原则。”如果战争能够塑造一个人的自立，那么和平则能使他的自立更加伟大。爱默生说：“要维护和平，就必须有勇敢的人能够站出来，他们和英雄一样伟大；

也就是说，他们愿意将自己的性命置之度外，随时为和平原则立下赌注。他们已经超越了英雄一步，他们并不谋求夺取别人的生命。”简言之，只有那些“对自己的内在价值有了这样一种认识，即认为在保护自己的财产或生命时不应采取失德的原则把别人当作随意宰割的绵羊”的人，才能维护和平。贵格会将和平原则声明为自己的主张，做得再好不过了。加里森对爱默生的演讲称赞有加，并从此把爱默生看作是“新时代的人”。[2]

1838年4月，爱默生关于和平的演讲结束一个月后，美国开始上演切罗基人被驱离家园的最后悲剧。1838年4月6日，温菲尔德·斯科特将军接受派遣，掌管切罗基人的家园。他的军队得到了加强，并接到了命令，内容是在必要时采用武力驱逐切罗基人，直至将其赶到密西西比河西岸。政府的这一决策遭到很多人的反对，他们纷纷举行会议表示抗议，其中有一次会议于4月22日在康科德举行。爱默生在会上第一个发言，他概述了当时的情形，宣读了“切罗基人的呼吁”，并表达了自己对政府立场的强烈反对。

切罗基人最初居住在大约4万平方英里的土地上，北部以俄亥俄河为界，包括现在的肯塔基州和田纳西州的全部，以及现在的亚拉巴马州、佐治亚州、北卡罗来纳州和南卡罗来纳州、弗吉尼亚州和西弗吉尼亚州的部分地区。随着时间的推移，他们的原始土地逐渐被割让给美国政府，直到剩下十分之一左右。这片留下来的土地主要位于佐治亚州西北部和亚拉巴马州东北部，包括田纳西州和北卡罗来纳州部分地区。切罗基人并不是被文明包围的居无定所的野蛮人；相反，无论从哪个角度说，切罗基民族都称得上是一个复杂且高度进化的文明。他们拥有两院制的立法机构，由人民选举产生主要行政长官，以及一个位于八个司法区之上的国家最高法院。1835年的统计数字显示，当时的切罗基民族共16532人，另有1592名做奴隶的切罗基人。上层切罗基人住在风景优美的豪宅里。约瑟夫·范恩拥有110个奴隶，乔治·沃特斯的奴隶有100个；而担任了四十多年首领的约翰·

罗斯也有19个奴隶，他弟弟的奴隶数为41个。他们能够制作精美马车，饲养纯种赛马，他们有大量的收藏品和古老银器。切罗基富裕家庭的子弟们在南卡罗来纳州、田纳西州和康涅狄格州的神学院或其他学校接受良好的教育。[3]

切罗基人的识字率相当高。尽管没有多少人会英语，但超过一半的人能用1821年切罗基学者塞阔雅发明的切罗基音节字母表进行读写。该地区有一家出版社，用切罗基语出版了一份报纸、一本赞美诗和一本小册子。他们基本上可以被看作一个农耕民族，靠犁、纺车和铁砧等生产工具生活。1825年的库存统计显示，切罗基人有17531头牛、7653匹马、47732头猪、752台织机、2486台纺车、72辆马拉货车、921具犁、10个木材加工作坊、31个农场、62个铁匠铺、8台棉花机器和12所学校。[4]

长期以来，将密西西比河以东的所有印第安族群迁徙到密西西比河以西的新土地上，一直是美国的一项政策。1830年，杰克逊总统的迁移法案在国会勉强获得通过。随后，在1832年，通过一连串的动作，美国政府先后与十几个印第安族群签订了迁徙条约：4月4日是克里克族，5月9日是塞米诺尔族，10月11日是阿巴拉契科拉族，10月20日是契卡索族，10月24日是基卡普族，10月26日分别是帕塔瓦米族、萧尼族、德拉瓦族、皮亚卡肖族和皮奥里亚族，10月29日是韦阿族和塞内加族。而切罗基人则在罗斯酋长的带领下拒绝签订条约。之前，他们已经和美国政府签订了28个条约，每一个在签署时都保证会永远生效，但这28个条约没有一个能够真正生效。杰克逊的手下与佐治亚州的政客们联手，组建了一个切罗基人少数派，与其签订了迁徙条约。这个少数派包括少校里奇、里奇的儿子约翰以及伊莱亚斯·布迪诺特和他的兄弟斯坦德·沃特等，后来还有一个来自南部联邦的人加入。里奇派们的理由是整个部落迟早都会被迫迁徙，所以他们于1835年3月在新伊考塔与美国政府签署了一项条约，割让密西西比河东部土地，以换取500万美元和河西的土地。但里奇派最多不过几百人；大部分切罗基人，在罗斯的领导下，明确拒绝了该条约，共有15964名切罗基人签署了抗议书。

尽管美国政府非常清楚这是一个欺诈性的条约，但仍然继续实施该迁移计划。美国内部反对的声音很大，甚至可以说令人印象深刻，而且已经持续了多年。参议员丹尼尔·韦伯斯特就曾反对过这项计划；1832年，美国最高法院首席法官约翰·马歇尔裁定，支持切罗基人的主权，反对佐治亚州的主张。马歇尔认为："原则上，主张发现者以其国家的名义占领被发现的领土，但这一原则既没有转让所有权的法理，也没有削弱拥有者出售或不出售其土地的权利。"而发现者的国家获得的只是"独家购买权"。负责切罗基人所在地区的美军统帅伍尔将军也反对迁移计划。威廉·沃特对此也曾表示反对，他是一位伟大的宪事律师，美国司法部前部长，也是罗斯酋长为自己在巴尔的摩的一家律师事务所聘请的合伙人。但现在，范布伦总统决定继续推进这一计划。他让斯科特接管了伍尔将军的职位，命令其继续驱逐切罗基人。[5]

1838年4月在康科德举行的那场会议是最后一波抗议的组成部分。爱默生不仅参加了会议，而且还宣读了切罗基人的呼吁书。随后，他给范布伦总统写了一封公开信，并在康科德、华盛顿和其他地方报纸上发表。信中，爱默生一改对读者或听众大谈高尚道德的一贯论调，而是义愤填膺，直奔主题。他就里奇和布迪诺特策划的"假条约"进行了说明；在此之前，此二人曾于1831年为切罗基人寻求支持而访问过美国政府部门，爱默生那时就听说过他俩，曾对他们非常钦佩。接着，爱默生详细介绍了切罗基人拒绝承认该条约的事实，然后援引政府的命令说道："一个月后的今日就是这一惨无人道的迁徙命令的执行之时。"爱默生呼吁范布伦总统停止这一行为，并提出抗议："自从地球诞生以来，在和平时期，在一个国家处理与自己的盟友和守护者的关系时，从来没有听说过这种对所有信仰和美德的漠视、对正义的否定，以及对要求仁慈的呼声的充耳不闻。"[6]

爱默生咆哮道，如果报纸上说的一切都是真实的，那么我们这个国家就已经站在一个可怕罪行的边缘了，这个罪行："既将真正夺走我们自己的国家，也将真正剥夺切罗基人的家园；我们怎能将摧残这些贫穷的印第安人的阴谋的实施者称为我们的政府呢？我们又怎能将那片被充满离别和垂死的诅咒的土地称为我们的家园呢？"他在日记中记录了自己对即将到来的灾难感到痛苦和伤心的情形。他在4月26日的日记中写道："昨天给范布伦写了一封信，一封让他讨厌我的信。"爱默生对这件事情的真实性丝毫没有怀疑。当4月19日这件事情第一次引起他的注意时，这个消息"使我的白天变黑，让我的黑夜更黑"。他常常做噩梦，困扰他的不是事件本身的原因，而是解决问题的出路。时间太短了，现在急需的不是光明，而是行动。不像加里森和洛夫乔伊那样，爱默生并不是一个专业的鼓动者。他的工作触及的是个人良知。他不喜欢这场危机所产生的充满威胁的氛围。最糟糕的是，他担心这封信根本起不到任何作用。他称这封信为"无法拯救灵魂的拯救"。他在日记中写道："为什么要大声疾呼？为什么要徒劳地抗争呢？"尽管他非常排斥群众大会和鼓动性的口头呼吁，但他还是接受了这种形式："我鼓动，是因为如果我不出手，就没有其他人会出手了。为什么没人出手啊？当然，如果出手，充其量也就是发出一声尖叫，但有时一声尖叫要比一篇文章有用。"[7]

斯科特将军开始围捕切罗基人，迫使他们从5月23日开始搬迁到仓促建造的集中营里，这正好和计划的日期一致。11个月后，最后一批切罗基人抵达西部。交通工具匮乏，饮水、食物、衣服和住所严重不足，疾病在拥挤的围栏里肆虐。天气炎热，道路难行。每天，沿途都有人死亡。那是一段死亡的行程。印第安事务专员在报告中写道："良好的感情得到了保留，我们已经悄悄地将18000名朋友安全护送到了密西西比河西岸。"[8]

第47章　亨利·梭罗

1838年5月25日，爱默生35岁。几个世纪以来，这个年龄都一直被认为是一个完整人生的中点。一天晚上，伊丽莎白·霍尔向爱默生描述了“她内心的冷漠”。爱默生说自己很茫然，“因为我不太了解她所描述的精神状态”。但是，如果对冷漠了解不足，他就无法摆脱自己的懊悔或对家人的伤感。爱默生在3月份曾与莉迪安进行过一次“追忆式的谈话”，打那以后，他发现，自己“再也无法回到年轻时代，无法回到同过去的联系之中了，这是无法回避的事实”。想到艾伦、爱德华和查尔斯，他补充道：“深深的懊悔让每一个挚爱的名字都给人以痛苦。”我们很难确切地知道那时的爱默生心里想的究竟是什么。在日记中，他诉说着心中的懊悔，后悔自己带给艾伦的可能是一种“不安而毫无意义的快乐”，而不是“一颗谦逊而聪明的心”，从而缩短了艾伦本来并不长久的生命；像往常一样，他此刻用“表面的冷漠和谨慎”责备自己。令人吃惊的是，他竟能写下“人过三十，每天醒来，满目忧伤”的句子。为了标记自己人生中段的困惑，他用一首挽歌来怀念他的弟弟们——他的“坚强伟大、星光闪耀的伙伴们”。挽歌的很多句子都带着一种感人的质朴：“阳光明媚的午后/平原上到处游走着幽灵。”爱默生将如此多的感情投入到家庭亲情上，甚至在结束这首诗时他可以对自己说：“你无法打开心结/钥匙已被他们带走。”尽管如此，有时也会有快乐，这是一种补偿。小瓦尔多现在已经一岁半了，有一天，他在父亲的书房里用“两个卷轴、一张卡片、一个锥子盒和一个面粉盒盖”搭了一座小塔。莉迪安进屋看到它后，“一下子就喜欢得不行，她侧卧在小塔边，吻了吻它”，然后便冲到托儿所，去看那个“可爱的小家伙”。[1]

这一年，爱默生的生活中出现了一个重要的新朋友，他就是亨利·梭罗。他们是在1837年认识的，当时爱默生34岁，梭罗20岁，读大学四年级。4月，梭罗读到了爱默生的《自然》；6月，他又拜读了一遍。也是在6月，爱默生写信给哈佛大学校长昆西，为梭罗争取学校的荣誉。1837年夏末，梭罗毕业后不久，他在康科德的一所公立学校从事短期教学工作，此时，他也开始写日记，显然是在爱默生的敦促下这样做的。爱默生关于梭罗的第一篇日记出现在1838年2月。他为有这位年轻朋友而感到高兴；觉得“男孩的每一句话都会给社会以快乐之感”。正如爱默生所说，他赞同梭罗的存在，“充满了叛逆的情趣”。4月底，他俩一同去崖边散步，那里地势较高，可以俯瞰萨德伯里河谷的壮丽景色：“天气温暖宜人，河谷雾气蒙蒙。巨大的山峦围成圆形的剧场，仿佛陶醉于这沁人心脾的美景。乌鸦的叫声响彻在天空中的每个角落。”[2]

爱默生和梭罗在许多方面都很相似。20岁的梭罗中等身材，肩膀微倾。他动作敏捷，精力充沛；走路时两眼盯着地面，避免踩到树叶、花朵或尖物。像爱默生一样，梭罗的鼻子肥大，最显著的特征也是那双眼睛，大而深邃，充满智慧。两人关系密切，但又变化无常，时而困难重重。梭罗既不像儿子，也不像兄弟，似乎兼而有之。在爱默生的家庭中，梭罗占有特殊的地位。他非常崇拜莉迪安，曾给她写过一些疯狂而痴迷的信件，看起来像极了情书。他也喜欢爱默生的孩子们，并得到孩子们的回报。爱默生远行时，梭罗就会过来帮忙。爱默生的母亲去世时，梭罗在葬礼上被安排照应患有智障的伯克利。

1852年，一位名叫约翰·阿尔比的访客对爱默生和梭罗在公共场合相处的情形留下了最完整的描述。阿尔比到爱默生家时，梭罗已经在那里了。“梭罗和爱默生在一起很自在。整个下午和晚上，他一直待在爱默生家里，当我离开时，他还在篝火边待着。在我看来，他在某种程度上就是这个家庭的一分子。”阿尔比回忆说，爱默生耐心地倾听着梭罗的见解，“他似乎已经预料到梭罗接下来要说的内容，对那些消极而尖刻的批评，尤其在教育和教育机构方面，爱默生显然已经准备好暗暗发笑了。”阿尔比拜访爱默生，是为了找到获得最好的教育的方法。

> 爱默生总是为大学辩护；他说自己14岁就上大学了。这激起了梭罗的不悦，他并不认为大学课程有什么好的。在我看来，爱默生说这些话有些故意的成分，为的是引燃梭罗心中的火气，以取悦自己。当提到剑桥区的课程时，爱默生漫不经心地说，大部分的学科分支在那里都有开设。梭罗抓住了一个反击机会，回答说：“是的，所有的学科的枝叶，但没有一个学科的根子。”听了这话，爱默生哈哈大笑起来。

阿尔比说：“晚上，梭罗全身心地陪在孩子们身边，同他们一起在篝火旁烤玉米。”[3]

1838年春天，爱默生看到的梭罗是一位年轻诗人。那时，梭罗正在阅读歌德的《意大利游记》。他还在古罗马诗人维吉尔那里发现了一个事实，即人性的本质在任何时间和地点上都是相同的；此外，他对结晶体的形成也很感兴趣。他看上去有点像爱默生，后来人们也说，他演讲时有一些爱默生特有的习惯。作为一个真正的弟子，他既不会阿谀奉承，也不会不加批判地盲目崇拜。他鲁莽，无礼，叛逆，但很有趣。他是一个真正的信徒，爱默生曾写道：“梭罗以凡胎肉体和坚定的撒克逊式的信仰，帮我找回了我自己的道德规范。他远比我真实得多，他几乎每天都要遵从这些规范；他那充满能量的行为，时刻巩固和加深了我的记忆。”[4]

1838年结识梭罗时，爱默生还是个年轻人，非常热爱自然，喜欢散步。爱默生写道：“我一旦走进森林，总会发现全新的、未被记录过的东西。”

> 所有这些，我都未曾听过。从未听过大雁的叫声；山雀发出

对旁观者不屑一顾的细长的叫声；苍蝇落下来时像雨一样拍打着树叶；昨天有只不知名的小鸟朝我发出愤怒的嗞嗞叫声。松脂的形成，实际上任何草木，任何生物，所有一切，都是一样的，都是未曾描述的。每个走进森林的人，似乎都是第一个走进森林的人。

爱默生有着敏锐的感官，对日常生活的变化有着更敏锐的感知，他有着奇特的深度。他写道："从你温暖而有形的房子里出来，瞬间进入到寒冷而壮观的夜里，四周几乎没有声音回荡。"

那一瞬间，你将所有的一切抛到脑后：社交关系、妻子、母亲和孩子，伴你左右的只有荒野之物——水，空气，阳光，碳，石灰和花岗岩……我自身也变成了湿润而冰冷的物质，自然的气息在我周围升腾。青蛙笛声悠扬；远处流水叮咚；枯枝败叶嗞嗞作响；弯腰草丛沙沙私语。此刻，我忘却了尘世间的一切，忘情地感受着这陌生的、冰冷的、多水的、空中的和虚幻的同情及存在。我播种太阳和月亮，收获种子。[5]

最重要的是，爱默生相信并且能够说服别人，世界对每个人来说都是全新的。

闲暇时，你觉得身后有文学、历史和科学等着你去探究，它们让你苦思冥想，为你规划未来……清醒时，你却发现还没有写下一行字；你进入树林或站在湖边，凭第一感觉领悟到，所有诗歌还没有被吟诵，它们等你来完成；一切思想，一切物体，一切生命，也在等着你去书写。

梭罗发现，对于爱默生而言，思想和事物一样真实。梭罗曾对一位他们共同的朋友说："我在爱默生身上发现了一个世界。在这个世界里，真理真实存在，与他所研究的外在自然中的事物一样完美，他发现自己的思想真实而精确，就像昆虫的触角或植物的雄蕊一样真实。"[6]

梭罗的创作始于爱默生，但最终形成了自己的特色。对康科德、大自然、散步和瓦尔登湖，他们都有着明显的兴趣。他们都是现代斯多葛派，都对自治很感兴趣。二人都相信人性的稳定，相信所有不同时间和不同地点在本质上的对等性，相信康德而非洛克的心灵理论。他们都相信个体化的过程和个体良知的权威。爱默生关于诗歌、历史、自立和友谊的思想出现在梭罗的日记中，而梭罗的许多主题也出现在爱默生的日记中。有时很难说，到底是谁借用了谁的观点。结识梭罗时，爱默生正在谈论"漫步"。他在瓦尔登湖拥有一片土地，几乎每天都到那里散步，并为拥有这片土地而感到某种欣慰。在梭罗的《卡塔丁山》出版后不久，爱默生又回到了荒野的主题上。在梭罗完成《瓦尔登湖》第一个版本后不久，面对新近修建的铁路路基上的流沙，爱默生陷入了沉思。梭罗后期尚未完成的作品，即使不是源于爱默生，也与其有相似之处。早在1835年，爱默生就考虑要写一部"自然史"，"来描述我营地周围的森林在一年四季中每个月的变化情况"。爱默生还发现（通过乔治·福克斯）一个关于种子散播的强有力的比喻："对于上帝在头脑中的体现，乔治·福克斯选择用种子来表达。他所说的种子，是指世界之美在于花朵，善良之美在于果实。"[7]

尽管他们有许多相似的地方，但却无法掩盖这样一个事实：他们的秉性和思想有着极大的差异。爱默生对原创性（原创力量）感兴趣，梭罗则强调原始性，原始是一切事物的基本组成部分，包括文明。从《战争》中可以看出，爱默生倾向于和平，这与梭罗在《从军》中倡导的战斗和军事精神大相径庭。爱默生对古典文学的兴趣远不及梭罗。爱默生深受柏拉图、马可·奥勒留和普鲁塔克的影响，但他乐于阅读英译本；而梭罗常常读经典原著。爱默生认为，在有译本的情况下，坚持阅读原著似乎有悖常理，就像去波士顿要坚持游过查尔斯河，而不是从桥上通过。爱默生的学问远不如梭罗，这不仅仅体现在外语方面。爱默生一度讨厌传统文学，称之为“死人写给活死人的书”；梭罗不仅更古典，更博学，而且更有条不紊，对科学更感兴趣，更致力于密切观察。爱默生更加社交化，在情感上也更加开放；他更多地生活在充满友谊的世界里，越来越成为一个对他有诸多诉求的大家庭的中心。爱默生对基督教的思想和感情有着更为深厚的基础。梭罗更喜欢亚里士多德，而爱默生更喜欢柏拉图。

爱默生为自己在作品中的消失铺平了道路。他不写回忆录，也不写叙事，他不信编年史，但追求永恒。梭罗则常常写自己以及自己的旅行，他几乎总是在叙事。爱默生的作品是对不同主题的提炼，除了使用例证、逸事、意象和措辞外，刻意将这些主题从时间和地点中剥离出来。尽管他俩在创作方面有一个重要的共同点，即他们写的都是个人经历的第一手资料，从来不写他们了解的别人的观点或评论，但是二人的表达方式却完全不同。梭罗从事物的叙述入手，而爱默生从令人顿悟的格言入手。爱默生通过隐喻、趣闻逸事和其他叙事手段，使其主题抽象的散文得以生动地表现。梭罗在叙述中则将深刻的洞察和理解概括并融入其中，使其叙述具有深度并引起共鸣。在写信方面，两位作家均为中等水平，却都是相当出色的期刊作家。两人都有非常精巧的笔记系统来记录和积累写作素材，珍藏各自的启示和洞察。尽管爱默生似乎有过更多纯“接触”经历的伟大时刻，也就是梭罗所谈到的自己在卡塔丁山上经历的那种伟大时刻，但二位都能以惊人的强度一口气连续工作几个月。

爱默生和梭罗都用阿波罗（日神）的形象作为他们的个人象征。他俩都明白，日神精神喜欢清晰和形式，喜欢保持一定距离，它不喜欢“任何太近的东西、纠缠的事物、同情的凝望、深情的融合，神秘的陶醉和入迷的憧憬”。日神精神“能够把世界和存在看作形式，一眼就能看出贪婪的本性或对救赎的渴望”。梭罗把自己看成是有义务保护阿德墨托斯国王羊群的阿波罗。爱默生则被阿波罗感动不已；俄瑞斯忒斯请求阿波罗把自己从复仇女神那里解救出来。梭罗把自己看作非凡天才，因罪恶而被迫去做不值得的工作。爱默生则感到自己被源源不断的恳求者追随着，每个人对他都有所求，每个人都进一步威胁到他来之不易的自我。两人都觉得自己有别于普通人，活着是为了洞悉生命，总能意识到支配和推动过程的规律和形式。两人都追求清晰和条理。但最后，太多的不同导致他俩分道扬镳，这个结果是不可避免、无法挽回的。[8]

第48章　决然独行：拒绝榜样

1838年2月，莉迪安前往普利茅斯的娘家住了两周，她丈夫称普利茅斯为“我们所有人的老窝和蛋壳”。这期间，爱默生几乎每天都写信报告瓦尔多新学的发音本领：“妈妈嘎”“比迪，比迪”“叮叮”等。他参与了卡莱尔散文集复杂的出版策划。他还写信给玛格丽特·富勒，邀请她再次前往康科德。他已认识了亨利·梭罗和卡罗琳·斯特吉斯，后者是玛格丽特·富勒的密友。斯特吉斯芳龄十九，智聪貌美，一心想成为一名诗人。这年夏天，她和富勒一起走访了康科德，爱默生被她活泼的提问和独立的精神所打动。[1]

爱默生再次为奥尔科特的事忙碌着。奥尔科特彻底重写了《心灵》一书，爱默生现在又通读了两遍，发现写得还是不行。对此，他回信给予温和而精彩的评论，阐释了自己对一种风格的追求。奥尔科特写作的主要问题在于语调、风格、视角和语气。这份手稿有太多预测臆断和自命不凡的表述，称不上是“一本写给有教养的人的思想之书”；同时，它太离奇有趣，太野心勃勃和迂回婉转了，因此也算不得“一本福音书，一本劝诫书，或一本受欢迎的奉献之书”。爱默生建议继续修改，“最彻底的删减是把拖沓冗长的句子压缩到编号为1、

2、3、4的几句话直接表达，同时还要对个人化的段落进行修改，直至符合所有人的品味，或者至少要满足一个阶层的要求。作者的自我价值感，必须是人类共同的自我价值感，它并不属于作者个人的名字和个人的城镇”。[2]

威廉的生意比以前更加糟了。爱默生不得不辗转于多家银行，这提高了自己对信贷市场运作方式的认识，使他能够通过转移抵押和在其他票据上签名的方式来多筹集几百美元。与此同时，他还写了一个较长系列的讲稿，先在波士顿进行了演讲，后又在康科德、弗雷明翰和剑桥等地重复了多次。除此之外，还有持续不断的抗议集会、特别会谈要进行，往来信件要处理。去年秋天，爱默生曾发表过反奴隶制的讲话，现在又是关于和平原则和切罗基人迁移的发言。3月下旬，也就是在这两次发言之间，正当爱默生沉浸在家庭、朋友、商业和政治中忙得不可开交之时，他收到了一份邀请他向哈佛神学院即将毕业的大四学生发表一场演讲的信件。他接受了邀请并开始准备这场演讲；这又是一篇抗议的演讲，而这次针对的是他所称的“历史上的基督教”的失败。[3]

这一邀请来得很及时。3月18日，爱默生在日记中曾指出：“没有比神职人员这一话题做写作主题更好更有效的了。”他向自己提议：“我应该坐下来好好思考一下，然后给美国神职人员们写一篇演讲稿，以展示当今神学和教会的丑陋和无益。”三天后，好像受到暗示似的，哈佛的一个学生委员会写信请爱默生讲话。“学委会”成员中一个名叫哈里森·布莱克的学生后来成为爱默生和梭罗的好友。爱默生之前就和这些年轻人认识，还曾时不时地到剑桥同他们交谈。他觉得很难拒绝这些热心的年轻人的请求。学生们对有神论很感兴趣，这是一个热门话题，部分是因为那阵子在马萨诸塞州的法庭上正在上演对无神论者艾伯纳·尼兰德的审判，并且即将达到高潮。[4]

尼兰德64岁，之前曾是一位普救论牧师和圣经学者。他现在声称自己是一个自由思想者，从1831年开始一直是《波士顿调查员》

的一名编辑。自1833年以来，他就一直受到马萨诸塞州不同法院的指控。1838年6月，在爱默生发表《神学院献词》的一个月前，尼兰德开始了为期两个月的服刑，罪名是亵渎神明。尽管爱默生并不认同尼兰德那粗鲁的、潘恩式的语言，但他还是在反对尼兰德被判刑的请愿书上签了名。显然，在东正教教条式的昏睡和梅尔维尔所说的“不分皂白的怀疑主义的残暴”之间，应当有一个大胆阐述信仰的力量的新的空间。[5]

爱默生认真地工作着。他认为“理性的自然史”的时机已经成熟，这是对康德和柯勒律治的理性的肯定，既可以抵消诸如艾萨克·泰勒的《热情的自然史》等书中冷淡而轻蔑的理性主义，也可以抵制对艾伯纳·尼兰德进行的伏尔泰式的轻蔑和谩骂。他知道，仅靠善意是毫无意义的。爱默生在日记中给自己写了一封漫画式的建议信：“阅读和思考。时不时地侍弄花园。先埋头苦干，后播撒四方。先思索，再行动。你的挚爱……”在准备演讲的过程中，他再次感受到过去包袱的沉重：“人来到这个世界上，就是一个奴隶，背负着二十甚至四十个世纪的重担。”神学学校“将奥伯林们、卫斯理们、洛厄尔博士和威尔博士等人挑选出来，作为年轻人效仿的对象，结果糟糕极了。前人的优秀扼杀了他们自己”。他现在明白，正如他后来所说的那样，“在上帝的世界里，唯一已知的逃跑之路就是表演”。他正陶醉于即将到来的夏天，它是“充满创造的光和热的洪流”。当气温在6月10日达到90华氏度时，他说：“夏天让人充满力量。”[6]

这次演讲在7月15日举行，听众是一个由六个学生组成的小型神学院毕业班以及学生们的家人、朋友和老师等。演讲被认为是对十三年前就已成立的一神论的机构的攻击，事实也确实如此。即使是自由派的基督教，爱默生也早就不再口头支持了。像玛丽姑妈一样，他不再需要间接的上帝，即使是最权威的。这年春天，他又重新阅读了玛丽姑妈的信件。他宣称，自己“毫不伪装地敬畏”耶稣，但他否认耶稣的完美，并列举了耶稣的一些缺点：“我看不到他对自然科学的热爱：在他身上看不到对艺术的仁慈；在他身上也找不到苏格拉底、拉普拉斯和莎士比亚的精神。”他认为《新约全书》虽然令人钦佩，但缺乏史诗般的完整性。几年后，当出版商詹姆斯·门罗严肃地问他对耶稣和先知的信仰时，爱默生给出了他在1838年就已经拥有的答案：

> 在我看来，当圣洁的天堂浸入到我们每个人的身体里时，仅仅以简单遵从的方式倾听彼此说教，似乎是一种不虔诚的做法。听从任何二手福音，都是对第一手福音的毁灭。耶稣之所以是耶稣，就是因为他拒绝倾听别人的说教，他只倾听上帝的说教。[7]

爱默生的这场演说的确是对正式历史上基督教的攻击，但演说比这还要危险，因为他提出来的能够制衡正式宗教的，并不是无神论，而是个人宗教意识。他说："我否认上帝的个性，因为它太少而不是太多。"他在这个场合所展示的，是一个现代的信仰告白，一个适合当下的福音，一个与其说是对泛神论不如说是对超神论的信仰，一个人类的神学宣言。爱默生从不满足于仅仅攻击自己不赞成的事物，他更在意的，是积极的宗教情感。[8]

演讲开头的那句话（"在这阳光灿烂的夏日，生命的呼吸已然成为一种奢侈"）并不是偶然的天气暗示或是清清嗓子。它是演讲的中心神性观点。神性每一天都伴随在人们左右。演讲的第一部分是对人类宗教冲动的描述。爱默生说，宗教情感，亦即宗教感情，是普遍存在的，它源于道德情感，或被其唤醒。而道德情感是一种更为根本的感知，即认为世界具有重要的平衡和整体性。由此产生的崇敬感是所有宗教的基石。这种感觉是一种直觉，每一个人都能感受得到；它不可能被间接地得到。[9]

神性存在于所有人身上。爱默生说，当把神性归属于一两个人时，恶作剧就开始了，它否定了——而且是"愤怒地否定"——其他所有人的神性。耶稣的一生展示了他的中心教导，即神性在人身上显现，就像黑格尔说的精神在物质中显现一样。但当耶稣从人类分离，被神圣化并当作神来对待时，这一关键点就消失了。他接下来的叙述强调神学争论的非理性和暴力性。爱默生讽刺那些大声叫喊的人，他们喊道："耶和华从天堂降临！如果你敢说他是人，我就杀了你。"就像萧伯纳后来说的那样，爱默生开始不信任那些认为自己的上帝来自天上的人。爱默生指出，历史上的基督教有两大错误，一个是对耶稣的误解和神化；另一个是对正典《圣经》的狂热崇拜，这是一种盲目的崇拜，它是基于这样一种假设，即启示已结束，奇迹已停止，"好像上帝已经死了"。第一个错误把神性从我们身上剔除掉了："那显示上帝在我心中的东西使我坚强，那显示上帝离我而去的东西把我变成毒瘤。第二个错误，使我们不能得到第一手启示，也无法感受夏天的奇迹。"[10]

接下来，爱默生快速地从对有组织的基督教的攻击转向更大的难题，即我们应该如何面对它。他最近很难忍受康科德新的助理牧师巴西莱·弗罗斯特毫无生气的说教。弗罗斯特的风格抽象而枯燥；他的说教只不过是"在真理的磨坊里推磨，放进去什么，拿出来的还是什么"。爱默生坐在那里听他说教，心里一阵阵狂乱。最后，爱默生发现教堂窗户外面结了一层冰霜。外面的弗罗斯特①显然比里面的弗罗斯特更有趣。外面的"暴风雪是实实在在的"，他说，而里面的"牧师却如虚如幻"。弗罗斯特的抽象说教和现实生活之间没有任何联系，而他本人和现实生活也没有任何联系。爱默生悲哀道："他枉活一世。他没有用任何一个词表达过自己曾经大笑过或者哭泣过，结过婚或者恋爱过，被欺骗过、被赞成过或者懊恼过。即使他曾经生活过，行动过，我们对此也一无所知。"[11]

爱默生以弗罗斯特为例，但并未点名。他认为，宗教并不能通过这种传统说教，而只能通过鲜活的话语，来服务教众。传道者——如

---

① 这里指冰霜。冰霜的英文"frost"，与这名助理牧师的名字是同一个单词。

果我们还能忍受这个称呼的话——必须将他面前的奇妙世界展示给他的教众。用《圣经》的术语来说，爱默生坚持认为，每个传教士必须是一个新的先知。用后康德时期的术语，爱默生为他的听众阐述了施莱尔马赫神学解释学的观点。爱默生说，灵魂“渴望并需要将自己的知识和爱心传递给他人。如果不去表达出来，思想就会成为人的负担”。施莱尔马赫在他的《宗教讲演录》第四章中描述了“宗教中的社会因素”，他说：受其本性驱使，宗教人士需要语言表达，但当一群人自愿聚在一起时，同样的本性也驱使他成为一名听者。施莱尔马赫说的这些，并非闲言碎语或普通谈话。自言自语还不够：“内心充满情感的人，只有在听众面前才能敞开心扉。”幸运的是，不仅仅是牧师，每个人都能做到这样的交流。对施莱尔马赫来说，就像对现在的爱默生一样，人性中的宗教冲动不仅需要表达，而且还需要与他人交流。伟大的真理需要伟大的表达；最高的真理需要最高的表达，这就是诗歌。只有在人与人之间的交流中，宗教的本性才能得到充分的体现。当诗歌（或布道，或演说）做到了这一点时，它就行使了它的使命。只有当鲜活的宗教情感从一个群体中被释放出来，它才能在《圣经》中找到自己的居所。[12]

爱默生说：“一个真正的教士的职责，是向我们展示现在的上帝，而不是过去的上帝；是他此时在说什么，而不是过去说过什么。”他似乎对现代的教堂不抱很大希望：“我认为，任何一个有思想的人走进我们的任何一座教堂时都会感觉到，大众崇拜对人的控制已经消失，或者正在消失。”他引用了莉迪安的一句话：“礼拜天去教堂，就像是在犯罪一样。”他认为：“真正的基督教——像基督那样相信人生无限的基督教——已被弄丢了。”他觉得建立一个新的教堂，或建立一种新的“崇拜制度”没有任何意义。爱默生反对的并不是这种形式或别的什么形式，困扰他的甚至也不是形式化的东西。关键是每个人都必须按照自己信仰的曲线进入自己的崇拜模式。正如爱默生在《诗人》中所说的那样，如果艺术是创作者通往其作品的道路，那么宗教就是信徒通往上帝的道路。爱默生认为，正如他现在对神学院的听众们所说的，更重要的是要认识到“是信仰造就了我们，而不是我们造就了信仰”。[13]

即使对任何有组织的宗教形式都不抱什么希望，爱默生还是在演讲最后给出了唯一可能的建议。他说：“我要劝你走自己的路，拒绝那些好的榜样，甚至那些在人们的想象中神圣的榜样；大胆地表达对上帝的爱，无须通过中间人，也无须披上害羞的面纱。”他有很多问题，甚至是针对年轻人和理想主义者的：“你自己就是圣灵诞生的新的吟游诗人，把一切因循守旧抛到脑后，使你直接与上帝对话。”[14]

尽管爱默生仍然是一个虔诚的信徒，对人类生活和世界有着深刻的宗教观点，但这次在神学院的演讲是他与正式或有组织宗教的最后一次对峙。如果继续与教派基督教抗争，他应该会写一本关于有代表性的宗教思想家的书。从在神学院学习开始，爱默生就把先知们看作是同行作家。他之所以对保罗、耶稣、约翰，或后来的路德、福克斯、费内隆和斯威登堡等人物感兴趣，是因为在他们每个人身上，他都能发现自己的某些东西。每个人都代表着一个深刻的宗教人的某个方面，但重要的是，每个新人都有相同或相似的品质有待开发和表达。他在《自然》中曾问道：“我们的诗歌和哲学难道不应该拥有一种洞察力，而不是因循守旧吗？我们的宗教难道不应该直接给我们启示吗？”爱默生在1836年《自然》中得出的结论在1838年同样适用：“今天，太阳依然普照大地，田野里可以收获更多羊毛和亚麻。土地是新的，人们是新的，思想也是新的。让我们寻找自己的作品、法律和信仰吧。”

爱默生的性情从来就不是加尔文主义式的，不能把它归入奥古斯丁式的宗教情感——忏悔、内疚、自我中心、立法者，也无法将其纳入伊拉斯谟式的宗教情感——宽容、信仰自由意志、主张改革（但不是革命）、拒绝形式至上、热爱文学、尊重学习、强调务实的人际关系。虽然伊拉斯谟和阿米尼乌斯教派远比加尔文教派更加古老和强大，但事实上，正如休·特雷弗-罗珀所说，可以把加尔文主义看作是一种暂时反常的异端，如果你愿意，它会在美国流行起来，并有着不同寻常的生命长度。正如乔纳森·爱德华兹从牛顿和洛克的视角重新思考加尔文主义一样，爱默生从康德、谢林和莱尔的视角重新思考了伊拉斯谟主义和阿米尼乌斯主义。谈到他与他所称的历史基督教——从正统加尔文主义到正统一神论——的全部不同之处，爱默生认为自己已经得到了基督教的真谛，但不同之处在于，他坚信基督教是建立在人性之上，而非《圣经》之上。“他们称之为基督教，而我则称之为意识。”[15]

翱翔的日子

第49章　新著作，新问题

《神学院献词》发表一周后，爱默生前往新罕布什尔州的汉诺威，在达特茅斯发表了一次关于文学伦理的演讲。这次演讲是关于美国学者和美国思想（他第一次使用这个词语）的一个超长系列中的第二场。爱默生再次指出，美国未能创作出富有想象力的重要作品，并再次对“封建的绑绳和绷带”进行谴责。他在达特茅斯倡导的学者，同他在剑桥倡导的诗人先知几乎是同一个人。他现在更热衷于传记，称之为“希望的堡垒”。此外，他继续淡化个人特质，极力强调共同的人性。他说：“多年来深奥的哲学强调的是个体的区别，而不是人类的普遍属性。”他坚持说正在体验“自己的生活，它的甜蜜，它的伟大，还有它的痛苦，它同我所羡慕的他人的生活完全一样”。他意味深长地谈到过度个人化生活的危险性：“个人生活的典型，似乎是永远偏爱个人生活，永远服从个人冲动，并将普遍存在的共同规律排除在外。”[1]

但是，爱默生希望下一代的年轻作家们能够发现一个新的领域，一个“充满尚待完成的文学作品”的世界。爱默生用这样的语言如此有力地预测梭罗的作品，不禁使人们猜测，他们二人在散步交流时互相传递了智慧和能量。爱默生说：“在海边或在树林里漫步的人，似乎是第一个站在岸边或进入林子的人，他的感觉和他的世界是如此新奇，如此陌生。”他补充道，这种全新的感觉，“是黎明的曙光”。爱默生在达特茅斯演讲中并没有表现得那么乐观。新的生活必然会有新的条件，需要付出新的代价。为了探索属于自己的新思想，一个人必须耐得住寂寞，“就像新娘一样去拥抱孤独”。然而爱默生并不建议隐居，也不建议退出这个世界。“并不是地理位置上的隔离，独立的精神才是最重要的。”他说。他敦促年轻人坚持自己儿时的幻想和浪漫的期望，这是有道理的。他告诉他们，如果放弃这些期望，就意味着死亡，“接着，艺术、诗歌和科学的萌芽也会随之消亡，因为它们已经在千万个曾经有过梦想的人们的心中死去”。[2]

除了紧跟新书的步伐，比如阅读弗内斯《耶稣和他的传记作者们》、《摩奴法典》的新译本和丁尼生的一本诗集，爱默生还重读了诸如赫歇尔和拉斯卡萨斯关于拿破仑的著作等旧书。现在，他正在读那些能够给他带来新语言、新词语和新视角的不同寻常的新书籍。他认为詹姆斯·奥康奈尔的《新荷兰和加罗林群岛生活十一年记》是近年来最好的著作之一。奥康奈尔以生动、朴实和引人入胜的笔墨描述了他乘坐一艘载有女犯的帆船从英国前往澳洲大陆的过程。他对他们街谈巷议或“见闻趣事”的报道特别生动。当我们把“这个不起眼的怪异小海湾竟然也热闹起来了”翻译成“这个地方的国王喝杜松子酒”时，似乎也是绞尽脑汁了。奥康奈尔笔下的一个人物这样描述一个衣着褴褛的人：“把他的海带（帽子）和拖拉（外套）煮好了，倒进医生的壶里给病人喝。”爱默生喜欢这种充满活力的普通语言和普通物品，这不仅是因为它们本身充满吸引力，而且还因为它们能够把他带到遥远的异域：“难道不正是那种美激起了我们对每一个物体、每一根稻草、每一个生锈的铁钉以及每一块路边的鹅卵石的兴趣吗？它们向我们宣告，美常常是通向大自然的唯一的路。”[3]

同时，爱默生也在读威廉·加德纳的一本引人入胜、富有想象力的新书，名叫《大自然的音乐》，或《试论歌唱、演讲和器乐演奏等艺术形式中的激情和愉悦均源自动态世界的声音》。这本书充满神秘而令人愉悦的信息。英国的半克朗硬币可以奏出A调的高声，相当于音叉上的八度音阶。“赌徒们通过感觉硬币所发出的声音的细微差别，来判断它落下来后哪一面朝上。”爱默生注意到，加德纳声称“贝多芬的《田园交响曲》给我们带来潺潺小溪边昆虫暖人的嗡嗡声”。加德纳观察到，儿童声音的高低与他们的体形大小成比例，一般比成年人的声音高十倍。他给公牛、奶牛、小牛、鹅、狂吠的恶犬、发怒的孩子和纽芬兰犬等发出的声音一一编写了乐谱，其中有些惟妙惟肖。他注意到，“处于自然状态的狗从不狂叫，它们只是呜咽、嚎叫或低吠”。他用不同的颜色表示常用乐器的声音（长号是深红色，长笛是天蓝色，双簧管是黄色），对不同琴键的基调进行描述（A大调给人美好、温暖和明媚的感觉；E小调具有说服力，给人柔和而温顺的感觉）。加德纳认为，很多英语字母的形状都来源于发音时嘴唇的形状，爱默生对此做了认真详细的记录，“字母B中的两个半圆表示嘴唇在用力发出爆破音时紧密地压在一起的情形”。[4]

第三本新书是查尔斯·贝尔的《论绘画中的表情解构》(1806)，它为爱默生提供了一种全新的、详细的、具体的观察和欣赏绘画的方式。贝尔是一位杰出的解剖学家，他在绘制神经系统简图方面颇有建树。这本书旨在说服读者，解剖学是设计艺术向我们展示的一种“语言的语法”。贝尔关心的主要是面部表情。

> 人像的表情、姿态和动作是这门语言的特点，它既能传达历史叙事的效果，又能展现人类激情的产生情况，能够给人们最鲜明、最生动的智力及活力的暗示。

通过仔细的描述和无数的雕版，贝尔明确地为“研究心灵对身体的影响打下基础”。他对不怎么精确的解剖学经典作品并不感兴趣。他一点也不喜欢静止和宁静；相反，他讨论并说明了疯狂、愤怒、嫉妒、悲痛、痛苦、哭泣、大笑和伤心的解剖学表现。贝尔对这本书的兴趣并不在医学方面，他关心的是绘画中的表达。他认为，解剖学是“设计艺术的真正基础”，它的好处是赋予画家“细微的观察”。[5]

在1838年夏天，爱默生重新对艺术和建筑产生了兴趣；贝尔的这本书对他的影响明显地体现在他的评论中。他阅读了希伦和贝尔佐尼关于埃及的著作，对卡纳克神庙里的伟大纪念碑印象深刻。他阅读了歌德的《色彩论》，这是一本关于人眼如何看颜色的巨著。《色彩论》被嘲笑为与牛顿的学说相悖，但它却引起了画家们的极大兴趣。爱默生对绘画这门学科重新产生兴趣，很可能是玛格丽特·富勒对其艺术感化的结果。6月初，她带来了一本绘画作品集，除了圭尔奇诺和卢卡斯·凡·莱登的作品外，该选辑还收录了皮拉内西的《想象的监狱》的部分作品。爱默生尤其被皮拉内西的作品所感染，称之为“地狱的建筑”。[6]

之前在游览意大利时，爱默生曾大量地关注过欧洲艺术作品。现在，玛格丽特·富勒和她的画家朋友山姆·沃德让他学会了如何真正地看待一件艺术品。爱默生说，花了很长时间才弄明白对一幅绘画作品的看法，但自己越来越有信心了。8月中旬，富勒带来了一本沃德的临摹作品集，他临摹了包括拉斐尔、托尔瓦德森和圭尔奇诺等画家在内的画作。当爱默生谈到拉斐尔的《赫里奥多罗被逐出神殿》时，人们可以感受到查尔斯·贝尔对他的眼睛的影响：“天使头顶的配饰是如此引人注目，如果没有脸上那非凡的能量，它定会吸引更多的眼球。”对绘画的研究使爱默生本已敏锐的视觉更加锐利，而他语言表达清晰度的提高似乎与他敏锐的视觉有着切实的联系。爱默生给富勒写了一封信，内容是关于“事实的价值完全取决于观察它们的眼睛的级别”。他指出：“那种能够震慑凶残野兽的力量，是眼睛背后的力量。”爱默生用新学的光学术语描述了9月的傍晚。他站在“雷普利博士山”之巅，“远望西边，太阳渐渐隐没在云层里，仿佛太空沙漠中一个壮丽的深坑，将周围的光静止、积淀，不再向外散射。然后，我看到那条河……正从灰色的过去走向绿色的未来”。尽管爱默生体验了9月的壮美景色，但仍然觉得自己是“大自然中的陌生人”，与它的美还有很远的距离。“然而，”他用奇怪而有力的叙述总结道，“这时必须要做的，就是忘记我所错失的一切，从人类社会活动中停下来，重新投入到大自然广袤的怀抱中。”[7]

对于爱默生的这段描述，我们无须过度解读，但爱默生在1838年9月确实感到有些不安。这种不安与接受了神学院献词的邀请有关。8月27日，在神学院献词大约五周后，安德鲁斯·诺顿在波士顿一家报纸上发表了一篇文章，对爱默生进行了猛烈的攻击。诺顿指责“文学和宗教的新学派焦躁不安地渴望并寻求恶名与刺激”，并嘲笑其很可能源于“那些晦涩难懂且令人作呕的德国无名鼠辈的错误观念，他们是道德败坏的投机者”。他对库森、“超日耳曼化的英国人卡莱尔”和“德国泛神论者施莱尔马赫”进行攻击，并指责先验论者“非常无知，缺乏推理能力”。诺顿特别提到爱默生，说爱默生“宣称拒绝将一切基督教信仰作为启示”，并且“对神职人员进行全面攻击，理由是他们宣扬他所谓的‘历史基督教’”。诺顿认为爱默生的演讲是“语无伦次的狂想曲”和“对宗教的侮辱”，他指责爱默生犯下了“大罪”，并指出大学里那些“非常受尊敬的官员”听到这番讲话时感到无比厌恶。诺顿自己的立场非常明确：“直觉并不存在，基督教的真理不可能被直接感知。我们必须通过《圣经》及其奇迹，通过教会及其权威来拥抱基督教，别无他法。”[8]

作为一名教师，诺顿勤勤恳恳，正直无私，甚至有些人还觉得他有点儿可爱。他善于辨识真假，在哈佛决定说什么、不说什么，或者在一神论杂志上发表什么文章，他都自己决定，并愿意为此承担后果。他和爱默生一样自信，也一样不愿意争论或申辩。这次，诺顿的暴躁和谩骂，并极力想在公开场合狠狠训斥爱默生一番，均为争端所致。爱默生的一些朋友，如帕克和皮博迪，团结起来为他辩护。有些人，如钱德勒·罗宾斯，则保持中立。报纸、杂志和宗教刊物均有多篇攻击和反击的文章。这篇演说——以及诺顿的激烈回应——引起的公众关注远远超过爱默生此前所做过或所说过的任何事情。到1839年底，媒体上关于《自然》的评论仅有8篇，关于题为“美国学者”那场演讲的评论也不过11篇；而这次的《神学院献词》在较短时间内就引来了36篇评论，这还不包括转载的文章。爱默生被指责含糊不清、前后矛盾、胡说八道、虚情假意、大逆不道、亵渎神明以及“最恶劣的无神论”等。爱默生的朋友及波士顿第二教堂的继任者，现为《基督教记录报》编辑的钱德勒·罗宾斯不知如何是好，只能发表一篇评论，说爱默生既是好人，也是益友，尽管他做了一些“非哲学的和错误的推测”。小亨利·韦尔也发表了一篇批评爱默生此次演讲的文章，但态度温和，保住了两人的友谊。[9]

随着争论的持续发酵，爱默生先是感到沮丧，后又感到惊愕。后来，他不再参与论战，不再为自己进行辩护或解释。他不习惯公众的关注，并为自己无法对其置之不理而深感懊恼。这场争论让他的“内心无法平静”，他说：“有段时间，我不知道该怎样正确地面对听众。”他说，如此引人关注，只能“毁了我的思想”。一开始他很懊悔，对发生的一切感到相当震惊。但是，随着反对的声音——他在9月底的日记中称之为“翻滚的泥浆”——持续不断，他感到痛苦不堪。9月初，爱默生写了一篇评论，该评论后来成为《自立》这篇散文。一个人一旦“有某些显耀的行动或言论，他就会身陷樊笼，成为千百人关注的对象，或同情，或仇恨”。在某些时候，支持和攻击一样糟糕。他在日记中写道：“我讨厌在报纸上为我辩护。只要有所评论，就是针对我的。本来觉得自己就要成功应对局面了，但只要有人为我说了好话，就感到自己又毫无防护地暴露在敌人面前。”他甚至写信给卡莱尔，建议他现在不要考虑去美国做巡回演讲，因为此时公众很容易被煽动起来，对任何与爱默生有关的人，他们都会反对。[10]

面对强烈抗议，爱默生非常震惊，反应过度。然而，作为一神论的高级知识分子，钱宁和沃克都没有站在诺顿一边。其实，人们都知道钱宁对这些新观点表示认同，诺顿用攻击性的语气和方法制造了新的敌人。诺顿把自己看作是正统基督教派的榔头，专门用来粉碎新的异端，但他并未达到目的。事实上，现代基督教的保守派和自由一神论派的分裂，可以追溯到这个时候。关于《神学院献词》的争议仍在继续，关于奇迹的争议也在持续。多年来，基督教的自由派们从未被真正击败过。与此同时，当爱默生在1838年末宣布并开始一个新的系列演说时，他惊讶地发现，他的听众并没有像自己担心的那样减少。尽管如此，公众对《神学院献词》的过分抗议依然给爱默生留下了永久的烙印。他觉得自己与哈佛大学和一神论教堂隔断了联系。更重要的是，他觉得自己与公众有了新的关系，他不再轻松地谈论“个人必须在普遍人性中摒弃自我”这个话题。虽然他的基本思想并没有改变，但他对社会如何攻击一个叛逆者有着深刻的印象。爱默生早期讲座中强烈支持团体精神的语言与《自立》中对个体的尖锐辩护之间的差异，是他第一次长时间受到公众指责的结果。

第50章　琼斯·维里

爱默生现在新结识的人当中，有许多都与改革运动联系在一起。他赞许地写信告诉玛丽姑妈那些“种类多样、发展迅速”的新运动：“在战争、奴隶制、烈酒、动物食品、家政服务、大学、信条，还有货币等各个方面，都涌现出一批精力充沛、永不疲倦的改革者，主张要么必须将旧的事物废除，要么必须使其适应新的规则。”爱默生写信给富勒说，他开始为同时代的人感到骄傲，尽管也有一些有时令人厌烦的狂热者（其中有许多年轻人）。他们的举止“可能不怎么讨人喜欢；他们整个人看起来粗暴无礼，但要对他们有一点耐心”，爱默生劝慰自己。他想到的与其说是像亨利·梭罗、卡罗琳·斯特吉斯或哈里森·布莱克（他于1838年11月首次拜访爱默生）这样聪明的年轻人，不如说是拥向他康科德家里的那些单一问题的改革者。伊丽莎白·霍尔称那些人为瓦尔多的兽群。有一天，莉迪安往客厅里望了一眼，发现一群“留着长胡子或者光着脚丫子的男人”围坐在一起，给人一种“恐怖的感觉”。[1]

这群年轻人当中，有钱宁博士的侄子威廉·亨利·钱宁，他于1838年7月前来拜访爱默生，而且已经走在成为先验个人主义评论者和社会主义支持者的道路上了。还有一个没有留下姓名的健康食品皈依者——很可能是西尔维斯特·格雷厄姆的一个弟子，爱默生称格雷厄姆为“麸皮面包和南瓜的先知”。有一天，莉迪安给这个年轻人递过去一杯茶。“茶！我！”他喊道。过了一会儿，爱默生帮他往面包上涂抹黄油，“黄油！我！”他又叫道。此外，还有一个年轻人叫爱德华·帕尔默，他的小册子《致那些思考的人们的一封信》抨击了人们对货币的使用。莉迪安注意到，虽然按照帕尔默的原则，他不应该使用手帕，但当莉迪安把爱默生的那条手帕递给他时，他并未拒绝。[2]

在这些新结识的年轻人当中，最为古怪、最引人注目且最想联系爱默生的当数琼斯·维里。他在1838年10月底对爱默生进行了为期五天的拜访。此时的琼斯想要不折不扣地成为爱默生在《神学院献词》中呼吁的那种“圣灵诞生的新的吟游诗人”。他认为，爱默生本人“虽然已经准备好，但尚未完全到达上帝的府邸”，他决心要成为爱默生的精神导师。他来到康科德，为的就是彻底斩断爱默生与传统基督教的联系。[3]

维里25岁，比爱默生小10岁。他是哈佛神学院的学生，不久前还成为哈佛大学的希腊语教师。维里神情严肃，但不乏热心。他“身材高大，棱角分明”，总是迈着“庄严的大步”；前额突出，脸形偏瘦，脸上的皮肤紧致而光滑。他总是头戴一顶大大的黑色礼帽，身穿一套黑色西装，外加一件礼服大衣，手持一根黑色手杖。现存的一张照片显示，他嘴巴较小，双唇僵直成一条直线，目光从你的左耳穿过，紧盯着你身后的某个地方。[4]

维里来自塞勒姆。作为弗朗西斯·赖特的追随者，他的母亲莉蒂亚·维里是一个直言不讳的坚强的唯物主义和无神论者。不善社交的伊丽莎白·皮博迪在谈到莉蒂亚言辞的激烈时，称其为“女人中的一员悍将”。莉蒂亚不相信婚姻是一种法律安排，认为它只是一种道德安排。小维里10岁时，他的父亲琼斯·维里船长带他去过欧洲的北海，并两次带他参观了卡隆堡宫，即哈姆雷特的现实版的艾辛诺尔城堡。维里的传记作者注意到，就在父亲去世前不久，11岁的小琼斯·维里还曾“在城堡低矮的护墙上蹦蹦跳跳。据说那堵护墙正是哈姆雷特看到父亲阴魂的地方”。[5]

1833年，20岁的维里进入哈佛大学，就读二年级第二学期。他曾两次获得鲍登奖，并于1836年8月以全班第二名的成绩毕业。当年秋天，他被神学院录取，同时在哈佛担任希腊语教师。大学期间，他的宗教感情得到了巩固和深化，到1836年秋天时，这份感情正处于上升阶段。他读过爱默生的《自然》，将文中的每个词都视为圣约。他不仅相信上帝是诗人灵感的源泉，还认为正宗的宗教需要人们完全放弃所有的意识思维，丢掉所有的个人意愿，从而形成通往圣灵的完美通道。换句话说，维里试图放弃一切对感官和“理解”的依赖，以便完全按照康德所谓的纯粹理性来生活。从钱宁博士和爱默生那里，维里学会了寻找内心的上帝。

1837年8月，维里乘坐了一列从波士顿开往洛厄尔的波缅公司（波士顿至缅因州铁路公司）的火车。当觉察到自己正以飞快的速度穿过山野乡村时，他着实感到一阵恐惧。然而，当意识到自己已经习惯了这种“让人惊恐万分却又安全无虞的运动”时，恐惧感也就慢慢地消失了。现在，他既感受到上帝的关怀，又领悟到“人类的力量和天赋”。受这两种感觉的鼓舞，他感到自己“坐上了神圣的引擎，开启了自己的人生旅程”。旅行“持续了很久，似乎忘却了时间的存在”。归来时，他感到在寻找上帝的征途中，心灵得到了净化、振奋和鼓舞。[6]

1837年12月，维里在塞勒姆做了一次题为“为什么不能有另一首史诗”的演讲。他的论点是，能够创造史诗的旧的客观外在世界已被一个基督教的主观内在世界所取代，而这个内在世界只适合创作戏剧，并不适合创作史诗。伊丽莎白·皮博迪听了这场演讲，印象非常深刻，她写信给爱默生，敦促他邀请维里到康科德演讲。爱默生回信说，维里在4月4日就曾来康科德做过演讲。当时，爱默生正在为即将到来的“神学院献词”苦思冥想，维里的呆板、耿直和内向，以及他突出的才智让爱默生振作起来。这就是为什么爱默生在《神学院献词》中能够如此自信地呼唤一位新的“老师”，并向他的听众保证，他们每一个人都是圣灵诞生的新吟游诗人的原因之一。

1838年春天，爱默生再次见到维里。5月，维里在斯特森位于梅德福的家里参加了一次超验俱乐部的会议。那是一栋18世纪的古老的牧师住宅，坐落在高街141号。屋顶有一对巨大的烟囱，洞穴般的阁楼下面是用长长的椽木条固定在一起的12英寸见方的粗糙的椽木横梁，前厅的窗户从里面装有百叶窗和铸有“HL”字母的铰链［就像从小就在那所房子里长大似的，我知道那两个字母代表的是“上帝（Holy Lord）”一词］。此次会议的主题是神秘主义，维里积极地参与了讨论。爱默生没怎么说话，他对自己的表现有点儿失望。

1838年7月，维里聆听了爱默生在神学院毕业班上的演讲。当听到自己的例子被爱默生用来向历史基督教开火时，他强烈的使命感似乎得到了加强。现在，他认为自己就是圣灵的代言人。对于爱默生关于伟大教师和伟大先知的象征性或代表性的观点，维里并不赞同，他有一只脚仍然陷在历史基督教的形式和神话中。他认为自己实际上是通往圣灵的唯一媒介，同时也是救世主弥赛亚本人的又一次降临。

在课堂上，维里会对惊讶不已的学生们大声喊道：“逃到山上吧，因为所有的一切即将结束。”就像无法容忍来自爱默生的挑战一样，哈佛的管理层也无法容忍来自维里的这种挑战，维里希腊语教师的职务被解除了。在动身前往塞勒姆演讲时，维里给爱默生寄去了一篇关于莎士比亚的文章，这篇文章是他在4月份就开始写的。他还附了一封信，直截了当地通知爱默生："那些我自己经常与你讨论的日子已经成为过去，今后你听到的不再是我自己的话语，而是圣灵的教诲。"从伊丽莎白·皮博迪对接下来所发生的情况的叙述中，我们可以看出维里此时的精神状态。

> 一天早上（1838年9月16日），门铃响了，我打开门，维里先生走了进来。他满脸通红，双眼放光，一眨不眨。我立刻意识到，他的情绪中有一种不太自然且比较危险的成分。一进客厅，他就迫不及待地把手放在我的头顶上说："我是来给你施洗的，用圣灵和激情施洗。"然后他就开始祈祷起来。我虽然记不得他当时具体祷告了些什么内容（这是皮博迪在1880年对当时情况的回忆），但一定是惊心动魄的；当他的手在我头上比画时，我吓得直发抖。[7]

那时，维里犯了一个战术性的错误，他竟然试图给塞勒姆的几位牧师施洗，包括公开宣布反对爱默生的查尔斯·阿珀姆牧师。结果这些拒绝皈依的绅士把他送到了麦克莱恩精神病院。在那里，维里待了一个月，其间写了一篇关于《哈姆雷特》的文章。文章并非胡言乱语，而是很值得一读。对维里而言，这部戏剧是关于"灵魂并不满足于追求不朽的伟大现实"这个题材的。莎士比亚"用让人敬畏的力量束缚了我们"。他说："受厄运的前缘之支配，哈姆雷特的灵魂被赤裸裸地暴露。"维里评论说："哈姆雷特被称为疯子，但正如我们所想到的，莎士比亚认为戏剧中哈姆雷特的疯狂远大于他的明智。"以梅尔维尔式的有力的开门见山的方式，维里直接触碰到哈姆雷特内心深处的神秘色彩：

> 虽然这种神秘常伴我们左右，但莎士比亚或许比我们任何人

> 都更能强烈地感受到它的存在。这种神秘感让莎士比亚对那些超自然生命的黑暗根基进行了深入探索，以便让他能够对超自然生命做出一切解释，但不包括这些超自然生命的造访给我带来的那种压抑的力量。[8]

10月17日，维里离开麦克莱恩精神病院回到塞勒姆。伊丽莎白·皮博迪对他深表同情，在写给爱默生的信中认为他"显然疯了"，她提醒爱默生说，维里想再次拜访康科德。10月24日，维里来到爱默生家并一直待到第五天。他现在似乎平静了一些，莉迪安后来回忆说，他已经"恢复到孩子般的单纯状态。他坐在那里，双手捧着一块姜饼，一副天真无知的样子"。他是来给爱默生看他那篇关于哈姆雷特的文章并为爱默生夫妇主持重生仪式的。他宣称基督的第二次降临就要到来。维里的传记作者描述了他此时的心态：

> 基督不仅仅存在于琼斯的心里，他在每个人的心里都存在，而且需要在每个人身上得到解放，就像基督已经在自己身上得到解放一样。第二次降临其实就是解放基督。因此，就像维里解释的那样，即使在爱默生身上，只要愿意按照施洗约翰的指示来做，基督的第二次降临就可以在爱默生的身上实现。[9]

在爱默生家的第五天，这位不寻常的客人宣称那天是一个"仇恨的日子"，一个"他发现自己遇到的每个人都有坏的一面"的日子。对于莉迪安的一些评论，他用"是你的思想而不是你的生活在说话"来回答。他对爱默生说："不是你犯了错才去遵从上帝，而是不遵从上帝你才会犯错。"爱默生夫妇有如此耐心，着实感人。其实维里很机智，也很有魅力，而且非常——令人震惊地——认真。爱默生在日记中写道："他说，他觉得洗脸是一种荣光，就像是神殿般的荣耀。"虽然爱默生和维里都已经无法理解对方，但他还是被维里打动了。爱默生对维里的同情远超过剑桥区哈佛对爱默生的同情。值得称赞的是，爱默生认可并尊重琼斯·维里的宗教幻想。就像维里自己能够感受到的那样，爱默生认为“他一个人孤独地来到众生当中，就像耶稣。在把他打发走时，我似乎是向社会的中心射了一支箭”。[10]

奥尔科特曾在12月收到维里的一封信，他这样评价维里的精神问题：“他对上帝的认知是疯狂的，对神性的思考也失去了理智。”威廉·埃勒里·钱宁用现代柯勒律治式的术语来形容他，说他并未失去理智，“只是失去了感知”。钱宁接着说：“就普通大众而言，他们要么已经失去了这种高深的思想，要么从来就没有拥有过它。他们痴狂的程度很深，而维里的痴狂只是表面的。”爱默生同意这一观点，他认为维里“用某种暴力——这里指的是思想上和言语上的暴力”——亵渎了自己的名誉；然而，他认为维里“神志非常正常”。爱默生写信告诉富勒：“和他进行几个小时的交谈，你就会发现即使所有人都疯了，他也不会疯。他是个偏执狂，尽管他的思想不太自然，也很可能会不停地变化，但他是个非常了不起的人，是朋友中的极品。”[11]

离开爱默生家大约一个月后，维里给爱默生寄来两首刚刚出版的诗：《以诺》和《我们活在他的心里》。看到这两首诗，爱默生感到温暖而亲切。显然，直到现在，爱默生才真正了解到关于琼斯的另一个主要事实：他和朗费罗一样，是19世纪美国最优秀的十四行诗作家。以极强的控制诗歌形式的能力，维里创作了一首有力而温馨的悟道诗来追念乔治·赫伯特，这就是《以诺》。这首以“我想找到一个与神同行的人”开头的诗歌，在结尾时达到了这样的高度：

对上帝而言，没有一座敞开的庙宇用心建造，
灵魂忘却了她高贵的出身。
为上帝建造高大的石木殿堂，
尽管尚未完工，狼藉一片，
却是他乐意占有的唯一庙宇。

当爱默生得知维里已经写了二百多首这样的诗歌时，便敦促他出版一本书，并为他挑选和编辑作品。这本书于1839年出版，开头是维里关于史诗、莎士比亚和哈姆雷特的一些散文，随后是65首诗歌。此后不久，圣灵便离开了维里，不再通过他传达旨意，甚至也不再理会他了。正如爱默生所预见的那样，维里1837年到1838年的那种巅峰状态，是很难持久的。他的想象力枯竭了，他的狂喜也没有了。饥渴感从内部吞噬着他。就像浮士德一样，他曾短暂地拥有过一种自己无法控制的力量。后来，维里成为了一名温和的一神论牧师，一直活到1880年。他曾在缅因州的伊斯特波特和马萨诸塞州的北贝弗利从事了几年传教布道的圣职，但由于总是怯场，做得并不是很好。从45岁开始，他便几乎彻底隐退，回到了自己的家乡。他一直生活在那个已经失去了的狂喜的阴影中，只记得自己那近乎圣洁的光辉。一位朋友说："塞勒姆的维里，就像佛罗伦萨的但丁，是一个见过上帝的人。"[12]

第51章　可实现的自我

1838年11月，莉迪安突然变得"非常好客"，精心策划了两次宴会。在此期间，她怀着孕，经常呕吐。12月里的某个阶段，她一连好几天什么都吃不下，只能喝些米汤。那时，爱默生正在全力准备一个主题为"人类生活"的新的系列演讲。由于担心公众对《神学院献词》的反应会让自己失去很多听众，他很是紧张，赠送了比平时更多的免费票。11月16日，爱默生写信给哥哥威廉，说自己"漂浮在广袤的'人类生活'的海洋中，既找不到可供停泊的港湾，也没有可供参考的航海图，甚至连罗盘也罩上了一层厚厚的玻璃，要等很长一段时间才能有一次机会看清楚它的指针"。[1]

这个比喻非常贴切。此时，他不仅在探索新课题，而且也在重新研究旧课题，例如，他对现代新教的演变有了新的认识。他并没有把新教运动追溯到路德和加尔文那里，而是发现真正的宗教改革——或者至少是让他感兴趣的那部分宗教改革——起源于英联邦时期，也不是源自清教徒，而是源自它的死对头——贵格会。他引用了休厄尔的《贵格会史》中的一段描述："大约在这个时期，英格兰曾有很多灵魂饥渴的人们在所有教派中苦苦搜寻，却找不到任何满意的东西。通过上帝之光，他们感受到，上帝在自己的内心里同他们是如此的接近。于是他们开始关注这一点。"因此，从乔治·福克斯以及灵光的概念被重申开始，"西欧和美洲随后的历史就是人类本性中更高层次的元素被缓慢展开的历史"。[2]

但是越是强调个人的灵光或内在精神的启发性，爱默生就越是对每个人必须背负的过去的沉重负担感到震惊。1838年12月5日，在波士顿的首场演讲中，他对一大群听众说："人们总是被陈年的错误、习惯、仪式、法律、财产、教堂、习俗和书本所困扰，直到因这些制度而感到窒息，喘不过气来。"这篇题为"灵魂的信条"的演讲有很多内容出现在后来的《超灵》一文中。尽管爱默生在竭力为灵魂提供一个清晰的、非神秘的定义，但由于最近与琼斯的接触，使得这次演讲多少有些紧张的基调。爱默生给灵魂下的定义是：灵魂虽然"不是一种器官，但它在锤炼着所有器官，使之充满活力……它不是一种官能，而是一种灵光……不是智慧或意志，而是智慧和意志的主宰"。[3]

整个系列演讲表明，爱默生越来越偏爱过程而不是结果。事实上，对此时的爱默生来说，生活就是一个过程。他说："世界上唯一有价值的东西，就是活跃的灵魂。"并重点强调了"活跃"这个词。在第一场演讲结束时，他直截了当地说："这个元素（灵魂）的存在，意味着不断的创造。"在第二篇演讲中，爱默生把成长定义为灵魂不断努力寻找外在自己的过程，他把文化描述为"心灵的不断进步"。爱默生似乎忘记了自己曾经提醒奥尔科特尽可能避免使用"eth"结尾的动词，他在演讲中连续使用了这样的动词："一个人能够思考（thinketh），灵魂也能够；一个人可以选择（chooseth），灵魂也可以，自然也是如此……一个人是一种方法，一种进步安排，一种选择原则。"[4]

该系列的第一篇演讲提到了前一个系列演讲结尾的内容，即个体灵魂的决定性价值。接下来的几篇按照常识顺序谈到了普通生活的各个方面。第二篇演讲关注的是"家庭"。"心灵的本能需要某种永恒的东西——就像它自己一样永恒——作为它的外在对象，成为它的家庭。"爱默生最后说："心灵的栖息地或家庭，在自然中以可感知的秩序完美呈现，正如一切变化都可感知这一伟大事实一样。"就像他曾经主张的去时化的历史概念一样，爱默生在家庭这个微妙且被忽视的话题中主张的是一个非地理意义的地方："心灵在那个确定家为一切事物之始因的地方找到了自己的家园……对他来说，所有地方都是一样的，因为有他在的地方就有家园。他就是那个地方。"[5]

第三篇演讲名为"学校"，是该系列中又一篇关于"美国学者"话题的演讲，而"美国学者"是爱默生在整个写作生涯中一直探索和完善的课题。这篇演讲显示，他目前关注的是心灵，而不是自然；他列举了教师及对我们有影响的事物。首先是本能，"这种原始的智慧就是直觉，而所有随后的教导都是传授"。接下来是"条件"，他在这里指的是自然以及我们在自然中的处境，如空间、时间、太阳、月亮、气候、必需品、睡眠、二元性、成长和死亡等；然后依次是人类、书籍和事实。尽管该篇演讲的大部分内容都是关于影响心灵的话题（一个必然的被动话题），但和往常一样，演讲的最佳部分是关于心灵的活动。[6]

接下来的一篇演讲是"爱意"，但讲稿有一半内容在预定演讲日期的前一天还没有写完。此时的莉迪安已怀孕七个月有余，她身体非常虚弱，而且情绪也十分低落。第五篇演讲是"天才"，虽然同样没有投入太多精力，但演讲中闪烁着星星点点的格言和警句："天才是补救事物衰败的活动。”“相信自己的思想，那就是天才。”“天才总是有代表性的……天才展示给我们的不是他个人的财富，而是人类共同的财富。”之后的演讲是“反抗”，演讲一开始便是一大段论述，令人信服地叙述了事物的分歧、背叛、惩罚、损失和“公开承认坏的”事情：“这个守旧的时代，这种僵化的思想，还有这个退化的社会，全都是人类的堕落。”抗议产生于对现行秩序的违抗。“世界对每一个青年男女都提出了同样的问题：‘你愿意成为我们中的一员吗？’对于这个问题，他们每个人的灵魂都会由衷地回答：‘不愿意！’”这篇关于反抗的演讲极具梭罗式的色彩。爱默生已经开始在信中将梭罗称为“我的抗议者”，并在演讲中讲述了他们散步时发生的事件。“我绝对不能越过篱笆吗？我确实没有参与过这道篱笆的修建。假如在我出生之前，有个大老板买下了整个地球，那我也会被赶出大自然的。”[7]

“他只看到了半个宇宙，从来没有见过痛苦之屋。”爱默生以这句话开始了他接下来的那篇题为“悲剧”的演讲。“没有任何一种生命理论可以撇开恶习、痛苦、疾病、贫穷、危险、分裂……恐惧和死亡等价值因素而大谈生命的坚强。”在“悲剧”和“喜剧”这两篇演讲中，爱默生对文学形式的兴趣不及对塑造生命的力量和品质的兴趣。他首先讨论的是自己所说的“基于古希腊悲剧的可怕想法”：

> 相信命运或天命的安排；自然和事件的秩序受制于一条人类无法逾越的法则，但这条法则一直持续到最后，如果他的愿望正好和这一法则相契合，就会保佑他；如果他的愿望与此相反，则会毁灭他。但不管是保佑还是毁灭，它都是无心的。

在回顾了贫穷、不平等（“自然的悲剧不可避免，只是或多或少的区别”）、疾病和危险等令人沮丧的影响之后，爱默生开始转向话题的中心，即“悲剧特有的元素——恐怖”。他感兴趣的不是通常情况下的恐怖，如狂风暴雪或美洲狮撕裂猎物腹部的景象，而是那种“动了深切怜悯之心”或被生活以及“引起混乱的想象力”所吓坏了的人们内心所产生的恐怖。爱默生说：“有些人天生就倾向于悲伤……有些人的天性注定，任何成功都无法抚慰他们散乱破败的悲伤之心。他们听错了，看错了；他们怀疑了，开始害怕了。”在说这些话的时候，他或许想到了弟弟查尔斯。正如日后爱默生的儿子以及编辑指出的那样，虽然悲剧不是爱默生更喜欢的一个话题，但他此次关于悲剧的演讲远好于那场关于喜剧的演讲，这进一步证明了那句“对喜剧的感知似乎是人类形而上学结构中的平衡轮”的套话，虽然并不那么令人信服。[8]

爱默生最初的计划是以两篇演讲来总结这个系列，一篇是“世界规律对人类活动的限制”，另一篇是“人类活动的资源、趋势和前景”。但由于健康原因，包括长时间失眠，他不得不进行了压缩，代之以“责任”和“鬼学”两篇演讲结束这一系列。实际上，“责任”相当于一个总结，而“鬼学”则相当于一个长度几乎是一篇演讲的脚注。“鬼学是神学的影子。”爱默生说。为了对这一主题进行辩护，爱默生在一定程度上借用了歌德为占星术进行辩护的理由，认为这是一种对未知的预感，预示着一个比现在更加伟大的自然秩序。但爱默生最关注的，是提醒人们对这一看不见的世界保持警惕。这样做或许是最好的选择。因为他注意到“这类朦胧的事实引起了某些人很大的兴趣”。他们迫不及待地拥向这个模糊的世界，高呼“你的哲学中有很多是你梦寐以求之外的东西”。爱默生总结道，“整个自然都是丰富多彩的”，而魔鬼的传说只是“大自然中价值最低且效果最差的那部分”。[9]

“责任”演讲中的许多段落后来出现在《补偿》《精神法则》和《自立》等散文中。针对宏大的历史、历史宗教及社会压力，针对“从植物学到加尔文主义都强加于灵魂之上的信条和分级制度”，以及针对来自过去、悲剧和恶魔的重压，爱默生坚定地表明个体的充分性，行动的可能性，以及每天的满足性。他再次抱怨说，我们缺乏直接表达的信念，我们“放弃使用古老的希伯来语来了解事实，却转而使用大卫、耶利米和保罗的间接描述”。爱默生坚持认为“原始词语在今天的口语中依然有所使用”，而这一点在梭罗、惠特曼和狄金森的作品中得到了验证。新人需要新经文，随着自己的成长，我们把曾经学到的词语的原始含义抛到脑后，因为“我们可以针对各种新的情况把这些词语运用得恰到好处”。爱默生再一次回到自己所奉献的事业中，回到当今作家的写作中，回到“话语表达本身就有足够空间”的看法中，回到充分的原始表达的重要性中。这种原始表达，是每一个面对听者的年轻人或成长者要直接面对的课题，也就是说，要努力达到他“尚未获得但可以获得的自我”。[10]

第52章　家与家人

到1839年2月底，莉迪安把“房子的每个角落和所有的物品都整理得井井有条”。2月23日是个温暖的冬日，她还利用这个机会把谷仓打扫了一番。那天晚上10点的时候，她说“肚里的孩子已经开始向她问候了”。第二天早上6点钟，孩子就出生了。莉迪安对丈夫坚定地说：“她的名字就叫艾伦。”正如艾伦后来讲的那样，莉迪安要给爱默生另一个艾伦。为此，她已经计划了一些时日了。莉迪安知道，自己无法同爱默生对艾伦·塔克的记忆竞争。她甚至还做过一个梦，梦中的她和爱默生双双去了天堂里，而就在那时，艾伦出现了。莉迪安鞠了一躬便离开了，留下了爱默生和他的第一任妻子待在那里。如果她觉得自己不是爱默生想要的一切，也许她可以用这种方式满足他想要的。爱默生被莉迪安的大度所感动。因为艾伦·塔克就是爱默生的比阿特丽斯，所以他对刚出生的艾伦的祝福带着但丁式的优雅。他在日记中写道：“亲爱的，我对你的要求比这个名字所暗示的还要多，请你满足我的愿望，无论在我们生前还是死后，都要保持这个愿景。”

爱默生给莉迪安的妹妹写信告诉了这个好消息，信的结尾是："美丽的名字飘然而至，让这个'人生梦想'的新的做梦人能够回想起每一个美好的景象。"[1]

在康科德的那些访客中，有很多也成为了莉迪安的朋友。她与琼斯·维里交往甚好，她是奥尔科特和玛格丽特·富勒的密友。有时天没亮她就起床，洗个凉水澡，然后赶早班公共马车去波士顿参加富勒那著名的"对话"讲习班。她被一群心胸高尚的改革者和善辩者吓坏了，也逗乐了，这些人在"超验时代"蜂拥而至，围在爱默生周围。莉迪安用一篇名为《超验〈圣经〉》的短文对他们进行了讽刺。对于这些追求完美道德的新人来说，莉迪安的全部职责是：

> 千万别暗示天意，不管是特别的还是普遍的……
> 千万别提及罪过，你的好或坏无法影响"存在"。
> 千万别承认错误，你不用这么做，谁会在乎你是否后悔？
> 千万别谈论幸福是神圣的结果……
> 千万别诉说永生的希望，你对它了解多少？
> 千万别宣扬受苦受难是出于好意，那是老太太们的寓言。

在《对邻居的责任》一文中，莉迪安列出了超验主义的以下戒律：

> 讨厌和远离那些有病之人。他们的品位极低，可能会使我们无法写出那首游荡在我们脑海中的诗。
>
> 轻视那些性格软弱之人，不要放过羞辱和揭发他们的机会。
>
> 轻视那些没有知识之人，让他们觉得你们并不在意他们的评论。
>
> 憎恶那些犯下某些罪行之人，因为他们表现出的是愚蠢……为另一些犯下某些其他罪行的人辩护，因为他们所犯之罪与其智力是一致的。

若打印出来，整部作品也就不到两页的长度，但爱默生却非常喜欢，称之为“女王的《圣经》”，在把它读给家人听的过程中，他一直笑个不停。[2]

他们一家人精神饱满。莉迪安曾对丈夫说：“每当她在厨房里产生任何新的想法时，就会马上行动，感觉自己就像一个扔出一块石头随即再跟着它奔跑的男孩。”一位访客曾经记录道，爱默生经常会来到后面楼梯的台阶上，神圣而庄重地大声说道：“晚餐准备好啦，我的女王！”莉迪安则回答说：“好的，国王！请稍等，我马上来。”莉迪安是个一丝不苟、心急焦虑的主妇，甚至把这种焦虑带到了床上和其他地方。有一次她梦见自己去世了，躺在客厅的棺材里。葬礼时间马上就要到了，房间需要整理一下，可女佣们却都倚着扫帚聊天。由于没有其他人可以负责这件事，莉迪安最终自己从棺材里坐了起来，开始指使那些用人们干活儿。莉迪安喜欢呼吸新鲜空气，常常在晚上打开房间的门窗甚至是入户大门通风，即使是寒冷的冬夜也不例外。她认为这样可以给家人带来健康并为之欢欣，但爱默生实际上天生就怕冷。莉迪安也喜欢新的发明，到1844年或1845年的时候，家里的每个房间都安装了新的气密炉。爱默生的女儿回忆说，那是个父亲生平第一次过得非常舒服的冬天。但威廉大伯的频繁到访往往会打乱母亲的节奏。他进屋后，总是先把门关上，然后再摘帽子。艾伦回忆说，母亲的手“热乎乎的，只要转动一下门把手，整个把手就会温热起来”。[3]

爱默生的书房位于一楼阳面的一个房间，就在前门的右边。书房的一面墙摆满了厚实的书籍，其他几面墙上挂满了各种画作。房间中央是他的写字台，后来换成了一张直径为四英尺的圆形写字台。爱默生总是坐在摇椅上，正如他女儿说的，“他的整个室内生活几乎都是在书房里度过”。那些只在讲台上看到过爱默生的人，并不会想到他常常坐立不安，身体处于极度放松的状态，但沃尔特·惠特曼曾经在一个坐满人的屋子里看到爱默生的双腿是如何在椅子下编成一根麻花的。有一天，亨利·朗费罗在波士顿的一个码头上看到正在等待开往波特兰的轮船的爱默生，他当时正蜷缩在一卷绳子里，将帽子罩在耳朵上，正打着瞌睡。[4]

"二月花"艾伦出生时，瓦尔多已经有两岁半了。爱默生形容小男孩"像日出时的瓦尔登湖一样英俊"。他正在学说话，把"小花"说成"雪瓜儿"，把自己的名字说成"挖斗"。他和爸爸妈妈在同一个卧室，但单独睡在一个带轮子的小床上。秋天的时候，瓦尔多3岁了。有一次他看到爱默生心不在焉地挖土豆，便说道："希望你不要挖到自己的脚。"他有着学龄前儿童纯正的语法："bite"（咬）的过去式自然是"bited"①。他看待万物的方式也有一种儿童式的新奇。快5岁的时候，有一次让他解释妹妹艾伦突然大哭的原因，他回答说，艾伦"把脚伸进他的沙堆里，然后被人推倒了"。孩子们有一只名叫宾果的小狗，还有一个巨大的摇摆木马，上面有长长的滑梯和被称为"钻"的马镫。木马雕刻精美，体格健壮，生动活泼，四条腿可以伸展，像在奔跑一样。有一天，莉迪安在伍兹霍尔镇看到它，便买了下来，起初打算用它来锻炼身体。[5]

爱默生喜欢孩子们坐在自己膝盖上的感觉。艾伦曾常常爬到父亲的膝盖上问一些问题。"我不仅记得坐在父亲膝盖上的无比快乐的感觉……而且还记得当时我脑海里浮现的想法，那就是父亲和他的书房竟有如此完美而合意的用途。"孩子们也会帮父亲在花园里做一些杂活儿。爱默生对树木的爱好古怪而笨拙。花园里种了遮阴树和其他装饰类的花草树木。因为最喜欢的是果树，所以他在院子里种了很多不同品种的苹果树和梨树，并用一个本子记录它们的生长情况。园艺触动了他浪漫天性中的异域情调。他曾写道，自己在院子里"种植了榕

---

① "bite"，是不规则动词，其过去式应为"bit"。一般情况下，以不发音的字母e结尾的规则动词的过去式是在动词原形后直接加d。这里指小瓦尔多把"bite"看成了规则动词。

树、檀香树、莲花、爪哇毒树、黑檀树、世纪芦荟、肉珊瑚、阿斯克利庇乌斯、多枝桉树、曼德拉草、纸莎草、白鲜草、常春花、忘忧草、海默尼、魔草、甘松等”。但他在种植方面似乎从来没有什么好运气。一名拜访者回忆说，如果爱默生想种玉米，他肯定会种成郁金香。马萨诸塞州园艺学会的一个委员会曾专程来到爱默生的住处，想弄明白他是如何从如此优良的果树上收获如此贫瘠的水果的。[6]

最重要的是，艾伦后来回忆和父亲一起散步的情景时说：“每当我们和父亲一起散步时，他总会告诉我们每一种花的名字，每一种松树的每个叶鞘里有多少根松针，为什么每棵树北侧的地衣总是长得最厚，蕨类植物是如何长成权杖形的，它们的种子为什么会长在叶子上等等。”他也会让孩子们注意“里面藏有蠹鱼的乳草种子是多么美丽，金翅雀是如何在蓟的周围飞来飞去的。他每次都会告诉我们是什么鸟在唱歌……当棕色的嘲鸫鸟唱歌时，他说，过去某一天，印第安人路过这里，这种嘲鸫鸟说：印第安人，印第安人，去找白人吧，白人会给你玉米和啤酒，啤酒、啤酒、啤酒”。他教孩子们辨认红色的环状苔藓、珍珠菜和麒麟草。他说自己非常喜欢胡枝子这个名字，而且说过很多次。和孩子们一起散步的时候，他也会给他们背诵诗歌，教他们拉丁语和希腊语，还教导他们说生活是充满欢乐的。“我们都记得父亲领我们爬到路对面那座小山的山顶，然后再和我们一起从山的背面冲下去的情景……每当我们和他一起往山下跑的时候，就会有一种既害怕又兴奋的感觉。我们总觉得无法控制双脚的节奏，但每次总能转危为安，那飞奔的速度给我们一种自豪的感觉。”[7]

1839年初，爱默生与玛格丽特·富勒的友谊迅速升温。她一直在翻译歌德的诗歌，特别是《普罗米修斯》，此外，她也在将艾克曼的《歌德谈话录》翻译成美国版本。她给爱默生寄去一份关于奥尔科特思想的有些失礼的简短概要，只有一页纸的内容。父亲去世时，她正在罗得岛州的普罗维登斯的一所学校教书。之后，她开始计划再次搬家。她想自己或许会搬到康科德住。这一年，爱默生与卡莱尔的通信变得更加频繁。关于卡莱尔的著作在美国的出版事宜，爱默生已经关注了多年，目前他正忙着编辑卡莱尔四卷本的《精选杂文集》。随着卡莱尔在美国的事业开始兴盛起来，爱默生给他带来了越来越可观的收益。卡莱尔居高自傲的语气也突然发生了变化。在接下来的几年里，他会主动且频繁地给爱默生写信，二人的往来信件频频穿梭于他们的邮箱之间。爱默生开始幻想在康科德组建一所“我的大学”。他会聘请“奥尔斯顿、格林诺、布莱恩特、欧文、韦伯斯特、奥尔科特等担任教授”，并从国外邀请卡莱尔、哈勒姆和坎贝尔前来任教。他说自己想要的不是填鸭式的教学，而是“生动活泼的学习方式”。[8]

1839年的头四个月，爱默生自己的学习在几条新的道路上蜿蜒迂回。他读了奥古斯丁的《忏悔录》，兰道的《伯里克利和阿斯帕西娅》以及斯特林的《玛瑙戒指》，并首次尝试阅读但丁的《新生》。在普鲁塔克关于苏格拉底的守护者的文章中，他认识了产生贵格会灵光概念的希腊先驱。他非常欣赏弗莱彻的《邦丘佳》中严厉的撒克逊的语言和举止，他也注意到弗莱彻的写作风格缺少的只是“莎士比亚的那种极端的风格”（比如哈姆雷特和他母亲的场景）。他读了罗杰的《意大利》，里面有许多约瑟夫·透纳的插图。拉斯金曾说，正是这本书决定了他的一生。但爱默生在读这本书的过程中并没有参考拉斯金的评论，也没有领略到透纳绘画作品的力量，他更喜欢的是萨尔瓦托·罗莎的画。

也许爱默生在1839年初读到的最有趣的一本书是威廉·利特·斯通的《约瑟·布兰特·泰因德尼加的一生》。这是一部两卷本的传记，共九百多页，且排版紧凑。这是一位写过多个主题的记者的杰作，他花了好几年时间，付出了很多艰辛，仔细收集和研究相关文件和资料，以便理清这位美国独立革命时期的英国盟友和五个部落主要首领的生活状况。斯通的这部作品最引人注目的就是它的立场。文中完全没有“野性主义”，即对高贵野蛮人高傲的赞美；作者对“是谁在描写印第安人的历史”这一话题也有恰当的自我认识，他也意识到，迄今为止，“白人历史学家总是把他们描绘成恶魔”。斯通既避免了模式化的印象，也不泛泛而谈。他给我们的，是一部详尽的、严肃的和有资料来源的传记。他把布兰特当作主要人物去写，就像拿破仑或华盛顿一样。斯通非常仔细地调查了所有针对布兰特的指控，特别是那些针对印第安人的“暴行”。在读了这本令人印象深刻的传记后不久，爱默生写下了这句后来被写进《历史》一文中的令人折服的格言：“没有历史，只有传记。”[9]

甚至，爱默生更进一步地否定传统历史，认为人生的伟大转折点不是某个事件或给人启发的某一时刻。他在5月中旬写道：“那些我们生活中值得纪念的日子，并不存在于我们择业、结婚或就职等这些看得见的事实之中，而是……存在于修正我们整个生活方式的思想之中。”爱默生能够感觉到自己也在不断地成长。生活中常常会出现一些让他深思的时刻，以便探寻那些突然出现的顿悟。他意识到，自己每天都能看到打开的“充满力量和欢欣的新盒子”。爱默生关于个体身份和“整体即个体”原则的最基本信念，从未如此清晰和坚定。他在4月中旬写道：

> 我对普遍存在深信不疑，也就是说，我深信万物都存在于每一个粒子之中，整个自然都可在每一片树叶或每一块苔藓中重现。我相信永恒，我能够在自己的心灵里发现希腊、巴勒斯坦、意大利和英伦三岛；也就是说，我可以发现每个时代和所有时代的天才及其创造原理。[10]

第53章　散文创作

1839年7月，爱默生正忙着筛选琼斯·维里的诗歌，并将之编辑成册，准备出版。他告诉富勒说：“我已经选出了66首非常优秀的诗歌。月底，亨利·梭罗向他展示了他的新诗《同情》（最近，啊，我认识一个温柔的男孩……），爱默生大方地进行了回复。正是这样的态度让很多年轻人乐意围绕在他的周围。在日记中，爱默生认为梭罗的诗歌是“在这片缺乏诗意的美国森林里传出的最纯洁、最崇高的诗歌”。这年的晚些时候，有人将埃勒里·钱宁的诗歌手稿推荐给爱默生，他对这些诗歌的反应很谨慎。他给塞缪尔·沃德写信表示，钱宁“走到了诗歌创作的死胡同，我对他的措辞和逻辑有点儿不太认同”。他承认“他的诗句流露出高度诗意的气质”，但正如他对自己抱怨的那样，“我不想读那些充满诗歌精神的诗句，只想读诗人的诗句。我不想别人给我看他们早期的诗歌”。[1]

爱默生自己的诗写得不怎么好。他对富勒说：“我渴望写诗，但总也写不好。”但这并没有阻止他对诗歌的思考。他的与卡罗琳·斯特吉斯一起散步的日记很好地展现了他用联想和关联的方式来思考诗歌。他注意到：

> 正是那些自然界无处不在的反复，让我们感到了快乐，比如河岸和大树在河水中的倒影；比如篱笆上重复的柱子、墙上重复的门窗或玫瑰花形的饰物，或者那更加精美且充满诗意的柱廊，还有那更加美好的感觉的迭代，就像弥尔顿的诗句一样：“总是落难/在遭难的日子里，又遭恶毒的诽谤。”

他自己想要的并不是“叮当作响的押韵，而是像古希腊诗人品达一样如骏马般坚定的大笔触……我想要的押韵，是一种不受限制的充满狂野般自由的押韵”。《问题》是爱默生在1839年写过的唯一的一首诗，该诗再次表明他对形式和角色感到不耐烦。“我喜欢教堂，我喜欢僧衣；/我喜欢灵魂的先知，/……然而无论他的信仰能给人多大启迪/我也不愿做那披着僧衣的僧侣。”他想要的不仅仅是诗歌，而是与产生诗歌的原动力的碰撞。“古代《圣经》中列举的责任；/各国祈祷经文的来源，/就像火山口喷射的火焰，/从燃烧的地核中涌出。”[2]

此时的爱默生每天都把主要精力集中在散文上，有些甚至不是他自己的作品。1837年，他不但“资助和订购”了卡莱尔的《法国大革命》的美国版本，而且还为其进行“宣传、推广和评论”。在这本书获得成功后，他又进行了一个更大的项目：将卡莱尔早期在杂志上发表的一些作品收集整理为一套四卷本的合集，并设法出版。为此，爱默生亲自筛选文章，与出版商洽谈，预付数百美元的纸张、印刷和装订等费用，安排校对，并把那些烦人的账目明细寄送给卡莱尔过目。对于支付的每一分钱和免费赠送的每一册书，爱默生都记录在案；他仔细核对字体大小、格式、装订、颜色、发行、广告、寄给作者的册数以及邮资等事宜。爱默生为友谊做出的牺牲令人称赞。其间，他一定也停下来仔细品读了卡莱尔这套四卷本的《精选杂文集》（更不用说《法国大革命》《旧衣新裁》《席勒传》和译著《威廉·迈斯特》这些作品了）；当然还有他自己已经出版的几部寒酸之作，其中包括《自然》一书，不过这是一本比约翰·斯特林在《威斯敏斯特评论》上发表的一篇关于卡莱尔的文章都要短一些的小册子，还有两本更薄的，分别是《美国学者》和《神学院献词》。即便把爱默生的康科德二百周年纪念演讲和在《北美评论》上发表的几篇演讲都计算在内（当然，爱默生决不同意这样做），他所有出版的作品加起来也不到卡莱尔的半本书厚。诚然，卡莱尔比他大八岁，但这样的对比仍然令人尴尬。[3]

当然，爱默生的确也写了不少东西。他写的布道和演讲的稿子就有六本书那么厚，写的日记也有满满的几十本。他写起东西来不但轻松自如，而且速度很快，常常比墨水干得还要快；他现在正尝试使用钢笔。不过，在将自己的作品出版方面，却让他苦不堪言，斟词酌句，反复修改。有时候一篇文章能花上几个月的时间，一本书要好几年才能完成，而且上一本书和下一本书的时间间隔似乎越来越长。但现在，在1839年的春末和整个夏天，他开始认真地编写一本计划已久的散文集。多年来，他一直渴望在人类普遍感兴趣的话题上写一些能与蒙田或培根相媲美的文章。在这年的一封信中，爱默生把自己的这一雄心告诉了奥尔科特，说自己正在写一本书，希望它是“一本完美的创世记”。[4]

在准备这本书的过程中，爱默生放弃了自己在早期系列演讲中采用的各种方案和大纲，他也不打算只是筛选一些之前写过的优秀讲稿，然后进行简单的加工和改进。取而代之的是数十次的演讲和布道，这让他找到了很多历时性的主题，这些主题在某些情况下甚至可以追溯到他大学刚毕业时在学校教书的时期。这是一项全新的工作，需要他对现有的材料重新考查，并以新的方式将其组织起来。

当爱默生多年前开始记写日记的时候，就曾试图做到系统化：

> 我曾幻想保存一本自己的手写笔记本，上面列出一份人类研究的伟大课题的清单，如宗教、诗歌、政治、爱情等，我应该能够用几年的时间完成一部类似百科全书的著作，将世界上出现过的所有有价值的定义都囊括其中。

发现这个计划行不通时，爱默生又换了一个方案。他想利用这些日记来记录他那些最原始的想法和印象，之后再将这些想法归类。爱默生曾读过关于英国作家谢里丹的一段描述，觉得很有趣：“谢里丹不停地尝试写作，希望在那些写过的废纸堆里能够找到一些睿智和有用的东西。”“我每天在家里东写一点，西记一些”，爱默生告诉卡莱尔，结果“我的日记充满相互脱节的梦想以及大胆的、不系统和不负责任的讽刺，还有各种漫无目的的遐想。在树林和草地里漫无目的地长时间游荡之后，我发现自己的篮子只收获了少量的浆果”。[5]

爱默生以一种不那么自嘲的心情注意到，一本充满亮点和名言引用的日记，或一本剔除了日常琐碎和枯燥废话的日记，往往会产生一篇接一篇的伟大文章。这样的日记能够“将你所达到的高度变成一块高地”。爱默生现在所写的文章，就是这种通过选择达到的高地的最终产物，因为每一篇文章都代表着那些日记中评论的精华，而这些评论本身就是他每天思想和阅读的最好的记录。

爱默生写了很多日记，到1839年时，积累了大约一百本之多，光从笔记本的书架上找到一个特定的条目就需要很长时间，并且随着时间的推移耗时也越来越长。他把每个笔记本的内容都编入索引，记在笔记本的后面。从1838年开始，他编制了主题列表，并在每个主题下列出一个所有相关段落的表格，标出位置编号和页码，通过这些编号和页码他可以较快地找到每个段落。到1843年，他开始准备一个单独的笔记本，每一页的开头都有一个主题，并将日记中相关的段落用一句话概括，列到这个主题之下，每一主题下面都有几十个这样的句子。到1847年，他的主题主索引已经达到了四百多页，每个主题后面都有数十个甚至几百个简短的引文和位置编号。他打开主索引，比如说“智力”这个主题，下面有一个包含96个参考段落的列表，每一个段落都用简短词语概括，并精确地标出它在日记本中的具体位置。随着积累的材料与日俱增，爱默生需要持续不断地编制和补充新的索引。他为“柏拉图”和“斯威登堡”单独列了索引。他的人物索引十分庞杂，共列出了839名不同性别的人物。在这些人物中，有的是他们的生活、有的是他们的作品引起了爱默生的兴趣。爱默生将自己在日记中对每个人物讨论过或引用过的地方都做好编号。这些从未出版过的索引本身（有一个例外）就代表着爱默生很多个月甚至是很多年的辛勤付出。如果没有这些详尽的索引，爱默生或其他任何人都无法在这些多达263本的笔记中找到某一特定段落。

在爱默生最早的日记中，就有“广袤的世界”和“宇宙”这样宏大的标题，他最终实现了这样的计划，实现了这些标题所建议的百科全书式的雄心壮志。爱默生写道：“对作者来说，一本日记就是一本永恒的书，每个人都想要为自己撰写文学和科学的全部内容。”在宏大的摘要索引中的“作家”标题下，爱默生写道：“他的思维运作方式非常伟大，像太阳系一样。”[6]

到7月8日，爱默生有三篇文章或多或少都已成形，而且进展得都很顺利，他期望秋天能彻底完成。关于这三篇文章的顺序，他曾有过不同的计划，但在所有计划中，《历史》都排在第一位。其实，这篇文章并不是关于历史的，而是关于如何将过去的负担转化为现在的生存工具的，如果称其为《论读史》也无不妥。“别人所叙述的事实必须与我身上的某些东西相符，才显得可信，才可以理解。在读历史时，我们必须成为希腊人、罗马人、土耳其人，变成牧师和国王，变成烈士和刽子手，必须将这些形象与我们个人经历中的某些现实联系起来，否则我们将一无所获。”永远不要忘记过去。爱默生读的历史不比任何人少。但是，只有把过去的每一刻想象成现在，把自己想象为其中的历史人物，我们才能理解过去。重要的不是对过去的了解，而是对过去的同感。过去的任何一方面，无论它看起来有多么宏大，都不能被视为比现在更伟大。历史读物的目的是教育读者：“学者阅读历史，应当持有积极的心态，而不是消极的心态；应当将自己的生活视作正文，将史书当成注解。”他说：“在我们的个人经历中，常常会碰到一些与显著的历史事实相类似的遭遇，于是我们在史书中加以验证。”爱默生说，一旦我们接受了自己的体验和判断所有历史事物的能力，“所有的历史就变成了主观的历史”。就像被完美打入的钉子一样，爱默生把自己的词句恰当地砌入到这篇文章中，并带着不容否认的坚定信念继续写道：“换句话说，严格地讲，没有历史，只有传记。每个心灵都必须吸取自己的全部教训，必须重温自己的所有经历。凡是自己没看到过的，凡是自己没经历过的，就无法了解。”[7]

继《历史》之后，爱默生写的第二篇文章是《自立》，这或许是爱默生最常被人们记住的一篇文章。这一标题的术语不仅常会进入到普通的演讲中，而且也是一个让我们体会爱默生如何将古典斯多葛主义的自治、歌德的教化、施莱尔马赫的主观神学、康德的革命和他的继任者们等概念转换成通俗易懂的语言的绝佳的例子，更为重要的是，它对我们的日常生活产生了持续影响。就像哈姆雷特一样，“自立”一词对我们再熟悉不过了，似乎并不新鲜，也不具有革命性：“世界各地的社会都在密谋反对其每一个成员的男子气概。”“归根结底，除了你的心灵是完美的，其他均无神圣可言。”“愚蠢就像是渺小心灵的恶魔。”《自立》是爱默生的一篇讨论未被抛弃的人类的文章。这篇文章并不是为自私或退缩设计的一个方案，它也不是反社会的。它建议以自立为出发点——是出发点，而不是目的。爱默生认为，一个更美好社会的发展，并不会通过抑制个体化过程来实现，而是通过实现个体诉求的自愿联合而实现。

对于1839年的爱默生来说，《历史》和《自立》中的思想并不新鲜；这些思想可通过他的演讲、日记和布道追溯到很多年前。《补偿》亦是如此，正如爱默生在文章中告诉我们的那样，它可以追溯到自己的童年。他称自己的这篇文章是关于“抵消”的，但其实可以称之为“论公平”，因为这是爱默生关于自然平衡的一篇基础性文章。文章认为，作为一个整体概念，宇宙的任何一部分都不可能在不影响其他部分的情况下发生改变。爱默生从牛顿的作用力与反作用力的定律出发，把这个观点扩展到智力、道德和宗教领域以及日常生活当中。他承认世上既有好事也有坏事。他说：“多少年来，恐惧来临时总是首先给人预感，然后摧毁人的精神，最后让人语无伦次。”他认为“万事皆有瑕疵”，我们面临的不仅是机遇，更是“这片变化莫测的环境之海”。这篇文章以对“多难的自然历史”的直接抨击而收尾，并以一个非凡的隐喻，将著名的“透明眼球”的意象进一步延伸和深化，使之成为对斯威夫特和卡莱尔“旧衣”形象的惊人回应。这段文字也见证了爱默生对变化、成长、过程、蜕变的普遍意识。爱默生说，我们都受时间和变化的影响，

而这种变化经常发生，它与一个人的活力相一致。在一种更为愉悦的心境下，变革（变化）会持续不断。所有的世俗关系都

> 松散地围绕在他的周围，形成一层透明的液膜，透过它可以看到生命的形态，但并不像大多数人那样，围绕在他们周围的是一张将他们禁锢其中的古老且并无固定特性的牢固大网。这是一张不会扩张的网，隔着它，今天的人几乎无法辨认昨天的人。就像每天需要更换衣服一样，一个人也需要适时冲破包裹他的陈旧之网，这才是一个顺应时代的人应该有的面向外部的传记。

这就是康科德的奥维德。正如《瓦尔登湖》中那个描写铁路流沙的伟大段落对梭罗的写作有重大意义一样，这个蜕变的概念对爱默生的创作也有着非凡的意义。这是爱默生关于自我意识成长的新的神话。

第54章　心有所喜

1839年夏天，爱默生本已繁忙的生活变得更加忙碌，总是不断地有新书、新朋友、新演讲和新课题出现。他书信写得多了，日记也写得多了，似乎有无限的精力。在接下来的两年半时间里，爱默生在做每件事时都带着一种兴奋之情。兴奋已经成为他的一种习惯。他正处在自己的能力轨道的最远点。由于能够同时进行多项工作，爱默生现在所写的任何东西，比以往任何时候都有更多的背景信息。1839年下半年，他为自己的散文集又撰写了《爱》和《友谊》两篇文章。同时，他还开始了一个题为“当代”的新的系列演讲，其中头两次是关于文学的，接下来分别是“政治”“私人生活”“改革”“宗教”和“教育”。此外，爱默生还积极参与了一份新杂志的策划工作。这个夏天，他还同乔治·布拉德福德一起去怀特山观光旅游；而此时，亨利·梭罗也正准备同他的兄弟约翰乘船游览康科德河和梅里马克河。爱默生喜欢新罕布什尔州“粗犷而险峻”的风景，认为怀特山的渡槽“是我见过的最为粗狂的风景”。这年秋天，他给纽约的哥哥威廉捎去一大袋土豆，有35公斤左右，尽管弄丢了地址，但威廉最终还是收到了。哥哥问那些土豆是什么品种，爱默生回答说是自动生长土豆。他从土豆那里得到启示，开启了“一门新科学，即土豆磁力学”，“掌握经验，依靠自己”，目标明确。[1]

这一年，爱默生在阅读方面像往常一样涉猎广泛。他拜读了济慈的《圣阿格尼丝之夜》和《海伯利安》、狄更斯的《雾都孤儿》、乔治·桑的《斯匹里底翁》、巴尔扎克的《神秘书》以及维克多·雨果的《巴黎圣母院》；他还阅读了吉尔伯特·怀特的《塞尔伯恩的自然史》和林奈在《拉普兰植物志》中描述的拉普兰见闻；他在狄奥尼修斯·拉德纳编写的《科学艺术百科全书》中读到了约翰·福斯特的《奥利弗·克伦威尔传》。拉德纳的这套百科书尺寸不大，方便实用，是真正的袖珍本，在很多地方都能派上用场。曾经有一名被困在印度勒克瑙的士兵发现，其中一卷百科全书在被穿透120页之后成功阻挡了一枚滑膛枪的子弹。爱默生读了伯顿的《忧郁的解剖》和普鲁塔克的《伊西斯和奥西里斯》，还翻阅了维克多·库森关于柏拉图的一套12卷本的新书，这套书是康科德学园的听众送给他的致谢礼物。然而，到目前为止，在他新读到的这些作品中，最不寻常的一本书却是贝蒂娜·冯·阿尼姆的《歌德与一个孩子的通信》。这本书不仅影响了他对友谊的看法，而且也增加了他对社会关系的好奇程度。[2]

在1839年，在与老朋友的友谊得到加深的同时，爱默生又结识了一些新朋友。他与卡莱尔的通信继续增多，同时他作为卡莱尔美国代理的工作也越来越多。他与玛格丽特·富勒的关系更加密切，她在现代小说方面给了他一些指导。6月，在译完艾克曼的《歌德谈话录》之后，富勒打算离开普罗维登斯。她没有选择在康科德定居，而是选择了波士顿。1839年秋天，她开始公开举办“对话”讲习班，这让她第一次有了知名度。同样在1839年和1840年，乔治·雷普利也开始公开出场，一连发表了三封针对安德鲁斯·诺顿的《叛逆之最新方式》的公开信，为爱默生（以及斯宾诺莎和施莱尔马赫等）公开辩护。雷普利称这三篇文章为“信”，会给人一种错误的印象；其实，它们加起来有四百多页。尽管三篇文章从未结集成册，也从未以合集形式出版，但它们仍然是施莱尔马赫对19世纪美国思想史产生影响的未被公开承认的最重要作品；同时，对于那些能看清这一点的人来说，它也是一个宣言，即爱默生式的超验主义并不像诺顿所说的那样是一种异类，而是现代主流思想的一个积极部分的宣言。[3]

霍瑞斯·曼来到康科德与爱默生交流；同时，爱默生与亨利·梭罗的散步也越来越频繁。还有一个来自英国的新的仰慕者，名叫约翰·斯特林，他是卡莱尔的一个门生，也是一位作家。在经历了一段艰难岁月之后，伊丽莎白·霍尔与爱默生及爱默生一家的关系变得更加亲密了。爱默生称她为“妹妹”，当女儿艾伦问他是否应该学希腊语时，爱默生说“当然得学”，并把莉齐阿姨作为榜样，称赞她具有“希腊精神”。这年秋天，他还结识了其他几位新朋友，主要有山姆·沃德，一名艺术史学生及画家；安娜·巴克，一位美丽的新奥尔良社会名媛，新英格兰贵格会家庭背景；卡罗琳·斯特吉斯，一位年轻、自由、奔放的诗人等，他们都通过富勒成为了爱默生的新朋友，当然也占据了爱默生的一些时间和精力。和富勒一样，他们摒弃了新英格兰人那种传统而保守的做法，认为对感情问题既不用遮遮掩掩，也不必避而不谈。他们对平淡的社会生活失去了兴趣，他们珍视生活中的强烈情感，努力使人与人之间变得更加亲密。他们三人都想结识爱默生；同样，爱默生似乎也渴望巩固和加深与他们的新友谊。在《友谊》一文中，他深有感触地谈到我们是如何认识新朋友的。当一个备受称赞的陌生人到来时，

> 我们交谈得很好，而不是相反。我们有最敏锐的想象，有更丰富的记忆，我们那沉默寡言的魔鬼已经暂时离开。一连好几个小时，我们都沉浸在持续不断的真诚、高雅和丰富多彩的交流之中。这些交流来自我们最久远、最奥妙的经验，因此，坐在我们

身边的亲友或熟人都会为我们不同寻常的能力而连连惊叹。[4]

爱默生借来沃德的作品集，对米开朗琪罗的作品赞赏有加。他们互相推荐书目；在爱默生写过的最好的信当中，有一些就是写给沃德的。他似乎可以接受沃德像弟弟查尔斯那样接近自己。“但给我写这封信的你是谁——你怎么知道这一切的？我以为你更年轻。我非常喜欢你。”爱默生给21岁的沃德写道。[5]

10月初，爱默生终于见到了安娜·巴克。自1836年9月以来，富勒就一直试图介绍他俩认识。无论从哪方面看，巴克都是一个非常美丽的姑娘，而且她有一种让人感到亲近的天赋，她把自己“坦率和慷慨的信任”展现给别人的方式让人无法拒绝。爱默生曾经说过：“除了丰富的生活经验外，安娜的奇妙之处似乎在于她总是给我们一种亲近的感觉。”

当她的双眸凝视着你的一刹那，你所有的防守之门立刻就会被她那独特的温柔所打开。她向你一步一步走近，走近，再走近，给你带来轻松愉悦的感觉。这位初次见面的女子的那一瞥带给你的亲近感，即使是相守一生的兄弟姐妹或父母双亲也无法与之相媲美。

爱默生有点被迷住了。安娜还专程去了康科德。爱默生后来对卡罗琳·斯特吉斯说：“她来到康科德，还跟我约定，让我们彼此都说出心里的真实想法。”后来，爱默生发现巴克在到康科德之前就已经和山姆·沃德订婚了。爱默生对此的反应似乎不太自然，正如他把这一切都告诉斯特吉斯时那样：“当安娜在剑桥告诉我这个消息时，一开始我有点儿蒙，确实有点儿后怕。”爱默生写道：

当安娜说“我想要建立一种理想的关系，以补偿自己极力否

> 认的作为女人的缺憾；不仅要让拉斐尔（沃德）做我的兄弟，而且还有康科德的那个清教徒……我也要选他”时，我认为我们在康科德交往的整个情趣会意味着走向另一种选择；我本以为她曾满世界寻找一个像她自己一样普世的男人，但最终没有找到。

爱默生既有些失望，也有些懊恼。显然，他认为安娜·巴克本应该给他更多。1840年，安娜如约嫁给了山姆·沃德，两人离开了爱默生，也离开了艺术，开始了他们自己的经商生涯。[6]

爱默生与卡罗琳·斯特吉斯、巴克和沃德的友谊是同时进行的，但他与卡罗琳的友谊显然更有趣、更牢固、更持久和更难理解。当他们成为朋友时，斯特吉斯20岁，爱默生36岁。如果说贝蒂娜·冯·阿尼姆的《歌德与一个孩子的通信》并不是促成他们这段友谊的因素的话，那么这本书至少给他们的友谊增添了不少色彩。该书于1835年在德国出版，第二年又被作者翻译成英文，是一本关于58岁的歌德和一个20岁的“孩子”——贝蒂娜之间往来信件的松散的通信集。贝蒂娜的信生动活泼、思维敏捷且笔墨风趣。但他们信件交流的主要基调是一种莽撞而浪漫的崇拜、热情的向往和亲密的戏谑。歌德赞扬这个年轻的通信人，并以真挚的感情回应她的热情。贝蒂娜在写给歌德母亲（多年来她一直与之保持着密切的关系）的信中，这样描述了她第一次见到这位伟人的情景：“门开了，他站在那里，神情庄重，目不转睛地盯着我。我向他伸出了双手，我相信自己很快就无法自抑了，因为歌德很快就把我吸引住了。‘可怜的孩子，我吓到你了吗？’”歌德把她领进屋，让她坐到沙发上。在简短地交谈了关于阿玛莉亚公爵夫人的死讯后，贝蒂娜接着说：

> 我突然说“我不想坐在沙发上”，然后跳了起来。“好吧，”他说，“请随便。”然后我冲过去搂住了他的脖子，他拉我坐到他的膝盖上，双手搂着我贴在他胸口上。屋里很安静，一切都那么

安静，我忘却了周围的一切。之前，我已经很久没有睡过好觉了——那么多年来，一直为不能接近他而叹息。我在他怀里睡着了，醒来后，我的生命有了新的意义。[7]

在给歌德写信时，贝蒂娜完全敞开了心扉。她用惊人的口吻表达着自己的感受："我心中的大坝似乎坍塌了：一个孩子，独自站在岩石上，被狂风暴雨所困，不知所措，像周围的荆棘和蓟草一样，来回摇摆——这就是我当时的处境；在遇到老师之前，我就是这种状况。"她在另一封信中写道："您，有爱的知识和感悟的灵性；啊，您身上的一切是多么美好……上帝啊，我现在多么愿意和您在一起！"没有什么能把这些和情书区分开来。这本书的英文版是贝蒂娜自己精妙地翻译的，很快就吸引了一批追随者。爱默生对富勒说，这本书"赢得了我所有的钦佩之情……她是对歌德的天才唯一的残酷考验……贝蒂娜的天才比歌德的更纯真"。[8]

此时，在读了贝蒂娜的这本书之后，卡罗琳·斯特吉斯也开始给爱默生写类似的信。这是生活在模仿艺术中的一个鲜活的例子。斯特吉斯同样不乏热情、魅力和优雅，不乏那种从贝蒂娜那里汲取而来的文学风情（而贝蒂娜又是以《威廉·迈斯特》中一个叫迷娘的人物塑造了自己的形象）。爱默生对贝蒂娜本人大加赞赏，对她做出了夸张的断言，称她为"当今时代最具想象力的人"，并认为《歌德与一个孩子的通信》是"有史以来女性写过的最了不起的一本书"。在接下来的几年里，斯特吉斯和爱默生的往来书信读起来非常像贝蒂娜和歌德的那些通信。

在爱默生去纽伯里波特看望斯特吉斯之后，她写信给他说："你知道吗，你在三级拱形的彩虹中消失了，彩虹的光芒映照在阴沉的乌云之上；彩虹下面是一片棕色的田野，白色的尖塔在彩虹的掩映下放射出道道光芒！"她的信既充满魅力，又亲切可人。"我知道我一直都是个孩子，"她写道，"但或许有时我也会学着成为一个女人。我希望保存真实的东西，不多也不少，你难道不愿给我你能给的东西吗？难道你不想把色彩和云朵撒向灿烂的天空吗？”她的书信充满质疑、请求和挑战。“我每天从清晨开始就待在家里迫不及待地等你，直到一点或一点半你才到，”她给他写信道，“走到房子右边偏一点的池塘边，闭着眼睛坐在树下，手里拿着一本贝克福德的游记，为的就是想看看你是否能够发现我。”她的许多信没有称呼也没有结尾。其中一封的开头是：“你，我最亲爱的兄长，你是我的圣人，请把我净化吧，因为这才是友谊的快乐之处。”这封信的结尾是：“我不知道还会有哪一天能比这一天更甜蜜，更荣光。愿你在这一天幸福，这是爱你的人的愿望。”[9]

爱默生对斯特吉斯的回应也如歌德对贝蒂娜的回应一样。他既没有尽力阻止什么，也没有设法改变什么，他很可能认为一切都在可控的范围之内，而且毋庸置疑，他也喜欢上了她。夏夜，他们一起在户外仰望星空，心中充满“无尽的狂喜”。给她写信时，他把她当作“我真正的妹妹”，并向她保证他发现他俩的灵魂是相通的。他们在一起的日子是“黄金岁月”。他给她写信说：“现在你对我又有了一个称呼，我也急切地想拥有这个称呼，因为你难道不是我亲爱的妹妹，我难道不是你亲爱的兄长吗？给你写信时，我只能以这个称呼叫你，也只能谈一些和我们在圆桌边交谈内容相似的话题。”[10]

尽管私下里爱默生一直都是性情中人，但他与巴克、沃德、斯特吉斯以及富勒之间感情的率直——甚至是一种公然的率直——却是一个新的现象。这些新的关系对爱默生的影响可以从他的一段不同寻常的文字里判断，这段文字写于1839年11月，正是这些新的友谊竞相绽放的时候。在一本从未出版过的不完整的自传手稿中，他描述了自己新的境遇，这让他回想起自己曾有的“吞掉世界”的梦想和“透明眼球”的经历。爱默生写道：

> 我迫不及待投入到爱的愉悦之中，带着希望和伤痛。我觉得

> 自己像是在彩虹女神的霞光里游泳，时不时地被一道道刺眼的红色光线击中，甚至偶尔还会被一道不经意的白光刺得瞬间失明，头晕目眩。不管是福还是祸，这样的经历总是充满诗意。我一直漂浮着，丝毫没有触碰到这颗古老的球体。

正如1840年9月给伊丽莎白·霍尔写信时谈到的那样，他突然吃惊地发现自己竟然有了“一屋子的朋友”。“所以，请把我看作是一个既有朋友缘又有相思苦的人吧，看作一个写信的狂人和一个写十四行诗的诗人吧。”[11]

毫无疑问，爱默生确实被卡罗琳·斯特吉斯打动了，尽管和其他的新朋友一样，这一关系只停留在语言层面上的交流，而且是以兄妹情谊和柏拉图式的精神伴侣的名义进行的，但它并不是空洞的伪装。可以说，爱默生在19世纪40年代初生活在一个我们现在称之为“开放式婚姻”之中，尽管它只是精神而非肉体上的。没有任何迹象表明，爱默生和斯特吉斯（或巴克或富勒）之间有过任何身体上的亲密接触，也没有任何新的友谊是秘密进行的。爱默生的这些新朋友，莉迪安全都认识，她本人也经常参与他们的谈话，还经常替丈夫将这些信件抄写到笔记本上，并把富勒和斯特吉斯都当作自己的朋友。或许我们可以把斯特吉斯和爱默生之间的这种柔情解释为是他们共有的对热情的投入，或者是他们对德国浪漫友谊的一种共同的迷恋。不管如何解释，当时的他们相互之间的确有一种不可否认的感情。爱默生晚年时把卡罗琳·斯特吉斯·塔潘的信全部寄还给她；这些信被打包好后上面谨慎地写着“卡罗琳·塔潘亲启”的字样。

在那时，莉迪安对自己的丈夫并不冷淡，而爱默生对他的妻子也是如此。但有两点迹象表明，他们现在的婚姻并非尽如人意。他们的女儿艾伦注意到，1841年的某个时候，莉迪安“开始意识到自己正在失去——已经失去——她长久以来对上帝的幸福的亲近感，而且这种感觉再也没有回来”。或许这也正是她害怕失去的对爱默生的亲近感。

另一个不好的迹象是，爱默生开始在日记中严肃地表达自己对婚姻制度的质疑。在1840年11月的日记中，他认为“斯威登堡夸大了婚姻的作用”。他写道：

> 所有生命都是短暂的，友谊亦是如此。“你爱我吗？”这句话的真正含义是“你是否认同我所理解的真理？”。如果是，我们在一起是快乐的，但如果我们当中任何一方对真理有了新的理解，那我们事实上就分手了，所有的自然力量都无法把我们捆绑在一起……

这篇日记很长，在谈到拒绝永久固定关系的想法时，作者的情感达到了高潮，“但是，两个人一旦结婚就会被禁锢在永恒的岁月里，这是多么可怕的事啊，它远比把活着的人和死了的人捆绑在一起更可怕”。12月，他做了一个梦，梦中举行了一场关于婚姻制度的辩论大会。在反方发出了许多“严肃且令人震惊的反对”的声音后，一名辩方成员站起来，

> 将一个能够喷水的龙头对准了听众，显然从连接管子的那堵墙里有源源不断的水可供使用……此时，我正站在那里吃惊且有点儿好笑地观看着这个恶毒且精力充沛的辩手（手持消防龙头的那个家伙）的辩论表现。然后，我看见水龙头连在后面长长的管子上，那家伙把它带到一个墙角，接下来我眼睁睁地看着自己被浇成了落汤鸡。

激情战胜了陈规和非议。爱默生本人不再只是一个旁观者，他发现自己完全被卷入到这场感情的辩论中，沉浸在使之变为现实的挣扎之中。[12]

1841年8月，爱默生仍在继续质疑：“这样的婚姻制度既不是灵

魂原本的计划，也不是灵魂应有的归宿，它只是一对一的快速结合。”1841年9月，他再次重申：“显然，婚姻应该只是一种短暂的关系，应该有其诞生、高潮和衰亡的自然过程。在这个过程中，不应该有任何形式的暴力，既不能强制结合，也不应暴力拆散。”同年，他写下了这样的笔记：“我同你结婚是为了更好，而不是更糟。”1843年，他仍然对他所谓“婚姻的辛酸”感到不安；1852年，去英国旅行回来后，他仍然认为（正如他所写的那样），“除了婚姻之外，一切都是自由的”。他写了一段冗长而苦涩的话来评论年轻人结婚生子后被问到对婚姻的看法：“‘太晚了，太晚了！’（这个不太像作者本人的‘年轻人’说。）如果我可以公开谈论这个问题，我应该有很多话要说。但我现在已经有了一个妻子和五个孩子，这个问题对我来说已经毫无意义了。”[13]

爱默生和莉迪安一直保持着婚姻关系。不管在公开场合还是在私下里，他们都表现出对彼此的温柔、关怀和尊重。但就爱默生而言，作为婚姻第一要素的爱情已经淡化了，他不再把这种爱仅仅集中在妻子身上。尽管他的那本逐渐成形的散文集中有《友谊》和《爱》这两篇文章，但却没有一篇关于婚姻的文章。而在《爱》这篇散文中，爱默生感兴趣的并不是关爱，而是爱欲和爱的过程。文章的第一句便是对性爱强烈而直接的赞美：“每一个灵魂对另一个灵魂而言都是天上的维纳斯。心有安歇之日，也有狂欢之时。如此，世界好像是一场盛大的婚宴，一切自然之声和季节变换都是情色的颂歌和舞蹈。”后来，爱默生淡化了这段文字中公然的情色基调，但改写后的开头也同样强调爱欲，以及对人类心灵的某种智慧：“灵魂的每一个承诺都会有无数履行的途径：它的每一种欢乐都会成熟为一个新的需求。”[14]

第55章　同一与形变

爱默生一直考虑要创办和编辑一本杂志，这个想法至少从他在神学院学习的时候就有了。最近，作为一个团体，超验主义者们，特别是奥尔科特、雷普利、帕克、富勒和爱默生等，都感到没有一个合适的地方发表他们的新观点。即使是那些最自由的基督教杂志也缺乏同情心，而妇女杂志和轻文学杂志更是完全不合适的。纽约的《荷兰籍纽约人》和超验主义是对立的；整个新英格兰根本就没有较为严肃的文学杂志。1835年，在肯塔基州的路易斯维尔成立了一家超验主义期刊社（《西方信使》），这只会让人们更加敏锐地感觉到新英格兰地区同样需要这样一本期刊。1839年10月，波士顿最好的大众杂志《波士顿季评》的编辑、曾经也是超验主义者的奥雷斯蒂斯·布朗森邀请超验主义者们为该杂志撰写文章。为了不被同化，爱默生、奥尔科特、雷普利和富勒聚到一起，决定创办他们自己的杂志，由富勒担任编辑，雷普利担任业务经理，爱默生则承诺以一切必要的方式提供支持和帮助。他不辞辛劳地联系出版商、审阅稿件、寻找赞助。[1]

爱默生和富勒一直保持着联系，富勒现在已经搬到波士顿的牙买加平原居住。3月下旬，奥尔科特一家搬到了康科德。一切似乎都很匆忙，爱默生把这几个月称为他的“充满激情的日子”。他每天要写很多信件，常常妙趣横生。他告诉富勒，自己一直在读“布鲁厄姆勋爵的一本肤浅、贫乏、杂乱、松散且毫无价值的书，书名为《乔治三世的时代》”。富勒敦促他多关注一些诸如费尔杜西的《列王纪》这样的书。《列王纪》成书于11世纪，是一本描述波斯历代帝王的著作，也是展现伊朗民族感情的重要文献。[2]

2月21日，蓝知更鸟又飞回到爱默生家谷仓的鸟盒子里了。3月，艾伦宝宝学会站立了。4月，索菲亚·皮博迪即将完成查尔斯·爱默生的浮雕画像。爱默生本人则把4月的大部分时间都花在撰写《超灵》这篇文章上了。此外，他还考虑过是否要买一头奶牛。5月4日，《日晷》杂志正式发布了创刊说明。

1840年2月，爱默生每天最关注的事情就是主题为“当代”的系列演讲，他急需整理几篇相关的文章。演讲的基调明快，陈述性强，具有坚定而果断的宣言式语气。“只有两个政党，”爱默生在开幕演讲中说，“过去的政党和未来的政党。”他将前者称为“建制派”，后者称为“运动派”，他对这一年参与运动的公众和运动的政治环境越来越清醒。他说：“现代人的思想告诉我们，国家是为个人而存在的，是为了监护和教育每一个人。”现在到了开辟新天地的时候了。“这是一个割裂、分离、自由、分解、超然的时代。”尤为重要的是，爱默生在一次又一次的演讲中坚持说：“这是第一人称单数的时代。”[3]

爱默生对重要事务的认知以及他对科学日益增长的保留看法，既可以从这一系列中的两篇关于文学的演讲中看到，也可以从他现在对阅读进行分类的方法中看到。最高级别的书籍阐释的是道德问题，即应该是什么的问题；次一级别的书籍包括那些关于想象的著作，讨论的是什么是真实的问题；最低级别的书籍包括那些科学作品，探讨的是出现了什么的问题。但爱默生认为，即使是最高级别的书籍，也几乎没有什么永恒且堪称典范的价值。“书籍是什么呢？”他问听众，“它们不可能有永恒的价值……当我们被自己的生命唤醒时，这些传统的辉煌的文字就变得苍白而冰冷。”他说，文学“是一堆包含一种或两种直觉的名词和动词”。但这些演讲的主题，即贯穿该系列始终的主题，是主观的新时代以及对自我的强调。[4]

甚至在关于政治的那场演讲中，爱默生也会不断地被“自我存在以及每一个体的存在实际上是千万缕线的存在”的想法所吸引。他坚持认为：“自我是极其小的颗粒的集合体。”现在，爱默生提出了一个复杂、多面且主观的概念，而不仅仅是对自我的简单肯定：“除了作为民族的集合体之外，人还会是什么呢？”尽管思想和感知的目标依然不变，但这个多层次的、分化的自我此时是一个既定事实，是一个起点。正如他在关于宗教的演讲中所解释的那样，我们为那些罕见的时刻而活（可以说是叶芝式的），这些时刻让“我们能够完全感知我们赖以存在的深奥力量，这种力量带给我们的福祉不仅让我们每时每刻感到自足和完美，而且还让观察的行为及结果、观察的人及物以及主体和客体都统一起来，合而为一”。[5]

这是爱默生关于万物本质同一性这一根本概念的成熟想法。这个概念曾有过不同方式的表达。它在《薄伽梵歌》中以“自我”的概念出现，即我们都是真实的自我；它也是谢林“同一哲学”的主导思想：“绝对是指主观与客观、理想与现实的完全同一……坚信自然哲学与先验唯心主义体系是互补的。”此外，柯勒律治在《文学传记》第12章中也提出了这个观点。这位先验哲学家认为，自然无意识地参与到我们的自我存在之中，“它（自然）与我们直接的自我意识不仅是一致的，而且是一样的，同时也是一体的，而证明这种同一性便是他的哲学职责和主题”。[6]

爱默生的个人观点、写作程序、创作方法以及主要信念都建立在这样一种观念上：这个千差万别的世界可以而且必须被归结为一个不仅具有相似性而且也具有同一性的世界。在爱默生的宇宙中，不同是地狱，相似是炼狱，只有相同才是天堂。尽管这一思想一直贯穿于爱默生的著作之中，但它在1840年第一次得到了充分的表达。同一性是他在1840年的“当代”系列演讲的主导思想。这年春天，他还在诗歌《斯芬克斯》和散文《超灵》中阐述了这一观点。即使在《超灵》中，爱默生也没彻底探讨完这一主题。事实上，“同一性”在爱默生19世纪40年代的所有索引和主题列表中都是一个显著的标题。[7]

在《斯芬克斯》的结尾处，整体寓于个体之中的这个秘密被大自然的千万种声音道出：“谁能说出我的一个意蕴，谁就主宰我的一切。”爱默生认为《斯芬克斯》在自己的作品中处于中心的位置，总是把它放在自己诗集的第一首。1859年，也就是写完这首诗将近二十年后，他仍然饶有兴趣地让人们以非常普通的方式去理解和解释这首诗。他写道：

> 人们经常问我“斯芬克斯”的含义，是这样的，对同一性的认识将所有事物联系在一起，并使之相互解释，因而最罕见、最奇怪的事物也如同最常见的事物一样容易理解。但是，如果一个想法关注的只是特殊事物，只注意到事物的差异（想要拥有洞察全局的力量——整体寓于个体），那么世界就会给这种想法提出一个无法解答的难题，每一个新的事实都能把该想法撕成碎片……[8]

《斯芬克斯》创作于1840年4月，与此同时，爱默生也在撰写《超灵》一文，这是一篇关于同一性的文章。在之前所有的演讲系列中，爱默生都选择和探讨这样一种观点：个人通过自身的本能找到了通往人类共同思想的入口，就好像这种本能是唯一的感知能力似的。但在他正在撰写的这部散文集中，爱默生两次提到了这个想法，一次是在《自立》中强调个体作用，一次是在《超灵》中强调共同思想。这种正式的区分表明爱默生此时认识到，整体寓于个体的这个概念有两种既相互重叠又彼此离散的倾向。《自立》肯定的是个体化的倾向，而《超灵》肯定的是那个“我们依赖的伟大本性”的存在。这个本性被分别称为统一体（每个人的特殊存在都被囊括其中，并与所有其他人融为一体）、“共同本性”、“伟大本性”、“共同的心”和“伟大的共同思想”等。把这两篇文章联系起来的是爱默生的这种认识，即自立的个体所拥有的力量，最终是《超灵》所描述的共同本性的力量。[9]

这年5月对爱默生来说是个重要的月份。田野里的果树繁花朵朵，生机盎然。他的心情随着工作的推进而高涨。“成功取决于目标，而非手段。”他提醒自己，“盯着前面的靶心，而不是你的箭头。”世界充满了潜藏的热能，他也感到“潜在的快乐”无处不在。“在明天的思想中，有一种力量可以维护你的信条，所有的信条，所有国家的文学……”5月，乔治·雷普利辞去了他的神职工作，以便能够全身心地建立一个公社，这是他对正在变成你争我夺、自私自利的美国社会进行所能预见的改革的第一步。此外，泰勒神父参加了超验俱乐部的一次聚会并发了言。爱默生给泰勒写了一封热情洋溢的长信，向这位神父，同时也向“通过如此多的想象倾泻出如此多爱的喜悦和欢呼”大加赞赏。[10]

6月，爱默生再次回到《爱》和《友谊》这两篇散文的创作中。1840年7月1日，《日晷》的第一期正式出版，这本被誉为年轻美国无畏的圣经杂志被寄予了厚望。第一期刊登了富勒关于吉恩·保罗·里克特、评论家以及华盛顿·奥尔斯顿等话题的几篇论述有力的文章，有帕克的一篇佳作，梭罗的诗《同情》及散文《佩尔西乌斯》，以及奥尔科特的《俄耳甫斯语录》，克里斯托弗·克兰奇的一首以北极光作为想象象征的优美的诗。总的来说，该杂志具有一定的前瞻性和改革意识，其贡献在于它是“新事物”自觉的组成部分。然而该杂志也有追忆性的一面，刊登了一些逝者的作品，包括爱默生已逝的家人的作品。富勒将艾伦·塔克·爱默生和爱德华·布利斯·爱默生的诗句，以及查尔斯·爱默生的一篇名为《一位学者日记的注解》的文章都刊登在杂志上了。即使爱默生很少谈及过去，他依然有一种强烈的冲动去追忆那些他曾深爱着的亲人和朋友。至少，他可以让他们的声音留存下来。[11]

爱默生为杂志撰写了告读者书，他有力地驳斥了当时宗教和教育的陈规旧习，称它们正在“把我们变成僵化的石头”。他希望有一场思想上的变革，并将该杂志作为一种“反对常规的抗议方式”。告读者书还谨慎地避免过多地宣言。“生活中总有一些东西无法用语言来描述，”他写道，“每一种思想既有振奋人心的力量，也有禁锢心智的局限；它不愿成为学术关注的对象，这与激发意志的力量成比例。”当这个超验主义团体最终找到了一种集体表达思想的方式时，爱默生却警告读者们注意这些表达可能存在的不足和不当之处。很久以来，爱默生一直担忧外在形式——任何的外在形式——会意味着精神的死亡。因此，超验主义不会有正统说教，也不会有永恒不变的真正经典，它们是爱默生对事物本性的坚定信仰所不认同的。

> 古希腊的雕塑已破败不堪，仿佛是融化的雪雕，到处都是孤独的人像或败落的残片，就像六七月间我们在冰冷的谷底或山缝中看到的冰雪残片一样。凡事皆如此。所谓永恒，只是程度不同而已，任何事都不是超然的。[12]

个体化是一个事实，同一性也是一个事实。但是，在爱默生的想象和写作中，在这两者之上且支配它们的是一种关于变化的信念，即认为万物都在变化的信念。在“当代”系列演讲中，他曾用过一个意象，使人们想起比德的《英吉利教会史》中的一个著名比喻：

> 一只在苍茫大海中茫然飞行的海鸟，偶尔发现一块礁石或某个小岛，让它疲惫的翅膀暂时得到歇息。往后看，滚滚波涛；向前望，海水茫茫。我们何尝不是这样的海鸟呢，停歇在这样的礁石或时间的浅滩上，刚刚从浩瀚的过去中走出，又注定要进入到广袤的未来。

5月下旬，爱默生在日记中用伤感但有力的语言写道：“一切都不是固定不变的，所有事物都会分解、消散。”[13]

第56章　布鲁克农场与玛格丽特·富勒

1840年6月下旬到7月上旬经历了一场严重的旱灾，酷热的天气持续了整整一个月，每天的气温都在90华氏度以上。最令爱默生难熬的是“赤日炎炎的晌午”，他整个人都萎蔫了。他眼睁睁地看着庄稼一天天枯死，急切地渴望着清爽和阴凉。爱默生对沃德说：“在这焦金流石的酷暑中，除了阅读《吠陀经》这本热带的圣经外，我什么都不想读，而且我发现自己每隔三四年就得读一次这本书。”他再次阅读了威廉·琼斯爵士翻译的《摩奴法典》，这本印度的摩西五经又一次满足了爱默生对源头作品以及对早期立法者的伟大简朴的渴望。“它像暑热、星夜和平静的大海一样庄严，”他写道，“它包含了每一种宗教情感和所有伟大的道德规范。”它教导爱默生保持平静和纯洁的心灵，学会“完全放弃”。同时，这本书也让他更透彻地明白了大自然给他的所有启示：“永恒的需求、永恒的补偿、不可捉摸的力量以及无法打破的沉寂。”[1]

乔治·雷普利在5月份离开了他的布道讲坛。雷普利认为，美国社会的“根基是邪恶的”。因此，他和索菲亚决心要找到一个更具体的方法，使之能够对美国社会进行改革。整个夏天，雷普利夫妇都在西罗克斯伯里的一个奶牛农场度过。雷普利、爱默生和奥尔科特都梦想着能够组建一个志同道合的公社。8月份，爱默生在讨论——看起来非常严肃地——创建一所“既没有宪章和文凭，也没有组织和管理”的自由的大学。比如说，每年10月到次年4月，由赫奇讲授诗歌、玄学和历史哲学，由帕克讲授教会历史，由奥尔科特讲授心理学、伦理学和理想生活，而爱默生将会讲授文学课程。为此，他专门和雷普利进行了讨论，并邀请富勒也加入。“我们不再需要这个社会！……我们将不再沉睡，我们将建设一个比我们所见过的任何房子、经济和社会模式更加美好、更加和谐的社会。”爱默生所说的“我们的大学”是19世纪40年代早中期美国各地能够普遍感受到的公有社会主义冲动的一种表现。更确切地说，这所“大学”是布鲁克农场的预兆，而这个农场由雷普利于1841年4月开始创办。[2]

爱默生热情地邀请富勒到康科德居住。就在两天前，也就是8月

14日，富勒给他提出了一个尖锐的问题。那天，她和爱默生一起乘马车前往牙买加平原。一路上，富勒既代表自己也代表卡罗琳·斯特吉斯，指责爱默生“内心冷漠”。爱默生这样记录了富勒对自己的指责：“她和卡罗琳都非常愿意成为我的朋友，但我们的交往不像是友谊，更像是文学上的交流。”这一批评刺激了爱默生。毫无疑问，他觉得这个批评有一定的公正之处，但有趣的是，他对此的反应不是回避或退缩，而是立即再次向两个女人伸出双手。他向斯特吉斯解释说，因为自己害怕像被安娜·巴克拒绝那样遭到斯特吉斯的拒绝，所以没敢与她更进一步接触。“我不敢让自己对你的需要打破内心的平静，因为有一天我听到的第一个消息，或许就是你已在一个陌生的天堂里找到了自己的另一半，而我精心构筑的美丽城堡顷刻间会被炸得灰飞烟灭。”他用简单朴实的语言竭力为自己辩护，“如果能够考虑的话，我也愿意。”他加快了与斯特吉斯业已轻快的交流步伐。他们互相倾诉彼此的感受。“你是个勇敢的小可爱，”他写道，“你的信比我的更加真实。我毫不担心别人会从我身上夺去属于你的那部分。”她回信说：“如果我的信比你的信更为真实，那仅仅是因为我太爱你了。我能够很容易地感受到，既然我可以热切地爱你，其他人也会……如果有个朋友能够给予我的思想比我自己的更加崇高和美好，那他此时一定就是我的上帝。”[3]

富勒不太容易被安抚。她希望与爱默生建立一种更亲近的关系。她明确表示，这种关系不是思想交流，不是同志情谊，甚至也不是新英格兰人从歌德、贝蒂娜和斯塔尔夫人等那里学到的对友谊的狂热崇拜。既然爱默生并没有在斯特吉斯面前退缩，他也不打算在富勒面前退缩。“我不会再回到过去的冷漠之中了，”他写道，“我相信爱是高贵的，快乐在于分享本身。”而富勒则想要更多。9月下旬，她写信给爱默生，要求有新的关系。按照爱默生的理解，她声称“我是你的，一定会是你的，就让我日日在我们或这样或那样的暂时关系中生活吧”。爱默生试图拒绝这一要求，却又不舍得拒绝提出要求的人。他毕竟是结了婚的人——虽然他从来没有认为这是阻碍——但他尽他所能不去伤害她，最重要的是他不想和富勒断绝来往。他在日记中说出了心里话：

> 你想让我爱你。我该爱你什么呢？你的身体？这会让你感到厌恶。你曾想过什么？曾说过什么？当初思考和诉说的事情，现在不可以了。除了现在的关系和继续的现在之外，我看不到任何其他的爱。我爱你的勇气、你的事业心、你萌生的感情、你开放的思想，以及你的祈祷，除此之外，还有什么呢？[4]

尽管明知自己无法让爱默生接受这种更亲密的关系，但富勒在回信中丝毫没有降低自己的感情热度。“但是，你难道不是要在朋友中树立一个‘敌人’吗？你难道不是在寻求‘巨大的、令人敬畏的本性’吗？但对你来说，我现在还不是一个美丽的敌人。我会是吗？”爱默生本来可以在10月底笨拙地结束与富勒的私人亲密关系，但直到那时——甚至在那之后——他仍然保持着拥抱而不是退缩的冲动。夏去秋来，爱默生的情感生活在经历了他所谓的“这些飞快的日子”后，非常明显地就要表露出来了。[5]

爱默生这种既开放又脆弱的心态也体现在他对“公社”这一主题上。雷普利成立一个专门从事农业生产和教育事业的股份制公社的计划此时正在逐步具体化。他希望爱默生能起到领头作用，就像他对超验主义、俱乐部和《日晷》杂志表现的那样。爱默生从来没有像现在这样在计划、家庭及婚姻上如此踌躇不安。他从来没有在写作和生活中出现过这样的情形。9月，他读到了奥克利的《征服萨拉森人》的故事。他对亚洲和中东越来越感兴趣，这至少有部分原因归功于富勒。他完成了《精神法则》这篇关于简单的梭罗式的散文。“我们的生活可能比我们想象的要容易、简单得多。”他说。

他还完成了《圆》这篇伟大的散文，这或许是他对事物无限开放性和永无确定性的最好描述。“我们的一生都是在不断地学习这样一个真理：在每一个圆周围都可以再画一个圆，自然界没有终点，每一个终点都是另一个起点；每一个正午时分总有另一个黎明升起，每一个深渊下面都会有一个更深的深渊。”《圆》否定的是永恒、终结和不变；它赞美的是“生命、转化和充满活力的精神”。没有什么是真正永恒的。因此，可以说“没有真正的长眠、停顿或持久，所有的事物都在更新、萌发和生长”。这篇文章本身也是以兴奋而包容的离心圆的方式向外旋转扩张。现在，他主张的核心精神是一种狂野的精神。文章的结尾强调的那种激情，仿佛反映了爱默生此时的内心生活：“幻想和醉酒，鸦片与酒精，仿佛都是神圣天才的表象和伪装。”而这些东西却吸引着我们，因为我们需要“借助疯狂的激情，以某种方式展现内心的激昂和高亢，就像在赌博或战争中表现的那样”。爱默生说：“任何伟大的成就都离不开激情。生活本身是精彩的，唯有放纵，方能获得。”[6]

1840年10月对于爱默生来说又是一个非同寻常的月份。他的散文集即将出版，他本人不用缠身于新的系列演讲之中。《日晷》受到了褒贬不一的——但主要是负面的——评论，而这些评论似乎更加增强和磨砺了他们的信念和决心。孩子们正在茁壮成长。虽然瓦尔多生病了，但正在康复之中；艾伦正在牙牙学语。爱默生的新友谊以及他对友谊的热情让他的思想有了新的深度，且更容易达到最佳状态。雷普利提议在西罗克斯伯里的奶牛农场建立公社。他与爱默生探讨了自己的计划和方案，并于11月9日给爱默生寄去了一封长信，详细阐述了他希望做的事情，并敦促爱默生也加入进来：

> 如你所知，我们的目标是力图把脑力劳动和体力劳动更自然地结合起来；尽可能地把每个成员变成集思想者和劳动者于一体的个人；通过为所有人提供适合他们的兴趣和才能的劳动来实现最高层次的精神自由，并确保他们的辛勤劳动成果；通过向大众

> 放开教育和劳动权益，消除通过奴役他人来获得服务的可能性；从而建立一个由有知识、有素养的开明的人们组成的公社，人们之间的关系让生活更加简单和完满，从而远离目前我们这种充满竞争的制度的压力。

雷普利的“互助宣言”中鲜明的宣言模式与杰斐逊以及美国宪法相共鸣，它真实地反映了19世纪40年代席卷全美的改革愿望和热情。随着几十个公社的建立，废奴运动的兴起、禁酒令的推行、和平运动的发起以及妇女运动的崛起，随着人们对颅相学、催眠术和千里眼的兴趣的不断高涨，形成了一个与18世纪90年代和20世纪60年代相类似的充满激情和政治动荡的十年历史期。这三个充满乌托邦式的欣喜的十年都是被普遍认同且充满激情的信念所点燃，这个信念就是社会结构确实可以从根本上得到迅速改变。超验俱乐部、《日晷》以及布鲁克农场公社只是这股新浪潮的第一个波峰。爱默生给卡莱尔写信说：“我们这里有点疯狂，到处都是社会改革的项目。这些改革项目并不是读书人的专利，你在那些普通劳动者的背心口袋中也会发现新公社的草案。”他用一种福斯塔夫式的讽刺补充道：“我自己也有点疯狂，我决心过清白的生活。”[7]

虽然爱默生在信中暗示着一种超然的语气，但实际上他和大家一样疯狂。先是在日记里，然后是在散文《圆》中，他写道：“我只是一个实验者，我对所有事物都不放心。对我来说，没有什么事物是神圣的，也没有什么是卑微的。我就是个实验者，一个永不停歇、没有过去经验可以依靠的探索者。”这就是约翰·巴勒斯所称“世界上最激进分子”的爱默生。爱默生在日记中写道：

> 纵观世界历史，改革学说从未像今天这样广泛。摩拉维亚派、贵格会派、僧侣派以及斯威登堡派等教派都曾为各自尊崇的东西发声，教堂、政府、文学、历史、集市、生活方式、餐桌或

铸币等，但现在这些发声都听不到了，人们听到的只有改革的呼唤，并纷纷表达自己的判断。

让他感兴趣的是生活本身，即生活中那些琐碎的事务："当一个人勇敢地去生活时，生活展现在他面前的就是一幅浪漫的画面。当所有的障碍都被清除，生活就会让这个欣赏画面的人产生渴望、好奇和爱慕之情，进而疯狂。生活的这种力量让我感到愉悦，就连书本和技艺似乎也无法唤起我的兴致了。"他到处都能看到这样的过程。在反思印度教的经典时，爱默生说："轮回转世并非只是无稽之谈。"爱默生认可人类在六道中上下轮回的观点。正如赫拉克利特所说，自然本身就是变化。爱默生写道："自然进化的方式就是永恒的变化。"这一观点反复出现在他不断修改和润色的散文中。他在《自立》中总结道："有益的只是生命，而不是曾经的生活。幸福存在于从旧状态向新目标的过渡之中，存在于海浪的翻滚之中，存在于向前的飞奔之中。"[8]

爱默生现在的生活和往常一样充满忙碌；他的表达渠道已全部通畅。他情绪高昂，认为每一天都是充满创造的一天，每一天都是接受审判的一天。这是他的中心认识，并在寓言、诗歌和梦境中为其找到了表达方式。例如，在10月写给富勒的一封信中，他指出了自己的《日子》这首诗的核心观点："天堂就在我们身边，它用重重叠叠的伪装来包装自己，让自己看上去普普通通，以至于没有人觉得日子就是神。"没有什么能比下面的这个梦境更能表达爱默生在通往内心世界时的轻松感觉，他对经验的热切渴望，以及他在流逝的日子里所经历的渴望和满足："我梦见自己在浩瀚的太空中随意飘荡，我看到我们这个世界也在不远处飘浮，但已经缩小到只有一个苹果的大小，一位天使把它拿在手里递给我，然后说，你必须把它吃掉。于是，我就把这个世界吞到了肚子里。"[9]

这就是爱默生的地球圣餐，他终于接受了自己的圣餐仪式。那个被亚当和夏娃偷吃的苹果把罪恶和死亡带到了这个世界上；牛顿认为月球只是一个更大的苹果，而它的轨道也只是一个更大的落地运动。而这个关于爱默生吞掉整个世界的第三个苹果的故事，则标志着美国新个体的出现，他普普通通，身着工作服，他遵守秩序，自力更生，但正如多年后弗吉尼亚·伍尔夫在评论爱默生的日记时说的那样，他发现“自己无法被淘汰，因为他心中装着整个宇宙”。[10]

1840年11月，爱默生完成了《艺术》这篇散文。它是关于创造力的，也是爱默生的主要散文中最为简短的一篇。他越来越努力地工作，他感兴趣的不是心灵事件，而是心灵事件的源头和由来。对于爱默生来说，艺术不是成品，甚至也不是创作过程：“艺术是创作的需要。”11月，爱默生收到乔治·雷普利寄来的一封长长的邀请函，雷普利在信中言辞激昂，热切地邀请他加入到布鲁克农场，并参加月底的查顿街大会。这是一场改革运动的嘉年华，它正在营造一种令人眼花缭乱的全面变革和革新的氛围。[11]

1840年末，在散文集即将完稿付印之时，爱默生也为今年那两次曾经让他情绪高涨的危险经历续写了结尾。10月下旬，他试图通过专注于私人关系以外的事情重建与富勒的友谊。“你不该让我通过交谈或书信同你探讨我们之间的私人关系。”他在信中责备富勒。这是他私下里最后一次发火。他承认，尽管他们的感情起起落落，但总体上还是“走得近了一些”。但他最后说：“我在这个问题上看得不是很清楚，我不会有结果的。也许我说的话全都是错的。以后在很长一段时间里，我不会再这样了。”爱默生既没有丧失自尊，也没有否认感情。但富勒声称自己要独占爱默生的内在感情世界，如果他无法接受，就必须拒绝，绝对不能模棱两可。[12]

一个半月后，爱默生写信给雷普利表明自己将不会加入布鲁克农场公社。这是他长时间思考之后的决定，因此，这样的选择是爱默生的真实想法。由于参加这一项目的人都是他的朋友，爱默生在给雷普利回信时很难下笔。他不停地反复修改措辞，显示出不同寻常的犹豫不决。“我已决定不参加这个计划了。我是非常缓慢地甚至带着忏悔才做出了这个决定的。”他写道。这样的决定出于个人原因。他深信“这个公社不适合我”，他不愿意把“我应该承担的解放自己的任务”交给这个公社。雷普利的计划深受法国空想社会主义者傅立叶的影响，这个计划虽然多姿多彩，但充满了错综复杂的社会“安排和组合”。爱默生并不相信这种复杂的组织结构能够持久运行。他在信中还谈到了自己同一位名叫埃德蒙·霍斯默的康科德农民兼邻居讨论这个新计划时得出的关于共产农业的结论。霍斯默并不赞同所有人在所有事务上都合作共产的想法，也不喜欢薪水相同的做法。霍斯默认为，“一般来说，除了不能单独完成的几项农活外——比如装一车干草需要三个人完成，农场合作干活儿没有任何好处”。霍斯默也不相信“如果工人们得不到什么直接的利益，他们还会一直卖力地干活儿”。[13]

但这些小问题不是重点。关于是否加入布鲁克农场的事情迫使爱默生做出了艰难的选择。在那个由他所信任并一直试图聚拢到自己周围或给予关照的人们组成的公社和现在自决自立的生活方式之间，他选择了后者。他并不是不赞同这个公社及其理想，而是不赞同它运作的方式。爱默生认为，每个人都是自己世界的中心，而任何认识不到这一点的组织，他都不会加入。在婉拒参加布鲁克农场时，爱默生正在读奥雷斯蒂斯·布朗森的《劳动阶级》这篇文章，布朗森那时已经从一个超验主义者转变为对超验主义最尖刻的批评家。布朗森写道：

> 事实是，我们所指的罪恶（工人阶级的悲惨处境）并不仅仅体现在个人品质上……我们所说的罪恶是我们所有的这些社会安排所固有的特征，这些安排不彻底改变就无法摆脱罪恶……而摆脱这些罪恶的唯一办法是改变社会制度。[14]

就像对雷普利一样，爱默生对布朗森并不赞同。他对个人的力量和无限潜能的信心远大于对集体行动的信心，他不会通过妥协或他所称的“极大让步”来混淆这个问题。尽管爱默生一整年都觉得有必要好好讨论一下个人层面的问题，但这种感觉在这个月份更加强烈。带着令人吃惊的清晰思路，像梭罗屋顶上的雄鸡一样，爱默生想要把邻居们都叫醒。“不要把这个世界想象得如此模糊和冷漠，以至于没有一个人愿意为它献身，”他在日记中写道，“如果世界存在，那我就存在；我就是世界。”他此刻如此确定地体会到的自我，并不是一个孤立的个人，而是通过一切事物和人同自然联系在一起的自我。“人是自然的概括，有着不屈不挠的野性，”他在一段引人注目的段落中写道，

> 以一个伦敦或巴黎的头发滑顺卷曲的朝臣为例……（他）生活着、创造着和改变着，无所不能；他看似生活在香气缭绕、飞书传情的环境中，但他实际上同冰雪覆盖的喜马拉雅山脉、长满野生雪松的沼泽地以及地心的烈焰熔浆等直接相关。[15]

第57章　毕达哥拉斯与普罗提诺

1841年1月1日，爱默生将散文集的成稿交付印刷。从此时一直到散文集出版后的3月底，爱默生时不时地处在情绪的低谷。他抱怨说：“最近我老是觉得寒冬一直伴我左右。”他在3月份的时候又说：“3月的春天终究还是会到来的，即便拖到5月，它也会回来。”但他又补充说：“而5月却总是迟迟不来。”爱默生这一年出现的精神不振可以解读为他经历的一场个人危机，但同时也可解读为可能是他在经过长期努力完成散文集后不可避免的失望。爱默生为这本书准备了很多年，他一直认真努力创作，使之成为一部意义重大的作品。随着该书的出版，他再也不能把自己想象成一个充满希望的缓刑犯了。心情

好的时候，他想把这本书称作《森林散文》；心情差的时候，他觉得那“可怜、压抑和枯燥的散文”背叛了自己。[1]

他开始转向其他计划。1月下旬，他发表了一场名为“改革家”的演讲，这既是对乔治·雷普利的布鲁克农场公社挑战的答复，也是对奥雷斯蒂斯·布朗森对超验主义批判的回应。该演讲稿是爱默生关于经济学和经济的一篇文章。“仅仅掌握一门技艺的人，怎么可能获得生活的一切便利呢？我们应该把所有的想法都说出来吗？也许需要通过我们的双手。”爱默生说，“让我们了解经济的含义吧。”“有什么东西能如此高雅，既心无所求，又甘于奉献呢？”这篇很快发表在《日晷》第4期上的演讲稿提出了梭罗后来在《瓦尔登湖》第一章中提出的问题。爱默生坚信，除非个人改革先于社会重组，否则一切都不会朝着更好的方向发展。这个回答既不简单，也不轻松。很明显，爱默生仍然感受到有一股强大的力量将他推向比个体研究范围更广的自由改革的课题上。[2]

1841年3月，爱默生一家讨论了许多家庭安排的话题。有个计划是让奥尔科特一家搬到康科德，两家人住在一起，但未能实现，因为虽然奥尔科特赞成这个计划，但他的妻子阿比盖尔并不同意。3月底，爱默生全家试着坐在一张桌子上吃饭，也就是说，不再让女仆路易莎和厨娘莉蒂亚在厨房里吃饭，而是和爱默生一家一起吃，就像布鲁克农场那样。但厨娘拒绝了，正如后来霍桑在《福谷传奇》中指出的那样，她知道屈尊比接受屈尊更容易。4月，亨利·梭罗搬到爱默生家居住。他在这个家里有着一种特殊的地位，既不是家人，也不是仆人，但与家庭成员的身份更近一些。所有这些变化都表明，即使莉迪安和爱默生无法完全参与到布鲁克农场的共同生活中，但夫妇二人有一种将小家庭扩展为大家庭的强烈冲动。此时，布鲁克农场在西罗克斯伯里刚刚成立。

散文集最终于1841年3月20日出版。为此，爱默生列了一个长长的赠书名单。他告诉哥哥威廉，他把一个关于自然的新的章节从散文集中删掉了，因为他对这篇文章不太满意。他这一年对自然的思考又发生了巨大的变化。1月，他重读了司各特的《昆廷·杜沃德》，班克罗夫特的《美国历史》第3卷和歌德的《色彩论》。此外，他也开始研究新柏拉图主义及相关思想，这次是以一种严肃而广泛的方式进行。他还阅读了普罗提诺的书。3月，他读了伊安布利霍斯的《毕达哥拉斯生平》。4月，他阅读了波菲利的作品。波菲利是反对基督教的新柏拉图主义者，除了编辑的身份外，他还是普罗提诺的学生，伊安布利霍斯的老师。6月，爱默生再次研究了琐罗亚斯德，并期待能够早日看到托马斯·泰勒翻译的普罗克洛斯的著作。同样在6月，他还阅读了《毗湿奴·萨尔马佳言集》，重读了库森编辑的柏拉图的《斐德罗篇》《曼诺篇》和《会饮篇》，还阅读了六本泰勒翻译的普罗克洛斯的书，安奈尤斯·卢卡努斯的《宇宙的本质》，以及一本名为《毕达哥拉斯主义者政治思想集萃》的书。除了对原著、原始真理和个人见证的持续渴望，以及已经养成的关注亚洲经典和通过阅读来验证的习惯之外，爱默生对古典和亚洲超验主义的重新燃起的兴趣还有一个新的动机。在8月份发表的一篇名为《自然的方法》的演讲稿表明，爱默生本质上的日耳曼唯心主义（通过卡莱尔和柯勒律治所阐释的康德主义和谢林主义）正在转变为一种与毕达哥拉斯、新柏拉图主义和琐罗亚斯德教的传统有着强烈相似性且充满活力的泛神论。[3]

现在，爱默生正学着把毕达哥拉斯视为哲学之父，是“第一个自称为‘哲学家’或智慧爱好者的人”。而柏拉图则被视为是毕达哥拉斯的“所有追随者中最真诚、最优秀的一个”。乔尔丹诺·布鲁诺是现代的毕达哥拉斯，是“第二个毕达哥拉斯”。毕达哥拉斯学说的核心（被称为现代哲学史上的新毕达哥拉斯主义）同爱默生此时从伊安布利霍斯那里看到的一样，即事物的重要本质——就是根本现实——是数字：“数字的永恒本质是宇宙、天地和中间万物的最神圣的原则。”另一种说法是，“事物的美和秩序源自可理解的第一本质，而这个第一本质就是数字的本质”。新毕达哥拉斯主义并不太关注量化世界或将世界数字化，而是把数字的本质看作是统领灵魂和世界秩序的原则。毕达哥拉斯主义者们还认为，有些东西不能通过口头和书面的方式表达出来，必须通过字里行间的隐含意义和符号来感知。毕达哥拉斯主义者们用象征进行教学，教学内容非常详尽，涉及为人处世的方方面面。学生们往往要经历漫长而艰苦的学徒期才能出道。毕达哥拉斯本人被形容为“一个具有典型宗师特征的神赐人物”。[4]

毕达哥拉斯学说强调素食，强调通过音乐的力量让人们领悟大自然固有的和谐。3月，爱默生读了伊安布利霍斯关于毕达哥拉斯的著作。4月，当霍桑因一场不合时令的暴风雪搬到布鲁克农场开始了新的生活时，当梭罗搬到爱默生家居住时，当爱默生在翻阅卡莱尔的新著《论历史上的英雄、英雄崇拜和英雄业绩》时，当他与卡罗琳·斯特吉斯的通信继续保持着最高热度时，爱默生开始认真地迈向新柏拉图主义。

新柏拉图主义的一个主要课题就是促成异教和基督教之间的和解。毫无疑问，新柏拉图主义者们源自柏拉图，但对此时的爱默生来说，重要的是他们同时也是毕达哥拉斯主义者，甚至柏拉图本人也可被理解为是毕达哥拉斯主义者。爱默生大部分的新柏拉图主义思想都是由托马斯·泰勒传递给他的。泰勒是18世纪一位不知疲倦的学者，他源源不断地出版了无数译著、评论和编辑的书籍，他完整地翻译了柏拉图的所有著作以及普罗克洛斯的相关评论，为读者展示了一个浪漫的柏拉图。泰勒认为：“现代人所拥有的道德科学虽然光彩夺目，但它只不过是柏拉图对宇宙的伟大构想中一些微小、破碎的片段。”泰勒对他所称的“毫无价值和生命力的当代哲学”不屑一顾。作为报复，现代哲学流派，尤其是苏格兰常识派的哲学家们，极力否定泰勒的新柏拉图主义，而爱默生对新柏拉图主义的兴趣促使他自觉地重新捡回那条被斯图尔特、里德和麦金托什刻意丢弃的柏拉图及毕达哥拉斯式的线索。[5]

爱默生尤其被新柏拉图式的两个教义所吸引：世界流溢说和自我

与上帝美妙结合的观念。对于普罗提诺来说，万物从一而生，一是万物的终极力量和终极统一。首先是思想或意识流溢，即一切有形事物和生命形式均由所有思想流溢而出。在这一年的一篇充满远见的文章中，爱默生指出：

> 江河在流动，植物在流动（散发气味），太阳在流动（辐射），心灵是一连串思想的流动；同样，宇宙也是上帝流溢而出的产物。任何事物都是流溢的结果，每一个旧的流溢会产生出新的流溢，新的流溢又会产生出另外新的流溢。即使有什么东西能静止不动，那它也将会立刻被它所抗拒的洪流击得粉碎并消失得无影无踪。

这不是一个纯粹的或贝克莱式的唯心主义，而是一个与唯心主义相一致的动态的现实观。爱默生现在主要的隐喻是形变，在接下来的十年里，它将越来越成为爱默生的思想和写作的主导。此时，他在日记中大胆地写道："形变就是自然。"为了平抑这一大胆的说法，他补充说，尽管生活是"一连串情绪的流动"，但也有"无变化的情绪，还有一连串不同的感觉和心境"。[6]

爱默生从普罗提诺那里汲取的另一个思想，是普罗提诺关于个体灵魂自我意识发展的最终阶段的概念，它像干燥森林里的大火一样在爱默生的心中熊熊燃烧。这个最终阶段就是自我与上帝在"超脱中以毫无二元性的特点进行"的神秘结合。我们在想到上帝或者与之相关的事物时，主体与客体是分离的，但在这种美妙的结合中却没有这种主客体的分离。"这种美妙的结合是罕见、短暂和无法抗拒的"，它指引着我们走向一种"超越世俗欢乐的生活。"这样的结合也是一种至高无上的体验，就像普罗提诺那句被爱默生在4月份抄写下来的著名的话一样："一个从个体走向唯一的飞跃。"[7]

第58章　奥斯曼的戒指：超脱之作

这一年，爱默生的5月最终还是到来了，而且又是一个硕果累累的月份。我们可以从爱默生的书信和日记中，尤其是从一篇名为《自然的方法》的奇怪的新散文中，看到他在心智上——如果我们可以用这个词的话——以及精神上都得到了成长。这个即将见证他38岁生日的月份是以大量重读姑妈玛丽·穆迪·爱默生的书信和自己的日记开始的。他前进的道路往往是从后退一步开始的。他翻阅了姑妈以及查尔斯和爱德华两个弟弟的信件，并且就姑妈的原创性问题写下了最有洞察力的篇章。他特别钦佩姑妈的不可预测性："她的智慧犹如沙漠中的一匹野马，能够遏制燥热的西洛可风，也可跑遍整个棕榈树林，但却无法学会赛马场上优雅的步伐。"与其他任何特质一样，她从传统书本学习中所获得的自由，让她在爱默生眼中与众不同："没有什么能比她书信中表达的自由和幸福更高贵的了，这种高贵不受任何参考标准和风格的限制，是一种自我控制的高贵：它是山风的流动，是鲜花的舞动，是鸟儿的飞翔。"[1]

爱默生对姑妈创造力的钦佩也激发了自己的创造力。认识到自己也是博览群书之人，会不自觉地"保持一种适中的格调，就像一名在队列中行进的士兵会不由自主地同队伍保持步调一致一样"。像他经常做的那样，爱默生把自己看作是一个转变了的自我或一名苏格拉底的守护者，一个自由的、富有预示性和充满诗意的声音，或一个当然是他自己但却与白天的那个自己完全不同的人物。为了达到这样的目的，爱默生在年轻时曾以盖伊这个名字表达观点，他也曾以类似的方式使用"乌列尔"这个形象。如今，他写了一首名为《林中曲之二》的长诗，诗里的一棵松树是主要的发言者和教导者。在日记中，爱默生曾写下一个长长的愿景，这个愿景来自他的一个梦。在梦中，他同一位博学的智者一起散步，为其取名为奥斯曼。正是以奥斯曼的身份，爱默生写下了那些已经被引用的关于世界流溢而出的句子。而在《自然》结尾时，当爱默生想要尽力达到己所能及的最高、最权威的声音时，他借用了“一位特定的诗人”，这便是奥斯曼本人，一种内在的“他者”。这种现象对诗人来说已经很熟悉了。在当今时代，切斯瓦夫·米沃什在《诗的见证》这篇演讲稿的开头说：“我的一生都处在一个守护神的庇佑之下，那些由这位守护神口述给我的诗歌到底是如何产生的，我也无从知晓。”[2]

爱默生的守护者的名字显然来源于土耳其的奥斯曼（Othman），按发音拼写成英文便是奥斯曼（Osman）。奥斯曼是13世纪奥斯曼帝国的缔造者。历史上的奥斯曼在年轻时曾做了一个了不起的梦，他梦到一棵树从自己的腰间生长出来。这棵树“不停地生长，变得越来越碧绿，越来越健美，树荫覆盖了万物，并一直延伸到天空、陆地和海洋的边际”。大树下，是巍峨的高加索山脉，从大树的根部流出了底格里斯河、幼发拉底河、尼罗河和多瑙河。

> 一大群鸟儿在清新芬芳的屋檐下叽叽喳喳，奏出清脆的曲调。树枝重叠交错，树叶修长如剑。恰在此时，狂风乍起，树叶的叶尖被吹得指向世界的不同城市，其中大部分指向君士坦丁堡，而此地恰好位于两个海洋和两个大陆的交汇之处，就像一颗镶嵌在两颗蓝宝石和两颗绿宝石之间的钻石，宛若一枚拥抱整个世界的有强大统治力的钻石戒指。当奥斯曼醒来时，他将那戒指戴在了手指上。

除了性的暗示和帝国的预言之外，奥斯曼之梦展现的是一个形变和流溢的景象。在爱默生的幻想模式中，他总是试图——以他自己的方式，为了他自己的目的——戴上奥斯曼的戒指。例如，在之前提到的那个梦境中，爱默生的奥斯曼说：“要让人们遵从自己的心灵法则，这样，他将充满流溢到万物的神性。他必须流溢，必须放弃得到的一切，放弃占有和停滞不前的愿望。”[3]

这种与他的诗歌源头再次连通的直接文学成果便是《林中曲之二》。在该诗中，松树远离世俗世界，成为自然界生命的代言人。而在世俗世界里，“过去的农夫成了现在的主人，/现在的农夫将是未来的主人”。在那些令人新奇而不同寻常的诗句中（“身后岩石上的松影摇曳晃动”），这棵松树的主要目的是教导我们要认识到“迅速发生的形变/将所有固定形态解构”，不仅消解了“那些貌似坚固的事物，还把坚实的自然化为美梦”。[4]

6月，爱默生再次阅读了但丁的《新生》，还读了一本泰勒翻译的普罗克洛斯的书，并再次研究了琐罗亚斯德教。爱默生之所以对琐罗亚斯德教感兴趣，关键还是他感兴趣的毕达哥拉斯主义。人们认为，毕达哥拉斯曾在东方旅行，并学习了琐罗亚斯德教的法师们的智慧。普罗提诺对琐罗亚斯德教也很感兴趣。爱默生曾在1832年4月读过安克蒂尔·杜伯龙的《波斯神学体系剖析》，对此比较熟悉；此外，爱默生还对杜伯龙具有权威性的三卷本的《波斯古经》比较熟悉，它是琐罗亚斯德教的经文，也是除《古兰经》外第一部传到西方的主要的非西方经文。爱默生从歌德那里了解到，琐罗亚斯德——也被称为查拉图斯特拉——是第一个在宗教崇拜和教堂里把纯洁和高贵的自然宗教制度化的人。此外，歌德也认为琐罗亚斯德是第一个通过寓言来传教的人。琐罗亚斯德著名的二元论对爱默生有着一种奇特的吸引力，而我们通常认为爱默生的思想是典型的一元论。奥玛兹德（阿胡拉·马兹达）和阿里曼①的故事非常像爱默生在西尼修斯的《普罗维登斯》这个长篇故事中读到的好兄弟和坏兄弟。或许二元论在某些方面照亮了爱默生悲惨的家族历史，当然，他对琐罗亚斯德教存有其他的诉求，就像尼采一样。爱默生被琐罗亚斯德用原始火的观念来判断善的

① 阿胡拉·马兹达是琐罗亚斯德教中的善神，而阿里曼是恶神。

原则的做法所吸引。他喜欢琐罗亚斯德教坦诚的自然崇拜，以及对自然本身的净化和生命健康的兴趣。这是一种不仅仅以个人救赎为目的的宗教。[5]

1841年7月，爱默生前往科哈塞特和位于马萨诸塞湾南岸的时为荒芜之地的楠塔斯克特海滩度假。这是一个难得的休息机会，可以面对大海好好让自己平静一下，最重要的是，他可以借此机会好好整理一下那些萦绕在脑海里的新思想，以便为已经计划好的8月份的演讲做好准备。正如爱默生自己所认识到的那样，他在自然景观的使用上正在发生着变化。从孩提时代起，他就对大海心存怨恨，这使他一直被束缚在波士顿的街道上。多年来，尽管经历了几次海上航行，他认为任何包括海洋在内的景观都“有点被粗俗化了”，正如他告诉富勒的那样。而现在，在从楠塔斯克特写给莉迪安的一封信中，爱默生坦言，自己发现大海“非常令人愉悦……它的浩瀚和咆哮，海浪拍打海岸的声音如此古老，如此悦耳，大海不变的颜色和弧线比大山和森林更加赏心悦目，因为我们总是觉得大山还不够高，森林还不够狂野”。他又在阅读普罗克洛斯、安奈尤斯·卢卡努斯（最早的新毕达哥拉斯主义者之一）、柏拉图和毕达哥拉斯的作品。[6]

爱默生期望“高贵的创作女神的造访”，希望有一种能够改变生活的深度的梦幻体验。他在追求一种体验，以便能够让自己用“愉快的暴力”把读者或听众推升到“宗教的至福里，或使之进入到苏格拉底式的催眠状态，并将其提升至理念的天堂之中”。爱默生清楚地知道自己在寻求什么样的体验。他之前曾经有过类似的体验。在奥本山的经历就是其中之一，其他例子的证据散落在他的日记中。这一年，爱默生说：

> 我的信仰，是在大路或市场上让我惊讶但短暂感人的经历；我无法说出这种经历的确切时间和地点，或者是发生在身体之内还是身体之外，但上帝知道，他让我意识到，我一直以一个傻子

的角色同更多的傻子嬉戏。但对我和所有人来说，这种体验有法则的因素，还有难以言喻的孩子般举止的甜蜜。我不会再傻了。

但这种体验总是短暂的。“也许在一个小时内，我就会从高亢的体验中滑落下来，”爱默生继续描述道，“我又回到自己原来的套子里，再次成为一个自私社会里的自私成员。”[7]

6月份，爱默生就经历过这样一个时刻。亨利·梭罗召唤他一起泛舟于康科德河上：“穿过那片田野，我们径直来到船上，然后便把所有的时间、所有的科学和所有的历史都抛在身后，轻划船桨，便进入了大自然。”当时正值日落时分，爱默生十分清楚地意识到，那是一个非同寻常的时刻。

当心点儿，好朋友！我说。我望着西方，看着落日从头顶上渐渐滑到地平线下，梭罗面朝我坐在小船里，把小船向着落日的方向划去——当心！你或许并不知晓你在做什么，只管把木桨伸进这迷人的河水中，却没有发现你身后以及船下的河水正泛着红色、紫色和黄色的波纹。

夕阳的余晖渐渐褪去，星星慢慢浮现在夜空，开始投射出如此私密而又不可言喻的光芒。这样的美景足以让所有的谈话在此刻停止。

一个惬意的假日，一段舒心的田园生活，一次奇妙的皇家狂欢，一个最骄傲、最壮丽、最让人心旷神怡的节日，这个充满勇敢和美丽，充满力量和诗歌的节日就在这里，就是此刻。而昭示这一切的，并非国王，也非王宫，不是男人们，也不是女人们，而是夜空中的那璀璨的星星，是它们给出了这个想法并提出邀请，这些温柔的、清晰的、吉祥的和充满诗意的星星。它们令人信服地给出秘密的承诺……所有的经验都针对它们，它们的话语就是希望。[8]

爱默生一直在追求的那种体验是一种超脱的状态，它给人一种置身于时间之外的感觉。“超脱”一词的意思是“替代”，让人置身于自身之外。超脱也意味着“一系列快乐、短暂、意外、罕见、有价值和非同寻常的体验，这些体验似乎源自一种超自然的力量”。这种体验给人极度强烈的感受，并有一种与超自然接触的感觉。玛甘妮塔·拉斯奇在研究超脱时说：“它常常被人们当作宗教体验的基调。”伊夫琳·昂德希尔在她的经典著作《神秘主义》中描述了促使超脱产生的方法，强调眼睛和想象的作用：“不要思虑，把你的个性倾注于它；让灵魂进驻到你的眼睛里。”这样的超脱时刻并非宗教神秘主义者所独有，它们也常常出现在文学作品中。例如，普鲁斯特的《让·桑德伊》关注的就是主人公一生中的这种经历：“让的一生中真正重要的经历都是在海边、花园或树林中发生的。那一刻，他完全被一种独特的感觉、神秘的场景和奇特的美妙所浸透，在心中唤醒一种愉悦的奇妙感和一股巨大的幸福感。”[9]

对于爱默生来说，类似这样的体验是幻想的源泉和力量的见证：“我们想知道的是力量可以在哪里得到。为了能够将这种高深的心理能量集中、浓缩并随意召唤，我们愿意付出一切代价。”爱默生还深信，每个人都会经历超脱的状态，正如豪尔赫·路易斯·博尔赫斯坚持认为的那样，每个人一生中都有两三次能够创作诗歌的时候。爱默生写道：“每个人都有过一两次非凡的经历，看见了自己的灵魂，产生了一些自己后来永不忘记的想法，这些想法修正了自己的所有言论，塑造了自己的所有思维形式。”他进一步确信，超脱是一种自然的状态，而非超自然的状态，并竭尽全力要把这种状态弄明白。他曾经写道：“我认为，如果你愿意这么说的话，超脱是一种机械的运动，或者说，它只是一个使河水潺潺流动的轻柔引力在更高领域展现的一个例子。”[10]

《自然的方法》是爱默生在缅因州的沃特维尔学院做的一次演讲的讲稿，当时他知道玛丽姑妈也会参加。这次演讲在当时被认为是一次失败，但如果是的话，那也是比大多数成功更有趣的一次失败。《自然的方法》是一篇关于超脱的演讲稿，试图将个人的超脱体验与大自然的形变过程联系起来。爱默生认为，这种形变过程就是大自然的工作方式。

> 自然形变的展现过程仅此而已；在我们的语言中，没有任何词语不能通过强调而成为自然的典型。世界是舞者，它是念珠，是急流，是小船，是浓雾，是蛛网；它是你想把它看作的任何东西，是暗喻能够涵盖的一切……世界能够迅捷地将自己转变成你指出的任何东西。

在此次演讲中，爱默生强调了这种形变过程的感觉。他说，大自然是一条奔腾不息的河流，它“不会停下来让你去观察”。[11]

借用自己在新柏拉图主义方面的知识，爱默生进一步指出：“每一个自然事实都是一种流溢的过程。”他试图通过直截了当地宣称“自然的力量或自然的天赋是超脱的”这一看法，来暗示个人经验和自然过程之间的联系。他很可能一直在思考《自然》中一再提到的著名体验，即先知化为单纯的视觉工具。然而，这篇新的文章并没有一个中心闪光点，也没有比透明眼睛更为生动的东西。尽管如此，正如一位评论员最近指出的那样，《自然的方法》标志着自然的超脱体验取代了爱默生先前关于人类道德进步是自然终结的观念。他现在把自己想象成“快乐科学的教授”。他此时关注的是心灵活动和实际状态，他比以往任何时候都不愿意在过去的可能性上浪费时间，他愉快而庄重地避开了这些“可能性的深渊”，以免浪费时间。[12]

第59章 可怕的虚空

1841年9月21日，爱默生的继祖父以斯拉·雷普利去世了。这不仅仅是一个季节的流逝，而是代表着一个时代的结束。出生于1751年的雷普利属于并代表着独立革命的那一代。爱默生在悼词中说，雷普利一生“追求新英格兰教堂的理念和形式，而如今他与这种理念和形式一起寿终正寝了”。1841年，康科德第一教区对旧会议厅进行了大规模的内外部拆除、扩建和现代化改造，不仅像现在看到的那样将朝向调整了九十度，而且还使之更加优雅、通风，且具有希腊复兴时期的风格。然而老雷普利牧师却从未改变自己的方向或变得现代化一些。他本质上是反对独立的，不赞成民主政治，而且是一个特别相信天意的人。爱默生用一些有趣的逸事来说明雷普利的信仰，其中一个是关于一位18世纪的传教士的，他那不断出问题的新马车给了他某种预示。雷普利是一个容易轻信却又固执己见的人，喜欢对女性行吻手礼。其中一位女性告诉爱默生说，“好像他要把你当食物吞掉似的”。雷普利没有文学艺术修养，但他满肚子奇闻逸事，认识每个人的祖父，且擅长射击。当他的遗体被抬出来的时候，爱默生觉得他“英俊而高贵……就像一个倒在森林里的首领”。虽然爱默生在悼词中说了所有应该说的话，但他那时从来都未曾因为长辈们的去世而有所触动。他带着5岁的瓦尔多瞻仰老人的遗体。小家伙“绕着床榻转了几圈，最后问道：‘他们为什么不把他留作一尊雕像呢？’”[1]

10月，瓦尔多已经满5岁了。正好在这个月，康科德首次迎来了流动摄影师，亨利的哥哥约翰·梭罗想出带瓦尔多去照相的主意。照片上的小男孩长着一副英俊的脸庞、一双大大的眼睛、一对生动的眉毛和一张圆圆的嘴巴。他深色的头发柔顺下垂，并从中间分开，由于在阳光下长时间地按照银版摄影师的要求摆着照相的姿势，他微皱着眉头。他是父亲的掌上明珠，也是父亲永远的伴侣。他常常在父亲的书房里能安静地玩上几个小时。他单独睡在父母卧室的一个带轮子的小床上。起初，莉迪安觉得瓦尔多同其他小男孩没什么两样，但从瓦尔多快5岁时开始，她觉得他“越来越聪明，越来越像一个小天使”。有一次，莉迪安带他去波士顿朋友家做客，瓦尔多对那间华丽的客厅端详了老半天，最后对母亲说：“那些门把手多么像透明的玻璃啊！”[2]

1841年8月，瓦尔多的年龄足可以给两岁半的妹妹艾伦写封信了，但尚不能去邮局替爸爸取信。爱默生毫不担心地指出，瓦尔多可能有点胆小：“他不想单独去上学，不想，一点也不想，永远不想。”他没完没了地玩着自己和亨利·梭罗一起为艾伦建造的玩具屋。他们要让玩具屋成为一个“猪舍”，要为它装一个大钟，“声音比一万个钟还要响亮，让所有的国家都能听到”。他的祖母每天都教他阅读。玛格丽特·富勒和卡罗琳·斯特吉斯每次来访都会“充满爱意地逗逗他”。瓦尔多快4岁时，在他和当时还是婴儿的艾伦感冒刚刚恢复的一天晚上，他告诉妈妈自己一个人做了一个小小的祈祷。当莉迪安问他向上帝说了些什么时，他回答说：“我对上帝说，我想让自己好好的，想让艾伦能健康活下去并且长大。”[3]

1841年10月下旬，瓦尔多5岁时，莉迪安正处于第三次孕期的最后一个月。她在这个阶段比较艰难，经常感到不舒服。11月18日，她做了一个奇怪的梦，梦见一尊雕像，“如此美丽，在它的映衬下，房间里那个花季般的女孩显得脸色苍白蜡黄”。那尊雕像向女孩讲述了关于生命和存在的故事；接着，通过头部和身体的一些轻微动作，它依次展示了衰弱、死亡和腐烂的过程，画面十分震撼；然后，随着复活的迹象依次显现，雕像又容光焕发了。这个长者模样的雕像传递的信息到底是凶是吉，无从知晓。也许死亡、腐烂和复活都是成年人的事，与孩子们没有什么关系。四天后，莉迪安生下了第二个女儿。爱默生想给她起名为莉迪安，但妻子不同意，又过了一会儿，刚出生的婴儿才有了伊迪丝这个名字。[4]

10月初，爱默生得知城市银行①将暂不派息，导致他少了600美元的收入，于是爱默生别无选择，只能再次去演讲了。他并非不愿意做演讲；相反，他很乐意演讲，演讲迫使他能够快速地写作。比起那些为出版目的而缓慢且艰难进行的校对散文或压缩文字的工作，他更喜欢这种讲稿的写作。当然，他对自己的演讲技巧既欣赏又自信。在这年秋天儿子照相的时候，他迷上了这种新出现的艺术。对于这种利用光线就能成画的艺术思路，爱默生非常感兴趣，他认为这种新的方法代表着“真正共和的绘画风格。‘艺术家’站在一旁，让你自己来描摹自己”。他特别喜欢摄影给人一种直接的、不经处理的形象。受这种新艺术的启发，他考虑撰写一组关于人物肖像的系列演讲稿。但这样的话题意味着演讲是关于特定类型的人群的，而且他还没有做好准备。尽管如此，爱默生在计划一个名为“时代”的系列演讲时，关于不同人物类型肖像演讲的想法仍然萦绕在他的脑海中。从12月2日开始，他在波士顿一共发表了八次演讲，其中包括“保守党”“诗人”和“超验主义者”。[5]

第一场演讲是“保守党”，它确定了这一系列的基调和总的主题。该演讲的主题是代表过去的政党与代表未来的政党之间的竞争，即保守主义与改革主义的竞争。他认为，那些领导人民反对战争、奴隶制、酗酒和“强权政府”的现代改革家才是路德和诺克斯的真正继承者。他提醒听众不要把宗教和日常生活割裂开，不要像他所说的那样成为“割裂分子”。

他将改革和保守的根源追溯到人性上面。“创新是重要的动力，而保守则是在最后一个运动上停滞不前。”他以对话的形式提出这一论点，并设计了一段“土星”和“天王星”之间的布莱克式的对话。在这次演讲的后面，同样有一段青春和财富之间的对话。通过这种对

① 城市银行，美国花旗银行的前身。

话形式，爱默生旨在同时传达两种观点，正如《保守党》一文的格言一样。保守派的论据总有一定的不足，却又带着事实上的某种优越。把世界看作是一个补偿系统的习惯使爱默生进入了一种二元结构，强调的是争论的两个极点之间的相互作用，而不是极点本身。[6]

“诗人”这场演讲关注的是人类对表达的需求，爱默生坚持认为这是“自然的原始冲动”，他说，决定幸福本身的不是财富，而是表达。“我们所做、所说、所见的一切都是表达或者是为了表达。”诗歌通常被认为是语言表达的最高形式，但爱默生此时对现代散文的评价更高：“即便是现在，我依然认为最美好、最甜蜜的结尾和降调并不在我们的诗歌里，而在散文那优美的韵律中。散文比诗歌更加丰富多彩。”[7]

在《超验主义者》中，爱默生把坚信体验的唯物主义者和相信意识的唯心主义者对立起来。《超验主义者》是一篇关于意识运动的文章，并对其做了典型陈述。他引用了康德、雅可比和柯勒律治的话，并解释说一个超验主义者的体验使他倾向于“关注这样一些过程和事实，即你所称的世界被他看作是从他自己的一个看不见听不到的中心源源不断地向外流溢的过程和事实”。[8]

这个系列的最后一场演讲有时被称为“前景”，有时被称为“责任”。在该演讲中，爱默生称自己为“快乐科学的教授”，发誓绝不建造“空中楼阁”。他的目的就是让人快乐，并坚持认为要有开阔的视野。他对听众说：“我们温暖宽敞的房子和规模浩大的城镇都是建造于一个在可怕、空旷和浩瀚的空间里游荡的星球之上的。”我们所能做的就是做好准备。

如果一个人习惯于把自己周围的一切都看成是不停变化的，把自己的财富、与人的关系，甚至是自己的观点都像鸟儿飞行时那样牢牢攥在手里，并在这些过程中突破原则和道德法则以及任何可以发现原则和道德法则的地方，那他就已经把自己置身于怀疑主义之外了。[9]

然而，我们却无法置身于悲剧之外。1842年1月是个充满悲伤的月份。元旦那天，亨利·梭罗的哥哥约翰在磨剃刀时不小心割伤了自己；9日，他感染了破伤风，波士顿的医生说他的病已经无法治愈了。亨利当时一直住在爱默生家，他匆忙回到父亲家照顾约翰，但哥哥两天后就去世了。1月20日，爱默生以孤独游荡的星球意象和斯多葛式的冥想结束了这次波士顿系列讲座。两天后，也就是1月22日，令朋友和家人震惊和莫名恐惧的是，亨利·梭罗也有了破伤风的症状。不过，症状在24日清晨消退了，原来他并没有感染，而是产生了共振反应。

那天晚上，在爱默生家里，小瓦尔多染上了猩红热。他开始发烧，体温升高极快。1月27日，瓦尔多有些神志不清了。莉迪安刚离开儿子休息了一小会儿，就听到他不停地喊妈妈；她回来后问巴特利特医生孩子能否很快好起来。“我本希望他会幸免于难。”这便是医生的回答。直到那一刻，莉迪安才意识到孩子可能活不了多久了。几个小时后，晚上8点15分，孩子就离开了。

小艾伦也得了同样的病。那天晚上，为了方便照顾艾伦，莉迪安让她跟自己睡在大床上，就睡在父亲的那个位置。在那个可怕的夜里，当莉迪安同爱默生以及爱默生的母亲谈话时，她还觉得自己能够忍受这一切。可一个人的时候，她就彻底崩溃了。“悲伤，凄惨的悲伤像洪水般涌上我的心头，”她后来写道，“我害怕尘世间生命的魅力就这样被永远摧毁了。”第二天上午，9岁的路易莎·梅·奥尔科特来到爱默生家里想问问瓦尔多好些了没有。若干年后她依然记得：“他父亲走到我身边的样子，对瓦尔多连日的看护使他面容憔悴，而悲痛更让他彻底变了个模样。我吓了一跳，结结巴巴地说出我的问题。‘孩子，他，死了。’这便是答案。那是我平生第一次亲眼目睹一个人在万分悲痛时的样子。”奥尔科特回忆说。[10]

瓦尔多去世当晚，爱默生给朋友和家人写了四封短信，第二天又接着写了六七封。在信中，他无助地重复着。“永别了，永别了。”“亲爱的，亲爱的。”“我的孩子，我的孩子走了。”他对玛格丽特·富勒说：“我以后还敢再爱什么吗？”一个月后，爱默生给卡莱尔写信说：“你永远不会明白这孩子会把我的生命带走多少。”莉迪安以前曾说过，自己很难理解人们缘何能够真实地感受到别人的痛苦，而她自己现在就要面对无尽的无助、心碎和悲痛了。她明白，丈夫表现得不再那么痛苦，基本上是“理论上的”，她说：“每一件和儿子有关的纪念品都勾起他对儿子无尽的思念，我无法向你描述这样的情景。这不是一个伟大的希望落空了，而是一种至深的爱被剥夺了。”[11]

爱默生夫妇的悲痛是深沉、真切和直接的。这种悲痛通过书信、交谈还有诗歌的方式表达出来。而诗歌对爱默生来说则是最为重要的一种方式，一段时间后，他写了一首名为《哀歌》的长诗，这是英文里最伟大的挽歌之一，也是爱默生的一首能与弥尔顿的作品相媲美的诗；对于弥尔顿的《利西达斯》这首挽歌，他早已烂熟于心。爱默生深感愤怒、震惊和痛苦。他不相信传统来世的说法。他失去了儿子以及儿子曾经给他的宽慰。但他还能通过诗歌进行哀悼，或许主要也是因为这个原因，他的最大悲痛要比莉迪安消失得更快些。爱默生远不是那种呆板的北方佬（就像笑话里说的那样，“山姆星期五死了。他不愿多说此事”）。当他在信中告诉卡罗琳·斯特吉斯“我因不能悲伤而悲伤”时，这种梭罗式的悖论表示的可能只是他有些懊恼，因为他并没有像亨利那样因为约翰·梭罗的去世而完全被悲伤所击垮。

瓦尔多的去世给爱默生全家带来了深深的创伤，这个伤口从未完全愈合。当时将近3岁的艾伦在多年后痛苦地指出，玛格丽特·富勒无法接受瓦尔多走了而她——艾伦——却活了下来的事实。在接下来的几年里，莉迪安的身体每况愈下，这或许有多个原因，但最直接、对她打击最大的就是瓦尔多的离世。莉迪安在1843年到1847年间的信件中，只有一封信幸存下来，这封写给爱默生的充满悲伤而困惑的信的部分内容是："我已经没有了艾伦当年的青春年华。其他几个孩子年龄尚小，身体还未长结实，也许我还能照顾他们。瓦尔多现在安全了。"[12]

瓦尔多去世后六个月，爱默生写信给巴尔的摩一位名叫所罗门·科纳的祈愿师说："灵魂的力量与它需求的力度是相称的。"如果一句话的前半部分是肯定的话，那么它的最后一个词就是一个痛苦的世界。爱默生的表达能力也赋予了他哀悼的能力。"南风能够带来/生命、阳光和希望，"他在《哀歌》的开头写道：

> 但面对逝者，它失去了魔力，
> 无法让其复活；
> 远望群山，深深哀悼，
> 我那不再回来的宝贝。[13]

爱默生传
Emerson

下

激情似火的思想家
The Mind on Fire

[美] 罗伯特 · D. 理查德森——著　　陈建刚——译

43岁的爱默生（原照存于卡莱尔位于伦敦的家中，经康科德公共图书馆许可后翻拍）

露丝·哈斯金斯·爱默生（1768—1853），爱默生的母亲（经康科德公共图书馆许可后翻拍）

威廉·爱默生（1769—1811），爱默生的父亲（源于戴维·哈斯金斯的版画《拉尔夫·瓦尔多·爱默生》）

威廉·爱默生（1801—1868），爱默生的哥哥（袖珍照片，原照存于马萨诸塞州历史学会图书馆，经该图书馆许可后翻拍）

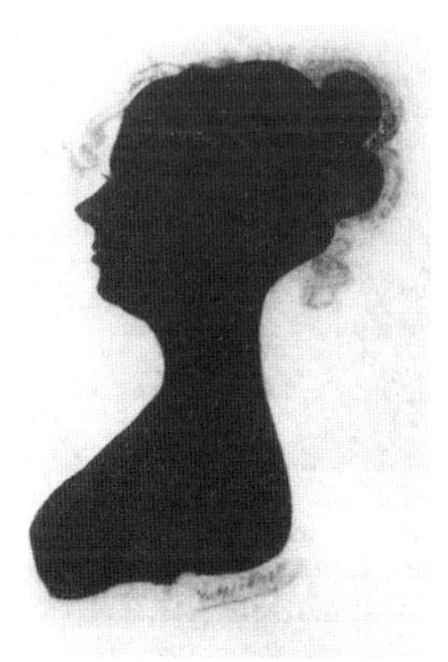

玛丽·穆迪·爱默生（1774—1863），爱默生的姑妈，这是她年轻时的照片（经康科德公共图书馆许可后翻拍）

爱默生的弟弟们，上、左、右依次为：伯克利（1807—1859）、爱德华（1805—1834）和查尔斯（1808—1836）。（上图：原照存于哈佛大学霍顿图书馆，经该图书馆许可后翻拍；左、右图：源于戴维·哈斯金斯的版画《拉尔夫·瓦尔多·爱默生》）

艾伦·塔克·爱默生（1811—1831），爱默生的第一任妻子（袖珍照片，原件存于康科德博物馆，经该馆许可后翻拍）

莉迪安·杰克逊·爱默生（1802—1892），爱默生的第二任妻子及孩子们的母亲，1847年与次子爱德华（1844—1930）合影（经康科德公共图书馆许可后翻拍）

瓦尔多（1836—1842），莉迪安和拉尔夫·瓦尔多·爱默生的第一个孩子，摄于5周岁去世前的几个月（原照存于哈佛大学霍顿图书馆，经该图书馆许可后翻拍）

艾伦（1839—1909），莉迪安和拉尔夫·瓦尔多·爱默生的长女（左）。伊迪丝（1841—1929），莉迪安和拉尔夫·瓦尔多·爱默生的次女（右）（经哈佛大学霍顿图书馆许可后翻拍）

1848年45岁的爱默生（原照存于哈佛大学霍顿图书馆，经该图书馆许可后翻拍）

19世纪50年代的爱默生（经康科德公共图书馆许可后翻拍）

托马斯·卡莱尔和伊丽莎白·霍尔（左：原照存于哈佛大学霍顿图书馆，经该图书馆许可后翻拍；右：经康科德公共图书馆许可后翻拍）

亨利·梭罗（原照存于康科德公共图书馆，经该馆许可后翻拍）

玛格丽特·富勒（原照存于波士顿美术馆，并由该馆提供此照片）

布朗森·奥尔科特（经康科德公共图书馆许可后翻拍）

50岁的爱默生（原照存于哈佛大学霍顿图书馆，经该图书馆许可后翻拍）

56岁的爱默生，图片来源于爱默生的肖像名片，由马修·布雷迪于1859年拍摄（原照由摄影师拥有，丹尼尔·琼斯印制了肖像名片。经丹尼尔·琼斯许可后翻拍）

“灌木丛”，爱默生位于康科德列克星敦大道的庭院（经康科德公共图书馆许可后翻拍）

“飘摇亭”，爱默生的花园凉亭，由布朗森·奥尔科特设计，奥尔科特和亨利·梭罗建造。梅·奥尔科特素描（原图存于康科德素描协会，经康科德公共图书馆许可后翻拍）

67岁的爱默生，怀抱第一个外孙，名为拉尔夫·瓦尔多·福布斯（1866—1937）。图中另一位老者是约翰·福布斯，他的儿子威廉与伊迪丝·爱默生结为伉俪（原图存于马萨诸塞州历史学会，经该学会许可后翻拍）

74岁的爱默生同次子爱德华及爱德华的儿子查尔斯·爱默生（1876—1880）的合影（经康科德公共图书馆许可后翻拍）

激情似火的年轻人

第60章　公社空梦

1842年2月初，爱默生终于重新振作起来。毕竟，他还要为莉迪安和其他两个孩子着想。他还答应要在普罗维登斯举行一个系列演讲。此外，还有奥尔科特，爱默生于2月12日在普罗维登斯写给奥尔科特的信中承诺向其资助500美元，以便其能够去英国拜访那些他仰慕已久的英国人。从经济收入的角度看，普罗维登斯的系列演讲并不算很成功，于是他决定再去纽约碰碰运气。从2月26日到3月中旬，爱默生一直在纽约演讲。他几乎每天都会给莉迪安写信，往往带着忧心忡忡和焦躁不安的情绪。当然，这其中也传递着对妻子的强烈的感情和依赖感——就像她那时写给他的信一样。他们夫妇的往来信件中一个重要的特征就是家庭现实主义，这与他写给卡罗琳·斯特吉斯的信中的那种夸张和有点虚构的语气形成鲜明对比。这场家庭悲剧让爱默生和莉迪安更加亲密了。爱默生有很多需要操心的事情。亨利·梭罗仍然病得很重，身体虚弱，无法工作，甚至连下床都不怎么方便。莉迪安的身体一度非常虚弱，而伊迪丝的健康状况也令人担忧。爱默生一封又一封地写信，打听他们的情况。

纽约的演讲进展得很顺利，虽然只赚到200美元，但通过演讲结识了一些新朋友。他认识了玛格丽特·富勒的朋友查尔斯·金·纽科姆，一位年仅22岁的布朗大学毕业生。在演讲间隙，他们在康科德相识。纽科姆留着长长的黑色鬈发，举止腼腆，缺乏自信，但为人热情且不失神秘感。纽科姆对富勒情有独钟，但富勒本人反应冷漠，让他心灰意冷。后来，他又被卡罗琳·斯特吉斯深深吸引。他是布鲁克农场的早期成员，在那里过着半隔离的唯美生活。布鲁克农场的历史学家林赛·斯威夫特称纽科姆是“一个不信奉天主教的多愁善感的信徒”，他的房间里到处都是十字架和圣徒图片，在一个祭坛的上方分别挂着耶稣和洛约拉两张画像。在观看了范尼·艾斯勒的表演后，他又将这位舞蹈家的照片挂在两者的中间。纽科姆曾经从富勒的日记中摘抄了一些段落，而这些段落又是富勒从爱默生那里摘抄的。[1]

见到爱默生后，纽科姆为他朗读了一段自己写的《多隆》的故事。这是一个充满梦幻色彩的前拉斐尔式的故事，讲述了一个敏感男孩逐渐认识周围世界的过程。这个故事有一种世界末日的颓废情绪，充满了悲剧性的预言和怪诞的督伊德教式的威胁。名为多隆的这个男孩听到：

> 身后有什么东西正在往岩石上攀爬，回头一望，发现一个人刚刚爬了上来。在月光的映衬下，他立刻意识到自己好像认识他。此人身穿白色罩袍，腰间系着一条流苏式的白色腰带，左臂上套着一个用月桂树枝和野百合花编成的花环。

此人用一把祭祀刀杀死了那个男孩，故事的这一部分突然结束。《多隆》描写的是一个非同寻常的男孩，他有着一种超自然的情感，而他的死亡是为了某种神秘的祭祀。或许是瓦尔多的夭折让爱默生对这个故事产生了共鸣。毫无疑问，自从儿子走后，从来没有任何东西能够对爱默生产生如此大的影响。爱默生宽容地接受了这个作品，对纽科姆赞不绝口，与他一起修改使之出版，并鼓励他继续创作。然而，纽科姆此后再未写出新的作品，他的创作生涯如此短暂，他只能写出一个故事来。爱默生说:《多隆》是专门为出版而创作的，作品中“所有的人物形象都是针对年轻人的，并被他们视为生命形式，而非人类”。直白的预言是纽科姆的典型特征。虽然后来让爱默生很是失望，但他当时比那些世俗的纽约人更能给爱默生一种亲近感。[2]

爱默生还在纽约结识了时年23岁的朱莉娅·沃德和凯瑟琳·塞奇威克，觉得她们两个既通情达理又讨人喜欢。他还遇到了亨利·贝洛斯，28岁，刚开始在曼哈顿东北区的一个教堂做牧师，该教堂后来成为全灵一神论教堂。后来，贝洛斯成为那些希望为一神论建立坚实体制基础的一神论者们的领袖，还成为赫尔曼·梅尔维尔的牧师。虽然贝洛斯后来成为爱默生的坚决的反对者，但此时他对爱默生非常感兴趣，并帮忙安排演讲。此外，爱默生还结识了威廉·卡伦·布莱恩特，时年48岁，是《纽约晚报》的编辑，在这一年出版了一本新诗集（《喷泉及其他》），并对顺势疗法颇感兴趣；不过在此之前，布莱恩特就已经是文学界的一个了不起的人物了。

然而，让爱默生更感兴趣的是32岁的斯威登堡的信徒亨利·詹姆斯，他的儿子威廉这年刚出生。詹姆斯在爱默生第一次演讲后拜访了他，他发现詹姆斯是一个“善于观察的人”。詹姆斯对查尔斯·傅立叶的思想也很感兴趣。爱默生了解较多且对傅立叶也感兴趣的纽约人还有贺拉斯·格里利和阿尔伯特·布里斯班。贺拉斯31岁，一头白色软发，戴着宽边帽，白色外套搭配了一条外形古怪的裤子，打着一条歪斜的领带。爱默生说，贺拉斯“喜欢聆听各种新思想和新事物的演讲，但生活在纽约是必要条件，因为只有纽约才能让这些成为可能”。一年前，贺拉斯创办了《纽约论坛报》，为这座城市的报界带来了一种新的、高尚的基调。该报拒绝刊登治安消息、低俗丑闻、虚假医疗广告以及“无礼的人身攻击”。贺拉斯是一个平等主义者，他反对死刑，支持包括废奴主义在内的言论自由，支持工会活动。作为纽约印刷业工会的首任主席，他印刷了马克思的文章。他的报纸上有这个城市最好的政治新闻。和布里斯班一样，他也租住在一个公寓房里。[3]

1842年，阿尔伯特·布里斯班33岁。他18岁时就前往巴黎并在哲学家维克多·库森和历史学家弗朗索瓦·皮埃尔·吉尧姆·基佐门下学习。之后，他又去柏林向黑格尔学习了社会哲学。他还去了君士坦丁堡，1830年的法国七月革命刚结束就返回了巴黎。在巴黎，21岁的他阅读了傅立叶的《论内部农业协作》（1821—1822）之后，便立即投奔于傅立叶门下，并迅速成为法国乌托邦的主要弟子。回到美国后，布里斯班出版了一本名为《人类的社会命运》的翻译兼评论傅立叶作品的书，并为推进傅立叶的乌托邦事业而不懈努力。布里斯班很早便结识了贺拉斯。贺拉斯在《纽约论坛报》的头版给他定期预留一个专栏。在19世纪40年代，美国共建立了包括布鲁克农场在内的四十多个傅立叶式的公社，主要归功于布里斯班的努力。[4]

布里斯班高傲地抛弃了黑格尔的哲学思想，表明自己有了更高的期望："我在黑格尔和他的追随者们那里没有找到比欧洲文明更高级的社会秩序的思想。"相比之下，傅立叶确实有更高的远见，他认为人类已经依次经历了蒙昧时代、宗法时代和野蛮时代三个社会阶段，现在已经到了第四个阶段，即尚不完善的文明时代。傅立叶认为，自己的使命是带领人类进入社会形态的下一个也是最后一个阶段，他称之为和谐时代。傅立叶把"文明"一词理解为"我们现在生活其中的社会体系，它有很多瑕疵，但也有些许的好处"。傅立叶、布里斯班以及布鲁克农场们眼中的"文明人"，就像马克思主义者口中的"资产阶级"。现在的社会体系，即文明社会，"与人类的本性和情欲不相适应"。人类的文明社会缺乏条理性，其根源在于"我们的分散居住制度，或者说有多少所房子，就有多少个不同的家庭"。这种所谓的文明状态"以一种非生产的方式耗费了一半人类的时间……只要家庭存在，这种状况就不会消失"。[5]

为了避免这种浪费和重复劳动，傅立叶计划将人类重新组合为他所称的方阵公社，每个方阵公社由1680人组成。为了进一步实现规模经济，所有这1680人都将居住在同一栋叫作法伦斯泰尔的功能齐全的大型综合性建筑中。傅立叶认为，现在的社会秩序是由他所称的“排斥性工业”和对人类天生的情欲冲动的全面压制所支配的。他认为人类本性的主要推动力是“情欲引力”，因此他主张通过实施“引力产业”体系来纠正这种压抑情欲的制度。在谈到自己在这一过程中所起的作用时，傅立叶丝毫没有那种虚伪的谦虚。他写道：

> 我要以一己之力把人类以往20个世纪的政治低能彻底挫败，所有今世及后代的人们都会因这个人类幸福新纪元的开创而感激我。在我之前的几千年里，人类因疯狂地违背自然而惨遭失败。我是第一个顺应自然并研究其引力的人……作为这本命运之书的主人，我将驱散政治和道德的黑暗，在并不可靠的科学废墟上，建立起和谐世界的理论。[6]

在傅立叶所称的这种法伦斯泰尔公社里，每个人每天都会短暂从事五六种不同的工作，而每项工作都是他喜欢做的，例如园艺工作、果园管理或温室维护等任务。这样的工作将取代大多数人在工厂里所从事的被指派的讨厌工作。一个工人可以每天在10点到11点半之间做一点制鞋工作，而不是在制鞋厂一天干12个小时。做那些让人感到不太愉快的工作的人将会得到最高的薪酬。公社会关注每位成员的癖好，因人分工。因此，天生爱脏的孩子们会被安排做垃圾收集工作。一个1680人的社区，通过人与工作的精心结合，或多或少能够自给自足。最终，整个人类社会也将以同样的方式组织起来。

“引力产业”本身的可操作性就在于傅立叶的“情欲引力”理论。虽然布里斯班的著作及其他一些英文论述都曾提到这个理论，但仅仅局限于对现代文明工业社会存在的真正问题进行笼统的描述，即人们被教导或被强迫从事那种压抑自己大部分情欲的工作。傅立叶对改革充满希望，归根结底是建立在这样一种信念之上：人类所有的情欲天生就是向善的，因为它们是上帝赐予的，如果所有的情欲都能系统、持续地得到满足，那么生活就会变成获得快乐和工作的美好经历。早在弗洛伊德之前，傅立叶就坚持认为生活中最重要的两件事就是爱和工作，并将压抑人性视作现代社会的主要罪恶，对其进行了有力的批判。[7]

1840年以后，人们在英文文献中很容易找到傅立叶关于“工作”不得不进行的解释，却很难找到他关于“爱”不得不实现的陈述，尽管引力劳动体系依赖于情欲引力理论。而布里斯班对傅立叶关于引力的研究非常熟悉。事实上，他手头有一本傅立叶长达六百页的专著，而且还是被这位大师亲笔批注过的。[8]

傅立叶总结出人类的十二种情欲。首先是五种感官情欲；其次是四种依恋情欲——友谊、爱、荣誉和家庭；然后是三种分配情欲——神秘或对阴谋的追捧，轻浮或对多样性的喜爱，以及将精神和物质结合在一起的组合情欲。最后，这些情欲得到完美统一，形成自我与全人类和谐统一的最高状态。

傅立叶的引力劳动体系承担着实现所有这些情欲的责任。由此产生了傅立叶著名的单元计划，即小组和组群计划。每个小组至少由七人组成，他们分成一心两翼，中心的人数要多于任何一翼；每个组群则包含三个小组，中间小组的力量最强。在每个小组里，由其中一翼完成一项工作中最繁重或量最大的那部分，小组的中心承担最优雅或最有吸引力的那部分，而另一翼则从事最轻或量最小的那部分。两翼可联合起来与中心竞争。虽然两翼在人数上超过中心，但中心在质量上占有优势。通过这种动态结构，傅立叶期望能够达到既能刺激各方竞争之目的，又能避免陷入失衡或无效竞争之危险。这种以小组为单位的可控的动态竞争如此重要，以至于傅立叶让人们在他的墓碑上刻下了这样的命题：“组群分布和谐完美，情欲引力与人类命运协调一致。”在布鲁克农场末期，社员们曾公开宣称自己为傅立叶主义者——其实在某种程度上讲，他们一直都是傅立叶主义者——他们宣称，“我们确信，小组和组群的法则就是人性的法则”。[9]

傅立叶也对爱情进行了变革。他指出，资本主义社会充斥着虚假的爱情和非法的色情交易。他勾勒出了爱情的发展规律，即从“简单的忠诚”到“复杂的不忠诚”；描述了他所称的“情色四方舞”（四人组成的色欲和欺骗的网络）的丑陋；他概括了欲望的全部范畴以及爱情的音阶，其中一种音阶从低到高的发展阶段依次是单一婚姻制、多人婚姻制、隐秘婚姻制和公共婚姻制，其中还有一些相当数量的中间阶段。[10]

傅立叶旨在创造一个任何欲望都能得到满足或不被压抑的世界。在傅立叶式的社会里，所有虚假的爱情都会被清除干净。一夫一妻制将被废除，就像只从事一种职业的制度将被废除一样。每个人都会参与到一个复杂的人际关系中；每个人都会佩戴一枚徽章，表明自己的特殊所在。每个人主要关注的是处理人际关系，而这对傅立叶来说，是人类唯一值得关注的问题。为了满足所有的情欲，每个人都会拥有一个全方位的关系。比如，对一个男人来说，他需要有一个柏拉图式的女友，还需要一个工作女伴，需要一个传统意义上的情人，还需要一个精神伴侣。当然，女人也会有同样范畴的人际关系。此外，各种形式的性爱关系都可存在，包括异性恋和同性恋。性爱结构可以是以二至十人为一组，满足人们从一般情欲到特殊渴望，再到肉体欲望和精神欲望全面结合的所有需求。[11]

布里斯班已经赢得了贺拉斯的支持。贺拉斯和他的妻子都对布鲁克农场很感兴趣。现在布里斯班想说服爱默生。他发现爱默生并不是很了解傅立叶的学说，于是就到爱默生居住的旅店对他“进行了无休止的个性化讲解”，试图教育他。夜复一夜，他们在布里斯班租住的房间里持续着热烈的谈话。“雄伟的建筑！美妙的音乐会！还有绘画、讲座、诗歌和鲜花，”爱默生在写给家里的信中引用布里斯班的话说，“君士坦丁堡将会成为这样的大都市，我们美国的诗人以及各种各样的超验主义者对类似于康科德和纽约这样的城市来说太重要了，他们将被吸引到音乐、建筑和其他充满智慧的社会领域，而有些领域我们现在还无法描述出来。”[12]

爱默生意识到，他永远无法满足布里斯班或贺拉斯的要求，因为他们虽然期待你全力以赴，要求你立即实践共同生活，但对个人努力和内心生活却漠不关心或持敌视态度。但爱默生对公社的梦想并非漠不关心，他在《日晷》上发表的关于傅立叶主义的报告，对他们的目标表达了尊重：“在当今这个充斥着各种渺小、乏味或狂躁的规划的社会，一个目标如此美好和部分内容如此大胆慷慨的项目给人们带来的既有训诫，也有鼓舞。”然而，爱默生对傅立叶学说的方法和途径持怀疑态度。他认为，“傅立叶忽略了一个事实，那就是生命。他把人当作柔软可塑的物体对待，可以按照领袖的意志被随意摆弄：对其随意推举或肆意指责，使其加快成熟或延迟生长，对其浇铸塑形或抛光打磨，以及将其变成固体、液体或气体等任何物态”。[13]

傅立叶主义太肤浅，太乐观，太呆板，尤其是在爱默生尚未摆脱瓦尔多死亡的悲剧给自己带来的打击时，他更是这样认为。纽约之行结束后不久，他写信给莎拉·克拉克说：

> 面对这种力量，我无法了解、接近和克服它，它夺去了我那人间最为漂亮的一个孩子。除了悲痛之外，我从这个可怕的事实中没有得到任何启示……除了是一个能够感知到的最伤心的体验之外，它对我而言什么都不是，我得不到答案，得不到安慰，只能尽力遗忘和分散精力。

他的睡梦里充斥着各种混乱的景象，阁楼上的疯子和婴儿的小床晃动幻化为魔法，而那巫术意志却转化为诅咒：

> 我发现自己正在阁楼里，听到有人锯木头的声音，特别嘈杂。我循着声音的方向走去，看见一个精神不正常的人正躺在婴

儿床上，这个人我很熟悉。这时，锯木头的声音立刻停了下来。我并未看到锯子，地板上只有几件毛皮袖套和空空的篮子在那里晃动。当我试图靠近时，发现毛皮袖套像灌了风似的鼓起来，并旋转着飘了起来，然后落到阁楼的一个角落……看到这一幕，我立刻意识到这定是巫术，这里有恶魔般的诅咒……我吓得无法动弹，四肢已不听使唤……我没有反抗，我无法说话，最后被自己的怪叫声惊醒。

在这些层面上，对于类似这样的话题，傅立叶却没有给出任何解释。[14]

第61章　激情似火的年轻人

1842年3月中旬，玛格丽特·富勒决定不再担任《日晷》的编辑。在收到富勒的来信四天后，爱默生决定亲自接手这份工作，否则杂志社就会散伙。“就让我们轮流殉难吧。”他给富勒回信说。3月29日，他参加了查顿街大会的最后一次会议，这是一个由激进分子和改革者组成的松散的集会，他们开会讨论新旧约全书的可信度和权威性。奥尔科特和布朗森也出席了会议。还有一名来自马萨诸塞州南马什菲尔德的名叫纳撒尼尔·惠廷的人也出席了会议，他是工人阶级的代言人，其激烈的言辞和作为普通工人的朴素超验主义视角让他与众不同。怀廷直白地说，外在的证据无法对与灵魂有关的真理进行证明或反证。[1]

4月份，城市银行又一次未能如约派息，爱默生不得不又一次四处筹钱。虽然困难时期限制了他的收入，但未能限制他的承诺；正是有了爱默生的资助，奥尔科特才能够乘船前往英国参观那所以他的名字命名的学校。爱默生给梭罗推荐了一篇关于马萨诸塞州动植物群落的最新科学报告的评论性长文。正如他告诉富勒的那样，这篇文章

“对他所掌握的关于森林、造船和捕鱼的知识等进行了描述”。爱默生还与他的邻居和朋友埃德蒙·霍斯默讨论了科尔曼关于马萨诸塞州的农业报告，以及模范农场和模范农民的情况。霍斯默谈起这些模范农民当中一个名叫埃利亚斯·菲尼的人，他是列克星敦的一个富人。霍斯默说：“别看现在列克星敦的每个农民过得都还不错，但不到两年就会有人挨饿，即使是把菲尼放在这个地区五十个贫瘠农场的任何一个，也逃不掉忍饥挨饿的命运。”[2]

爱默生对布鲁克农场和公社的响应则是为了改善康科德及周边的“公社”。为了加强康科德的邻里关系，他总是乐此不疲地计划、邀请人员并联系有关出租屋的事务。1842年，他希望能将赫奇、霍桑、乔治·布拉德福德和莎拉·雷普利等人邀请到康科德。“不知是否应该把玛格丽特·富勒和查尔斯·纽科姆也加到受邀名单中。”他自言自语道。尽管爱默生一直在努力改善自己的邻里关系，但他也非常熟悉并喜欢着这里的一些普通的地方。东方小学离爱默生家只有五十步之遥，从院子的前门穿过马路就到。被漆成红色的康科德精神病院就在他家后院外那条小溪的对面。他甚至可以听到里面一个名叫南希·巴伦的精神病人的叫喊声，爱默生还曾经为这位病人组织过一次募捐活动。有一次，有人拉了一车木头来到爱默生的院子里，而爱默生正在书房和几个人认真地讨论问题。他撇下那几个人，冲到院子里，说：“我们必须把这些木头当成活的树木来对待。”他很乐意与霍斯默谈话和相处，但他同另一个名叫约翰·理查森的邻居的相处可就不是这样了。理查森在瓦尔登湖附近拥有大片土地，与爱默生的土地相邻。据爱默生说，他“会经常在好的宅院旁边买些小块儿土地，然后把一些古怪破烂的畜棚或讨厌的破商店搬到那里，一直住着，直到房子的主人付给他一大笔钱买下这小块地为止”。[3]

4月份，爱默生进行了一次年度总结，这似乎是在他生日前一个月经历的一次年度恐慌：“我还没有调整好自己与这个世界上其他人的关系，也没有调整好自己与工作的关系。总是觉得自己要么太幼稚，要么太老练；我都不能使自己满意，又怎么能让别人满意呢？”然而，在这种仪式化的哀叹之下，还有另外一种恐惧。这年春天，他不无忧虑地认识到，爱情本身并不是事物永恒秩序的一部分，而是像自然界中的大多数其他事物一样，转瞬即逝。在这年春天写的一首诗中，他坦言，自己相信的是对爱的表达而不是拥有，同时也坦承自己深受“害怕爱情/在最后的表达完成后死去”的折磨。[4]

尽管面对诸多困扰，爱默生还是静下心来全力创作他的散文《诗人》。这是一篇关于诗歌的本质和诗人的作用的文章。这个话题是爱默生酝酿很久，而且在某种程度上也是最为迫切的一个话题。尽管他作为一名牧师、演说家和散文家都取得了一定的成功，但他一直最想做的却是成为一名诗人。最近，爱默生刚刚完成另一篇相同主题的演讲稿，该演讲稿在表达上同之前的那一篇一样雄辩有力，但爱默生此时还是把它放在一边，并开始为一篇真正有权威性的文章收集素材。

《诗人》当之无愧地成为有史以来最好的一部将文学视为文本创作的过程的文学作品，它是世界范围内对浪漫表现主义的重要论述。爱默生认为，思想和感情的表达不仅是上天赋予人类的最根本的人性之一——就像性爱一样——而且也是人类生活的主要目的之一。这篇文章充满了激情的火焰，而火是它的四个主要隐喻之一。文章清晰明快，这是由于爱默生对界限和范畴重新认识所激发的新的热情。

《诗人》开篇就抛弃了那些以“具备一些受人推崇的绘画或雕塑知识”而自诩为高人一等的批评家，因为他们自己的灵魂和行为毫无任何美好可言。诗歌无法被人获得或拥有，它不是一项技能或交易。除非其能够反映一种精神和内在激情，否则诗歌的形式毫无意义。诗歌的形式本身并不重要，重要的是诗歌的根源：“因为我们不是平底锅，不是手推车，甚至也不是运火者或火把手，我们是火的孩子，是由火做成的。”[5]

切斯瓦夫·米沃什谈到过一种他明确反对的观点：“现代诗学的基本原则之一就是相信真正的艺术是普通人无法理解的。”同米沃什一样，爱默生的整篇文章与这种审美观背道而驰。《诗人》追求的是施莱尔马赫神学解释学上的文学意义。共同的人性核心使人类与自然的交流和交融成为可能。爱默生说："诗人具有代表性。他在局部人中间代表着完整人，他展示给我们的不是他的个人财富，而是全人类的共有财富。"爱默生坚持反对那种认为诗人在任何方面都胜人一筹的观点。诗人具有代表性的理念是民主美学的基石；而民主美学是爱默生在接下来的十年里一直研究的课题。[6]

爱默生以同样明确和充满逻辑的陈述坚持认为：诗人是一个表达者，一个命名者，而不是一个创造者。诗歌是诗人观察和表达的结果，而诗的艺术也体现在这一过程中。最终的作品标志着这一艺术活动过程的结束和死亡，也预示着僵化的开始，最终形成了埃德温·阿林顿·罗宾逊所称的"花色泡菜"。在爱默生看来，诗歌艺术并不是已经完成的诗歌的选集，而是诗歌的创作过程。这就是为什么他能坚持认为：

> 所有诗歌在开天辟地之前就已写成，每当我们的感官能够被精妙灵巧地组织起来后，就能深入一种美妙的境界，那里的空气就是音乐；我们会听到那些原始的颤音，并试图把它们记录下来，但我们总是时不时地漏掉这或漏掉那，于是只能用自己的一些东西替代，这样写出来的诗就走了样。

诗歌存在于世界、万物和人们当中，诗人的职责就是把这些诗歌捕捉并记录下来。因此，对于大多数浪漫主义者十分重要的独创性（就其新颖程度而言）却引不起爱默生的兴趣。罗伯特·弗罗斯特说："大自然的第一抹新绿是金黄色的。"确实如此，当认真观察丁香花蕾第一天吐出嫩芽时，我们就会发现弗罗斯特对事物的观察是多么仔细。[7]

爱默生以惊人的力度反对将诗歌形式化，并用一句话重申了他本人的诗歌创作过程理论："造就一首诗的不是韵律，而是那造就韵律的主题。"爱默生的这个解释让人想起柯勒律治对机械形式（例如陶工轮盘上的黏土）与有机形式（例如长在树上的梨子）所做的区别。爱默生说，在诗歌背后，促成诗歌的是"一种充满激情和活力的思想，它就像动植物的灵魂一样，有自己的结构，并用新的东西为自然增色"。当一些重要的诗歌能够引导我们回到它们的源头，并让我们把注意力集中在原创性的精神或理念上时，这些诗歌才具有原创性。只有关注到这些，我们才能"走近真实的科学"。[8]

爱默生在《诗人》中对象征如何运作的解释是对他在《自然》中相关阐释的进一步精炼："事物可以被用来做象征符号，因为不管是从整体上看，还是从每一部分看，大自然本身就是一个象征。"爱默生用最简洁的形式说："宇宙是灵魂的外在表现。"无论这种表述从形而上学的角度看会有怎样的问题，它都是对作家眼中的世界所做的恰当而自由的描述。自然为作家提供了语言，让他能够谈论一切，包括自然本身。但爱默生也坚持认为，不仅仅是诗人（他在这里指的是作家），所有人都喜欢使用象征。"看看那些苹果酒桶、小木房子、山核桃手杖、棕榈树，以及各种各样的党派标志……有些人以为自己讨厌诗歌，其实他们都是诗人和神秘主义者。"[9]

爱默生在《诗人》中对象征的解释又有了新的突破，他对限制性象征和自由性象征进行了区别。例如，当波墨用朝霞代表真理和信仰时，他使用的是限制性的象征，我们也可称之为寓言性象征。爱默生说："神秘主义在于将一个偶然的、个别的象征错当成一种普遍的象征。"真正的象征很容易拥有，且应被理解为一种流动的运输工具，"就像用于运输的渡轮和马匹，而不像适合定居的农场和房屋"。爱默生坚持认为，真正的象征不仅不会束缚人们，而且还会让人得到自由，因为它是建立在对自然既不是静止也不是固定的充分理解的基础之上的。爱默生说："我们所谓的自然，是一种自我调节的运动或变化。"诗人进入这种变化之舞中，并不是作为被动的旁观者，而是作为一个自由的向导。“象征的使用对所有人都有一定的解放和振奋的力量。似乎有一根魔杖在指挥着我们，让我们如孩童般雀跃起舞。”爱默生很喜欢儿童读物中给出的不同的数数方法，如“盎司、骰子、瞬间、石英、温柏、美莲草、蛇、氧气、氮气和粗棉布”（ounce，dice，trice，quartz，quince，sego，serpent，oxygen，nitrogen，denim）。爱默生抓住的是象征的力量，它可用来暗示之前尚未出现的事物之间的联系。任何一种新的象征都是一个“偏离常规”的证明。如果事物之间存在一种联系，那就可能存在更多的联系。C. S. 刘易斯说：“那些想要做彻底的无神论者的年轻人在读书时都不够认真。”爱默生坚持认为，“比喻、寓言、神谕和种种诗歌形式”让我们获得了一种新的认知，它让我们在世界中发现了“另一个世界或一系列的世界。因为我们一旦看到形变，就可断定它不会停止”。[10]

在《诗人》中一段简短但常被引用的段落中，爱默生哀叹美国尚无一位伟大的诗人：“在美国，我们尚无这样一位高瞻远瞩的天才，他能够了解我们那些无与伦比的素材的价值，能够在这个野蛮和物质主义盛行的时代中看到诸神的另一个狂欢场面，而这些神就是那些曾出现在荷马史诗中的令我们敬仰的神。”整段文字读起来像是在暗示读者进入到沃尔特·惠特曼的诗歌意境之中。“然而，在我们的眼中，美国就是一首诗：它幅员辽阔，地貌多变，让我们的想象眼花缭乱。用不了多久，诗歌的韵律就会纷至沓来。”但重要的是，爱默生对美国伟大诗歌的呼唤仅限于这一段落。在该段结尾时，爱默生说：“但我的才智还不足以产生民族性的评论，因此我必须借用一下前人的博大。”

在文章的结尾部分，爱默生并没有呼唤民族诗歌，而是强调创作过程高于作品本身、创作的起源高于创作的结果、表达情感胜于拥有情感这样的主题。诗歌本身并不是最终的目的。爱默生把整篇文章压缩为一个简单的句子：“艺术是创作者通往其作品的道路。”这是爱默生关于流动的运输工具的智慧，它让他对现在比对未来或过去更感兴趣。爱默生在《经验》一文中说："所谓智慧，就是在人生旅途的每一刻都能找到旅程的终点，并且最大限度地享受人生的美好时光。"[11]

爱默生在《诗人》中所说的"天才是对事物的衰败进行补救的活动"为读者呈现了一个崭新的健康世界。在瓦尔多去世后的那些黑暗、忙碌和充满困惑的日子里，爱默生在自己身上探寻着那些能够与死亡和衰败相抗争的品质；在内心深处探寻着生命之火，并在这年春天写的一首诗中将之称为"世界温暖的火花"。他在探寻重新与自然相通并投入其中的途径，探寻自我调节的核心内容。1843年4月，爱默生写了一首名为《万物之灵》的诗，他在诗中证明，"春天依然能够创造出心灵的春天"。儿子的去世并没有扼杀爱默生的理想主义，也没有动摇他最持久、最坚定的信念。他那坚定的目光也不允许他只沉溺于实现个人不朽信仰的愿望。瓦尔多的夭折可能会让爱默生永久地感到悲伤，因为这让他对生活失去了一部分希望。但《诗人》证明，瓦尔多的离开迫使爱默生重新回到能够治愈创伤的活动中去。刘易斯·芒福德曾说过，爱默生最终表现得比马可·奥勒留要好很多，因为"他能感受到生命自我更新的能力"。如果死亡是一切的终结，那么生活就是一切。或者像爱默生今年春天坚定地说的那样，"虽然我屡次失败，但我为胜利而生"。[12]

第62章　爱默生的《日晷》

爱默生接手了《日晷》的编辑工作，并戏称其为"小型的文学爱国主义"行动。那时，《日晷》仅有三百多订户，而出版商也刚刚倒闭。销售收入仅够支付印刷和装订的费用，并没有多余的钱支付编辑的薪水。1842年6月，爱默生将750册奥尔科特的《关于福音书的对话》以每磅5美分的价格卖给了一些皮箱制造商，供他们装裱皮箱用，这体现了当时大多数文学出版商（卡莱尔称之为"讨厌的饿狼”）的无情。《日晷》对新思想、未出版过作品的年轻作家、理想主义和实验主义都很热情，而且爱默生也不愿意眼睁睁地看着它停刊。在接下来的两年时间里，他把自己三分之一到一半的文学精力都投入到了《日晷》的工作中。

与此同时，爱默生正在着手一部新的散文集。他的很多时间都是和朋友们一起度过的。梭罗成了他的助理编辑。当6月中旬特有的温暖弥漫在整个康科德时，卡罗琳·斯特吉斯在这里度过了四天美好的时光。当夏天来临时，玛格丽特·富勒也来这里逗留了一段时间。她告诉爱默生，她希望这次不是短暂的拜访。她希望能够尝试着和爱默生夫妇一起生活。爱默生和她一起散步，和梭罗一起散步，和埃勒里·钱宁一起散步。9月，为了更多地了解霍桑，他（成功地）提议二人用两天的时间步行40英里，途经斯托镇，去拜访马萨诸塞州哈佛大学的震教徒们。

在创作《诗人》期间，爱默生阅读了华兹华斯、普罗克洛斯和柏拉图等作家的作品。此外，他还读了泰特勒的《罗利的一生》、菲利普·西德尼爵士的大部分作品、蒲柏的《奥德赛》和伊丽莎·李的《里希特的一生》。尽管他对美国文学寄予厚望，但还是接受了当时作者们对欧洲文学依赖的现实。他又一次周期性地阅读了一些小说，包括巴尔扎克的《驴皮记》(1831)，迪斯雷利的《薇薇安·格雷》以及布尔沃·利顿的《欧内斯特·迈特瓦》、《扎诺尼》和《爱丽丝》（或《奥秘》）等。他说巴尔扎克有两个优点“才华和在巴黎”；他认为布尔沃·利顿“确实了解伦敦社会，给我们描绘的并不是无知的漫画”。[1]

爱默生花了大量的时间劝说熟人为《日晷》撰稿，尤其是那些可依靠的人，如帕克和富勒，还有纽科姆和梭罗等；他还劝说斯特吉斯姐妹为杂志写诗。爱默生十分乐于接受新作品，特别是年轻人的作品，但他对那些承诺写稿却又总是完不成的人没有耐心。他指出，有一种“美国病，病症就是积极能力处于瘫痪状态。在这个国家，年轻人一旦大学毕业，身上就会显现出这种毛病”。他们是《薇薇安·格

雷》的受害者，

> 他们讨论太阳和月亮，自由和命运，爱情和死亡；他们会让你吃烤鱼。他们从不睡觉，哪儿也不去，哪儿也不待，什么也不吃，什么也不知，但他们却什么都做得来，像费斯特斯似的，像浮士德似的，像朱庇特似的。如果名声是不那么无聊的话题的话，他们能在任何阴雨绵绵的早晨写出《伊利亚特》一样的作品来。[2]

帕克曾告诉爱默生，要想使这本杂志成功，一个办法就是编辑自己要多写一些东西。于是，在接下来的两年里，爱默生陆续刊发了自己的一些演讲稿，包括《时代》《保守党》《超验主义者》《喜剧》《悲剧》和《年轻的美国人》等。此外，他还刊登了一些自己的诗歌，有《萨亚迪》《致瑞亚》和《摧残》等。他还写了一些关于傅立叶主义、查顿街大会、英国改革者、欧洲作品等话题的文章，写了关于卡莱尔的《过去与现在》的文章，更不用说数量众多的书评、文学通告、简介、编辑书信等等。关于爱默生在《日晷》上刊登的稿件，乔尔·迈尔森列出了一份清单，共76篇，其中有53篇是在《日晷》的最后两年内刊发的。[3]

即便如此，爱默生的作品也仅占该杂志所刊登的作品的很小一部分。作为一名活跃的编辑，爱默生开创了很多栏目，并试图将该杂志变成一个有效的新思想的交流中心。在他担任编辑的首期杂志中，爱默生刊登了布里斯班关于傅立叶空想社会主义的文章、纽科姆怪异的小说《多隆》以及他自己的诗歌，还有梭罗、斯特吉斯、维里、钱宁、赫奇、达纳和伊丽莎·克莱普等人的文章。有爱默生写的关于马萨诸塞州农业的一篇文章，还有梭罗写的《马萨诸塞州自然史》。有一些科学新闻：威尔克斯的南极考察、州地质学家会议以及哈佛大学任命阿萨·格雷为教授等。还刊登了对两本译著的介绍，一本是作家诺瓦利斯的《海因里希·冯·奥弗特丁根》的译本，另一本是富勒的译作《富冈德罗德》（由皮博迪撰写简介）；还有两篇书评，一篇是关于霍桑的《重讲一遍的故事》（由富勒撰写）和乔治·博罗的《辛卡利——西班牙吉卜赛人纪实》。爱默生还刊登了富勒写的一篇名为《去年冬天文娱纵览》的文章，回顾了莱尔在波士顿的演讲，亨德尔的《创造》和《弥赛亚》以及贝多芬的第五和第六交响曲的演奏，还有芭蕾舞表演以及范尼·艾斯勒的舞蹈表演等。爱默生还刊登了一篇社论，敦促哈佛从管理生活中脱身，转而专心于教学。还有关于丁尼生和华兹华斯的新闻报道，以及亨利·泰勒、约翰·斯特林和托马斯·卡莱尔的新书公告。还有一个专栏专门介绍柏林的新闻，其中主要的一条新闻是谢林受邀去柏林做关于启示哲学的演讲，目的是抗衡黑格尔学派在柏林的影响。该期杂志最后一篇文章是关于德国斯威登堡教会最近分裂的报道。

《日晷》的封面颜色浅白，正文字体端庄，看起来同其他许多19世纪的期刊相差无几；比如，它从外表看和《基督徒观察者》没有太大的区别。但是，只要把《日晷》的内容稍加总结，就能看出订阅和投稿该杂志的那个小圈子的范围、活力和力量。从1843年7月到1844年4月的最后一期，爱默生刊登了帕克的多篇文章和梭罗的《被缚的普罗米修斯》《冬日漫步》及多首出色好诗。此外，他还刊登了莉迪亚·蔡尔德关于美学理论的文章，詹姆斯·克拉克关于约翰·济慈的弟弟乔治的文章，爱默生已逝的弟弟查尔斯关于波多黎各的文章，以及他之前的学生本杰明·彼得·亨特关于牙买加的文章。还有詹姆斯·埃利奥特·卡伯特的一篇关于康德的精彩文章，他后来帮爱默生编辑了《文学与社会目的》(1876)，并为爱默生写了一本现在仍有很大价值的回忆录。在奥尔科特回国时，英国人查尔斯·莱恩也同他一起来美，此人关于布鲁克农场和现代改革的一篇文章也被《日晷》采用。还有克里斯托弗·克兰奇、艾伦和卡罗琳·斯特吉斯姐妹、乔治·威廉·柯蒂斯、塞缪尔·沃德和查尔斯·安德森·达纳等人的诸多诗歌以及赫奇翻译的谢林的柏林就职演讲等。在1843年7月发行的那一期里，第一篇文章是富勒的《伟大的诉讼》，这是一篇关于女权主义的精彩文章，后来富勒将其扩写为《19世纪的女性》，并出版。

爱默生编辑的《日晷》和富勒编辑的《日晷》有所不同，前者作为思想交流平台或信息公告栏的作用更为明显。爱默生减少了音乐和艺术的篇幅，增加了文学的篇幅。他看重并选择那些简单质朴的发言人，比如，他刊登了纳撒尼尔·惠廷在查顿街大会上的演讲，而不是奥尔科特的演讲。爱默生更加关注自然和科学，这其中部分是源自梭罗的兴趣。但最为大胆的一个专题则是爱默生和梭罗合作的“异教经典”系列。每一期都用好几页的篇幅刊登精心节选的世界主要宗教的经文。1842年7月那一期节选刊载了印度的《毗湿奴·萨尔马佳言集》；1843年1月节选的是印度的《摩奴法典》；1843年4月精选了孔子的部分文章；1843年7月推出了来自波斯的《德萨蒂尔》摘选，引用了包括琐罗亚斯德在内的古代波斯先知们的部分经典；1843年10月出版的那一期节选了中国古典精品《四书》；1844年1月发行的那期有两组经典，一组是印度释迦牟尼语录，另一组是埃及赫尔墨斯·特利斯墨吉斯忒斯名言集锦。最后一期，在托马斯·泰勒的主张下，爱默生又回到了琐罗亚斯德，刊登了他的部分经文。这个名为“异教经典”的专题以普世教会运动和现代宗教史的观点，致力于探索神话背后的基本宗教和伦理教义，并将许多被神话分离的宗教统一起来。在介绍《毗湿奴·萨尔马佳言集》中的印度教的斯多葛学派时，爱默生注意到：“每个民族都有其或多或少纯洁的‘圣经’，至今尚未有哪个宗教愿意或能够以明智而虔诚的精神将自己的价值与其他宗教的价值进行详细比较，去掉各自的民间历史和仪式性的内容，以便将不同时代和种族的道德观点汇集提炼，使之成为宏大的共同圣典。”[4]

爱默生也比富勒更加重视诗歌。他让印刷工人把诗歌的行距加大，这意味着每页的诗句行数更少，读起来更容易。他还开辟了——甚至在他成为编辑之前——一个新的专栏，用来刊载那些他所称的诗歌选辑，他的意思是刊载的是那些在创作之初不是为了出版的诗句。最直接的例子便是埃勒里·钱宁的几首小诗。长久以来，爱默生感兴趣的一直是诗歌的第一印象，是梅尔维尔所谓的半成形的作品，是潜在的、充满希望的、首个非我意识的思想之花，是非正式的——而不是正式完成的——诗歌。爱默生不仅尽量将自己拥有的第一印象写下来，而且对别人的这种洞察力的暗示也很重视，即使这些暗示是片面的、朦胧的、晦涩的或难以捉摸的。

乍看上去，编辑对于一个只会写作的人来说似乎并不合适。但多年来爱默生一直没有离开编辑别人的作品。早在19世纪30年代，他就开始收集和整理玛丽姑妈的书信和语录，最终形成了四卷手稿。虽然从未打算过出版，但它们是爱默生最重要的书籍之一。他还多次试图编辑弟弟查尔斯的作品，还曾花很多时间试图把布朗森·奥尔科特的童年福音书从作者那枯燥无味的散文中解放出来。他大胆且大量地编辑过维里的诗歌和散文、纽科姆的《多隆》和梭罗的《冬日漫步》。他做这些，是为了在这些作品被沉积起来之前挽救那些个人的、非传统的、暗示性的东西。

事实上，编辑工作对爱默生来说是非常合意的。一方面，随着时间的推移，他开始越来越多地编辑自己的文章。虽然有时会匆忙地赶写一些新的演讲稿，但他现在越来越喜欢写的文章都是从他的日记、早期演讲、布道讲稿和往来信件中选取和编辑而成的。从19世纪40年代开始，爱默生使用了两种截然不同的写作技巧。其一，一篇40多页的演讲稿可以在几天内写完（如果必需的话）；其二，一篇写出来要出版的文章，不管长短，则可能需要几年才能完成。我们可以将爱默生的第二种写作过程称为自我编辑的过程。[5]

编辑工作比较适合爱默生的另一个原因，是他把作家和诗人看作是大自然的编辑。如果诗歌在创世之前就已写就，那么诗人——还有评论家和编辑——都致力于同样的事情，即试图让事物摆脱那些偶然、特殊和个人的包袱来表达事物本身。如果这使得作者的作用没有通常想象的那样具有原始性和创造性，那么编辑的作用就显得更加重要。从这个角度来看，写作、重写和编辑之间似乎并没有太大的区别。然而，它们其实有着实质性的区别。当爱默生开始其为期两年的《日晷》编辑的生涯时，他正进入到自己写作的一个新阶段，即减少了原创性写作，并按比例地增加了对自己已经收集或编写在日记本中的丰富材料的编辑。

第63章　新观点

19世纪40年代初，蒸汽轮船的使用给波士顿带来了新的繁荣。到欧洲的勒阿弗尔或利物浦，从波士顿出发要比从纽约出发节省两天的时间。同时，在将美国西部的铁路和海洋运输连接起来的比赛中，波士顿也没有输掉。英国丘纳德公司选择波士顿作为在美国的终点港口。有个名叫弗雷德里克·都铎的波士顿商人将瓦尔登湖和其他池塘的冰切割成块，用松木屑包装好，然后从波士顿运到美国南部，最后一直运到印度半岛的加尔各答，获得了巨大的成功。正如亨利·亚当斯指出的那样，随着蒸汽时代地位的巩固，新英格兰的18世纪的时代最终在19世纪40年代结束了。威廉·埃勒里·钱宁于1842年10月初去世了。爱默生称他为“美国教会之星”，并惋惜道：“不知该如何对他进行报道，因为你无法用文字表达他的目光和声音，他的话语在报道中会失去最重要的东西。”艾伦现在三岁半了，伊迪丝也近一岁了。爱默生曾说过这是个第一人称单数的时代。莉迪安看着伊迪丝的两只脚在空中踢来踢去，说这孩子好像在宣布“这个世界是特意为婴儿创造的”。[1]

爱默生结识了雕塑家霍雷肖·格里诺。此外，他在这个阶段还读了一些新书。他认为科尼利厄斯·阿格里帕的《艺术与科学的虚无》中可能有六七个很不错的句子。在谈到卡佩尔·洛夫特的《认真，或政治复兴》时，他认为“这是一本很不错的宪章运动史诗，对书店来说，应该和小说一样也算一本好书，但它缺乏诗情”。《日晷》的编辑工作和自己散文的创作（《诗人》《性格》和《经验》都是在1842年秋天创作的）过程让他在表达的清晰度和语言的把控力等方面都有了新的突破。“才智，”爱默生在《诗人》中指出，“便是乐于超脱或越界。”同奥尔科特一道从英国来美的还有查尔斯·莱恩和亨利·赖特两个志同道合的人。他们共同提议建立一个新的公共社会，在柏拉图式的高谈阔论和不残害动物的基础上过一种纯粹的生活。他们不吃肉，不使用羊毛或皮革，不用牛马耕田。他们打算拒绝任何在奴隶制度下生产的物品或对奴隶制度有任何支持的物品。他们不打算使用棉花，只吃“积极向上”的蔬菜和水果（就是说，那些向上生长的东西）；他们不赞成吃土豆、胡萝卜和其他根茎类作物，因为它们有不可救药的向下的倾向。[2]

如此纯粹的生活在实现过程中却存在诸多问题。奥尔科特坚持认为：“应该有一个100英亩的条件较好的农场，农场的建筑完好，有茂盛的果园，优美的环境。问题是，首先需要有人把它买下来再赠予他们。”爱默生回复说：“你要求太多了。这并不能解决问题，有成百上千个纯真的年轻人，如果安置、赠予并保护他们，他们会觉得只要保持自己的纯真，一切就都有啦。”爱默生接着说，如果有这样一些人（比如布鲁克农场的社员，或他的邻居霍斯默，或亨利·梭罗等用他们自己的方式），他们孤立无助，生活清贫，奔波劳顿，但他们辛勤劳作，从腐败的环境中解脱出来，并在自己的土地上建立起一个和平福利、习俗良好和思想自由的新家园，那爱默生自己也会受到鼓舞和教育，更不用说那些纯真的年轻人。[3]

奥尔科特问：“这是怎么做到的？作为一个有妻子儿女的人，我又该怎么办呢？”爱默生的回答对纯真没有丝毫的敌意，而是来自对经验的新的尊重：“我告诉他说他不是做这件事的人，否则他不会问这样的问题。”回答虽然有点生硬，但却很公正。

爱默生的道德理想主义在19世纪40年代并没有衰落，甚至也没有动摇，但在政治、社会行动、科学和形而上学等问题上，在瓦尔多死后的几个月里，他对世俗性和实用性又有了新的认识。当桑普森·里德用“在你的经验中不是这样，但在另一个世界是这样”来回应爱默生对斯威登堡有所保留时，爱默生回击道：“另一个世界？世上没有别的世界；所有事实告诉我们只有现在这个世界，没有其他。”尽管他仍然关心本质，但他越来越愿意接受表面的现实。他在这一年指出：“新的分子哲学表明，在原子和原子之间存在着巨大空间；世界是外部的世界，没有内部世界。”[4]

爱默生继续在户外研究各种植物。他写道：“光是这些植物的名字，就会给我们一种愉快的享受：芦苇、青草、乳草、薄荷、龙胆、锦葵和三叶草等。”比起斯威登堡冰冷的矿物天堂，他更喜欢车前草、茜草、火草和胡枝子等。“求你告诉我，伊曼纽·斯威登堡！我难道必须要研究那些碧玉、玛瑙、宝石和玉髓吗？圣体盒、避难所、圣衣和火轮战车，这些对我有什么用呢？”[5]

此时的爱默生甚至可以在人性中发现巫术存在的基础，或者是他所说的特征。他对特征的信念非常坚定，甚至会说：“应该没有命运这样的东西，对‘命运’这个词的使用是一种无能的表现，是我们没有自信的标志。”但即使没有命运存在，那也存在性别之分。爱默生深信，在人类本性上存在男性和女性原则，并在此基础上加以区分。“女性比男性观察得更精细，”他曾指出，“如果不是为了行动，男性往往懒得去观察；而女性则不同，即便完全没有行动的意愿，她们也会仔细看个明白。”同富勒一样，爱默生也相信最好、最有趣的人性必须同时具备两个要素：“一个拥有智慧和良知天分的人应该是一个男性和女性的结合体。”“雌雄同体是完美灵魂的象征。”在爱默生看来，美国男性都有女性倾向。“所有的美国名人，除了韦伯斯特……都有女性的心智，如钱宁、欧文、埃弗雷特、格里诺及奥尔斯顿等。”有好友曾告诉爱默生，女性的生活充满悲剧，她们被当作奴隶；这位好友让他把妇女权利也列入到需要改革的清单中。“与我认识的那些好女人一样，简·卡莱尔也患有严重的头痛。”通过莉迪安、玛丽姑妈、伊丽莎白·霍尔和玛格丽特·富勒等女性，爱默生了解到一些19世纪妇女的状况。虽然他常用“男人”来指“人类”，用阳性代词同时指代男性和女性，但偶尔也会尝试着让自己的语言均衡一些。他可能会特意用女性来举例子：“我们希望强化对自身优点的认可。女孩子至少拥有自我，上帝就在女孩的心中。”爱默生有时甚至会在一句话中分别使用代表男性和女性的词语：“祝福一切的人，无论是谁，对他或她而言，都与其整个精神世界相悖。”“一个伟大而明智的男孩或女孩就是一个希腊人。”“一旦按照自己的意愿行动，将法律、书籍、偶像和习俗等统统扔出窗外，我们不再怜悯他或她。”他同时也知道这是有局限性的。“男人永远无法告诉女人她的职责是什么。”他在1843年写道。[6]

与此同时，爱默生对个人主义的信奉不得不面对一股高涨的对个人之重要性持怀疑态度的思潮。“布朗森、亨利·钱宁、格林、皮博迪甚至还有班克罗夫特等这样的年轻人认为，过分夸大的个人主义是这个时代的恶习，他们借用了勒鲁克斯的‘人性’一词，并将其扩展为‘种族’。于是便有了方阵公社、欧文主义以及圣西蒙主义等学说和这些学说指导下的众多公社。”爱默生说，“许多人呼吁联合，包括傅立叶、欧文、奥尔科特和钱宁等。它的效果将是神奇的。”他认为新的联合或公社运动“会改写社会制度，让劳动不再变得单调乏味”，但他同时又尖锐地补充道：“但不会按照这些人设想的方式发展，一点也不会，只能以孤立和结合的方法进行。它是安静的结合，实际的分离；是理想的结合，实际的孤立。”尽管如此，爱默生仍然坚持着自己的个人主义理念，但他现在不再那么关注所有个人的共同思想，而是更加强调个体差异和个性化过程。他仍然一如既往地致力于自由和自我解放的理念，尽管他现在意识到各种关于虚假或空洞自由的事实。

> 一个人不能通过任何自我否定的条例来获得自由，也不能通过水或土豆，通过各种暴力，通过拒绝发誓、拒绝纳税甚至坐牢，或通过夺取他人的庄稼或占有他人的土地等方式达到这一目的。他不能通过这样的任何一种方式让自己自由；用金钱还债也不行；要想获得自由，只能遵从自己的天赋。[7]

尽管爱默生的乐观主义、理想主义和探索未来的观点在1842年底仍然完好，但它们已变得不再单纯，不再毫无威胁了。而他的主张也开始呈现出困惑和无奈的特点，他似乎从未在令自己感到害怕且让灵魂萎缩的否定论上前进一步。只回顾过去不仅是一个错误，而且是一种毁灭："新的一天、新的收获、新的职责、新的面孔、新的思想，新的力量在召唤着你；如果紧盯着过去的本性，就会剥夺我的希望，并用一种卑微的贫乏来摧毁我，而这种贫乏只有死亡才能表达。"[8]

第64章　世界

爱默生脚踏实地的个性与其近乎遥不可及的朴素理想主义相结合，使得詹姆斯·拉塞尔·洛威尔称他为"普罗提诺式的蒙田"，也让埃德温·惠普尔认为他是"印度教徒式的美国北方佬，因为他具有印度教主神梵天和富兰克林笔下穷查理的双重特征"。事实上，在爱默生成年后，确实在每个阶段几乎都是处于半显神半世俗的状态。他既需要充满神圣的狂喜经历，也需要世俗的早餐馅饼。在1842年秋天到1843年春夏这段时间，在爱默生的生活中，现实或世俗的一面不断威胁并吞噬着他人性中的另一面。[1]

1842年10月下旬，奥尔科特带着查尔斯·莱恩和亨利·赖特从英国回来，此二人皆为教育改革家詹姆斯·皮尔朋特·格里夫斯的门徒。瑞典教育学家裴斯泰洛齐称格里夫斯是"最了解其所从事工作的精神”的人。爱默生发现自己总是把英国和美国做比较。他此时认为，英国人更安宁。他读了勃朗宁的长诗《巴拉塞尔士》和狄更斯的《美国札记》，他认为这两部书“叙述生动，娓娓道来，颇具阅读和引用价值”。[2]

从1月初到3月中旬，爱默生先后在巴尔的摩、华盛顿、费城、纽约、纽瓦克和哈特福德等地进行了巡回演讲。他准备做一个关于新英格兰的系列演讲，并在一封写给卡莱尔的信中将每一篇的主题一一列出：“（1）宗教；（2）贸易；（3）天才、礼仪和习俗；（4）国外近期文学及宗教影响；（5）宗教历史。”这些演讲可以看作是《英国人的特性》这篇文章的预览。它们是一种新的地区性冒险，而非地区性保护。爱默生仍在为美国民族认同的问题而苦苦探索。他把这个新英格兰的特性追溯到清教时代。爱默生在该系列的第一篇演讲中指出，17世纪的宗教理想是“我们经验中最具创造力的能量”。爱默生承认，美国文化来自欧洲特别是英国文化，但他开始认识到英国文化在某些方面已经非常不适合美国人，“我们美国人的知识和文化来自一个国家，而我们的职责和义务却要学习另一个国家……好比我们被送到封建学校去学习民主”。[3]

爱默生的时间和精力似乎总是不够用。除了写作、演讲、在各个城市之间奔波并无休止地为演讲安排演讲厅、确定日期和发布广告外，他还全力以赴地负责《日晷》的编辑工作。此外，他还不断地给家人和老朋友们写信，不断地结交新朋友，而这些新朋友很快也要求跟他通信。瓦尔多去世的余波和漫长的演讲之旅似乎重新加强了爱默生和莉迪安之间家庭亲密关系的纽带。他们写信互诉衷肠，似乎有说不完的话。显然，两人都渴望得到更多。爱默生的公众社交不断扩展。他结识了雕塑家霍雷肖·格里诺，并在华盛顿观看了那描摹了格里诺试图用火把照亮自己的伟大的华盛顿雕像。他对威尔克斯探险队从南极洲和南太平洋海域带回的展品感到非常惊奇。他开始了解并非常钦佩卢克雷蒂娅·莫特，此人是一位贵格会的废奴主义者和女权主义者，与玛丽·罗奇有亲戚关系。还有两个年轻人——贾尔斯·瓦尔多和威廉·塔潘——给爱默生留下了深刻的印象，他们和缅因州的路易丝·韦斯顿一起，被列入了爱默生经常联系的有前途的年轻人名单。

旅行对爱默生来说是件非常劳累且费时的事，但也有丰厚的回报，特别是在纽约。他钦佩这座城市的活力，那里的商人给他留下了深刻的印象，觉得这些充满活力的商人让学者们蒙羞。他认为商人们"更加了解自己的工作，并能做得更好"，而且"他们接纳和吸收了更多充满生机的力量"。他同时也看到纽约商业繁荣背后的另一面，在亨利·梅休的名著《伦敦劳工和伦敦穷人》出版的前几年，他就注意到有些人的谋生方法：

> 有的捡拾吸烟者扔掉的雪茄烟头，把未吸完的部分剪下来作为烟斗的烟丝卖给烟草商……有的从煤炭灰烬中收集未燃尽的煤渣，还有的是在排水沟里耙找破布烂条并将其卖给造纸商。此外，还有捡拾狗粪和猪粪者。

纽约让爱默生有点着迷。这座城市代表了现实的物质世界，正如丹尼尔·韦伯斯特在爱默生眼中所代表的是一个现实而物质的人一样。[4]

1843年8月，一个名叫威廉·怀曼的银行行长被控挪用公款，61岁的韦伯斯特是其辩护律师团队中的成员。该案件在康科德审理。韦伯斯特的出场吸引了所有人的目光，其威严而充满力量的辩护，给人留下了由外而内的印象。他的目光像一棵横在路上的大树；他似乎被一种神秘的力量所驱使。卡莱尔认为他是"一个了不起的活标本"，一个和任何杰出英国人一样的美国佬。"棕褐色的皮肤，瘦削的脸庞，陡峭的眉毛下是一双沉稳的黑色眼睛，獒一般的双唇精确地合在一起，就像那需要鼓风的无烟煤炉一样。"卡莱尔说，"记忆中，我从来没有见过如此情绪激昂的人。"爱默生说："韦伯斯特的辩词就像用斧头击打一样，他的个人攻击力令人生畏。"这位"人类天生的皇帝"

曾向梭罗的姨妈路易莎·邓巴求婚，但没有成功。然而在法庭上，单是他瞥一眼就让人无法抗拒。他令证人士气低落并最终惨败。他看起来像是“一门武装到嘴唇的大炮”。在庭审当中，他几乎每天都会让康科德的法庭休庭：他“站起身来，一手拿着帽子，眼睛冷冷地盯着法官的脸，然后法官不得不命令传令员宣布休庭”。在爱默生看来，韦伯斯特与其他美国名人的关系就像《代表人物》中的拿破仑站在柏拉图、斯威登堡和莎士比亚等人的对立面一样。韦伯斯特是一个务实、现代、商业化和政治化的人物，在爱默生的想象中，他是与充满思想、信仰和艺术的人们相对立的一个人。[5]

与韦伯斯特形成极大反差的是奥尔科特、莱恩和赖特三人组。他们经常在爱默生家里聚会，即便是爱默生在纽约演讲期间也是如此。莉迪安将他们三人称作智者或圣贤。查尔斯·莱恩声称，对于一个希望保持纯真的人来说，唯一可以穿的衣服只能来自自纺亚麻布。莉迪安把此事告诉了爱默生。有一天，奥尔科特正在“揭露形式交换（金钱）的不公平性”，他说世人皆为兄弟，“兄弟应该可以随意从另一个兄弟那里拿走他想要且能够找到的任何东西”。莉迪安反驳说：“如果世人只有两个，也许可以。”紧接着，莱恩“极具启发意义”地插话道：“世界上确实只有两个人，一个是自我，另一个是非我。”然而，整天忙于编辑、演讲、写作和试图照顾家人的爱默生开始对奥尔科特之类、莱恩之类和纽科姆之类的人越来越感到厌烦，他们承诺得太多，行动得太少。如果韦伯斯特是一个真正的鼓风煤炉的话，现在的奥尔科特和他的朋友们就是轻如鸿毛和虚无缥缈的空气。[6]

如果我们认为随着40岁生日的临近，1843年5月的爱默生离这个世俗的世界越来越近，并觉得世俗的韦伯斯特在某些方面似乎比奥尔科特更出色，那就错了；爱默生自己的方向均在这两者之外。在完全沉浸在对平凡美国的思考期间，他完成的最重要的作品是三首诗歌和一本译著，而这些作品显示了他完全不同的方向。

《摧残》是一首感人，有时又有点儿令人愤懑的诗，它把年轻学者和老一辈学者进行了比较：年轻学者对自然感情冷漠，他们对植物的了解也仅限于那些拉丁文名称；而老一辈学者更关注的是自然事物本身而非它们的名称，他们力图成为“每一个与太阳相关的日子的一部分”。爱默生说，现代人的视觉手段可能更加丰富，但他们本质上对“星星是陌生的”，对整个自然也是陌生的。因此，爱默生在莎士比亚式的结尾部分写道：

……在我们生病的眼睛里，
树木是病态的，夏天是短暂的，
乌云遮住了太阳，稻草永不会晒干，
一切都无法完成其自然的生命历程。[7]

《摧残》描述的是一种无法治愈的疏离感，而且这种疏离感通过表达——至少是那种用科学术语进行的表达——会变得更加糟糕。这首诗和《致瑞亚》都是爱默生笔下较为低落消沉的作品，就像这些诗显示的那样，表达——诗人的艺术技巧——本身并无任何帮助。

《致瑞亚》提出了以下忠告（人们不禁要问是谁）：

如果你因爱而心碎
如果你的爱得不到回报
请把悲伤埋藏在心底
尽管它会悄悄把心撕碎。[8]

被爱默生称作“诗性伦理之诗”的《萨亚迪》标志着爱默生对波斯诗歌长期迷恋的开始，但这首诗的明确要点是，真正的诗人必须忠于自己的事情。

……他没有同伴。

无论是来十个人，还是一百万人，

善良的萨亚迪依然独自居住。[9]

1843年夏天，爱默生翻译了但丁的《新生》。他曾和玛格丽特·富勒就翻译该部作品讨论过一段时间。当时但丁的这部作品尚未有英文译本，富勒曾一度想过要翻译。爱默生对这部作品很感兴趣。他在《诗人》一文中指出："但丁之所以令人称赞，是因为他敢于用密码编写自传，或将自传融入到普遍性里。"他认为，《新生》"就像《创世记》一样，仿佛写在文学诞生之前，但真理已经存在……它是一部关于爱情的《圣经》"。它让爱默生想起了自己对艾伦·塔克的爱，他在日记中仍常常提起她，依然认为她是"陪我一起度过青春岁月的天使"；他说："每当想起女性，就会由衷地感谢艾伦将自己最好的本性毫无保留地展现给我，而我并不值得她这样做。"[10]

对爱默生而言，《新生》是对坠入爱河行为的一种有力的心理治疗，同时也把他与玛格丽特·富勒联系在一起。她最近给他详尽地讲述了一个关于她生命中的两天的故事，爱默生把该故事称作玛格丽特的"新生"。这一年，爱默生以书面的方式表达了自己对富勒最热情动人的赞赏。爱默生说，她"无比慷慨"，鼓舞着人们的信念，让周围所有的人都相形见绌。他从未见过任何同她有着相同成长经历的女性。"当着我的面，她时不时地进入到一种英雄和神仙般的境界，除了刻瑞斯、密涅瓦和普罗塞耳皮娜这些女神以及那令人敬畏的史前世界的理想形象外，我再也找不到任何比她更优秀的女性了。"他称她的故事为《玛格丽特》，认为它是在《新生》的启发下创作的一首毫不掩饰的充满钦佩和深情赞美的散文诗。但丁的《新生》讲述了年轻的但丁与比阿特丽斯相遇的故事（他第一次见到比阿特丽斯时，她穿着血红色的外衣），讲述了但丁对比阿特丽斯真挚的爱恋，讲述了比阿特丽斯的死亡以及诗人努力将自己的情感用恰当的语言表达出来的故事。这是一部充满基督教和理想化色彩的高尚的作品，它在精神上是现实的，在描绘坠入爱河的感觉时是真诚的。在爱默生的译本中，但丁原著中的重生和皈依来自不断重复的“甜蜜”意象，它象征着爱情的体验，并弥补了所有伴随而来的悲伤、哭泣和痛苦。“这座熙熙攘攘的城市缘何变得如此孤独！”重获新生的恋人惊呼道。在《新生》中，诗人关注的核心问题是爱和爱的表达，而这正是爱默生本人此时正在努力面对的问题。[11]

这一年，在爱默生繁荣和顺利的表面下，还有许多其他挣扎的迹象。他焦躁不安，心有不甘。他对富勒说：“我有很多压力，结识的人也太多。”对于富勒的尼亚加拉西部之旅，爱默生充满羡慕之情。“我们在东部地区待得太久了。”他说。在瓦尔多去世一周年的日子里，莉迪安悲痛万分。“虽然坟头已长满鲜花，”她说，“但它依然是一座墓地。”她的心情处在这一年的最低谷。她给丈夫写了一段令人沮丧的话，爱默生把它抄写在日记里，后来又有人试图把它删掉。其中一句是这样的：“亲爱的郎君，我真希望自己从未来到过这个世界。对于我活着的痛苦，我看不出上帝能给我怎样的补偿。”[12]

虽然爱默生有时感到精疲力竭，但他的忙碌让他无暇产生如此绝望的情绪。他在日记中写道：“我们都会死亡，但原因各有不同。”在写给自己的英国朋友约翰·斯特林的一封信中，爱默生写道：“我写过很多东西，有上千个话题，但大部分话题都互不相关。”不过即使在最糟糕的时候，爱默生也知道自己应该做些什么：

> 一个人必须用他既有的才能去努力工作。这种才能是过去日积月累的结果，任何人都无法与过去抗衡。你所学到的任何知识和所做过的任何事情都会让你从中受益。因此，在充满不幸的日子里，在饱受屈辱的日子里，在欠债、沮丧和祸不单行的日子里，努力工作和学习吧！在利箭如云的逆境下努力战斗吧！

这就是美国学者的战斗信念。[13]

第65章　年轻的美国人

1843年9月中旬，玛格丽特·富勒结束了西部之旅后返回，随后她将这次旅行经历写成《1843年的湖光夏日》并发表。爱默生告诉伊丽莎白·霍尔，他认为自己所称的“康科德的社会主义”的希望在于能够吸引“六七个难得的人才”来到这里，但他看到的实际情况却是很多人才都离开了康科德，甚至离开了这个国家。梭罗当时在纽约，除了辅导威廉·爱默生的孩子们，还试图通过写作赚钱；而亨利·詹姆斯和西奥多·帕克都去了欧洲。9月底，玛丽姑妈染上了严重的丹毒，但她仍以一种庄严而诙谐的方式面对死亡。她把第一位医生打发走了，因为“希望自己能在一个杰出而聪明的人面前死去”。然而，在按她的标准请来新的医生后，她又问对方“这个致命的疾病是否还有治愈的希望”。她当时住在马萨诸塞州纽伯里波特，很长一段时间都为家人们不知道她的下落而窃喜。但爱默生还是听说了她的病情，匆忙赶到纽伯里波特，并在那里一直照顾她，直到病情好转。爱默生在信中告诉富勒，自己现在很难和姑妈待在一起，“因为这样给她带来的痛苦远比欢乐要多”。他悲痛地感叹道：“在和姑妈完全失去联系的这几年，我失去了多少来自姑妈的鞭策和鼓励啊。”回到康科德后，爱默生又重新阅读了姑妈的信件，想将它们“选编成册，并加一些叙述性的内容”。[1]

他做了几场演讲，主要是新英格兰系列里的；他还接待了几位访客（卡罗琳·斯特吉斯和查尔斯·莱恩等），并继续创作新的散文集。但1844年伊始，便弥漫着一种结束的氛围。他不得不计划在1844年4月最后一期《日晷》出版后停办该杂志。他本希望最后一期能够挽救这份杂志，但又因未能获得足够的支持而深感懊恼。同样在1月份，奥尔科特的果园公社计划也宣告失败。奥尔科特和莱恩曾一度想“建立一个与人类原始本能相协调的大家庭”，但到了1843年12月中旬，莱恩告诉爱默生，他和奥尔科特最终“认识到，这些年来他们在追随裴斯泰洛齐对母性本能及和谐大家庭的赞美方面都做错了。他们已经认识到，这些都是天方夜谭，是与以泛爱为基础的社会相对立的”。果园公社的失败对奥尔科特是一个可怕的打击。在1月那阴冷的日子里，随着公社希望的破灭，奥尔科特卧床不起，面对墙壁，只想一死，就像玛丽姑妈一样。“看到这个神一样的人物被逼到墙角，真的非常难过。”爱默生在日记中写道，“上周，就在这位现代的普罗米修斯在心中与诸神激烈争吵时，我还修改和发表了一篇否认悲剧存在的旧作。现在想起来真是惭愧。”[2]

爱默生毫无系统地继续阅读着各种各样的书籍。他曾说：“不管读什么书，对我来说都没有太大区别。对于一本不太相关的书，我会读得更加深入，直到它与我或我的作品相关为止。”他重读了本·琼森的作品，尤其关注琼森那些“令人钦佩的诗歌”。由于但丁的缘故，他对中世纪的爱情诗歌重新产生了兴趣，并阅读了《玫瑰传奇》。他又回到蒙田的作品里，第一次阅读了蒙田的《德国和意大利之旅》。他继续研究法国文学，读了欧仁·苏的《巴黎的秘密》。他喜欢乔治·桑的《康素爱萝》，认为傅立叶的《宇宙统一论》是“法国最为古怪和有趣的作品”。他读了歌德的《浮士德》第二部，特别欣赏关于海伦娜的那部分；他认为《浮士德》第二部总体上是“自《失乐园》以来最伟大的文学创举”，因为“它扩展了人们已知的思想力量”。[3]

同时，爱默生也在阅读西方传统之外的书籍。对萨迪的兴趣让他拜读了詹姆斯·罗斯翻译的《蔷薇园》。他喜欢萨迪的仁爱和智慧，并对这段描述赞不绝口：“一个如此丑陋而暴躁的校长，一看到他就会让人不失去对东正教的迷恋之情。”他还阅读了《中国古典著作——四书》，并认真做了笔记。这部由高大卫翻译并于1828年在马六甲出版的著作，包含了大量儒家经典著作的译文。四书的其中一部是由孔子最伟大的弟子曾子所著的《大学》，另一部为孔子之孙子思所著的《中庸》，还有《论语》和《孟子》。尽管儒家强调的孝道未能引起爱默生的注意，但他还是被那简洁精练、警句格言式的中国写作风格以及儒家强调的道德教育和圣人品质所吸引。爱默生之前对孔子就很熟悉，但对孟子比较陌生。而现在，他对富勒说，《孟子》是“一缕宁静而柔和的阳光，对卡莱尔式的暴风霞光来说，它是一种颇具危险的反衬”。[4]

爱默生对佛教的兴趣越来越浓厚，他阅读了伯恩诺夫的《印度佛教史导论》（1844）或与这本书相关的资料。这是一本令人钦佩的书，它完全没有传教士的修正主义，并将佛教的起源确定为印度。爱默生在自己的新散文集中的《礼物》和《唯名论者和唯实论者》两篇文章中都提到了佛教。尽管他能读到的译本漏掉了一些主要文本和能够引起共鸣的叙述，但爱默生还是很快就开始认识到佛教的重要性和吸引力。“将这些宏大的佛教和吠陀哲学观念追溯到源头，是人类思维必要或结构性的行动。”他在1845年的日记中写道，“佛教的字面意思是命运的信条。”[5]

1844年12月，爱默生还读了莉迪亚·蔡尔德的《纽约来信》，他认为该书是“对美国文学的重要贡献，并将有益的爱注入其中”。这是一本生动易读的书，一本通俗活泼的超验主义的书。书中大量引用了柯勒律治、卡莱尔和贝蒂娜·冯·阿尼姆的语句，充满了对城市生活场景的敏锐观察，尤其关注街头画面和穷人生活。[6]

在《诗人》一文中，爱默生称自己的才智不足以产生民族性的评论。但在1844年2月，当他还在对《诗人》那篇文章进行最后的润色时，他在波士顿发表的一篇名为《年轻的美国人》的演讲稿确实是民族性的，而非泛泛之谈。这篇文章常被解读为波尔克领导下的美国扩张主义的前兆。诚然，爱默生对这样的增长迹象印象深刻，比如波士顿每年有1200到1500座新建筑拔地而起，他也确实说过“这种筑路热潮是有益的”，美国是一个“拥有未来的国家”。更确切地说，虽然他反对吞并得克萨斯州，但他相信历史将最终表明这种吞并是不可避免的。爱默生在《年轻的美国人》这篇演讲稿中说："有一种庄严而美好的命运在指引着人类前行。"但扩张同时也意味着，就爱尔兰的铁路工人来说，"我们虽然制定了限制奢侈的法律和救济制度，但人口的原则始终将工资降低到仅能维持人类生活的最低限度"。这就是爱默生的逻辑，他并不满足于这种状况，也不满足于一个只看重商业利益的国家。"这就是贸易的善与恶，它把一切都置于市场之内：才能、美貌、美德以及人类本身。"[7]

尽管爱默生对商业泛滥甚至有时对潜在的新暴政都很敏感，但他在《年轻的美国人》这篇演讲稿中仍然赞扬了商业精神，因为它代表了一种新的、比封建主义更民主的社会组织形式。实际上，爱默生是当时唯一一位支持商业原则的美国作家，包括梭罗在内的大部分美国作家都反对商业。爱默生承认他的朋友们的反商情绪，而他本人也意识到这个所有人和所有事都必须接受罗伯特·弗罗斯特所说的"市场审判"的社会的缺陷。但他认为，"世界历史学家们将会看到，贸易奉行的是一种自由原则，它培育了美国，摧毁了腐朽的封建主义，缔造和维护了和平，并定将废除奴隶制"。[8]

第66章　爱默生的奴隶解放演讲

1844年8月1日，爱默生在康科德做了一场激情澎湃的演讲。在演讲中，他呼吁废除奴隶制。毫无疑问，爱默生对奴隶制的反对是一贯的，而现在，他准备通过积极、公开的方式争取废除这一制度。自这年3月以来，他就下定决心要参与到废奴运动中。3月3日，在波士顿的艾默里大厅发表的名为"新英格兰改革家"的演讲中，爱默生以观察力敏锐的知识分子固有的冷静和超然的方式，将自己大体上赞同改革运动的态度隐含在对当下社会略带讽刺的批判之中。他把"持异议的战士"追溯到宗教改革时代，并指出，"在这些运动中，他们对鼓吹者的不满尤为显著”。他始终坚持认为：“如果一个人尚未完善和充实自己就试图去革新周围的事物，那将对社会没有任何益处。”爱默生对零散的、特定的改革没有兴趣，在3月的演讲中甚至都没有提到反奴隶制运动。在“拯救世界的众多项目”中，他提及的是素食主义、禁酒运动、动物权利、公社农业和废除货币等。他说，尽管在运动中既会出现不切实际的高谈阔论，也会发生无法预估的倒退下滑，但“每一次运动总会产生一个好的结果，都会产生一种接受简单方式的倾向和充分肯定个人力量的主张”。爱默生给出的这个断言是冷静而合理的。[1]

很难说究竟是什么让爱默生改变了自己的看法。他的生活虽不乏波折，但总的来说还算顺利，基本没有大的变故。年近42岁的莉迪安又经历了一次艰难的怀孕过程，并于7月10日顺利产下一个男婴，取名爱德华。6月，爱默生再一次走访了震教徒。也是在这个月，新建的一条从波士顿通往菲茨堡的铁路开始运营，每天有四列开往波士顿的火车经停康科德，这让该镇第一次成为波士顿的郊区。爱默生读了钱伯斯的《创造的自然史之残迹》，但并不喜欢书里的神学观点。他读了贝克福德的《意大利之旅》和约翰·伊夫林的《卡伦达里姆·奥尔唐斯》。他再次阅读了波墨和柏拉图的作品，协助富勒出版了她的《1843年的湖光夏日》，并阅读了托马斯·克拉克森的《废除非洲奴隶贸易的历史》和詹姆斯·A.托姆和金布尔的《西印度群岛的解放运动》。[2]

或许是最后这两本书的生动叙述触动了爱默生，使他从一个观察者变成了一个活动家。克拉克森的这部两卷本的巨著追溯了白人改革者中反奴隶制情绪的兴起、发展和过程。其中一卷里有一张大大的折页平面版画，用浓重的黑白笔墨展现了一艘满载奴隶的大船甲板。另一卷里面的那幅折页版画将废奴过程刻画成一系列相互交错的溪流和河流，就像一个巨大的河流族谱，每一个人或每一个运动都被象征为这条废奴大河的一个支流。托姆和金布尔——后者是新罕布什尔州《自由先驱报》的前编辑——合写了一份报告，详细介绍了他们在刚刚获得解放的英属西印度群岛的亲身经历，主要集中在安提瓜和巴巴多斯这两个岛屿上。也许是受到了丹尼尔·韦伯斯特那已经能够察觉得到的背叛的影响，爱默生在5月的日记中写道："如果韦伯斯特先生能够在国会层面投身到废奴主义的事业中去，他将会成为这个大陆的宠儿。"也许现在影响爱默生的人物是卢克雷蒂娅·莫特，一位他新近认识并钦佩的强有力的废奴主义者和妇女权利倡导者。此人至少在1840年就开始听说过爱默生，她呼吁美国人民要"审视西印度群岛的解放历史"，最好"打破我们的奴隶枷锁"。[3]

然而，更能对爱默生产生持续影响的是他的妻子莉迪安。自从1837年结识格里姆克姐妹并受其启发后，莉迪安就一直是一个强烈的废奴主义者。她女儿回忆说，19世纪40年代初期之前的报纸上充满了支持奴隶主义的论调，这"让她一度憎恨自己的国家"。对于奴隶制的所有恐怖情形，她都有所了解并在脑海里不断地思索，仿佛在不停地亲眼目睹着那些被迫远离母亲的孩子被强行鞭打和买卖的情景。后来，在19世纪50年代，当她"认为自己的国家完全丧失了任何正义感"时，她用拒绝庆祝7月4日的国庆日来表达自己的抗议。那天，她用很多黑布将房子的前大门和门柱遮住，而爱默生家的房子正好坐落在著名的保罗·列维尔路线的显著位置。1861年，当美国南北战争爆发时，她"无比高兴"，声称"这是奴隶制结束的开始"。[4]

爱默生被邀请在英属西印度群岛所有奴隶解放十周年之际发表一次演讲。组织这次活动的是妇女反奴隶制协会，莉迪安和辛西娅·梭罗都是该协会的成员。因为废奴在康科德是一个很有争议的话题，所以没有一个地方教堂愿意向他们敞开大门。于是活动被安排在法院举行。亨利·梭罗挨家挨户敦促康科德的居民们参加。当第一教区教堂的司事拒绝敲钟宣布集会开始时，亨利一路冲到教堂，自己敲响了钟。

该演讲在三个方面偏离了爱默生的一贯风格：它主要是按历史年代进行的长篇叙述；他充满了爱默生年轻时从埃弗雷特那里学到的雄辩技巧；其目的在于宣传和鼓动听众，就像莎翁笔下安东尼在恺撒安葬时的演说一样。爱默生想唤醒、鼓动和感化听众去采取行动："对于'自由'这个词，如果有人自己不愿说也听不得别人说的话，那他从此就离开吧，我几乎想说，那就爬进你的坟墓吧，因为宇宙并不需要你这号人。"他历数了奴隶制度的种种罪恶："孕妇们因不愿工作而被迫去踩踏车。""男人们的脖子常常被牛皮鞭打得皮开肉绽不说，伤口上还要被泼洒烈酒或盐水，并在烈日下被用玉米皮擦个不停。"他还谈到了"一个种植园主把一个黑人奴隶扔进装满沸腾的甘蔗汁的大铜锅里"的例子。他在这些恐怖事件上加了一个极大的讽刺："他们熬制的蔗糖口味绝佳，但却无人从中尝出血的味道。"爱默生一页接一页地读着演讲稿，讲述着奴隶制和反奴隶制的历史，直至英国议会在1834年8月1日通过了一项法案，"彻底、永远废除奴隶制，宣布奴隶制在整个英国殖民地、种植园和其他领地均为非法"。当然，他们举行活动来庆祝这个英国法案的目的，就是为了羞辱美国人，因为在美国的法典中尚未有这样一部法案。[5]

爱默生从经济的角度论证了反对奴隶制的可行性。他指出，英国制造商们被鼓励将西印度群岛数量众多的黑人看作潜在的消费者。此外，爱默生也意识到奴隶制度下潜藏的险恶心理，指出"对权力的欲望是一种将他人置于自己的绝对控制之下的自我陶醉"。对于那些害怕解放奴隶会带来可怕的报应和大规模的内乱的人，爱默生强调说，西印度群岛向自由过渡的过程是温和而有序的。最后，他将话题从英国人身上转到了严重落后于时代的美国人身上，而爱默生此时的语气也从充满温情的历史回顾转向了满腔愤怒的现实评论。有报道称，在停靠在南方港口的马萨诸塞州的船只甲板上竟然发现了被掳到这里的北方自由黑人，他本人对此感到震惊和愤怒：

> 我听说有一个马萨诸塞州楠塔基特岛的公民在新奥尔良大街上行走时，发现另一名原本身份自由的楠塔基特黑人正戴着锁链在这座城市的大街上干活儿。这个黑人也是一个有着很大的个人

价值的人，而且与他还比较熟，因为这黑人救过他的命。而这名黑人就是通过绑架的方式被逼来的。

爱默生为马萨诸塞州似乎毫无能力来保护它的公民而深感愤慨，他用直截了当且充满挑衅的语气说：“如果这种该死的暴行能够肆无忌惮地发生在一个毫无罪行的公民身上，那州长就应当把他的州长大印打碎，因为他不配拥有这个权力。”来自马萨诸塞州的国会代表们认为，如果马萨诸塞州或北方单方面采取行动，将会危及美国联邦的稳定。对此，爱默生的回答是：“当马萨诸塞州的第一个公民被如此施暴的时候，联邦就已经不复存在了。”[6]

解决这个问题的办法不是进一步妥协，不是搞政治平衡，而是美国必须效仿英国，彻底将奴隶解放。如果说爱默生在个人生活中尚能接受一些居高临下的和模糊的种族主义观念——这种观念通过黑人为劣等种族的定论来削弱废除种族主义的紧迫性——那么，他现在明确地抛弃了这种民族主义观念。他向听众宣称：“黑人种族比任何其他种族都更容易接受发展迅速的文明的影响。”他还看到，奴隶制的废除并不仅仅是像克拉克森的书中所描述的那样，是白人予以承认这么简单。“我需要补充的是，”爱默生说，“这在一定程度上也是黑人努力争取的结果。”他对杜桑·卢维杜尔和弗雷德里克·道格拉斯的能力印象颇深。他在日记里的评论同他在公开场合的言论一样强劲有力。在特别提到自己对个人能力的信念时，他说：“这就是反奴运动。这就是人类；只要是人，肤色或黑或白并不重要。为什么？黑夜里所有人都是黑的。”他在日记中还写道：“黑人自己拯救了自己，而白人却带着傲慢的口吻说：是我拯救了你。”爱默生对康科德的听众们说：“黑人的内心里有一种对新的、即将到来的文明来说不可或缺的元素。”在演讲结束时，爱默生并没有儒雅地回顾历史或呼吁美好愿望，而是坚定且极端地说道：“我说过，那些持怀疑态度的人，曾经有过被宽恕的时刻，但那样的时刻现在已经一去不复返了。”[7]

这次演讲让那些主张废奴的北方朋友们十分高兴。亨利·梭罗帮忙联系出版了这篇演讲稿。不久后，贵格会诗人约翰·格林利夫·惠蒂尔写信希望爱默生在反奴隶制大会上给予进一步支持。几年后，威廉·劳埃德·加里森在一封信中指出爱默生的皈依对废奴事业的意义："对于这个国家许多尚未完全支持奴隶解放的人来说，你极大地影响了他们的看法……你毫不畏惧地公开且尖锐地指证了对三百万同胞奴役的事实。"从现在开始，不管在私下还是公众场合，爱默生都坚定不移地致力于废奴事业。如果把爱默生关于这个话题的演讲集中在一起，那将是一个相当可观的大卷本。他曾出现在许多讲坛上，但作为一名活动家或倡导者，不管是现在还是将来，他从未感到舒心如意。他之所以要在诸如切罗基人被迫迁徙的问题上发声，是因为他必须这样做，是因为没有别人会发声，是因为他有坚定的信念，是因为他相信行动的力量，但这工作本身并不是爱默生合意的选择。[8]

在关于解放奴隶的演讲后不久，爱默生就着手他的新散文集清样的校对工作，这本书被简单地命名为《散文：第二辑》。不管是他迄今为止对美国最热情的辩护之作《年轻的美国人》，还是他迄今为止对美国最尖锐的攻击之作《英属西印度群岛的解放》，都未被计划到这本新书里。而那篇冷漠的《新英格兰改革家》却被纳入其中。新书还收纳了《论经验》，这是一篇具有伟大的新突破的文章，其开头的意象便是对爱默生目前所处的"位置"进行的大量描述："我们在哪里能够找到自我？在我们不知道其极限并深信其不存在极限的无限里。"这个意象来自皮拉内西的《想象的监狱》。"我们一觉醒来，发现自己站在台阶上。朝下看，有很多级台阶，我们似乎就是踏着这些台阶上来的；往上瞧，依然是很多级台阶，一直向上，望不到尽头。"[9]

爱默生本想对这篇散文进行更多的修改。他对卡莱尔说："我有很多快乐的梦想，但无法用笔墨来表达。"自然世界依然在向他招手。他在瓦尔登湖边购买了一片"美丽的草场和林地"，大约有14英亩。多年来他几乎每天都到这里转转。有一天，他在给卡莱尔的信中写道："我可以在高高的树顶为自己建造一个小屋或塔楼，在永不褪色的美景中度过我的每日每夜。"[10]

第67章　关于权力的散文

在1844年8月和9月的大部分时间里，爱默生都在为新的散文集修改校样。他讨厌这项工作。他告诉富勒：这工作"让我头疼，注意力无法集中"。他抱怨道："有些句子读起来不切实际，但又无法进行修改，让我不得不怀疑文章可能存在内在的缺陷。"很多事情，爱默生很难做到善终。他从来没有彻底完整地完成过一篇文章，并且随着年龄的增长，完整地完成一本书对他来说也变得越来越困难。当然，在创作过程中也会经常遇到干扰。9月9日，爱默生关于解放奴隶的演讲以小册子的形式单独出版；同一天，在波士顿华盛顿街本杰明·布拉德利的装订厂里，有人不小心打翻了一盏胶水锅的照明油灯，随后发生的火灾致使波士顿所有的图书装订工作比原计划推迟了大约一个月。最后，《散文：第二辑》终于在10月19日面世了；而按照耶稣再临派的说法，再有两天就是世界末日了。再临派信徒们聚集在山顶，并把教堂的屋顶拆掉，以便在他们所说的世界末日——也就是10月22日这天——快速升天。爱默生自己对这一事件的总结是："只有人们明白了每一天都是审判日，才能学有所获。"[1]

爱默生曾想过给这本新书起名为《诗人和其他散文》。事实上，这本书收纳的所有的文章几乎都是关于权力的，而且大部分文章同时也是关于主观认知的权威性的。"我存在，所以我能看见。"爱默生在《经验》一文中说，"无论使用我们想用的何种语言，我们仅能表达我们是什么"。《散文：第二辑》里面的作品参差不齐，有的非常小巧和简短，如《礼物》一文，爱默生在该文中表明自己意识到了给予和索取之间的情感转换关系。"能够毫无损失且内心平和地摆脱一个接受过你的救助的倒霉蛋是一种莫大的幸福。而接受别人的给予也是件麻烦事，债务人自然希望能给你一记耳光。”《政治》一文则是关于国家与其组成成员的关系的。就像杰斐逊和梭罗一样，爱默生也相信“政府管理得越少越好”。他是一个鲜明的平等主义者：“人人享有平等的权利，因为人人都拥有相同的天性。”他承认私有财产不可避免，而且获取私有财产的手段也无法做到公平。他喜欢斯巴达人的“正义就是平等，但平等并不等同于正义”的原则。他警告说：“只有年轻人才相信任何事情的原因都可以强加在民族性上。”他还认为，解决政府滥用职权的良药在于“个人性格的影响”。他写道：“每个现存的国家都是腐败的，诚实的人万不可呆板地遵从法律。”[2]

如果说《政治》把我们带回到了个人的话题，那《礼貌》也是如此。以此为题的一篇文章声称，“只有行为准则符合个人能力，才能将之确定为礼俗”。[3]

新的散文集中有一篇名为《自然》的新的文章。爱默生在1836年出版的《自然》一书中就曾强调过他的自然哲学；在沃特伯里做的一场名为“自然的方法”的演讲中，他也曾强调过狂喜的体验。而现在的这篇新文章则是关于绿色世界本身的。他写道：“我们整天都留意着周围的自然景物，因此这一天似乎并非是完全世俗的。”他描绘了地球两极的“光秃秃、明晃晃和死寂的景象”，以及康科德周围“森林里透着柔和的光辉”。他说：“景观与景观之间的差异微乎其微，但是观赏者却有很大的差别。”他坚持认为，“我们用内心最美之处去真诚地热爱大自然”，就像理查德·纳尔逊在谈到位于太平洋西北部的岛屿时所说的那样，它“不比地球上任何其他地方更美丽或更有意义。一个地方之所以与众不同，是因为它在人们的心里与众不同”。[4]

《散文：第二辑》表明，爱默生的创作力并未消减。他一生中写过的最好的散文有两篇就在这本散文集里，分别是《诗人》和《经验》。爱默生的文字清新脱俗，充满格言警句的力量。关于期望，他说：“每一艘船在我们面前都富有浪漫色彩，除非我们登船远行。当我们踏上这艘船的甲板时，浪漫就会离它而去，并进驻到地平线上每一艘轮船的风帆之上。”他用生动的笔触描写生活的日常，即使是抱怨也透着明快和锐利的色彩：“我们大部分的时间都在准备，都在例行公事，都在回顾往事，以至于每个人用在生命精髓的时间被压缩到几个小时。”

在爱默生的每部著作中，几乎都会有一篇关于困惑的文章：第一部散文集中的《圆》《代表人物》中的《蒙田》和现在这部散文集中的《经验》等。在《经验》这篇文章中，就像梭罗在卡塔丁山一样，爱默生渴望与“现实”进行“接触”。他说：“在喜怒哀乐的心境中，我们倍受苦难的煎熬，但也怀揣着希望，希望至少在这里能够探寻现实，发现真理的尖锋利刃。”但是，他说，希望并没有实现，即使是儿子的去世，也没有给他任何关于“真理”或“现实”的启示。爱默生并非无法接受痛苦、失落或悲伤，而是无法接受索福克勒斯的悲剧《俄狄浦斯王》中的村民合唱团主张的“智慧存在于苦难之中”的观点。经典的悲剧观，即不同时代和不同地方的村民的合唱观，就是智慧可以救赎苦难。但爱默生并不认同这样的观点。苦难带给他的只有痛苦，绝无智慧：“我之所以悲伤，是因为悲伤不能给我任何启示，也无法让我在领悟自然真谛的过程中前进一步。”[5]

《经验》这篇文章正视并接受了这样一个世界，在这个世界里，“梦幻不断地把我们再次交给梦幻，幻觉永不停止”，而作者并未呼吁救赎或快速解脱。“生活由一连串的喜怒哀乐构成，就像一串念珠。当我们依次经历这些心境时，就会发现它们原来是色彩斑斓的透镜，为世界涂上各自的色彩，而每一个透镜显示出的仅仅是各自焦点的色彩。”他补充道，“我们之所以会出现虚幻之感，是由于缺乏喜怒哀乐的心境和一系列的目标。”我们既无停泊之地，也无休憩之所。“我们生活在各种各样的表象之中，真正的生活艺术就是在这些表象之间自由滑行。”这个问题没有答案，也无解决办法，但有一个最佳的行动方向。我们应对不平衡的唯一指望，就是坚信当下。“我们必须用强有力的现在时来应对那些或过去或未来的所有愤怒的流言蜚语。”只有在力量和形式之间保持平衡，生命才有可能。这种平衡依赖于一个悖论，并作为其对立面相互牵引的力量而存在。“人就像一个无法实现的金色梦幻，前行的道路只有发丝之宽。智者超出一步，就会成为愚人。”我们必须生活在“美好的界限”之内，不能随心所欲地支配权力。爱默生现在已经承认，“权力走的不是选择和意志的大路，而是另外一条道路，一条地下的、无形的生活之道”。[6]

《经验》并不是一篇充满绝望的文章。如果说爱默生未接受任何一种幻想或事实，那他就是提出了一种全新的事实秩序。“成为地球史上重要事件和首要事实的并不是我们所相信的关于灵魂不朽之类的东西，而是对信仰（这是他要强调的）的普遍冲动。”这篇文章指出，我们热烈地接受了被爱默生称为“人类的堕落”的主观性。他说，我们认识到，“我们不是直接看到的，而是间接看到的，我们无法纠正这些有色的、使物体变形的透镜，也无法估算这些透镜有多少差错”。这种全新的意识，这种主观的自我意识，就像一个黑洞，肆无忌惮地威胁着要将一切东西都吸进去。“自然、艺术、人群、文学、宗教以及各种物体接二连三地纷至沓来，上帝不过是其中的一种概念而已。自然和文学都是主观现象，任何一件恶行或善举均为我们投下自然和文学的影子。”同样的主观性给予了我们作为个人的权威，让我们面对一个相对充满真理的世界，“人们忘记了，是眼睛构造了地平线”。因为爱默生接受了主观性和不确定性，所以他现在也可以接受不统一性：“我是一个碎片，而这篇文章又是我的一个片段。”[7]

但爱默生不会满足于费希特的唯我论或诡辩家们那故作无奈的耸肩。他了解斯多葛主义者们所知的一切。真正的知识可能无法获得，因此我们的问题不应是“我知道什么”，而应是“我该怎样生活”。萨特在谈到二战中法国抵抗运动成员的监狱经历时曾说：“重要的不是他们对你做了什么，而是你怎样对待他们对你所做的事情。”爱默生也以一个类似的论断结尾：“我知道，我在城市和农庄所认识的世界并非我想象中的那个世界。”文章的最后一句话对全文进行了回顾：“这个世界之所以存在，就是为了实现一种真正的浪漫，这种浪漫会将天赋转化为实际能力。”爱默生自己对于实际能力的追随让他认识到：“利用每一个瞬间，每走一步都能发现人生旅途的目的。而享受尽可能多的美好时光，就是智慧。”《经验》讨论的是权力的不可实现或终将失败的问题。爱默生第一次承认，大自然在创造我们的过程中可能“火力严重不足”。但《经验》并不是一篇软弱或失败的文章，因为作者在文章中有力的表达和全新的意识堪称强大的武器。权力的力量超出了我们的想象，其火力看似温和，但威力足够巨大。[8]

第68章　东方之光

对废奴工作的投入和新散文集的出版让爱默生重新焕发了活力。他更加积极地投入到阅读中去，并涉猎更为广泛的领域。新书旧爱叠加交融，从中挖掘出它们同现在的联系，不同文化或不同时代的书籍相互借鉴。对爱默生来说，这种在阅读上的融会贯通已成为家常便饭；他在1844年把它称为“交融”，也就是交叉渗透之意。爱默生用充满象征且令人称奇的意象来描述这一现象：“海滩、两种金属碰撞的滋味以及朋友聚散离合时陡增的力量……”或许他对这种渗透或交融感受最为强烈之处，在于“对诗歌创造性的体验之中，这种体验既不能通过一直待在家中获得，也无法从云游四方中感受，它只能在二者的过渡和转换的过程中才能得到”。正如在阅读中努力寻求这种融会贯通的体验一样，爱默生设法让自己的整个生活“尽可能呈现出更迭多变的色彩”。[1]

他的生活节奏越来越快，就像一个节奏不断加快的节拍器。1844年12月，他对康科德的“社交圈”大加赞赏。这是一个由二十五位“我们自己的公民、医生、律师、农民、商人、磨坊主和技工等”组成的团体。就像后来与爱默生产生联系的其他俱乐部一样，与其说这是一个势利且排外的组织，不如说它是一个满足爱默生对乡村社会、"交往"和友谊持续渴望的媒介。在这段时间里，他结识了詹姆斯·埃利奥特·卡伯特，此人曾在最后一期《日晷》中发表过一篇文章，他将成为爱默生的朋友、编辑和传记作家。

同样在1844年12月，伊丽莎白的父亲塞缪尔·霍尔——康科德镇的主要公民之一，长得有点像约翰·布朗——因试图调查南卡罗来纳州对待马萨诸塞州有色自由人的事情被逐出该州。尽管爱默生对这个朋友兼邻居遭受的暴力感到十分震惊，但同时也感到有点儿开心。他希望这个事件带给人们的愤怒能够持续下去，以便强化马萨诸塞州的政治决心。

还是在12月，爱默生阅读了一本亚历山大·亨利讲述他在加拿大走访不同印第安部落的故事的书。这部几乎纯叙述性的作品语言朴实生动，描述详尽具体。它没有丝毫的矫揉造作，没有学究式的自命不凡，没有夸夸其谈，也没有特别的论辩，事件本身似乎说明了一切。该书几乎完全来自个人观察。亨利在书中这样描述了一种载重量为8000磅的印第安八人货运独木舟："作为交通工具的独木舟是很普通的那种，其长度为5.5英寻，最宽处为4.5英尺，由四分之一英寸厚的桦树皮制成。树皮上用雪松木条固定，小船又用雪松木龙骨进一步加固。"爱默生认为这是他读过的关于印第安人的最好的一本书。[2]

1845年1月，爱默生突然对拿破仑产生了浓厚的兴趣，集中阅读了整整一书架关于拿破仑的书。这年3月是一个决定性的月份。就在这个月，康科德学园准备邀请著名废奴主义者温德尔·菲利普斯发表一场演讲，但几位学园管理者表示反对并辞去了相关职位。结果爱默生、梭罗和山姆·巴雷特被推选出来接替了他们的工作，菲利普斯的演讲得以在3月11日顺利进行。3月中旬，冰雪融化。当人们的双脚又可以亲近户外的大地时，亨利·梭罗借了一把斧头，到瓦尔登湖去了。他在那里砍了一些白松树，并在爱默生购买的一块土地上给自己搭建了一间小木屋。月底，爱默生高兴地找到了一个新的演讲系列的主题，即“伟人的作用”。4月，他又打算出版一本自己的诗集。

夏天，爱默生在佛蒙特州的明德学院做了一次演讲，并在做了一些改动后又在康涅狄格州的卫斯理大学重复了这个演讲。这篇直到多年以后才得以出版（并非全文刊发）的演讲稿，是爱默生对美国学者众多评论中的又一篇。而在这年夏天，这个话题有了新的现实性和紧迫性。他对年轻的学生们说：“在这个时代，新思想受到伪善说教者们高傲的质问；他们认为思想并不能带来财富。”而爱默生坚持认为情况恰恰相反，理想主义才是行动的源泉。“正如构成最坚硬岩石的是无形的气体，亦如形成这精妙世界的是强烈的光电，人们认识到，产生人类和万物的是人们的思想。”思想和行为之间的联系至关重要。对此，爱默生重申道：“万事万物，均源自思想。”他现在最感兴趣的是结果：“心智本身并无力量，但它能够转化为行动的工具，让天赋变成才能，成为自然秩序和世界历史的一部分。”他引用伯克的评论说：“我们不但要让正义为人所知，而且还要使之名扬四海，这是我们的职责所在。”他还呼吁听众们采取积极行动：“我们已经厌倦了你们总是不能做这做那的样子；现在该是你们用行动来告诉我们能做什么和想做什么的时候了。”[3]

在康科德和剑桥9月和10月举行的一系列反对得克萨斯州并入美国的会议上，爱默生本人发挥了积极的作用。他在一次会议上发表讲话，敦促马萨诸塞州的选民打破沉默，表达他们对合并提议的反对。在另一次会议上，他带着惠蒂尔写给自己的一封公开信。[4]

在积极投身抗议活动的同时，爱默生也在不断且富有特色地拓展自己的阅读领域。他读了科尔写的一部描述俄国的书。他开始理解谢林的重要性（受卡伯特影响的结果），1845年9月，他开始阅读洪堡的鸿篇巨制《宇宙》。对于谢林和洪堡这两位大家在他们的著作中展现出的高度的思想统一性，爱默生大为赞赏。这一年，他还持续阅读了印度的主要经典著作，以及伊斯兰世界，特别是波斯的宗教、文化和文学等著作。[5]

爱默生对伊斯兰文化的了解始于一部1839年在伦敦出版的由汤普森翻译的名为《伊斯兰人的实用哲学》的著作。该书在前言中热情洋溢地宣称："所有对穆罕默德世界的鄙视和诋毁现在都应该结束了。"这为全书定下基调。它的部分内容源于10世纪的伊斯兰世界，但它实际成书于15世纪；当时，除了《古兰经》外，将目光投向世界的阿拉伯学者们还借鉴了柏拉图和亚里士多德的观点。汤普森曾说，由此产生的成果比西方当时的任何著作都优秀。他认为该书的名称应被翻译成"先验伦理学"。对爱默生而言，这本书让他了解到苏菲派神秘主义；这是伊斯兰文化中的神秘智慧，汤普森称其为"亚洲的实用泛神论"。汤普森还将其描述为一种纯粹的唯心主义，因为它"认为一切可见和可知的物体均具有神性，所以认为这些事物存在任何可见的缺陷是不可能的"。该书不仅在内容的量上可与十卷本的《尼各马可伦理学》相媲美，而且对主要思想的分析也不乏新颖之处。它列举了七种智慧，分别为精于洞察、善于学习、思维敏捷、理解清晰、分辨准确、记忆有方及回忆及时。该书坚持认为穆斯林对正义（公平）的偏爱胜过智慧，而对感情的偏爱又胜过公平："感情是至高无上的君主，而公平只是副摄政王。"爱默生特别喜欢该书在教与学方面所起的作用；它的结尾部分写道："在教导别人的同时也会教导你自己，就让这成为你不断努力的目标吧。"[6]

爱默生还比较了解费尔杜西的《列王纪》，它被称为"东方的《伊利亚特》"，但其长度是《伊利亚特》的八倍之多，是展现伊朗民族感情的伟大作品之一。该书的主要人物之一是鲁斯图姆，他一生中最大的事件莫过于在无意中亲手杀死了自己的儿子苏赫拉布。这一事件被视为俄狄浦斯情结的反转，并深深吸引了维多利亚时代晚期的人们，还成为马修·阿诺德最好的诗歌之一的主题。詹姆斯·阿特金斯对《列王纪》做了部分删节后将其译成英文，于1838年在伦敦出版。玛格丽特·富勒在1840年前读到了该书。通过富勒，爱默生也第一次读到了它。[7]

爱默生还拥有一本书名为《德萨蒂尔》或《古代波斯先知的圣书》的书，出版于1818年。1844年11月，他和富勒同时在读这本书；正是这部作品让爱默生将之前对古代波斯和琐罗亚斯德的旧兴趣与当下对中世纪波斯及其伟大诗人的新兴趣联系了起来。爱默生现在还读了一本书，书名为《北波斯强盗吟游诗人库洛格罗的历险和即兴创作中的波斯名诗选》。从此以后，在爱默生的阅读、思考、笔记和诗歌中将会反复出现费尔杜西、萨迪、哈菲兹、杰米、鲁米以及欧玛尔·海亚姆等人的名字。从1844年和1845年开始，伊斯兰教对爱默生产生了重大影响，特别是，但不完全是通过苏菲派神秘主义诗歌。[8]

此外，1844年和1845年，爱默生对印度文化又重新产生了兴趣。他阅读了诸如亨利·托马斯·科尔布鲁克的《杂文集》等新书，并以一种新的熟悉感和认同感重新阅读了自己喜欢的《毗湿奴往世书》和《薄伽梵歌》等旧书。正是《毗湿奴往世书》这本书让爱默生找到了创作《罕莫特利亚》和《梵天》两首诗歌的灵感。爱默生在笔记本上抄下了这些诗句："弥勒佛祖，我要再次为你吟唱那些被大地吟诵的美丽诗篇。"那些曾说过"大地属于我，属于我的子孙，属于我的王朝的人都已消逝远去了……大地笑了，好像在用秋天的花朵微笑地看着她的那些国王，那些无法征服自己的统治者"，在这本书的另一处，爱默生又抄写这几句："生命是在杀戮，还是遭到杀戮？生命是在保护，还是在被保护？根据其对善恶的选择不同，每一个生命既可以成为自身的毁灭者，也可以成为自身的保护者。"[9]

《毗湿奴往世书》让爱默生真正受益的，是他从新的角度认识到同一思想的力量。"同一"这个词对爱默生来说，就像是"接触"这个词对梭罗的震撼一样。"同一，同一！朋友和敌人在本质上是相同的，他们同质的地方太多，因而表面上的差异就显得并不那么重要了。"他在日记中惊叹道。爱默生现在开始明白，同一的观念也正是谢林所极力表达的。

西方对东方的崇拜，即所谓的“东方主义”，常常带着诋毁、屈尊、简化或先声夺人的色彩，甚至是专横的态度。东方主义的现代历史学家爱德华·萨义德就宣称，不同于东方的政治见解是西方帝国文化机制的核心，“西方的政治需要这样的假定——实际最终相信：对于东方人或非洲人来说是正确的东西，对欧洲人来说却并不是这样”。认为差异无处不在的现代观点已经形成登峰造极之势，甚至认为我们都是由差异构成的。爱默生清楚地知道差异与同一争议的严重后果，并将全身的力量都用在支持同一。他写道：

> 有些人眼里只有差异，他们只是关注表象及烦琐之事，诸如外套和手表、面孔与城市……还有些人则遵从同一观念，他们是东方人、哲学家和有信仰有神性的人们。

要想理解爱默生为何如此痴迷于亚洲宗教和文学，我们就得明白，对于他而言，东方的宗教和文学就是某种重要而充分的证据（正是因为它不是西方的，所以才有说服力），它们能够证明在世界这个大水塘的深处，西方人和东方人是如此相似，他们在根本上完全相同。这一看法丝毫没有削弱我们彼此之间存在肤浅差异这一事实的重要性以及它给我们带来的乐趣。爱默生的同一政治观使东西双方认同彼此成为可能，消除了尊卑贵贱之分和相互排斥之举，同时也让爱默生能够在更为广泛的领域尽情地求索。[10]

同样，《薄伽梵歌》也给爱默生带来了新的能量。他说，这是“一本超越国界的书”。他钦佩书中关于崇拜是正当行为的最高境界的教导：“水手、轮船和海洋，它们尽管有着不同的外在表象，但本质是同一的。”爱默生现在能够完全接受——尽管梭罗尚不能接受——克利须那神让勇士阿朱那发动一场大规模战争的必要性。对同一性的认识并不能成为我们逃避行动的借口；沉默并不等于回答。“只有孩童，而非学者，才把会思辨和实践看成是两种截然不同的学说。”[11]

智力的自然史

第69章 《代表人物》

爱默生所称的这个“众神之路系列演讲”的根源可以追溯到他早期对传记文学的兴趣，而他现在对同拿破仑相关的著作的痴迷似乎让他对这一构想产生了新的兴趣。“我找到了一个新的主题。”他在日记中写道，那就是“伟人的作用”。他要成为一位现代的普鲁塔克，但有所不同。而对于向那些遥不可及的伟人顶礼膜拜，他并不感兴趣。爱默生对待名人这一概念非常认真，甚至到了字斟句酌的程度；他认为自己这个主题应该能够“产生施莱尔马赫向其朋友独白一样的效果”。他考虑将“耶稣”作为其中一场演讲的主题，但他从一开始就感兴趣的并不是自己所选的那些人物有多么伟大，而是“这些人物能够相互制衡和相互验证的巨大价值”。他更关心的不是伟人本身，而是伟人在我们的教育中所起的作用。[1]

爱默生关于代表人物的演讲以及最终出版的《代表人物》这一著作，与卡莱尔在《论英雄、英雄崇拜和历史上的英雄事迹》一书中所体现的英雄观有着强烈的反差。1846年，卡莱尔对美国废奴主义者伊莱泽·赖特说：“人们应该为自己受人统治而心存感激，只要这种统治是坚定而有力的。”在这个问题上的不同认识是爱默生和卡莱尔之间的重大分歧之一。爱默生的《代表人物》丝毫没有卡莱尔式的特点。就在卡莱尔催促他“选一个你真正爱戴的美国人物，给我们讲述他的历史”时，爱默生正酝酿全然不同的想法，而《代表人物》中也没有一个美国人物。他最后的选择是柏拉图、斯威登堡、蒙田、莎士比亚、拿破仑和歌德，他们分别代表着哲学家、神秘主义者、怀疑论者、诗人、实利主义者和作家。相比之下，当查尔斯·萨姆纳于1846年在哈佛大学优等生荣誉学会发表题为“学者、法学家、艺术家和慈善家”的演讲时，他选择的榜样人物包括约翰·皮克林、约瑟夫·斯托里、华盛顿·奥尔斯顿和威廉·埃勒里·钱宁等。[2]

爱默生的代表人物名单从一开始就固定了下来。他曾考虑过用萨迪取代莎士比亚，也曾想过在拿破仑之后再加一篇来论述傅立叶。他意识到自己漏掉了耶稣，但又觉得自己没有能力“将历史性的正义还给这位至高无上的世界圣人”。波德莱尔指出，爱默生也把反传统诗人伏尔泰排除在名单之外。《代表人物》受到了广泛的赞誉，尤其是来自作家们的赞赏。艾米莉·狄金森称之为“一本你可以信赖的坚如磐石的小书”；罗伯特·弗罗斯特则非常欣赏《怀疑论者蒙田》这一篇的语言。“删掉这些字词，他们就会流血，”弗罗斯特不太精确地引用道，并补充说，“我很有主见，向来不愿成为别人的追随者，但他却让我不得不去追随，甚至一直都无法从中脱身。”博尔赫斯将爱默生关于蒙田的那篇文章作为一位伟大评论家的代表作品来引用，“你能感觉到……爱默生的评论全都来自他个人的亲身体会”，而不是像诸如T. S. 艾略特这样的评论家们，“你总是觉得——至少我一直这样觉得——他们总是在同意某位教授的观点，或者与另一位教授的观点略有不同”。[3]

《代表人物》是爱默生基于人人平等的民主信念，为调和人才分配不均的现实所做的重大努力。爱默生信仰平等，因为他相信每一个个体的充分能力。对爱默生来说，每个伟人都代表着我们共同天性中某一方面的完美发展。伟人并不比我们更优越，他们只是我们的典范、象征或代表。“莎士比亚能够告诉我们的，除了我们内心的那个莎士比亚之外，还能是什么呢?”爱默生是个平等主义者，但他同时也相信可以通过努力提升来达到想要的平等。他在名为“伟人的作用”的开篇演讲快结束时说：“至于我们所说的民众和普通人，实际上没有普通人，因为每个人最终都会有一个了不起的结果；只要我们相信每一种才能总会在某个地方能够发展到神化的境地，就会产生真正的艺术。”这种信念不仅是艺术的基础，而且也是解读艺术的基础。他说：“艺术解读的可能性，在于观察者和被观察者之间的同一性。”[4]

因此，这场关于柏拉图的演讲，与其说是关于柏拉图本人的演讲，不如说是关于存在于我们所有人当中的柏拉图元素的演讲。爱默生在柏拉图的著作中发现了有关世界丰富性的概念，即世界具有神奇的完整性和多样性，而这本身就是柏拉图的见解。爱默生说：“思想家们至今仍在书写和争论的所有问题都是从柏拉图那里来的。”他说：“柏拉图就是哲学，哲学就是柏拉图。”他通过下定义的方式进一步说道：“哲学就是人类心灵为人类自己所做的关于世界构造的描述。”从柏拉图那里我们认识到“两个基本事实……一个是同一性或统一性，另一个是多样性”。“通过了解支配万物的普遍规律，通过认识表面的差异性和深刻的相似性，我们把万物统一起来。但每一种思维活动，即对同一性的认知，也同样让我们认识到事物的差异性。世间万物，既有同一性，也有差异性。”[5]

在爱默生眼里，柏拉图是一位同一性思想的伟大哲学家和一元论者。但爱默生也明确地表示，自己并没有失去对差异性的兴趣；他说，我们不仅要探寻差异性，而且还要尽己所能地探寻“最大的差异性”。在这种强烈的冲动下，爱默生对柏拉图的缺陷进行了总结，那就是柏拉图学说毕竟未成体系，而且太“文学化”：“他的作品既无先知们振臂高呼的那种权威，也无胸无点墨的阿拉伯人和犹太人的说教所具有的那种威望。”《代表人物》的每一篇文章都是在对该主题人物的缺点进行冷静的评论中结束。这种安排是经过深思熟虑的，它对爱默生的整个规划来说确实是一个非常必要的策略。既然他认为伟人的作用就是教育当代人，而不是用他们的登峰造极来震慑当代人，那么他就不会通过描述那些代表人物无可比拟的完美来吓唬自己的读者和听众。在一定程度上，这种有益的贬低或许是梭罗敦促的结果，因为爱默生曾在日记中写道："亨利·梭罗反对我的《莎士比亚》，因为对莎翁一人的歌颂会让整个人类都变得思想匮乏。就像太阳值得称颂一样，莎士比亚也应该受到赞扬，但一定要让大家都高兴。"[6]

斯威登堡是爱默生选出的神秘主义者的代表，他是一个能够了解哲学家们所知道的一切的人。神秘主义者通过"忘形或忘我——一种脱离躯体的方式——来思考"。爱默生十分尊崇这种方式，但他提醒，这一方式"充满困难、神秘和恐惧"。他对斯威登堡的赞誉是，此人明白形变是宇宙的法则，而事物是这一法则的代表。在斯威登堡的著作中，奥维德和印度教中关于形变和轮回的思想不再被传统地理解为客观现象，而是变得更加主观："宇宙中的所有事物都按照每个人的喜好来重新安排。"在斯威登堡学说的深处，爱默生发现了对应的概念："以小释大和以大释小的精妙秘密。"对爱默生而言，因为斯威登堡是一个常做实验的人，正是这一工作性质将其引导到同一理论，引导到一种信念，即：

> 大自然总是在连续不断地重复着自己。用一句古老的格言来说，大自然总是像她自己。就拿植物来说，一片叶子从芽眼或芽点处慢慢长出，而这片叶子又具有将自己转变为胚根、雄蕊、雌蕊、花瓣、苞片、萼片或种子的能力。植物的全部艺术依然是叶子在自己的身上一片接一片地不停地复制。[7]

如果爱默生对斯威登堡的钦佩是发自内心的，那么对他的批评也是如此。他说："斯威登堡思想中的缺点是神学决定论。"他不无感慨地惋惜道：虽然斯威登堡懂得象征，能够"透视事物的诗意结构"，因而掌握了“精神与物质的基本关系”，但他自己却完全没有诗情。“虽然他的意象丰富而准确，但却毫无快乐可言，因为缺乏诗意之美。我们孤独地徘徊在一片没有光泽的土地上。在这些死人的花园里，从来听不到鸟儿的歌唱。”[8]

爱默生在《怀疑论者蒙田》一文中认为，怀疑论的价值在于它“抵制过早和不成熟的结论”。怀疑论者的正确立场应当是“深思熟虑和自我包容的；而不是普遍不信、普遍否定和普遍怀疑的”。这篇关于怀疑的文章实际上是关于残存的信仰的文章。爱默生说，信仰“就是接受灵魂的肯定；不信仰，就是否认灵魂的肯定”。聪明的怀疑论者最终不是传授人们如何去怀疑，而是教导他们如何“在短暂和多变的事物中探寻永恒”。[9]

在关于莎士比亚的演讲中，爱默生探讨了莎翁为何对独创性缺乏兴趣，以及他如何“对那些旧剧残本厚爱有加，并随意地拿来做各种尝试”。和济慈一样，爱默生得出的结论是：“几乎可以说，天才的伟大力量不在于独创，而在于接受，在于让世人去做所有的一切，而自己只需让时代的精神畅通无阻地穿过自己的心灵。”因此，莎士比亚代表的是“这种表达的能力，或者说将事物的内在真理转化为音乐和诗歌的能力”。[10]

“代表人物”系列演讲的想法似乎来自爱默生对拿破仑·波拿巴的兴趣，他认为拿破仑是19世纪最著名、最有权势的人物。“波拿巴的历史是现代的传奇，因为每个读者都能从中研究自己的历史。”换言之，拿破仑成为“普通人们的偶像，因为他拥有普通人的品质和力量，只不过将其发挥到了卓绝的程度”。在爱默生看来，这些品质成就了拿破仑，但由于其他种种原因，让拿破仑沦为这个半神殿中的恶魔般的人物。他是商界精英的完美代表，是彻头彻尾的现代人，算不上什么圣人。有一次，他曾命令自己的秘书波里涅一连三周都将所有的信件压起来，不去拆封；结果三周后，大多数信件都不需要再处理了。最重要的是，拿破仑是一个纯粹的实利主义者，他“贪图声色犬马的享受，并为此可以不择手段……将一切智力和精神力量作为获取物质上成功的手段，无所不用其极”。爱默生总是非常欢愉地承认：“任何激发想象力的东西，都能超越人类能力的极限，从而异乎寻常地鼓舞和解放我们。”但是拿破仑的所有荣耀“就像他的炮火的烟雾一样消逝而去了，没有留下任何痕迹。他离开时的法国，比他统治时的法国更小、更穷、更弱”。[11]

爱默生把关于歌德的那篇演说排在了最后，以免让拿破仑占了这个地方。拿破仑毁灭了一个世界，而歌德创造了一个世界。爱默生说，歌德代表了“这样一类学者和作家，在普通大众只能看到碎片的地方，他们看到了事物的联系，并迫不及待地有秩序地展示事实，从而为万物提供赖以旋转的轴心”。尽管歌德生活在“一个战败的小小邦国的小镇上”——就像普鲁塔克一样——但他“带着自己的靡菲斯特闯入了文学的宝殿：这个多少时代以来才出现的鲜活的人物形象，将和普罗米修斯一样永存”。爱默生还称赞歌德提出了现代植物学的主导思想，即叶子或叶子的芽眼是植物学的基本单位，而植物的每一部分都只是为了适应新的环境而变形了的叶子。拿破仑给世界带来了荒凉，而歌德给世界带来的是希望。歌德减轻了我们对过去的重负，爱默生对此大加赞赏：

> 歌德来到了一个过度文明的时代；在那里，独创的才能被厚重的书籍和机械设备以及各种令人心神不安的要求所压抑。他教会那里的人们如何处理这堆积如山的缠身琐事，使之为人所用。[12]

在文章的结尾，爱默生指出，歌德“教给人们勇气和时代均等的理念”。而爱默生本人也是如此。正如十年前《自然》的第一段那样，关于歌德的这篇文章的最后一段同样孤傲而雄伟，如雄鸡高歌一般：“我们也必须书写自己的《圣经》。”最重要的是，我们必须把所知晓的一切付诸实践，必须“不折不扣，始终不渝地践行每一个真理”。[13]

第70章 演说家

1845年是辞旧迎新的一年。1月份，爱伦·坡的诗作《乌鸦》引起了美国诗歌史上最大的轰动。这一年，拿破仑的弟弟约瑟夫去世了；爱尔兰遭受了大饥荒；弗雷德里克·道格拉斯进行了废奴主义巡回演讲并谈及撰写自传；在纽约生活的玛格丽特·富勒爱上了詹姆斯·内森；布鲁克农场快要撑不住了；以新哈莫尼村社而闻名的罗伯特·欧文前来拜访了奥尔科特；亨利·梭罗搬进了他位于瓦尔登湖的小屋。10月，纳撒尼尔和索菲亚·霍桑夫妻俩离开了他们的“古屋”和康科德。从12月11日起，爱默生在波士顿开始了他的名为“伟人的作用”的系列演讲。

在接下来的几年里，爱默生在不同的地方多次重复了这个演讲系列；直到五年后的1850年，该系列才以书的形式出现。随着该系列演讲的进行，爱默生的演讲生涯迎来了明显的上升期。1833年，在约西亚·霍尔布鲁克创办美国学园这个旨在促进“知识普及”的地方性系列讲座的七年后，爱默生开始了自己的公开演讲生涯。他在1833年做了一场公开演讲，在1834年演讲了7次。之后，他的演讲次数每年都在增加，到1838年时，他一年的演讲次数达到了30场，但几乎都是在马萨诸塞州东部和新罕布什尔州南部进行的。在1838年到1845年间，由于忙于创作新书以及《日晷》的事，爱默生的演讲数量少了一些，但演讲的地域却扩展到了普罗维登斯、纽约、费城以及其他东部城市。1846年，他一共演讲了54次；而后一直保持着这样的势头，直到19世纪50年代初；那时，他一年要进行78甚至80次演讲。[1]

在职业生涯较为活跃的四十多年里，爱默生一共发表了大约1500次公开演讲。演讲成为他生活的主要部分，也是他收入的主要来源。

其中有二十五年，他每年都有四五个月，甚至六个月的时间在外地演讲。他向西去过圣路易斯、得梅因、明尼阿波利斯以及加利福尼亚；他还在加拿大发表过17次演讲，但几乎没有在俄亥俄河以南地区发表过演说。爱默生的演讲绝大部分都是在马萨诸塞州发表的。此外，他在纽约州发表了157次演讲，在缅因州的演讲次数比在新罕布什尔州的多（分别为35次和27次），而在伊利诺伊州（49次）、俄亥俄州（56次）、宾夕法尼亚州（42次）和威斯康星州（29次）的演讲次数都比在康涅狄格州的多。康涅狄格州是一个相对顽固和守旧的地方，在整个职业生涯中，爱默生在那里只发表了18次演说。[2]

每次外出演讲，爱默生通常都是要么演讲，要么坐火车奔走在演讲的路上；一连数月，几乎天天如此。在1855年冬季的一次在纽约州为期两周的巡回演讲中，爱默生的行程为：2月15日在罗切斯特，16日来到锡拉丘兹，17日到达罗马，19日在奥奈达，20日在弗农；然后，于21日返回罗切斯特，22日去了洛克波特，23日去了安大略和哈弥尔顿两个地方，24日返回锡拉丘兹，26日到达卡南代瓜，28日到沃特敦，3月1日折返到卡泽诺维亚。两周内共发表了12次演讲，每一次都离不开乘坐火车。[3]

起初，所有的演讲日程都是爱默生自己安排；到19世纪50年代，他开始通过非营利的学园机构按既定路线来安排演讲；在60年代，他又开始利用新兴的商业代理人代为安排演讲事宜。虽然爱默生在各地的朋友越来越多，但他还是更喜欢住在旅馆里。像许多资深演说家一样，他喜欢有点儿个人的安静和独处的空间，尽管这样有时会让他感到寂寞和孤独。

演讲是爱默生的职业，他自己、家人以及朋友都明白这一点。这是一份要求很高的工作，既耗体力又费脑筋。有时即便是得了感冒或者沙哑失声，他通常也会信守约定。爱默生从不居高临下地面对听众；如果有哪一次演讲进行得不顺利，他总是认为问题出在自己身上，而不将其归咎于听众。他总是认真准备，设法让前来聆听学园演讲的各类听众都能理解演讲的内容。美国当时各地的学园是工人阶级的组织，通常是由当地的委员会创建、支持和管理的，委员会成员起初来自那些致力于通过实践教育来提高和完善自身素养的工人。其扮演的角色同现在的基督教青年会和社区大学差不多。爱默生通常不在大学里发表演讲，从来没有在耶鲁大学演讲过；自从《神学院献词》之后，他就不再受到哈佛大学的欢迎，甚至从未收到过该校的演讲邀请，而且这种情形一直持续到内战结束。具有讽刺意味的是，这位美国的柏拉图对美国产生的最大影响，并不是通过“学院”（Academy）这种为纪念柏拉图讲学场所而为之命名的学术机构，而是通过“学园”（Lyceum）这种以亚里士多德讲学场所为之命名的交流机构来实现的。[4]

起初，人们对爱默生的演讲反应比较冷淡，但随着时间的推移，他受到了越来越多的欢迎，比如在威斯康星州。此外，人们对他的评价也是褒贬不一。在俄亥俄州，能够连续二十年稳定保持其演讲吸引力的来自美国东部的演说家寥寥无几，而爱默生就是其中之一。但研究俄亥俄州学园运动的一位历史学家却称：“没有哪一位来自东部的文化演讲者能像爱默生那样遭到如此多的负面评价。”人们对爱默生的评价几乎从来不会处于不冷不热的中间状态。在同纳撒尼尔·霍桑结婚的前几年，索菲亚·皮博迪认为爱默生是“最伟大的人，是有史以来最完整的人”，但威斯康星州的《基诺沙民主报》却认为他是“一名异教徒，一名废奴主义者和一名君主主义者”，并将“使北方各州遭受威胁、骚乱和丢脸的所有社会的、政治的和道德的恶行”统统追溯到爱默生及其朋友那里。《托莱多商报》告诉其读者说爱默生题为“席间漫谈”的演讲丝毫没有美国作家的作品中常见的“散乱垃圾”。一个署名为“德国人”的写信人坚持认为爱默生的“哲学完全是凯尔特式的”。伊利诺伊州昆西的《每日先驱报》的编辑伯勒尔·泰勒指责爱默生的“代表人物”系列演讲是“大杂烩”。泰勒认为，“只要手头有几部标准的百科全书……任何人都能写出这样的讲稿”。

而真正困扰这位来自昆西的编辑的，是爱默生竟然“从不提及作为所有美德的基础的《圣经》”。埃德温·惠普尔曾回忆说，当爱默生在马萨诸塞州的剑桥发表反对《逃亡奴隶法案》的演说时，在场的“十几或二十多个愚蠢的哈佛学生”发出阵阵嘘声。埃德温认为这些学生“假装在研究‘人文科学’，其实他们是最粗暴、最吵闹和最没头脑的一群年轻人”。[5]

1845年，缅因州卫斯理大学的学生邀请爱默生做演讲。该院院长斯蒂芬·奥林在毕业致辞中大肆谴责超验主义，并随后在爱默生的演讲过程中多次大声嘲笑。1841年，爱默生在缅因州的沃特维尔学院发表过题为“自然的方法”的演讲。那天，他深夜才到了那里，不知道该住在哪里。车夫挨家挨户地敲门，说他“车里有个人，明天要做演讲”，最后终于找到了合适的住处。第二天，“我进行了演讲，”爱默生回忆道，“听众态度冷淡，全场沉默，没有反应，似乎一直在对我进行着无言的指责和抗议。”[6]

在霍桑的儿子朱利安的记忆中，爱默生“体形较差，肩膀窄斜，手脚粗大，头顶突出，神情容貌给人一种雄鹰似的感觉”。朱利安接着说，一天晚上演讲时，“爱默生不巧穿了一双令人讨厌的吱吱作响的靴子；只要身体微微一动，皮靴马上就会发出刺耳的声音，弄得观众们神情紧张，总是担心这声音再次响起，无法集中精力听讲”。多年以后，朱利安早已忘记了演讲的内容，却依然清晰地记得那靴子的声音。靴子似乎是个普遍性问题。1857年1月29日，当爱默生在克利夫兰发表题为“生活的准则”的演讲的信息被公布时，通知上明确写着：“演讲八点准时开始，敬请各位穿厚重皮靴或类似‘嘎吱作响’鞋子的人士准时或提前入场。”[7]

伊利诺伊州的《布卢明顿画报》公然戏称爱默生为“拉尔夫·冷面团·西梅森”。在俄亥俄州的沃伦，有人在介绍他时，连续三次都错称他为“瓦尔夫·拉尔多·爱默生”。1866年1月，爱默生在罗克艾兰发表了一次演讲，该演讲在一幢大型建筑的二楼大厅举行，一楼为停车场。当地报纸对这次演讲称赞有加，但“唯一不足的是关门的砰砰声、楼梯及过道上沉重的脚步声、火炉里的噼啪声以及大厅下面木板上马车的轰隆声夹杂在一起，让人心烦意乱”。[8]

学园演讲季通常都在冬天。旅途非常辛苦，旅馆和演讲厅也是寒气袭人。“在演讲过程中”，经常能够听到“给火炉添煤时铁炉和煤桶发出的碰撞声”。冬天也为各种活动创造了相互竞争的机会。伊利诺伊州的一个小镇曾经为爱默生的演讲能够吸引更多听众而取消了滑冰活动。1857年2月，他在俄亥俄州南部的辛辛那提做了一场演讲。那时，天气已经回暖，人们天天跑到河边察看，盼望河冰早日融化。就在爱默生发表题为“工作与时日”的演讲的那天晚上，河冰终于融化了；河面浮动的冰块损毁了六艘轮船，还造成其他大量损失。报纸上说，爱默生要发表演讲，连冰块都为其让路了。[9]

由于年复一年在美国各地巡回演讲，爱默生成为了一个尽人皆知且让人难忘的人物。如果排除他生病和上了年纪的情况，人们对他的演讲风格的评价总是出奇的一致。《辛辛那提时报》1857年的一篇文章写得相当精彩，其中的描述仍然具有代表性。爱默生被描述为：

> 身材魁梧，棱角分明，五官宽大，鼻子凸显，橄榄色的皮肤，走起路来甩手甩脚，一双深邃的蓝灰色眼睛散发着神秘而不可抗拒的光芒……虽然他的举止不算优雅，但却有一种沉稳的魅力，而这种魅力仅靠文化修养很难获得。他面对听众，身体微倾，与听众形成一个锐角；他全身放松，除了左手在身体一侧晃动之外，几乎没有别的手势，那闪光的思想如同电池的电流一般，悄悄地流出。[10]

爱默生在讲到精彩之处，总能让他的听众欢欣鼓舞。女儿艾伦显然非常崇拜他，她在听了父亲的演讲之后说：“在整个演讲过程中，全场听众听得非常认真，不想漏掉每一个词，有时可以听到人们的呼吸声，有时寂静得一点儿声音都没有；他们时而点头称是，时而投以微笑，时而发出热情的赞叹声。”好几篇报道都清楚地表明，在爱默生演讲期间及结束之时，常常会伴有热烈的掌声。爱默生十分努力地营造着演讲的感染力。对于一些有趣的故事和评论，他经常在家里反复阅读，有时能读二十多遍，以便让“自己笑个够，免得在演讲时把控不好自己，笑出声来”。虽然他常常使用质朴的语言，但也不乏戏剧化的笔触。据一名听众说，1845 年，在一场关于斯威登堡的演讲中，爱默生在开头用了十五分钟，“对这位瑞典哲人的观点做了高度浓缩的概述”。这让听众们感到有点儿单调乏味，甚至觉得他已经皈依了斯威登堡。然而，讲完这番话之后，爱默生停顿了半分钟，然后用最高亢、最尖刻的语调问道：“‘谁是伊曼纽·斯威登堡?’他刻意抬高每一个音节，以便给听众们带来触电般的感受。”[11]

爱默生喜欢演讲，也擅长演讲，并把演讲当作一种使命。面对听众，他兴奋不已；他倾心于那种优秀的演讲者与有鉴赏力的听众之间能够产生共鸣的情感纽带。“每当站在大厅里面对听众时，我的感受同那些画家、雕刻家和史诗吟诵者的感受完全一样。对我而言，听众不仅代表着人类，而且也代表着我自己的愿望，那就是要充分、全面和彻底地表达自己，而不是片面和有所保留。”他喜欢在激发听众的兴致之前先让自己兴奋起来。爱默生之所以能够成为一名成功的演说家，很大程度上源于他与听众之间的这种密切联系，源于他能够不断地重新认识失败，也源于他把听众视为全人类的代表这一事实。[12]

第 71 章　波斯与诗歌

1846年的头几个月，爱默生是在演讲中度过的。他马不停蹄地穿梭于格洛斯特、洛厄尔、伍斯特、普罗维登斯和波士顿等地。3月3日，布鲁克农场公社尚未完工的中心大楼在一场大火中化为灰烬，给该公社在这一时期最成功、最有趣，当然也是最辉煌的事业画上了令人伤感的句号。有迹象表明，当熊熊烈火在这座新的宏伟的傅立叶式的“法伦斯泰尔”住宅区疯狂肆虐的时候，布鲁克农场的社员们正在名为“蜂巢”的老旧但舒适的公社中心里轻歌曼舞。就在同一天，埃勒里·钱宁用爱默生筹集并赞助的资金起程前往欧洲考察。

就爱默生而言，4月发生的一件大事就是他发现了波斯诗人哈菲兹。在伊丽莎白·皮博迪的书店里，他买了一本约瑟夫·冯·哈默编译的两卷本德文版《穆罕默德·哈菲兹诗集》，该书店是让很多德国新作进入美国知识分子生活的桥头堡。很快，爱默生就迷上了这位14世纪苏菲派神秘主义大师及波斯最伟大的抒情诗人的作品。他之前就知道哈菲兹，但这是他第一次真正接触到哈菲兹的作品。爱默生几乎对哈菲兹的一切都感兴趣：他的直率、机智和超然；他的意象、感性和对说教的不屑；他对简短句式的热衷，以及对生活充满欢乐的抒情式的赞美。爱默生认为，哈菲兹的作品正是为自己而存在的，于是，他乐此不疲地将这位诗人的部分作品译成了英文。[1]

哈菲兹的思想习惯之所以与爱默生投缘，部分是因为哈菲兹是苏菲派神秘主义者。尽管爱默生很可能对伊斯兰教和波斯的神秘超验主义了解不多，在写作或演讲中也很少用到“苏菲”这个词，但他对哈菲兹的苏菲派神秘主义的反应极其深刻和迅速。按照现代一种权威的说法，苏菲派“被其追随者认为是隐含在所有宗教中的内在的‘隐秘’的教义”，其基础存在于每个人的思想中。苏菲派没有神话，没有经文，也没有教会。苏菲派信徒们说：“这不是一种宗教，而是宗教本身。”苏菲派神秘主义既不是僧侣主义式的，也不是禁欲主义式的。人必须生活在世界上，必须委身于社会中。苏菲派认为：

> 世界是一种完善和创造的工具，它使人类变得更加完美。通过支持世界持续创造的过程，苏菲派神秘主义者们自己也成为使他人完美的造就者……要理解他们，就必须充分调动直觉智慧的

力量。这种直觉的智慧受制于一位友善的敌人，那就是逻辑思维的智慧。

苏菲派相信世界的象征性，他们通过象征和寓言来教导人们。因此，正如爱默生所认识到的那样，他们就是琐罗亚斯德的传承人。“苏菲派将葡萄酒及其隐秘的潜力作为达到‘如痴如醉’状态的手段。葡萄被视为葡萄酒的原始形式，因而葡萄也意味着普通的宗教，而葡萄酒是真正的果实的精华。”苏菲派说，“在葡萄园、葡萄树或葡萄出现之前，我们的灵魂已经被不朽的美酒所陶醉。”[2]

所有这些都体现在哈菲兹的诗歌里，体现在他那把嘴唇、美酒和玫瑰作为象征的语言中；他的每一个诗句都在向我们表明，精神只能通过感官才会显现。爱默生从哈菲兹的诗句中体会到了这一教义，尽管，对他来说，教义的一部分已经隐没在艰涩的德文中了，就像一座隐藏在大理石中的雕像。最终，爱默生将波斯诗人的作品译出整整250页，其中大部分都是哈菲兹的。然而，从那些黑色哥特体的诗集中发掘诗歌的信息是一项非常艰苦的工作。多年来，爱默生就这样坚持不懈地翻译着。从爱默生的文字中，我们也不难看出这一艰辛历程：“从译了半句的哈菲兹的诗歌中透出的是世间律文那耀眼的光。”[3]

从爱默生当年日记中的一篇评论里，我们可以大概了解他对哈菲兹的认识：“起初，我以为哈菲兹是阿那克里翁和贺拉斯二位古代诗人的化身，但现在发现他的血管里也流淌着品达的血液精华，还有彭斯的。爱默生翻译了几百行哈菲兹的诗句，几乎都是关于爱情、美酒、火焰和欲望的。爱默生特别喜欢哈菲兹那紧凑而简明的鲁拜体四行诗，就像他的格言散文诗一样雄伟有力。

瞧！从那九天之上，
灾难蹒跚而来。

为了远离伤害，
我们奔向那酒馆。

人们说，只要有耐心，
白垩也能变成红玉。
是啊，用真心之血，
可把那白垩染得深红。

东风和我，
是多情的一对。
哦，你那迷人的目光！
哦，你那芬芳的柔发！

看那玫瑰灼烤我的心儿，
就用美酒给它降降温吧！
啊！烈火烧遍了全身，
在欲望中我们化为乌有。

在与你相拥的午夜里，
我不再祈盼白天的来临。
在你浑圆的朱唇间，
我的心啊忘却了祈祷。

火的玩弄者，
你那正在消逝的模型，
倘若是泥土所造，
是否会变成宝贵的黄金。[4]

在爱默生名为“东方主义者”的笔记本中还收录了一些欧玛尔·海亚姆的鲁拜体诗歌。不过，哈菲兹显然是他的最爱；从此以后，爱默生将哈菲兹看作最优秀诗人的象征和标准，可与莎士比亚相媲美。[5]

这一年，波斯诗歌对爱默生自己的诗歌创作产生了重大影响；它们集中甚至调整了爱默生的创作重点和方向。多年来，爱默生一直都有把自己创作的诗歌编辑成册的愿望。现在，在哈菲兹令人陶醉的魔咒下，爱默生创写了几首新诗，修改了一些之前的诗歌，并安排出版。诗集在12月出版时，还收录了爱默生翻译的两首哈菲兹的诗，其中有一首长达八页。然而，他翻译的这些哈菲兹的诗歌在第一版之后就没有再版过，这或许是因为爱默生又回到了他只发表自己作品的誓言，抑或是菲茨杰拉德对欧玛尔·海亚姆的作品（《鲁拜集》，1859）的翻译比爱默生对哈菲兹的作品的翻译要好很多的缘故，尽管后者也有翻译得不错的时候，比如：

> 我们脚下的每一块沃土，
> 是亚历山大的一片头骨；
> 所有的海是君王们的血；
> 所有沙漠是美人的遗骸。

或许爱默生从未再印过他的哈菲兹译本的原因，是他后来对“酒醉”诗歌不再感兴趣了。但现在，他被这样的诗歌深深迷住了，就像后来威廉·詹姆斯被它们迷住一样。詹姆斯曾写道：

> 毫无疑问，酒之所以能够对人类产生影响，是因为它能够激发人性的一些神秘能力。通常，这些能力被清醒时冷酷的现实和干巴巴的批评压得粉碎。清醒意味着减少、歧视和否定；而醉酒则意味着扩展、团结和肯定。事实上，酒是激发人类“肯定”功能的伟大手段。[6]

哈菲兹诗歌的这些英译，实际上就是隐藏在爱默生内心深处的鲁拜体四行诗，充分说明了这一时期哈菲兹对他的吸引力。《酒神》这首诗也是如此，当我们将它与爱默生最早翻译的哈菲兹诗歌的译本放在一起对比时，就可以看出它是一首哈菲兹灵感的狂想曲，其主体是以醉酒为象征的灵感的力量。爱默生把新的波斯美酒装进了旧的希腊酒瓶，故意制造出一种与他早期的阿波罗风格完全不同并取而代之的美酒。爱默生翻译的第一首哈菲兹的诗开头是："管家，拿红酒来/让我们瞬间充满伟大的感觉。"爱默生的《酒神》开头为："给我拿红酒来，不要那/长在葡萄里的酒。"《酒神》是爱默生写过的最好的诗歌之一，其意象如同哈菲兹或欧玛尔·海亚姆的诗作一般，既有云雀般的豪放，也有燕尾似的优雅：

那流淌的红酒
宛若霞光的洪流
奔腾在天边的云端
或如那大西洋的洋流
在南海的召唤下奔流。[7]

自此以后，爱默生创作的诗歌就带上了明显的波斯风格。1858年，他在一篇名为《波斯诗歌》的文章中谈到了哈菲兹；1865年，在《蔷薇园》新版的序言中讲述了萨迪。在《蔷薇园》中，他谈到波斯人时说："他们有着非凡的智慧，尊重有才学的人，欢迎来自西方的旅行者，对本国各个基督教派均能保持宽容之心……所有这些似乎都源于这些伟大诗人共同创造的丰富而灿烂的文化。"

爱默生持续阅读这些波斯诗人的法文、德文和英文等各种译本，继续阅读波斯历史，继续研读如西尔韦斯特·德·萨西、阿贝尔·雷缪萨、欧内斯特·勒南、麦克斯·缪勒和威廉·琼斯爵士等欧洲的评论家们的作品。他对波斯过去富有浪漫色彩的大都市深感兴趣，比如设拉子，萨迪和哈菲兹都埋葬在那里。设拉子曾一度拥有四十多所学院；现在尚存的仍有十一所，其中最大的一个学院有一百多间校舍。即便在它的衰落时期，设拉子似乎仍然是一个令人惊叹的学习交流和诗歌创作的中心，尤其与平淡无奇的波士顿和新英格兰为数不多的几所小型学院相比。[8]

波斯诗歌成为爱默生的一个新的家园。它给予爱默生一种别样的形式、意象和基调，让他的诗歌能够充满狂喜，能够表达其非阿波罗式的强烈情感，并能够兼顾甜蜜生活的各种感官享受和这种生活所对应的精神享受。[9]

爱默生在1846年对哈菲兹的兴趣也重新点燃了他对其他艺术的兴趣。他买了一组版画——绝大部分如今依然完好地挂在他康科德宅子的墙上，大部分是米开朗琪罗、拉斐尔和圭尔奇诺等名家所作的女巫师的代表作。女巫师是古代西方世界的女先知。据古罗马学者瓦罗所说，一共有十位女先知，其中最著名的是库迈。人们认为，她们受上天的启示，常常把她们的话语写在她们洞穴前面的树叶上。这些写满文字的树叶必须非常小心地按顺序快速收集起来，免得风把它们吹散、搅乱。爱默生之所以挂上这些女先知的画，一部分原因是出于对那些古代绘画大师的兴趣，另一部分原因则是出于对女先知们的兴趣，而与此相印证的是，她们对爱默生的生活产生了最强烈的影响。[10]

1846年春天，爱默生再次对音乐产生了兴趣。“我们并未离开过音乐，”他写道，“我们希望拥有让人陶醉、鼓舞人心和启迪心灵的音乐。我们不需要束缚式的旋律，不需要现代古典式的乐曲，以及对黑人充满歧视的吉姆·克劳式的歌曲；我们需要的是音乐中的神性，就像我们在上天及其创造的万物中拥有的神性一样。”[11]

5月份，爱默生几乎每天都带着7岁的艾伦和即将5岁的伊迪丝一起去瓦尔登湖散步。此时的爱默生沉浸在女儿们、哈菲兹以及美好春天带给他的快乐的享受中。在这期间，爱默生前往哈佛聆听了爱德华·埃弗雷特担任哈佛大学新校长的就职演说。随后，他发表了一篇对波士顿“死气沉沉的一神论”进行讽刺的著名文章。[12]

6月，爱默生完成了《酒神》的创作，并对《世界之魂》进行了最后的润色，后者标志着爱默生曾经惯用的意象模式在此时发生了变化。在早期的诗作中，爱默生着重使用眼睛和视觉的意象；后来，在很多成熟的作品中，爱默生从火焰、火山和熔岩等意象中汲取能量；而现在，对波斯诗歌的迷恋让他开始把葡萄酒和红玫瑰等作为自己诗作的意象。爱默生对波斯诗歌的新兴趣，或许与他对卡罗琳·斯特吉斯的感情有关，抑或与他对莉迪安重新燃起的爱情之火有关，因为我们相信，爱默生对波斯诗歌如此热情，不可能仅仅是出于对神性事物严肃的精神情感所具有的隐喻意义产生兴趣这么简单。尽管爱默生这年只有43岁，但当激情再次在他身上燃起时，他似乎还是感到了惊讶，仿佛已经年长了很多。

当岁逢花甲之时，
　春天让心中依然春意盎然；
爱情再次唤醒了跳动之心，
　我们一直活在年轻里。
穿越冬天的冰川，
　我看到夏日的光辉；
在那如山的积雪之下，
　尚有温馨的玫瑰花蕾。[13]

第72章　家庭新模式及诗集

1846年7月，爱默生一家把房子的用途做了彻底的调整。他们把自己的房子改成可以提供食宿的客栈，并请来古德温太太管理。爱默生一家占用了四个房间，其余的都交给古德温太太，供她自己家人使用，或者租给其他房客。事实上，爱默生一家变成了自己房子的租客。

不到一年前，也就是1845年秋天，爱默生夫妇聘请了一位名叫索菲亚·福特的女士做孩子们的家庭教师。夫妇二人做事从不会半途而废，他们又把一楼仓库的西边改造成了一间教室，重新粉刷后安置了烟囱。除了爱默生的两个女儿外，福特小姐还教另外五个孩子，分别是莉齐·奥尔科特、阿贝·奥尔科特、莉齐·古德温、巴里·古德温和卡罗琳·普拉特。莉迪安和丈夫对培养孩子有着坚定的信念。他们严格地要求艾伦和伊迪丝吃素食。艾伦后来回忆说她直到18岁时才尝到了肉的味道。她还回忆说："每天早上，都会往我们身上泼一桶凉水。父母要求我们要积极、坚强地面对生活，让我们学写日记。此外，我们除了学习功课外，还要学习缝纫。"[1]

虽然索菲亚·福特的到来减轻了莉迪安的一些负担，但这还不够。莉迪安觉得自己在持家方面有点力不从心，于是便邀请古德温太太过来接手她的一些工作。爱默生夫妇长期以来一直就想对家政进行改革，他们曾多次试图扩大家庭规模。爱默生喜欢一大家子生活在一起；他深情地回忆起童年时家里热闹和忙碌的景象。布鲁克农场对他有很大的诱惑力；奥尔科特一家差点儿搬来和他们一起生活；玛格丽特·富勒也曾试着搬过来住；而亨利·梭罗和他们生活在一起的时间同他在瓦尔登的小屋里生活的时间一样多。在决定把房子交给别人管理后，莉迪安忙前忙后，把房子彻底打扫了一番，以便交接。她"让整个房子发生了巨大变化……铺好所有的地毯，清理了每一个角落，并查看所有物品是否需要修理或更换"。这几乎和搬一次家一样费时费力。爱默生觉得这样做有点儿傻，福特小姐对此也不赞成，莉迪安的婆婆露丝·爱默生虽然表示理解，但也爱莫能助。面对如山的营生，即使是一个体格健壮的女人也会累得想放弃。正如艾伦所说的那样，莉迪安没干多久就“累趴下了”。但是“除了爬起来继续干活之外，没有别的办法。这样的惨状让每一天都变得阴沉沉的”。[2]

不管怎样，房子最终还是收拾好了。大概在7月份，古德温太太带着她的四个孩子来到爱默生家。接着，一些“夏季寄宿客”相继住了进来。这种新的模式持续了大约一年半的时间。从某个角度讲，这种模式获得了一定的成功，因为院子里总是充满了欢声笑语，满是繁忙热闹的氛围。谷仓的教室里挤满了孩子。亨利·梭罗和索菲亚·福特成了全家人开玩笑的对象（福特后来向梭罗求婚，但被断然拒绝了）。还有其他一些人，有的回来，有的出去。埃勒里·钱宁从欧洲回来了，玛格丽特·富勒又动身去了欧洲。这年夏天，梭罗因为拒绝缴纳人头税而在监狱里待了一晚。他现在住在瓦尔登湖，他之所以住在那里，部分原因是躲避他母亲把自己的家改为寄宿客栈后带来的喧闹。曾有一段时间，爱默生一直梦想在瓦尔登湖边上建一间自己的小屋。现在，他开始积极地谋划着一个类似梭罗的隐居方案，在瓦尔登湖的另一边——也在他自己的土地上——建一座小屋。但爱默生最终还是没能在池塘边建起自己的小屋，因为他打心底里，还是更喜欢“布什”大家庭的那种热闹和活力。[3]

他一直在编写这部诗集，并增加了《米特拉达梯》《梅林Ⅱ》《卡斯蒂耶的阿方索》和《酒神》等诗篇。秋天的时候，他终于把手稿送到了印刷厂。完成了诗集的编撰工作，让爱默生在一定程度上感到开心和愉悦。他给玛丽姑妈写了封信，并阅读了马可·奥勒留的一些作品。虽然诗集已经刊印，但他仍觉得有很多言犹未尽的地方。他写信给正在普利茅斯逗留的莉迪安说：“虽然日子过得安稳而舒畅，但在它们精美的行囊里，却找不到我一直渴望的东西。哪有什么美妙的旋律，哪有什么拔萃的诗篇？”但是，这些诗本身却能证明自己，而且爱默生这年秋天的日记也表明，他充满了新的信念和力量。在一篇令波德莱尔非常钦佩的评论中，爱默生写道：“生活中唯一的善是专注；唯一的恶是放荡。”他还学会了将得到的一切毫无保留地再付出去：

“有一天，我吃惊地发现，我付出的越多，得到的也越多。”他现在认为，只有诗人——某类诗人——才最可能流芳千古。

> 我认为，只有那些相信万物永恒的人才能永恒，即那些亲自见证世界创造的人，那些能够深刻阐释或展现潘神、朱庇特神、女神雅典娜、酒神巴克斯、海神普罗透斯、邪神巴力、恶神阿里曼、哈尔神、魔鬼撒旦、死神赫尔、复仇女神涅墨西斯、复仇三女神、北欧奥丁神以及赫塔神等诸神的人。

爱默生重新审视并确定了自己诗歌的细节和风格。他钦佩那些“既懂得温柏梨园的妩媚之美，也明白苍鹭木鸽的灵动之美，还知晓荒芜草原的恬静之美”的人，也钦佩“世界充满了神性或法则”这一事实。[4]

在1846年12月圣诞节那天，这本美国版本的《诗集》正式出版。它是爱默生的第四本书，是他出版的所有书中唯一的一本白色硬皮封面书，也是第一本让他以儿时就梦寐以求的角色来面对公众的书。该诗集的开篇诗是《斯芬克斯》，这是一首晦涩难懂却又非常重要的诗。爱默生从古老的斯芬克斯之谜中找到了创作灵感。这个经典之谜体现的是谜面（先是四条腿走路，然后是两条腿，最后是三条腿）的多样性和谜底（人类）的同一性。《斯芬克斯》是爱默生万物同一性思想的诗意宣言。在诗的结尾，斯芬克斯的形象突然像潘神一样扩展并融入到整个大自然之中：

> 这位万能的女神
> 用千百种声音宣布：
> 谁能猜中一个我的蕴意，
> 谁就是我的主宰。

不幸的是，后来再版时，编辑们认为这首诗不太好理解，就把它从开篇的位置撤了下来，这样就能把读者的注意力从多首诗中所体现的超然和预言性的基调中分散开来。也正是因为编辑们删掉了他哈菲兹的译诗，并调整了《斯芬克斯》的位置，这部爱默生的第一本诗集原本的形式和内容就不复存在了。[5]

这本诗集显示了爱默生诗歌兴趣的广度。《颂歌：为钱宁而作》探讨了艺术和从政的问题，其对物质主义的谴责——“大权在握的物质/高傲地驾驭着人类”——比其结尾更为广泛地被引用；而在该诗的结尾处，我们似乎隐约地看到了1848年惠特曼的诗作《复活》中的景象：

哥萨克人吞食着波兰，
一如吞食偷来的果实。
她最后的贵族灭亡了，
她最后的诗人沉默了：
而胜利者，直接
分成了两个阵营。
一个为自由而战：
缪斯吃惊地发现，
她的支持者成千上万。[6]

也许这本诗集整体上最引人注目的地方，在于它展示了爱默生放纵、狂野和超然的一面。尽管爱默生给人们的普遍印象是严肃和冷静，但他还有着另外的一面，那就是英勇无畏、敢于冒险；她的姑妈玛丽·穆迪·爱默生最早谈到了这一点。虽然在局外人看来，爱默生或许冷漠无情，但他事实上渴望友谊，重情重义；他小时候的傻气在长大后变成了激昂和活力。爱默生还有追求激情、洞察力、不同人生体验以及去权力化的一面，而这些只有通过诗歌才能进行充分的表达。此外，爱默生的诗歌也体现出他热衷于酒神精神或哈菲兹风格的一面。

在这一时期的一篇日记中，我们可以看到爱默生对这本诗集的真正期待：

> 啊，酒神巴克斯！就让他们喝醉，让他们疯狂吧！这是一群流浪汉，他们渴望获得善辩的口才，渴望拥有美妙的诗歌，渴望具有象征的能力，甚至渴望电流般的刺激，以便让平淡的生活充满生机和活力；他们经历了太久的等待，苟且生活在劣质假酒、伪善政治和虚假金钱的庇护中。酒神啊，请为他们斟满美酒吧！斟满那上等的好酒吧！最后，把诗歌也赋予他们吧。[7]

第73章 果园守护者

1846年底，爱默生感到了一种丰收的喜悦，这可能部分是源于诗集的出版，部分是源于他对果树产生了新的兴趣。多年来，爱默生一直对果园有着一定的兴趣。1836年，他就种过十五棵苹果树。1846年11月，哥哥威廉送给他一盒葡萄藤幼苗。爱默生小心翼翼地将它们放进一个土盆里，第二天又把它们种在果园里土壤最好的地方。随着经济状况的好转，他最近在自家房子的东边买了一块两英亩大的土地种植果树。他专门为果园准备了一个笔记本，并记录下各种新的果树品种。[1]

爱默生之所以对水果产生了新的兴趣，部分原因是他发现了安德鲁·杰克逊·唐宁的《美国的水果和果树》（1845）一书。爱默生的儿子爱德华后来指出，对他父亲来说，这是一本非常重要的书，尤其是前言中关于范·蒙斯改良理论的那几页，让他父亲特别开心。唐宁的书很有吸引力，描述精彩，满足了人们的迫切需要。它是一本带有使命的书。唐宁是一位景观园艺师和苗圃经营者，同时也是弗雷德里克·劳·奥姆斯特德和卡尔弗特·沃克斯的恩师之一，可以算得上是美国园艺界最伟大的人物了。该书旨在“提高果树种植和栽培的水平位”并“为那些对果树栽培已经或多或少有所了解并希望在栽培和品种选用方面希望得到参考和指导的人们提供一本实用性手册”。这本书的重点是家庭种植果树品种的开发和培育，达尔文后来对此进行了大量的讨论。唐宁这本出版于1845年的书让康科德的超验主义者们了解到了达尔文在1859年出版的那本伟大著作中的很多词语。唐宁本可以将他的这本书命名为《家育果树品种的起源》。[2]

唐宁说：“人们会发现，我们果园里的各种果树品种都不是天然形成的，而是人工培育的结果。它们有一种被进一步改良的趋势，但同时也有另一种更为强烈的回归自然或原始野生的趋势。”林德利评论说：“毫无疑问，如果不使用果树栽培技艺去人工干预的话，用不了几年，我们果园里的所有果树品种都将消失，取而代之的是一些原始的野生品种。”[3]

在谈及果树的改良时，唐宁的语言充满了抒情的意味：

> 倘若移植到温暖的地方，再加上肥沃土壤的滋养和精选种子的保障，辅以精心的修剪、呵护和浇灌，慢慢地，酸苦干涩的野生苹果就会长成大大的金黄色苹果，野生山梨的刺就会消失并变成了可口的香梨，杏子的苦味会完全消失，而干涩无味的桃子也会变成美味诱人的水果。因此，面对诸多不利于果树生长的情况，在并不适宜的气候条件下，在充满荆棘和芦荟的环境中，出现了园艺师这种职业，迫使自然屈服于他们的技艺。

唐宁的这一描述可与约翰·史密斯那著名的对在新大陆多产水域轻松捕鱼的乐趣的描述相媲美。[4]

唐宁的这本书之所以妙趣横生，不仅在于它对细节的准确描述，而且还在于它对培育和创造的力量的持续关注。

> 对于一个用并非普通的眼光来观察深红色的桃子表面和娇嫩的李子花朵，或者能够理解那些用来形容梨子的丰富、感人和娇媚的词语的人来说，在植物栽培领域，没有什么比生产和创造更能给人带来生动而纯粹的快乐了。因为他深信，这是一种全新的创造，必将证明它比以往任何东西都更俊俏，更出色。[5]

唐宁的这本书在现实层面上为超验主义所强调的“培育”概念进行了有力的辩护；通过将这一概念与农业及果木栽培业的根基重新联系起来，该书让“培育”的概念以过程和隐喻的方式重新焕发了活力。这本书提醒人们关注培育（嫁接、修剪和整枝等）的功效，而它本身也为人类文化提供了伟大的隐喻内涵。这本书让爱默生欢欣鼓舞，使他精神振奋地重新回到了自己的事业上来；他的后期作品充满了果园和果树文化的意象。唐宁的这本书是人类可以改变周围一切的有力证明。没有任何一个果园管理者会听任命运的摆布。

爱默生很快就拥有了一百多棵果树，它们的名字充满了诗意。李子的树种就有布拉斯李、青梅李、普利茅斯李和科氏金果李等；桃子的品种包括早熟玫瑰桃、早熟约克桃、杂交米尼翁桃和总统桃等。爱默生还有三十多株苹果树，它们的名称分别为金褐果、格拉文施泰因果、斯皮尔伯格果、鲍尔温果、酒香果、乔纳森果、高邦果、风铃草果、巨人甜果、荷兰蜜和索普萨文果等。果树品种清单上还有一个名为梭罗的品种，这很可能是他的那位年轻朋友培育的。在当时的马萨诸塞州东部，一共有四百多种梨树可以种植，而爱默生的果园里就有安古拉姆公爵梨、圣吉莱纳梨、格洛特·摩梭梨、铁梨、塞克尔梨、富尔顿梨、布洛古德梨、巴特利特梨、邓莫尔梨和迪克斯梨等。爱默生还种了十几棵温柏树。温柏是梨树的近亲物种，其主干常用来嫁接梨树。爱默生的温柏树名包括长绿、贝厄·迪尔、卡蒂拉克和庞德等。虽然从树上直接摘下来的温柏酸涩苦口，但如果与苹果混合烹调后，味道就好极了。这种几乎被人们遗忘的温柏是又一个波斯当地的物种，如今在康科德十分繁茂。[6]

后来，这片土地有一部分被卖掉了，而剩下的部分也大都荒芜了。它虽然离爱默生的房子只有几步之遥，但早已荒废，杂草丛生，根本无法进入。最近，人们在屋后开辟了一个公园。爱默生当年种植的果树如今都已不见踪影，只留下一些次生果树。果园的真正收获体现在他后期的著作中。但如果我们仅仅是站在爱默生的后院谈论“苹果树”或“温柏树”，或许就会完全忽略那些果树丰富的品种名称，也会忽略爱默生一百多棵树各自曾经拥有的宝贵品质，也就无法理解耕种土地和那已经消失的精神生活之间的日常联系。这个荒废的果园也常常萦绕在我这个传记作者的心头，因为它象征着所有和爱默生有关、曾经平凡却充满生机的事物，而这些在爱默生的生命中都一去不复返了。

第74章　我永远毕不了业

1847年开始的多半年里，爱默生一直处于焦躁不安的状态，而这种情况在之前很多年里都没有出现过。表面上看，这年43岁的他过得还算惬意，生活安稳，功成名就，孩子们也在茁壮成长。他已经出版了四本书，而第五本书也在脑海里有了清晰的构思。他有很多演讲的听众，且数量仍在持续增加。但在《诗集》出版后，他的生活有一种明显的静止或停顿。也许这是出版一本书后常有的松懈状态，就像产妇阵痛后的感觉一样。当然，此时的家庭状况也令爱默生心神不安。莉迪安接连忍受着病痛的折磨，而古德温太太新的生活安排的成本比以前更高，还有对哥哥威廉的资助也开始陷入危机，他现在已经欠爱默生五千多美元了。虽然钱对于爱默生来说一直都是个问题，但他仍然觉得有义务照顾表哥罗伯特·哈斯金斯和姑妈玛丽的生活，而后者曾很不明智地签字放弃了自己农场的部分所有权。

爱默生仍然心满意足且漫不经心地阅读着各种图书。虽然他永远无法知道灵感会从哪里出现，但他知道它肯定会出现。他读了更多的哈菲兹和库洛格罗的作品；他在半着迷半排斥的状态下阅读了斯威登堡的《动物王国》，就像阅读这位瑞典科学家及神秘主义者的其他作品一样。他读了《挪威王列传》和冰岛诗集《埃达》；读了伯克的《雅典国家经济》，阿尔菲耶里的《自传》以及阿里斯多芬尼斯的作品。在阅读马基雅维利的《佛罗伦萨史》的过程中，爱默生抱怨说："佛罗伦萨的派系之争就像费城消防队的历史一样令人厌烦。"[1]

爱默生与文学方面相关的工作也同样繁杂。他写信为梭罗的《康科德河与梅里马克河上的一周》寻找出版商，还试图帮助丹麦小说家哈罗·哈林出版一部名为《多洛雷斯》的南美小说。他对西奥多·帕克急于创办一本新杂志的事情虽不是特别热情，但也表现出了一定的兴趣。此外，他正在为新版的《散文：第一辑》做一些小的修改。而今年最主要的工作似乎是为他的日记编制索引。这是一项足以让苦行僧都会感到沮丧的既枯燥又烦琐的工作，尽管这是为新的创作所做的必不可少的准备。截止到1847年，爱默生共完成了两大本连续的各四百页的索引，这是他辛苦工作的有力证明。[2]

如果说这一年对爱默生来说是潮落的一年，那么对梭罗来说则是潮涨的一年。梭罗正在瓦尔登湖进行着家庭经济改革的实验，并于2月10日在康科德学园做了一次关于他如何在瓦尔登湖生活的演讲。这次演讲的内容后来经过不断完善和扩充，最终形成了名著《瓦尔登湖》。与此同时，爱默生开始后悔购买了多余的土地，也后悔实施了宏大的种植计划。"没有土地不是好事，但土地多了更为糟糕。"他在日记中写道，

> 我喜欢长距离的散步，因为它既让我的精神得到放松，也让我的身体获得好处……然而，在只有几平方码的园子里，我不得

> 不时而俯下身子，时而触碰到什么东西，时而估算着距离，真是既费时费力，又令人沮丧。我好像吃了莲子，被夺走了所有的能量；又像是得了僵症，不愿动弹，性情烦躁，精神萎靡。

正如他告诉卡莱尔的那样，他或许需要某种刺激。他自言自语道：“我希望成为一名传道授业解惑者，尽管我很讨厌教堂，但还是希望能够得到那个讲坛，这样就有了明确的任务，从而使自己得到精神上的激励。”他时不时地对自己那些未被利用或白白失去的精力感到心烦意乱，他总是感到有一种强大而迫切的力量在召唤着自己。他在3月底写道：“如果投掷的力度足够大的话，一片小雪花也能穿透松木板。”[3]

爱默生的不满情绪扩展到了对整个国家，对“毫无生气、松懈散漫、挥霍无度且极平庸不前”的美国的不满。“我们生活在一个小人的国度里。”他抱怨道。爱默生认为，“美国人的思想是一片能力的荒野”。他对朋友埃勒里·钱宁的提议感到非常兴奋：

> 每个村庄都应该有一块放大的美元硬币，可以是桶盖那么大，由银或金铸成，并委任沙塔克上校或其他牧师负责保管，以免被盗；此外，每个村庄还需要一个本地的守护神，可以供它烤豆子或其他祭品。

此时的爱默生有一种强烈的疏离感，他写道：“谁能得到真正的社交活动？谁能拥有可与之真心交流，并能激励自己的朋友呢？波士顿拥有12万人口，但我现在却找不到一位这样的朋友。”[4]

他的生活似乎充满了孤立的琐事，虽然有些也比较有趣，但缺乏相互关联，无法形成一个连贯的整体。他听说佛蒙特州有一个名叫亨利·萨福德的11岁男孩在数学方面有惊人的成就。有一天，他在一次公开测试中被要求计算365 365 365 365 365 365的平方。

他像陀螺一样在房间里转来转去，把裤腿卷到靴子顶上，咬着手指，两眼在眼窝里不停地转动，时而面带微笑，时而自言自语，时而表情痛苦，不到一分钟，他就说出了答案：“133, 491, 850, 208, 566, 925, 016, 658, 299, 941, 583, 225。”[5]

7月和8月，奥尔科特和梭罗在爱默生新购买的土地中央建造了一座精致的凉亭，供他们自己和小镇的人们娱乐使用。亭子是由奥尔科特设计的，“山墙用柱子代替，屋顶开老虎窗”。8月下旬，爱默生在给正在缅因州休养的莉迪安的信中描述道：“奥尔科特先生和亨利正在建造凉亭，尽管他俩不停地对亭子折腾着各种花样，但目前亭子尚未倒塌。倘若再钉上几颗钉子，凉亭的柱子恐怕就会裂开了。我想就管它叫飘摇亭吧。”[6]

在3月份的信件中，爱默生流露出一种倦怠的情绪。他写信给塞缪尔·沃德，说自己从“一些无须指明的书籍中获取了一些现代想象力。其实，这样的想象力也可以不经意间从任意一些铁路文学中获得”。6月份，爱默生感到他体内的枯竭之感越发明显。他写信给乔治·布拉德福德，说自己“无法了解外面的消息，也没有访客到来，既听不到雄狮的怒吼声，也听不见老鼠的吱吱声。没有发现有什么可读的新书，唯有过去的萎缩、空虚和枯竭的现象在加速增长”。9月，爱默生被邀请写一些关于自己生平的事迹，他的回复略带反感：“我只是一个无名小辈，没有值得写进书里的经历……对于如此枯燥的话题，我真的没有什么可说。”岁月如梭这一古老意象又一次返回来捉弄他。这是他惯用的意象，他总是觉得自己在虚度光阴。“日子来了又去，去了又来，就像远方友好团体派出的蒙着面纱的使者，他们一言不发，但如果我们不及时享用他们带来的礼物，他们就会把礼物再默默地带走。”[7]

1847年7月底，爱默生决定接受去英国做巡回演讲的邀请。早在一年前的秋天，一位名叫亚历山大·爱兰德的英国记者兼书志学家首先提出了这个建议。爱默生对进行一次正式的巡回演讲持谨慎态度，但如果面对的听众合适的话，他愿意试一试。此外，他也希望能够接触一些英国的绘画和雕像作品。他发现，自己在康科德越是觉得孤独和悲伤，就越是想来一次长途旅行。8月30日前后，莉迪安邀请亨利·梭罗在爱默生旅英期间过来与她和孩子们待在一起。一周后，梭罗离开了小木屋，结束了他在瓦尔登湖两年两个月零两天的逗留。

爱默生发现，即使是欧洲之旅的安排也无法让他兴奋起来。在给哥哥威廉的信中，他漫不经心地说："我的准备工作做得乱七八糟。"他接着说："我的整个一生都像是在参加大学考试，前面似乎总是有某种折磨在等着我，我永远毕业不了。"他在一心准备英国的演讲，但面对这项新的任务，他却失去了往常应有的兴致。现在爱默生的决定有些近乎惊恐的坚定，这让人想起了塞缪尔·约翰逊在自我革新方面的不懈努力。

1847年初，爱默生之所以情绪不佳，其中一个原因或许与他和卡罗琳·斯特吉斯的关系发生了变化有关。1846年9月，爱默生把一些将要出版的诗歌给卡罗琳寄了过去。10月份，斯特吉斯以她一贯的坦诚回复说，尽管"里面的所有旧词"让她有所顾虑，但她还是非常喜欢这些诗歌，尤其是《酒神》一诗。她身上仍然具有一种"美国的贝蒂娜"的气质。她在信的结尾说："我希望你能像去年冬天在康科德那样抽出几天来看我，或者我能有机会走进你的书房，让你所有的文章都快乐地舞动起来。"[8]

后来，应该是在1847年2月11日，爱默生和斯特吉斯又见了一次面。她说自己在他寄给她的一些诗中发现了真正的"私人化的东西"，而这些诗现在已经出版了。爱默生立刻用这些诗"不是历史"等话语回应，言下之意，就是说这些诗歌不是基于真实的人、事件或感情创作的。但三天后，他又给她写了一封长而复杂的信，明确指出他对自己之前的积极否认表示遗憾，说他并不想否认促使这些诗歌创作的事件或感情，但这些事件和感情如同它们现在所呈现的那样，仅仅是诗歌而已，是“在创作时针对我的任何实际生活和目的有意识地选用的寓言性的内容”。但斯特吉斯认为诗歌是非常私人化的东西，并一向对以自己的名字发表诗歌很是敏感。而现在，爱默生在信中不遗余力地阐述诗歌就是诗歌的观点，同时也毫不否认它们源于隐秘的个人情感。“但是一看到你，这些前一天还只是诗歌的东西就变成了充满个人情感的东西，它们立刻让我感到难以言喻的厌恶。我为自己犯的错误感到惊讶，我绝不允许自己再犯这样的错误，也不能对你再犯这样的错误。”[9]

爱默生在信中似乎在坦白，他们所讨论的那些诗歌——也许其中就有《致瑞亚》这首诗——确实是基于他们之间的关系创作的，同时也对将它们付诸出版表示道歉。因为我们无法知晓卡罗琳·斯特吉斯到底指的是哪几首诗，所以按照当时的情形做一些猜测罢了。在信的结尾处，爱默生固执地表达了他的热情和坚定：

> 尽管用诗歌来唤起无数人们来见证自己的情感也许有些无聊，但也并不是什么过激之举，只要我有一说一，绝不含糊其词就行。这段友谊是我所知道的最坚实的社交之情，而我只是想真实地反映这种情谊。

爱默生在这里突出了“社交”一词。不管他们走到了哪一步——除了鲁莽的书信情怀之外，很可能再也没有别的东西了——他们之间的关系从此牢牢地“社会化”了。他们停止了通信往来。斯特吉斯现在住在马萨诸塞州的雷诺克斯，融入到与爱默生完全不同的社交圈里。此外，她也不再给富勒写信了。富勒曾在1847年抱怨说自己从来没有收到过卡罗琳的来信，也没有人向她提起过卡罗琳的情况。[10]

从1843年起，卡罗琳·斯特吉斯就对一个名叫威廉·塔潘的男人产生了兴趣。这还是爱默生介绍他们认识的。1847年之前，斯特吉斯和塔潘就已经结婚了。

第75章 英格兰

1847年10月5日，爱默生登上了从波士顿开往利物浦的“华盛顿·欧文”号班轮。十五天的旅程很顺利，没有什么事情发生。他们时不时地会看到海面上漂浮着很多木板、原木和杂七杂八的东西，这些都是每次涨潮后顺着缅因河和新布伦瑞克河漂进海里的。他们还看到了鲸鱼，看到海豚在弧形海浪中嬉戏，还有平静大海上成群结队的鲭鱼。

英格兰让爱默生感到震撼。这里的一切都更大、更快、更笨重。他写道：“英格兰的一切都表明其拥有庞大的人口。这里的建筑物高大宏伟，我们无法与之相比。”人们身材魁梧，目光坚定；他们在大街上擦肩而过，“态度冷漠，互不关心”。人们对气候最好的评价是气候温和，适合工作。爱默生在英国中部待了很长时间，那里整天笼罩在煤烟之中，日夜难辨。羊是黑的，树是黑的，就连口水也是黑的。在伦敦，太阳也很少能够穿过烟雾，而且每天都会下一点雨，正如爱默生所说的，“每次涨潮”，就会下雨。[1]

英格兰充满了热闹和活跃的景象。来英国之前，在康科德的家里，爱默生还会注意到河水“掩映在睡莲、红雀花、悬铃木、马利筋和泽兰花之间”。而在英国，他看到的几乎都是城市，所有的人都围绕着机器运转。“英国人的双脚从不落地。爱默生下了轮船就上出租车，出租车将他送到火车站，坐完火车又乘坐出租车，出租车再把他送到旅馆。如此反复。”铁路连接着一切。1847年12月1日，仍在利物浦逗留的爱默生见证了格林尼治标准时间的诞生。它象征着新生力量的崛起。至此，英国各地的时间被统一为格林尼治标准时间。在那之前，每个村庄或城镇的时间都是通过观察当地太阳的位置来确定，太阳到达头顶最高点时便是正午时分。[2]

所有东西的数量都很庞大。图书馆的诗歌作品"能摆三排、六排甚至是十排，而在美国只能摆一排"。大英博物馆藏书达42万册之多，书架连起来足足有12英里长。爱默生惊叹道："这么多书，都不知道该读哪一本了。"他饶有兴趣地注意到英国人是如何把语言弄得一团糟的，他们把"I dare say"（我敢说）说成"Idersay"。他们尽量缩略每一个单词。"为雅典娜神庙撰文的'Dr. Cook Taylor'（库克·泰勒博士）毋庸置疑地变成了'Dr. Coutell'。"他们用"Yer-up"代替"Europe"（欧洲），用"kyer-ious"表示"curious"（好奇），用"steeryerd"代表"steward"（管家）。[3]

爱默生对贫富的极端悬殊有着敏锐的洞察。"布雷多尔本侯爵骑着马从自己的宅邸出来，沿着一条直线向大海的方向走上100英里，仍然没有走出自己的产业。而萨瑟兰公爵则拥有整个萨瑟兰郡，该郡横跨苏格兰，两头连着大海。""朗斯代尔伯爵的财产让他在议会拥有了八个席位。"在英国，长子继承制依然盛行。根据托马斯上校的说法，这一制度存在的理论是"让一个儿子强大起来，就会迫使公众供奉其他所有的家人"。[4]

英国人识字率低得惊人，大概有40%的人不会写自己的名字；相比之下，马萨诸塞州只有0.5%的人写不来自己的名字。英国的学术研究也未能给人留下深刻的印象。让爱默生感到十分震惊的是，竟然很少有人知道托马斯·泰勒的名字。德国哈雷的神学教授弗里德里希·索卢克曾对圣安德鲁斯大学及爱丁堡大学的教授托马斯·查尔默斯说："他惊讶地发现，这里（英国）的神学家们没有一个能够真诚地阅读施特劳斯的著作。"查尔默斯则回答说："先生，既然您推荐此书，那我决定要拜读一下。但这是一本很厚的书吗？你知道，我已经上年纪了。"[5]

这就是《雾都孤儿》那个时代的英国。繁华的都市里却有着各种年龄段的乞丐，他们"淋着雨水，整天光脚站在泥泞的桥上，向过往的行人乞讨”。尤其是那些可怜的儿童乞丐，他们让他想起了自己的孩子们，他写信告诉妻子说：

> 每次上街，总能看到一个衣衫褴褛的女人带着一个年龄和身高同伊迪丝相仿的小女孩在那里乞讨。小家伙衣衫褴褛，光着双脚，伴在女人左右。我好奇地看了一下她那伊迪丝般的脸蛋儿，心中不由一惊，害怕她真的就是伊迪丝。远在家乡的伊迪丝为眼前的这个小家伙赢得了半便士的硬币。

英国的贫穷问题开始引起有关组织的关注。1842年，《大不列颠劳动人口卫生状况调查报告》发表。爱默生指出：“在那些令人绝望的行当中，有一种是专门在下水道的污物中寻找那些被不慎从水槽里冲走的戒指、先令和茶匙等物件。这些位于地下的恶臭的下水道很长，人们有时要在里面摸索很长一段距离。”[6]

爱默生敏锐地观察到大规模的工业化生产对工人们产生的影响，并毫不留情地对工厂生产制度进行了十分严厉的批判：

> 不断地重复同一道手工工序让一个人变成了低能儿，剥夺了他的智慧、才智和创造力，使他无法成为一个磨针工、搭扣匠或任何其他行业的匠人。现在，在工业化的大潮中，时尚的鞋带取代古老的搭扣，所有的城镇如被占的蚁冢般让步于工厂。

这种制度并未按照预想的那样运作。商业竞争带来的不是质优价廉，而是劣质商品和欺诈蒙骗的泛滥。

> 在英国，几乎所有工厂和商店里的东西——包括食品和药品——都有掺假行为，对这一现象的揭露着实让英国人感到震惊：他们发现牛奶没有营养，蜜糖没有甜味，面包不尽如人意，

辣椒不辣舌头，胶水没有黏性……我想，这与其说是缺乏诚实，不如说是商业横行，它致使产品被争相低价销售，质量不断下滑。[7]

刚到英国时，爱默生住在旅馆，一般都一个人吃饭。他匆匆赶到曼彻斯特与正在为他安排演讲的亚历山大·爱兰德接洽，接着又赶往伦敦与卡莱尔见面。很快，他的日程就被安排得满满当当的。整个11月份，爱默生不停地往返于利物浦和曼彻斯特之间，因为他在这两座城市同时发表了系列讲座。让他有些吃惊的是，自己的演讲获得了巨大的成功。在利物浦，他的听众平均每场有750人之多。他发现自己曾经编辑的《日晷》在这里“异常有名”，人们捧他为名人，女主人们为他准备晚宴，而英国的神职人员们则每个礼拜天都在圣公会布道坛上攻击他。在英格兰和苏格兰逗留期间，爱默生一共做了大约67场公开演讲，并结识了萨克雷、丁尼生、麦考莱、迪斯雷利、帕默斯顿、华兹华斯（第二次相遇）、狄更斯、乔治·艾略特、马修·阿诺德、托马斯·德·昆西、塞缪尔·罗杰斯、利·亨特、克雷布·罗宾逊、哈丽特·马蒂诺（第二次相遇）以及后来成为他的好友的亚瑟·休·克拉夫等作家和诗人。他结识的评论家和新闻记者有约翰·佩恩·科利尔（莎士比亚评论家）、阿奇博尔德·艾利森、约翰·威尔逊（笔名克里斯托弗·诺斯）和《爱丁堡评论》的首任主编弗朗西斯·杰弗里等。他还聆听过理查德·科布登的讲话，他后来告诉梭罗说科布登是“英国最杰出的人”。他还观赏了特纳的画作，认为特纳的作品值得拉斯金的大加称赞；特纳只画自己看到的，不画自己知道的，他的这种努力给爱默生留下了深刻的印象。爱默生还结识了创建现代铁路的工程师乔治·斯蒂芬孙、地质学家查尔斯·莱尔、《自然创造史的遗迹》的作者罗伯特·钱伯斯以及亨特博物馆的解剖学家兼馆长理查德·欧文；结识了由斯威登堡信徒皈依为傅立叶主义者的加思·威尔金森，以及数学家和计算机的发明者查尔斯·巴贝奇。他听过法拉第的演讲；见过肖邦并聆听了他的演奏。此外，霍尔曼·亨特、约翰·米莱和但丁·加布里埃尔·罗塞蒂等前拉斐尔派画家们曾列出一份“构建我们全部信条”的不朽人物的名单，爱默生是名单中仅有的四位美国人之一（其他三位分别是坡、朗费罗和华盛顿）。[8]

1848年7月，爱默生登上了回国的轮船。在甲板上，他同新结识的英国诗人亚瑟·休·克拉夫一起交谈。克拉夫说：“您让我们这些英国的年轻人感觉失去了领袖。卡莱尔把我们带进了沙漠，并且让我们一直待在那里。”爱默生回答说：“英国所有的年轻人都跟我这么说。”这一对话指出了爱默生的英国之旅中不很顺利的一个方面，那就是他与卡莱尔的友谊。1847年10月，当他们第一次坐下来交谈时，爱默生发现，无论是十五年前自己与卡莱尔的会面，还是之后频繁往来的所有信件，都没有帮自己为这次见面做好充分的准备。“到头来，我竟然对他感到无比的惊讶，”他给莉迪安写信说，“他主要的一面不再像我的大多数熟人那样是一名学者，而是一个非常现实的苏格兰人，就像你在任何一个马具店或铁匠铺里看到的苏格兰人一样；只有在偶然或意外的情况下，他才是一位令人钦佩的学者和作家。”他根深蒂固的悲观主义很快就让爱默生感到困惑：“他话语间流露出内心的不快和孤独，他对周围的一切人和事都感到不满。他只是在勉强地过活，谋划着如何破坏和摧毁这个折磨他的荒谬的世界。”[9]

在大多数问题上，卡莱尔的观点现在与爱默生的截然相悖。卡莱尔不赞成废除奴隶制度，对社会福利也大加讽刺：

> 他们每年筹集600万英镑来救济穷人，但很多人却仍然食不果腹。卡莱尔认为，如果把这些钱让他来支配，他会给穷人提供劳动机会，并用手中的权力迫使他们必须干活，否则就开枪打死他们；他确保能为这些穷人搞到足够的玉米粉来充饥，如果他做不到，那么可以把他绞死。

一位名叫福斯特的先生把卡莱尔的这种酷爱称为“枪支崇拜”，爱默生对此表示赞同。爱默生发现，卡莱尔解决社会问题的所有方法都“离不开大量的杀戮”。1848年4月，他向莉迪安坦言，自己在英国时和卡莱尔很少见面，即使见了面也没有什么可开心的。爱默生惊愕地看到，卡莱尔已经成为一名“政治经济学的维护者。他是政治上的贵族，是饮食上的享乐主义者，他追求的是谋杀、金钱、死刑、奴役以及所有卑劣可恶之事，并配以警句格言，使其堂而皇之”。[10]

在12月，爱默生和卡莱尔之间的分歧甚至有过一次小的爆发。在回国前不久，爱默生告诉他的一名英国仰慕者，说有一天他和卡莱尔一直在谈论克伦威尔。其间，卡莱尔“已经对我的反对意见变得很不耐烦了，尤其是在谈到克伦威尔的时候”。爱默生告诉乔治·塞尔·菲利普斯：

> 在他对克伦威尔的性格进行评价的过程中，我表达了自己的不同观点。他突然像一个挪威巨人似的从椅子上跳了起来，用手指在桌子上画了一条线，然后用可怕的语气说：“那么，先生，你和我之间有一条又宽又深的分界线。”[11]

爱默生和卡莱尔并没有断绝来往。他们依然有书信往来，尽管卡莱尔在私下里提到爱默生时会大发牢骚，但他还是为爱默生的演讲做了很多安排，并真诚地参加了他在伦敦的所有演讲。毕竟，为了卡莱尔的著作能够在美国出版，爱默生曾历尽艰辛，为其阅读校样，并争取稿酬。在回美国之前，爱默生和卡莱尔进行了最后一次远足。他们来到索尔兹伯里平原，去看了那里的巨石阵。在平原上，他们似乎达成了某种和解。正是第一次见面的美好回忆、多年来在著作上的彼此帮助以及对友谊习惯性的依赖和假想让二人的关系继续维持着，而他们友谊的现实基础已经不复存在了。[12]

第76章 智力的自然史

从爱默生在日记和演讲中讲述的故事看，他第二次英国之行的内在经历远比表面上那些忙碌而多彩的日子更加复杂，这也没有什么好得意的。当还在新英格兰为自己的英国之行做准备的时候，爱默生就列出了一份关于“我们这个时代的迷信”的清单。清单里有“害怕天主教，害怕贫困，害怕移民，害怕制造业利益，害怕激进或民主，以及信仰蒸汽机”。如果是要起草一份个人报告，他可能还会加上害怕随大流，害怕自己不务正业，害怕预设的目标太低，害怕活得不够充实，以及把个人信仰当作历史引擎等内容。对于这种信仰，他又一次试图用“中心人”这一梦幻般的意象来描述：“总有那么一天，我们可以与中心人交谈，在他的身上，再次看到我们亲人们的身上的所有特征，并将这些特征牢牢地印在脑海里。”[1]

早在1832年，当爱默生还在横跨大西洋前往旧世界的旅途中，他就明白英国和欧洲会对他形成挑战，会取代他中心人物的位置，让他觉得自己是个边缘人、局外人和衍生物。别人在爱默生身上看到的沉着和自信不是幻觉，而是一种需要不断激励的心态。爱默生曾多次说过，他去英国是为了寻找一条能够鞭策自己并使他达到人生巅峰的鞭子。但很多时候，他不得不自己来做这件事。“行动起来吧，”他在这一年写道，“架起一座真正的桥梁，把鸿沟的两边牢牢地连接起来，让笨蛋也能跨越它。现在只需要一种判断，那就是我自己的判断。如果我这样做了，我就会知道结果。”他还认识到，在国外保持镇定的最好方法，就是忙于自己的工作。当被卷入英国生活的旋涡时，他在日记中指出：“唯一能让人经得起巴塔哥尼亚人的牛肉和啤酒的诱惑的，就是一项能够让自己专注的工作。”[2]

目前，爱默生从所读的书当中并没有收获很多。还在新英格兰时，他曾读过卢梭的《忏悔录》。而在旅途中，船上图书馆里也有狄更斯、杜马斯和马里亚特等作家的作品与他为伴。爱默生还带上了他的曾祖父约瑟夫·爱默生所写的日记。他一直在阅读莱恩翻译的斯诺里·斯图鲁松的《挪威王列传》和马勒的《北欧古风》——一部关于挪威神话和传说的简编，还有诗集《埃达》的译本。北欧神话对英国来说，就像荷马史诗对希腊而言一样重要。爱默生从来没有对奥西恩狂热的史诗产生过兴趣，他更喜欢那些虽然粗犷但却真实的《埃达》的文本。为了对现代英国有所了解，爱默生阅读了《现代画家》；该书虽然匿名出版，但人们都认为是时年28岁的约翰·拉斯金所著。

在这次英国之旅中，爱默生写的东西似乎比他阅读的文本多了不少。他带了许多演讲稿以及写演讲稿的材料。在英国，爱默生从四个不同的系列里选取演讲内容。刚开始，他主要选用了“代表人物”这个演讲系列，偶尔也会使用诸如1836年的《科学的人性》等更早的演讲稿。另外，甚至在旅行刚刚开始时，爱默生就开始准备一组新的演讲，其中包括《口才》《家庭生活》《阅读》《最高级》和《自然贵族》等演讲稿。这些演讲没有统一明确的主题，也许是他最近重新编写日记索引的一些成果。这几篇新的演讲直到多年以后才得以出版。1870年，他在《社会与孤独》一书中将《口才》《家庭生活》和《阅读》收录出版。而《最高级》和《自然贵族》是在他去世后才被收录到1884年出版的《演讲与传记速写》一书中。但是，这并不意味着爱默生不重视这几篇演讲稿。恰恰相反，这些演讲稿之所以迟迟没有正式出版，原因在于爱默生数十年来一直将它们作为演讲的备用材料。

口才是一个古老的话题，对爱默生来说，它同诗歌一样，是一个基本的体裁。在某种程度上，他的整个职业生涯都可以看作是在为口才而奋斗。为了准备《口才》这篇演讲稿，他甚至回到自己在1827年首次收集的相关材料。现在，他并不把口才看作是少数天才的目标，而是认为它是一种人类的共同品质。爱默生说：“我想每个人一生中都有过能言善辩的时候。”然后，他用了一个肯定会令沃尔特·惠特曼产生兴趣的比喻：“我们之间的区别，不过就是各自的沸点不同罢了。”[3]

1838年，爱默生曾在一次名为“家庭生活”的演讲中谈到过家庭生活这个话题。现在，也许是聘请古德温太太打理寄宿客栈的经历，让他写了一篇关于童年的温馨而感人的讲稿。这篇讲稿取材于爱默生和孩子们在一起的美好时光，同时也时不时地流露出对自己童年的依恋之情。他写道：“如果一个人想要了解世界的真实历史和时代精神，他就不应该先去议会大厦或者法庭。”家庭里发生的事情“与那些在参议院或学术界中探讨的问题相比，前者更接近我们，对我们的影响也更大些”。1847年到1848年，爱默生在英格兰北部、格拉斯哥以及伦敦等地共做了16场演讲，而承认家庭生活的中心地位是他不得不说的一个主要内容。[4]

《阅读》是一篇充满力量的演讲稿，它揭示了爱默生当前关注的另一个焦点。文章一开始就以尖刻的笔调指出，大部分书籍一无是处，“它们对我们没有任何益处”。他还坦言，自己从“一个脾气暴躁的银行主管那里获悉，在银行的客厅里，所有此类书籍均被视为垃圾”。该篇演讲稿的第一部分是关于一般阅读的，爱默生将其归结为三条原则：“其一，不读出版还不到一年的书（因为只有好书才能留传下来）；其二，只读名著，不读他书（原因同上）”；其三，给出了一份爱默生认为值得努力阅读的“名著”清单。在该篇演讲中，爱默生还就翻译问题开了一个肯定会让任何一位外语老师都会恼火的玩笑：“当我想要阅读的书籍已经有了我自己母语的译本时，我却还要坚持阅读原文版本，这让我很快联想到要去波士顿时，我坚持要从桥下的查尔斯河游过去。”[5]

《自然贵族》致力于阐释杰斐逊式的贵族美德及其才干的理念。在爱默生看来，贵族气质是一种象征，它象征着天生的卓越、非凡的胆识或惊人的努力。他对当时那些有地产有身份的小人物们不屑一顾，而是坚持认为，“真正的贵族是那些能够代表自己那个阶层的人物”。[6]

在这组主题不同的演讲中，最吸引人的一篇当数《最高级》了。但这篇演讲稿在后来出版时，只节选了其中一部分，发表在《演讲与传记速写》（1884）中。从出版发行的那部分看，这是一篇强调朴实风格、反对华丽辞藻的演讲。爱默生说，只有那些没有经验的作家才会推崇最高级，因为他们没有认识到“最高级词语其实起到了缩小和削弱的作用。原级是语言的肌腱，而最高级只能算作语言的脂肪”。爱默生赞许地引用了一位法国记者的话，该记者在谈到威灵顿公爵的文风时说：“这里有整整12卷军事函件，但自始至终没有一封提及过‘光荣’这个词。”然而，爱默生在1847年发表的《最高级》演讲的原稿却与后来出版的不大相同。爱默生称之为关于哈菲兹的演讲；此外，演讲的主题是赞扬热情，它是关于狂喜的那篇演讲——“《自然的方法》的续篇”。它将虚假空洞的夸张表达（如“非常抱歉”和“我的血液凝固了”）和真正恰当的修辞区分开来。对爱默生来说，哈菲兹就是最好的代表，他的诗歌是“优雅和幸福抒情的典范，他的语言——如‘架在葡萄藤和伊斯兰教徒房间窗户上的风弦琴’——以及他对杯子的泡沫和瀑布的光泽的描述，所有诗句措辞精妙却又不乏原始气息”。[7]

原级在于“用恰当的名称表示事物”，而最高级常见于先知和诗人的作品之中，它源自一种兴奋的状态，将“内在事实视为事物的代表并为其命名”。最高级的境界是“心灵用思想把世界像珠子一样串起来”。[8]

如果说除了目标、品质和人物具有一定的代表性之外，这几篇新的演讲稿并没有一个明显的中心主题或统一的方法，那么爱默生这一年所做的另一组演讲则具有明显的系统性。1848年4月开始，爱默生就在准备一个被他自己称为“一种知识的自然史”的项目。1848年6月，对巴黎短暂访问返回英国之后，为了筹款回国，爱默生举办了一个名为“19世纪的思想”的系列演讲。后来，这些演讲经过修改后，分别于1849年和1850年在美国发表，并于1870年以课程讲座的形式在哈佛大学发表（1871年重复授课）。爱默生去世后，他的编辑詹姆斯·埃利奥特·卡伯特在《智力的自然史》（1893）一书中收录了这些演讲的前三篇。尽管“智力的自然史”的演讲从来没有达到令爱默生满意的程度，但它们依然代表了作者思想的一个极点，一种反复产生的将超验唯心主义建立在坚实、专业且令人敬仰的哲学基础之上的冲动。[9]

在《智力的自然史》中，爱默生试图把自然科学的严谨性和确定性运用到思想的研究领域中。他非常钦佩“博物学家们追求安全和愉悦的态度，他们尊重事实，尊重事实的充分性”。爱默生想：“难道说我们不可以将类似的方法和态度用在探究思想的规律和力量上吗？”他对自己的这一设问进行了回答：“这是完全可以做到的，因为这些规律和力量同样也是自然历史中的事实。它们同样也是科学研究的客体，就像植物的雄蕊或鱼类的脊骨容易被编号和记录一样。”这种将科学方法的严谨性用到思想领域的研究中的设想，也曾经是康德及其追随者们的计划。但爱默生明白，这是比较困难的，正如琢磨出我们用以研究自然的仪器一样困难。在这些演讲中，人类思想既是客体又是主体。认识到康德、费希特和谢林等哲学家们在各自的著作中对思想进行描述主要是为了给其他哲学家们看，爱默生便开始用一种普通大众可以理解的语言来做类似的工作。他说：“我设法设计出关于思想规律的一些概要。”他始终坚信，在精神世界和自然世界之间存在着一种点对点的对应关系。他说：“我们头脑中的每一条真理或想法在自然界就对应着一种力量，这是无可辩驳的结论。”[10]

“智力的自然史”的演讲代表了爱默生对来自英国的虚张声势的经验论和无处不在的唯物论的挑战的回答。从某个角度看，这些演讲是爱默生做出的错误选择，因为他所探讨的这个课题意味着要通过艰苦卓绝的努力来构建相关逻辑结构，而他对此并没有真正的耐心和天赋。但毫无疑问，这个课题对他来说十分重要。在接下来的日子里，爱默生一直在断断续续地做着这件事。虽然他1870年在哈佛大学就该课题做课程讲座时显得有些力不从心，但我们不应忽视爱默生对这一努力的重视。在很多方面，“智力的自然史”的演讲继续并深化了爱默生在《自然》中提出的一些问题；同时，它们也延续了他将文艺与科学结合起来的毕生渴望。即使爱默生从未在这一课题上获得令自己满意的结论或成就，但他还是得出了一些了不起的论断。爱默生已经意识到了哲学家们在获得某种知识的欲望中存在的问题，以及斯多葛学派在“担心的是行动，而不是知识”这一回答中所存在的问题。他在“智力的自然史”的演讲中指出：“我们真正想要的，并不是急于行动，而是要虔诚地了解行动和知识的源头。”这与梭罗在《散步》中所说的“我们能达到的最高境界不是知识，而是对智慧的赞同”的观点非常接近。因此，最重要的既不是目的也不是结果。爱默生总结道：“什么是生活？生活就是人们的视角。要衡量一个人，就看他以什么样的视角来审视客观世界。”[11]

第77章　宪章主义与革命

1848年的欧洲革命犹如一系列的火山喷发，在各国接连爆发。其中，爱默生亲眼目睹的就有两场，他对其中一场尤为肯定。但这两场革命都把他引向了自己的课题。

在谈到1848年发生的武装革命时，沃尔特·惠特曼写道：“突然间，被奴役的人们冲破束缚自己的陈腐而沉闷的牢笼，欧洲闪电般地迈出了前进的步伐。”爱尔兰爆发了轰轰烈烈的革命。意大利不愿继续忍受奥地利的奴役。2月，软弱的资产阶级国王路易·菲利普被推翻，胜利者在巴黎宣布成立共和国。在荷兰和丹麦，惊恐不安的君主们主动批准了新的民主宪法。在德意志，巴伐利亚国王路德维希被迫退位。在奥地利，梅特涅的维也纳体系在3月份坍塌了；由于德国的普鲁士国王颁布了新宪法，科苏特要求匈牙利也出台类似宪法；整个奥地利帝国在短短几天之内就彻底土崩瓦解，而首相梅特涅也溜之大吉。威尼斯再次宣布成为共和国。在之前的二十多年里，尽管来自欧洲各地的改革派们的压力在不断积聚，但起义爆发得如此突然，实在令人震惊。

同欧洲大陆一样，长期的激进主义在1848年的英格兰达到了巅峰。1848年4月10日，伦敦爆发了一场声势浩大的宪章主义示威活动，旨在赋予工人阶级权力。爱默生对宪章派的总体目标非常支持，并将这些目标与自己国家的民主潮流联系在一起。他在《英国人的特性》一书中写道："虽然英国人并不喜欢美国的社会结构，但风起云涌的商业、工厂、公共教育以及宪章运动等正在尽其所能地把英国的状况变得和美国一样。"[1]

在示威活动的前一天晚上，爱默生在伦敦郊外与加思·威尔金森（斯威登堡信徒，亨利·詹姆斯用此人的名字为两个儿子命名）共进晚餐，随后又同宪章主义资深领袖及诗人托马斯·库珀一起步行返回伦敦城区。库珀并没有参与第二天的示威游行，因为他并不赞成那种被广泛讨论的武装暴动的想法。他正在建立一个单独的、以道德说教为唯一工作方式的宪章联盟。库珀指出，在那晚漫长的散步中，爱默生"似乎渴望学到他所能学习的一切，并愿意交流他所能交流的一切"。[2]

1832年的改革法案进一步扩大了选民的特权，使英国政府的职能被牢牢掌握在中产阶级手中。在原本要收录到《英国人的特性》一书中但后来又被撤掉的《改革和宪章主义》的一个章节中，爱默生对1832年的法案解释说："改革法案夺取了隐藏在石头围墙后、绿色土墩里或被毁房子中的选举权。之前，伯明翰和曼彻斯特没有下议院代表权，但他们的工厂却在为欧洲的政治联盟提供着经济来源；现在，这两座城市各被允许有两名代表。"然而，在拥有3000万人口的英国，该项法案将选举权仅仅授予了约100万公民。宪章运动是以他们希望被获准的宪章来命名，它主要有六点主张：男性公民普选权、选区规模同等、议员资格不论财产多少、无记名投票、年度议会以及议员薪酬等。爱默生对宪章派这样描述："通过制造恐慌，他们达到一些目的，于是便希望获得更多。1848年，许多贵族和绅士们纷纷把珠宝玉器拿到市场上抛售，导致价格大跌。"爱默生指出，宪章派的要求"遭到英国贵族埃及式的强硬态度的抵制"，但他认为"他们最终会获得胜利"。[3]

4月10日，大约3万名手无寸铁的宪章运动者们聚集在泰晤士河南岸的肯宁顿公地，准备向威斯敏斯特和议会大厦进发。他们的领导人将他们自己称为"代表大会"，似乎觉得他们是在法国。费格斯·奥康纳是这次运动无可争辩的领袖，但他除了向下议院提交一封拥有570万个签名的请愿书之外，显然没有别的明确计划。奥康纳告诉欢呼的人群，下议院的重要性现在已经不及代表大会了。[4]

威灵顿公爵负责保卫伦敦。这位铁腕公爵在伦敦全境秘密派驻了整整七个英国正规军团。这些军团有很强的战斗力，正如公爵曾经说过的那样，他完全相信这些军队足可以让拿破仑心惊胆战，因为"上帝啊，他们真的把我吓坏了"。政府关闭了所有的办公机构。邮政总局的雇员们在大楼附近设置了路障，并武装了起来。英格兰银行周围用沙袋加固了防御。帕默斯顿亲自用成捆的《泰晤士报》在外交部大楼附近堆砌了路障，并用弯刀和老式步枪武装了职员。英国当局在大街上匆忙安排了17万名临时"特别警察"。费格斯·奥康纳一出现在肯宁顿公地，伦敦的警察局长就派了一名信使去见他。见到警察局长后，奥康纳被要求不准游行，并被警告已经安排了军队来对付他。奥康纳立即就屈服了，答应取消游行，由自己单独将请愿书递交给国会。返回到人群后，他用漫无目的、自私冗长的讲话逐渐透露了自己刚才的承诺。人们在犹豫不决中缓缓散开，其中爆发了几场小型冲突。随之而来的一场"伦敦式的倾盆大雨"，把这场示威活动彻底浇灭了。[5]

爱默生注意到，宪章派中没有得力的代表性人物。在笔记中，爱默生将奥康纳描述为一个“欺诈的领袖”，将库珀描述为一个“浮夸的诗人”，二人随时都会“公开地背叛自己的人民，私下里欺骗自己的人民”。同时，爱默生对那些英国作家也感到非常失望。在这一事件发生之前，他们表现得“勇敢且民主”，但在“革命来临的那一刻，他们还能算作是宪章派或山岳派吗？不，绝对不是。他们只会同富人们坐在一起交谈，只会站在富人一边。他们还能和宪章运动者们一起同仇敌忾吗？唉，他们不能……这些学者退缩了，他们加入到了富人的行列，而这么做是极其不应该的”。爱默生认为，对一个作家来说，即使他并不能全身心地支持宪章运动，即使他并不赞同那些“粗俗而血腥的”宪章运动领袖，他至少应该保持中立。爱默生本人对这些领袖的较低评价以及对他们动机的理解，让他对这一事件做出了如下总结：

> 这里的人们期待一场真正的革命，但根本不会有革命发生，也不会有值得称之为革命的东西；可能会出现的只有对金钱的争夺。我们看到，所有人想要的，不是更好的东西，而都是我们现在拥有的东西。因此，可以很确定地说，无论形势发生怎样的变化，他们都会保持旧的制度不变。[6]

1848年5月初，爱默生来到巴黎。他又去参观了巴黎植物园，但这次参观引起他注意的不是博物馆里陈列的物品，而是那里的商店和街道，尤其是那些书籍。他写道：“在巴黎，所有奇珍异宝都可以买到。”在巴黎的大多数晚上，爱默生都是同亚瑟·克拉夫一起共进晚餐的。他曾受邀参加了在德·托克维尔家里举办的宴会，他在那里遇到了德·阿古伯爵夫人玛丽·德·弗拉维尼（笔名为丹尼尔·斯特恩），她最近写了一篇关于爱默生的文章，该文章被视为法国关于爱默生的第一篇重要的作品。他见到了历史学家兼作家埃德加·基内，此人已经深受爱默生作品的影响。他还聆听了儒勒·米什莱的演讲；米什莱也是一位著名的历史学家，他的著作《人民》刚刚被翻译成英文，后来对沃尔特·惠特曼产生了重大影响。爱默生听过阿尔封斯·德·拉马丁的演讲，这是一位杰出的文学家，当时正在新成立的临时政府中担任要职。他曾三次去观看著名法国女演员拉歇尔的表演。然而，所有这一切都被5月15日的起义戏剧性地掩盖了，爱默生在巴黎的大街上亲眼目睹了这场暴动。[7]

在之前的二月革命中，路易·菲利普国王被迫退位；同时，一个由中产（或资产）阶级和代表“工衣”阶层的社会主义者或工人阶级组成的临时政府成立。但在5月份进行的选举中，资产阶级赢得了绝大多数席位，社会主义者遭受了惨重的失败。于是社会主义者开始在各个政治俱乐部中鼓动人们进行某种抗争。爱默生曾走访过几个这样的俱乐部，其中包括路易·奥古斯特·布朗基的“人权俱乐部”。布朗基和阿尔芒·巴尔贝斯共同发起了5月15日的起义。最早提出“无产阶级专政”这一概念的布朗基是一个令人恐惧的人物；德·托克维尔将他形容为一个“僵尸般的狂热分子”。布朗基则主张用暴力推翻资产阶级政权，将劳动者和社会资源有系统地进行重组；他关注贫穷的社会根源，宣扬共产主义思想。正是因为观点激进，他一生的大部分时间都是在监狱里度过的。他是一个感染力极强的演说家，是自1794年的赫伯特以来最令法国人感到害怕的革命人物。[8]

5月14日，也就是起义爆发的前一天，爱默生走访了布朗基的这个俱乐部。他对该俱乐部当时的基调进行了这样的描述：一位演说家说，“富人为什么害怕我们不保护他们的财产呢？我们当然会非常小心地保护那些财产，相信它们很快就会成为我们自己的”。爱默生发现，这些俱乐部都很有号召力。

人们非常认真。当受到干扰或反对时，他们会立刻暴跳如

> 雷，而这在新英格兰是无法想象的。他们的装束也让人不寒而栗。在整个法国，所有的男士都留着山羊或狮子般的络腮胡须，而在巴黎的大部分人都穿着某种统一的制服，红色肩带，红色帽子；工衣上也可能还系着红色的缎带，他们佩戴黄铜头盔，手握长剑，每个人的口袋里可能还有一把手枪。[9]

5月15日下午一点左右，在布朗基的带领下，数千人冲进了议会大厅。他们借口声援波兰而进行示威游行，但示威者们打破了游行原有的程序，解散了议会。随后，人群中有一部分在巴尔贝斯的带领下，向宣布新政府成立的传统地点——市政厅冲去。与此同时，政府当局设法调集了国民警卫队进行镇压。爱默生在给家人的信中写道："星期一下午，当政府的猛攻发起时，我看到大街上突然出现了大量的武装士兵，到处都是刺刀，马匹拖着大炮疯狂地冲向议会大厅。"[10]

局势顷刻间一片混乱。爱默生发现，"政府接二连三地快速发布着公告，贴满了所有大街的所有角落，急切地等待着成群结队的人们去阅读。接着，等不及了，于是手里拿着公告的信使们匆匆赶来，将公告给这一群人读完之后，又急着沿街给下一群人读"。现任政府很快就占了上风。爱默生在信中写道："在夜幕降临之前，一切都变得安全了。而我们的新政府，手里的大印尚未焐热，就被投进监狱里了。"[11]

爱默生亲眼目睹的这场5月起义只是一个开端，在6月和7月间，巴黎又发生了更为浩大的起义，人们在圣安东尼郊区和其他地方的入口处竖起了四人高的巨大路障，并进行了旷日持久的战斗，有很多人因此丢掉了性命。巴黎暴力革命的景象令爱默生十分震惊。他指出："打着火把的队伍有着逢人便杀的眼神，燃烧的油滴从火把上不停地掉落下来，手持火把者时不时地将火把猛砸在地上，然后再高高举起。"他还指出，曾经的林荫大道"失去了整齐排列的树木，都是在2月份被砍倒用作路障了。到年底的时候，我们该算算总账，看看这场革命是否值得牺牲这么多树木”。[12]

这一次，爱默生同情的是现任政府，就是在二月革命中取代了路易·菲利普国王的资产阶级政府，也是诗人拉马丁担任要职的那个政府。爱默生于5月17日写道：“我为商业主们的胜利感到由衷的高兴。”他明白，“这场革命有一个新的历史特征，即社会主义的特征”，但他当时对社会主义几乎没有信心。他写道：“在社会主义问题上，我们没有收到任何神谕，神使在这个问题上是沉默的。每次要宣布任何关于人类的真理时，我们就会马上回到个人身上。”[13]

1848年的历史事件给爱默生上了一堂重要的政治课。即使是大规模的示威游行和革命群众也能让他回到对个人问题的思考上。他离开巴黎返回伦敦，开始了准备已久的名为“19世纪的思想”的系列演讲，其中前三篇讲稿很久以后才在《智力的自然史》一书中出版。正如十五年前巴黎植物园向爱默生指明了他的道路那样，1848年的革命运动也让爱默生认识到自己的道路与时事没有关系。他在日记中写道：“这个世界总是充满幼稚，在每一次华而不实的革命或每一部新的宪法颁布之后，我们都会天真地认为这个世界不会再有哭泣了。”爱默生所说的这些，仅仅在个人层面上是正确的，可他坚持认为，从长远来看，个人层面是唯一重要的。“然而，历史明确地告诉我们，永恒的善只为灵魂而存在。就像必须放在密闭的容器里的轻油一样，它无法存在于任何社会或制度之中。”[14]

自由之科学

第78章　回国：与梭罗之争

在回国途中，爱默生反复权衡他关于英国的著作。他认为，卡莱尔依然是个最有趣的人，克拉夫显然是位最有前途的年轻诗人，而《挪威王列传》则提供了一条了解英国人性格的最佳线索。他写信给莉迪安，说自己对这次旅行毫不后悔，就是花销太大。爱默生已经有好几个月、无数个星期没有和孩子们在一起了，他对此深感歉疚。他一度“尽情地为各种才华横溢的天才所倾倒”，但“在静下心的时候，我发现自己没有得到任何益处”。尽管与那些伟大卓绝且精力充沛的人们有过种种接触，但他觉得自己“在英国几乎没有过一次真正的人与人之间的推心置腹的交谈或实质性的交往”。[1]

爱默生本以为英国并不会给他留下什么印象，但是，正如他在给卡莱尔的信中写的那样，“英国是一个成功的国家，其成功对那些在美国与我交流的人们中所产生的吸引力，远不如对我产生的吸引力大”。英国不仅给他留下了深刻的印象，而且还让他感到自己很渺小，仿佛从自己的中心迷失。还在回国途中时，爱默生在给哥哥威廉的信中列举了自己“智力匮乏”的各种症状，其中包括“目光不长远……精力不充沛，并对我们盎格鲁民族持有很大且致命的否定态度；对希腊文化、数学和政治等知之甚少”。[2]

爱默生感到自己已经失去了对生活的控制。他写信给山姆·沃德，煞有介事地说自己认为“我们属于生活，而不是生活属于我们”。爱默生的自立及自尊意识达到了最低点，甚至觉得自己有点欺骗了世人。

> 盖伊（在爱默生文学作品中常出现的另一个自我）如此幸运而出名，其秘密在于他向全人类隐瞒了自己是个令人厌烦的家伙这一事实。有趣的是，通过巧妙的安排和精准地把握时机，他竟然能让人们——包括聪明人在内——频繁且持久地相信他的聪明机智及和蔼可亲。

甚至连所做的梦也能够表明，在平静的表面背后，他其实也有很多几乎是卡莱尔式的、压抑的愤怒：

> 整个夜晚我都在怒斥某个玩弄魔术手段的无耻之徒。但不幸的是，我已经年迈无牙了，就像普里阿摩斯王一样老，甚至连话也说不清楚了。我所有的嘲讽和挖苦恐怕都无法发挥它们的威力了。然而，尽管心余力绌，我依然与之抗争，向其怒吼，致使喉咙里不停地嘎嘎作响，直到妻子把我叫醒。[3]

终于回到了美国，爱默生很高兴，毕竟自己是个美国人而不是英国人。但他总是有一种非同寻常的难以言喻的感觉。在英国时，当有人请他列举一些具有美国思想的美国人时，爱默生描述了波士顿的自由改革思想，很可能列举了布鲁克农场公社和奥尔科特创办的学校的例子。他在日记中写道：“美国的优点是无法用语言来表述的。忧郁伤感的景色，还有如宗教般悄悄潜入人的心扉的大自然的静谧，怎么能够用语言来表达呢？”爱默生与他的英国提问者都没有想到，爱默生本人就是一个典型的有着美国思想的美国人。爱默生的脑海中不断出现英美两国比较的情形，而这种比较也成为他今后许多年里一直坚持的课题。[4]

爱默生不在家的时候，莉迪安一度病得很重。她患有严重的黄疸病，不停地感到恶心。梭罗写信告诉爱默生，她浑身难受，到了无法忍受的地步。梭罗写道，她已经有一个月卧床不起了，“皮肤像藏红花一样黄”。爱默生回到家时，妻子的病情再次出现，而此时母亲和儿子也生了病。到8月中旬，在他回来两周左右的时间，三个人的病都好转了很多。莉迪安想去林恩待上一些日子。爱默生则有很多紧迫的事情需要处理。他不得不考虑接下来的演讲事宜。他还答应为卡莱尔弟弟翻译的但丁的诗集找一家美国的出版商出版。在英国时，约翰·查普曼曾与爱默生多次讨论在波士顿和伦敦这两座城市同时出版一本新杂志的事宜，以便为英国人对新的大西洋文明提供表达看法的空间。而新刊物对爱默生的兴趣远比爱默生对它们的兴趣大。西奥多·帕克正在创办名为《马萨诸塞州评论季刊》的杂志，他将爱默生列为编辑之一，并承诺爱默生会为杂志撰稿。爱默生深知帕克的精力和决心，于是收集了所有他能想到的不能创办这本新杂志的理由告诉帕克，然后敦促其“立即写信告诉我不打算停办的原因”。[5]

在国外待了将近一年后，爱默生看他的那些老朋友时开始有了新的眼光。查尔斯·纽科姆“以其敏锐的洞察、卓越的直觉、优雅的学识和天主教徒的思想”出现在爱默生面前，但爱默生对他很不耐烦。“他成为被文化宠坏了的孩子，成为艺术和文学的放荡者，对柏拉图、但丁、卡尔德隆和歌德不以为然。”他如此害怕自己内心完美的平衡被打破，以至于三年来没写一个字。“再见了，曾经帅气的天才！”爱默生在日记中写道，“我学到的只是一种对用途和价值虚伪的尊重……我们是在说一个人不该去棚子里拿一抱木材，以免这种费力的事情会破坏他内心的平衡吗？”虽然爱默生对纽科姆持否定态度，但他对奥尔科特却大加称赞。奥尔科特始终坚持完美的信念、永恒的目标和最高的标准：“奥尔科特宣称，教师是能够帮助孩子顺应自己思想的人……他坚信，在一个由二十个精心挑选出的孩子组成的圈子里，通过他们的谈话，他能够将柏拉图的所有思想总结出来。”[6]

爱默生从英国的归来，也标志着他和亨利·梭罗之间开始出现了某种严重的分歧。梭罗已经31岁了。在过去的一年里，他大部分时间都是在爱默生家里度过的，接替了爱默生的位置。梭罗很喜欢和孩子们在一起（孩子们也很崇拜梭罗），对比自己大16岁的莉迪安也心存依恋之情。早在几年前，他就从纽约给莉迪安写过一些热情洋溢的信。梭罗日记中的某些段落让很多人都相信，他是以某种复杂的、从未完全承认的方式爱着莉迪安。在1848年和1849年的日记中，梭罗写道：“别人只是我的血亲，我的熟人，而你，是我的。”“你属于我，我属于你。我无法分清自己该从哪里结束，你又该从哪里开始，我只知道当你的生命与我的生命相遇时，一切都是那么的和谐。”在这一年写给远在国外的爱默生的为数不多的几封信里，梭罗用词尖刻，且有一定的防御性。梭罗对英国的成功、物质主义、蒸汽机、发展速度、谈话方式和书籍等均持怀疑态度；对于爱默生对这一切所表现出的兴趣，他也是相当不屑一顾的。[7]

梭罗那时正在写一篇关于友谊的长文，该文被收录在《康科德河与梅里马克河上的一周》一书中。“在一个人的一生中，友谊稍纵即逝；在一个人的记忆里，友谊就像过往夏天的闪电，”他写道，“所有人都向往美好的友谊，而友谊的戏剧每天也都在上演，但上演的往往都是悲剧。”这篇长达三十页的文章，谈得更多的是关于现在所谓的亲密之情，而非人们通常所说的友谊之情。梭罗说，真正的朋友以这样的方式同他的朋友说话：

> 我不会请求你允许我爱你，因为我有爱你的权利。我爱你，不是爱你那些属于你自己的私有的东西，而是爱你身上那些普遍的、值得去爱的东西。啊，我是这么想念你……请你成为你自己。而我，绝不会成为你的障碍。

这篇文章读起来像是一封公开信，有时像是写给莉迪安的，有时又像是写给爱默生的。他为友谊设定了极高的标准。朋友之间必须要坦诚相待。“一定要小心，以免你的朋友最终学会了容忍你的缺点，这样就在你们的友情发展进程中平添了一道障碍。”[8]

在出版《康科德河与梅里马克河上的一周》这本书的问题上，爱默生与梭罗之间本就紧张的关系似乎已经彻底破裂了。尽管二人从1847年就开始努力使该书出版，但直到1849年才得以刊印。这本书的销量非常糟糕，但更为糟糕的是，爱默生似乎对该书的缺点进行过一些随意的批评。“有这样一位朋友，”梭罗恼怒地用过去时写道，“我写了一本书，想请这位朋友提一些意见，但除了满口的赞美之词外，我从未听到过任何其他内容。后来，当我们的关系开始疏远时，他又对这本书的缺点大加批判。”不管他们之间具体发生了什么事情，或者说了什么样的话，梭罗这次真的被刺痛了。“当还是我的朋友时，他却在奉承我，我从未听到过他对我的真实评价。而当变成我的敌人后，他则把一支毒箭射向了我。”[9]

这种隔阂远不是一件偶然的小事就能引起的。梭罗毫不认同爱默生新的世俗观念；他也并不认可爱默生的欧洲之行；他似乎很享受待在爱默生家里的日子，而当爱默生回来时，他一定有一种无家可归的感觉。对于梭罗的放弃和退出，此时的爱默生同样表示赞同。如果说梭罗使用了“敌人”和“毒药”等激烈的言辞，那爱默生的日记中关于梭罗的描述同样也具有伤害性：“谈到友谊，朋友和我是完全不同的人。我宁愿抓着一根榆树枝，也不会挽着梭罗的胳膊。”而他们之间的问题不仅仅是不再含蓄那么简单：

> 亨利·梭罗就像一个树神，他招揽来流浪诗人，并将其拖入一个巨大而荒芜的山洞里（该典故出自《奥赛罗》）。手里拿着藤蔓和树枝，他抹去了诗人的记忆，并脱光了他的衣服。从镇子

> 到树林的开始几步，他走得非常诱人，但走到最后，他便充满了欲望和疯狂。[10]

爱默生并不是唯一看到梭罗性格中消极一面的人。尽管梭罗斗志昂扬，风趣顽皮，热情真诚，尽管他有一些朋友，和家人比较亲近，也不乏追随者，但他却有一种严肃的巴特尔比式的冷静，这是一种如同坟墓一般的冷静。他还有一种尖刻的否定一切的态度；在这一点上，他不像爱默生，更像卡莱尔。他很少有普通人应有的温情和风格，也无法容忍普通人的任何弱点或欲望。在他内心深处，有一种重要的完全自我克制的特点。而其中最让人印象深刻的是，他似乎毫不费力就能做到这一点。梭罗的这种否定和宁愿拒绝的性格，在自己周围筑起了一堵无形的墙。爱默生钦佩梭罗，称他为康科德的圣人；他经常为梭罗辩护。他们争吵后总能重归于好，包括那些持续较长时间的争吵。他们二人都崇尚某种知识的无序状态。正如桑塔亚纳所说的，这种知识的无序状态"充满光明，其盲目性意味着绚丽多彩的幸存、复苏和新的开始"。然而，梭罗总有一些无法让人接近的地方。同爱默生一样，许多人都隐约感到梭罗身上的那种无政府主义的活力是有害的，因为它来自一口毁灭性极强的孤立之井。蒙丘尔·康韦说自己怀疑"在瓦尔登湖的中心一定潜藏着一个险恶的妖精之王的女儿，将梭罗的灵魂勾了去"。梭罗一生中写过的最好的信，就是写给哈里森·布莱克的。在认识到梭罗内心有一种强烈的否定情绪后，布莱克开始与梭罗通信。1848年3月，他在写给梭罗的信中写道："我上一次在康科德的时候，你曾提到要进一步远离我们这个文明社会。我说你难道不渴望和朋友们相处吗？你的回答基本是'不，我很渺小'。"虽然爱默生十分关心梭罗，非常欣赏他的才智和写作能力，赞扬他热爱并了解自然，但他不得不承认梭罗性格中的这一面。"梭罗没有任何欲望，这是一件很不幸的事，"爱默生说，"他不会享受美食。一个分不清冰激凌和卷心菜区别的人，一个没有体验过红酒或啤酒味道的人，你怎么能同他有共同之处呢?”心生怨气的爱默生注意到，梭罗“总是避开常人的话题，对所有来访者都会说一些桦树皮之类的话，并将他们贬得一文不值”。他感到些许的高兴，“他对铁路的用处并不比一只鸟更大”。梭罗的性格中有一种严厉的成分，这让他的学生们称他为“驯兽师”。这种严厉就像爱默生的弟弟爱德华一样。1854年的一天，当梭罗在滔滔不绝地讲话时，爱默生突然感到“他竟然和我的弟弟爱德华是如此的相似”。[11]

爱默生和梭罗对彼此都有着很高的期望。他们相处了那么多年，出现一些分歧甚至裂痕也是意料之中的。庆幸的是，这些分歧和裂痕并未导致他们关系的破裂，他们最终和解并一直保持着友谊，尽管其亲密程度不再如前了。那些尖刻的称呼，那种彼此激励又相互攻击的感觉，甚至连“敌人”这个词的使用，都证明这种友谊对双方的重要性。在所有那些愤怒、无用的坦诚、痛苦和不可能达到的高标准之后，他们俩最终都得到了对方的宽容。爱默生临终前仍然视梭罗为自己最好的朋友。梭罗也在那篇关于友谊的长文的结尾处引用“一位东方哲学家”的话说：“善人情谊虽断，但其原则犹存，是谓藕断丝连者也。”[12]

第79章　瓦尔登山脉及凯特莱

从英国回来途中，爱默生乘坐的轮船在海上遇到大雾，于是只能驶入哈利法克斯港躲避。当浓雾如剧院的幕布般卷起后，展现在眼前的是港口附近壮丽的高山、巨大的海湾以及树木繁茂的海岸，船上的人们不由得爆发出雷鸣般的掌声。大自然依然是新大陆最美的风景线。回到位于新英格兰的家里后，爱默生便让自己尽快在这片生他养他的地方再次扎下根来。每周，爱默生都有两次同诗人埃勒里·钱宁在康科德一起散步的时间。钱宁当时无事可做，正如爱默生所说，

“他是一位无与伦比的散步伙伴”。

一天，爱默生和钱宁一起在瓦尔登湖附近散步，他们从梭罗的小屋那里穿过铁轨，来到安德梅达池塘边。钱宁欣赏着这里的美景，然后提议举办一场水彩画展。爱默生则认为：

> 最好把水彩画的手法尝试着融入到写作的艺术中。这些干涸的池塘或盆地四周都是西班牙式的斜坡，有的可以从瓦尔登湖一直绵延到费尔黑文湖；在9月明朗的天空下，它们披上了色彩的盛装。就让我们的吟游诗人们以9月的瓦尔登山脉为主题，用美妙的文字在这样的斜坡上尽情地描绘吧。

过了一会儿，他们又来到高高的悬崖之上，坐在那里俯瞰壮观的河谷。四周的景色让爱默生精神焕发，他终于又找到了回到家的感觉。“难道所有这些美景都将会消失吗？”爱默生写道，

> 朗日、微风、天一样蓝的河流和河一样蓝的天空；金黄色的草地上点缀着蔓越橘采摘者们各色的口袋和被单，火红色的丛林、花岗岩色般铁灰的房子；灌木丛中的小径，而唯一对小径修剪维护的是正在那边山上吃草的那些牛儿；还有大片的野生果树林，大自然把各种可能的味道都储存在这些不同果树的果子里。难道这一切美景，就没有人留得住吗？[1]

爱默生和钱宁时不时地步行来到弗林特池塘边；在那里，“乌鸦粗狂的叫声响彻整个山谷”，地面上落满了枯叶，走上去沙沙作响。他们有时也会来到怀特湖，这是“一个小巧的印第安水塘，同曾经的瓦尔登湖一样可爱”。11月下旬，他们还曾翻越了林肯山脉的几座小山头，看到“金色的柳树、双叶松柏、古老的栗子树和一如既往的苹果树”。他们就这样走着，走过一个季节，又一个季节。那年11月是

爱默生记忆中最冷的一个月；而第二年7月则又是一个酷热难当的月份，“白天热得要命，太阳像滚烫的玻璃球在裸露的皮肤上燃烧，梨树叶子上的蛞蝓仿佛被烤得熔化成了脂肪”。[2]

散步之外，爱默生手头有各种各样的事情，忙得不可开交。他试图以查尔斯·莱恩的名义收取果园公社的欠款。他还为莉迪安脾气暴躁且爱打官司的弟弟查尔斯·杰克逊博士草拟了几份发往华盛顿的电报，杰克逊声称曾在莫顿之前就已经有人把乙醚用作麻醉剂了（他还宣称自己曾向塞缪尔·摩尔斯①说过电报的基本原理）。爱默生还以自己和哥哥威廉的名义出售了一处家产；并为乔治·布拉德福德协商购买了一处农庄。他还给远在英国的简和托马斯·卡莱尔寄去了玉米种子，并附上了栽培说明，因为英国已经不种土豆了。他还需要照料自己的果园。他正着手创办一个俱乐部，打算起名为“城乡俱乐部”。他雇了一位新的管家，并为前管家古德温太太写了一封热情洋溢的推荐信。爱默生甚至准备起诉菲奇堡铁路公司，因为他们放火烧了他在瓦尔登附近的一片林地。[3]

爱默生正在努力撰写一个主题为“英国为什么是英国”的系列演讲，并把自己的阅读体会和观察所得纳入其中。他读了罗伯特·洛斯的《威廉·威克姆的一生》、威廉·吉尔平的《森林风景》、富尔克·格雷维尔的诗集，以及亚瑟·休·克拉夫新作的六步格长诗《托布纳利奇的小屋》。爱默生还重读了古代挪威的《挪威王列传》。威廉·威克姆是典型的英国人，是一位牧师，也是温彻斯特学校的创始人。威克姆的座右铭是“不知礼，无以立也”，爱默生曾在该校大门上看到过。他还注意到，学生们每晚都会被关起来，以此来培养他们的行为举止。斯诺里·斯图鲁松的《挪威王列传》与英国的关系正如《荷马史诗》与现代希腊的关系一样。它是挪威、瑞典、冰岛和格陵兰岛等地的史诗，是北方多个海王的英雄传奇。爱默生从中摘抄了一个描写

① 人们通常认为摩尔斯电报是由艾尔菲德·维尔同塞缪尔·摩尔斯一同发明的。

奥拉夫·特里格维森国王的段落：

> 当手下划着“巨蛇”号战船（奥拉夫的战舰）快速行进时，奥拉夫国王可以在船外踏着那些划动的船桨奔跑。他能够同时舞动三把匕首；于是，空中总有一把短剑，而他的一只手总是不停地抓住落下的匕首的柄。他能够在战船的栏杆上来回穿梭，如履平地一般；他的双手同样既能击打又能砍杀，还能同时投掷两根长矛。[4]

此时，爱默生正忙着为出版《代表人物》一书做准备。关于柏拉图的那篇文章，他参考了自己所了解到的关于柏拉图著作的所有版本，包括托马斯·泰勒、维克多·库森、施莱尔马赫、阿斯特和达西尔（通过休厄尔）等学者的版本，还有新近出版的卡里的版本以及博恩图书馆里收藏的其他版本。此外，爱默生还在为即将出版的《论自然讲演集》一书阅读校样，该书将《神学院献词》和《美国学者》等他的一些早期作品同第一本书合集再版。像奥拉夫国王一样，爱默生在保持以往兴趣的基础上不断地增加新的兴趣。在那些新近问世的美国文学作品中，他最喜欢梭罗的《卡塔丁山》和霍勒斯·布什内尔的《为〈论基督教教育〉的辩护》这两部作品。他阅读了斯威登堡、普罗克洛斯和乔治·桑等作家的更多作品。他读了托马斯·斯坦利的《哲学史》，并于1849年5月开始阅读斯塔洛的《自然的法则》。他读了约瑟夫·冯·哈默的《波斯美术史》，读了亨利·麦柯马克对马可·奥勒留著作的新译本，以及阿瑟·赫尔普斯所著的《新大陆的征服者及其奴隶们》（伦敦：皮克林查托出版社，1848）。后者是一本历史修正主义的早期作品，给爱默生留下了深刻的印象。“哥伦布似乎是美国奴隶制的始作俑者。”他读完该书后写道。赫尔普斯有条理有重点的研究也影响了爱默生后来在《英国人的特性》一书中对待新大陆的“发现者们”的态度和方式。[5]

在1848年和1849年这两年里，爱默生做了以英国为主题的系列演讲，并再次就“智力的自然史”这一系列做了演讲。当爱默生年复一年地重复着后一个系列的演讲时，他的指南针又一次指向了科学及其主张这一话题。他指出，这个时代的一个重要特征就是“自然史居于至高无上的地位”。他希望能为自己所称的“伦理科学”做一些贡献。在英国时，他参观了伦敦的亨特博物馆；在新英格兰，他的朋友梭罗是令人生畏的路易斯·阿加西的户外代理人，而阿加西是美国科学新职业化进程中最重要的人物。在爱默生看来，现在的科学和曾经的神学一样重要，他赞赏地引用了斯威登堡的话：“大自然对我们的信仰要求同奇迹对我们的信仰要求一样重要。”[6]

这一时期，给爱默生留下最深印象的一本书是阿道夫·凯特勒的《论人及其能力之发展》，该书首先于1835年在法国出版，后来在1841年被译成英文。有“社会统计之父”之称的凯特勒提出了“平均人”这一概念。在凯特勒之前，也曾有过统计数据的研究，如美国的塞缪尔·布洛杰特所著的《经济学：美国统计手册》（华盛顿特区，1806）等，但凯特勒在追求所谓的“社会物理学”时，远远超出了对物理数据表格式的统计范畴。例如，他将收集到的犯罪数据作为对“平均人”进行“道德统计”的部分资料；他迫使自己的批评者们重视他的预言：从1826年到1831年间，法国每年报告的持刀杀人案件均在34到46起之间，如果社会治安等状况不发生变化，那在未来几年里肯定会出现同等数量的类似案件。[7]

凯特勒被指控为宿命论者，否认个人的自由意志。而他并不关心个人，他只关心统计数据的平均值。事实上，对凯特勒来说，任何一个特定个体似乎都是在规范基础上的一种偶然偏离。他说：“涉及的个体数量越多，个体特质——无论是身体上的还是道德上的——消失得就越多。”因此，凯特勒反对“伟人”历史观，认为天才产生于历史进程中，而他们并不能决定历史。

> 一个人无法真正对大众产生影响，因为他不可能理解大众并指挥他们去行动，除非他满怀着鼓舞大众的精神，并拥有他们的激情、想法和其他必要的东西，最终与他们融为一体。只有这样，他才能成为伟人，成为一个伟大的诗人，或一个伟大的艺术家。正是因为他是自己那个时代的最佳代表，他才被视为那个时代最伟大的天才。

凯特勒在这里把爱默生具有代表性的伟大民主思想推向了极端，从而抹杀了个体。凯特勒说过："如果我手头拥有各个领域的伟人信息，我就会将所有人类已知的历史展现给你。"爱默生其实也可以这么说。凯特勒追求的这个"平均人"的概念"对于一个国家的重要性，就如同重心对于一个身体的重要性一样"。他坚持自己关于个体作用的观点："个体的数量越多，个体意志的影响就越小。"凯特勒坚持说："非常重要的一点是，我们不应把个体看作是孤立的、分散的或单独的存在，而应将其视为一个物种极其微小的一部分。这样，抛开了个体的特性，我们就避免了所有的偶然性。"一般来说，这似乎很容易理解，但凯特勒关注的是犯罪，这就让他得出了一些非常现代的结论："社会本身包含着所有犯罪的毒苗……从某种程度上看，正是社会状况为犯罪的发生提供了基础，而罪犯仅仅是犯罪产生的工具。"[8]

在阅读凯特勒的《论人及其能力之发展》时，爱默生正在为《代表人物》的发行做准备，他决定在忽视个人作用的问题上采纳凯特勒的观点。这着实让人感到惊讶。在1849年的日记中，爱默生引用了凯特勒的话说："一切与整个人类物种相关的事物都遵循着物质世界的规律。"爱默生也喜欢凯特勒引用的拿破仑的这句话："无论我们怎样去看一个人，他都是自身物质环境与道德氛围的产物，就如同他是自己身体组织的产物一样。"爱默生不停地提到凯特勒及其作品："人们必须研究凯特勒，以便了解人类自由的极限在哪里。我们很难想象，在两万的人口规模当中，竟然会有那么多男人的妻子的辈分算起来应该是他们的祖母辈儿。”尽管我们无法预测任何的个体行为，但如果将足够数量的个体看作整体来预测他们的行为时，结果可能会令人沮丧地准确。五年后，爱默生写道：“傅立叶说，1760人中就能出现一个伟人，他应该是对的，因为我完全接受凯特勒的统计原理。”这样的接受是有后果的，甚至在1849年的时候，爱默生就曾说过：“如果我们认为人类是自由的，并且可以破坏自然的规律，那就会把人类自己置于危险的境地。”他开始认为，从自然中得出的正确的推论，是一种“美好的必然”。[9]

爱默生仍然相信——至少在不断地重复表明——“生活是一种狂喜”，且“每一个人都是一团燃烧的火焰”。虽然他觉得自己并不是那种漫不经心的观察者，但他知道欧洲有些重要的东西自己未能抓住。他现在的一些梦境也表明了这一点。1849年8月下旬，在《论自然讲演集》出版的前一周，他“昨晚做了一个漫长、忧伤且奇怪的梦，梦境中我把艾伦带到那不勒斯，后来却把她弄丢了”。9月的某个时候，这本书已经出版，他又做了一个梦，梦中：

> 我看到一匹被精心展示的精致赛马，它身体健硕，似乎专为猛烈奔跑而生。它后腿直立，前腿高高抬起，给人一种急躁不安且盛气凌人的感觉，随时都会冲出去似的。当我正要对这匹赛马表达钦佩之情时，突然听到身后有人说道：“这要是在纽约，它连最小的奖牌也拿不到。”然后，我第一次注意到，原来它只是一匹用来表演的马，根本没有向前跑过。[10]

第80章　塞里恩主义与黑格尔思想

从英国回来时，爱默生总有一种心神不安的感觉，但经过1849年的秋天和随后的那个冬天，他渐渐恢复了平衡。在黑格尔关于历史、思想的历史作用以及意识的过程等观念的激励下，爱默生开始严格地重新审视自己的很多旧的信念；这种重新认识后来在他的《命运》这篇伟大的文章中得到了充分的体现。这里，在唯物主义、宿命论和惯性原则走投无路的情况下，爱默生才提出了唯心主义、自由主义和改良主义。这种新的唯心主义与爱默生不断增加的对日常生活的关注、与无数现场观众的体验以及与那个时代日益成长的唯物主义错综复杂地交织在一起，显得那么温和得体，并在某些地方达到了一个新的高度。它是一种折中的唯心主义，是在旧唯心主义和新唯物主义的斗争中产生的新唯心主义。

这年秋天，爱默生和莉迪安达成一种新的共识，彼此间也有了一种新的和谐。爱默生赞赏莉迪安的一个针对当地送货员的培训计划，即为这名送货员支付平常的差旅费，让他去波士顿参加每个星期四举办的讲座，回来后向她汇报讲座的内容。爱默生和莉迪安一起阅读斯威登堡的著作。他不再为婚姻感到烦恼，而是发自内心地赞扬它。“爱情是短暂的，它以婚姻而告终，”爱默生写道，“不管爱情起初是为了什么，但婚姻是它追求的完美境界。婚姻的美妙只有夫妻才能体会得到。婚姻是一种彼此间完全理解、帮助和满足的关系，是拥有对方和整个世界的关系；相比之下，爱情只是一枚尚未成熟的青果。”与此同时，爱默生的生活在其他方面也开始变得井然有序了。在与钱宁和梭罗的散步中，爱默生收获颇多，他甚至开始考虑一个合作项目。11月，他开始启用一个新的笔记本（“AZ”），上面有霍勒斯和梭罗的题词。他听到了玛格丽特·富勒要回国的消息；他为卡罗琳·斯特吉斯·塔潘准备了一份书单，其中包括他最近读到的一些好的作品。[1]

1849年秋天，爱默生的主要工作是整理出版《代表人物》的手稿。这项任务不再像往常那样令他烦躁了。对爱默生来说，历史上的人物依然是一个生动的话题，即便是稿件已经寄出，他仍在脑海里不停地校对和修改。在这些事后的想法当中，其中一点就是他意识到自己没有提到斯威登堡主要的不足之处："他并未唤醒人们对虔诚的感情"，或者我们现在所说的宗教意识。他后来还认为，自己没能公正地对待"普通农民和劳动者"，他们身上有一种从未被指明的伟大。[2]

我们从哈佛大学霍顿图书馆收藏的一份并未出版的手稿中可以明显地看出，爱默生在1849年秋天就曾经写过一篇关于后面这个主题的文章。该手稿有两个不同的标题：《塞里恩主义》和《印第安塞里恩》。在这篇文章中，爱默生把加拿大的一名伐木工人——同时也是亨利·梭罗的一个朋友——作为中心人物，刻画出一个以亚历克·塞里恩为原型的具有代表性的自然的人。[3]

爱默生对塞里恩的英勇和坚强非常钦佩：

> 在对埃及葬礼的拷问中有这样一个问题：他是如何在人世间立足的？勇敢的塞里恩成功地立足于这个世界，但这在比肯大街或联合公园周围并不会引起人们的注意，甚至他的生与死也不会为人所知。但他在这个世界上认真地生活着，就像亚当、一个印第安人、一头狮子或一头公牛一样，或者就像荷马笔下的英雄阿伽门农或尤利西斯一样，将其比喻为一头公牛或狮子是非常贴切的。

爱默生对塞里恩的赞誉是因为他与自然非常亲近，"就像太阳和月亮，彩虹和洪水，老虎和闪电一样，因为和所有自然的人一样，他只是这些自然事物的形变"。[4]

塞里恩是自立者的另一个典范。"他充满野性和活力，有极强的自我生存能力"，并不需要精致的社会或优美的文学。在爱默生具有代表性的自然的人中，能够明显看到梭罗式的成分，这对亚当·斯密的经济学是一种有力的驳斥。"社会为其从劳动分工中获得的经济收益付出了沉重的代价，"爱默生写道，"倘若把一个充满力量、勇敢乐观和样样精通的印第安人同一个身心交瘁的别针、扣子或袜子工人相比，我们就会发现社会分工越精细，人们就会变得越无助。”[5]

尽管这篇《塞里恩主义》比较简短，但它表明了爱默生曾力图在他的伟人大殿中为自然的人找到一个较高的位置。他笔下的“这些新罕布什尔州和加拿大的北欧人”的形象，这些远离“城市糟粕”的乡村人形象，同莎士比亚或拿破仑一样，具有创造神话的潜力。爱默生写道：“古人在造神时，常把野兽的外形叠加在人类的身上，比如用公牛的线条来勾勒赫拉克勒斯的脖子，或者用狮子的头来塑造朱庇特的头部形象。因此，今天我们这些有教养的文明人也会羡慕农夫和印第安猎人身上那种恢宏的尼罗河般的特质。”[6]

完成《代表人物》一书的校对工作后，爱默生感到精力依然充沛，在接下来的几个月里，他的思想迸发出了充满活力和创造力的火花。在这本书即将完工之时，有两件事情影响了爱默生的思想方向。一个名叫伊曼纽·舍尔布的新邻居花了整整一个晚上与爱默生交谈黑格尔。大约在同一时间，爱默生得到并阅读了斯塔洛的《自然哲学的普遍原理》(1848)，这是一本具有浓郁黑格尔思想的书。这两件事情对爱默生产生的结果，就是他对黑格尔的思想开始有了第一次认真的思考。黑格尔思想的综合能力、同化能力以及对历史和思维过程的把控能力，都与爱默生的主张极为契合。

正是通过斯塔洛的著作，爱默生接触到了黑格尔的思想。斯塔洛于1823年生于德国，16岁来到俄亥俄州的辛辛那提，21岁时便成为纽约福特汉姆大学的物理、化学和数学教授。1848年，当《自然哲学的普遍原理》一书出版后，年仅25岁的斯塔洛便返回辛辛那提，转而从事法律工作。斯塔洛是俄亥俄州黑格尔学派组织中的核心人物，其他成员包括彼得·考夫曼、蒙丘尔·康韦和奥古斯特·维利希等。俄亥俄州黑格尔学派要比后来更为出名的圣路易斯黑格尔学派早出现很多年，后者是以威廉·托里·哈里斯和他的《思辨哲学杂志》(1867年创刊) 为中心形成的。斯塔洛的这本560页的著作分为两部分：第一部分是斯塔洛对自然哲学的纲领性评论；第二部分总结了费希特、谢林、奥肯和黑格尔等哲学家的思想。而关于黑格尔思想的那部分是迄今为止篇幅最长的论述；事实上，该书从头到尾都有明显的黑格尔思想的影响。一位现代评论家指出，“在当时所有研究黑格尔哲学的英文著作中”，该书是“分析得最为全面的一本”。[7]

斯塔洛认为，黑格尔的指导思想是“心灵或思想与那些激活整个自然世界的力量在本质上是相同的”。不管之前爱默生对黑格尔哲学的细节把握得如何，也不管他通过德语著作对黑格尔的研究有多少，但此时的爱默生显然发现黑格尔哲学与自己十分契合。爱默生对黑格尔的阐释同19世纪其他人对黑格尔的阐释极为相似。蒙丘尔·康韦的学术生涯始于阅读爱默生的《历史》一文，康韦在谈到黑格尔的思想时写道：“它的本质是一个在自然中得以体现的绝对观念，其目的在于通过自然的进步和发展获得人类的意识，然后再以思想的形式回到自身并与之进行更为紧密的结合。”1837年，卡尔·米希勒在文章中声称，黑格尔的绝对唯心主义是主观唯心主义与客观唯心主义的结合。他说黑格尔“用辩证的方法把唯心主义和现实主义结合起来，使哲学家的思想与现实的客观发展相一致”。一位现代评论家进一步解释了黑格尔对爱默生和惠特曼具有吸引力的原因：黑格尔的哲学认为，“心灵是世界的根本，自由是心灵的本质，自由在思想上表现为动态的自我发展，而不是不加甄别地遵循固定的东西”。[8]

黑格尔的思想不仅为爱默生实现旧的目标指引了新的方向，而且也促使他在探索生命的进程中做出新的努力。他从斯塔洛的著作中摘抄了一些句子：“自然的外在形态不仅仅是一种符号，而且也是其内在生命的无声表达。”“任何事物均存在于它所表达的生命之中。”“物质的量和质的存在是一个不断逃逸它自身的过程，是一个永不停息的、连续的渐进过程。”[9]

在1849年到1850年的这个冬天，爱默生的思想中至少有三个方面重要的新发展可以追溯到他对黑格尔新的热情以及对德国唯心主义的重新认识。其中一个方面，是现代（非达尔文主义的）科学思想史的观点，这种观点也可被视为来源于《圣经》或类型学思想。爱默生认为，“正如在地质结构中呈现的那样，物质形态或类型的实际形式在连续的不同历史时期变得清晰透明”，他将这种观点从谢林追溯到奥肯，再追溯到黑格尔、歌德和杰弗里·圣·希莱尔，最后追溯到路易斯·阿加西。阿加西曾在“关于历史时代的普及演讲中试着论述过这一话题”。

对自由思想新的兴趣是爱默生的思想中与黑格尔相关的第二个新发展。爱默生了解到，黑格尔的另一部名为《历史哲学导论》的著作近期被翻译并刊登在赫奇的《德国散文作家》（1848）中。黑格尔在这部作品中说：“自由意识的发展构成世界历史。”黑格尔在引言中总结“诠释精神的历史”这一节时说：“社会体制告诉我们，东方社会只知道一个人（皇帝）是自由的，希腊和罗马社会知道一些人（统治阶级）是自由的，但我们知道，就其本质而言，所有人都是自由的，只要是人，就是自由的。”[10]

这一时期，爱默生提出了一个同样伟大的历史发展理论。尽管他的这个理论所涉及的时代和侧重点有所不同，但同样离不开黑格尔思想的影子。爱默生将历史划分为三个不同的时代：首先是希腊时代，即“人类将自然神化”的时代；然后是基督教时代，其间，“灵魂的地位开始凸显，它视自然为邪恶，并渴望一个脱离自然并高于自然的天堂”；再是现代，我们沿着曾经的足迹再次回归到自然。但爱默生指出：“现代的趋势是把心灵与自然结合起来，并将自然置于心灵之下。人类通过商业、科学和哲学走向自然世界。”[11]

黑格尔还迫使爱默生面对这样一个事实：他并没有找到一种令人满意的方式来解决自由与宿命论之间一直存在的、棘手的冲突问题：

> 我的几何无法测量我所看到的那些远处的极点。我确信改良的存在，这是大自然通过梨树、家畜、长期的地质演变以及复杂的种族进化等事物给我们的启示。同时，我也确信自然具有自我

平等的特性，或者说只有永远的事实才称得上事实。在加利福尼亚、希腊、犹太聚居区或者阿卡迪亚等地方，不管地区分布如何不同，都有着同等的向上的个体力量，也有着同等的削弱的力量。

首先是改良的世界，它允许选择，选择又给了自由一定的空间。而另一个世界——“自然自我平等”的世界——则是一个充满平衡和自然法则的世界，如榆树不可能自由地变成桦树。对于这两个世界，爱默生都有很多为其辩护的理由，但他坦率地承认：“我无法调和这两个世界。”[12]

爱默生在1850年2月写的日记内容充实且激情洋溢。当爱默生用新的观察方法来验证过去的信念时，他感到一种新的活力。他认识到，物质世界有着自身的基本秩序，当我们对事物刨根问底时，就会发现物质以一种并非随机的方式被建构。在恩斯特·克拉德尼的作品中，这一思想为爱默生呈现了新的生机。他写道：“在我看来，克拉德尼的实验非常重要。他把沙子撒在玻璃上，然后以和谐的节拍轻轻敲打玻璃，沙子就会慢慢呈现出对称的形态，但如果打乱敲打的节奏，沙子就会变成散乱的形状。由此看来，希腊神话中俄耳甫斯弹琴感动身边物体的故事并非无稽之谈。只要你不停地唱歌，顽石也能结出美丽的晶体。”[13]

心灵首位论最早由普罗克洛斯提出，黑格尔对此进行了肯定。在日记中，爱默生引用了普罗克洛斯的观点：“知识以求知的性质存在，而非以被知的性质而存在。”古罗马历史学家、恺撒大帝的助手撒路斯提乌斯提出了心灵是积极而不是被动的观点，他说：“心灵的本性是占有，而不是被占有。”在17世纪一位名为让·巴普蒂斯特·范·赫尔蒙特的医生的著作中，爱默生也发现了黑格尔思想中关于心灵与其客观对象之间关系的原始概念，并将赫尔蒙特的原话转述为：“理解将自身转化为被理解事物的形象。”歌德进一步肯定了黑格尔的思想，他认为人类的作用就是将自我意识赋予自然。爱默生在歌德的《温克尔曼》一文中发现了下面这段话：

> 当健康的人性作为整体发挥作用时，当人类感觉到自己作为一个巨大、美丽、坚实且有价值的整体存在于这个世界时，当和谐的幸福让人类感到自由和快乐时，宇宙——如果有意识的话——也会为达到自己的目标而欢欣鼓舞，并因自己所拥有的最高境界而赞叹不已。[14]

在乔治·艾略特的小说《米德尔马契》（1871—1872）中，有一个著名的比喻，阐释了心灵是如何创造秩序的：

> 你的穿衣镜或一个表面较大且非常明亮的钢制器具，经过女佣的反复擦洗，已经布满了杂乱无章的细小划痕。这时，如果将一支点燃的蜡烛作为发光体置于它的前面，你就会发现这些划痕好像围绕着那个小小的太阳排列成一系列的美妙同心圆。可以证明，这些划痕的排列本来并无规律，但正是因为你的烛光通过独特的光学选择，让人有一种同心圆排列的美轮美奂的感觉。我们可将这类事物视为道德寓言，划痕是事件，而蜡烛体现的则是任何人的利己主义。

一位现代哲人曾说过："我们知道自己制造什么，我们制造秩序；而古希腊人认为秩序本就存在着。"1850年，爱默生已经能够理解乔治·艾略特短暂自我的观点，但与古希腊人和现代科学一样，他也认为秩序存在于自然之中。现在，爱默生用这样一个意象对其加以说明：

> 我把世界想象成一座空荡的庙宇，每一个个体的思想都代表

着这个庙宇中神圣的一部分。每个人仿佛就是一团火焰，附着在某个柱子顶端或节点、某个装饰尖角、某个陶立克柱、某个圆形花饰或某个拱肩，在他闪烁的光芒之下，呈现出美丽和匀称的造型。然而，当火焰消失时，庙宇的拱门和凹形柱却依然美丽，并可再次瞬间点燃，向世人证明自己的存在。[15]

第81章 西部

爱默生总有一种不安于现状的个人品质。尽管他对康科德这个地方有着深厚的感情，在外地时也非常想家，但很多时候他还是要离开康科德外出旅行。从英国回来一年半后，他第一次去美国西部旅行。这个国家正在以有趣的方式迅速发展。1848年革命失败后，一些受过教育且思想自由的德国人开始离开欧洲，定居在美国的中西部。随着人们在加利福尼亚发现了金矿，耶瓦布埃纳于1849年更名为旧金山。接着，加利福尼亚在1850年成为了美国的一个州。与此同时，霍乱也开始向美国西部挺进，到1850年的时候，已经蔓延到了圣路易斯地区。还有一些加拿大人发起了一场将加拿大并入美国版图的运动。

1850年3月是一个非常关键的月份。亨利·克莱在1月份提出了关于奴隶制的妥协案，其中包括一项新的严格的《逃亡奴隶法案》。这一提案在参议院和全国引起了广泛持久且颇具戏剧性的辩论，需要到9月份才能最终通过。整个美国群情激昂。卡尔霍恩领导的团体希望看到美国有两位总统，即一位北方总统和一位南方总统，各自拥有否决权。克莱试图尽力拯救联邦，但他坚持要通过一项法案，允许在自由州追捕逃亡的奴隶。3月2日，愤怒的沃尔特·惠特曼写下了他青年时期最后一首押韵体诗《面团脸之歌》，对南方的政治家们进行了猛烈的抨击："我们的脸如温顺的面团，任他们用拳头随意揉捏。"五天后，为了拯救联邦，丹尼尔·韦伯斯特也同克莱联合起来，用他的声望支持《逃亡奴隶法案》。这让北方的废奴主义者们极为震惊。为此，惠蒂尔写了一首名为《伊卡博德》的讽刺诗，痛斥韦伯斯特的“背叛”行为。3月22日，由于对韦伯斯特的变节行为感到无比愤怒，在事情不断发酵的巨大压力下，惠特曼永远抛弃了传统的韵律诗体，创作了他人生中第一首自由体诗。这首诗不仅彻底改变了惠特曼的创作风格，同时也改变了美国的现代诗歌，就像内战改变了美国人的生活一样。这首发表在《纽约论坛报》上的诗名为《血钱》，诗人把韦伯斯特比作犹大：

那是在古老的年代，
俊美的上帝耶稣即将完成人间的使命，
犹大叛变并出卖了这位神圣的青年，
用其血肉换得了金钱。[1]

就在南北双方辩论期间，爱默生写信请他的朋友亨利·詹姆斯帮忙在纽约安排一些演讲。随后，他在那里发表了一系列非政治性的演讲，包括“自然贵族”“最高级”“口才”和“书籍”等。这些演讲受到听众们的热烈欢迎，甚至连前总统范布伦也出席了其中两场。此外，他又从纽约写信给费城的弗内斯，询问是否可以在那里也为他安排一些演讲。在这两个城市演讲期间，虽然常常疲惫不堪，但爱默生一直坚持给家人写信。这次旅行的主要目的就是赚钱。5月，爱默生收到前往辛辛那提演讲的邀请。于是他抓住机会，在一周内便动身向西出发。他先是乘火车到达布法罗，然后又登上驶往俄亥俄州桑达斯基的“美洲”号汽船。在写给妻子的一封生动的长信中，爱默生清楚地表达了自己旅途中的激动之情。但汽船在途中不幸失火，紧急停靠在克利夫兰。所有乘客都上岸后，消防员在船舱里奋战了三个小时，才最终保住了这艘船。当人们在乘客中发现爱默生后，热情地邀请他发表演讲，于是他在当天晚上发表了一篇即兴演讲。[2]

爱默生从桑达斯基乘火车穿过俄亥俄州一路南下，来到位于该州西南角的辛辛那提，俄亥俄河正好流经该市。他发现那里的森林与新英格兰的森林大不相同，到处都是“山毛榉、大片的黑胡桃树、橡树及岩枫树，还有盛开的七叶树，以及开着白色花瓣和红色花蕾的山茱萸”。俄亥俄州西部的农场到处都能看到“用木头搭建的小屋和库房”。在那里，绵延上百英亩的农田很常见，爱默生还听说有一块农田有足足1000英亩大。这里属于河洼地带，土地肥沃，根本不用施肥。[3]

辛辛那提是一座蓬勃发展的城市，人口已经从十年前的3.6万增长到当时的12万之多。爱默生下榻的酒店“金碧辉煌，是我见过的最华丽、最宏伟的建筑”。在发表完准备的系列演讲之后，他又应要求发表了几篇关于“智力的自然历史”的演讲。报纸上对他的评论一如既往地褒贬不一。但这次经历让爱默生深受鼓舞，在之后的多年里，他曾多次回到辛辛那提演讲。[4]

在辛辛那提东北35英里处，有一个名为古塞的地方，是霍普韦尔印第安人最古老的遗址之一。爱默生跟随团队参观了古塞。它是整个俄亥俄州和密西西比河谷发现的一万多座史前建筑中最引人注目的建筑之一。该要塞可追溯到公元500年左右，属于霍普韦尔印第安晚期。古塞坐落在沃伦县小迈阿密河上面230英尺高的一片狭长高地上。其城墙高度从6英尺到20英尺不等，厚度达数英尺，总长度超过3.5英里。城墙环抱了三片互相连接的区域，面积有100英亩左右。早期的白人定居者们认为，他们遇到的那些野蛮的印第安人绝对不可能建造出这样宏大的工程，于是关于土城建造者的神话便开始流传开来，有人认为它是一个早期种族——或许是一个失踪的以色列部落——建造的。[5]

爱默生参观这个要塞时，近年成立的史密森学会已经在两年前出版了斯奎尔和戴维斯合著的《密西西比河谷的古代遗址》一书。斯奎尔认为，这些土城的建筑者与南美的土著文化之间有一定的联系。在

47岁生日那天，爱默生参观了“三千年前居住在这个国家的古老民族的古老土城”，并久久凝望着“这座长长的护墙顶端”的那些古树。他说这“让我常常想起在英国参观巨石阵的情景”。他并没有提及那些关于白皮肤的土城建造者的神话，或许他也知道斯奎尔和戴维斯的那本书，但他绝不会想到现代考古学家们竟将美洲的霍普韦尔文化和阿登那文化与英国的巨石阵和埃夫伯里紧密地联系在一起，以至于人们能够用前者的文物来解读后者。[6]

在辛辛那提的系列演讲结束之后，爱默生就自由了。他本可以回家，但还是决定借此机会好好旅行一回，他想看看这个国家的其他地方。爱默生在家信中写道：“我恶补了西部的地理知识，购买了地图，为的就是在有生之年能够看到真正的大草原。”他跟随一个17人的旅行团前往肯塔基州的猛犸洞。先是乘船沿俄亥俄河航行315英里，途经路易斯维尔，来到印第安纳州的埃文斯维尔；然后又搭乘一艘小船沿格林河和巴伦河逆流而上，经过150英里的航行抵达鲍灵格林；之后再乘坐30英里的长途马车，最终到达猛犸洞。在格林河上：

> 我们一路上惊扰了一群又一群野鸭……野火鸡在我们面前扑腾着翅膀，从一棵树上飞到另一棵树上。在河流偶尔变宽的地方，长长的水面上淤积着层层叠叠的枯枝烂叶，它们紧紧地缠裹在一起，河水无法将其冲走。若用一根木棍搅动，就会释放出大量的沼气。要是将其点燃，就会让整条河流燃烧起来。[7]

爱默生上一次作为一名纯粹的观光客，还是在早期赴意大利旅行的时候。就像他之前曾对卡皮托利尼博物馆大加赞赏一样，爱默生对猛犸洞穴的描述充满了惊叹和赞美之词。他在山洞里花了整整14个小时，走了18英里远。在孟加拉灯和罗马蜡烛的光线的映衬下，他们欣赏了无底坑、藏棺室、回声河和炼狱等奇观，还穿过了一条叫作克利夫兰密室的长长的通道。爱默生说：

> 山洞的墙壁上到处都点缀着漂亮的鲜花和典雅的花饰。在这里，我终于弄清楚一件事情，那就是议会大厦柱子顶端的螺旋形和叶形装饰并非源自任何一篮爵床科植物，而是源自山洞里的花朵。

大伙儿在这个地下洞穴待了整整一天。“我们在9点半才走出洞穴，回到温暖的夜色中。此时，天上正下着急雨，而一场持久且猛烈的雷雨刚刚过去，但我们却一点儿也不知道。我们失去了‘光明的一天’。”[8]

离开了猛犸洞，爱默生搭乘驿站马车来到肯塔基州的埃迪维尔，再乘船沿坎伯兰河顺流而下抵达伊利诺伊州的这座位于俄亥俄河边的帕迪尤卡小镇。途中，他经过一个名叫开罗的小镇，这是一个“虽然只有十条小巷，但到处都是出售水手用品的商店和摆满法罗牌戏赌桌的”的小镇。那里“看上去唯一适合住宿的地方似乎就是……一艘停在岸边的引擎已被卸走的旧汽船，它被改装成街上最脏的寄宿房间”。船上的生活十分艰苦，但也只能将就。“这些小船造价低廉，非常简陋，和‘宫殿’根本不沾边，只能算作是从一个港口到另一个港口的水上交通工具而已，且通常都是缺失一两个轮子。”因此，汽船事故“就像蚊子一样常见”。仅在1849年5月17日至1850年5月17日的一年的时间里，圣路易斯就有47艘汽船被烧毁。[9]

刚过开罗，俄亥俄河便汇入了密西西比河。眼前的景象让爱默生惊叹不已：“宽阔的水面，巨大的漩流”，以及低矮的海岸。他描述了“密西西比河的浩瀚无垠”，巨大的岛屿，还有遥远的两岸。爱默生发现，它是“最美的河流，两岸看不到城镇和房屋，到处是平坦无边的森林，河面上几乎没有什么船。我感觉我们一直行驶了一百多英里，才遇到了一艘汽船”。[10]

在爱默生抵达圣路易斯的时候，来自亚洲的霍乱也刚好蔓延到这里。这场瘟疫首先于1844年在土耳其斯坦爆发，1846年传播到巴格达，1847年蔓延到俄罗斯，并于1848年抵达英国的爱丁堡。接着，又从爱丁堡蔓延到北爱尔兰的贝尔法斯特，并在一个月内来到纽约的斯塔滕岛。到1848年12月的时候，它已在新奥尔良登陆，并开始沿密西西比河向北挺进。对于此病，人们束手无策。一旦感染，便开始腹泻和呕吐。该病症状十分明显，非常可怕："病人眼圈发黑，皮肤冰凉潮湿，全身抽搐，身体扭曲变形，无助地躺在那里痛苦地呻吟，而脉搏微弱到几乎消失……常常因'脱水'而死，但肠胃却淤积了大量的液体。"[11]

而爱默生对瘟疫的描述却很简单："我在圣路易斯住的酒店里发生了霍乱和死亡的事情，在我搭乘的汽船上也出现了这种情况。"返回家时，爱默生从圣路易斯走的是水路，他搭乘"昌宏"号客轮逆流向北一直航行了450英里，沿途经过密苏里河岸的汉尼拔、伊利诺伊河边的昆西和诺沃、艾奥瓦州的基奥卡克，最终到达伊利诺伊州的加莱纳，这里离威斯康星州的边界已经很近了。从这里，爱默生走陆路到达芝加哥，随后又来到底特律，再转乘轮船抵达布法罗，最后乘火车返回家中。[12]

美国西部地区令爱默生着迷，而且这种感觉与日俱增，并很快在他的想象中成为同旧英格兰相抗衡的主要力量。爱默生深深地爱着西部，每年巡回演讲时几乎都要返回那里。他对河船上的赌徒们很感兴趣，他们是"自称彼此完全陌生"的专业人士，"当被问到任何关于某条河流的情况时，他们的回答都是自己'以前从未来过这条河'"。爱默生指出，圣路易斯的人们"已经感受到了来自太平洋的气息"。他还注意到，"那里的人们的计划和做事都比较夸张"，更不用说他们的语言了。爱默生说："他们说有一种吃水很浅的小船，甚至可以在较多的露水里航行。"在其他地方，爱默生还听说龙卷风把一个孩子卷起来带到几英里远的地方。"这还不算完，很快，我又听说另一场龙卷风推着一把犁在田地里翻出一道犁沟，它和你见过的最完美的犁沟没有什么两样。”[13]

不可否认，西部脏乱不堪。“每个人膝盖以下都沾满了泥巴，乡间的煤烟熏黑了他们的衣领。”但西部同时也是一个壮丽秀美的地方。“这里的每一个人都是国王，”他写道，“在辽阔的大草原上，牧人手中的鞭子就是他们的权杖。在许多赶牲口的人的脸上，我看到的是非凡的坚定，这是一种独立和自豪的神情，它值得上10万美元。”有一天，爱默生经过一大片田地，有人告诉他，那属于一个名叫雅各布·斯特朗的人。雅各布可以说是那些新西部人的一个缩影，他拥有4万英亩的土地，成天骑在马背上，用两只大勺喝着牛奶和米粥；他心目中的伟人既不是柏拉图，也不是莎士比亚，而是“站在一大群牛中间将它们分开的人”。[14]

第82章　玛格丽特之死

在国外待了四年之后，玛格丽特·富勒于1850年5月17日搭乘美国的“伊丽莎白”号帆船从意大利的里窝那起程回国。她可能已经嫁给了陪她一起回国的意大利贵族奥索里。和她一起回国的，还有一个两岁的儿子。她曾积极参与了1848年的罗马革命（以失败告终），并就此话题写了一本书稿。对于这次旅行，玛格丽特屡次预感到会有灾难发生。她写道：“我总有一种奇怪的恐惧感，各种不祥之兆叠加在一起，让我有一种黑暗的感觉。”她唯一的安慰是，如果真的发生了灾难，“我将与我的丈夫和孩子一起死去。这样，我们将一起被送到一个更幸福的国度”。她认为，自己的生命始于遥远的海岸，就像希腊悲剧一样有规律地一幕幕上演。她写道：“我别无选择，只能接受命运之手把我一页页翻开。”[1]

7月18日，帆船离新泽西海岸已经不远了。但这一天海上起了大雾，东南风的风速达到了每小时17到21节。随着夜幕降临，风力开始逐渐增强，并在午夜时分达到了飓风的速度。船长班格斯虽然收起了风帆，但却让航船继续行驶，因为他相信很快就能看到纳瓦辛克灯塔，然后就可以顺利地驶入纽约港。但是他的航向过于偏北，而且航船实际的行驶速度比他想象的要快。19日凌晨4点左右，船在离纽约的火岛不远的地方撞上了一片沙洲，剧烈的撞击将乘客们从铺位上抛了出去。随之而来的巨浪将船尾掀起，使之旋转到侧面并猛烈地摔在沙洲上。货舱里的卡拉塔大理石也震碎了，从船的侧面甩了出去。帆船斜躺在那里，一侧的栏杆紧贴着沙洲，桅杆已经折成两截，飓风卷着海浪不停地撞击着船体。潮水也在不停地上涨，这意味着海浪对船体的冲击力度会越来越大。[2]

人们在天亮时才弄清楚，原来他们离海滩仅有几百码的距离。但是，他们既没有等到帮助撤离的冲浪船，也没有看到信号枪发射的求救信号。相反，沉船上的乘客和船员们——其中仅有不多几人侥幸生还——看到当地一些沉船拾荒者已经迫不及待地从尚未结束的灾难中掠走了第一批“战利品”。有人试图说服玛格丽特·富勒·奥索里抓住一块木板求生，但她不愿与丈夫和儿子分开。她两岁的儿子尼诺在巨浪中几乎没有生还的可能。在最后关头，当船头的水手舱被一股巨浪冲垮时，一名水手抓起尼诺越过船舷游了出去，但两人均未生还。玛格丽特和丈夫都在这次沉船中遇难，尸体一直未能找到。在最后时刻，有人看到玛格丽特“穿着白色睡衣坐在前桅底端，头发松散地垂在肩上”。[3]

后来，爱默生在日记中写道：玛格丽特死在了“眼看离海岸只有60杆远的地方。最终，她的祖国无情地抛弃了她，抛弃了这个勇敢坚定、敏锐善辩、造诣深厚且忠贞不渝的灵魂”。他指出，有关富勒的婚姻和孩子的谣言令人惊讶。“胆小鬼们会说：我们该怎么办？既然她带着丈夫和孩子回来，我们该怎样对待她呢。但是，在美国，她只要张张嘴，就有伟大的成就等着她……因为她具有一种美国所需要的推动力。”爱默生对伊丽莎白·霍尔的评论非常赞同，并抄写下来：

“富勒是一位最伟大的女性，她并不想扮演一个男人的角色。”就像一名家庭成员死亡一样，富勒的死给爱默生带来了沉痛的打击。“我失去了一位懂我的读者，”他写道，“现在总是在告诫自己，可能所剩时日不多，我一定要抓紧工作。”[4]

威廉·亨利·钱宁提议出版一本关于富勒的回忆录，爱默生立即对这一计划表示欢迎。“是的，必须要为‘玛格丽特和她的朋友们’写些什么，但不能草率和仓促。这是美国史的一条基本线索。”爱默生清醒地意识到，富勒的《1848年罗马革命史》手稿也会一同丢失，他让梭罗前往沉船现场的部分原因，也是想看看能否找到手稿，哪怕一部分也可以。当然，拟议中的回忆录无法取代她丢失的历史手稿，但它或许能够为世人展现富勒的个人形象，而这在她已出版的四本书中是找不到的。贺拉斯·格里利也认为有必要出版一本回忆录，而迫不及待的纽约出版商则想在9月份前就出版该书。[5]

爱默生立即启用了一个新笔记本，开始记录富勒生活和写作的细节和动机。笔记本的开头便对富勒生命中最后一次投身于公共事业的激情予以肯定。这个笔记本的座右铭来自维吉尔《牧歌》中的第一首诗：“是什么要紧事把你带到了罗马？是自由。”富勒生前一直对阳刚和阴柔这两种特质如何能共存于大多数人的天性之中很感兴趣。爱默生抄写了她在1844年写的一首诗中的一部分：“倘若凝视你的脸庞（月亮），/就会发现你如我一样的秘密，/因为男人是透过女人的微笑来看世界。”同富勒一样，爱默生也对人神各半的状态很感兴趣，富勒将其定义为“为力量而产生的活力”。同山姆·沃德一样，爱默生也为无法胜任眼前这个任务而深感苦恼。沃德问他：“你该怎样描述一种力量？你又该如何刻画玛格丽特的一生？”爱默生回答说：“好吧，问题本身就是对她的某种描述。”正如爱默生所理解的那样，富勒有一种结交朋友的天赋：

她是一位如此快乐的客人，总是给人们带来诙谐、趣闻、爱

> 情故事、悲剧以及神谕。她似乎是某个爱的议会的女王，在她那张包括众多好友的关系网中，掌握着打开信任之门的所有钥匙，并且能够关注到每一个问题。

尤其重要的是，爱默生敏感地认识到富勒对完全亲密感的付出和索取。“她同朋友之间的那种完全信任的亲密关系，似乎让双方都能分享彼此的全部阅历和一切真理，却又不会妨碍她对其他朋友的忠诚。”对此，爱默生希望表达的是富勒在友谊方面的丰富的情感、无尽的财富和永久的承诺。“对于她那丰富的思想来说，生活从来不会因为无所事事而度日如年。作为一个与她频繁相处了十年的密友，从1836年7月开始一直到1846年8月她离开美国为止，每次见到她，我都会为她增添的新的力量而感到惊讶。”[6]

《玛格丽特·富勒·奥索里回忆录》最终于1852年2月出版。这本由爱默生、詹姆斯·弗里曼·克拉克和威廉·亨利·钱宁三人共同编辑的两卷本的回忆录，是人们了解富勒的一生不可或缺的参考资料。近来，一些评论家们抱怨说，该书的编辑们“有意回避她的性生活、她阴郁的性格缺憾以及她越来越激进的政治观点”。钱宁、克拉克以及爱默生共同让富勒看上去“在知识层次上更加安全，在性生活方面可以接受，在婚姻家庭方面比较正常，在儿子的事情上是合法生育”。但是，在这本回忆录中，他们并没有对她进行任何卑鄙或恶意的诋毁，既不像鲁弗斯·格里斯沃尔德病态地歪曲爱伦·坡那样，也不像奥利弗·温德尔·霍姆斯后来试图伪造爱默生关于废除死刑的观点那样。当然，这本回忆录的编辑们对档案材料缺乏基本的尊重却是事实。为了迎合出版商，他们对富勒本人的手稿随意删减和拼凑，造成了惊人的破坏。但爱默生在引用富勒的文字时却特别小心，力图做到准确无误，而且他的编辑选材也完全符合当时的标准。三人的这部作品可与富勒本人编辑的艾克曼的《歌德谈话录》（爱默生认为，从某种程度上讲，这是富勒最好的一本书）相提并论。富勒在这本书中不但将艾克曼访问意大利的所有内容都删掉了，而且还经常压缩艾克曼的谈话，甚至有时还压缩了歌德的谈话。虽然《玛格丽特·富勒·奥索里回忆录》并不十分完美，但它却代表着一种爱的付出。[7]

爱默生对这本书抱有很大希望。与其写作相比，富勒的谈话更加精彩，这是大家的共识；富勒本人也是这么想和这么说的，爱默生对此也非常清楚。爱默生的想法是，从富勒精彩的日记和著作中，从她妙趣横生的谈话中，从她茶余饭后的闲聊中，以及从她的信件和自传的片段中，提炼并创作出一个活灵活现的处于最佳状态的玛格丽特·富勒的形象。他告诉山姆·沃德，这本书必须要写得“充满激情，要用《斯匹里底翁》甚至是‘贝婷’的语调来写，绝对不考虑威利斯先生或卡莱尔先生，也肯定不谈及波士顿或伦敦”。第二天，他写信给卡罗琳·斯特吉斯·塔潘，说这本书“必须用《斯匹里底翁》或者‘贝婷’，最好是但丁那种勇敢的语气来书写，还要有诺瓦利斯意义上的神秘感，也就是说，她与世界好像是一对恋人”。这些评论和比喻能够让我们很好地认识到爱默生对这本回忆录所寄予的厚望。这里所说的诺瓦利斯，指的是他的那本著名的浪漫成长教育小说《海因里希·冯·奥弗特丁根》。小说的主人公进入的并非世俗的世界，而是更高层次的真理世界，那里的语言都充满了神话。这里的但丁，是指他的抒情诗集《新生》。爱默生想的是，以叙事的形式来书写——有时甚至是虚构——人生旅程的精神自传，其中爱情和友谊处于中心地位。《新生》是关于爱情强烈情感的伟大诗章。“贝婷”则是个人亲密关系的最佳表达方式和书信表达的最强能力的速记。《斯匹里底翁》是乔治·桑的一部关于精神重生的怪异却充满力量的小说，也是富勒另一部最喜爱的书。故事以天主教方济会修道院为背景，讲述了一种新的人类宗教的秘密发现和重新隐匿的故事；这种宗教诞生于基督教的体制之中，但又与之奋力斗争。这几部作品的共同特征，就是它们都充满了炙热的感情和激昂的精神，充满了一种对亲密情感及属灵真理的不可抗拒和充满冒险的渴望。很显然，这也是爱默生对这本书所深深期望的。[8]

第83章　悲剧

年仅40岁的玛格丽特·富勒的去世对爱默生是一个沉重的打击。当然，他的第一任妻子、两个弟弟以及第一个孩子的去世都给他带来了巨大伤痛，但他都已从中振作起来了。不知为什么，这次玛格丽特的死却让他措手不及，毫无防备。富勒的离去迫使他直面自己，直面生活中他强烈地意识到却又匆匆忽略的一面。我们很容易将这种意识称为一种悲剧感，但在爱默生身上，它并没像古典悲剧那样既具有明确的形式，又产生了救赎的升华。他有的只是一种感觉，一种认为宇宙在根本问题上出了差错且事物的核心缺乏某种基本的元素的感觉。亨利·詹姆斯年长一些，是爱默生的朋友，他曾这样描述自己对内心空虚的认识：

> 一个人只要拥有十几岁孩子的智商，就会觉得生活并不是闹剧，甚至也不是高雅的喜剧；相反，它于最深邃的悲剧深渊中开花、结果，因为它的根就埋藏在这充满空虚的深渊里……每一个能够理解灵性生命的人，都拥有一份上帝赐予的遗产——一片尚未被征服的森林，那里有野狼令人恐怖的嚎叫，有夜莺喋喋不休的喧闹。

这种空虚感同充实感和可能性相对立。对于此时的爱默生来说，甚至连记忆都成为一种负担："那些一直活在当下的人，我说，该是多么幸福啊！他们从不去回忆，或只是懊恼地想：'哼，报仇的事以后再说吧。'"[1]

怀着极大的自豪感和喜悦感，爱默生密切地关注着孩子们的成长。但同时，他也有一种忧虑感。这一年，艾伦11岁，伊迪丝9岁，而爱德华也已经6岁了。孩子们虽然都顺利地度过了5岁这道坎（正是瓦尔多夭折的年龄），但平日里的生活也需要他们付出很多代价。爱默生写道："我们怀着怜惜的心情注视着孩子们，想要看看他们自我愈合的能力怎么样。"爱默生考虑的是他们在"被父母或彼此伤害时、在学校成为成绩最差的学生时以及在学习竞争或与同伴的游戏中落败时"的情形。想到这些，他可能会情不自禁地想起自己的那几个同胞兄弟：

> 如果他们情绪低落，回到家躲在自己的房间里依旧纠缠于所遭遇的不幸（其实本来不算什么），那他们就很难面对生活的考验。但如果他们能放飞情绪，拥有应对失败的能力，就会大大减轻不幸对他们的影响……伤口会很快愈合，身上的肌肉也会变得更加坚韧，不容易遭受到新的伤害。[2]

爱默生本人具有超常的自我愈合能力，但它使用得越频繁，愈合的速度就越慢。随着年龄的增加，受到的创伤也不再像年轻时那么容易愈合，于是积累得越来越多。富勒的离去以及玛丽姑妈的远离让爱默生觉得，"我生活中最需要的是一个能够让我做我能做之事的人"。他钦佩尤利乌斯·恺撒这样既富于活力又成就伟业的人。罗马诗人卢卡曾评论恺撒说："在他看来，一件事情只要部分未完成，就意味着整件事都未完成。"多年来，爱默生一直把日子视为诸神，每天都会按照各自的接受能力赋予我们不同的礼物。但他有时也可能会说："你会觉得，每个新的日子都只是那永恒哀号中又一声刺耳的尖叫。"[3]

这一年，爱默生的阅读像往常一样涵盖了大量的主题，其中有些主题让他越来越变得愿意直面生活中不美好的一面。从奥兹曼迪亚的角度，爱默生阅读了威廉·察恩的《庞贝与赫库兰尼姆装饰精粹》

（柏林，1829—1842）、查尔斯·费罗斯的《爱奥尼亚纪念碑详述》以及奥斯丁·莱亚德的《尼尼微古城》。在西部巡讲期间，爱默生研究了弗里德里希·特奥多尔·费舍尔五卷本的《美学或美的科学》（鲁特林根，莱比锡，1846—1854）（在没有英文译本的情况下，他当然也可以阅读法文和德文书籍）。另外，爱默生开始阅读约翰·查理·弗里蒙特的作品，阅读阿加西的《苏必利尔湖》（其中主要的叙述部分由卡伯特撰写）和1849年的《印第安事务报告》（1850）等著作；从中可以看出他对美国的兴趣正在增加。爱默生还阅读了夏洛特·勃朗特的《简·爱》和《雪莉》，以及萨克雷的《名利场》。他发现丁尼生的组诗《悼念》缺乏真正的抚慰的力量，认为它不过是“有良知的一神论者在第一周的哀悼中惯用的抚慰之词罢了”。[4]

只有那么几本新书能够引起爱默生较为认真的关注。其中就有詹姆斯·安东尼·弗劳德的恐怖短篇小说《信仰的因果》。这部小说对基督教进行了简短而无情的抨击，而它对宗教的蔑视和逆反也让作者失去了在牛津大学任教的资格。小说的基调从开始的愤怒逐步发展到最后的绝望；其论据源于悠久的自然神论的传统以及托马斯·潘恩和大卫·施特劳斯等人的著作。小说文笔优美，堪称维多利亚时代怀疑论的精品。弗劳德嘲笑他所称的“护身符式的物质主义”，并愤世嫉俗地指出“国库空虚后随之而来的道德沦丧”。小说的主人公是一个被自己的信仰、他对信仰的渴望以及他伪装的信仰所毁掉的人。当读到“既不能善良到上天堂，也不会罪恶到下地狱，我们只能在适度的愚钝中踌躇徘徊”时，读者能够从中体会到幻想破灭的滋味。在爱上一个有夫之妇后，主人公的表现既笨拙又软弱。让他“感到深深懊悔的，不是已经做的事，而是尚未做的事”。懊悔葬送了主人公后来的生活，他的一生同小说一起在没有丝毫减轻的霍桑式的阴郁中凄惨落幕：

在他生命的废墟中，荒芜的土地上散落着支离破碎的目标和

> 信条。再也没有能把他留住的希望，再也不用害怕坟墓后面是否会出现可怕的幽灵；他沉入到荒芜的废墟中，翻滚的沙土将他埋葬。[5]

此外，爱默生还读了一本克里斯托弗·哥伦布书信集。爱默生从书中摘录了一些关于哥伦布于1503年进行的第四次远征的内容，从中可以看出哥伦布记写书信的才能和对痛苦、失误和绝望进行戏剧化表达的技巧："在身陷困境、疾病缠身和每天都要面对死亡的威胁中，我感到深深的孤独。周围数百万充满敌意且残忍无比的野蛮人，把我隔绝在我们神圣教堂的圣礼之外。每一个心怀善良、真理和正义的人都会为我哭泣。"还有一封信是哥伦布后来写给西班牙国王和王后的，讲述的是他在贝拉瓜的处境：

> 在那充满危险的海岸上，孤独无助的我高烧不退，疲惫不堪。所有逃生的希望都已破灭。我费尽全身力气爬上轮船的最高处，泪流满面地用颤抖的声音向指南针所指的每个方向呼唤陛下的将士们前来救援，但得不到任何回应。最后，我筋疲力尽，呻吟着睡着了。睡梦中，我隐约听到一个充满同情的声音对我说："愚蠢的人哪，还不赶快信奉你的上帝？那万灵之上帝！他为你做的不比为摩西和大卫所做的多多少。"

哥伦布不但高调地表达了自我怜悯之情，而且还把自己比作接受上帝旨意的其他伟人，这一切都深深地触动了爱默生。哥伦布和弗劳德的作品为爱默生提供了新的视野和看法，这与人们脑海中那些爱默生式的东西背道而驰。爱默生对这些作品的兴趣，表明他越来越愿意面对另一个经验的世界，一个充满失败和绝望的世界，一个比他预想的更加宿命、更加不自由的世界。[6]

对于宿命论，爱默生开始越来越多地从科学而不是神学的角度来看待它。科学的前提在于所有现象都受可发现的规律的支配。凯特勒的统计原理就是力图发现支配人类生活规律的一个尝试性成果。现在，即1850年，爱默生正在阅读林奈的《植物哲学》（斯德哥尔摩，1751），它是人类试图了解隐藏在看似混乱的自然现象背后的规律的又一次重大努力。爱默生对植物学界关于"自然"和"人为"的植物分类方法之间的争论非常关注。林奈常常被称为人为的（即无端的）方法的伟大倡导者，主张根据一朵花的雄蕊数目对植物进行分类。但林奈本人于1751年就猜到了达尔文在1859年所证实的东西。爱默生将林奈的当时评论摘录下来："自然的方法（即通过考虑植物的所有特性和差异来对其进行分组的方法）现在是，而且将来也是植物学的最终目标。"爱默生对悲剧、损失、意外和失落的感受越强烈，他就越要用科学和自己的信念来寻找潜在规律的证据。他注意到，林奈认为"所有植物之间都存在着一定的关系，就像地图上的一片又一片区域一样"。歌德声称，叶子是解开植物形态学之谜的钥匙。就像爱默生读到的那样，林奈和歌德都认定事物表象的背后隐藏着一种真实的秩序，即便这种秩序尚未被人们所发现。这种认识为人类世界带来了某种希望，尽管它只是表面的。如果世界上的自由比看上去的少很多，那对应的秩序就会多很多。[7]

第84章　生活的准则

1851年的头几个月，在撰写关于玛格丽特·富勒的回忆录，并思考美国和英国之间的关系且打算以此为题写一本书的同时，爱默生也在准备着他的第三个新项目，即题为"生活的准则"的系列演讲。该系列演讲首先在匹兹堡尝试开讲。爱默生从费城经过长途旅行，于1851年3月20日来到匹兹堡。"在火车的车厢里度过了头两个夜晚，又在运河船的地板上度过了第三个夜晚。船上本来只能睡一排人的垫子却挤满了两排人，人们不得不蜷缩着和我一样长的双腿，那景象就像是一个由长腿组成的大花环似的。”爱默生是应匹兹堡青年商业图书馆协会的邀请来做此次系列演讲的。他下榻的莫农加希拉酒店环境很好，主办方也十分和善。[1]

爱默生看到的匹兹堡并不是一座钢城，而是一座十足的煤城，在城市的活力和煤烟方面，它完全可以与英国的中部地区相媲美。爱默生所到之处，都能看到“黑色的房屋、黑色的空气，以及男男女女们黑色的脸庞和衣服”。托马斯·麦克拉思带他参观了一个煤矿，他看到一块有着5英尺厚的煤层的土地，价格是每英亩1000美元。当时煤炭的售价送货上门是每吨1.4美元，煤矿自提为3到5美分一篮。在他酒店房间窗外的莫农加希拉河上，停着一排汽船，再往前四分之一英里，便是莫农加希拉河与俄亥俄河的交汇处。爱默生还得知，在前往新奥尔良的运煤船中，每六艘中有一艘会在中途失踪。

因为爱默生尚未写好此次系列演讲的开场白，而且主办方安排在他下午4点到达后的几个小时内就开始第一次演讲，所以爱默生先是做了一场题为“英格兰”的旧的演讲，并在随后几天里发表了他的新演讲，包括“成功的法则”“财富”“经济”“文化”和“崇拜”等。这些演讲的题目，甚至包括它们的顺序，都和十年后出版的《生活的准则》一书完全相同。

在爱默生所有的作品中，卡莱尔最喜欢的就是这本《生活的准则》。不幸的是，这本书也是奥里森·斯威特·马登的最爱，他写了很多关于成功的励志书籍，包括《奋力向前》（波士顿，1895）和《踏入商界的年轻人》（纽约，1903）等。由于爱默生的后期作品对美国“镀金时代”的宣传者们很有帮助，而且他本人并没有完全否定美国的商业和世俗的成功，因此一些评论家们认为，爱默生后来的思想放弃了他年轻时坚守的唯心主义，转而拥抱了唯物主义。随着马克思主义、孔德主义和达尔文主义等学说的出现以及现代科学、现代医学、人类学和社会统计学的兴起，唯物主义在19世纪50年代迅速得到了社会各界尤其是知识界的推崇。爱默生向来既是一个肯定者，也是一个接受者。就像年轻时能够坦然接受自己是一个社会的局外人一样，他现在也能接受自己长年积累的成功。现在，在考虑和确定一个命题时，虽然他会用普通、世俗和实用的观点，即商业的观点来思考，会更多地考虑世俗和物质的吸引力，并会花更多的时间才能最终确定这个命题，但他最本质的信念和价值观从未改变。[2]

“成功的法则”是关于拿破仑的，也是该演讲系列的商品篇。在这篇文章中，爱默生探讨了天赋的价值和浅表的成功，还有他所说的“个人优势”或个性力量，以及普通权力的运用。爱默生宣称：“所有力量均有共性，即都有着共同的世俗本性。”他既关注精神的力量，也关注物质的力量，认为“各种各样的力量，善的或是恶的，往往会同时出现”。他把美国日益强大理解为一种新的力量，还警告说：“只要我们的人民还在照搬英国的标准，他们就不会真正拥有力量的主权。”他赞同画家托马斯·科尔的观点：“人类历史上最伟大的时刻就是野蛮人正好不再野蛮……又尚未进入科林斯文明……而自然界和世界上一切美好的事物都存在于这一过渡的时刻。”爱默生在这里所说的力量既不是肉体的力量，也不是精神的力量，而是造就成功的意志或性格的力量。他感兴趣的是执行力，即将一个人的方案或意图付诸实践的能力。他说：“很少有人能够迈出从知识到行动的这一步，而这正是从低能愚笨走向累累硕果的关键一步。”[3]

“生活的准则”系列演讲包含了爱默生自19世纪40年代中期以来对生活的感悟。在演讲中，他频繁使用了果木栽培的意象，这是受到他自己长期料理果园的影响。此刻，他对专注的比喻是严格地修剪果树，“迫使树液的精华集中到一到两枝充满活力的枝条上，而不是任其随意流入一些细枝末节中”。在其他地方，爱默生把成功人士比作“茁壮的大树，任何冰雪、老鼠和蛀虫都无法阻挡其生长”。[4]

该系列中《财富》这篇演讲稿最容易被曲解为爱默生关于美国内战后追求物质财富的教导。“人生而富有”这种说法很容易演化为拉塞尔·康威尔在“钻石宝地”（1861）的演讲中所传达的信息：既然到处都可以找到财富（每个庭院都有若干英亩的钻石宝地），那坚持清苦度日就有违道德常理。爱默生不厌其烦地指出，财富本身并不是价值，但它是价值的象征或代表。他最感兴趣的当然是精神财富和社会财富，但也并不否认世俗财富或个人财富。诚然，通过对爱默生演说的灵活引用，那些剥削者能够感到心安理得。爱默生也的确说过，“只有知道如何从最多的劳动者身上获益的人，才是一个最富有的人”。但在同一个演讲中，他也还说过，“为人民带来富裕之人方为富人，给人民带来贫穷之辈只算穷人”。这两种说法对工会组织者和风险资本家同样适用。他清楚地认识到，金钱并不是价值，而是价值的代表。他坚持认为农民“知道金钱（他获得的美元）代表着多少艰辛的劳动，这是他通过辛勤劳动累得腰酸背痛才挣来的。他知道这些钱能够代表多少土地”。[5]

“财富”是该系列演讲的经济篇，文章的部分内容读起来像是对梭罗的一种回答。“每个人的财富支出必然由其性格决定，”爱默生说，“这种支出如果与你的生活目标相符，它对你并没有什么不好，但如果背离了你的生活目标，它就变得毫无价值。”布鲁克农场、果园以及梭罗在瓦尔登的时光现如今都已成为过去，成为一个爱默生所称的“田园式狂热”的时代。那个时代的显著特征就是“热切地渴望走进自然，将农耕生活与精神追求结合起来”。爱默生的亲身经历为自己提供了一个喜剧式的辩驳：

> 面色苍白的学者眉头紧锁，他决定离开书桌，去花园里散散步，呼吸一下新鲜的空气，以便为自己的思想找到更好的表达。偶然蹲下去拔一根影响玉米苗生长的马齿苋或酸模草，但拔完后发现还有一根，然后又发现了第三根，等把手伸向第四根时，却发现后面还有四千零一根野草在等着他。[6]

杰斐逊的自给农业理想早已成为过往烟云。爱默生指出，“我们这一代人出生之时，农场能够生产出农人需要的所有消费品”，但现在“农人的所有消费品几乎都要花钱购买”。对于爱默生和梭罗来说，经济指的是如何生存的问题。不理解这一点，就很难把握爱默生的主要观点。“真正的节俭，”爱默生总结道，“为的是更高层次的消费，为了能够以更加强烈的贪婪进行投资、消费和精神创造，而不是为了扩充个人动物性的生存能力。”[7]

通过《生活的准则》，爱默生把自己的文集编排得一本比一本简明扼要。《文化》一文中第二句指出此次匹兹堡系列演讲的整体思路：“当全世界都在追逐权力并把财富作为权力的一种手段时，文化却在修正成功的理论。”爱默生所说的“文化”，既非“高深莫测的文化”，也非人类学对文化作为一个特定群体或民族共有的生活方式的定义。对他而言，文化指的仍然是教养，或最简单地说，是教育。“文化”是爱默生系列演讲的教育篇。教育的目标是培养完善的个体。“个性不仅与文化相一致，而且是文化的基础，”爱默生说，“文化的最终目的并不是要摧毁个性（上帝不允许这样做），而是要逐步去除个性中所有的障碍和杂质，只留下纯洁的力量。”就像《生活的准则》中大部分的主题一样，这一主题对爱默生来说古老而熟悉。然而，爱默生现在得出的结论却大不相同。虽然他仍然捍卫乡村生活和清晨独处的幽静，但他现在对自己所说的“城市生活的绝对益处”更加敏感。他清醒地意识到，独居很容易成为“平庸的守护神”，而他真正想要的是一种既没有喧嚣又充满活力的生活，一种既有力量又有宁静的生活。毕竟，正如他所说，“尼亚加拉瀑布的水流在落下时是不受速度限制的”。[8]

4月1日，爱默生发表了匹兹堡系列的最后一篇演讲，名为“崇拜”。该题目具有一定的误导性，因为这篇文章并不是关于宗教崇拜的典范、仪式及其他相关形式的，而是一个关于人性中宗教冲动以及人类信仰需要的演讲。这是爱默生论述宗教精神的最后一篇重要文章。在《崇拜》一文中，爱默生几乎没有谈及任何教会式宗教，他坚定地断言："在教堂和宗教的废墟之上，上帝将其圣殿建立在我们的心中。"我们不需要形式上的宗教，因为"我们天生就心怀信仰，就像苹果树天生会结出苹果一样"。文章认为，宗教冲动普遍存在，它与"道德情操"或苏格兰启蒙运动中普遍的道德观念相关，但并不完全相同。文章还试图阐明宗教情感与智力的关系，即"宗教崇拜对人的健康和最高能力有着某种支配性的影响。因而，在某种程度上，它是智力的源泉"。[9]

该文章的成就在于它证明了宗教与科学不但并非互为敌人，而且都建立在相似的基础之上，因而二者最终是相似的。"'精神信仰'的真正含义就是'真实'。"爱默生说。他进一步声称："浅薄之人相信运气……持有强烈信念者则相信因果关系……飞蛾飞行的弧线是上天的安排，所有事物均要受数量、规则和重量的限定。"面对未来，爱默生呼吁一种与科学一样能够经得起现实检验的宗教。未来的宗教"必须同知识结合起来"，他说，"科学的头脑必须要有科学的信仰……现在，让我们把所有毫无依据的东西都抛弃吧"。然而，就像在政治中一样，摆脱在科学和宗教领域中权威的重压并不意味着无政府状态。爱默生指出："生活最终教给我们的，是一种自愿的服从，一种必要的自由。"当一个人的"心灵被照亮且内心变善良时，他就会快乐地投入到崇高的秩序之中，像用精密的结构去建造大厦的石头一样，用知识去构建社会的大厦"。[10]

第85章　逃亡奴隶法案

1851年2月15日，也就是在《逃亡奴隶法案》通过的五个月后，一个名叫沙德拉赫·明金斯（又名弗雷德里克·詹金斯）的黑人在波士顿以逃亡奴隶的身份被捕，他当时正在塔夫特康希尔咖啡馆做侍者。司法部门立即对他进行了传讯。庭审期间，马萨诸塞州首席大法官莱缪尔·肖（赫尔曼·梅尔维尔的岳父）拒绝了被告申请人身保护令的请求。法庭在正午之前休庭，但案件庭审尚未结束。就在法庭休庭解散时，由西奥多·帕克组织的波士顿保安委员会的黑人成员路易斯·海登领着二十多名黑人走进法庭。当他们离开时，嫌疑人明金斯也不见了。当天晚上，大家冒着暴风雨，先将明金斯送到沃特敦，随后又转到康科德，住在玛丽·布鲁克斯家里。之后，他又被带到北阿什伯纳姆，在那里搭上了从菲奇堡北上的火车。[1]

明金斯走的是一条典型的"地下铁路"线路。"地下铁路"是马萨诸塞州东部一个组织严密且资金充裕的团体。很多逃亡的奴隶都是先乘坐一艘纵帆船抵达波士顿的。该船名为"白鲸"号（颇具挑衅意味），表面做观光和钓鱼之用，实际上为波士顿保安委员会服务。逃亡奴隶一旦安全上岸，就可以从五条既定的"地下铁路"线中选择一条，从波士顿离开。其中一条线路经康科德向西到达莱姆斯特或菲茨堡的铁路沿线。有时，逃亡奴隶也会从萨德伯里转经康科德。在康科德，参与"地下铁路"转运任务的主要成员有铁匠埃德温·比奇洛夫妇、玛丽·梅里克·布鲁克斯及其身为地方法官的丈夫南森·布鲁克斯、玛丽·赖斯、以法莲·艾伦、斯登·惠勒夫妇、布朗森·奥尔科特、瓦尔多·爱默生和妻子莉迪安，以及梭罗全家。1851年，亨利·梭罗的妹妹索菲亚加入到米德尔塞克斯郡反奴隶制协会执行委员会，玛丽·布鲁克斯也是该委员会的成员。转运逃亡奴隶的网络一直都很忙碌。据西奥多·帕克统计，《逃亡奴隶法案》在1850年9月正式成为法律时，马萨诸塞州的有色人种共计8975名；在法案通过后的60个小时内，就有40人逃走了。随着时间的推移，为逃亡奴隶提供安全庇护的家庭不断增多。在1854年7月9日的一次聚会上，瓦尔多·爱默生和妻子莉迪安同其他几个康科德的市民共同承诺，保证会帮助和掩护任何一个"出现在他们门口"的逃亡奴隶。[2]

明金斯的逃亡广为人知，南方各州对此非常愤怒。一个半月后，在波士顿发生的又一起逮捕案件引起了人们的广泛关注。1851年4月3日，一个名叫托马斯·西姆斯的黑人青年刚从萨凡纳搭乘“吉尔摩”号客轮偷渡到波士顿就被捕了。4月7日，大法官莱缪尔·肖拒绝裁定《逃亡奴隶法案》违宪。对西姆斯的庭审从4月7日一直持续到11日。这一次，当局没有给大家留下任何机会。和其他人一样，肖法官进入法庭时也不得不弯腰跨过那系在门上的沉重铁链。4月10日，西奥多·帕克在一次斋戒日的布道中对此发表了强烈的谴责，但并未起到任何作用。两天后，300名警察组成一个空心方阵，将西姆斯从法庭押送到早已等在那里的一艘名为“橡子”号的船上。18日，《解放者》周报刊发了爱默生的一封信，公开呼吁“每一个人权守护者”投入到“反对上届议会制定这一令人憎恶的法案的抗议中”。第二天是4月19日，是康科德革命战役纪念日，同时也是康科德历法中最神圣的自由之日。就在这一天，托马斯·西姆斯在萨凡纳上岸后被鞭打示众。[3]

西姆斯事件打破了爱默生内心的平静。他作为一名坚定的废奴主义者已经有一些日子了，而他现在已成为了一名真正的践行者。对于西姆斯事件，爱默生的第一反应是无比的愤怒。4月26日，36名来自康科德的市民签署了一份祈愿信，请求爱默生公开表达自己对“《逃亡奴隶法案》和目前事态的看法”。大约一周后，即1851年5月3日，爱默生在康科德发表了一篇演讲。认识到“无法完全成为你的时代所涉及问题的局外人”，爱默生一开始便说道：“在过去的一年里，我们都被迫卷入到政治当中。”[4]

他的演讲并未针对南方各州，甚至也没有针对联邦政府。因为华盛顿的政客们已经向南方奴隶主们投降，并通过了这项毫无道德可言的法律，所以爱默生认为，只能在个别州进行抗议才能达到一定的效果。他把《逃亡奴隶法案》视为一种与人类堕落同样让世界黯然失色的法案，并呼吁马萨诸塞州人民发扬其革命传统，坚决抵制这部新法案。他呼吁市民们“让这项法律无效，使其被废除，从法典中永远消失”。他嘲笑波士顿政府迫不及待地为联邦执法官效劳的卑躬屈膝的丑态，嘲笑那些“大学校长、教授、圣人和经纪人、保险业者、律师、进口商以及制造商们”那“惶恐不安”的窘态。他的语气豪放又刻薄：“我们鼓吹人人都热爱自由，个个信仰耶稣，但这只是美国人虚伪的谎言。”他痛斥韦伯斯特，指责他“嘴巴上套着马嚼，脖子上套上战车，成为种植园主们的马前卒”。他用类似讣告的语气警醒人们：“这部肮脏的法律已将美国的好名声葬送殆尽。”[5]

该演讲并非是煽动性的言辞。爱默生的站位更高。“如果我们对这部法案的抵制行为是错误的，”他说，“那这个世界上就毫无正确可言。”这与林肯所声称的“如果奴隶制是正确的，那这个世界上就毫无错误可言”出奇地一致。为了阐明不道德法案这个概念，爱默生着实下了一番功夫，并从正典教规和法学家布莱克斯通那里找到了先例。布莱克斯通承认“自然的法理”，即“我们应当活下去，不应伤害任何人，应该让每个人都得到应有的回报”，并坚持认为，“任何与此相悖的人类法律都是无效的”。而正典教规也简要地指出：“任何忠诚和誓约都不应逼迫人们去做错误的事。”他还引用了法国巴约讷镇的长官在收到查理九世在圣巴托罗缪节进行大屠杀的命令时的回复，作为关于执行命令的一个实例：

> 在将陛下的命令传达到那些忠诚的居民和驻守要塞的士兵们的时候，我看到的都是善良的公民和勇敢的战士，没有一个是刽子手。因此，我和他们都恳请陛下，望陛下能将武器和兵力用在可用事业之上，无论这些事业的实现有多么艰难，我等定当殚精竭力，直至流尽最后一滴鲜血。[6]

这当然是一个公民不服从政府错误命令的例子。在接下来的几年里，爱默生一次次地公开鼓动人们抵制这一法案。然而，在爱默生去世后，人们一直忽略了他为解放奴隶与政府激烈对抗的政治见解。究其原因，主要有三点。其一，他关于这个主题的主要笔记在1903年莫名失踪了，直到1966年才被重新发现。其二，爱默生许多废奴讲话从未出版过，很多还只是手稿，即便有部分出版，也只是被收录到一本名为《杂文集》的书中，其实这本书本可以称作《逃亡奴隶法案及其他文章》。最后，在鲁斯克之前最有影响力的两位爱默生传记作者是霍姆斯和卡伯特，他们都谨慎且有意地淡化了爱默生反对奴隶制的努力，这让爱默生的家人感到非常愤懑。莱恩·古日翁最近表明，从1851年开始，爱默生一直是一个坚定的废奴主义者。爱默生对韦伯斯特支持《逃亡奴隶法案》的愤慨以及对西姆斯事件的愤怒从未减弱。这些愤怒在他的日记、信件和演讲中一次次地表达出来。“我们的政府已经不再是一个代议制的政府，”他写道，“因为它的法律竟然将人类的普通行为视为背叛来惩罚……我看到整个政府都已彻底坍塌，所有的法律都黑白颠倒；政府本身成为了背叛人类的罪犯。”在另一则日记中，他写道：“这部肮脏的法案竟然是在19世纪通过的，竟然是由那些文明人制定的！我以上帝的名义发誓，绝不会遵守这样的法案。”他认为这是“一个文明国家所制定的最恶心的法律”。他对这一法案的反感是切实的，言辞是激烈的：“我们必须从宪法中把这块毒瘤、这股妖火、这场奴隶制的狂热彻底清除！”[7]

爱默生对《逃亡奴隶法案》的反应就像信仰皈依一样深刻而持久。1851年5月，他为自由土地党候选人约翰·帕尔弗里通过特别选举竞选国会议员而游说拉票，先后在列克星敦、菲奇堡、剑桥和沃尔瑟姆等地发表了关于逃亡奴隶法案的演讲。最终，帕尔弗里在1.3万张选票中仅得到87票，遗憾败选，但他在仅有298张选票的康科德却得到了68张。1854年，在韦伯斯特3月7日演讲发表四周年之际，爱默生在纽约重新撰写并发表了一篇反对《逃亡奴隶法案》的演讲。同年，爱默生夫妇加入了护送逃亡奴隶的“地下铁路”。1854年和1855年，在历年的巡回演讲中，爱默生都会安排两个主要演讲来探讨奴隶制问题。1856年，在就堪萨斯州的事务发表演讲时，爱默生指出：

“在这些彻头彻尾的伪善的言辞面前，语言已经丧失了它的应有之义。代议制政府抛弃了它的代表性……所谓命运、民主和自由等，都是为丑陋事物编造的美丽名称而已。在我看来，他们所称的玫瑰油和薰衣草香精，不过是船底的污水。”爱默生说：“在过去的几年里，政府一直是公众福祉的主要阻挠者。”[8]

后来，爱默生在自己家里款待了约翰·布朗，还为其筹款，代表其发表演说。惠特曼注意到，每当爱默生出面支持约翰·布朗时，便有一种“雪崩般势不可当之势”。爱默生认同并赞赏约翰·布朗的世界末日论和不屈的道德绝对主义。他还引用了约翰·布朗私下里同他谈到的金规则和《独立宣言》时所说的话：“哪怕是整整一代男女老少都遭受暴力死亡，也比金规则或《独立宣言》中任何一个词被亵渎好。”爱默生最不信任的便是联邦政府。在《解放宣言》发表之前，他对林肯态度冷淡；宣言发表之后，他认为“（林肯）为美国做了比任何其他美国人都多的事”。[9]

多年来，在反对奴隶制的运动中，爱默生发表了他职业生涯中最为感人的演讲。1851年，歇斯底里的战争情绪在美国开始显现，虽发展缓慢，但引人注目。当然，爱默生也受到了这种情绪的影响，但他对奴隶制的反对不仅仅是停留在情感方面，而且还建立在明确的思想基础之上。以某种黑格尔式的视角，爱默生把美国看作是道德法则的化身。这是一种主张“己所欲，勿拒人”的法则，即如果我拥有自由，那人人都应获得自由。他写道：“解放是美国的应有之义。”爱默生笔记中反对奴隶制这一条目下的其他文章都是在很短时间内完成的，几乎不怎么考虑修辞和句法。

> 废除君主专制、奴隶制度、封建主义和垄断独裁，废除绞刑，粉碎神权，向所有移民敞开海洋之门。组建临时政府，在加利福尼亚州，在得克萨斯州……所有这些地方都可以自治，所有这些都基于一个信念：既然这个政府是人民建立的，那他们也可

以建立另一个政府。

爱默生持久地反对奴隶制，就是他在同宿命论抗争的过程中一直坚持意志自由和行动自由的实践证明和具体结果。[10]

第86章 自由之科学

1851年6月下旬，爱默生的母亲半夜做噩梦时从床上摔了下来。“她躺在那里，动弹不得，”爱默生在给哥哥的信中写道，“很长时间，她都不能解救自己，既无法大声呼喊，也不能够到系着铃的绳子，甚至也无法拿一只鞋来制造声响，以便弄醒隔壁的我们。”巴特利特医生诊断为髋部骨折。那时，他们的母亲已经是83或84岁高龄。到9月中旬，老人的思维开始变得混乱模糊。在给威廉的信中，爱默生写道：“她的记忆功能受损严重，总是把事情搞混，让人看着难过。”[1]

在这个充满忧郁且伤感的秋天，爱默生继续投身于关于富勒的回忆录的撰写中，同时还为即将到来的演讲季做着准备，并专门为“生活的准则”系列演讲启用了一个新笔记本。去年冬天，爱默生在匹兹堡虽然做了很多场演讲，但它们并不是一个完整的系列。1851年秋天，他把主要精力用在了撰写《命运》这一长篇散文上，并将其作为他在波士顿发表“生活的准则”系列演讲的开场篇；1860年出版该演讲系列的同名书时，《命运》也排在了第一篇。

《命运》不但是该系列演讲和同名书中的灵魂之作，而且也是爱默生最优秀的散文之一。它是对爱默生以往作品探讨的重大问题和主题的一次重要反思，而这些作品至少可以一直追溯到《自然》和《补偿》那里。《命运》也是爱默生对自然的意义及其进程所做的最后一次全面探索。它被解读为作者内心转变的一种标志，标志着爱默生在现实世界的秩序中已经从对自己早期作品的勇敢挑战转向了默然的认可。《命运》是爱默生在《逃亡奴隶法案》影响的紧迫情形下，借助自己新积累的政治活动经验进行创作的。抛开标题不说，《命运》是对自由的有力肯定。它比以往任何论述都更加清晰有力，因为作者不仅没有否认环境、经验、宿命论、唯物主义、加尔文主义以及邪恶的力量，而且还对命运和自由的相互关系有了更为精准的理解，其过程远比简单的补偿要复杂得多。

文章一开头便以委婉的方式提醒读者，不要将兴趣放在诸如“时代精神”等抽象问题之上，而应把注意力集中在“关于生活规则的实际问题上，即我该如何生活”。爱默生指出，首先，有些东西是固定且无法改变的，我们不妨称之为命运，也不妨接受它们。他坚持说：“那些伟大人物或伟大民族，从来都不会自我吹嘘或扮演滑稽小丑的角色，而是能够时刻感知生活中那些令人生畏的事物。”在文章中，爱默生终于承认了那些美国加尔文主义者的尊严，他们“感到地球的引力将他们牢牢地压在自己的位置之上”。对于生活中黑暗和不愉快的一面，爱默生并没有避而不谈，而是进行了详细阐述。他指出，严寒“并不会体谅人类，它会刺痛你的血液，麻木你的双脚，冻僵你的躯体，直至躯体变得像一个坚硬的冻苹果”。而上帝也并不代表着仁慈，“猛蛇和蜘蛛都有吞食猎物的习性，老虎和其他上扑下跳且嗜血如命的野兽都通过撕咬将猎物捕杀，水蟒则以缠绕紧缩猎物的躯体使其骨骼断裂的方式来捕食。如此种种，皆为这个世界循环体系中的一部分，而我们人类的习性，也不会与动物有什么大的不同”。[2]

爱默生还提到了地震频发、彗星震荡、火山喷发和霍乱肆虐等；他还关注了海底的情形，那里“凶猛的鲨鱼、长满利齿的狼鱼、长着利器的逆戟鲸以及其他隐藏在大海中的斗士……所有这些都足以说明大自然的凶残”。接下来，爱默生用了很长的篇幅来强调环境的破坏力，以及统计学在预测最骇人听闻的犯罪数量及其地点的邪恶力。从这一点看，本性并不仅仅是“红牙利爪”，也是“你所能做的一切”。此刻，自然之书就是一部命运之书。命运意味着那些存在局限和无法改变的自然法则；它映衬了加尔文教和印度教关于万物永恒不变的概念。命运将根深深地扎在现实之中，并“在我们这个草木欣荣的世界核心生根发芽”。为了让我们能清楚地明白这一点，爱默生用尽了各种方法，其中就包括一个生动再现富勒之死的梦：

> 在暴风雨中，我仿佛看到有人落入大海，他们不停地挣扎，却被海浪冲到四处。他们机敏地扫视着彼此，却无法为对方做任何事情。如果每个人都能一直漂浮在海面上，那就是万幸了。的确，他们能够支配的只有自己的目光，其余的一切就只能听天由命了。[3]

《命运》一文是爱默生同生活的黑暗面，同邪恶、冷漠、暴力、野蛮、混乱、破坏和腐朽进行持久而全面对抗的写照。然而，即便他用了一半的笔墨来探讨邪恶这一主题，指出其在生活中的分量及表现形式，爱默生最终也没有肯定它。他的早期作品——如《诗人》等，开头的一两句便是对错误观点的抨击；而他现在用的方法有所不同，往往会用一半的篇幅对错误观点进行发挥，之后才会反驳。他最后说道：“局限本身就有局限性。在它最后也是最崇高的提升中，领悟力和自由意志本身就是命运温顺的分子。”存在命运的同时，也存在着自由。正如接受命运的存在一样，我们必须接受自由的存在。在后来详细探讨一个看似矛盾的问题时，爱默生坚持认为自由是必要的。只有能够选择，我们才能拥有道德生活；而只有拥有了自由，我们才能够选择。“用灵魂去选择或行动，这便是自由。”更有趣的是，自由也与思想和领悟力相联系。“只要一个人能够思考，他便是自由的。”爱默生说。诚然，自由源于思想。他说：“只有才智能够战胜命运。”通过回顾大学时代和苏格兰启蒙运动时期的语言，爱默生证明了自由与那些能够基于知识做出选择的人类之间的联系。“如果思想能够创造自由，”他说，“那么道德情感也可以。”[4]

最重要且最独特的是，爱默生现在把自由和权力联系在一起，并将它们与命运相对立。他说："除非把人转变成他的意志，否则就没有动力……在人的本性中有一种严肃而可怕的东西，那就是意志。"[5]

从此处开始，《命运》进行了最有趣且最独特的转向。爱默生问道："在命运和力量面前，我们能否相信二者的统一性呢？"然后他又中肯地补充说："大多数人都相信有两个上帝。"事实上，他并不认同中庸的带有诺斯底主义色彩的二元论宗教。从爱默生对对立事物复杂的相互作用的描述中，我们可以了解到爱默生的真实观点。在他对这个世界的描述中，命运与力量、自然与思想、宿命与自由、环境与意志等都是彼此对立的关系。爱默生曾经用相对原始的替代（在他早期的术语中称为"补偿"）或对应的概念来解释命运和自由之间的关系，认为世界上所有的东西都与头脑中的某个东西相对应。此外，在解释命运和自由的关系时，他甚至还用到了形变的概念：既然所有的事物在本质上属于同一种东西，那表面上的差异就只是外在形态的改变而已。[6]

但现在，爱默生看到的则是一个更为复杂的关系网。"关系和关联并不是某一地或某一时的现象，而是无处不在、无时不有的永恒存在，"他说，"命运关注并限制力量，力量伴随并对抗命运。"此外，他还认为，"一个人必须感谢自己的缺陷，并要对自己的才能有一定的畏惧。因为超凡的才能会消耗一个人太多的力量，最终会使之残废"。在这一时期，爱默生的日记和文章充满了相互对立的意象：跷跷板、离心力与向心力、钟摆等。让爱默生颇为兴奋的是，罗伯特·胡克发现，建造任何一种稳定的拱形建筑物，都需要用到一条悬链线。所谓悬链线，是指"一条两端固定自由向下弯曲的柔性链条"。对于一个由刚性材料制成的稳定的拱形建筑物而言，只有具有完全柔性的悬链线才能形成精确的拱形形状。[7]

爱默生列举了两列事物。第一列包括命运、自然、宿命和环境；第二列是权力、思想、自由和意志。在爱默生现在更愿意称之为"历史”的进程中，两列事物之间相互关联。他说：“历史就是自然和思想两者之间的作用与反作用”，就像“两个男孩在人行道的路牙上互相推搡”一样。但除了作用与反作用、撞击与反弹之外，历史还有统一性和进步性。这里的统一性，指的是在第二列中的权力、思想、自由和意志等所有事物同第一列中的所有事物一样，都是绝对的必然。这是一种“奇妙的必然性”，是大自然的真实秩序和根本现状，也是对自然永恒性的肯定。这里的进步性，是指进步、改良、改革和斗争等都是可能的。这种可能性源于这样一个事实：统一并非一成不变，而是类似于黑格尔哲学中所说的辩证的统一；也就是说，它既是对立的，同时也是前进的。爱默生最终相信，宇宙可以理解为“从命运走向自由”。如果只谈“黑格尔式的”或“辩证的”统一性，最终会引起误解，因为《命运》一文的目的所在，与其说是历史理论，不如说是当前的行动指南。爱默生在《命运》的开头便问道：“我应该怎样生活？”他给出的答案是“追求自由”。自由是“奇妙的必然”，正如它可以被看作一种永恒的秩序一样。[8]

需要指出的是，在爱默生三年后于纽约发表的关于《逃亡奴隶法案》的第二篇演讲中，他对《命运》一文做了最精彩的概括。他指出：“自然界有两种相互对立的力量，而我们则存在于这两种力量的对抗之中。一种是命运的力量、世界的法则或物质的必然性，另一种则是意志、责任感和自由。”毫无疑问，爱默生本人的立场是非常明确的：“正如我认为的那样，世界是为人类探索自由之科学而存在的。”[9]

声 望

第87章　新朋旧友

爱默生在19世纪50年代初期所做的创造性工作并不是很多。1852年1月至2月，他分别在波士顿和纽约发表了“生活的准则”系列演讲。2月初，《玛格丽特·富勒·奥索里回忆录》出版。该书一经面世，便受到读者的热捧，并于当月底再版。爱默生的家庭开销已经扩大到需要支付七个用人薪水的规模。哥哥威廉试探性地建议他，生活可以再节俭一些。爱默生貌似轻松地回复说，这并非己愿，而是另有原因。他告诉威廉，莉迪安的身体在大多数时候都不是很好；即便如此，他还是想要缩减家庭开支。此时，教堂在爱默生的生活中所起的作用已经越来越小；4月，他正式发表书面声明，明确表示自己不再是康科德第一教会的成员。虽然爱默生并未就此给出原因，但这一声明可能与教会在奴隶制问题上的立场——或者说根本没有立场——有关。[1]

1852年5月，匈牙利著名革命家拉约什·科苏特来到康科德。科苏特当时51岁，在匈牙利短暂的独立期间，他从1848年开始成为匈牙利共和国的领袖。针对这个新生的共和国，奥皇弗朗茨·约瑟夫一世和沙皇尼古拉一世举行会晤并宣布：“为了所有欧洲国家的利益，我们必须对匈牙利进行武装干涉。”于是，这个短命的共和国于1849

年被俄奥联军挫败。在康科德公开的欢迎仪式上，爱默生称科苏特为“这个时代站在为自由而战最前沿的战士”，并鼓励他说：“世界上一切伟大而卓绝的事物，总是存在于少数人当中。”爱默生称科苏特为“自由斗士”，并称赞他是“自己命运的主宰者”。[2]

这一年，爱默生阅读的书籍主要集中在三个方面：美学、英国以及与英国比较下的美国。在西部演讲间隙，爱默生阅读的是德国的美学著作。1852年1月，他阅读了爱德华·加贝特的题为《浅析源于自然并见证于希腊和哥特式建筑作品中的建筑设计原理》（1850）。加贝特是约翰·拉斯金的学生。关于拉斯金，爱默生对其《建筑的七盏灯》以及《威尼斯之石》早有耳闻。此前不久，他就曾拜读过《威尼斯之石》。1852年7月，他阅读过威廉·吉尔平的《苏格兰高地之观察》和《西部诸岛之观察》等作品。1852年4月，爱默生还曾把他读过的美国国内关于印第安人和美国西部的最好书籍推荐给卡莱尔。关于描写印第安人的著作，他推荐的是亚历山大·亨利的《加拿大之旅》以及乔治·卡特林的几部作品。关于描写美国西部的著作，爱默生推荐了米修的《阿勒格尼山西部之旅》和约翰·弗里蒙特的《落基山脉远征探险报告》（1845）；此外，他还提到了巴亚德·泰勒的《黄金之乡》（1850）和弗朗西斯·帕克曼的《俄勒冈小道》（1847）等。爱默生还阅读了让·伯纳德·博苏的《西印度群岛的新旅行》，并像往常一样在阅读过程中摘出相关细节，如“印第安人在一棵小树上劈开一个口子，然后揳入一把锋利的石斧；待小树长大后，石斧和树干紧紧咬合，形成一件坚韧的利器”。他还读了哈里特·比彻·斯托夫人的《汤姆叔叔的小屋》，并不无敬仰地赞叹说：“在每家每户的客厅、厨房和育婴室里，总能找到这本书的读者。”[3]

也是在这一年，爱默生接触了卡尔·马克思的作品，这是他一生中有资料记载仅有的一次。在1853年3月22日的《纽约论坛报》上，爱默生读到了一篇马克思的署名文章，题为《被迫迁徙》。文章慷慨激昂，内容详尽，颇具预言性。马克思首先阐述了在生产力低下的旧社会，人口增长受到了限制；而后，虽然“科学在物质生产方面的应用”开创了一种新局面，但生产力的提高反而促使地主和工厂主们也要限制人口增长。因为机器的改进使得对工人的需求越来越少，而任何超出基本需求的劳动力都意味着利润的减少。马克思描述了那些以制造业为主的大城市里的工人们，即工业无产阶级，指出他们既不能自主迁徙，也得不到中产阶级的帮助。马克思质问道：

> 有谁能阻挡他们进一步占有这些曾经奴役过他们的社会力量呢？阻挡他们的力量在哪里呢？哪儿也没有！……现代生产工艺的变革已经压榨了无数的苏格兰族人、爱尔兰佃农、英国自耕农、手工纺织者、手工艺人以及一代又一代工厂童工和女工们；因而，在适当的时候，他们将反过来剥夺那些地主和纱厂老板的权力和利益。[4]

爱默生从这篇文章中摘录了以下要点：“受教育阶层和宗族的软弱性决定了他们无法主导新的社会生活，因此必须让位。”爱默生认识到社会变革将势不可当，同时他也对英国宪章派（工人阶级）极为同情，这使得他非常容易地接受了马克思的推理，而这一点在《英国人的特性》的财富篇中得到了有力的呼应。阿克赖特对珍妮纺纱机进行改进之后，一个工人就可以完成过去一百个工人的工作；而其他机械设备也都经历了各种改进。爱默生对这种技术革命的后果进行了概述：“但是，工人们有时会为了增加工资而罢工，并联合起来反对雇主；大约在1829年到1830年，人们非常担心纺纱产业会因此中断，并被转移到比利时和美国等地。”作坊主们想要拥有一种全自动的纺纱机：“由于他们的恳求以及斯塔利桥发生的一场工人暴动，曼彻斯特的罗伯茨先生开始下决心制造出这种从来不知反抗的家伙，从而替代那些上帝创造的总喜欢闹事的家伙。经过若干次实验后，他终于成功了。1830年，他为自己的自动纺纱机申请了专利。这是一次令作坊主们欣喜若狂的发明，它‘注定是恢复劳动阶层工作秩序’的一项发明。这种机器的操作如此简单，只需要有一只哪怕是儿童的手捡起断线的纱锭即可。正如阿克赖特的发明摧毁家庭纺织业一样，罗伯茨的发明摧毁了作坊纺织业。”[5]

爱默生和马克思的区别不在于他们对现代工业的弊端的认识，不在于他们对驱动工业生产的因素的把握，也不在于他们对现代生产条件下个人被疏离这一事实的理解，而在于他们各自提出的解决办法。

爱默生从英国回来已经四年多了。他原本就打算把这次旅行写成一本书。现在，1852年，他开始认真地整理相关的笔记。通过大量阅读有关英国的各种书籍，爱默生设法补充和验证自己的亲身经历。他阅读了乔治·克雷克和查尔斯·麦克法兰合著的八卷本《英国历史图解》（伦敦，1841—1849）。为了解巨石阵的背景，他阅读了爱德华·戴维斯的《英国德鲁伊教的神话传说及教会仪式》。他还阅读了伟大的“如画”理论家威廉·吉尔平的几部漂亮的插图游记。为进一步加深自己业已丰富的传奇文学知识，爱默生还阅读了本杰明·索普的三卷本《北方神话》（伦敦，1851—1852），这些古老的斯堪的纳维亚和冰岛的英雄传奇文学是盎格鲁-撒克逊文学的基石。此外，他还读了托马斯·富勒和威廉·卡姆登的作品，以及肯布尔的代表作《英格兰的撒克逊人》。关于现代英国方面，他阅读了布里斯特德的《英国大学五年生活录》、泰勒的《皮尔生平及其时代》、梅德温的《雪莱传》、杰西的《乔治·塞尔温和他的同龄人》，以及谢里丹、科贝特和布鲁厄姆等人的著作。[6]

对现在的爱默生而言，友谊变得越来越重要。1851年10月，他和梭罗之间的裂痕开始愈合。10月下旬，二人进行了一次长谈，表达了各自“几乎无时不在的悲伤和孤独之感”。尽管他们都承认，“我们认识的所有人都令人遗憾地孤僻狭隘”，而“我们在大街上寒暄致意时也无法了解彼此”，但至少他们之间的联系开始悄然地重新建立起来。在整个1852年，爱默生再次恢复了在日记中记录梭罗言行的习惯。1852年仲夏，爱默生对这位年轻的朋友做了从未有过的最具情感且最为慷慨的评价，认为正是梭罗通过鲜活的事实使自己重拾了已经丢失的道德准则，并且指出梭罗“远比我更真实，他每天都在遵守这些道德准则”。[7]

爱默生对自己与埃勒里·钱宁友谊的价值有了新的认识。他曾在1852年说，埃勒里“正在成长为一名卓有成效的散步专家，能够像印第安向导一样指引道路”。让爱默生感到非常有趣的是，自从认识了梭罗，钱宁便“将一个小本子放在胸前口袋里，装模作样地记下每一种不认识的植物名称或第一次发现某种野花的日子”。此外，在19世纪50年代初，爱默生与西奥多·帕克的关系也走得更近了。他们在积极反对《逃亡奴隶法案》方面达成新的共识。帕克曾把自己的一部名为《十诫》的书献给爱默生；爱默生则优雅大方地将这一殊荣回敬给帕克，并对他“将本属于自己的桂冠让给别人的优雅风度”表示赞赏。[8]

在英国之旅中，爱默生也结交了一些新朋友。其中有一位名叫威廉·艾林厄姆的爱尔兰诗人，他以“在那空气清新的高山之上，在那长满灯芯草的幽谷之间”等诗句为今人所知。因为爱默生喜欢他的那首《领航员的女儿》，艾林厄姆便把它作为一本诗集的卷首诗。另一位新朋友名叫阿瑟·赫尔普斯，他当时是莫佩斯勋爵的私人秘书，后来专为维多利亚女王及其丈夫阿尔伯特撰写稿件。爱默生曾读过赫尔普斯的《新世界的征服者及其奴隶们》和《议会之友》；后者是关于大众话题的系列对话录。似乎正是因为赫尔普斯的《关于〈汤姆叔叔的小屋〉的一封信》，爱默生才开始阅读这部小说。此外，爱默生还结交了一位名叫亚瑟·休·克拉夫的朋友，他们相识于牛津，并结伴前往法国。在与爱默生频繁通信之后，克拉夫于1853年3月来到马萨诸塞州的剑桥地区，试图在美国碰碰运气。[9]

爱默生欣喜地接受，也慷慨地付出。安斯沃思·斯波福德是爱默生新结识的朋友，他起初是辛辛那提的一名通讯记者，后来成为国会图书管理员。从他那里，爱默生得到了许多关于《逃亡奴隶法案》演讲的重要素材。斯波福德的小册子《理性和权威视角下的高等法律》值得广为人知，因为它不但明确宣称“任何破坏天赋人权的法律都没有约束力”，而且同样明确地否定主张在法律体系内废除那些错误法律的观点，并呼吁人们直接抵制这样的法律。斯波福德认为依靠法律体系内部解决问题的做法是行不通的，并进一步概括了“世界上废除非正义法律切实可行之方法：只有这些法律遭到反抗，才有可能被废除；首先是人民将其扔进垃圾堆，然后才会有立法机构将其废止”。爱默生向斯波福德“深表谢意”，认为在关于《逃亡奴隶法案》的演讲中，“我只是成功地转述了你的观点”。[10]

1852年5月，爱默生遇到了来自俄亥俄州塔尔马奇的迪莉娅·培根。她在哈特福德长大，并在那里接受教育，早在1831年便出版过小说《清教徒的故事》，后来成为一名倍受欢迎的历史及文学教师。她现在非常肯定地认为，莎士比亚名下的戏剧作品其实是以培根、雷利和斯宾塞为首的众多作家共同创作的结果；而他们之所以以莎士比亚之名发表这些剧本，是为了倡导一种无法以公开方式表达的自由主义政治哲学。在人们的印象里，她是一个“热情四溢”的人。爱默生和后来的霍桑都曾试图帮她把她那极具颠覆性的论述付诸出版。爱默生是否完全被她的论述所说服我们不得而知，但他曾带着肯定的语气引用过她的言论：“你现在看到了，作者的身份会在多大程度上影响我们对作品本身的欣赏。”在经历了许多波折之后，其中就包括爱默生弄丢了她的部分手稿，迪莉娅的《莎剧哲学揭秘》最终于1857年4月在英国出版。[11]

还有一些新朋友实际上是爱默生的追随者。通过细读爱默生的作品，他们找到了自我。虽然爱默生的作品给自己带来的收入微薄，但它们对一些年轻人确实产生了巨大影响。约翰·阿尔比就是一名典型代表，他于1852年5月拜访了爱默生。在后来写的一篇回忆文章中，阿尔比描述了他与爱默生相识的情形。一天，他走进一家书店，打开

《代表人物》这本书。刚读了几页，他就“变得异常兴奋，甚至无法静下心来继续读下去……短短几页文字为我带来了一场彻底的自我革命，我已不再是那个刚走进书店的我了”。阿尔比觉得，这本书是专门为他而写的。他给爱默生写了一封信，爱默生则热情地回信，并邀请这位年轻人到康科德面谈。[12]

蒙丘尔·康韦是另一位皈依于爱默生作品的年轻人。他出身于弗吉尼亚州斯塔福德县的一个奴隶主家庭。15岁那年，他经历过一场精神危机：“我无精打采，闷闷不乐。一想到做一名乡村律师，我就十分反感，我只对文学感兴趣。”一天，他带着一把老旧的燧发枪和一本《布莱克伍德》外出。当打开这本杂志时，他的目光立刻被爱默生《历史》中的一段话所吸引。段落的开头是：“我们总是不由自主地以高人一等的心态来阅读，这是值得注意的。”它的结尾是：“莎士比亚关于国王的所有话语，即便是一个坐在某个角落里读书的柔弱男孩，也会觉得这些话同样适用于自己。”突然，康韦迫切地想知道“什么是自我”，也许他永远也说不清到底是什么让他如此激动，但康韦显然经历了一次心灵的洗礼，他“在熟悉的苍天之外，瞥见了另一幕苍穹”。于是，他认真阅读了爱默生的作品，并努力学习，立志成为一名牧师。1853年，21岁的康韦成为哈佛神学院的一名学生。他写信给爱默生，并收到了热情的回信，从此开始了一段持续一生的友谊。神学院毕业后，康韦顺利地成为一名牧师，先是在华盛顿特区担任教职，后又转到辛辛那提。在那里，他创办了一份新杂志，给它起名为《日晷》，以纪念那份旧的《日晷》。后来，康韦在伦敦的一座教堂担任牧师。他不但是一位积极的废奴主义者，而且是一位来自南方的废奴主义者；他被后人记住，是因为他撰写过关于托马斯·潘恩生平的书籍，并且编辑过潘恩作品的一个重要版本。[13]

在19世纪50年代早期的几位新朋友中，最有趣的要数雕塑家霍雷肖·格里诺了。格里诺出生在波士顿，比爱默生小两岁。1825年，他成为第一个定居在意大利佛罗伦萨的美国人。1851年，他回到美国罗得岛州的新港定居。第二年，格里诺写信给爱默生，希望能同他探讨一下功能主义在艺术和建筑中的重要性。他写道："我关于建筑结构的理论强调的是结构特征应与其功能的重要性成正比……任何应付和虚构的想法都应立即抛弃。"爱默生对格里诺这位雕塑家笔下充满粗犷活力的信进行了回复，称赞它是"一缕耀眼的阳光"。格里诺还让爱默生帮他修改一部名为《一个美国石匠的旅行、观察和体验》的书。该书于1852年以贺拉斯·本德尔这一化名出版。爱默生曾两次对该书的语言及风格进行过润色。他曾试图让格里诺接受废奴主义的观点，但并未成功。虽然这本书确实出版过，但绝大部分显然都已丢失或毁坏，幸存下来的只有一本。这是一部笔锋犀利且令人吃惊的书，是有史以来讨论方尖碑的最好著作："它只说两个字……那就是'当下'!"[14]

这一年，爱默生49岁。虽然时光之神依旧每天给他带来新的礼物，但它们拿走的似乎也越来越多。1852年夏天，爱默生的母亲被迫困在一个叫作轮椅的新玩意儿里，而在当时的波士顿，这样的玩意儿只有一两个。7月，霍桑的妹妹路易莎搭乘的"亨利·克莱"号客轮在哈得孙河上失火，路易莎不幸溺亡。10月24日，丹尼尔·韦伯斯特在马萨诸塞州马什菲尔德的家中因病去世。虽然爱默生无法原谅韦伯斯特在《逃亡奴隶法案》上的立场，但出于在内战期间对人间悲剧产生的日益强烈的同情心，爱默生为韦伯斯特在报纸上发了一篇简短的讣文，读起来就像莎翁笔下的安东尼吊唁布鲁图斯一样。韦伯斯特去世那天，爱默生正在普利茅斯，他站在海滩上，远望朦胧的海面，发现"大海、礁石、树木，都没有任何迹象表明美国甚至世界已经失去了一个最完美的人"。12月，格里诺因脑膜炎住进位于萨默维尔的麦克莱恩精神病院，不久便离开了人世。[15]

在爱默生的生活里，他始终认为"没有历史，只有传记"。每当停下匆匆的脚步在清单上列出那些生命中的伟大时刻时，他记下来的往往是一串串名字。这一年，他在自己的"朋友录"上记下的名字有："我的兄弟们、埃弗雷特、卡罗琳、玛格丽特、伊丽莎白、琼斯·维里、山姆·沃德、亨利·梭罗、奥尔科特以及钱宁等。"随着时间的推移，清单上的名字也会时不时地发生变化。在爱默生看来，他一生中所有重大时刻的标志往往是人物，而非事件、经历或书籍等。爱默生渴望出现某种社团，那里的"每个人都为他人谋幸福"；他渴望出现某种社会，在这里，"我们将把那令人厌恶的撒克逊模式下的个人主义编织成一张和谐的大网"。然而，爱默生与那些他认为最亲近的人之间却从未建立起这样的团体。"我无法劝说我的朋友们加入各种社团，"他在日记中写道，"啊，团结！啊，团队！啊，社团！"[16]

第88章　乡村漫步与大海

1853年，爱默生50岁。这一年，他敏感地意识到生命的流逝和身体的衰弱，他越来越感到力不从心，精力也开始日渐衰退。他告诉卡莱尔，自己现在"写的东西明显比以前少多了"；他告诉弗内斯，他想把讲坛让给年轻人。他还跟已经年满14岁、即将上寄宿学校的女儿艾伦说："我现在很少写诗了。"虽然他依旧喜欢到户外活动，但不再愿意独自出门。"与好友漫步在树林里是多么令人惬意的事啊，"他写道，"但谁会走进森林，独自，或者与那些令人生厌又依赖他人的人一起，过一种穷困潦倒的生活呢？那样的话，你无法苛求，也不能奢望，唯有孤独与你为伴。"[1]

1853年6月9日，卡罗琳·斯特吉斯·塔潘的妹妹苏珊自杀身亡。爱默生深受触动，写下了他一生中最为消沉的一封信。他向卡罗琳倾诉道："朋友寥寥无几，思想无所创新，真相难以寻觅。只有一种事实，它时而悲惨，时而温和，时而又得意地在天地与世人之间得以印证，这就是命运，无法驾驭的命运。"他痛苦万分，悲观地质问：难道这是个宿命论大行其道的时代吗？“那么斯多葛学派和基督教已经鼓吹了两千多年的所谓自由又去哪里了呢？”为了分担卡罗琳的悲伤和哀痛，爱默生提出了他所谓的“理智宿命论”：“所有伟大的社会都将其思想称为宿命论，或者都承认事物的百分之九十九由上天注定，只有百分之一掌握在自己手中。”然而，即使面对自杀这种与自立完全相反的极端举动，爱默生也不会封闭自我，哪怕是出于安慰的目的。这封信表明，爱默生从对成长、变化和自由笃信转向了对宿命论的信仰，代表着他内心最大跨度的转变。虽然这种思想转变仅仅出现在一封吊唁信中，并未发生在公开演讲中，但仍需认真对待。不过，即使在这样的一封信里，爱默生还是没有放弃自由和自立的观点。他所做的，只是对自由和自立重新评估，并极大地降低了自由和自立的积极作用。[2]

爱默生仍喜欢和埃勒里·钱宁一起散步。亨利·梭罗爱挑毛病，喜欢争辩，有时着实烦人；然而，尽管埃勒里满脑子奇思怪想，但与他在一起还是会有很多的乐趣。在康科德的一次人口普查中，埃勒里曾被正式列为“无所事事之人”。在一处景观，钱宁抱怨那里的树叶太多，全部一个样子，而且“随时会在东风里漫天飞舞”。他还养了一条名叫“教授”的小狗，它看起来很有幽默感，而且显然比主人更了解大自然。“在无边的灌木丛和密林里，在草地、水塘、泥潭和花丛中，在大山里，甚至是对着天空，它总是或碰或嗅或舔或舐，无论在哪里，也不管是何物。”爱默生、钱宁和“教授”三个曾去过康科德的科南特姆山，“在那里，我们发现黄樟、椴树、茱萸、荚蒾、桦木、橡树和红榆等植物都紧挨在一起”。在贝德福德，他们走了很远，很远。爱默生总能想出无数点子让他的朋友们能够体面地赚到钱。这次，他建议钱宁以自己的经历和爱默生的日记为基础，写一本名为《康科德漫步》的书。[3]

哥哥威廉从纽约写信，提议兄弟俩一起徒步前往科德角，他觉得这样做有利于弟弟的健康。于是，二人在9月的第一个星期出发了。

爱默生发现，科德角是一个荒凉之地。他说：“对于这个乡野之地的荒凉，怎么形容都不为过。”瑙塞特灯塔的管理员告诉爱默生，“他发现科德角的人们顽固地抵制着在这里的海岸建造一座灯塔的计划，因为灯塔会影响他们打捞沉船的业务”。爱默生觉得，这个地方看起来就像是“纽芬兰岛刚刚形成的一处荒芜的浅滩，到处都是大片的沙地，上面稀稀拉拉地长着一些低矮的小草和海滨水草，还有些地方是白杨、蝗虫和油松的温床”。每当海风呼啸而来时，“大部分的房屋便会随着狂风的节奏来回晃动”。而科德角的另一面似乎完全由“盐土、碎石和鱼骨”组成。他“觉得这里的人们都在期盼铁路尽快修到这里，以便逃离这片荒芜之地”。[4]

最近的海滨之行使爱默生的海洋意识有所增强，而大海的意象也开始越来越多地出现在他的日记和书信中。1852年4月的一个星期六，他徒步穿过了蒙特利尔冰封的圣劳伦斯河。但几天后，“冰层就开始松动了”。爱默生站在一个码头上，看着一块块巨大的浮冰在河水中翻滚着急速流向下游。“不一会儿，我走过的那段冰上之路便随着其他冰块一泻而下。这是一条留下了很多人足迹的黑色的笔直小道；而此时，它的部分冰块在水中快速翻腾旋转，宛如舞动的江豚。”一年后，爱默生在给卡莱尔的信中也谈到了密西西比河的情形，指出“这条大河孕育的巨大能量，来自美国各州的人们贪婪地攫取着河中的资源，以及它无须任何人工改造的得天独厚的条件”。在波士顿港北侧的一个名叫纳汉特的很小的岩石半岛上，爱默生欣赏了那里上演的“大海永恒之剧”，觉得大海似乎“让时光倒流，或者销毁了人们对时间的记忆”。爱默生又一次阅读了《挪威王列传》，称该书为“英国史上的《伊利亚特》和《奥德赛》”，书中描述大海的情形随处可见。此外，在戴维斯关于德鲁伊教成员的书中，对海洋的描述更是占据了非常突出的地位：“（大海）那深蓝色的链条正等待着人类去征服。”爱默生还注意到，研究盎格鲁-撒克逊的学者且与查理曼大帝同时代的阿尔昆，把海洋称为“勇敢者的坦途，陆地的边界，河流的客栈和雨水的源泉”。[5]

1853年6月14日，爱默生参观了位于东波士顿的唐纳德·麦凯造船厂，亲眼目睹了当时世界上最大、最壮观的快速帆船“伟大共和国”号。她比麦凯造船厂之前建造的最大的船还要长80英尺，重量则是其两倍。该船的主桅有120英尺高，中桅也有40英尺高；主固定索由四股俄罗斯大麻绳组成，直径达12.5英寸。即使停在船坞里，“伟大共和国”号也美得令人窒息，她是体现格里诺的形式追随功能思想的极好例子。[6]

虽然爱默生现在很少写诗，但在阿尔昆的影响下，他以该学者的一首诗（开头是“大海是勇敢者的坦途”）为参照写了一首四行诗。此外，他还写了一首关于北欧海盗的诗，该诗的题材来自蒂埃里的《诺曼征服英国史》一书：

> 把你困在沙滩上的狂风，
> 却在帮我的桨手们划船。
> 暴风雨是那最好的船桨，
> 将战舰开到要去的地方。[7]

第89章 《英国人的特性》

1853年11月16日，爱默生的母亲与世长辞。巴特利特医生曾预见到她的生命即将结束，但莉迪安和她的丈夫都不相信。因此，当母亲去世时，爱默生正在城外。他对一位老朋友说：“和母亲一起生活了这么久。在她离开这个世界时，我本应该陪在她身边的。”正如爱默生对他哥哥说的那样，1768年出生的露丝·哈斯金斯·爱默生“见证了这个国家的整个历史”。他对卡莱尔说：“最近在外奔波途中，每当想起家时，我的心就回到了那里。”[1]

这段时间，爱默生正在为一个新的演讲季忙碌。他先在费城发表了一个非常成功的系列演讲，然后又向西出发。他此次的演讲主要是“生活的准则”系列和关于美国、英国及法国的系列，而后者的题材与他的《英国人的特性》相关。在这一年的一次新演讲“诗歌”中（这一演讲最终于1872年成为一篇长度与《自然》差不多的名为《诗歌与想象》的散文），爱默生重新表述了自己关于诗歌的观点，认为诗歌具有象征性意义：“比喻的价值在于它只有一个听众；事实上，自然本身就是一个巨大的比喻，所有特殊的自然现象均为不同的比喻。”在该篇文章的最终版本里，爱默生热情洋溢地引用了威廉·布莱克的一大段文字：

> 如果一个人想象事物的方式不能比用他那凡人之眼看事物的方式更加全面和有效，那他根本就谈不上想象……我对肉眼的质疑，就像对窗户与视觉关系的质疑一样，我透过它观察事物，而不是用它来观察事物。

爱默生强调诗歌在让我们理解世界同一性的哲学中所起的作用，而对神话的兴趣则让他致力于探寻神话起源的力量：

> 重新描绘希腊人的神话场景是件很容易的事……但是要想让同样的神话创造力在我们的家里或公众集会上产生作用，或者要想把此刻出现在纽约、芝加哥和旧金山的神采活力与普遍象征联系起来，就需要一种精细而统领全局的思想。[2]

然而，爱默生这一年的另一个新演讲却是个失败。事实上，这篇题为“法国或都市”的演讲全文至今尚未公开出版。爱默生曾经说过，去评论一个民族或国家是极不明智的，但事实上他很难避免这样做。19世纪50年代中期，爱默生把大部分时间都花在反奴隶制的活动和撰写关于英国的著作上了。为此，他阅读了几本关于种族和国家方面的著作，其中包括罗伯特·诺克斯的《人种》。他不愿放弃自己的普遍人文主义观点，也不愿接受种族和民族是人类发展的主要因素的观点。在爱默生那些说服力最差、最不具持久影响力的作品中，有一些就是关于此类问题的。这一话题的作品中带着一种吉本式的讥讽的语气。他写道：法国人“在服饰、烹饪、舞蹈和警察制度等方面都优于其他所有国家”。他们认为，“法兰西沐浴在光明里”；在他们眼里，“凡是与法国不相干的都是野蛮的”。爱默生讨厌他们那种“咄咄逼人和纠缠不休”的态度。他注意到，“与其他大部分民族不同，法兰西人将其共同的民族自豪感进一步体现在他们的格言中，如‘全能的上帝属于法兰西’”。[3]

1854年3月，爱默生在纽约发表了关于《逃亡奴隶法案》的第二次演讲。这次演讲以及1854年5月在波士顿发生的安东尼·伯恩斯事件使他对美国宪法进行了直言不讳的攻击：“我们的先辈们犯了一个重大错误，他们设立了虚假的代表权基础（在统计国会选举的代表数量时只将五分之三的奴隶计算在内），他们共同策划了恢复惩治逃亡奴隶法案的罪恶阴谋。”[4]

爱默生仍在一直阅读约翰·斯塔洛的书。他在1854年5月写道：“我们这个时代因他而拥有了奇妙的自然科学的标志。”他将斯塔洛对谢林的描述概括为“人的灵智与自然之灵是同一的，因为人本来就是自然的一部分”。他还从斯塔洛那里了解到“事物的所有差异均为量的差异”的观点，也就是说，事物本无种类上的差别，只有程度上的差异。甚至在现实层面上，爱默生也渴望事物的统一性：“如果密涅瓦女神让我选择一件礼物的话，我会让她给我连续的完整性，因为我讨厌碎片。”[5]

在1854年和1855年这两年，爱默生的主要创作经历就是把自己关于英国的只言片语拼接成某种连续的章节。如此一来，这本关于英国人特色的书倒成了爱默生最没有特色的一部作品。作者并未把人类的共同特性和普遍问题作为讨论的主题，而是探讨了特定地域的特定人群。与蒙田、培根或普鲁塔克的散文相比，《英国人的特性》更接近于斯塔尔夫人的《论德国》或托克维尔的《论美国的民主》。为了完成这本书，爱默生不得不放弃他那伊拉斯谟式的普遍人文主义观念，并广泛地分析处理各种时事新闻、社会现象、统计数字、报纸报道和社会人物等。该书内容翔实具体，这正是它的优点和魅力所在，但这同时也迫使爱默生对英国人种和民族的特点进行一些小心而冒险的猜测。这本书的创作过程也让爱默生转换了思维方式，使他再一次从自己的世界里走出来。值得注意的是，爱默生和梭罗之间的紧张关系和相互排斥也大多发生于爱默生撰写《英国人的特性》和梭罗创作《瓦尔登湖》这段时间。起初，爱默生似乎想把这本书写成英美两国全方位的比较；尽管他后来放弃了这一构想，但我们在该书的成稿中仍可看到这一冲动的印迹。《英国人的特性》既是对整个英国最终的评价，也是对《美国学者》有意的补充。《英国人的特性》热情地赞美了英国，但这种赞美却更像是一种告别演讲。通过对英国人的生活进行单独描述，爱默生最终成功地将英美两国人的生活区分开来。

一位现代英国作家称，《英国人的特性》比后来非英国籍的美国人或欧洲人写的评论英国的任何作品都要好。该书的开头和结尾描写的都是爱默生在英国的亲身经历，这使得整部作品看上去像一本游记。在第三章，爱默生用最直接、最冷静的方式表明了自己对待种族的态度。他用略带讽刺的口吻说道："人们总是乐于讨论种族或血统的力量。每个人都愿意接受这个事实：他本人之所以占有优势，并不是由于他周围的空气、土壤、海洋或财富……也不是由于命运对他的青睐，而应归功于他有一个智慧的大脑，因为这会使人们对他的赞扬更加符合他的实际。"但是，虽然爱默生承认我们在实践中应该重视种族问题，但他却不太确定我们应该给予它怎样的重视。他注意到，"虽然一个种族的特性会一直保持和延续下去，但同时也会不可避免地受到其他因素的影响"。其中一些因素包括文明、宗教、行业、职业，以及“个人自由、充足食物、啤酒羊肉、市场开放以及各种行业的丰厚薪水等”。爱默生最终还是没有接受种族决定论：“在我们看来，受这些永恒存在的因素的影响，所谓种族稳定性或不可改变性的论调实在是缺乏有力的论据。”[6]

在爱默生看来，英国人崇尚自给自足，尊重个人奋斗，注重直觉判断。“对英国人，你必须诚实守信。想要给他们松饼，就应该把松饼放到他们面前，而不是空口许诺。”在文学方面，爱默生对英国作家的概括能力钦佩有加，他引用了培根的“只有顺应自然，才能征服自然”和斯宾塞的“灵魂只是形式，它是身体的产物”加以说明。事实上，《英国人的特性》的主题之一便是概括性。爱默生以非常平和的语气描述了英国人的那些显而易见的特征——“粗野的暴力、低俗的行为”、“永不屈服的固执”以及对“肉食和酣睡”的偏好，但他最钦佩那些品质却不是很容易就能看出来。他非常形象地把弥尔顿形容为“一个阶梯或高地，上承莎士比亚之类的大师，下接诸多英国的天才”。他称华兹华斯的《不朽颂》是“这个时代的文人墨客们所能达到的最高水准”。最后，他总结道：英国“是爱国者、殉道者、圣人和吟游诗人的沃土。假如有一天，它赖以存在的海洋淹没了它，它也会因为曾经拥有不朽的法律和奠定自由基石的原始的人权宣言而被人们永远铭记”。[7]

这就是爱默生赞美的英国人的特性，但这样的恭维之词其实在书中并不多见。事实上，辛辣的笔触才是这本书的特色。正如《代表人物》那样，爱默生在《英国人的特性》的每一章的结尾都列出了该章主题下英国人的不足之处；因此，该书的每一章既谈到了英国人的优点，也指出了他们的不足。爱默生认为，英国的发展已经达到了顶点，“我们对英国人的兴趣在几年之内就会渐渐降低”。他将英国的历史看作是一部黑色喜剧。爱默生在《种族》这一章中写道：“总体上说，这些斯堪的纳维亚人是比较优秀的，他们判断力强、性格沉稳、谈吐睿智、行动果断。但他们对杀戮情有独钟，终其一生，不是杀死别人，就是被别人所杀。”关于诺曼征服，他写道：“两万寇贼在黑斯廷斯登陆。那些上议院的创立者都是贪婪且凶残的龙骑兵，都是贪婪且凶残的海盗的后代。”爱默生并未一味地恭顺英国人，他对英国守护神的描述可与马克·吐温的文笔相媲美：

> 卑鄙的寄生虫乔治在主显节这天出生于西里西亚王国，他在卡帕多西亚王国得到了一份为军队供应腌肉的合约，利润丰厚。虽然这家伙既是个流氓无赖又是个告密者，但他还是发了横财。为了躲避正义的惩罚，他被迫逃亡。乔治攒了一大笔钱，皈依了阿里乌教，筹建了一个图书馆，并被某个派系推举为亚历山大主教。公元361年，罗马皇帝朱利安上台后，乔治被投进了监狱。随后，民众冲入监舍，私自处死了乔治。这是他应得的下场。这样一个并不多见的无赖，转身变成了圣人和主教，不但成为骑士精神的守护神以及胜利与文明的化身，而且还成为现代世界最优秀血统的骄傲。[8]

为了表明自己不偏不倚，爱默生特意补充说，新世界的运气也没有好到哪儿去。他哀叹道：“广袤的美洲大陆却以一个盗贼的名字命名……阿美利哥·维斯普西，这个西班牙塞维利亚的腌菜贩子，其最高海军军衔不过是副水手长。1499年，他与霍杰达一起进行了一次并不存在的远征。”爱默生总结道：“所以，我们谁也不用嘲笑谁。我们的缔造者都是一路货色：一个是伪善的腌菜贩子，一个是狡诈的腌肉贩子。”[9]

1854年8月，美国东海岸遭遇了严重的干旱。在给女儿的信中，爱默生写道：“旱情每时每刻都在加重；天空中连手指大的云朵都看不到，燥热的西洛可风每天都吹个不停。”8月9日，梭罗的《瓦尔登湖》正式出版。爱默生曾在3月份给英国出版商理查德·本特利写信推荐此书，称赞梭罗是“一位天才，作品充满激情，常常既有深度又有美感”。现在，爱默生又写信向一位海外记者推荐道：“所有美国人都喜欢《瓦尔登湖》，它节奏明快，可读性强，处处闪烁着智慧，有时甚至达到了极高的水平。”爱默生的这种热情还夹杂着多年朋友间戏谑的口吻：“我们都认为亨利是美国所有狮子里当之无愧的狮王。”他补充说，恬淡寡欲的梭罗通常对别人的意见漠不关心：他“在康科德的大街上走来走去，虽然表面上神情坚定，但内心却因极大的期待而无法平静”。

这年8月，爱默生在威廉姆斯学院的毕业典礼上发表了致辞；此外，他还在这个月去剑桥做了一次演讲。当时，剑桥的学生们正忙着排练一部由詹姆斯·拉塞尔·洛威尔和民谣学者弗朗西斯·詹姆斯·蔡尔德创作的独幕歌剧《鱼丸》。现代民谣《一只肉丸》（“你得不到夹着一个肉丸的面包”）正是源于该剧。[10]

第90章 声望

19世纪50年代中期，爱默生已经声名远扬了。30年代的时候，他只是在当地比较出名。1836年，《自然》一书的出版并未给他带来广泛的关注，但两年后《神学院献词》的风波让他成为了公众关注的焦点，也为后人树立了一种模式：一边是强烈的反对和攻击，另一边则是大加赞美，甚至不乏恭维。40年代，随着两部散文集、《日晷》以及1847年的《诗集》的出版和发行，爱默生的名声迅速传播开来。他最早在英国受到关注是在1839年；接着，理查德·蒙克顿·米尔恩斯于1840年《伦敦和威斯敏斯特评论报》发表了一篇介绍爱默生的极富影响力的文章。1842年，狄更斯在自己有着广泛读者的《美国札记》一书中讨论了爱默生和超验主义。这一年，爱默生在纽约也深受欢迎，包括沃尔特·惠特曼、埃德加·爱伦·坡、鲁弗斯·格里斯沃尔德和威廉·卡伦·布莱恩特在内的诗人和作家相继开始关注他。

1845年，由于威廉·吉尔摩·西姆斯在《南方和西方文学信使》上对爱默生进行了评述，于是爱默生在法国也开始享有盛誉。当时正在巴黎学习的波兰诗人亚当·密茨凯维奇显然是法国第一个对这位美国新秀的作品极力推崇的人。1844年，菲拉雷特·查尔斯在一份简报中称爱默生为“美国迄今为止最具独创性的作家”。法国重要作家埃德加·基内于1845年开始深入研究爱默生的作品，称之为“这个时代最具理想主义的作品”。此后，德·阿古伯爵夫人和埃米尔·蒙特古特分别于1846年和1847年对爱默生进行了介绍。[1]

1847年和1848年的英国之行让爱默生接触到了英国文学界当时的大部分名流。在英国一举成名后，他的名声在美国也以更快的速度传播。1849年，一本英国杂志竟提出了“爱默生热”这个新词。1850年，西奥多·帕克写了一篇关于爱默生的长达55页的文章，这是迄今为止评论爱默生的最有思想的文章。1843年，霍桑在他的小说《幻想大厅》和《古屋青苔》中都提及了爱默生；在他的长篇小说《福谷传奇》中，主人公就经常阅读爱默生的作品。作家爱伦·坡曾经就文学创作问题与爱默生进行过争论。据说梅尔维尔在创作《玛迪》和《白鲸》时也受到了爱默生创作风格的影响。[2]

到19世纪50年代时，爱默生已成为文学界的一颗引人注目的明星。在英国，他比任何美国人都更多地受到人们的关注。截至1854年，公开发表的关于爱默生作品的文章已达644篇。这一数字还不包括报纸上对他的演讲的报道，如果算上的话，该数字可能还会增加三到四倍。无论他到哪里演讲，总有报纸对演讲的相关内容进行报道。这种报道对爱默生来说是个比较大的麻烦，因为他希望一篇讲稿能多次重复使用，而演讲的内容一旦在任何一家发行量大的报纸上准确报道，它就会成为陈旧的二手货。因此，爱默生不得不请求编辑们高抬贵手，不要全文刊发他的讲稿。[3]

此外，从人们跟爱默生开过的玩笑数量上，我们也可以看出爱默生名气有多大，因为人们是不屑于跟一个无名小卒逗乐的。早期开爱默生玩笑的作品如涓涓细流般绵延不绝，其中包括1844年老奥利弗·温德尔·霍姆斯的一组对句，还有1848年詹姆斯·拉塞尔·洛威尔在《批评家寓言》中将爱默生描述成“普罗提诺-蒙田主义者”，以及零星地模仿他的《斯芬克斯》的滑稽作品。1857年，这条玩笑的细流进一步演变为洪流。梅尔维尔在其小说《骗子》中用马克·温斯默讽刺爱默生。1857年11月，爱默生的诗歌《梵天》发表后，仅仅在接下来的一个月内，就出现了26首滑稽的仿诗。他的儿子回忆说，每当有人背诵一首开头为以下几句的诗歌时，爱默生“就会忍不住大笑起来”：

如果那灰色的郎猫认为自己会唱歌，
或者如果这首歌认为有人在唱自己，
他就不会知道是谁扔掉了那双靴子，
也不会知道我已向他扔了多少砖头。[4]

出名也有其带来的不好之处。不过，爱默生对此早有准备。他从未刻意回避过，也没有装作不屑一顾。他很早就写过一首诗，诗的开头承认：

为了知识和声望，
他付出了高昂的代价；
为智慧，他出卖了自己的肌肉，
为声望，他售卖了自己的牙骨。

但这首诗在结尾时指出，命运并不允许我们埋没“世界的光芒”；因此，它建议：“那么就去奋斗吧，忧伤的年轻人，让青春闪耀吧。”在爱默生的索引笔记本里，“声望”这一主题下有一句索引来自塔西佗：“蔑视名誉就是谴责美德。”爱默生认为，声望的获得需要一个过程，声望的意义在意气相投。他接受了这样一种观点：一个人的声望“既是对他本人的奖赏，同时也是对声望给予者的奖赏”。[5]

爱默生从未写过一篇关于声望的文章，但他曾写过几篇与之密切相关的文章，这些文章都是关于人性特点的，如雄辩、伟大、成功和不朽等。他确实收集过关于声望的资料，声望曾是他1847年“主要索引”下207个条目之一。他列举了英国作家罗利的评论：“声望就是耕耘空气，播种清风。”他喜欢把声望比作“击中一寸土地，照亮整个天际”的雷电。[6]

对爱默生而言，声望来得相对早了些。尽管他通常都能够相对温和地对待自己的声望，但它却有它自己绽放的生命，总是试图超越它的拥有者，有时甚至是以幽默的方式。1838年，年轻的索菲亚·皮博迪在给她姐姐的信中谈到了自己对爱默生的评价：“我认为爱默生先生是最伟大的人，是有史以来最完整的人……他简直就是个‘旷世奇才’。我常常想，即使是上帝和天使，也一定会愉悦地待他。”1845年，英国的一位崇拜者亨利·萨顿把爱默生视为“活圣人”，认为爱默生完全可与保罗、波墨、亨利·阿格里帕以及“古代婆罗门作家”等大师相媲美。蒙丘尔·康韦在1850年与爱默生相识，他把爱默生看作是一个打破旧传统的巨人：“爱默生的不同寻常之处在于，他是拒绝圣餐、否认超自然力量、反对《圣经》权威和各种形式的基督教的第一人，他从未进行过任何形式的殉道。”另一位名叫安德鲁·杰克逊·戴维斯的崇拜者在一本名为《神使阿拉布拉》的书中做得更加彻底。受爱默生的影响，戴维斯在该书的第一部分建议用一本新的《圣经》代替目前的《圣经》，并在第二部分热切地为我们提供了一本新《圣经》。他印发了二十本这样的“新书”。“新书”由若干章节组成，内容包括“圣西奥多（帕克）福音”、“圣埃玛（哈丁格）福音”、“圣拉尔夫（爱默生）福音”以及其他福音。[7]

到了19世纪70年代早期，爱默生的声望如此之大，竟已超越了他本人，并最终完全掩盖了他，尤其是在那些崇拜者面前。1872年，爱默生受邀为霍华德大学法律系学生做一场演讲。在演讲过程中，他即兴发表了一段关于读什么书的话。尽管这段话的内容不是很重要，但正如一位在场的记者指出的那样，学生们“关注到爱默生思考的神情，然后深受启发”。在波士顿的报纸报道了这次演讲之后，爱默生提到的那几本书很快就在当地书店售罄了。[8]

爱默生对声望最好的见解出现在《性格》这篇散文中。从声望拥有者的角度来看，最令人沮丧的不仅在于声望往往与实际成就不相称，而且在于我们最初认为对出色工作进行褒奖的声望，反而变成了一种关于未来工作的无法兑现的承诺。因为声望唤醒了人们心中那些永远无法满足的期盼，它只会给人们当前的努力带来一种负面的预期。[9]

第91章 惠特曼

在1854年下半年和1855年上半年这一年的时间里，爱默生异常忙碌。从1854年10月到1855年3月，他一共做了73次演讲。此外，他超越了时间和空间的限制，广泛地涉猎着“古今中外”的书籍。1854年6月，他阅读了威廉·赫恩登的《亚马孙河探险记》、洛伦佐·西特格里夫斯的《沿祖尼河和科罗拉多河探险记》以及1850年的《人口普查报告》。7月，除了阅读法文期刊和关于英国的杂志外，他还阅读了弗朗西斯·利伯的《政治伦理学手册》，并计划阅读T.F.戴维斯的《中国人》和胡克神父的《中国旅行记》。9月，爱默生阅读了塞缪尔·佩皮斯和约翰·伊夫林二人的日记以及罗伯特·骚塞的《纳尔逊传》。此外，他还继续翻译哈菲兹的诗歌，并开始研究巴利文佛教经典著作《巴利文大藏经》，该书同时也是关于斯里兰卡原住民历史的主要著作。10月，爱默生开始阅读西德尼和本·琼森的作品以及《荷马史诗》的查普曼译本，并继续阅读圣伯夫的长篇巨著《星期一漫谈》。1855年2月，他开始阅读巴托尔德·尼布尔的著作。尼布尔是罗马主要的理性主义历史学家，他与大卫·施特劳斯都是新史学的主力军。尼布尔对借用神话和传说进行历史研究不屑一顾，他坚持认为只有从文献、碑文和其他物质遗存中才能重新构建历史。尼布尔的观点似乎惹恼了爱默生，反而让他对神话产生了新的兴趣。3月，他重新阅读了伊安布利霍斯、普罗克洛斯和波菲利的作品；4月，他阅读了普林尼的作品；5月，他阅读的是《梨俱吠陀》和《马比诺吉昂》。[1]

1855年3月，爱默生为年轻的弗兰克·桑伯恩争取了到康科德教书的机会。桑伯恩时年24岁，刚从哈佛大学毕业，他第一次拜访爱默生是在两年前。他脾气有点暴躁，政治观点比较激进。1857年，他将成为约翰·布朗在新英格兰的代理人。晚年时期，桑伯恩曾出版过很多关于爱默生和梭罗的书，但其草率而缺乏严谨的编辑方法让后来的编辑们无法认同。桑伯恩生性鲁莽，这种性格也有其丑陋的一面。1862年夏天，他向伊迪丝·爱默生求婚，被对方拒绝后，仍不死心，先是哄骗伊迪丝，进而又恐吓她。他指责伊迪丝过于固执，并先后与伊迪丝和莉迪安进行了一系列尖酸刻薄、互相戒备和满腹怨气的通信(从未发表)。最后，爱默生不得不亲自给桑伯恩写了一封充满愤怒的信，让他就此罢手。至此，这一风波才算平息。[2]

这年冬天，爱默生聆听了伟大的兴奋运动者查尔斯·格兰迪森·芬尼（“我觉得现在已经没有牧师使用这种布道风格了”）和亨利·沃德·比彻的布道演说。他觉得比彻精力惊人，即使是十个人加起来也难以与之相比。4月，爱默生给乔治·布拉德福德写了一封信，信中充满了一位疲惫的作家刻意流露出的愉悦之情。爱默生告诉布拉德福德，奥尔科特正计划去英国旅行：“当然，我会像马士提夫犬一样狂叫着反对这个计划，但他一直在回避我。埃勒里·钱宁也总是站在码头上，踮着脚尖等待随时登船，我们同样也要朝着他的方向狂叫几声。”[3]

夏天就要到来了。哥哥威廉的头痛每天都会发作三四次，莉迪安的身体状况一直不太好，而梭罗的身体也是非常虚弱，让人担忧。1855年7月4日国庆节这天，莉迪安用黑布把院子的大门和栅栏都遮住了，以示对合众国的抗议。正在人们情绪低落的时候，爱默生收到一本从纽约寄来的薄薄的名为《草叶集》的匿名诗集。爱默生随即读了起来，他发现这部诗集"非同寻常，因为它具有东方式的广泛概括性"。随后，他把这本书转寄给山姆·沃德，希望能够尽快得到他的反馈。爱默生还写信给卡罗琳·塔潘，称这本小书为"美国人所能写出的最彻骨、最优秀的美国式的佛教经典"。7月21日，他静下心来给诗集的作者写了一封热情洋溢的信。他在信中说道："我非常清楚《草叶集》的价值，这真是一份非常美妙的礼物。它是美国迄今为止最为睿智的作品。"爱默生对作者"大胆的创作方式"及其他优点大加赞赏。他说："在你伟大的职业生涯开启之际，我向你表示衷心的祝贺。"他在结尾处又写道："真想放下手头的工作，专程赶到纽约亲自向你表达我的敬意。"[4]

收到这封美国文学史上最著名的信时，沃尔特·惠特曼年仅36岁。他在少年时期就学习印刷技术，并在多家报社工作多年，从事过写稿、编辑和排版等工作。最近，他经营了一家印刷厂和一个文具店；此外，他还是一名自由撰稿人，兼做一些房地产投机生意。作为一个坚定的自由土地党诗人，他强烈反对《逃亡奴隶法案》，主张从传统诗歌形式的束缚中解放出来。1855年7月，他在纽约出版了这本自由体诗集，共95页。爱默生写这封信时，惠特曼的父亲刚刚在十天前去世。因此，这封信对惠特曼的影响可想而知。他曾听过爱默生的演讲，非常钦佩他对诗人的本质和作用的看法。惠特曼告诉约翰·汤森·特罗布里奇："我的思想犹如一壶亟待烧开的热水，是爱默生让它翻滚起来。"现在，这封信——多年后，惠特曼的朋友贺拉斯·特劳贝尔准确地指出，其实爱默生写这封信的意义要比惠特曼收到这封信的意义更大——让惠特曼再次沸腾起来。他在《纽约论坛报》上发表了爱默生的这封信，又将其打印成传单配发给《草叶集》的读者。很快，这部诗集就发行了第二版。该版不但引用了这封信的部分内容，而且还把爱默生的名字印在书脊上并镀成了金色。在做这些的时候，惠特曼并未征得爱默生的同意，这引起了波士顿一些人的不满。但谁能真的去责怪惠特曼呢？爱默生曾给很多年轻人写过热情洋溢的信，但他的这些朋友们，包括梭罗、富勒、钱宁、维里和格里诺等，都未曾获得这种犹如晴空雨露般热情的赞扬。虽然爱默生后来对惠特曼的哥哥塞缪尔·朗费罗提起过惠特曼不经允许就发表这封信的做法有些粗鲁，但这丝毫没有影响爱默生对其作品的热情。爱默生把《草叶集》推荐给梭罗、奥尔科特、桑伯恩、卡伯特和弗内斯等人。梭罗手里拿着这部诗集走遍了康科德的大街小巷，他不停地挥舞着这本小书，就像在挥舞一面旗帜。奥尔科特也被这部诗集深深打动了。然而，在康科德、波士顿和其他一些地方，几乎所有人都对这部诗集望而却步，原因是书中充满激情的性描写。有那么几年，爱默生一直是几乎唯一一个推崇惠特曼的人。对爱默生而言，惠特曼比任何人都更清楚地明白诗人的代表性。惠特曼其实就是爱默生在《诗人》一文中所呼吁的那种诗人，这样的诗人从不会考虑自己，而是竭力利用自己手中的素材和力量，充当其所见、所闻和所读的每一个人的媒介和代言人。[5]

爱默生对《草叶集》倍加推崇，认为它是《薄伽梵歌》和《纽约先驱报》的完美结合。他决心要找到诗集的作者。于是，在1855年12月，他让梭罗和奥尔科特去纽约拜访了惠特曼。他帮助惠特曼发表诗集，并以自己的名义给林肯政府的两位内阁成员——威廉·西沃德和萨蒙·波特兰·蔡斯——写信推荐了惠特曼。爱默生对惠特曼诗歌的热情不仅没有丝毫的消减，而且他为这位诗人写的推荐信甚至超过了给他写的第一封信。爱默生在给时任国务卿的西沃德的信中写道："如果要对他的作品的某些方面进行评论的话，那就是这些作品显示出非凡的力量，而且他比任何诗人的作品都更具美国特色，更有民主精神，更富政治自由。”[6]

1860年3月17日，趁惠特曼来波士顿安排《草叶集》第三版的出版事宜之际，爱默生和他度过了愉快的一天。他们在波士顿公园一起散步，一直走到很远。爱默生建议惠特曼将《亚当的子孙》这首诗中对性的描写淡化一些，并明确表示这些建议并不意味着自己对相关诗节、诗歌或诗人不满意，而是完全出于大众接受的考虑。尽管惠特曼并没有采纳这个建议，但他永远铭记着这一天，正是这一天让他彻底明白了自己的诗歌和事业中最重要的东西，也正是从这一天开始他不再怀疑自己。

爱默生和惠特曼后来又见过十多次面，或者没有那么多。在与他人的书信和谈话中，爱默生曾经承认自己对惠特曼有各种各样的保留意见。对于爱默生这样一个对耶稣都持保留意见的人来说，这并不奇怪。这些保留意见大部分都是通过那些不赞成惠特曼的人——包括爱默生的子女们——表达出来的。很显然，爱默生从未真正改变过自己对惠特曼的看法。1880年，惠特曼在一篇文章中否认自己曾受到过爱默生的深刻影响。然而，在贺拉斯·特劳贝尔基于自己与沃尔特·惠特曼多次交谈而写成的一部名为《与惠特曼在卡姆登》的精彩谈话实录中，我们却看到了另外一种情形：爱默生的名字曾被执着地、不间断地反复提及。在该书记录的两年半时间跨度里，共有三百多处提到爱默生，其中很多处都有进一步的展开。在这些谈话中，惠特曼一次次地提到爱默生给他写的那封信，以及在波士顿见面时爱默生敦促他“删掉那些难以通过审查的地方”的情形。惠特曼回忆道：“他敦促我这样做并不是因为对我的作品不满意，而是出于对公众的考虑。他似乎要让我明白这样一个道理：是公众更需要我，而不是我更需要公众。我问他：‘如果我把书中的那些内容删掉，你认为它还会是一部好的作品吗？’他答道：‘是的。’我又问：‘那它还和原来一样好吗？’他神情严肃，这个问题似乎让他有点猝不及防。然后他微笑着对我说：‘我并没有说它和原来一样好，我只是说它还是一本好书。’然后他就没再说什么了。”[7]

惠特曼认为，爱默生“有文化有修养，无论外表还是内心，都是一个朴实率真的人，天生就是一个怀揣民主思想的人”。他对爱默生的这一评价与他对梭罗的评价形成强烈反差。惠特曼指出，梭罗最大的失败在于他“鄙视普通民众”。惠特曼在年迈时与特劳贝尔的谈话中对爱默生做了较为全面的评价。那时，爱默生已经去世多年了。[8]

我们从特劳贝尔那里了解到，惠特曼曾建议安妮·蒙哥马利“尽可能多地阅读爱默生的作品，它们是人生成长的最好读物。爱默生并不是在所有的问题上都能给出定论，但没有人比他更能帮助你得出自己的结论”。惠特曼非常欣赏爱默生的一个事实，是人们无法给爱默生贴上一个准确的标签。“他们永远都无法用一个称谓来囊括他的全部，任何领域、任何团体或任何教会都无法做到。”在另外一次谈话中，惠特曼又说：“我常常用爱默生来审视自己，每一项特定的工作，他都完全靠自己一个人来完成。”在谈到爱默生的作品长盛不衰时，惠特曼说道：“爱默生从不会失败，没有人会拒绝他，即便身陷困境，他也能获得丰收。”惠特曼生动的谈话风格被完整地记录下来。他引用了爱默生的一句话：“惠特曼先生，我同意你的看法，一个人如果不按自己的方式去生活，而是随俗浮沉，那他就和死去没什么不同。”还有一次，爱默生对惠特曼说：“惠特曼先生，你身后总有一群人在号叫，我希望你能给他们点儿颜色看，他们连你的脚后跟都不如。”惠特曼还提到爱默生的一次自我批评：“他说，他觉得自己在各个方面都受到了文化的影响，但有些影响他宁愿不要。”又有一次，惠特曼把自己比喻为爱默生，他说：“就像爱默生一样，在晚年时我会问自己：我是否还是我自己，我是否处在危险之中，是否所有的反对、敌意、伤害和打击对我来说是件更好、更值得庆幸的事。”[9]

在另一个回忆的故事里，惠特曼为我们重现了他与爱默生身体接触的情景。

> 记得在我们的一次谈话中，爱默生对我说："惠特曼先生，你赢得的喝彩和得到的朋友其实远比你想象的还要多。我相信你一定能够耐心地看到，上帝最终会垂青于你，因为你努力付出了，这种付出终将会被承认并得到回报！"每当温文尔雅的爱默生想要说什么的时候，他总会把手放在我的衣袖上，抓着我的手臂，像是要道歉似的，仿佛在说：如果你允许的话……[10]

惠特曼能够感受到爱默生的热情和友好。有一天，他说："谈起爱默生，我从来不会觉得累。我想每个人都会被他的人格所感动。"

> 他的举止通常带着一种难以言表的穿透力和亲切感。有些人身上就是有那么一种不可言喻的东西，就像一束光线流淌过你的全身。他们仿佛全身都充满了这种莫名的东西，永远用不完。"存在"，或许这就是它确切的名称。而爱默生对待他人的态度给人留下的就是这样的印象……从来没有哪一张脸庞能够如此有力地传递暖意，让人感动，并持久地停留在人们的脑海里。[11]

爱默生在惠特曼身上找到的，是他一直追寻的现代诗人典范；而惠特曼在爱默生身上发现的，是对文学本身的诠释。

> 我常说，爱默生的人格，即他美好的心灵，体现在他所写、所思、所做和所盼的所有事物之中，并且远远超越其本身，诠释了整个文学体系的真谛，无论好的文学还是坏的文学。你看，那些将文学当作一种职业的人从来都创作不出有价值的作品；文学的价值只能用激情来衡量。这种激情是血与肉的灵魂，它们虽不抛头露面，但却运动不止。

这是一个不错的评价，在以后出版的爱默生著作中，值得以金色字体把它印在封面上。[12]

第92章　亡羊补牢

在1850年波士顿反奴隶制大会快要结束时，几名代表聚集在一起讨论妇女权利问题，大家决定呼吁召开一个全国性的大会。最终，大会定于当年秋天在伍斯特举行。该运动的一位领袖鲍琳娜·戴维斯特意邀请爱默生在大会上发言。爱默生婉拒了邀请，但同意将自己的名字列入召集人名单。次年，毕业于奥伯林学院的早期女权运动活动家露西·斯通再次邀请他在第二届大会上致辞。爱默生再一次婉拒了邀请，解释说他正忙于撰写玛格丽特·富勒的回忆录。《纽约论坛报》对这次会议进行了报道，并全文刊发了爱默生写给大会的信。直到1855年9月，也就是《草叶集》发表两个月后，爱默生才在波士顿举行的第二届新英格兰妇女权利大会上发表了演讲。

出席此次大会的有很多杰出领袖。其中，改革家温德尔·菲利普斯、一神论牧师和积极废奴主义者托马斯·温特沃斯·希金森以及露西·斯通被安排在大会的第一天发言。第二天白天，卡罗琳·道尔、安托瓦内特·布朗和苏珊·布朗奈尔·安东尼分别发表了讲话。道尔是玛格丽特·富勒的门徒；同样毕业于奥伯林学院的布朗是美国历史上第一批任命的女牧师之一；而苏珊·安东尼在1855年仍处于事业的起步阶段。苏珊是一个不知疲倦的杰出组织者，光在过去的一年里，她就参加过纽约州61个县中54个县举行的会议。晚上，除了安排爱默生的演讲之外，还安排了伊丽莎白·奥克斯·史密斯的一首诗朗诵。伊丽莎白是一位很受欢迎的作家，她是《女性及其需求》（1851）的作者。[1]

这次大会的主要议题是逐一报告新英格兰各州有关妇女财产权的法律现状。截至1853年，从罗得岛开始，已经有很多州采取了一定的措施来保障妇女的这一权利，其中包括新罕布什尔州、印第安纳州、威斯康星州和艾奥瓦州等。尽管如此，新的法律只保证已婚妇女享有“某些规定”下的财产权。爱默生在这个问题上的立场是明确的。他说，女性“对自己的财产拥有无可辩驳的权利”。[2]

然而，爱默生关于妇女权利运动所有问题的观点却并不是那么明确。他并不像西奥多·帕克在1853年的一次题为“妇女的公共职能”的布道中所说的那样简单和直接。帕克指出，“让一半的人类耗尽毕生的精力来履行管家、妻子和母亲的职能，这是对上帝创造的最宝贵资源的极大浪费”。在妇女问题上，爱默生的看法大体与富勒早期的观点相似，而且他的许多观点直接来自富勒。富勒的《19世纪的女性》也于1855年再版。和富勒一样，爱默生也认为男女有别，各有所长。富勒曾在《伟大的诉讼》一文中写道：“如果她们有充分的自由和足够的智慧来展现女性的力量和柔美，她们就永远不会希望变成男人，或者像男人一样。”当时，凯瑟琳·比彻、莉迪亚·西格尼和其他一些名流主张女性应当在与男性完全不同的领域里大放异彩。而富勒的观点开始发生变化，不再赞成“各自擅长的领域”的观点。例如，她并不主张将女性的作用仅仅限制在家庭方面，她说：“如果男性能够严肃地对待这个问题，他们就会发现，只有他们自己也专注于家庭事务，才能要求女性专注于家庭事务。”继富勒之后，爱默生也不再主张将女性单纯束缚在某些领域了。[3]

在这次大会的第二天晚上，爱默生在演讲中对女性的特点进行了概括，其中包括忠于“情感生活”、善于沟通表达、精于社交礼仪、热衷引领时尚和坚守宗教信仰等。他认为，正因为女性“更精致”，所以她们也就“比男性更脆弱、更现实”。在用较长的篇幅探讨了男女两性之间的异同，并慎重列举和否定了那些反对女性积极的社会作用之后，爱默生强调了两性的共同基础，并总结道：“我认为两性的兴趣不可分，两性分开教育也不可行。”[4]

爱默生似乎在1855年就已经认识到，如果女性要求，她们就应当得到平等的权利，但事实上她们并没有这样的要求。他对听众说："在我看来，似乎尚未有女性希望在公共事务中享有平等权利，但决定这一点的是她们，而不是我们。"从爱默生的演讲中，我们可以看到他矛盾的心理和模糊的态度，就连报纸在报道这次演讲时也不太确定他到底站在哪一边。鲍琳娜·戴维斯来信对爱默生的演讲表示感谢，并希望能将演讲稿发表。从这一点看，至少鲍琳娜对这次演讲是持肯定态度的，但演讲直到1881年才出版。在爱默生的家庭内部，女权问题仍然是一个让人头疼的话题。莉迪安是女权运动的坚定支持者；就像在废奴运动的问题上一样，莉迪安在这一问题上也远远领先于她的丈夫。在两个女儿中，伊迪丝赞成女权，但艾伦表示反对。1871年的一天，在吃茶点时，艾伦提到这个话题，对女性拥有平等的参政权表示反对。艾伦对当时的情形记录如下：

> 妈妈飞身跨上战马，马儿打着响鼻一溜烟把我们所有人甩了很远。伊迪丝则骑着一匹相同品种的小马，勇敢地冲向她那自以为是的姐姐，并警告她说，那些低能而自私的家伙，他们看不到选举权的好处和优势就罢了，但至少应该闭上自己的嘴巴。父亲则一言不发，除非有人特意问他，他才说出自己的看法。而全家人争论得面红耳赤，就是对他最直接的回应。[5]

美国内战结束后不久，爱默生又写了一篇关于妇女权利的演讲稿。他在稿纸上拟定的标题为《缺席的演讲》，但一直没有使用过这个讲稿。后来，在爱默生之子编辑的《杂文集》中一篇名为《女性》（1855年关于妇女权利的演讲）的文章里，这个讲稿才以尾注的形式被部分引用。《缺席的演讲》篇幅不是很长，它一方面体现了富勒对爱默生的持续影响，另一方面也表达了作者对女权运动日益深切的同情。爱默生在文中毫无做作地称女权运动为"时代的荣耀"。他并没有谈及妇女的家庭角色，而是关注了她们的公共生活。他说："在学校，女生往往比男生学习好，但二十年后她们却没有男性优秀，原因可能是男性可以将所学知识为职业所用，而女性则被排除在职业之外。”爱默生说：“优秀的女性在任何地方都不多见，正如杰出的男性一样……无论哪个国家，在其荣誉榜上，女性总是和男性一样多。”这与富勒的《19世纪的女性》中某个主要观点相呼应。爱默生还列举了美国妇女在废奴运动中、在内战期间的伤兵医院里以及在战后的自由民局里的杰出表现，以此来证明妇女在公共事务中的实际作用。

> 如今，她们要求享有各种权利，包括受教育权、就业权、平等的财产权、平等的婚姻权、职业选择权、参政权……目前，在选举委员会忙于调查和披露选举的舞弊行为之际，妇女们要求自己也要投上一票。这也算是一种亡羊补牢之举吧。[6]

第93章　思想的力量与恐怖

19世纪50年代中期，爱默生重新捡起了他曾经关注过的某些核心主题，并根据自己积累的经验对它们重新思考。爱默生关于堪萨斯州的事务、查尔斯·萨姆纳遭受的袭击、约翰·布朗及其发动的袭击的演讲，以及他对联邦政府的反对，重新点燃了他的政治激进思想。1856年9月，在堪萨斯州一个奴隶拯救会议上的发言中，爱默生说：“我承认我并不尊重现在的政府，我只尊重建国初期的政府。”他“高兴地看到，人们对分裂和无政府状态的恐惧正在退却。马萨诸塞州在其最荣光的时代，本就没有政府，是一种无政府状态”。当然，爱默生在这里所说的“无政府状态”，并不是指动荡不安，而是指“自治”，即自我统治：“每一个人都是靠自己的双脚站立，每一个人都是自己的主宰。”[1]

爱默生于1854年和1855年分别在威廉姆斯学院和阿默斯特学院

的毕业典礼上发表了演讲。对于各种政府机构，他仍然表现出深深的不信任。在他哥哥的儿子小威廉即将去哈佛法学院上学，而他自己的孩子们也快到上大学的年龄（1855年，艾伦16岁，伊迪丝14岁，爱德华10岁）时，爱默生说：“当然，大学对天才素有敌意，因为天才对大学常规的教育方式持怀疑态度，他们往往有自己的一套学习方式。”在威廉姆斯学院的演讲中，爱默生又回到了“美国学者”这个经典话题上。随着年龄的增长，他更加敏锐地认识到了那些阻碍独立思想形成的因素。爱默生提醒年轻的毕业生们：“我们这个有着盎格鲁-撒克逊血统的社会就像一个巨大的产业公司。要想看清这个社会，你必须把所有的一切都看成是做生意，而生意场上是从来没有朋友、妻子、儿女或家国情怀的。”他敦促年轻人不要与商人为伍，而应抵制他们。“这个国家的粗俗之处在于，人们把赤裸裸的财富当作美德，无论这种财富以何种方式获得或使用；而这种粗俗是随着英国的商业扩张来到我们这里的。”爱默生坚定且尖锐地警告年轻的听众们（这与礼拜日训诫完全不同），要警惕英国文化、美国政治、商业及财富的强大诱惑力。简言之，要警惕物质主义的诱惑。[2]

我们很难准确界定学者、知识分子和作家分别应该做哪些工作。现在，爱默生开始为一个名为“思想的力量与恐怖”的演讲搜集素材。爱默生认为，人类历史上的最伟大力量是思想，而不是既得利益，“赋予石头价值的是建筑”“秩序是被思想支配的物质”。爱默生用他曾经使用过的火山意象来隐喻塑造地球的力量：“正如我们呼吸的空气，虽然无形，但如果密闭，就会形成强大的弹力，它能够将阿巴拉契亚山如鸿毛般轻松抬起。同理，思想也能够将民族和时代轻松地托起。”然而，爱默生从未完成这篇文章，就像他自己火山喷发的力量再也没有重新聚集起来似的。[3]

爱默生仍然对活力以及充满活力的人十分关注。他在19世纪50年代的另一个计划，就是写一篇关于泰勒神父这位富于活力的水手传教士的文章。作为泰勒的老友，爱默生始终认为此人是美国最伟大的诗人之一，他的“言辞总是那么感人、质朴和扼要”。但是，这篇可能会引起美国那些传经布道者对辛辣的惠特曼进行关注的文章，同样没有完成。[4]

1855年3月下旬，爱默生在康科德发表了一篇关于美的新演讲；五年后，他将该演讲收录到《生活的准则》一书中。《美》这篇文章并未摒弃“美就是世界”的概念。爱默生认为，美是世界的本来面目，具体体现为无穷多样的自然形态及其相互关系。在爱默生审视美的剖析及功能时，他与格里诺的友谊也结出了硕果。“外形的优雅……标志着结构的某些优点，”爱默生写道，“所有的美都必须是有机的，外在的修饰是一种畸形的美。”一位现代评论家指出，爱默生在演讲中对美的概念的高度概括，是他一生中对美的精髓的高度总结。他说：“美的轮廓是完美节俭的结果。蜜蜂筑巢时所采用的角度使之能够达到用最少蜂蜡产生最大强度的效果。”[5]

在《生活的准则》的结尾篇《幻想》中，爱默生再一次提到他在《经验》一文中思考的主题，探讨了经验在多大程度上让我们认识到自己生活在一个幻觉的世界中。《幻想》的开头对猛犸洞穴进行了详细的描述。他强调感官所扮演的角色，指出感官“干扰着一切，把它们自身的结构和它们所传递的东西混杂在一起……在欣赏夕阳时，我们并未发挥出眼睛的纵观八方、灵活协调和想象丰富的能力”。他说：“我们的生活离不开想象，离不开崇拜，也离不开情感。”我们需要清醒地认识到，在那些对我们而言最重要的东西中到底有多少是幻想。我们很容易受到“感官和激情的欺骗”，受到“情感和理智有益的结构性幻想”的影响。“理智的结构性幻想”这个短语有一种培根似的华丽，但这并没有概括它的全部。时间也是一种幻想：“那些看似连续的思想其实只是整个事物在因果序列中的分布。”爱默生认识到，“科学只是把空间和时间看作思维的形式”。在19世纪50年代中期，爱默生满眼看到的都是变化无常的生活的表象，正如威廉·詹姆斯对黑格尔的评论那样。詹姆斯写道：“任何事物都有其消极、毁灭和受命运摆布的一面。这是黑格尔对事物暂时性及其相应的虚幻性的直觉。”[6]

那么，到底什么才不是幻想呢？爱默生认为，有三种现实，或者通往现实的道路。第一种是主观肯定的现实：“我们犯的第一个错，是相信环境给予我们快乐，其实恰恰相反，是我们将快乐奉献给环境。第二种是每天都会感觉到现实的存在。”在对《圣经》里“我们通过镜子模糊地看世界”这一悲观论调进行明确批判的过程中，爱默生用他一贯的神学冒险风格说：“我们每时每刻都能面对面地见到上帝。”第三种现实是科学赖以形成的假设，即“宇宙本无偶然性，亦无混乱性。一切皆成体系，万物均有等级”。[7]

最终，我们并没有被困在自己那用感知构筑的华丽迷宫里。就像我们再次成功登上旁边一座熟悉的山峰一样，《幻想》以一个小小的胜利的喜悦结尾。此外，在文章的结尾处，作者还特意以隐喻的方式描述了一位冷静的神话创造者的形象。日子就是诸神。“年轻的凡人走进天堂的殿宇。在那里，他独自与诸神（日子）相处，而诸神将祝福与天赋倾注于他。”随后，暴风雪呼啸而至，这是生活中幻觉的象征。“疯狂的人群东跌西撞，怒气冲冲地让这位凡人时而干这，时而干那。”但不管怎样，年轻人总有让自己清醒和冷静的时刻。当“云消雾散，空气再次变得清新”之时，“诸神依然安坐在宝座之上，排列在他的周围。就这样，他们独自与他相处”。[8]

对于幻觉的感知，乐观主义是微弱无力的，甚至是一个毫无用处的词。惠特曼曾经指出：

> 除理智外……还有直觉，一种对时间和空间以及整个复杂多样的世界产生的完全平衡的直觉。我们所称的这个世界，充满愚人的狂欢、难以置信的假象和无处不在的不安。在这个世界中，有一种神圣而无形的灵光，如丝如线般将万事万物网入其中，包括所有的历史、时间以及或细小或重大的事件，如同猎人手中一

条拴着皮带的猎狗。对于这样的心灵之光和思想之核，仅靠乐观只能诠释它们的皮毛。[9]

在爱默生比较成熟的作品中，对“观念”一词的救赎是他的一个主要目标。休谟将观念贬为感官的模糊投影。但对现在的爱默生和古代的柏拉图而言，观念就是感知。它们是实实在在的，而感官则是它们的投影。在爱默生的主要生活和作品中，都集中体现了这样的感知，它们紧密地联系在一起。它们不是论点或假设，不是某一哲学体系的要素，也不是观点或意见。当幻觉的风暴消散时，在登临山顶的瞬间，爱默生有了这样一些感知：

日子即诸神；换言之，万物都是神圣的。

造物永不停息；没有来世，只有今生。

每一天都是最后审判日。

生活是为了自我修养、自我表达、自我实现。

诗歌能解放读者，思想也追求自由。

灵魂的力量和它的需求相对称；每个新的日子既是对它自身妥善性的挑战，也是对人的妥善性的挑战。

感知的根本是直觉的，是无须辩驳的；所有重要真理，无论是物理的还是伦理的，最终都是不证自明的。

没有热情，任何伟业都是空谈。

生活是一种狂喜，梭罗说得对，“快乐无疑是生活的前提”。

如果批评和评论并非基于热情和狂喜，其结果最好是徒劳，最坏是破坏。正如拉斯金所说，你的作品应该是对你所爱之事的赞美。

所有这些感知，都是爱默生在生活中直接领悟到的。它们并不是抽象难懂的理论，而是现实生活中实用的准则。在公共事务上，这些感知成为爱默生坚定的政治信念：主张社会自由、废奴主义、妇女选举权以及美洲印第安人的平等权，支持对抗腐败政府的行动，反对发动墨西哥战争。在个人事务上，这些感知让爱默生真切地认识到，每一个清晨都充满无限的希望，都可以随心所愿地去阅读、去思考、去行动。每当清晨六点的钟声敲响时，我们便开始行动；所有人类能够做到的事情，我们大多数人都能够做到。在一个与现在毫无差别的某个破晓，莎士比亚开始坐下来创作《哈姆雷特》，富勒开始安静地撰写《1848年罗马革命史》。我们每个人都拥有属于自己的所有时间，每个人都接受所能辨别的所有邀请。同样，每一个傍晚都带着无尽的遗憾，为那些未曾走过的路、未曾见过的地方和未曾采取的行动而深深懊悔。

1855年9月29日，在妇女权利大会召开一周后，康科德为一块新开放的公墓举行落成典礼。该墓地名为“沉睡谷”，像剑桥的奥本山公墓一样，它属于当时比较流行的花园墓地。毫无悬念，墓地负责人邀请爱默生在落成典礼上致辞，而爱默生也毫无悬念地接受了邀请。在演讲中，他坦承人们对不朽的渴望，但对埃及人和早期基督教徒的殡葬物质主义并不赞成。殡葬物质主义者相信个人肉体的复活，因而主张建造华丽的坟墓。爱默生赞扬希腊人，称他们“不但热爱生命，而且热爱美丽”，他们“不会修建阴森可怕的巨大坟墓”。此外，爱默生还谈到势不可当的民主进程，以及“将每个粒子分解并重组为新生命”的化学过程。[10]

他特别推崇将一块新墓地建成一片植物园的想法。在那里，可以种上各种本土或适合马萨诸塞州生长的树木，“这样，每个孩子都可以看到并排栽种的11棵橡树或20棵柳树，还有那些已经在西部各县绝迹的山毛榉以及加利福尼亚和俄勒冈的大片冷杉”。[11]

又一个演讲季即将来临。然而，在爱默生的信中却流露出一种新的、不同寻常的厌倦感。他为即将到来的艰苦的西部之行发愁。他还为未能及时给他的老友兼财务顾问亚伯·亚当斯回信深表歉意，并补充道："但在我离开人世之前，我依然相信总有一天自己会做得更好。"他还注意到，"儿子开始在没有我的情况下也能做得很好了"。1856年7月，在阅读《奥义书》的英译本时，爱默生受到启发，写下了一首名为《梵天》的伟大诗歌，这也是他最后几首著名诗歌之一。这首最初版本名为《灵魂之歌》的诗歌堪称散文《幻想》的诗歌版本，它是对惠特曼的应和，也是对"同一哲学"的肯定。

> 若沾血的杀人以为自己杀了人，
> 抑或被杀者觉得自己已被杀戮，
> 那他们就难懂我那玄妙的法门，
> 那可是我曾经通过又折返的路。

这首诗是以印度教的创造之神梵天的角度来写的，但最后两行却把注意力转到世俗的探索者身上。"可是你，有谦卑的爱善之心，你找到了我，却抛弃了天堂。"[12]

一年后的1857年7月8日，爱默生把雷普利坟墓旁边母亲及儿子瓦尔多的棺椁从位于康科德市中心那狭小而拥挤的墓地迁到了沉睡谷公墓。后来，爱默生在日记中写道："柔和的阳光洒在祖孙俩的棺椁上，瓦尔多的棺椁也保存得很好——算起来，都已经有十五年了。"

这一次，爱默生又有一个惊人之举。正如二十五年前（1832年）的他打开艾伦的棺椁目睹亡妻的遗容一样，现在的他又大胆地查看了瓦尔多的遗骸。但关于具体经过，并没有详细的记录。瓦尔多出生于1836年，1842年去世时离过5岁生日才几个月。如果他还活着的话，在今天这样一个阳光明媚的七月天，他该快过21岁的生日了。他的弟弟妹妹们都在健康快乐地成长。艾伦已经18岁了，伊迪丝也有16岁了；在爱默生低头查看小瓦尔多遗骸的两天后，爱德华迎来了人生第十三个生日。

事实上，从1832年目睹艾伦的遗体到1857年查看瓦尔多的遗骸这二十五年里，爱默生度过了他绝大部分的创作生涯。不同于其他人的是，爱默生并不愿意生活在过去里，现在也不会。艾伦和瓦尔多并不属于“过去”，但雷普利医生和他的母亲露丝或许属于。艾伦和瓦尔多死得太早，带走了太多的爱和希望，他们代表着一个永远都无法实现的未来。爱默生曾说：沉睡谷是一个“我们的孩子会到这里来阅读这些生命历程的地方”。然而，小瓦尔多却再也不能这样做了。[13]

在离开墓地之前，爱默生在母亲以及儿子的坟墓前各自放了一些白色的橡树枝。这些不太规整且树冠巨大的白色橡树是美国东部森林中最好的硬木，早期的定居者们用它来铺设地板，制作墙饰和家具，经久耐用。那天晚上，当爱默生从沉睡谷墓地回到家时，“他只是说看到了棺椁里面，再没说别的”，女儿艾伦回忆说。[14]

尾声

第94章　记忆

19世纪50年代中期，爱默生开始对记忆产生了一些兴趣。他从未主张通过遗忘来对待过去，而是一直强调可以用过去来教育当代人。但就像尼采一样，爱默生明白遗忘的价值。1854年，他对女儿艾伦说："你必须认真对待每一个学期，认真过完每一天，然后跟它们说再见。对于礼貌以及明智的生活而言，记忆是一种恶习。"爱默生的意思是，一个人不应该对自己曾经的不太严重的错误、粗鲁、疏忽和失败念念不忘。"所有美好的事物都在今天等着我们。充满希望和盛情的今天太过珍贵，容不得我们在腐朽的昨天里浪费哪怕一秒钟。"爱默生自己的记忆力惊人。他能应别人请求一句不落地背诵弥尔顿的《利西达斯》；而华兹华斯的很多诗篇他都熟记于心；同孩子们一起散步时，他总是给他们大声背诵诗歌。然而，爱默生并不十分重视记忆的作用，而且他的工作方式也不需要太多记忆。他庞大的笔记和索引系统完美地替代了记忆的功能。爱默生在他的一本笔记本中写道："想象是心灵的早晨，记忆是心灵的黄昏。"在该笔记本的另一处，他还写道："遗忘带给我们的损失，完全可以通过新知识带给我们的巨大价值来弥补。"[1]

1857年，爱默生写了一篇名为《记忆》的演讲稿。写这个主题的初衷，是为了完成“智力的自然史”的系列演讲。但他现在对记忆却有了一种不同寻常且令人印象深刻的看法。记忆是“将人生旅途中的各种事件像珠子一样穿在一起的线，是形成一个人的道德品行必不可少的个性特征”。爱默生发现，现代生活方式对记忆构成了特有的威胁。“如果说手写记录降低了记忆的作用，那书面印刷就更是如此。难道报纸不是一块记忆的海绵，不是为了遗忘而发明的吗？记忆的规律是，每一个进入到记忆的事物，都会有另一个记忆里的事物被挤出去；只有那些深受情感触动的东西才能长久地停留在记忆里。”他安慰自己道，“善于发明创造的人往往不善于记忆”，并以牛顿为例加以说明。然而，在爱默生关于记忆的评论中，并没有讽刺或懊恼的语气。记忆这个主题不停地出现在他的脑海中，让他充分认识到记忆的功绩及其对阅读的帮助。爱默生从《塞缪尔·佩皮斯日记》中了解到，托马斯·富勒有着惊人的记忆力，在同时代里可以说是无人能敌。他能在只听一遍的情况下把五百个随机挑选的单词倒背如流；他对佩皮斯作品的背诵程度完全超过佩皮斯本人；他能用拉丁语同时向四名抄写员分别口述不同内容，并能把他们远远地甩在后面。爱默生还从别人那里了解了理查德·格雷的记忆系统，他在《记忆的技巧》一书中介绍了“记忆库”或“记忆宫”的概念，在很多关于强化记忆的书籍中脱颖而出。[2]

格雷的记忆系统构建得如此精巧，几乎等于创造了一种新的语言。为了记住历史日期，格雷发明了一种表格，用不同字母来对应不同数字。这样的话，要记住一个给定的日期，只需记住一个对应的单词即可。这个单词开头几个字母代表某一历史事件，剩下的字母表示日期。格雷的这个字母与数字的对应表是：

a	e	i	o	u	au	oi	ei	ou	y	g	th	m
1	2	3	4	5	6	7	8	9	0	100	1000	1,000,000
b	d	t	f	l	s	p	k	n	z			

根据这个表格，如果想要记住公元前4004年这个上帝创造世界的日子，人们只需记住“crothf”这个单词就可以了；其中，“cr”代表创造（creation），“othf”代表4004年。就这样，格雷把一串串的事件编排成一行行无意义的单词。例如，为了记住创世记、大洪水、对亚伯拉罕的召唤、出埃及以及修建所罗门宫等事件，人们只需要记住这一行单词即可：“Crothf Deletok Abaneb Exasna Tembybe。”格雷一共编排了数百行这样的单词。[3]

对爱默生来说，记忆越来越不仅仅是一个实用的问题，它还是通向未来和过去的钥匙。他写道：“记忆是对占有未来的一种假定。”然而，当他说“你可能会丧失理智，但不会丧失记忆或想象”时，他把自己的未来完全颠倒了。[4]

1857年11月，《大西洋月刊》杂志问世。它的第一期刊登了爱默生几首写得最好的诗，其中就包括《日子》这首以希望和失败为主题的寓言小诗；而这一主题二十多年来一直出现在爱默生的笔记和信件之中。《日子》以描述时间的流逝开始：“光阴的女儿，伪善的日子/如赤脚的托钵僧般默然独行……”日子带给我们礼物，我们按照自己的心愿随心享用。但讲述者却忘记了自己在清晨许了怎样的愿望，只是草草地拿了“一些香草和苹果”，而这时，“日子正/转身悄然离去。/一切为时已晚，/在她那庄严的发带下，我看到一丝轻蔑”。这一过程——无限美好的希望以及随之而来的笨拙可恶的表现——如潮汐般在爱默生的一生中时涨时落。[5]

爱默生曾在1859年的某个时候感慨道：“我竟然已经有一年多没有记笔记了，而记笔记是我以前几乎每天都要做的事。我现在很少与学界精英们见面，即使见了面也不知道自己想要聊什么。有时觉得自己的思想陈旧落伍，缺乏更新。我觉得自己的创作生命已经走到了尽头。”然而，创作的火花偶尔还会迸发出来，而他活跃的创作年华还会持续一些年头。不过，爱默生的人生历程开始在19世纪50年代后期发生了重大变化，而他最后25年的生活也时不时地被各种各样的终结所打乱。[6]

在爱默生身上，一直存在着两个不同的自己。在詹姆斯·拉塞尔·洛威尔的眼里，就有两个爱默生，一个是充满梦想的预言家，一个是比较现实的北方佬。在布利斯·佩利看来，爱默生的双重性集中体现在他那截然不同的左脸和右脸上。阿尔弗雷德·卡津也认为，在公众的爱默生背后隐藏着一个私人的爱默生，即小写的爱默生；而小写的爱默生在不断地为大写的爱默生收集那些可用的素材。佩利这一说法比较接近事实。爱默生对两个自己的认识是从他谈及守护神以及将某些特定真理归于“盖伊”或“奥斯曼”的时候开始的。到了19世纪50年代末，爱默生人生历程中又新出现了第三重复杂的自我；爱默生这个名字正在快速地成为一种权威的代名词。无论他走到哪里，总有一个无形的身影和日益增长的声望抢在公众的爱默生和私人的爱默生的前头。[7]

正当我们越来越难以捕捉私人的爱默生时，公众的爱默生却比以往任何时候都忙碌。与大多数作家一样，他的后半生远比前半生记载得完整。1858年以后，爱默生较为活跃的演讲生涯还剩14年；其间，他平均每年演讲47场。1858年，他买了一支枪，和路易斯·阿加西以及一大群波士顿绅士们一起前往阿迪朗达克山，在那里露营并采集标本。1859年10月发生了约翰·布朗突袭哈帕尔斯渡口的事件。针对布朗被捕并将被处以绞刑这件事，爱默生评论道：处死布朗的“绞刑架将会像令耶稣受难的十字架一样神圣”。布朗于1859年12月2日被处以绞刑。爱默生就此在康科德和塞勒姆两地分别公开宣读了悼词。[8]

1857年，奥尔科特一家重新返回康科德。次年，伊丽莎白·奥尔科特（小说《小妇人》中贝丝的原型）去世。1860年，路易莎·奥尔科特开始在《大西洋月刊》及其他期刊上发表自己写的故事。同样是在1860年，爱默生的《行为的准则》问世。1860年4月，爱默生的老朋友同时也是盟友的西奥多·帕克在佛罗伦萨患肺结核病逝。也是这年秋天，亚伯拉罕·林肯当选美国新一任总统。

1860年初，达尔文的《物种起源》一书开始在美国发行。此时，爱默生正在做巡回演讲。他迫不及待地想读到这本书。长期以来，爱默生对生物的演变过程——而不是生物分类学——的兴趣，使他对进化论深信不疑。尽管他和阿加西有着深厚的友谊，但爱默生从未表示过自己接受阿加西关于造物的观点。不过，爱默生是用拉马克进化的术语来理解进化的过程的。其实，爱默生和梭罗对达尔文和阿加西争论的核心，即物种形成的问题，都不太感兴趣。尽管如此，爱默生还是赞同物种变异的观点。他把变化（他通常称之为“形变”）看作是一种生命法则。通过谢林和斯塔洛，爱默生完全接受并强调“所有的差异均为数量上的差异”的观点。换言之，究其根本，没有种类上的差异，只有程度上的差异。爱默生完全可以理解达尔文的核心观点：“物种只是有着突出个体特征的永恒变种，每一物种首先是以一个变种形式而存在。”[9]

多年以前，在阅读歌德作品的过程中，爱默生就已经有了一定的接受达尔文某些结论的思想准备。例如，“所有的动植物均来自于某个原型”，以及“所有生活在地球上的有机体可能都始于某种成就了最早生命的原始形态”。[10]

第95章 美国内战及梭罗之死

1861年4月12日，发生了萨姆特堡炮击事件。战争的阴霾笼罩在每个人的心头。4月19日，45名康科德志愿兵起程参战。7月，第一次布尔朗战役（南方联军称之为第一次马纳萨斯战役）打响。很明显，这场战争可能会持续很长时间。爱默生认为，只要战争只是为了联邦的统一，自己就不赞成。他继续着自己的演讲活动，主题大多与战争无关。11月，他发表了题为“老年”的演讲。在演讲中，虽然他热情洋溢地列举了步入老年的种种好处，但时年59岁的他显然开始觉得自己已经变老。他说，老年的好处之一，就是觉得“成功或多或少地不再意味着什么”；另一个好处则是老年人往往更能够找到宣泄情感的方式；还有一个小小的好处，那就是到了50岁以后，偏头痛的毛病就会慢慢消失。然而，老年带来的最主要的好处是，我们不必再为活不到一个好的年纪而忧心忡忡。我们“航行在大海上，饱经险恶的海角和浅滩的洗礼，而生命中的那些恶魔也在恐惧的基石被消除的过程中不见了。当这艘生命之船到港停泊时，它的保险也就到期了”。[1]

爱默生用自己特有的方式开始意识到（但有点儿晚）他正在变老，并逐渐适应了这样的生活。“在我们身上，那些永不衰变的东西处于核心位置，并起到支配性作用。当独处时，我们很难感觉到时间对肌体的侵蚀，因为它总是从表面和边缘开始。”然而，正如爱默生在日记中指出的那样，最糟糕的情形是：“现在，只有在极少数情况下，在各种快乐和谐的因素促成的情况下，我才能让自己的思想纵横驰骋；而在过去，这种情形每天都会有。”[2]

随着一具具尸体被运回北方家乡，人们切实地感受到战争的残酷。1861年12月，一个来自阿默斯特的年轻士兵在安纳波利斯的战斗中负伤后死亡，他的尸体被放在火车上运回了家乡。在给自己的一位同辈亲戚的信中，艾米莉·狄金森写道：“可怜的小寡妇的儿子，在狂风肆虐的这个深夜，被运回乡村墓地；而他从未想过自己要在那里长眠！”1862年1月，爱默生应邀为华盛顿特区的史密森学会演讲。针对这一事件，他和蒙丘尔·康韦在各自的演讲中表达了共同的看法。他们认为，巩固北方并结束这场不利战争的最好办法，就是立即让奴隶获得解放。或许林肯也聆听了他俩的演讲，至少了解了演讲的内容。这次华盛顿之行让爱默生见到了林肯，而这位总统给他留下的印象比他之前想象的更深刻。林肯对康韦说：“我有信心实现你和你朋友提出的某些愿望。”[3]

1862年3月9日，南北战争期间的首次铁甲舰海战在“莫尼特”号和“梅里马克”号之间展开，同时宣告了木制战舰时代的结束。在这次海战中，双方最终战成平手。随后，在1862年4月6日至7日发生的夏伊洛血战中，南北双方共有2.3万多人丧生。而一个月后，康科德遭受了一次更直接的损失：亨利·梭罗因肺结核病不治身亡，年仅44岁。虽然爱默生那时的记忆已严重衰退，甚至连梭罗的名字都说不完整，但他还是为这位永远都不会忘却的好友撰写并宣读了悼词。这篇名为《梭罗》的散文，挽歌式的文章，是爱默生最后一篇经久不衰的重要作品，完全可与《利西达斯》媲美。它不仅是爱默生最好、最具个性的传记式文章，也是迄今为止关于亨利·梭罗的最感人的文章。

爱默生用木槌敲击凿子般犀利的笔锋快速勾勒出了文章的主题。梭罗“一生没有选择任何职业；他从未婚娶，独自居住；从不去教堂，不参加选举投票，也拒绝向政府付税；他不沾烟酒，从不食肉；虽然是个自然主义者，但从不使用捕机或是猎枪”。爱默生对梭罗非常了解，认为他骨子里有一股军人般的气质，但只有处在梭罗的对立面时，人们才能体会到这一点。“他需要拆穿别人的谎言，需要嘲笑别人的错误。可以说，要想充分发挥自己的能力，梭罗需要一丝胜利的鼓舞和一通战鼓的雷鸣。”爱默生一直强调梭罗的美国性（“他对英国人和欧洲人的举止与品位的厌恶甚至达到了蔑视的程度”）和独创性。梭罗对事物的外部细节有着敏锐的洞察力。他能够“用脚步量出16杆的距离，比他人用杆子或链子测量的结果还要精确”；他发明过一种改进版铅笔，还能“从一个容量足有一蒲式耳或更多的装满铅笔的盒子里快速而准确地抓取铅笔，每次12支，不多不少”。[4]

爱默生认为梭罗是一个为生活而生的人，这是对他最高的评价。他始终觉得梭罗是一个非常勤奋、极有条理且高度珍惜时间的人。因为他一直没有把生命浪费在一份稳定但不必要的工作上，而只是打一些短暂的零工来维持生计，所以他是唯一真正自由的人，是“镇上唯一清幽安逸之人”。[5]

爱默生眼里的梭罗是一位超验主义者，他认为“物质世界是一种方式或象征”。爱默生素以目光犀利著称，但当他注视梭罗之时，却有一种敬畏之情。他说：梭罗能够“看到那些与他交谈之人的局限和匮乏之处，似乎什么都躲不过他那双锐利的眼睛”。爱默生十分理解梭罗的文学事业，包括其创作的意图和成功的原因等。“梭罗先生以全部的爱将他的才智奉献给了家乡的田野和山川，让每一位美国或海外的读者都能了解并喜欢它们。”他认为梭罗有一种神圣的质朴和粗犷，“他头戴一顶草帽，脚穿结实鞋子，身着灰色长裤，勇敢地穿梭于低矮的橡树丛中或牛尾菜间，或是爬到树上偷袭松鼠或老鹰的窝巢”。[6]

爱默生和梭罗都明白，我们所追求的东西并不总是它最初看起来的样子，当我们让自己太过痴迷时，我们所猎取的东西反过来就会猎取我们。梭罗说：“你耗尽半生时光苦苦追寻的东西，有一天却在家庭聚餐等日常中不经意间找到了。寻它如寻梦一样的你，一找到它，就成了它的俘虏。”

正如爱默生在《代表人物》每章结尾都会列出该章的相关人物如柏拉图、莎士比亚或歌德等的缺点一样，他现在也列出了梭罗的不足之处。爱默生写道：“我不得不认为，没有雄心壮志是他的一个缺点。”他的意思是，梭罗本应该像丹尼尔·韦伯斯特一样，在自己的时代里引起轰动；其实，这一目标同时也让爱默生为之付出了很多（也许是极多）精力。除此之外，爱默生再找不到任何可以责怪梭罗的地方了。在结尾处，他高度赞扬了梭罗的不朽成就，并用几页的篇幅引用了梭罗一些有特色的文字。文章还提及了梭罗留下的诸多尚未完成的作品，其中包括《种子的散播》、《花朵与果实》、一部前哥伦布时代的北美历史以及一部关于一个完整太阳年的详尽历法。这些大多停留在手稿阶段的作品，令几代学者困惑不解。如果梭罗曾有过一个总体规划，那它现在也随着主人一同消逝了。也许梭罗想在不离开康科德的情况下就写出能与亚历山大·洪堡的大作《宇宙》齐名的作品。对于自己的好友所做的事情的重要性，爱默生似乎也了解一些，他说："这个国家还没有意识到她已失去了一个多么伟大的儿子。"[7]

就在梭罗去世前后的一段日子里，发生了弗兰克·桑伯恩向伊迪丝（当时20岁）求婚这件令人烦恼的事。虽然遭到了伊迪丝的拒绝，但桑伯恩依然纠缠个没完，让人不快。莉迪安特意写长信向桑伯恩解释一切，并被迫将他们之间的通信内容公开。这最终让桑伯恩彻底悔改，挽回了自己的面子，并与爱默生一家保持着良好的关系。[8]

1862年9月17日，南北双方在安提塔姆展开了激烈的会战，一时难分高下。十天后，林肯发表了《解放宣言》；宣言于1863年1月1日正式生效。爱默生为此兴奋不已，并于10月12日发表了一篇相关演讲，讲稿随后刊登在11月出版的《大西洋月刊》上。废奴主义者的策略，是对这一宣言进行大肆宣传，以使林肯无法收回。"这个宣言一旦发表，新政府就不得将其废除。由于长期的存在，奴隶制度压制了道义对它的审判，但它绝不能被视为19世纪的进步。"[9]

《解放宣言》一经发表，就立刻对爱默生全家产生了影响。战争刚爆发时，18岁的爱德华就要参军打仗，但莉迪安并未同意。她和爱默生都认为，维护联邦统一不足以成为战争的理由。只有北方明确宣称战争是为了解放奴隶，他们才会认为它是正义之战。莉迪安希望其他母亲也能以同样的理由阻挠或限制她们的儿子入伍，从而迫使总统宣布解放奴隶，以便招募更多士兵。在《解放宣言》发表后，爱默生和莉迪安不情愿地同意爱德华参军。但在一位名叫约翰·默里·福布斯的爱默生一家的老友的劝说下，爱德华参军的决心开始动摇了。那时，福布斯的一个儿子（后来与伊迪丝结为伉俪）已经上了战场。他对爱德华说："自从威尔参军以来，我身心憔悴，已经大不如前了。如果我的另一个儿子马尔科姆也去参军打仗，我觉得自己会彻底垮掉，也就一无用处了。你是你父亲的独子，你自己判断一下，你上战场杀敌对国家的贡献更有价值，还是你父亲对国家的贡献更有价值？"

最终，在福布斯的劝说下，爱德华放弃了参军的念头。[10]

第96章 终结

到了1863年，爱默生已成为美国公众生活中无法回避的一部分。1月1日，为庆祝《解放宣言》正式实施，人们在波士顿音乐大厅举行了盛会。爱默生第一个发言，他的《波士顿赞歌》让观众们兴奋不已，时不时地起身为之欢呼高歌。在该赞歌的第18节里，作者突然掉转笔锋，道出了奴隶在获得解放后应当得到补偿的问题。后来，希金森的南卡罗来纳州第一志愿兵团将这一诗节作为他们的团歌。

向主人支付赎金吧，
把那钱袋装得满满！
主人是谁？奴隶在此！
一直在此！补偿他吧！[1]

现在，在那些人潮涌动的公众活动中，爱默生越来越成为受人敬仰的中心人物，而与之形成强烈反差的，是那些几乎无法察觉的私人活动，它们重新唤起了爱默生对家世的关注。玛丽·穆迪·爱默生，他的姑妈，于1863年五朔节这天离开了人世。在人生的最后几年里，她的身体大不如前。爱默生在给哥哥的信中写道："现实让我更加强烈地想起往日。在她最后的时光里，她的身体已经彻底垮掉了。"爱默生非常珍惜姑妈的书信及作品。他在信中对葬礼的情形做简单描述时，无不表达着对姑妈从未改变的敬仰和信任之情："她才智出众……她的书信和日记依然深深地打动着我，一如三十年前。它们为美国的文化增添了不少色彩。"共有七名家庭成员跟随灵柩一起来到了沉睡谷墓地。"那天云清雾淡，甚是怡人，就像姑妈亲自挑选一样；

连雨神都在那里安静地等着，直到我们把她安葬好一小时后，才让细雨轻轻落下。”1882年，爱默生自己的葬礼则变成了一个盛大的公共活动。为此，人们不但安排了若干开往康科德的专列，而且专门加固了第一个教区教堂的地板和阳台，以便容纳更多参加葬礼的民众。[2]

就在姑妈去世的那个月，爱默生刚好60周岁。6月，他所在的一个委员会考察了西点军校的课程设置情况。当约翰·巴勒斯打听到爱默生在附近时，便专程前去看望了他。7月，爱默生创作了一首名为《志愿兵》的诗歌，以此纪念罗伯特·肖上校和马萨诸塞州第五十四志愿兵团的官兵们。就像希金森的南卡罗来纳州第一志愿兵团一样，马萨诸塞州第五十四志愿兵团均由黑人士兵组成。在萨姆特堡要塞争夺战中，第五十四志愿兵团中的许多将士在袭击瓦格纳炮台时壮烈牺牲。也是在这个月，爱默生还赶写了另一篇纪念文章，并编辑整理了梭罗生前未完成的作品《远足》。12月，正如自己所说的那样，爱默生怀着与日俱增的敬意继续阅读着梭罗的日记。[3]

在1863年7月发生葛底斯堡战役之后，美国内战的局面得以彻底扭转。1864年，总司令格兰特指挥所有联邦军队将战争稳步向南推进。5月19日，霍桑与世长辞，享年59岁。在葬礼上，詹姆斯·弗里曼·克拉克把他比作耶稣，称其即使对罪人也会给予温情和怜悯。奥利弗·温德尔·霍姆斯发现，那天艳阳高照，“看起来像是一次愉快的聚会”；而爱默生却指出了这件事令人阴郁的一面：“我觉得这件事背后有一种悲剧性的成分……我想，霍桑一定是再也无法忍受孤独带给自己的痛苦了，才离开了这个世界。”[4]

爱默生描述的关于霍桑的这种孤独，在他本人身上也至少有一定的体现。在他私人生活的一面，有一个别人无法了解的内心世界。富勒和斯特吉斯都曾对此有怨言。女儿艾伦曾说，在谈及关系密切的人和事时，他往往不知如何表达。有一次，爱默生给女儿讲关于他和第一任妻子拜访艾伦家一个名叫沃什伯恩太太的亲戚的经历。事实上，“只有在内心情感升腾时，他才发出一声感叹。他不断地重复着‘我不知怎么说’这句话。然后就转移了话题，或者由他来朗读一首诗歌，或者由我来问他一个问题”。爱默生创作中的许多伟大时刻都发生在内心情感爆发之时。但是在1865年，爱默生却身陷战争和公众生活（他在这一年共发表了惊人的77篇演讲）之中；公众事件和他对这些事件的回应似乎已经侵入并占据了他的内心生活。在给卡罗琳·塔潘的一封信中，爱默生热情洋溢地谈到了阿波马托克斯投降这一事件，他的这种激情通常只有在婴儿出生时才会表现出来。“但这是多么快乐的一天哪！在日月星辰之间，对于阿勒格尼山脉、北部五大湖区、密西西比河以及两大洋之间的所有陆地的人们来说，这是多么值得自豪的一天哪！”这里的笔调是不含个人色彩的狂喜，或者是一种超然脱俗的热情，它所隐含的情感与它所表达的情感一样多。[5]

4月14日，林肯遭到枪击，并于次日不治而亡。爱默生在19日的葬礼上发表了演讲。这篇挽歌式的演讲带着一种大灾突然降临的基调。这种基调通常只出现在他的一些最优秀的作品之中。这一次，这样的语言风格与这样的场合极其相符。他在开头这样写道：“当噩耗传遍陆地、越过海洋，从一个国家传到另一个国家时，我们相聚在这场灾难的阴影里。它笼罩在文明社会里每一个善良人的心头，就像突然出现的日食遮盖了射向地球的所有光芒。”正是由于爱默生能充分运用周围最有利的资源来对各种公共事件做出恰当的反应，公众的爱默生似乎越来越取代了私人的爱默生。[6]

爱默生的家庭生活介于他的公众生活和私人生活之间。小女儿伊迪丝于1865年10月嫁给了威廉·福布斯。女儿的出嫁让爱默生甚为伤感之外，也有了意外的收获。福布斯很快就将爱默生的出版事务进行了彻底调整（爱默生在这方面并不擅长），使其在作品出版方面获得了更好的收益。出版收入的增加减轻了他不得不靠大量演讲来维持生计的压力。儿子爱德华今年21岁，是哈佛大学的学生。大女儿艾伦则开始更多地承担料理家务的责任，并越来越多地扮演着父亲秘书的角色。

爱默生的生活依然忙碌。1865年，他为萨迪的《蔷薇园》新版写了序言，并出版了一本梭罗的书信和诗歌集。1866年，爱默生联系他的大学同学们为哈佛大学纪念馆筹款。7月10日，他迎来了第一个外孙拉尔夫·爱默生·福布斯的出生；当他欣喜地向家人宣布伊迪丝捎来的口信时，竟然连说话的声音都变了。一周之后，他收到了哈佛大学授予自己名誉法学博士学位的消息；对于他当时的心情（如果有的话），我们现在无从知晓。10月，查尔斯·艾略特·诺顿邀请他担任《北美评论》的定期撰稿人。爱默生仍然精力充沛，他的演讲、旅行、写作以及委员会方面的工作都和往常一样严格而有序。然而，在身体、社交、编辑甚至表演等方面的能量与在创造方面的能量是完全不同的。到了1866年，爱默生最富足的创造力的能量在身上出现的时间间隔开始变得越来越长。早在这年3月份，他就曾写信给伊迪丝及其丈夫，为没能前去探望他们表示歉意："在我的头脑中一直萦绕着这样一个问题：我该做什么。或许我会从今天的二十件未完成的事情中选一件来做，但即使给我二十天甚至二十周的时间，灵感还是迟迟不来，但我却不敢挪动半步，总是担心在我刚出家门的一刹那，灵感就会不期而至。"[7]

1866年12月底，爱默生在纽约开启了一年一度的西部演讲之旅。在第25次发表那场名为"资源"的轻快而活泼的演讲之前，他特意在圣丹尼斯酒店与儿子爱德华见了一面。父子俩坐在壁炉前，爱默生为儿子朗读了他准备出版的新诗集《五朔节及其他》里的几首诗歌，其中包括《终结》一诗。爱德华后来写道："这太让我吃惊了，我之前从未想过他会衰老。虽然他的身体依然充满活力，精神状态也还不错，但他坐在那里，平静地承认自己不再有当年的锐气了。"爱德华指出，父亲"一边微笑，一边朗读。他坦承，自己的创作生涯快要结束了；而我们大家却都没有意识到这一点"。[8]

《终结》这首诗的主题是界限和局限；就像《日子》一样，这一主题也是经过长时间的深思熟虑之后才最终确定的，而它的部分草稿可追溯到40年代中期。承认局限的存在是一回事，而接受自己正在到达局限则是另一回事。作者使用的主要隐喻不是行将熄灭的火焰，而是踏浪扬帆的远航：

正如鸟儿在劲风中调整好飞翔的姿态，
我也让自己适应了时间的风暴，
我操纵着舵盘，收起了风帆。

同英国诗人奥登一样，爱默生知道大海就是真实的世界，而远航则是人生的真正处境。正如卡赞扎基斯记录的那样，爱默生知道：

仅存下来的只有一片浩瀚无边的大海和一叶人体大小的小舟。思想是小舟的船长，委身于狭小的船舱。他既是男，也是女；他播撒种子，繁育后代。他孕育着世上的悲欢离合，创造出美丽、美德、惊险以及那世人深爱的幻觉。

就像格洛斯特的渔夫满载而归一样，年轻时的爱默生也曾扬帆远航。他高束吊索；这样，即便在狂风暴雨之中，也不会误把船帆放下。那时的他曾说："无论面对怎样的艰难险阻，也绝不降帆。要么就载誉归来，要么与上帝一同出海。"现在，他可以用以下的诗句结束《终结》了：

我安然无恙，一路前行，
心仪的港湾已在眼前，
每一朵浪花都露出了迷人的微笑。[9]

第97章 《五朔节及其他》

爱默生一如既往地比自己超前一步。也许勇于接受正在衰老的事实让他一时觉得自己已经克服了年龄的问题。1867年，他一共发表了80次演讲，并两次西行，辗转14个州。之前，他只有1856年才有过如此忙碌的安排。这年1月，他在明尼苏达州走访了曾经非常强大的苏人桑蒂部的一个小村落。1863年，苏人克劳部在与白人的战争中惨败；1867年，当爱默生在法里博走访一个苏人的村落时，肯定不会想到九年后这里会发生著名的小巨角河战役。此时，桑蒂的勇士们都被迁移到达科他地区，只有老人、妇女和儿童还留在明尼苏达。这个由八个帐篷组成的村庄坐落在“一片野生林木”中间的空地上。爱默生参观了其中两个帐篷。在每个帐篷里，都有几个家庭围坐在帐篷中央的火堆旁。其中一个帐篷里的人们正准备吃晚饭，而另一个帐篷里的人们正在欢快地唱歌。[1]

3月，爱默生来到圣路易斯。在那里，他与黑格尔的狂热追随者威廉·哈里斯再次遇见，并见到了以哈里斯为首的一群年轻知识分子，他们都是圣路易斯黑格尔哲学协会的成员。爱默生近来一直在阅读斯特林的《黑格尔的秘密》。他告诉卡莱尔，尽管有很多困难，但他并未放弃阅读关于黑格尔的著作。斯特林这本有着诱人书名的著作的核心观点是，“宇宙不过是某些思想的物化、外化和异化的过程；这些思想可以被命名，它们就是上帝的思想”。令爱默生啼笑皆非的是，哈里斯及其伙伴“并不想见我本人或听我讲话，他们觉得应该是我去见他们并倾听他们的见解”。[2]

爱默生在1867年的最大成果莫过于4月下旬出版的自己的第二本诗集《五朔节及其他》。诗集中，被选为诗集标题的第一首诗原名为《春天》，它为整个诗集定下了基调。这首长达36页的诗描述了春天的伟大力量："扫除绝壁上的污垢""净化涌泉处的激流"。第二首诗长达19页，是一首关于1858年阿迪朗达克之旅的华兹华斯式的游记体诗。在那次旅行中，爱默生和一群上了年纪的绅士们在山中林地里重温了童年时光。诗集同时也收录了爱默生最好的一些短诗。除了《梵天》《日子》和《终结》之外，还有《山雀》《两条河流》和《瓦尔丁赛姆特》等。虽然那些长诗几经修改，但仍然无法掩饰爱默生日渐衰弱的诗力。而他的16行短诗《杜鹃花》或《万物之灵》的最后一节远比《五朔节及其他》开篇的那两首共五十余页的长诗更富有诗意。[3]

这部诗集同时也有一种怀旧情结。爱默生将弟弟爱德华的一首45行的名为《最后的告别》的诗收录其中，并将有7页之长的《怀念》一诗附在其后，以此怀念33年前去世的弟弟。此外，诗集还有大量描述老友旧情的诗篇，也充分体现了作者的怀旧情结。爱默生现在称友谊为"我隐秘生活的源泉"。由于无法从惠特曼的自由体诗中获得艺术升华，爱默生的《五朔节及其他》又回到了华兹华斯的风格，甚至回到他曾经批判过的出现在奥尔科特作品里的新古典主义风格。该诗集的最后一部分是四行诗。从波斯诗歌中，爱默生学会了认真对待这种诗体形式，而且发现它越来越契合自己的风格。其中有一首名为《记忆》的四行诗是这样写的：

> 夜梦在记忆之墙上搜寻
> 思想在白天留下的痕迹
> 以及那光顾于你的命运
> 还有那业已暴露的偏见。

书中其他地方也有很多富有诗意之处，甚至在那首冗长的开篇诗中，也不乏这样的诗句：

当迁徙的鸟儿
如期归来时，我已获悉
那绝妙的自然年鉴。

诗集最后的一首是《库希斯坦的赛德·尼梅托拉之歌》。该诗试图再现托钵僧的歌舞：他们围成一圈，“以各自的身体为轴心旋转，同时围绕位于正中央并代表着太阳的酋长转圈，以此模仿天体的运动”。爱默生很少会像现在这样尽情地表达充满狂喜的旋转，但这仍然是他欣赏和追求的东西。该诗的第一行便是：“旋转起来吧！我旋转，我燃烧！”[4]

爱默生仍在积极地阅读着各种书籍。除了重读黑格尔的作品外，他还回到安克蒂尔·杜伯龙的著作以及但丁诗集的新译本中。这一年，他阅读了弗雷德里赫·麦克斯·缪勒的《语言科学》。在恰当的场合下，爱默生还能发挥其大胆的遣词造句的技巧。例如，1867年5月底，在宗教自由协会成立大会的演讲中，爱默生就指出，教堂已经失去了作用，人们不再需要它，而“宗教神学也已经不合时宜了”。他热切地重申，热情是“历史上一切美好事物之源”。他说，古代宗教最好的地方在于其所推崇的协作精神和集体观念，以及所培育的友谊之情。而两年后，在这个宗教自由协会的论坛上，爱默生又否定了超自然主义，用他旧有的热情拥抱普世教会主义，并对贵格会教徒和犹太教徒大加赞扬。他不无嘲讽地说：“我觉得我们现在完全可以把各种毫无意义的神学争论都丢给那些更懒惰和更无知的人。”[5]

1867年7月，哈佛任命爱默生为其校务监督委员会的成员，而美国大学优等生荣誉学会哈佛大学分会也邀请他在一年一度的毕业典礼上发表讲话。而此时距爱默生上次在哈佛发表题为“美国学者”的演讲已经过去整整三十年了。这次，他演讲的题目是“文化的进程”。很显然，这次演讲进行得不是很顺利。在演讲中，爱默生突然发现自己看不清讲稿了；直到那一刻，他才发现自己需要佩戴眼镜才能顺利朗读讲稿。他变得慌乱起来，讲稿竟从手中滑落到那张用作讲台的质量低劣的桌子上。最终，一名听众站起来在爱默生的讲稿下面垫了一个厚厚的垫子才算解决了问题。听众们都感到有些不安。[6]

这一年的7月在其他方面也令人不快。首先是爱默生的老朋友及赞助人亚伯·亚当斯于9日去世，而后是莎拉·雷普利，这位曾传授给爱默生知识的博学女性，于26日也离开了人世。深秋时节，爱默生开始了又一次西部演讲之旅。

在接下来的几年里，虽然爱默生的创作灵感和精力日渐衰退，但莉迪安却恢复了往日的活力。这两种变化过程是有联系的，二者形成互补关系。爱默生的衰老为莉迪安活力的焕发创造了空间。随着孙辈们的到来，随着她越来越坦然地接受艾伦来掌管家务并承担爱默生的秘书和编辑等工作，莉迪安再次焕发了青春。为了避免因糟糕的记忆力而引起的尴尬，爱默生在公共场合抛头露面的情形越来越少，而莉迪安则开始越来越多地走出家门。她频繁地给人们写一些充满温情且从不抱怨的信。艾伦说，到70年代中期，“这条长长的小巷已经完全掉转了方向。在俱乐部里，曾经那些跟母亲略有交往的人现在都成为她的朋友。她俨然变成了一位风姿卓绝的妇人，总是有人邀请她出去参加各种活动。随着社会生活越来越丰富，母亲的精神好了不少，身上的病痛也不见了踪影。她成了一个幸福快乐的人”。[7]

乔治·桑塔亚纳曾说过，世间的一切活物，其命运是悲剧的，其存在是喜剧的，其理想本质是富有诗意的。莉迪安现在就处于这样的状态。1867年，如果我们可以相信手写记录的真实性的话，莉迪安又重新开始写诗了，而且也摆脱了她早期诗歌创作中常有的俗套。她写了一首质朴的爱情诗，名为《梦中的诗》。这首诗在她有生之年并未发表，它只能是写给她的丈夫的。除了能够让我们体会夫妇俩的默契外，这首诗还把我们深情地带入到它所表达的意境之中。

在田埂上漫步好吗，亲爱的人？

我们走吧。
高高的庄稼会向你点头致意，
我俊朗的爱人。
在草地里漫步好吗，亲爱的人?
我们走吧。
绽放的花朵会给你深情问候，
我俊朗的爱人。
去树林里漫步好吗，亲爱的人?
我们走吧。
挺拔的大树会为你弯腰欢唱，
我俊朗的爱人。
到小河边漫步好吗，亲爱的人?
我们走吧。
静谧的河水会为你呈现倒影，
我俊朗的爱人。
到大山里漫步好吗，亲爱的人?
我们走吧。
湛蓝的天空会将你用心庇护，
我俊朗的爱人。[8]

那么，他对她的感情又如何呢?看来他们又回到了热恋的时光。爱默生家里有一对镀银烛台，一直是莉迪安的珍爱之物，但由于年代久远，已经褪色，露出了黄铜的色泽。1868年新年伊始，爱默生将这对烛台重新镀银后，作为礼物送给莉迪安。为此，他还为她专门作诗一首；这首诗直到最近才发表。在讲述了时间如何“一粒粒偷走了白银”最终“只剩下一块黄铜”之后，该诗以下面几句结尾：

但是，当阿拉丁来到城里时

便把神灯藏进衣袖
然后用戴着魔戒的手指轻触旧的烛台
刹那间光芒四射
如同她的仁慈般
照耀着康科德的街巷。[9]

第98章　哈佛、加利福尼亚及火灾

1868年，在爱默生人生所遭受的接二连三的打击中，又增加了一个新的打击。他的最后一位尚在人世的兄弟威廉头痛得越来越厉害。9月4日，他给爱默生写了一封信，说了很多拉家常的话，但最后补充道："说实话，我现在身体虚弱得厉害，已经有两天下不了楼了。"九天之后，他就与世长辞了。哥哥去世的那天，爱默生碰巧因为别的事情来到了纽约。兄弟俩说了半个小时的话。威廉说话已经十分吃力，他没想到还能再见到瓦尔多。威廉临终前，他的两个儿子把他抱到床上。他说的最后一句话是"再见"。爱默生向莉迪安描述了当时的情形，然后说："这个意外太让我伤心了！不过在他生命的最后一天，我还是为能够陪在他身边而感到欣慰。"[1]

荣誉继续接二连三地光顾爱默生，其中有很多要么只是仪式性的，要么是为了借用他的声望来宣传授予方自己的。他甚至被选为马萨诸塞州动物保护协会的副会长；莉迪安就是这个协会里的活跃分子，为该协会的报纸撰写文章。1869年，爱默生还被选为新英格兰妇女选举权协会的副会长。

在玛丽·穆迪·爱默生去世六年后，她的侄子撰写并发表了一篇长文以示对她的怀念。与玛丽姑妈的交流是爱默生自我发展过程中一个重要的组成部分。尽管这篇文章不再像爱默生那些最好的文章那样拥有深邃远见的思想和冷静自如的笔触，但它仍然充满了对姑妈的真挚的情感和难掩的赞誉。在这篇记录姑妈一生的小传里，爱默生做了大量的引用。她是爱默生眼里的代表女性，爱默生坚信她的生活“在那个不复存在的时代里是一种代表性的生活，而在现在的时代，再也找不出像她那样的类型了”。很多年前，爱默生曾把自己的第一任妻子艾伦理想化为比阿特丽斯公主的化身。而现在，他把姑妈描述得更为高大，认为她具有比阿特丽斯的创造者（如果存在的话）的某些特质。在一个令人吃惊而又感人至深的段落中，爱默生写道：“前几天我在读但丁的作品时，被他对基督或耶和华的精确阐释所打动。你猜我那时想到了谁？我想到了玛丽·爱默生以及她极具说服力的神学思想。”爱默生的一生都在努力实现姑妈的期望：“她给予我崇高的见解，只有某些男孩才能拥有从小就被赋予如此高的人生目标的特权；这是任何教育都无法提供的福气。”她的侄子说：最终，她对任何作品都漠然置之，也包括自己的作品；她在乎的“只有信念，信念”！[2]

因为爱默生给自己设定的目标太高，想要取得的成就太多，所以他不可避免地认为自己的人生是失败的。他从未完全适应目标与实现之间的差距。他在一篇演讲中指出，在某些快乐的时光里，

> 每个人都会意识到，自己的心中有一个天堂。那是一个尚未被发现的科学的天堂，它充满了潜在的能量，任何个人才能所造就的辉煌都无法与它比肩。它如苍穹般笼罩着它所做的以及别人为它所做的一切。圣人极力推崇的信念比作品更重要这一理念，就是智力感知高于智力表现的最高境界。

而如今，在已经无法实施重大创作举措的年龄，爱默生对感知和行为之间的差距有了更深的体会。今年他做了一个普鲁弗洛克式的梦：

> 我走进一间屋子，里面有很多淑女和绅士，其中几位我还认识……有位女士容貌可人，似乎在哪里见过，好像我还深爱着

> 她。正在作画的她抬头看了我一眼，竟然没有认出我来。这实在是不可原谅的（我这样想是不对的），但我后来又想，她并没有什么错，因为我从未向她求过婚。[3]

在1870年的头几个月里，爱默生对《社会与孤独》这部书做了最后的修改和整理。书中几乎所有的文章早在19世纪50年代末就已创作完成，但重新调整和安排每篇文章中的段落却给他带来了比以往更多的麻烦。当然，这种工作一直是爱默生写作中让他最为头疼的事。他已经很少写新的东西；日记也越来越短，且大多都未标注日期。爱默生与朋友们的联系时断时续。他与卡莱尔的沟通有时也会长时间中断，大多数时候是由于爱默生的缘故。他时不时地抱怨自己"神志模糊"，日渐衰退的记忆力让他不得不寻求记忆方法的帮助。这年春天，他受邀为哈佛大学新开设的哲学研修班做系列讲座。爱默生一共要做18次讲座，为此，他需要投入大量的时间和精力。然而，由于一直忙于《社会与孤独》的编校工作，爱默生准备这门课程的时间有些不足。[4]

哈佛大学年轻的新任校长查尔斯·艾略特希望能将学校的办学从传统的本科培养扩展到更高层次。作为向研究生教育的过渡，艾略特将一门名为"大学讲座"的现有课程扩展重组为两个研修讲座班。每个研修班为期一年，由若干依次开设的课程讲座组成；学费为150美元，与本科生一年的学费相当。与现代研究生教育不同，该培养体系更接近于本科扩展课程或成人教育。哲学研修班的课程共七门，除爱默生外，担任其他六门课程讲座的分别是弗朗西斯·鲍文、约翰·菲斯克、查尔斯·桑德斯·皮尔斯、詹姆斯·卡伯特、弗雷德里克·赫奇和乔治·费舍尔等。爱默生的课程排在倒数第二，从4月26日开始，每周三次讲座；他把自己的课程称为"智力的自然史"。

这个"大学讲座"项目只维持了一年便以失败告终。两个研修班（除了哲学研修班之外，还有一个现代语言和文学研修班）一共只招收了九名“教师和其他能跟上课程的人”；而从头到尾听完哲学研修班所有系列讲座的只有四人。第二年，哈佛取消了将所有课程讲座捆绑在一起的方案，将课程讲座单独设置，单独收费，并降低了收费标准。这样一来，当爱默生再次来做讲座时，大约有三十人选择了他的课程。[5]

因为“大学讲座”项目最终失败（艾略特在1872年创办了艺术与科学研究生院，从而取代了这个项目），也由于爱默生的讲稿从未被编辑出版甚至被印刷过，所以我们并不能确定是否如每个人认为的那样，这些讲稿微不足道。但爱默生的朋友、编辑和传记作家詹姆斯·埃利奥特·卡伯特指出，爱默生“似乎把‘智力的自然史’视为他人生的主要任务之一”。除爱默生本人外，没有任何人比卡伯特更了解爱默生的作品。对于卡伯特的这一令人意外的评价，虽然我们从爱默生的文字中找不到任何线索，但如果他的说法是正确的，那就意味着爱默生作品的编辑们——从他的朋友卡伯特和他的儿子爱德华开始——都没有收录能够充分代表爱默生后期成果的作品。很显然，爱默生很早就在脑海里构思过与“智力的自然史”相关的计划。从19世纪30年代末开始，他便开始思考类似的话题。1848年在英国发表演讲时，他朝着这个计划迈出了一大步，并在19世纪50年代认真地修改过那些讲稿。然而，“智力的自然史”这一标题本身充满了启蒙主义、理性主义和休谟主义色彩，这与他那些挑战休谟理性主义的《自然》《诗人》以及大多数的早期散文相抵触。[6]

爱默生经常关注这个话题的事实至少提醒我们，永远不要低估他的理性主义和反对超自然的一面。有一个重要的事实是，自1833年从欧洲回来之后，爱默生就一直没有放弃“智力的自然史”这个计划；它在哈佛的讲座课程里也可以称为“智力的本质”。这些讲座首先反映的是爱默生对科学的长期兴趣。这里所指的科学，并不是作为测量、复制、归纳或收集资料的科学，而是指探究自然和事物的本质的科学。爱默生一直对科学探索的想象力和创造性有着浓厚的兴趣，甚至在步入老年时也是如此。他把具有创造性的科学思想和那些似乎可以作为科学与艺术之间桥梁的概念都列了出来。比如，他把哈佛课程的第二次讲座称为“物质的超越性”，主张事实与心灵的相互依赖性：“我认为任何有价值的抽象理论都必须以物理事实为基础，而任何重要的物理事实都需要用抽象理论来支撑。”[7]

爱默生对科学哲学的兴趣现在主要集中在科学如何成为探究自证真理上。他所说的自证，并不是指那种明显的或表面上的不言自明，而是泛指与超自然、神秘、不可思议或权威传递等相反的概念。科学研究的对象，是那些当被探究时能够显露出它的证据的事物。爱默生认为这种自我证明的方法也适用于道德、宗教、审美和政治事务等。因此，爱默生认为科学与其他学科之间没有必然的分歧。预言与自证真理相关，诗歌也是如此。爱默生一辈子反对学术界存在的溜须拍马和不实评论，而对于自证真理他却以持续的兴趣和热情对其进行清晰的表达。他认为自证真理是科学家、预言家和诗人共同探索的对象。

从19世纪30年代早期开始，爱默生所有的写作和演讲实际上只有一个主题，而现在他在哈佛大学的课程讲座中又谈到了这一主题，并在开场白中说道：“我希望你们能关注心智运作规律。”这个主题非常庞杂，“它囊括了几乎所有的东西，不论是科学、话语和演讲，还是布道、妙语和赞美诗，无不属于它的范畴。它让我们能够分析和思考，从而找到力量、智慧、价值或乐趣之所在”。这一主题的广泛包容性既引起了爱默生的兴趣，又让他的任务难以实现，因为任何一个系统都无法将其包含在内：

> 对这一思想本源的分析，任何详尽无遗的理论似乎都是苍白无力的。因为它处于最上游，一条湍急河流的最上游！你能逆流游上尼亚加拉瀑布的顶端吗？我的努力只是历史性长河的一隅；我记下来的不过是关于智力的一些片段……不过是一份关于心智状态的列表罢了，它如农民的年鉴般肤浅。[8]

爱默生认为，言简意赅的格言警句是自证真理的第一个也是最后一个最高文学形式。正如爱默生在1868年发表的那个鲜为人知且从未出版的题为“论人的哲学”的系列演讲一样，爱默生在“智力的自然史”系列讲座中所体现出的格言创作能力没有丝毫的减弱。

> 心灵是万物之本，故而神学、自然、天文和历史均源于思考者之心灵。
>
> 如果没有同一性这个根基，世界将永远处于混沌状态。依靠万物最原始的形式和力量（就让它们一直保持现状吧），我们定能发现这些形式和力量组合而成的事物的全部属性。
>
> 哲学是洞悉事物必然性之科学。万物之根本源于事物之本身。
>
> 事物的现实是思想。它是力量之源；任何伟大的事物均由它创造或与之相关。
>
> 我们的存在都是主观的。我们是我们的所见、所爱及所恨。一个人是通过他的朋友、敌人、追随者以及他的神来展示自己的。
>
> 你是书籍的主宰。因此，智者可在书中表达自己的信念，但他依然不会妨碍你自己对书籍的理解。
>
> （玩化装游戏的）孩子们是人类的本性使然，而不断演化形成他物的自然游戏则是宇宙的本性，死亡是对停止不前的惩罚。[9]

爱默生在哈佛大学发表的系列讲座是他对自己毕生关注的主题——智力的本质——的最终诠释；是针对19世纪唯物主义的发展成果对唯心主义的重新思考。虽然爱默生本人的立场是十分明确的，但他的表述并没有让他自己、听众和早期编辑们满意。讲座安排得非常集中，着实让人望而生畏。艾伦说那些讲座“把他累坏了”。虽然爱默生对第二期的讲座并不满意，但也未能进一步修改完善。最终，他做的讲座次数并没有广告公布的那么多。第二期讲座一结束，爱默生便在女婿等人的陪同下前往加利福尼亚休养。[10]

在福布斯的安排下，加利福尼亚之行以颇为华丽的方式展开。同行的12人中，除了伊迪丝和她的丈夫威廉·福布斯外，还有后来对这次旅行做了详细记录的詹姆斯·塞耶等。1871年4月13日，他们乘坐火车包厢，在乔治·普尔曼的目送下离开了芝加哥。六天后，爱默生在盐湖城见到了杨百翰。又过了三天，他们最终抵达旧金山。爱默生站在车厢尾部，瑰丽如画的西部山谷竞相展现在他的眼前，加利福尼亚显然唤醒了他的想象力。爱默生说，他觉得“任何一个年轻人都会为加利福尼亚的美景所陶醉”。他发现加利福尼亚的葡萄酒从不掺假，因为每磅1美分的葡萄比任何添加剂都便宜。爱默生对高大的红杉赞不绝口，发现它们通常都有被火烧过的痕迹。历经1300多年的风雨，它们“一定不止一次地遭遇过大火的考验；然而，它们已经练就了抵御大火的能力”。爱默生阅读了提图斯·费·克罗尼丝的《加利福尼亚的自然物产》（1868）和约翰·谢尔茨·希特尔的《加利福尼亚资源》（1866），以便对加利福尼亚有更多的了解。他应邀为蝴蝶森林的一棵古树命名。爱默生了解到这片巨大的红杉林是以历史上唯一的一个发明了完整字母表的切罗基人塞阔亚命名的，于是他将一棵古老的红杉命名为萨莫塞特（普利茅斯殖民者的印第安恩人），这棵树的周长在距离地面2.5英尺处竟然达到了惊人的50英尺。[11]

在后来的1890年被划为国家公园的约塞米蒂，爱默生遇到了时年33岁的约翰·缪尔。缪尔当时在一家锯木厂工作，他早已是爱默生的一个不折不扣的崇拜者了。他教爱默生如何区分黄松、银杉和砂糖松等（砂糖松的球果体形巨大，长度可达14到20英寸；银杉的针叶是银色的）。在缪尔眼里，爱默生如“红杉一样安详”。他还设法安排与爱默生一同去野外露营。虽然缪尔对爱默生有一丝失望，但他能够意识到（并不是每个人都能这样），此时的爱默生已经走过了他的人生巅峰。即便如此，爱默生还是将缪尔视为朋友。拜访结束后，缪尔走到蝴蝶森林边，目送爱默生一行骑马离去。缪尔后来写道："爱默生在队伍后面慢慢地走着……到达山脊的顶端后，同行的人们都已翻过山脊消失在视线里了。这时，他掉转马头，摘下帽子，向我挥手做最后的告别。"[12]

爱默生似乎并不知道该怎样才能停止工作。他的写作习惯超过了他的写作能力。他不停地接受演讲邀请，将旧的讲稿重新修改，以便适应新的场合。从加利福尼亚回来后，在1871年底到1872年初，他先后在各地共发表了29次演讲，最西到过伊利诺伊州的芝加哥和昆西，最南去过华盛顿特区。

爱默生不知疲倦地阅读着书籍，时不时会发现一本能够点燃他昔日热情的好书。1871年秋天，他发现了约翰·拉斯金的《两条道路》这本书。书中，拉斯金的出发点与爱默生的不谋而合。拉斯金说：每一个伟大的艺术流派都以"尽可能真实地再现某些自然事实"为主要目标。这本书是由作者于1858年和1859年发表的关于"艺术及其在装饰和制造业中的应用"的演讲组成的。拉斯金赞同歌德的观点：伟大的艺术家着眼于外部世界，并从中选取一小部分作为他的主题。拉斯金的这一观点与当时盛行的"为艺术而艺术"的主张完全背道而驰。

> 在那些为了艺术而艺术的地方，还有那些工人以劳动和产出而不是以阐释或展示为乐的地方，艺术会对人们的思想和心理产生最致命的影响；长此以往，就会进一步破坏人们的智力水平和道德准则。然而，当艺术谦卑而忘我地对宇宙事实进行清晰的阐释和记录时，它就会给人类带来温馨和力量，就能够帮助和拯救人类。

1871年9月，爱默生读到这本书时，对它赞不绝口；它成为了当时一个固定的餐桌话题。[13]

1872年7月23日深夜，已经在楼上卧室进入梦乡的爱默生被一阵噼里啪啦的响声惊醒。他位于康科德的房子失火了！透过墙壁和橱柜之间的缝隙，爱默生看到了跳动的火光。莉迪安冲到丈夫跟前，二人合力将那个废纸柜的柜门打开，火苗从里面瞬间蹿了出来。大火是从阁楼开始烧起来的，并一直向下蔓延。意识到仅凭自己和莉迪安两人无法将火扑灭，爱默生便冲到前院的大门口，费尽全力大声喊道："着火啦！惠特科姆！斯特普尔斯！快救火！"两边的邻居应声冲了出来。在梭罗因拒绝缴税而入狱时曾看守过他的萨姆·斯特普尔斯首先冲到阁楼门口，这时的阁楼浓烟滚滚，到处弥漫着地毯烧焦的味道。萨姆立刻行动起来。虽然阁楼的房门紧闭，但并不能阻挡来势汹汹的大火。即便如此，仍有时间把房子里的东西转移出去。警报声响起后，更多的邻居纷纷赶来帮忙。大家把所有来得及且拿得动的画作、书籍、衣服和家具等都转移到房子外面，其他的东西则从窗户扔了出去。消防队赶来后，独臂的小以法莲·布尔（康科德这个葡萄品种的培育者之子）拿着一根水管设法爬上了屋顶。大火终于被扑灭，房子还未倒塌，前厅的楼梯和塞满了爱默生的书籍和各种文件的书房依然完好。但房子的其他地方则惨不忍睹：屋顶坍塌，地板上到处都是积水。屋外是堆积如山的衣服、书籍和家具。[14]

房子是必须要重建的，但爱默生并没有足够的资金；直到那时，一家人的生活仍主要靠他演讲的收入来维持。幸亏有波士顿、剑桥和康科德的好心人筹集了数千美元，来帮助这个曾经帮助过很多人的好心人和他的家庭。这场大火不仅烧毁了房子，而且也给房子主人的演讲生涯画上了句号。打那以后，爱默生实际上正式退出了公众演讲的舞台，只有在极特殊的场合且在那些熟悉而友好的听众面前，他才会偶尔露一次面。

第99章　菲莱岛与《诗集》

这次火灾对爱默生产生了深刻的影响。火灾过后，他身心俱疲，病倒在床；而且专注力和记忆力明显衰退。由于大伙儿募集的资金足够爱默生重建宅院并再次出游，于是在1872年10月23日，他和女儿艾伦一起乘船踏上了前往英国、欧洲大陆和埃及的旅途。这也是他最后一次外出旅行。与四十年前的第一次欧洲之行相反，他和艾伦此次从英国经巴黎到那不勒斯，又乘船前往埃及。在游览了亚历山大和开罗之后，他们便沿着尼罗河溯流而上，一路向南。爱默生认为埃及"是一个非常漂亮的国家，但缺乏内涵。实际上，整个埃及只有一块狭长地带充满生机，就是那条沿尼罗河两岸蔓延520英里的绿色缎带"。由于不懂埃及语言，爱默生倍感尴尬。正是这个国度的人们曾经提出了他至今无法回答的问题。他在日记中写道："斯芬克斯嘲弄了那些愚笨之人。"他对埃及式的最根本的构造形状颇为着迷："大三角船帆是金字塔的缩影；金字塔是对大山最简单的模仿，或者说是一堆沙子或泥土从车上倒下来后的形状。"同其他游客一样，爱默生惊恐地发现，孩子们的"眼角爬满了苍蝇，而他们却一副毫不在乎的样子"。由苍蝇引起的眼睛发炎在埃及十分普遍；在每个渡口或码头，几乎都能看到数量可观的盲人乞丐。[1]

埃及之行的传统目的地是位于尼罗河上游的菲莱岛。该岛离阿斯旺不远，坐落在尼罗河第一个瀑布之后突然变宽的地方，被誉为尼罗河上的一颗明珠。这一地带曾经是古代埃及和古代努比亚（今苏丹）的交界之地。菲莱岛面积并不大，长不足1000英尺，宽也不过500英尺。意大利探险家乔瓦尼·贝尔佐尼曾评论说："如此狭小的一块土地上，却聚集着所有我见过的最完美的遗址群。"菲莱岛上的伊西斯神庙是古埃及教派从事宗教活动的最后一座庙宇。公元6世纪，该神庙被查士丁尼一世永久关闭。[2]

爱默生总是把菲莱岛和奥西里斯之墓联系在一起。他从普鲁塔克那里了解到，伊西斯打开奥西里斯的棺椁，发现这位冥王的尸体被撕成碎块散落各地。于是，伊西斯便开始一块一块地寻找他的尸体，并将其埋葬。按照爱默生儿子爱德华的说法，他的父亲之所以来到埃及，实际上是带着一个强烈的愿望，那就是想要亲眼目睹那个"葬在菲莱岛的人"的坟墓。从某种意义上说，爱默生的某些部分也已经死亡了，并从艾伦开始，便随着挚爱亲人一个一个地离世，也一块一块地同他们葬在了一起。菲莱岛是爱默生这次"亡魂朝圣"之旅的最后目的地。随后，他们按照来时的线路依次返回意大利、法国和英国。一路上，爱默生的心情莫名地愉悦，有一种如释重负的感觉："多年来，你第一次唤醒了光明快乐的主人，在这个对你毫无苛求的快乐光明的世界里，尽情享受生活的美好吧。第一次卸下肩上那些令人烦心的沉重负担，你开始一天天地重回青春的活力和健康。"[3]

在法国，爱默生见到了泰纳和屠格涅夫。在英国，他拒绝了演讲的邀请，同几位老友一起重温旧日时光；他还与约翰·拉斯金和麦克斯·缪勒热切地交谈，同格莱斯顿共进早餐。所到之处，人们都把他当作名人一样欢迎。当他回到康科德时，载着他的火车开始一路鸣笛，穿过瓦尔登森林一直来到车站。全镇的人们都出来欢迎他回家，就连学校也特意安排了放假。现在，爱默生不用再工作了；在艾伦的建议下，他请詹姆斯·埃利奥特·卡伯特来完成一项他已经开始但未能完成的计划：编辑一本名为《文学与社会目的》的书，将之前从未出版的演讲稿完整或部分地收录其中。

爱默生的记忆力越来越差。在英国时，每次吃饭都需要爱德华（当时在英国读医科学校）坐在他身边，以便在他想不起妻子的名字时及时提醒。爱默生得了严重的失语症；每当无法说出一个特定词语时，他就会采用迂回婉转的方式进行表达，像猜谜一样。卡伯特记得有一次爱默生忘记了"雨伞"这个词，于是便说："我忘了这个用具的名字，但我记得它的历史，而且陌生人可以把它带走。”记忆的衰退是一个渐进的过程，但不幸的是，爱默生对此也有所察觉。“我们只记得我们忘了事情。”他曾写道。爱默生发现，记忆也有自己的个性，它“按照自己的意志，而不是我的意志，选择接受或者拒绝某些信息”。有人曾将奥尔科特说过的话转述给了爱默生：“当一个婴儿来到这个世界时，他忘记了天使的模样；同样，当一个人渐渐老去时，他忘记了世界的模样。”1880年，爱默生的朋友麦克斯·缪勒从德国给他送来了生日祝福：“《奥义书》的译者莫克莎·穆拉拉向他的美国古鲁致以诚挚的问候和良好的祝愿……”与生日祝福一起寄来的是“最新发现的一种《奥义书》”。该书富含哲理，其中有一句这样写道：“记忆里的一切都将被遗忘，就连那彻骨的铭文也会消退；唯一忘不掉的就是自我。”爱默生的儿子爱德华后来通过一首名为《记忆，或遗忘之门》的诗表达了自己对遗忘的认识。他认为，遗忘在出生前的那一刻就已经开始了，这一观点具有华兹华斯或哈西德教派式的特点。此外，爱德华还描述了人们在死亡之前通过第二道遗忘之门的时刻，并将这道遗忘关闭之门与之前的遗忘开启之门相对应。关于两道门之间的时间跨度，爱德华这样写道：

> 细细一想
> 上帝赐予人类的日子成千上万，每个
> 日出与日出之间又有上千分钟
> 每个日子都带着礼物、鲜花或星辰
> 或是为激烈斗争的心灵指点迷津。[4]

随着时间的推移，爱默生的记忆力越来越糟，令他十分尴尬。他开始越来越多地回避社交场合，大多数时候都待在家里。1874年，爱德华在英国完成医学学业返回美国，之后与安妮·凯斯喜结连理。1874年末，在伊迪丝的帮助下，爱默生出版了《诗集》。这本诗歌集有些怪异，因为它收录的并不是那些读者最喜爱的诗歌，甚至也不是爱默生本人最为满意的诗歌，它收录的是一个家庭所喜欢的诗歌，适合在客厅阅读。爱默生把自己、坡和惠特曼等诗人的作品都撇在一边，选录了弟弟爱德华、露西·拉科姆、琼斯·维里、珍·英格洛、莎拉·哈蒙德·帕尔弗里、梭罗、哈里特·斯波福德、大卫·沃森、安娜·巴鲍德、朱莉娅·多尔和弗兰克·桑伯恩等人的诗歌。另外还收录了约翰·昆西·亚当斯、卡利达萨和西蒙尼德斯的几首诗。这些诗歌有很多都与爱默生本人有着一定的关系。很多诗歌描述的都和大海有关，其中就有珍·英格洛的一首追忆玛格丽特·富勒及其儿子之死的生动诗歌：

船长抱着两个小家伙在甲板上蹒跚而行
一只胳膊抱一个，那小男孩和小女孩
孩子们风中摆动的头发遮住了他的眼睛
……一个踉跄，他摔倒了
但他紧紧地将孩子们搂住。可怜的船员，
有的被巨浪吞噬，有的被挤压碰撞
有些在慌乱中溺亡，有些被抛起来摔死。[5]

只有极不寻常的事情才能让爱默生再次出现在公众面前。1876年，带着与南方和解的想法，爱默生在弗吉尼亚大学发表了一篇演讲。然而，由于气力不足，他无法让前排以外的听众也能听到他的声音。同年，在卡伯特和艾伦的协助下，他又出版了一本自己的诗集，名为《爱默生诗选》。此外，在艾伦的帮助下，他还为一本后来被命名为《一百位伟大人物》的书作序；这是一本适合摆在咖啡茶桌上供人们休闲阅读的书。随着记忆力衰退的不断加深，爱默生的烦恼也渐渐消退，每天都非常开心。1879年，伊迪丝在写给卡莱尔的信中说："父亲身体尚好，心情愉悦。母亲常说，父亲是她所见过的最快乐的人。他总是精神饱满，每天清晨醒来，便有快乐伴他左右。”[6]

在爱默生和卡莱尔这对欢喜冤家中，卡莱尔先爱默生而去。1881年2月10日，当卡莱尔在埃克尔费亨下葬时，爱默生在马萨诸塞州历史学会举办的卡莱尔纪念会上宣读了一篇关于卡莱尔的文章。纪念会在波士顿道斯图书馆举行；爱默生和艾伦坐在一张小桌旁。约瑟夫·斯莱特描述了当时的情景：“碰到较长的单词时，他就忘了怎么发音。当他实在无法正确读出这个单词时，一旁的艾伦便会无声地做出发音动作，以便他能模仿口型……在这个过程中，听众们越来越靠近他，并最终把他围在了中间。”这是他最后一次公开露面。[7]

第100章　地核之火

1842年，爱默生曾在日记中有过这样一段描述：

> 关于最近发生在利物浦的山火，从报纸上的图片看，一连几个山头的棉花地都燃起了熊熊大火，火焰腾空而起，直插云霄，足足有两座山的高度；而火山喷发时也是这般景象，烈焰从火山口喷涌而出，直奔九天，与日月星辰比肩。这就是人类应有的气魄极具震撼力的象征。一小撮火星只能深埋地下，而一大团火焰则能突破地壳，冲上天宫。这是强健无比、团结一致的灵魂的象征；这是激情燃烧、热情似火的灵魂的象征。

在爱默生看来，火焰也是诗歌创作冲动背后能量的象征。他一直认为，诗歌绝不仅仅是写作和表达的问题，而是将诗人自己的星星之火汇入到人类生活的熊熊大火的问题。我们的生活不能没有火：“我们不仅需要填充气球的氢气和安装在车厢下面的减震钢簧，而且还需要那深藏于安第斯山脉之下的地核之火。”[1]

现在，爱默生自己的生命之火越来越微弱了。1882年4月19日，爱默生出去散步，一场突如其来的阵雨把他淋了个落汤鸡，让本来就有的感冒更加严重。女儿艾伦回忆说：第二天早上，我扶着父亲下楼吃早餐，“但我们走到前厅门口的摇摆木马的地方时，父亲突然大叫一声，就像被什么东西击打了一下似的，身子开始踉跄起来”。对于发生的情况，爱默生无法准确地描述自己的感受。坐了一会儿后，他说：“我不希望它以这种方式到来。我宁愿坠入到地窖里。”那天，他大部分时间都在睡觉。[2]

第二天，即4月21日，也就是爱默生去世前的第六天，他被诊断患有肺炎。不顾儿子爱德华的劝告，爱默生仍然坚持起床，穿好衣服，像往常一样来到书房。喝了晚茶之后，他同意早点去卧室休息，但不肯让别人帮忙关闭书房的门窗。他一扇窗户一扇窗户地逐个锁好，并拉下所有的百叶窗，然后习惯性地走到壁炉旁，拨开炉火，把已熄灭的木柴一根根摆好，又将未熄灭的木炭一块块分开。做完这些之后，他提着油灯，最后一次离开书房，朝楼上走去。

拉尔夫·瓦尔多·爱默生生平年表

1803年	5月25日于波士顿出生。
1811年	父亲威廉·爱默生去世。
1812—1817年	就读于波士顿拉丁文学校。
1817—1821年	就读于哈佛大学。
1821—1825年	在学校任教。
1826年	前往圣奥古斯丁旅行。
1828年	与艾伦·塔克订婚。
1829年	被聘为波士顿第二教堂牧师； 9月与艾伦·塔克结婚。
1831年	2月8日艾伦·塔克去世。
1832年	辞去第二教堂牧师的圣职； 第一次前往英国及欧洲大陆旅行。
1834年	开始职业演讲生涯； 10月1日弟弟爱德华去世。
1835年	搬到马萨诸塞州康科德居住； 9月14日与莉迪安·杰克逊结婚。
1836年	5月9日弟弟查尔斯去世； 《自然》出版； 10月30日儿子瓦尔多出生。
1837年	在哈佛大学做题为“美国学者”的演讲。
1838年	在哈佛神学院发表演讲。

1839年	2月24日女儿艾伦出生。
1840—1844年	《日晷》杂志创刊并发行。
1841年	《散文集》出版； 11月22日女儿伊迪丝出生。
1842年	1月27日长子瓦尔多去世。
1844年	7月10日次子爱德华出生。
1847—1848年	第二次到英国和法国旅行。
1850年	《代表人物》出版； 第一次在西部巡回演讲； 7月19日玛格丽特·富勒·奥索里去世。
1853年	11月16日母亲露丝·哈斯金斯·爱默生去世。
1855年	见到惠特曼。
1856年	《英国人的特性》出版。
1859年	5月27日弟弟伯克利去世。
1860年	《生活的准则》出版。
1862年	5月6日亨利·梭罗去世。
1863年	10月3日玛丽·穆迪·爱默生姑妈去世。
1867年	《五朔节及其他》出版。
1868年	9月13日哥哥威廉去世。
1870年	《社会与孤独》出版； 在哈佛做“智力的自然史”的演讲。
1871年	前往加利福尼亚。
1872年	7月24日康科德的房子失火。
1873年	第三次欧洲之旅，包括英国和埃及。
1874年	《诗集》出版。
1875年	《文学与社会目的》出版。
1882年	4月27日在康科德去世。

主要资料来源

手　稿

爱默生的大部分作品都收藏在哈佛大学的霍顿图书馆里。在该图书馆中，除了已经在《拉尔夫·瓦尔多·爱默生日记及札记集》和《拉尔夫·瓦尔多·爱默生诗歌笔记》以及目前的《拉尔夫·瓦尔多·爱默生主题笔记》上发表的一些笔记外，还保存了尚未发表的五十多个笔记本。特别值得关注的是爱默生那些索引资料、他保存的玛丽·穆迪·爱默生姑妈的四卷作品以及多篇自传短文。爱默生晚年未曾发表过的几十封信件以及他收到的三千多封书信也收藏在该馆。此外，霍顿图书馆还保存了露丝·哈斯金斯·爱默生、艾伦·塔克和查尔斯·昌西·爱默生等人的日记，以及艾伦·塔克、莉迪安·杰克逊、查尔斯·昌西·爱默生和爱德华·布利斯·爱默生的一些诗歌作品。其中，艾伦·塔克·爱默生的《回忆父亲》最值得一提。另外，我还参考了一些霍顿图书馆收藏的朗费罗的文章以及斯特吉斯家人的信件等。

另外，还有玛丽·穆迪·爱默生、露丝·哈斯金斯·爱默生、查尔斯·昌西·爱默生、爱德华·布利斯·爱默生和威廉·爱默生（拉尔夫·瓦尔多·爱默生的哥哥）等爱默生家人的大量书信，最近被统一存放在马萨诸塞州历史学会图书馆里，统称为沃蒂斯系列。在该图书馆收藏的埃弗雷特系列里，就有爱德华·埃弗雷特翻译的艾希霍恩的作品。

康科德公共图书馆收藏了爱德华·瓦尔多·爱默生关于“地下铁路”的笔记、拉尔夫·瓦尔多·爱默生两卷杂文的剪贴簿以及关于康科德历史的大量资料。威廉·埃勒里·钱宁的《神学推荐书目》被收藏在哈佛神学院图书馆。哥伦比亚大学收藏了亚瑟·贝斯特的傅立叶传记，在纽约公共图书馆收藏的伯格系列中，有皮博迪家人的往来书信。耶鲁大学保存的拜内克系列里有一本玛丽·穆迪·爱默生读过的写满批注的斯塔尔夫人的《论德国》。此外，乔治·古德斯皮德收藏了一些弗兰克·桑伯恩向伊迪丝求婚的书信，而关于19世纪20年代新贝德福德信仰“新光”的贵格会教徒的争议手稿已经失传。我的最后的一个资料来源是罗得岛历史学会，那里保存了大量爱默生的朋友们的资料。

下面是一些尚未发表但极其重要的参考资料：

拉尔夫·瓦尔多·爱默生，《索引》，霍顿图书馆，b Ms Am 1280 H 110。

拉尔夫·瓦尔多·爱默生，《旧索引》，概括《柏拉图》和《索引 II》（1847），霍顿图书馆，b Ms Am 1280 H 107。

拉尔夫·瓦尔多·爱默生，《主要索引》，在《索引 II》的基础上整理而成，霍顿图书馆，b Ms Am 1280 H 106。

拉尔夫·瓦尔多·爱默生，《次要索引》（1843），霍顿图书馆，b Ms Am 1280 H 104 和 104a。

拉尔夫·瓦尔多·爱默生，《次要索引》（出版日期未知），霍顿图书馆，b Ms Am 1280 H 131。

拉尔夫·瓦尔多·爱默生，《传记》（1874），霍顿图书馆，b Ms Am 1280 H 131。

拉尔夫·瓦尔多·爱默生，《传记：斯威登堡》，霍顿图书馆，b Ms Am 1280 H 194f。

拉尔夫·瓦尔多·爱默生，《思想的力量与恐怖》，霍顿图书馆，b Ms Am 1280. 203（11）。

拉尔夫·瓦尔多·爱默生，《记忆》（1858），霍顿图书馆，b Ms Am 1280. 203（8，9）。

拉尔夫·瓦尔多·爱默生，《法国或都市》，霍顿图书馆，b Ms Am 1280. 202（6）。

拉尔夫·瓦尔多·爱默生，《未完成的演讲》，霍顿图书馆，b Ms Am 1280. 202（3）。

拉尔夫·瓦尔多·爱默生，《玛丽·穆迪·爱默生 I》，霍顿图书馆，b Ms Am 1280 H 146。

拉尔夫·瓦尔多·爱默生，《玛丽·穆迪·爱默生 II》，霍顿图书馆，b Ms Am 1280 H 147。

拉尔夫·瓦尔多·爱默生，《玛丽·穆迪·爱默生 III》，霍顿图书馆，b Ms Am 1280 H 148。

拉尔夫·瓦尔多·爱默生，《玛丽·穆迪·爱默生 IV》，霍顿图书馆，b Ms Am 1280 H 149。

拉尔夫·瓦尔多·爱默生，《传记速写》，霍顿图书馆，b Ms Am 1280. 245（121）。

拉尔夫·瓦尔多·爱默生，《传记》，霍顿图书馆，b Ms Am 1280. 235（127）。

拉尔夫·瓦尔多·爱默生，《赫克与天主教堂》，霍顿图书馆，b RWEMs Am 1280. 214（110）。

拉尔夫·瓦尔多·爱默生，《塞里恩主义》，霍顿图书馆，b Ms Am 1280. 214（123）。

拉尔夫·瓦尔多·爱默生，《埃及》，霍顿图书馆，b Ms Am 1280. 214（221，E222）。

拉尔夫·瓦尔多·爱默生，《人民的哲学》，霍顿图书馆，b Ms Am 1280. 209。

拉尔夫·瓦尔多·爱默生，《宪章主义》，霍顿图书馆，b Ms Am 1280. 201（7）。

拉尔夫·瓦尔多·爱默生，《英国文学简述》，霍顿图书馆，b Ms Am 1280. 201（8）。

拉尔夫·瓦尔多·爱默生，《物质的超越性》，霍顿图书馆，b Ms Am 1280. 212（3）。

拉尔夫·瓦尔多·爱默生，《同一性》，霍顿图书馆，b Ms Am 1280. 212（13）。

拉尔夫·瓦尔多·爱默生，《柏拉图主义者》，霍顿图书馆，b Ms Am 1280. 212（16）。

查尔斯·昌西·爱默生，日记，霍顿图书馆，b Ms Am 1280. 220 119。

查尔斯·昌西·爱默生，《苏格拉底》，霍顿图书馆，b Ms Am 1280. 220（121）。

查尔斯·昌西·爱默生，书信，马萨诸塞州历史学会图书馆。

爱德华·布利斯·爱默生，书信，马萨诸塞州历史学会图书馆。

威廉·爱默生，书信，马萨诸塞州历史学会图书馆。

艾伦·爱默生，《回忆父亲》，霍顿图书馆，b Ms Am 1280. 227。

艾伦·塔克·爱默生，《读书札记》，霍顿图书馆，b Ms Am 1280. 215（74）。

卡罗琳·斯特吉斯，给拉尔夫·瓦尔多·爱默生的信，霍顿图书馆，b Ms Am 1280（3159—3164）。

卡罗琳·斯特吉斯，给拉尔夫·瓦尔多·爱默生的信，霍顿图书馆，b Ms Am 1221（271—279，316—372）。

卡罗琳·斯特吉斯，给拉尔夫·瓦尔多·爱默生的信，霍顿图书馆，b Ms Am 1280. 235（610）。

卡罗琳·斯特吉斯，给拉尔夫·瓦尔多·爱默生的信，霍顿图书馆，b Ms Am 1465（1215—1226）。

莉迪安·杰克逊·爱默生，诗歌，霍顿图书馆，b Ms Am 1280. 235（377—381）。

缩略语

AL	《美国文学》。
ARLR	《美国文艺复兴时期文学报告》，肯尼思·卡梅伦编，康涅狄格州哈特福德：超验主义图书社，1987—。
CW	《拉尔夫·瓦尔多·爱默生全集》，百年纪念版，爱德华·瓦尔多·爱默生编，共12卷，波士顿：霍顿·米夫林出版公司，1903—1904。
EL	《拉尔夫·瓦尔多·爱默生早期演讲集》，斯蒂芬·惠切尔、罗伯特·斯皮勒、华莱士·威廉姆斯编，共3卷，剑桥：哈佛大学出版社，1959—1972。
ESQ	《爱默生学会季刊》。
EtE	肯尼思·卡梅伦，《散文作家爱默生》，共2卷，北卡罗来纳州罗利：西塞尔出版社，1945。
EWE	爱德华·瓦尔多·爱默生，《爱默生在康科德》，波士顿：霍顿·米夫林出版公司，1889。
HW	《拉尔夫·瓦尔多·爱默生选集》已出5卷，剑桥：哈佛大学出版社，1971—。
J	《拉尔夫·瓦尔多·爱默生日记》，爱德华·瓦尔多·爱默生、威廉·福布斯编，共10卷，波士顿：霍顿·米夫林出版公司，1909—1914。
JMN	《拉尔夫·瓦尔多·爱默生日记及札记集》，威廉·吉尔曼等编，共16卷，剑桥：哈佛大学出版社，1960—1982。
L	《拉尔夫·瓦尔多·爱默生书信集》，拉尔夫·腊斯克编，第1—6卷，埃莉诺·蒂尔顿编，第7、8卷，纽约：哥伦比亚大学出版社，1939—。
NEQ	《新英格兰季刊》。
PN	《拉尔夫·瓦尔多·爱默生诗歌笔记》，拉尔夫·奥尔特、阿尔伯特·冯·弗兰克、琳达·阿拉德、戴维·希尔编，密苏里州哥伦比亚：密苏里大学出版社，1986。
SAR	《美国文艺复兴时期研究》，乔尔·迈尔森编，波士顿：特韦恩出版社，1977—1982；弗吉尼亚州夏洛茨维尔：弗吉尼亚大学出版社，1983—。

TN	《拉尔夫·瓦尔多·爱默生主题笔记》，拉尔夫·奥尔特、苏珊·萨顿·史密斯、罗纳德·博斯科编，密苏里州哥伦比亚：密苏里大学出版社，1990—。
TSB	《梭罗学会学报》。

简 称

McAleer	约翰·麦卡利尔，《拉尔夫·瓦尔多·爱默生：邂逅的日子》，波士顿：利特尔和布朗出版社，1984。
Allen	盖伊·威尔森·艾伦，《瓦尔多·爱默生传》，纽约：维京出版社，1981。
Bibl.	乔尔·迈尔森，《拉尔夫·瓦尔多·爱默生：描述性传记》，匹兹堡：匹兹堡大学出版社，1982。
Cabot	詹姆斯·埃利奥特·卡伯特，《拉尔夫·瓦尔多·爱默生回忆录》，共2卷，波士顿：霍顿·米夫林出版公司，1888。
Corr. HDT	《亨利·戴维·梭罗书信集》，沃尔特·哈丁、卡尔·波德编，纽约：纽约大学出版社，1958。
Dial	《日晷：一本集文学、哲学和宗教于一体的杂志》，1840—1844，重印本，纽约：拉塞尔和拉塞尔出版社，1961。
E-C Corr.	《爱默生与卡莱尔书信集》，约瑟夫·斯莱特编，纽约：哥伦比亚大学出版社，1964。
E’s Library	沃尔特·哈丁，《爱默生的藏书》，弗吉尼亚州夏洛茨维尔：弗吉尼亚大学出版社，1967。
E’s Reading	肯尼思·卡梅伦《拉尔夫·瓦尔多·爱默生阅读过的著作》，北卡罗来纳州罗利：西塞尔出版社，1941。
Gougeon	莱恩·古日翁，《道义英雄爱默生：废奴运动和改革》，格鲁吉亚州雅典：佐治亚大学出版社，1990。
Gregg	《初恋：艾伦·路易莎·塔克致爱默生的信》，伊迪丝·克雷格编，剑桥：哈佛大学出版社，1962。
Haskins	戴维·格林·哈斯金斯，《拉尔夫·瓦尔多·爱默生之母系祖先》，波士顿：卡皮莱斯-阿珀姆出版公司，1987。
Letters of EP	《伊丽莎白·帕尔默·皮博迪书信集》，布鲁斯·罗达编，新泽西州米德尔顿：卫斯理大学出版社，1984。
Letters of ETE	《艾伦·塔克·爱默生书信集》，伊迪丝·克雷格编，共2

卷，俄亥俄州肯特：肯特州立大学出版社，1982。

Letters of LE　《莉迪安·杰克逊·爱默生书信选》，德洛丽丝·伯尔德·卡彭特编，密苏里州哥伦比亚：密苏里大学出版社，1987。

Letters of MF　《玛格丽特·富勒书信集》，罗伯特·哈兹佩斯编，共5卷，纽约州伊萨卡：康奈尔大学出版社，1983—。

Life of LE　艾伦·塔克·爱默生《莉迪安·杰克逊·爱默生的一生》，德洛丽丝·伯尔德·卡彭特编，波士顿：特韦恩出版社，1981。

May-Day　拉尔夫·瓦尔多·爱默生，《五朔节及其他》，波士顿：蒂克纳-菲尔兹出版社，1867。

Nature　拉尔夫·瓦尔多·爱默生，《自然》，波士顿：詹姆斯·芒罗出版公司，1836。

Parnassus　《诗集》，拉尔夫·瓦尔多·爱默生编，波士顿：霍顿·米夫林出版公司，1874。

Poems　拉尔夫·瓦尔多·爱默生，《诗集》，波士顿：詹姆斯·芒罗出版公司，1847。

Pommer　亨利·帕默尔，《爱默生的第一次婚姻》，伊利诺伊州卡本代尔：南伊利诺大学出版社，1967。

Porte　乔尔·波特，《代表人物》，纽约：牛津大学出版社，1979。

Rusk　拉尔夫·腊斯克，《拉尔夫·瓦尔多·爱默生的一生》，纽约：斯基伯纳出版社，1949。

Secondary Bibl.　罗伯特·伯克霍尔德、乔尔·迈尔森，《爱默生：参考书目题解》，宾夕法尼亚州匹兹堡：匹兹堡大学出版社，1985。

Sermons　《拉尔夫·瓦尔多·爱默生布道全集》，阿尔伯特·冯·弗兰克、特雷萨·图卢兹、安德鲁·德尔班科、罗纳德·博斯科、韦斯利·莫特编，共4卷，密苏里州哥伦比亚：密苏里大学出版社，1989。

Uncoll　拉尔夫·瓦尔多·爱默生，《未收录的作品》，纽约：兰姆出版社，1912。

注　释

爱默生家族成员的姓名缩写如下：

RWE = 拉尔夫·瓦尔多·爱默生，

WmE = 威廉·爱默生（RWE的哥哥），

CCE = 查尔斯·昌西·爱默生，

EBE =爱德华·布利斯·爱默生，

EWE =爱德华·瓦尔多·爱默生，

MME = 玛丽·穆迪·爱默生，

ETE = 艾伦·塔克·爱默生（RWE的第一任妻子），

EE = 艾伦·爱默生（RWE的女儿）。

注释中的其他缩语形式，请参考“主要资料来源”中的缩略语和简称。

第1章　序

1. 见小博尔斯特《詹姆斯·弗里曼·克拉克》（波士顿，1964）第65页；乔伊·贝利斯《鲁弗斯·威尔莫特·格里斯沃尔德》（田纳西州纳什维尔：范德比尔特大学出版社，1943）第64—66页；《拉尔夫·瓦尔多·爱默生日记及札记集》第4卷第7页。

2. 弗洛伊德《战争和死亡的反思》，选自他的《个性与文化》（纽约：麦克米兰，1963）第128页；《拉尔夫·瓦尔多·爱默生日记及札记集》第8卷第149页。

3. 玛丽·穆迪·爱默生笔记原稿（第1卷），霍顿图书馆 b Ms Am 1280 H 146 第10页；玛丽·穆迪·爱默生笔记原稿（第2卷），霍顿图书馆 b Ms Am 1280 H 147，第5页。

4. 《拉尔夫·瓦尔多·爱默生日记及札记集》第4卷第7页；詹姆斯·埃利奥特·卡伯特《拉尔夫·瓦尔多·爱默生回忆录》第1卷第173—174页。

5.《拉尔夫·瓦尔多·爱默生日记及札记集》第4卷第22、26和16页。

第2章　哈佛时光

1. 休·布莱尔《修辞学讲义》，美国第5版（1812）第295—286页。

2. 贝恩《宗教的类比》，埃弗里曼编，伦敦：J.M.登特，1906，此书是对约瑟夫·巴特勒的介绍；《类比》第一部分第115页；黑尔，《两篇未发表散文：苏格拉底的个性与伦理哲学现状》（波士顿：拉姆森·沃尔夫出版公司，1896）。现代人们对佩利的观点，参见多金斯《造钟盲工》（纽约：诺顿出版社，1987）第4—6页，以及布朗介绍查尔斯·达尔文《物种起源》（伦敦：企鹅出版社，1968）第21—23页。

3. 尽管现在人们普遍认为最早的福音是马可福音，但格里斯巴赫的猜想也开始重新被人们重视起来。参见塔克特《猜想的重兴》（剑桥：剑桥大学出版社，1983）。

4.《拉尔夫·瓦尔多·爱默生日记及札记集》第1卷第15页。关于拉尔夫·瓦尔多·爱默生的历史观，请参见他尚未收录成册的《关于中世纪宗教的思考》，刊登于《基督教信徒》新刊第24期（1822年11—12月）第401—408页。爱默生对印度宗教的观点，参见他的《印度迷信》（卡梅伦编，新罕布什尔州汉诺威：达特茅斯图书馆之友出版社，1954）。

5.《拉尔夫·瓦尔多·爱默生日记及札记集》第1卷第19页。

6. 爱德华·瓦尔多·爱默生《爱默生在康科德》第26页。

7. 乔治·丹吉菲尔德《愉悦心情的时代》（纽约：哈考特·布雷斯出版社，1952）第243页。

第3章　心灵的成长

1.《拉尔夫·瓦尔多·爱默生日记及札记集》第1卷第4页。

2. 爱默生对《萨摩》的评价，见《拉尔夫·瓦尔多·爱默生日记及札记集》第1卷第7页；爱默生于1818年至1824年间的阅读，详见《拉尔夫·瓦尔多·爱默生日记及札记集》第1卷第395、27和55页；爱默生在1815年至1844年间从波士顿图书馆学会借阅的书，参见《艾伦·塔克·爱默生书信集》第2卷第149—186页；爱默生在1817年至1868年间从哈佛大学图书馆借阅的书，参见《爱默生的阅读》第44—49页。

3. 关于布莱克威尔和洛斯，参见费尔德曼和理查森《现代神话学起源》（埃文斯维尔：印第安纳大学出版社，1972）第99—102、144—146页；也可参见穆里·罗斯顿《先知和诗人：圣经和浪漫主义的兴起》（伊利诺伊州埃文斯顿：西北大学出版社，1965）第82页。

4. 关于爱默生早些时候对埃弗雷特的评价，参见《拉尔夫·瓦尔多·爱默生日记及札记集》第1卷第12—13页；后来的评价，见《拉尔夫·瓦尔多·爱默生全集》第10卷中的《新英格兰生活及文学的历史笔记》及《讲演及传记性散文》；在加入布莱特尔街区教堂的那一年，埃弗雷特发表了一篇文章对英格里希《考察基督教起因》（1813）一书做了回应。在《考察基督教起因》这本书中，英格里希认为《圣经·旧约》是先于《新约》的，犹太教才是真正的宗教，而基督教不当地"压制了希伯来人的宗教"（第18页）。

5. 关于埃弗雷特读过的艾希霍恩、沃伯顿、蒙福孔、凯吕斯、琼斯、沃尔夫、安克蒂尔·杜伯龙、贝耳、福西厄斯、布莱克威尔、伍德和海纳等作家的作品，参见爱德华·埃弗雷特《关于希腊文学的历史系列演讲纲要》（霍顿图书馆原稿）一书；关于埃弗雷特被任命为哈佛大学校长，以便"将希腊文学和《圣经》评论联系起来"这一事实，参见弗劳森汉姆《爱德华·埃弗雷特》（波士顿：1925）第35页；关于埃弗雷特《圣经》批评方面的见解，参见他翻译艾希霍恩《旧约研究导论》及其未能出版的长达365页的《旧约导论》原稿，这两本书都可在马萨诸塞州历史学会图书馆找到；关于海纳，可参见费尔德曼和理查森《现代神话学起源》以及哈特利希和萨克斯《现代圣经研究中的神话述语起源》（德国图宾根：摩尔出版社，1952）。

6. 爱默生《历史笔记》，《拉尔夫·瓦尔多·爱默生全集》第1卷第330页；《拉尔夫·瓦尔多·爱默生日记及札记集》第1卷第14、235和242页。

7. 爱默生《两篇未发表的散文：苏格拉底的个性与伦理哲学现状》（哈勒编译并作序，波士顿：拉姆森·沃尔夫出版公司，1896）第14、16页。

8. 钱宁《演讲家和他的时代》，选自其《在哈佛大学为高年级学生所做的报告》（波士顿：蒂克纳-菲尔兹出版社，1856）；关于快速写作，见该卷《作者的习惯》一文第213页；关于生活体验的重要性，见该卷《作者的准备》一文第198—200页。

9. 《拉尔夫·瓦尔多·爱默生日记及札记集》第1卷第285页。关于尤尔萨，参见伊芙林·巴里希《爱默生：预言之源》（普林斯顿：普林斯顿大学出版社，1989），第83—89页。

10. 拉尔夫·瓦尔多·爱默生《两篇未发表的散文：苏格拉底的个性与伦理哲学现状》第50—51、63、53和62页。

11. 《拉尔夫·瓦尔多·爱默生日记及札记集》第1卷第242和236页。

12. 桑普森·里德《关于天才的演讲》(1821年8月21日),参见肯尼思·卡梅伦《散文作家爱默生》第2卷第9—11页;瓦尔多和弟弟查尔斯模仿过这次演讲,见霍顿图书馆b Ms Am 1289.235,第509、510和511页。

13. 里德《关于天才的演讲》第2卷第11页;关于爱默生和里德的关系,见肯尼思·卡梅伦《散文作家爱默生》中"桑普森·里德:我早期的圣贤"章节,第1卷第253—294页。

第4章 家与家人

1. 马克·埃里希《运用我们的双手:马萨诸塞州的木匠故事》(费城:坦普尔大学出版社,1986)。

2. 《拉尔夫·瓦尔多·爱默生书信集》第2卷第427页。

3. 《拉尔夫·瓦尔多·爱默生日记及札记集》第7卷第119页,第5卷第438页;戴维·格林·哈斯金斯《拉尔夫·瓦尔多·爱默生之母系祖先》第58页。

4. 姆斯·埃利奥特·卡伯特《拉尔夫·瓦尔多·爱默生回忆录》第41页;《拉尔夫·瓦尔多·爱默生日记及札记集》第1卷第50页。

5. 詹姆斯·巴勒斯《1812年战争中的海军行动》(纽约:哈珀斯出版社,1896),以及福雷斯特《帆船海战时代》(纽约花园城:道布尔戴出版社,1956)。

6. 《拉尔夫·瓦尔多·爱默生书信集》第4卷第179页。

7. 乔尔·波特《代表人物》(纽约:牛津大学出版社,1979)认为,爱默生的反律法主义与其父亲对安妮·哈钦森的偏见和长期的反感有关,这似乎是有道理的。见乔尔·波特《代表人物》第112—118页;威廉·爱默生《布道之21,1808年7月21日》,《波士顿第一教堂简史》(波士顿:芒罗和弗朗西斯出版公司,1812)第245页。

8. 戴维·格林·哈斯金斯《拉尔夫·瓦尔多·爱默生之母系祖先》第43页;姆斯·埃利奥特·卡伯特《拉尔夫·瓦尔多·爱默生回忆录》第35页。

9. 戴维·格林·哈斯金斯《拉尔夫·瓦尔多·爱默生之母系祖先》第78页。

10. 爱德华·瓦尔多·爱默生《爱默生在康科德》第6页;戴维·格林·哈斯金斯《拉尔夫·瓦尔多·爱默生之母系祖先》第71页;露丝·爱默生对费内隆的兴趣,可参见小威廉1824年3月20日的信;对沃根,参见戴维·格林·哈斯金斯《拉尔夫·瓦尔多·爱默生之母系祖先》第70页;关于弗拉维尔和梅森,见爱德华·瓦尔多·爱默生《爱默生在康科德》第25页。弗拉维尔《保守你心》是关于基督徒自我修养的(纽约:美国宗教刊物学会新教图书馆,第7卷,1819);爱德华·瓦尔多·爱默生《爱默生在康科德》中《以心对天国》一文也可能与之相关。特雷萨·图卢兹在她的著作《先知的艺术：新英格兰布道和信仰的形成》中，也引用了弗拉维尔的观点（雅典：佐治亚大学出版社，1987）。

11. 弗拉维尔《保守你心》第13页；约翰·梅森是循道宗牧师和植物学家，其《自知》（1744—1745）一书于1814年在康涅狄格州的哈特福德重印；梅森《自知》第20—21页。

12. 对莎拉·雷普利的介绍，参见伊丽莎白·霍尔《塞缪尔·里普利夫人》，《我们第一世纪的杰出女性》，威斯特尔夫人和阿格尼斯·埃温编（1877，重印本，普莱恩维尤，纽约：图书馆藏书出版社，1973）。1811年后不久，莎拉·奥尔登·布拉德福德·雷普利读了格里斯巴赫的《圣经》引文，她说："《圣经》批评的序言比迄今我读过的任何文章都更令人兴奋（第179页）。"到1820年底，通过康弗斯·弗朗西斯的介绍，她读了格塞纽斯的作品。在此之前，她读过罗伯特·劳瑟的《弥赛亚》，了解到"在古代国家，人们通常将诗人和先知同等对待"（第134页）。

第5章　死亡天使

1. 关于玛丽·穆迪·爱默生的生平及其阅读过的作品，我要特别感谢菲利斯·科尔的无私奉献，在这方面没有人比她了解得更多；《拉尔夫·瓦尔多·爱默生全集》第10卷：《演讲和传记性散文》第404页。

2. "玛丽·穆迪·爱默生"（《拉尔夫·瓦尔多·爱默生全集》第10卷：《演讲和传记性散文》第407、428—429页）；罗莎莉娅·费尔腾斯坦《玛丽·穆迪·爱默生：康科德的牛虻》（《美国季刊》第5期，1953年秋，第235页）。另见乔治·塔尔曼《玛丽·穆迪·爱默生》（1929）以及伊芙林·巴里希《爱默生与午夜天使：玛丽·穆迪·爱默生的遗产》（《心智的爱护》，露丝·佩里和马丁·沃森·勃朗尼编，霍尔姆斯和梅尔出版社，1984，第218—237页）；拉尔夫·瓦尔多·爱默生对姑妈的记载一直持续到他后来不能再以充沛的精力整理和收集资料为止。这些文章收录于《拉尔夫·瓦尔多·爱默生全集》第10卷：《演讲和传记性散文》中。

3. 《拉尔夫·瓦尔多·爱默生全集》第10卷第379页。

4. 玛丽·穆迪·爱默生笔记原稿第2卷（霍顿图书馆 b Ms Am 1280 235）第147、263页；《拉尔夫·瓦尔多·爱默生全集》第10卷第385页。

5. 玛丽·穆迪·爱默生对马可·奥勒留的评论，见其笔记原稿第1卷（霍顿图书馆 b Ms Am 1280 H 146）第33页；对威廉·劳的评论，见笔记原稿第2卷（霍顿图书馆 b Ms Am 1280 H 148）第203页；对加尔文的评论，见笔记原稿第2

卷第276页；对斯塔尔夫人的评论，见笔记原稿第1卷第79—81页；对柏拉图和斯宾诺莎的介绍，见笔记原稿第1卷第260页；对波墨的评论，见笔记原稿第4卷（霍顿图书馆 b Ms Am 1280 H 149）第22页；对艾希霍恩的评论，见《拉尔夫·瓦尔多·爱默生日记及札记集》第2卷第375页；玛丽·穆迪·爱默生曾批注过的斯塔尔夫人的《论德国》（斯塔尔夫人于1830年将该书赠予了拉尔夫·瓦尔多·爱默生）第1卷，现收藏于贝内克图书馆。

6. 玛丽·穆迪·爱默生笔记原稿第3卷第276页。

7. 《拉尔夫·瓦尔多·爱默生日记及札记集》第7卷第442页；玛丽·穆迪·爱默生笔记原稿第1卷第113页。

8. 玛丽·穆迪·爱默生笔记原稿第1卷第14、33和23页。

9. 玛丽·穆迪·爱默生笔记原稿第2卷第228—229页；玛丽·穆迪·爱默生笔记原稿第2卷第27页。

10. 玛丽·穆迪·爱默生笔记原稿第2卷第200—203页。玛丽·穆迪·爱默生的书信由南希·克雷格·西蒙斯编辑为《玛丽·穆迪·爱默生书信选》（雅典和伦敦：佐治亚大学出版社，1993），但是爱默生反复读过的她的四本笔记却未见发表过。爱默生和他的姑妈之间的通信从未合集出版过。然而，相比于爱默生与卡莱尔之间已两次编辑出版的书信合集而言，爱默生和他的姑妈之间的通信更能揭示出爱默生的内心世界。

11. “经验”（《拉尔夫·瓦尔多·爱默生全集》第3卷：《散文：第二辑》第288页）。

第6章　苏格兰常识哲学

1. 爱德华·埃弗雷特认为斯图尔特是“继柏拉图之后最伟大的哲学家”，见弗劳森汉姆《爱德华·埃弗雷特》（波士顿，1925）第54页；威廉·盖斯“关于爱默生和散文”（《文字集》，纽约：西蒙和舒斯特出版社，1985）。爱默生对斯图尔特的热衷，见《拉尔夫·瓦尔多·爱默生书信集》第1卷第125页。1822年11月，爱默生就开始阅读斯图尔特的作品。1823年12月，他读了《论述》；1824年1月，读了《爱丁堡评论》上一篇评价斯图尔特的文章；同月，他读过斯图尔特的《哲学散文》；1824年7月读过亚当·斯密的《道德情操论》；1824年11月，读了托马斯·布朗关于因果关系的作品。克里斯托弗·霍罗德在《时代之统治者》（纽约：博比斯-梅里尔出版社，1958）一书中，称瑞士历史学家西斯蒙第是威廉·钱宁的信徒。关于苏格兰常识学派对爱默生的影响的具体研究，主要包括梅瑞尔·戴维斯《爱默生的“推理”及苏格兰哲学家》（《新英格兰季刊》第17

期，1944年6月，第209—228页）、谢伯格《杜格尔德·斯图尔特和理查德·普莱斯对爱默生理性概念的影响》（《爱默生学会季刊》第18期，1972年，第179—183页）以及利普曼《爱默生早期诗学理论溯源：他读过的苏格兰常识学派评论文章》（《美国文学》第45期，1973年3月，第23—33页）。

2. 斯图尔特的《论述》为《大英百科全书补编》所作，有时亦称为《文艺复兴以来的形而上学、伦理和政治哲学发展概览》；关于物质和精神的论述，见《论述》（威廉·汉密尔顿编，《杜格尔德·斯图尔特作品选》，爱丁堡，1854年，第1卷第24页）。

3. 斯图尔特《论述》对开本，第113、224页。

4. 斯图尔特《论述》对开本，第436、441、447和437页。

5. 直到最近，爱默生与休谟思想进行斗争之事才得到人们正确的评价。参见伊芙林·巴里希《爱默生：先知之源》（普林斯顿：普林斯顿大学出版社，1989），另见约翰·迈克尔《爱默生与不可知论：世界的密码》（巴尔的摩：约翰·霍普金斯出版社，1988）；佚名作者《斯图尔特对百科全书的介绍》，刊登于《爱丁堡评论》1821年10月刊，第259页。

6. 杜格尔德·斯图尔特《人类哲学原理》第1卷（1792）、第2卷（1814）和第3卷（1827）；《选集》第11卷第15页；戴维·罗宾逊《苏格兰哲学故事》（纽约：展览出版社，1961）第29页；亚当·斯密《道德情操论》第1部分第1章第1节。

7. 杜格尔德·斯图尔特《人类信仰的基本原理》（《选集》第3卷：戴维·罗宾逊《苏格兰哲学故事》）第212页。

8. 斯图尔特《原理》第8页，《论述》第70页，《原理》第22页。

9. 19世纪早期，“道德感”这一概念与印度宗教思想中“达摩”（意为宇宙的道德秩序）一词所具有的庄重感和威严感相似。西方理想主义和印度哲学思想的联系在爱默生的时代是一个已得到相当深入讨论的话题。见戴维·罗宾逊《苏格兰哲学故事》中《杜格尔德·斯图尔特和印度哲学》一文；另见托马斯·布朗《关于思想的哲学演讲》（四卷本，爱丁堡，1851）中《贝克莱的不可知体系和印度哲学》一文（第2卷第14—27页）；关于苏格兰常识哲学的局限性，参见阿拉斯代尔·麦金泰尔《谁之正义？何种理性？》（印第安纳：圣母大学出版社，1988），麦金泰尔认为，因为常识学派未能对关于奴隶制的争论提供一个圆满的答案，所以它在美国没有市场，而康德哲学则由于预见到了自由的伟大价值，最终在美国广为流传。

10. 《拉尔夫·瓦尔多·爱默生日记及札记集》第1卷第94页。

第7章　爱默生兄弟

1.《拉尔夫·瓦尔多·爱默生日记及札记集》第1卷第99页，第2卷第59页；乔尔·迈尔森《新英格兰超验主义者与〈日晷〉》（纽约：费尔雷迪金森大学出版社，1980）第194页。

2. 戴维·格林·哈斯金斯《拉尔夫·瓦尔多·爱默生之母系祖先》第51页。

3. 爱德华·瓦尔多·爱默生《爱默生在康科德》第20页；《拉尔夫·瓦尔多·爱默生日记及札记集》第11卷第282页。

4. 关于威廉生平方面的资料，可参考现存于马萨诸塞州历史学会图书馆里沃蒂斯系列中他未曾发表的书信，以及田纳西大学卡伦·加里列维奇于1982年撰写但尚未发表的论文《拉尔夫·瓦尔多·爱默生之兄：威廉·爱默生的书信集》。爱德华·布利斯·爱默生和查尔斯·昌西·爱默生的信件收藏于沃蒂斯系列里，而他俩的其他著作则收集在霍顿图书馆爱默生家族作品系列中。

5. 爱德华·瓦尔多·爱默生《爱默生在康科德》第51页。

6. 爱德华·布利斯·爱默生于1824年1月24日写给查尔斯·昌西·爱默生的信。

7. 爱德华·布利斯·爱默生于1827年3月27日写给威廉·爱默生的信；查尔斯·昌西·爱默生于1827年6月30日写给威廉·爱默生的信；爱德华·布利斯·爱默生于1828年5月19日写给威廉·爱默生的信。

8. 查尔斯·昌西·爱默生于1828年5月29日写给威廉·爱默生的信；威廉·爱默生于1828年7月14日写给拉尔夫·瓦尔多·爱默生的信。

9. 爱德华·瓦尔多·爱默生《爱默生在康科德》第51页。

10.《拉尔夫·瓦尔多·爱默生书信集》第1卷第202页；爱德华·布利斯·爱默生写给威廉·爱默生的信，1828年6月10日；爱德华·布利斯·爱默生写给威廉·爱默生的信，1824年11月1日；威廉·爱默生于1822年8月15日写给拉尔夫·瓦尔多·爱默生的信。另见艾伦《瓦尔多·爱默生传》（纽约：维京出版社，1981）第30、44、85和105页。

11. 查尔斯·昌西·爱默生于1825年10月11日写给玛丽·穆迪·爱默生的信；查尔斯·昌西·爱默生于1825年9月12日写给玛丽·穆迪·爱默生的信；查尔斯·昌西·爱默生于1828年5月18日写给玛丽·穆迪·爱默生的信；查尔斯·昌西·爱默生于1827年2月11日写给玛丽·穆迪·爱默生的信。

12.《拉尔夫·瓦尔多·爱默生书信集》第1卷第227和239页；查尔斯·昌西·爱默生于1828年7月20日写给玛丽·穆迪·爱默生的信。

13. 查尔斯·昌西·爱默生的日记（1831年5月31日）（霍顿图书馆b Ms Am 1280. 220）第119页；查尔斯·昌西·爱默生于1829年2月21日写给玛丽·穆迪·爱默生的信。

14. 查尔斯·昌西·爱默生的日记（1835年）；《拉尔夫·瓦尔多·爱默生日记及札记集》第5卷第107和453页。

15. 查尔斯·昌西·爱默生的日记（1835年11月9日）。

16. 查尔斯·昌西·爱默生的《特克拉之歌》，霍顿图书馆 b Ms Am 1280. 220（126）。曾收录于爱默生的《诗集》第447页。该诗部分取自席勒《特克拉：一首幽灵之歌》。

第8章　年轻作家

1. 古德伯里《拉尔夫·瓦尔多·爱默生》（纽约：麦克米兰出版社，1926），第21页。

2. 《拉尔夫·瓦尔多·爱默生日记及札记集》第1卷第227页。

3. 《拉尔夫·瓦尔多·爱默生日记及札记集》第1卷第93、176、97、104、102、87和139页。

4. 《拉尔夫·瓦尔多·爱默生日记及札记集》第1卷第120、117、129和113页。

5. 玛丽·穆迪·爱默生评论艾希霍恩的《启示录》，见《拉尔夫·瓦尔多·爱默生日记及札记集》第2卷第375页（1822年6月26日的一封信）。艾希霍恩认为，圣约翰的《启示录》是一部旨在揭示基督教义如何使两种分别来自耶路撒冷和罗马的“伪宗教”衰落的戏剧。《启示录》：“诗人将耶稣基督的预言通过戏剧形式来表示：耶稣的教谕最终将战胜犹太教和其他异教。通过戏剧艺术这种形式，他能在舞台上直观地表现这一点。”（艾希霍恩《启示录》，哥廷根，1791）在此感谢维克多·卡斯特拉尼向我提供了尚未发表的该书的译文。拉姆·莫汉·罗伊是吠檀多的创始人，甘地称他为“印度教先进的民主思想之父”。罗伊认为，“并没有亵渎神灵的行为，这些行为之所以被视作异端，仅仅是因为它们尚未被圣化而已”，见罗伊《吠檀多或全体吠陀之决心节略本译文》（加尔各答，1816）。另见斯宾塞·拉万《唯一神论者和印度》（波士顿：比肯出版社，1977），以及克劳福德的《拉姆·莫汉·罗伊》（纽约：派拉贡书局，1987）。爱默生对罗伊的观点不屑一顾，见《拉尔夫·瓦尔多·爱默生书信集》第1卷第117页。波士顿对罗伊的兴趣，见《基督教名录》，1821年11月23日、5月17日，1822年6月7日。罗伊真正对爱默生产生影响的观点见艾伦·哈德尔《爱默生、拉姆·莫汉·罗伊及唯一神教徒》（1988）第133—148页。

6. 拉尔夫·瓦尔多·爱默生《关于中世纪宗教的思考》（《基督教信徒》新丛刊第24期，1822年11—12月，第401—408页）。

7. 大卫·休谟《人类理解研究》（《大卫·休谟作品选集》第4卷第73、74、86—87页）。

8. 《拉尔夫·瓦尔多·爱默生书信集》第1卷第127页。

9. 爱德华·瓦尔多·爱默生《爱默生在康科德》第29页；《拉尔夫·瓦尔多·爱默生日记及札记集》第2卷第184页。

10. 《拉尔夫·瓦尔多·爱默生日记及札记集》第2卷第153和155页。

第9章　辞典与批评家的乐园

1. 威廉·钱宁的《唯一神论基督教》一文，收录于《威廉·钱宁选集》修订版（波士顿：美国唯一神教联合会，1886），第384页。

2. 钱宁《反对加尔文主义的道德辩论》（《威廉·钱宁选集》修订版，第466页）。

3. 钱宁《天启教的证据》（《威廉·钱宁选集》修订版，第226页）。

4. 卡伦·加里列维奇的博士论文《拉尔夫·瓦尔多·爱默生的长兄：威廉·爱默生书信集》（田纳西大学，1982）第112和124页。

5. 对“高级批判”的记载见克里斯琴·哈特利希和沃尔特·萨克斯公司出版的《神话学和圣经文学的兴起》。在美国，对《圣经》的新历史批判传播的研究急需开展。尽管阿尔伯特·施韦策的《耶稣的历史批判》一书广为人知，但可以想象英美两国的情况并非如此。而杰里·韦恩·布朗的开拓性作品《美国的圣经批判》虽然很出色，但并未能对《圣经》新历史批评在美国的形成时期做出详尽的描述。另外两部有主题词式的有一定意义的研究资料分别是尤根·哈伯斯特的《美国学术界的德国历史学派》（伊萨卡：康奈尔大学出版社，1965）和卡尔·戴尔的《1770—1870年间美德两国学术界》（纽黑文：耶鲁大学出版社，1978）。此外，芭芭拉·帕克在她的《源头和权威：爱默生与高级批判》（《重建美国文学史》，沙万·博柯维奇编，剑桥：哈佛大学出版社，1986，第67—92页）一文中对此也有贡献。伊芙林·夏斐尔的《成吉思汗与耶路撒冷的陷落》（剑桥：剑桥大学出版社，1975）揭示了新批评是怎样与英国浪漫主义先知诗人的雄心巧妙融合在一起的。通过米歇利斯、劳瑟的观点，洛斯的观点走进了德国大学的课堂；通过劳瑟的《弥塞亚》（1778）、布莱尼的《耶利米》（1784）和纽科姆的《以西结》（1788）等作品，这些观点又被英国的《圣经》批评家们所接纳。爱德华·

埃弗雷特认为，英国人对德国的批评家们不屑一顾；而稍后的西奥多·帕克则注意到，德国人对美国的批评家们也不以为意。然而，赫伯特·马什翻译的米歇利斯的《新约介绍》，（共4卷，1793—1801）在美国的读者中却较受欢迎。在译文前面的序言里，马什用《前三篇福音书溯源的论文概述》一文对此做了较大篇幅的介绍。

6. 沃尔夫（1759—1824）是语言文学和现代荷马批判的创始人。他与艾希霍恩处于同一个时代，与后者同在哥廷根大学读书，且均为海涅的学生。

7. 加里列维奇《拉尔夫·瓦尔多·爱默生的长兄》第123页。1828年，威廉将艾希霍恩的两本书《旧约导论》（1780）和《希伯来人先知》（共3卷，哥廷根，1816—1819）转送给了爱默生。爱德华·埃弗雷特的艾希霍恩译文原稿现存于马萨诸塞州历史学会图书馆。西奥多·帕克对施特劳斯的作品《耶稣传》的评价很好地反映了当时美国人对这一主题更加深入的认识。在安德鲁斯·诺顿的三卷本大部头《福音书之实在的证据》（第1卷，波士顿：约翰·罗素，1837；第2、3卷，剑桥：约翰·欧文，1844）中，艾希霍恩是唯一一位被详细介绍的德国人。

8. 《拉尔夫·瓦尔多·爱默生日记及札记集》第2卷第162—163页。

9. 《拉尔夫·瓦尔多·爱默生日记及札记集》第2卷第189—190页。

10. 《拉尔夫·瓦尔多·爱默生日记及札记集》第2卷第190页。

第10章　斯塔尔夫人、另一个德国及神学研究

1. 《爱丁堡评论》第30期，总第60期（1818年9月）。爱默生的阅读内容见肯尼思·卡梅伦《散文作家爱默生》中的《爱默生从波士顿学会图书馆借出的书》（第2卷第149—186页）；另见肯尼思·卡梅伦《拉尔夫·瓦尔多·爱默生阅读过的著作》一书。

2. 斯塔尔夫人《论德国》（伦敦：约翰·穆里出版公司，1813；纽约：怀特出版社，1859）第288、289页。菲莉斯·柯尔向我友好地指出，玛丽·穆迪·爱默生读过的那本《论德国》存放在贝内克图书馆。最近，乔尔·波特《代表人物》（纽约：牛津大学出版社，1979）的《为自我主义叫好》（剑桥：剑桥大学出版社，1991）对斯塔尔夫人和德国进行了令人深思的阐述。

3. 斯塔尔夫人《论德国》，第292页。

4. 斯塔尔夫人《论德国》，第388页。

5. 佩里·米勒在二战时期的文章《从爱德华兹到爱默生》中对二者之间的关系做了看似合理的联想。爱默生本人对爱德华兹并没有太多兴趣，他从杜格尔

德·斯图尔特的描述里了解到，爱德华兹是“迄今为止社会的必然结构里出现过的最杰出、最有才干的人”（《论文》，第2部分第3节）。在钱宁阅读的书目里，有很多都是爱德华兹的作品。显然，爱默生对爱德华兹的《意志自由》是有所了解的。尽管爱默生全盘否定了加尔文主义，但他认为爱德华兹是值得尊敬的清教徒之一。在爱德华兹的《意志自由》和爱默生的评论《以言语维护自身的事物并未因此得到确认》之间，很有可能有着某种联系。锡德尼·亚希斯特姆认为：“爱默生秉承了托马斯·谢泼德以来的传统，而乔纳森·爱德华兹不过是唤醒了他沉睡的灵魂。”（阿尔斯特罗姆，《美国人民的宗教史》，纽黑文：耶鲁大学出版社，1972，第598页）；见《拉尔夫·瓦尔多·爱默生日记及札记集》第2卷第159、197和227页，以及《拉尔夫·瓦尔多·爱默生日记及札记集》第4卷第257页。

6.《拉尔夫·瓦尔多·爱默生日记及札记集》第2卷第219和230页。

7.《拉尔夫·瓦尔多·爱默生日记及札记集》第2卷第231页，第6卷第229页，第2卷第237和241页。

8. 钱宁列出的这份简短的读书书目与爱默生众多作品一起保存在霍顿图书馆里。在卡梅伦的《超验主义者和密涅瓦》一书中，也收录了一份书目（哈特福德，康涅狄格：超验主义书系第3卷第1010页）；另见亨利·施高格《选集》（1677年出版，1839年波士顿皮尔斯和威廉斯出版社重印）中的《灵魂中神的生命》（第15页）。

9.《拉尔夫·瓦尔多·爱默生日记及札记集》第2卷第265页。

10.《致柏拉图的信》，见《拉尔夫·瓦尔多·爱默生日记及札记集》第2卷第246页。并无迹象表明此信是写给玛丽·穆迪·爱默生的。关于玛丽·穆迪·爱默生的回信，参见玛丽·穆迪·爱默生笔记原稿第1卷（霍顿图书馆b Ms Am 1280 H 146，第165页），以及《拉尔夫·瓦尔多·爱默生日记及札记集》第2卷第251页。

11. 钱宁博士的《神学院学生课程》是一份厚达34页的书目，原稿现存哈佛神学院；卡梅伦的《超验主义者和密涅瓦》一书中全文收录了这份书目（第3卷第1010—1023页）。显然，爱默生的阅读范围来自这一书目（或者与该书目相关），因为在1824年底，爱默生每周都要阅读钱宁的作品。他现在所研究的钱宁这些作品，在那份早期的简略书目中未列入，而是收录在这一更详细的书目里（见本章注释8）。关于拉德纳的介绍，见《拉尔夫·瓦尔多·爱默生日记及札记集》第2卷第263和283页。关于勒克莱尔的情况，参见《拉尔夫·瓦尔多·爱默生日记及札记集》第2卷第300页。爱默生阅读过的托马斯·牛顿的《论先知》是笔者于1983年在波士顿灯塔大街25号的书籍馈赠活动中得到的。

12. 关于爱默生在1824年12月的学习计划，见《拉尔夫·瓦尔多·爱默生日记及札记集》第2卷第300页。关于爱默生论加尔文主义的内容，见《拉尔夫·瓦尔多·爱默生日记》第1卷第373页和第2卷第33页。关于格里斯巴赫、罗森穆勒、普里多克斯、麦克奈特、巴克明斯特、韦斯特和巴特勒的情况，参见《拉尔夫·瓦尔多·爱默生日记及札记集》第3卷第354—357页（他们的作品都包含在钱宁那份较为详细的书目里）。关于施莱尔马赫，见《拉尔夫·瓦尔多·爱默生日记及札记集》第8卷第485页。

13. 火山的形象分别出现在《拉尔夫·瓦尔多·爱默生日记及札记集》第2卷第316、319和324等页中。

14. 《拉尔夫·瓦尔多·爱默生日记》第2卷第64—65页。

第11章 祷告永不停止

1. 伊芙林·巴里希《爱默生：先知之源》（普林斯顿：普林斯顿大学出版社，1989）。

2. 伊芙林·巴里希《爱默生：先知之源》第156—157页；《拉尔夫·瓦尔多·爱默生日记及札记集》第2卷第414页，玛丽·穆迪·爱默生笔记原稿第1卷（霍顿图书馆b Ms Am 1280 H 146）第146—147页。

3. 《拉尔夫·瓦尔多·爱默生日记及札记集》第2卷第419页。

4. 西塞罗《论神性》（纽约：企鹅出版社）第一册第69页；《拉尔夫·瓦尔多·爱默生日记及札记集》第2卷第315页。

5. 詹姆斯·埃利奥特·卡伯特《拉尔夫·瓦尔多·爱默生回忆录》第1卷第111和112页。

6. 加里列维奇《拉尔夫·瓦尔多·爱默生的长兄：威廉·爱默生书信集》，第214页；威廉·爱默生写给玛丽·穆迪·爱默生的信，1825年10月27日；玛丽·穆迪·爱默生写给拉尔夫·瓦尔多·爱默生的信，1825年9月27日。

7. 《拉尔夫·瓦尔多·爱默生书信集》第1卷第164页。

8. 关于爱默生与柏拉图主义，参见斯图尔特·布朗《爱默生的柏拉图主义》（《新英格兰季刊》1945年9月第18期），以及雷·贝诺特《爱默生论柏拉图：火之中心》（《美国文学》1963年1月第34期，第487—498页）。关于爱默生和剑桥柏拉图主义者，见维维安·霍普金斯《爱默生和库德沃思》（《美国文学》1951年第80—98页）。另见丹尼尔·豪《旧英格兰的剑桥柏拉图主义者和新英格兰的剑桥柏拉图主义者》，刊登于《美国唯一神教（1805—1861）》（康拉德·赖特编，波士顿：东北大学出版社，1989，第87—120页）。关于爱默生和新柏拉图主义之间的联系，见约翰·哈里森《爱默生的老师》（纽约：斯坦吉斯和沃尔顿出版社，1910），另见乔治·哈普尔《托马斯·泰勒在美国》（雷恩、哈普尔编，《柏拉图主义者托马斯·泰勒》，普林斯顿：普林斯顿大学出版社，1969，第49—102页）。其他还有阿琳·汉森《柏罗丁：爱默生早期的超自然思想之源》[《爱默生学会季刊》第18期（1972），第184—185页]；还有斯坦利·布罗温的《爱默生心中的柏罗丁：寻美之旅》（《思想史杂志》1974年7月第35期，第465—483页）。爱默生非常熟悉摩西·门德尔松，见《拉尔夫·瓦尔多·爱默生日记及札记集》第4卷第211页，以及玛丽·穆迪·爱默生笔记原稿S卷（霍顿图书馆b Ms Am 1280 H 122）第26页。

9. 卢梭《爱弥儿》（芭芭拉·福克斯利译，伦敦：登特出版社，1911）第8页。《爱弥儿》1794年的法语版和1763年版的英译本爱默生都有。

10. 埃德蒙·贝里《爱默生眼中的普鲁塔克》（剑桥：哈佛大学出版社，1961）是关于这方面题材的权威论述。对普鲁塔克更深入的研究则是摩西·哈达斯的《助你阅读古籍》（纽约：哥伦比亚大学出版社，1954）。

11. 《拉尔夫·瓦尔多·爱默生日记及札记集》第3卷第15和36页。

12. 《蒙田散文集》（查尔斯·科顿译，伦敦，1926）第17页。

13. 对爱默生和蒙田较为权威的研究当数查尔斯·杨的《爱默生眼中的蒙田》（纽约：麦克米兰出版社，1941）。不过此书的不足在于它并未发现爱默生曾读过并深受蒙田感化的那篇文章，即《为雷蒙德·塞邦德辩护》。1829年3月15日，爱默生在第28篇布道词中引用了这篇经典的自然神学论文中很多精妙的句子。后来这篇布道词被收录进《布道集》（第1卷第232页）、《拉尔夫·瓦尔多·爱默生日记及札记集》（第6卷第30和156页），以及《拉尔夫·瓦尔多·爱默生全集》第4卷的《代表人物》（第154页）。

14. 《蒙田散文集》第1卷第360页，第2卷第86—87页；爱德华·瓦尔多·爱默生《爱默生在康科德》第24页。

15. 《拉尔夫·瓦尔多·爱默生日记》第2卷第105页；威廉·钱宁《人性的宗教原则》（《威廉·钱宁文集》，波士顿：美国唯一神教联合会出版社，1886，第931页）；另见乔治·雷普利《基督徒观察者》第73期（系列3第4篇，1836年3月）上关于施莱尔马赫的文章。

16. 《拉尔夫·瓦尔多·爱默生书信集》第1卷第173和176页。

17. 桑普森·里德《心灵成长观察》（波士顿：康明斯和希拉里德出版公司，1826）第17页。

18. 里德《心灵成长观察》第65页。里德的批评理论与乔治·福克斯的批判理论相近。

19. 里德《心灵成长观察》第75页。视觉意象形成的另一个原因可能来自《圣·路加福音书》。

20. 《拉尔夫·瓦尔多·爱默生书信集》第1卷第174页。

21. 《拉尔夫·瓦尔多·爱默生日记及札记集》第3卷第50页。该句引自耶利米，相关讨论见乔尔·波特《代表人物》（纽约：牛津大学出版社，1979）第142页。

第12章　勒不那王子

1. 《拉尔夫·瓦尔多·爱默生日记及札记集》第3卷第57页。

2. 加梅里尔·布拉特福特《受伤的灵魂》（波士顿：霍顿·密弗林出版社，1923）第130页；汉纳《他们中的王子》（诺曼：俄克拉何马大学出版社，1946）第59页。

3. 《拉尔夫·瓦尔多·爱默生日记及札记集》第3卷第115页；《拉尔夫·瓦尔多·爱默生书信集》第1卷第189页。

4. 《拉尔夫·瓦尔多·爱默生日记及札记集》第3卷第87、88、89和73页。

5. 《拉尔夫·瓦尔多·爱默生日记及札记集》第3卷第77页。对爱默生是否曾造访缪拉在塔拉哈西的种植园，现在仍无法确定。不过，在艾伦·唐里斯的《爱默生造访塔拉哈西之传闻》（《佛罗里达历史季刊》1956年，总第34期，第334—338页）一文中，这似乎已成定论。

6. 汉纳《王子》第109页；《拉尔夫·瓦尔多·爱默生日记及札记集》第3卷第77页。

7. 阿希尔·缪拉《北美联邦》第2版（伦敦：厄芬汗姆·威尔森出版公司，1833），第37—38页。

8. 阿希尔·缪拉《北美联邦》第91页；《拉尔夫·瓦尔多·爱默生日记及札记集》第3卷第117页。

9. 拉尔夫·腊斯克《拉尔夫·瓦尔多·爱默生的一生》（纽约：斯基伯纳出版社，1949）第12页；阿希尔·缪拉《北美联邦》第124—125页。

10. 阿希尔·缪拉《北美联邦》第80页；《拉尔夫·瓦尔多·爱默生书信集》第7卷第160页。关于超验主义观点，参见戴维·格林·哈斯金斯在《拉尔夫·瓦尔多·爱默生之母系祖先》一书中对皮博迪教士的介绍（第131页）。

11. 阿希尔·缪拉《北美联邦》第135页；《拉尔夫·瓦尔多·爱默生书信集》第7卷第162页。

第13章 天平的横梁

1. 爱默生评价斯特布勒的内容，见《拉尔夫·瓦尔多·爱默生日记及札记集》第3卷第266页；威廉·斯特布勒《爱德华·斯特布勒生平录》（费城：约翰·理查兹出版社，1846）第8页。关于斯特布勒对于爱默生的影响，伊丽莎白·艾迪森有过全面的论述，见《纯净的补偿与代价：一位前贵格会教徒如何影响年轻的爱默生》（《美国文艺复兴时期研究》，1992，第107—120页）。

2. 《拉尔夫·瓦尔多·爱默生日记及札记集》第3卷第78—79页。

3. 《拉尔夫·瓦尔多·爱默生书信集》第7卷第160页，第1卷第210页，第7卷第162页；玛丽·穆迪·爱默生于1827年6月2日写给爱默生的信，以及爱默生于1827年8月8日写给爱德华·布利斯·爱默生的信。

4. 《布道集》第1卷第70、88、105、110和116页。韦斯利·莫特对爱默生的布道有过全面而中肯的研究，见《雄辩术：爱默生与他的布道》（宾夕法尼亚大学城：宾夕法尼亚州立大学出版社，1989）；对这方面的研究有所帮助的还有麦克吉福特的《年轻的爱默生如是说》（波士顿：霍顿·密弗林出版社，1938）一书的序言。戴维·罗宾逊在《爱默生，文化的使徒》（费城：宾夕法尼亚大学出版社，1982）一书中，对爱默生早期的牧师生涯可能影响其后期作品这一主题有过全面而令人信服的探讨。关于这一点，戴维·罗宾逊的书里还补充了他对《布道集》的介绍。另外，爱默生后期的写作风格深受其布道形式的影响。要理解这一点，首先应该阅读劳伦斯·布埃尔那本著名的《文学超验论：美国复兴运动中的风格与视野》（伊萨卡：康奈尔大学出版社，1973）。

5. 《布道集》第1卷第120页。

6. 《布道集》第1卷第73页。

7. 《拉尔夫·瓦尔多·爱默生书信集》第1卷第207页。

8. 《拉尔夫·瓦尔多·爱默生诗歌笔记》第8、5、6和8页。

9. 《拉尔夫·瓦尔多·爱默生日记及札记集》第3卷第88页；《拉尔夫·瓦尔多·爱默生诗歌笔记》第4页。

10. 《拉尔夫·瓦尔多·爱默生书信集》第7卷第162页；《拉尔夫·瓦尔多·爱默生书信集》第1卷第208页。

11. 《拉尔夫·瓦尔多·爱默生书信集》第7卷第166—167页。在引用爱默生的信件时，我私下将“ye”和“yt”等改作了“to”及“that”。因为我认为爱默生信中使用的是含有当时人们能够理解的字母“Þ”（thom，读音为th）的缩略词，尽管从爱默生的手迹看，这些缩略词并不总是那么清晰可辨。

第14章 艾伦·塔克

1. 要了解艾伦·塔克，有两本书是必须看的，一本是亨利·帕默尔的《爱默生的第一次婚姻》（卡本代尔：南伊利诺大学出版社，1967），另一本是伊迪丝·爱默生·克雷格编辑的《初恋：艾伦·路易莎·塔克致拉尔夫·瓦尔多·爱默生的信》（剑桥：哈佛大学出版社，1962）。艾伦的笔记、日记与诗集均保存在爱默生家族的资料里，见霍顿图书馆 b Ms Am 1280 H（157、158 和 1158a 类）。艾伦·塔克·爱默生的诗歌笔记（霍顿图书馆 b Ms Am1280 H 144）曾在《拉尔夫·瓦尔多·爱默生诗歌笔记》上发表过；《初恋：艾伦·路易莎·塔克致拉尔夫·瓦尔多爱默生的信》第23页。人们通常认为，爱默生是呆板而缺乏生气的，但约翰·麦科马克对此有不同见解，见安·马莎编辑的《爱的宣言在美国》（纽约：圣马丁出版社，1990）一书中收录的他的文章《青春之勃发：拉尔夫·瓦尔多·爱默生》（第35—45页）。

2. 克雷格《初恋：艾伦·路易莎·塔克致拉尔夫·瓦尔多·爱默生的信》第46、61、73和80页。

3. 克雷格《初恋：艾伦·路易莎·塔克致拉尔夫·瓦尔多·爱默生的信》第68、70和105页。

4. 克雷格《初恋：艾伦·路易莎·塔克致拉尔夫·瓦尔多·爱默生的信》第29、152、161和96页。

5. 《拉尔夫·瓦尔多·爱默生书信集》第1卷第227页；《拉尔夫·瓦尔多·爱默生日记及札记集》第3卷第103页；卢梭《爱弥儿》（芭芭拉·福克斯利译，伦敦：登特出版社，1911）第7—8页。

6. 《拉尔夫·瓦尔多·爱默生日记及札记集》第3卷第107页。伊丽莎白·理查森博士曾告诉我，路易斯·廷楠的《创造性与精神合一》[见《生物学与医学观点》第3期（1991年春），第347—354页] 这篇文章对恶魔现象有过颇有新意的科学论述。另见爱达·沃特尔的硕士论文《爱默生与恶魔的浪漫概念》（丹佛大学，1981）。

7. 《布道集》第1卷第226和230页。

8. 《拉尔夫·瓦尔多·爱默生书信集》第1卷第256页；《拉尔夫·瓦尔多·爱默生日记及札记集》第3卷第149页；《拉尔夫·瓦尔多·爱默生书信集》第7卷第176—177页。

第15章 神职与婚姻：爱情与理智

1. 亨利·韦尔《即席布道之诀窍》（波士顿，1826）；《拉尔夫·瓦尔多·爱默生书信集》第1卷第261页。

2. 钱宁《费内隆》，选自威廉·钱宁的《作品集》修订版（波士顿：美国唯一神教协会出版社，1886）第559—578页；钱宁参考的是露易莎·马什翻译的《拉·莫特·费内隆的宗教作品选辑》第8版（伦敦，1831）。

3. 爱德华·瓦尔多·爱默生写给玛丽·穆迪·爱默生的信，1829年3月15日。

4. 《布道集》第2卷第26页；韦尔的情况见《拉尔夫·瓦尔多·爱默生书信集》第1卷第257和273页，以及霍顿图书馆b Ms Am1280（3362）。

5. 《拉尔夫·瓦尔多·爱默生书信集》第1卷第267和270页；关于格林的故事，可参见艾伦·爱默生的原稿《回忆父亲》第47—48页。

6. 爱默生的助理牧师经历，见《拉尔夫·瓦尔多·爱默生书信集》第1卷第270页。

7. 《拉尔夫·瓦尔多·爱默生书信集》第1卷第271和277页；艾伦的私人医生是詹姆斯·杰克逊博士，请勿将他与爱默生的第二任妻子之兄长查尔斯·杰克逊博士混淆；《拉尔夫·瓦尔多·爱默生日记及札记集》第3卷第153页；《拉尔夫·瓦尔多·爱默生书信集》第1卷第277—278页。

8. 克雷格《初恋：艾伦·路易莎·塔克致拉尔夫·瓦尔多·爱默生的信》第101页。

9. 关于马什，参见彼得·卡拉费奥尔《先验推理：詹姆斯·马什和浪漫主义思想的形式》（盖恩斯维尔：佛罗里达大学出版社，1982）；另见他的文章《詹姆斯·马什的美国式"思想之助益"：通过模糊施加影响》（《新英格兰季刊》，1976年3月第1期，第27—45页）。卡拉费奥尔同时还编辑了《詹姆斯·马什选集》（共3卷，纽约：学者摹写与复本出版社，1976）；詹姆斯·马什对柯勒律治的《介绍》，见《对沉思的援助》（佛蒙特州伯灵顿：昌西·古德里奇出版社，1829）第11和33页。

10. 马什对柯勒律治的《介绍》第36和52页。在佩里·米勒的《乔纳森·爱德华兹致爱默生》[《新英格兰季刊》第13期（1940年12月），第589—617页]和瑞恩·魏勒克的《爱默生与德国哲学》（《新英格兰季刊》1943年3月第16期，第41—62页）等文章，均认为康德对爱默生影响甚微；而相反的意见来自O. B.弗劳森汉姆的《新英格兰的超验主义》（纽约：普特南出版社，1976）和H. 波奇曼的《美国的德国文化》(麦迪森：威斯康星大学出版社，1957)。

11. 赫尔德《人类历史哲学概要》(T. U. 邱吉尔译，伦敦，1801) 第2—3页。

12. 《拉尔夫·瓦尔多·爱默生日记及札记集》第3卷第168页；弗吉尼亚·伍尔夫《爱默生的日记》(《作品与肖像》，伦敦：霍格斯出版社，1977) 第69页。

第16章 吾为心生

1. 《拉尔夫·瓦尔多·爱默生日记及札记集》第16卷第258页；爱德华·瓦尔多·爱默生在《亚特兰大月刊》第98期(1906，第177—181页)上发表了他父亲名为《泰勒神父》的论泰勒的文章，该文未曾收录或重印。

2. 吉尔伯特·哈温和托马斯·罗素的《泰勒神父，水手布道者》(波士顿；罗素出版社，1872) 第435、226、165、175和330页；康韦《自传：记忆与经历》(两卷本，波士顿：霍顿·密弗林出版社，1904) 第1卷第131页。参见戴维·梅诺兹在《美国复兴的背后》一书中对泰勒的评价(纽约：克诺普夫出版社，1988)。

3. 《布道集》第2卷第61篇，第112页。

4. 《拉尔夫·瓦尔多·爱默生日记及札记集》第3卷第179和182页。神学上以"友爱"来替代"救赎"一词可溯源至柯勒律治的《教友》、钱宁在神学院学生讲习班上的原稿笔记(现存于哈佛神学院图书馆)以及施莱尔马赫的《圣诞夜对话录》(特伦斯·泰斯译，1805；重印本，里士满：约翰·洛克斯出版社，1967)等。另外，还可参见施莱尔马赫的《论宗教：致知识界藐视宗教者》第4章《宗教之社会因素》(乔治·雷普利译，收集在赫奇的《现代德国散文集》中)。目前探讨这一主题的作品还有赛莉·麦克法圭的《隐喻的神学》(费城：城堡出版社，1982)。

5. 《拉尔夫·瓦尔多·爱默生日记及札记集》第3卷第181—182页；《布道集》第2卷第69、71和73篇。

6. 《布道集》第2卷第73、74和75篇；《拉尔夫·瓦尔多·爱默生书信集》第1卷第307页。

7. 《布道集》第2卷第87篇。

8. 《拉尔夫·瓦尔多·爱默生日记及札记集》第8卷第134页；《拉尔夫·瓦尔多·爱默生早期演讲集》第3卷第97页；《拉尔夫·瓦尔多·爱默生全集》第1卷《论自然、讲演录和演讲词》；《拉尔夫·瓦尔多·爱默生日记及札记集》第6卷第113页；《拉尔夫·瓦尔多·爱默生日记及札记集》第8卷第157页。

9. 乔治·库姆《人的构造》(1828；重印本，纽约：学者摹写与复本出版社，1974)；《拉尔夫·瓦尔多·爱默生日记及札记集》第3卷第177页。

10. 关于“光学仪器”一词，参见《拉尔夫·瓦尔多·爱默生日记及札记集》第3卷第263、304和329页。

第17章 杰兰多与第一哲学

1. 见《吸墨纸笔记本4》，《拉尔夫·瓦尔多·爱默生日记及札记集》第3卷第359—370页。关于杰兰多，参见约翰·威尔逊的《主义者衰落的偶像》(《比较文学》第19期，1967年，第334—340页)。克拉克认为，爱默生关于自然的演进过程的观点最初来自杰兰多，见克拉克《爱默生与科学》(《哲学季刊》第10期，1931年7月，第225—260页)。杰兰多对爱默生一直有着潜移默化的影响，其《论道德的净化》(巴黎，1824)一书中有一章就名为《社交与独居》。

2. 约瑟夫·德·杰兰多《自我教育》(伊丽莎白·皮博迪译，波士顿，1830)第3、41和98页；该书法语原文是“Du perfectionement moral”(巴黎，1824)；《拉尔夫·瓦尔多·爱默生日记及札记集》第3卷第212页。

3. 《拉尔夫·瓦尔多·爱默生日记及札记集》第3卷第362、363和364页。

4. 《拉尔夫·瓦尔多·爱默生日记及札记集》第3卷第366和369页。

5. 《拉尔夫·瓦尔多·爱默生日记及札记集》第3卷第208页。

6. 《拉尔夫·瓦尔多·爱默生日记及札记集》第3卷第205页。

7. 《拉尔夫·瓦尔多·爱默生日记及札记集》第3卷第219页；文森特·斯卡利在《新世界的家神和圣所》(波士顿：利特尔和布朗出版社，1988，第96—98页)里描述了死亡、葬礼和土地之间的关系。

8. 威廉·劳埃德·加里森《解放者》第1卷第1期(1831)，第1页；《拉尔夫·瓦尔多·爱默生书信集》第316页；《拉尔夫·瓦尔多·爱默生日记及札记集》第3卷第225页。

9. 亨利·劳·斯库克拉夫特《关于美国印第安人部落的历史和统计资料》(费城：利比科特出版社，1857)第435页；查尔斯·昌西·爱默生给威廉·爱默生的信，1831年1月30日。

第18章 尘世之美的陨落

1. 查尔斯·昌西·爱默生给威廉·爱默生的信，1831年2月6—8日。

2. 查尔斯·昌西·爱默生给威廉·爱默生的信，1831年2月6—8日。

3.《拉尔夫・瓦尔多・爱默生日记及札记集》第3卷第227页。

4.《拉尔夫・瓦尔多・爱默生书信集》第1卷第318页。

5.《拉尔夫・瓦尔多・爱默生日记及札记集》第3卷第226页。

6.《布道集》第3卷第107篇，首次布道于1831年2月20日。

7.《拉尔夫・瓦尔多・爱默生日记及札记集》第3卷第227和228页。

8.《布道集》第3卷第107篇，1831年2月20日布道；《拉尔夫・瓦尔多・爱默生日记及札记集》第3卷第227页；关于普罗提诺，见《拉尔夫・瓦尔多・爱默生日记及札记集》第3卷第235—236页；《拉尔夫・瓦尔多・爱默生日记及札记集》第3卷第321和260页。

9. 赫伯特・马什的《论文》来自他的四卷本的英译本《新约导论》，原作者为米夏埃利斯。从1793年至1801年，马什翻译了米夏埃利斯的这一著作的第4版，译作取名为《新约导论》。米夏埃利斯1741年在英国求学期间，曾用德语翻译过劳瑟的希伯来赞美诗。米夏埃利斯的其他英文作品还有《摩西律法评介》（伦敦：里维顿出版社，1814），以及《四福音作者笔下的耶稣殉葬与复活》（波士顿：哈洛德出版社，1827）。米夏埃利斯还是艾希霍恩的老师。《爱默生的布道演讲词》一文收录于卡伦・卡林维奇编写的《美国文艺复兴时期研究》（1986，第69—112页）。

10. 卡林维奇《爱默生的布道演讲词》中的第3篇。

11. 约翰・贾森・欧文《福音书评价》（3卷本，纽约，1857—1860）；布欣《四福音传道者》（汉堡，1766）；格罗特拉博・克里斯琴・施托尔《解读圣经》（图宾根，1790—1803），以及丹尼尔・威西的《验证马什猜想》（1808）和卡林维奇的《爱默生的布道演讲词》（1989）。

12. 莱斯利・斯蒂芬《18世纪英国思想史》（第3版，1876；重印本，纽约：彼得・史密斯出版社，1949）第2卷第405页。

第19章　完美信仰

1. 吠檀多，见第8章注释5；《爱丁堡评论》（1834年7月）刊载的关于库森的未署名的评论文章第367、363和364页。

2. 在阅读库森的著作之前，爱默生就已经对印度宗教产生了浓厚的兴趣，见卡梅伦编辑的《印度迷信》（新罕布什尔州汉诺威：达特茅斯友人图书馆，1954）；库森的《哲学史教程》（林伯格译，波士顿：希拉德格瑞出版社，1832）第72页。评价爱默生《梵天》这首诗的文章很多，见安德鲁安・麦克莱恩的《爱默生表达“婆罗门”的梵天》（《新英格兰季刊》第42期，1964年3月，第115—

122页。

3. 约塞夫·耶如沙尔米在《福音：犹太人的记忆与遗忘》（西雅图：华盛顿大学出版社，1982）中指出，一部作品中如果没有西方编年史式的历史描述并不是缺陷和不足，也不是遗漏了什么书目，而是一种充满自信的文化的必然结果，这种文化只存在于完全自足的现代社会里。

4. 库森《哲学史教程》，第293页。

5. 见戴尔·里皮的《美国思想与印度》、阿亚瑟·克里斯蒂仍有研究价值的《美国超验主义与东方》（纽约：哥伦比亚大学出版社，1932）和卡彭特的《爱默生与亚洲》（剑桥：哈佛大学出版社，1930）。关于爱默生对于美国人了解印度的重要性，参见卡尔·杰克逊的《十九世纪的东方宗教和美国思想》（纽约：格林沃德出版社，1981）。

6. 《威廉·华兹华斯诗集》（牛津版，哈钦森编，伦敦，1904）第214页；《拉尔夫·瓦尔多·爱默生日记及札记集》第3卷第305页。

7. 《拉尔夫·瓦尔多·爱默生日记及札记集》第3卷第270、271、298和299页。

8. 《拉尔夫·瓦尔多·爱默生书信集》第1卷第334和336页。

9. 《拉尔夫·瓦尔多·爱默生日记及札记集》第3卷第314和312页；《拉尔夫·瓦尔多·爱默生书信集》第338、341和342页。

第20章　隔绝

1. 《拉尔夫·瓦尔多·爱默生日记及札记集》第3卷第316页。

2. 《拉尔夫·瓦尔多·爱默生日记及札记集》第3卷第324页。

3. 理论上，圣餐的概念可扩展为沟通，见施莱尔马赫的《论宗教：致知识界藐视宗教者》（第4版），乔治·雷普利译，收录在赫奇编辑的《德国散文作家》（1848）里；关于里奇和布迪诺特的资料，见《拉尔夫·瓦尔多·爱默生书信集》第1卷第346页。

4. 见托马斯·麦肯尼和詹姆斯·赫尔编的《北美印第安部落史》里关于约翰·里奇的插图文章（费城：赖斯与哈特出版社，1855）第2卷第77—102页。

5. 关于泰勒对爱默生文风的影响，见戴维·雷诺的《美国复兴运动的背后》（纽约：诺夫出版社，1988）；《拉尔夫·瓦尔多·爱默生书信集》第1卷第347页。

6. 《拉尔夫·瓦尔多·爱默生日记及札记集》第3卷第327和316页。

7. 肯尼思·卡梅伦《拉尔夫·瓦尔多·爱默生阅读过的著作》第19页；关于

布鲁斯特的情况，见《拉尔夫·瓦尔多·爱默生日记及札记集》第3卷第326页；关于蔡尔德的情况，见《拉尔夫·瓦尔多·爱默生日记及札记集》第4卷第40页。对了解爱默生这一时期阅读情况比较有价值的资料，是他为艾伦的表妹伊丽莎白·塔克写的推荐书目，见《拉尔夫·瓦尔多·爱默生书信集》第7卷第202—205页。这一时期，爱默生对科学的兴趣促使他阅读了《伦敦皇家学会哲学学报》，该学报在1813年至1816年间发表了赫歇尔父子、汉弗莱·戴维、大卫·布鲁斯特、埃弗拉德·霍姆、约瑟夫·班克斯、查尔斯·巴贝奇、J. 贝采利乌斯等人的比较深奥的关于科学技术的文章。在《拉尔夫·瓦尔多·爱默生日记及札记集》第4卷第7页，爱默生记录了曾打开艾伦的棺椁一事。

8. 《拉尔夫·瓦尔多·爱默生日记及札记集》第4卷第11—12页；爱默生阅读了安克蒂尔·杜伯龙的《古波斯语、帕拉维语和萨珊王朝波斯语文字记录中的古波斯神学体系》[《学术、文字与文学评论史》第37期（1767），第571—754页]，参见肯尼思·卡梅伦《拉尔夫·瓦尔多·爱默生阅读过的著作》第19页。

9. 《拉尔夫·瓦尔多·爱默生日记及札记集》第4卷第13、14和16页。

10. 赫歇尔《自然哲学基本教程》（伦敦：朗文出版社，1831），存放于爱默生图书馆中；赫歇尔《自然哲学基本教程》第3—4页。

11. 赫歇尔《自然哲学基本教程》第5页。

12. 赫歇尔《自然哲学基本教程》第8、14和15页。

13. 《布道集》第4卷第157页（1832年5月27日）。玛丽·萨默维尔《物理科学之间的联系》（伦敦：约翰·穆里出版社，1834），这本书在爱默生图书馆里也保留了一本。

第21章 可怕的自由

1. 爱默生1832年6月2日（?）写给波士顿第二教堂的信现已无踪可寻。这一时期他对圣餐的看法见《拉尔夫·瓦尔多·爱默生书信集》第1卷第351—354页和第7卷第207页，而全面探讨这一主题的则见《布道集》第4卷第185—194页（第162篇，1832年9月9日）。记述爱默生与教堂决裂这一事件的重要著作有戴维·罗宾逊的《文化使者》（费城：宾夕法尼亚大学出版社，1982，第30—47页）和法兰克·舒尔曼《爱默生离开教事的原因》（神学硕士论文，米德维尔-伦巴第神学院，1974）等。爱默生一直认为，人的堕落是生活的本源，见芭芭拉·帕克《爱默生与人之堕落》（纽约：统一出版社，1982）。

2. 《拉尔夫·瓦尔多·爱默生书信集》第1卷第354页；1832年6月，爱默生阅读了佩恩的《作品集》和托马斯·克拉克森的《贵格会的肖像》第3卷（新罕布什尔：塞缪尔·斯坦斯伯雷出版社，1806)，见《拉尔夫·瓦尔多·爱默生阅读过的著作》第19页；7月，他又读了威廉·休厄尔的《贵格会史》(1722)。该书主要描述了乔治·福克斯的牧师生涯（《拉尔夫·瓦尔多·爱默生日记及札记集》第4卷第31—32页)。关于上帝的晚餐（圣餐）的具体描述，见克拉克森的《贵格会的肖像》第2卷第338—382页和玛丽·C.特皮的《爱默生关于圣餐布道的贵格会根源》(《新英格兰季刊》第17期，1944)。

3.《拉尔夫·瓦尔多·爱默生书信集》第7卷第189页；玛丽·穆迪·爱默生写给拉尔夫·瓦尔多·爱默生的信，1832年2月24日（《拉尔夫·瓦尔多·爱默生书信集》第1卷第353页)；《拉尔夫·瓦尔多·爱默生日记及札记集》第4卷第27页。

4.查尔斯·昌西·爱默生写给威廉·爱默生的信，1832年7月6日，《拉尔夫·瓦尔多·爱默生书信集》第7卷第353页；《拉尔夫·瓦尔多·爱默生日记及札记集》第9卷第17页；爱默生的辞职信见《拉尔夫·瓦尔多·爱默生书信集》第1卷第355页；该诗收录在《拉尔夫·瓦尔多·爱默生日记及札记集》第4卷第47页；《拉尔夫·瓦尔多·爱默生日记及札记集》第4卷第51页。

5.《拉尔夫·瓦尔多·爱默生日记及札记集》第4卷第35页；《拉尔夫·瓦尔多·爱默生书信集》第1卷第358页；《拉尔夫·瓦尔多·爱默生日记及札记集》第4卷第60页。

6.《拉尔夫·瓦尔多·爱默生日记及札记集》第4卷第46页。

7.查尔斯·昌西·爱默生写给玛丽·穆迪·爱默生的信，1832年11月26日(《拉尔夫·瓦尔多·爱默生书信集》第1卷第361页)；查尔斯·昌西·爱默生写给玛丽·穆迪·爱默生的信，1832年12月10日。

第22章　美国眼光

1.《拉尔夫·瓦尔多·爱默生日记及札记集》第4卷第102—103页。

2.塞缪尔·凯特尔《美国诗歌范例》(3卷本，波士顿：古德里希出版社，1829)；《拉尔夫·瓦尔多·爱默生日记及札记集》第4卷第114、65页。

3.《拉尔夫·瓦尔多·爱默生日记及札记集》第4卷第106页；在爱默生本人后来的版本中，他在该句中加上了“thereby”一词；《拉尔夫·瓦尔多·爱默生日记及札记集》第4卷第104页。

4.《拉尔夫·瓦尔多·爱默生日记及札记集》第4卷第104、109页。

5.《拉尔夫·瓦尔多·爱默生日记及札记集》第4卷第116、113、118和84页。

6. 对爱默生在西西里岛的情况的更详尽的叙述见R. D. 理查德森《爱默生在西西里》(《爱默生学会季刊》第34期，1988，第23—26页)；《拉尔夫·瓦尔多·爱默生书信集》第1卷第362—363页。

7. 安德鲁·彼格诺的《马耳他和西西里游记》(波士顿：卡塔尔出版社，1831)一书中的卷首插图，对埃特纳火山做了结构剖析。这本书也是爱默生的必读参考书之一。《拉尔夫·瓦尔多·爱默生日记及札记集》第4卷第106页。

8. 关于爱默生和意大利之间的关系，见理查德森《爱默生与意大利》(《勃朗宁研究会学报》第12期，1984，第21—131页)和伊芙林·巴里希附有插图的《爱默生在意大利》(纽约：亨利·霍尔特出版社，1989)。爱默生早期关于意大利的两篇演讲稿从未发表过，它们都保存在霍顿图书馆 b Ms Am 1280；《拉尔夫·瓦尔多·爱默生日记及札记集》第4卷第141、142和148页。莉迪安的兄弟查尔斯·杰克逊赠送的礼物——一幅描述维苏威火山喷发的图画，现在仍然挂在爱默生康科德家前厅的墙上。

9. 对圣·泽诺比亚的影响进行的试探性研究，见乔尔·波特《代表人物》(纽约：牛津大学出版社，1979)第64—65页。

10. 美国游客在意大利，见凡·威克·布鲁克斯《圆阿卡狄亚之梦：美国作家和艺术家在意大利，1760—1915》(纽约：达顿出版社，1958)；另见保罗·贝克尔的《幸运的旅行者：美国人在意大利，1800—1860》(剑桥：哈佛大学出版社，1964)和威廉·万斯的《美国的罗马》(两卷本，纽黑文：耶鲁大学出版社，1989)。

11. 《拉尔夫·瓦尔多·爱默生日记及札记集》第4卷第150页；或许爱默生对保罗三世墓上的正义象征产生崇拜的理由是它引起了爱默生对艾伦·塔克的强烈回忆。

12. 《兰多致爱默生的信》(巴斯，1856)；爱默生对骚塞的反应是带着礼貌的愤怒。从读大学起，他就开始阅读骚塞的作品；见卡梅伦《爱默生从波士顿图书馆学会借阅的图书》，1819年6月和1829年12月。另见《拉尔夫·瓦尔多·爱默生阅读过的著作》第18和20页。同时，自1825年8月开始，爱默生还阅读了兰多的《想象的对话》(3卷本，伦敦，1824—1828)。

13. 朱利叶斯·黑尔和奥古斯都·黑尔《真理的猜想》(伦敦，1827)第4和24页；《拉尔夫·瓦尔多·爱默生日记及札记集》第4卷第176页；关于爱默生对意大利文学的了解，可参见伊米莉欧·果吉奥《爱默生对意大利及其文学之兴趣》(《意大利》第17期，1940年9月，第97—103页)。

14. 《拉尔夫·瓦尔多·爱默生日记及札记集》第4卷第165页；装裱了镜框的《提瓦尼的德斯顿别墅里的柏枝》版画至今悬挂在康科德博物馆爱默生的书房

里。该版画是玛格丽特·富勒赠送的礼物。在康科德博物馆里复原后的爱默生书房里，摆放着他自己的书画作品，而他家中原来书房里所摆设的书画只是复制品。人们常认为爱默生缺乏艺术眼光，但从他家里的陈设得到的则是另一种结论。他家的墙上和书架上堆满了书画和其他艺术品。拉斐尔和米开朗琪罗的作品占据了整个房间，其中拉斐尔的亲笔画就有八幅，而米开朗琪罗的仿作也有八件，还有雷尼、科雷乔、达·芬奇、洛伦佐·德·克罗蒂等画家的作品各一件。爱默生的房间里到底有多少件艺术品，并没有一个准确的目录，也尚未有人做过全面的研究。见J. P. 布劳纳的《爱默生与意大利艺术之缘》（《西弗吉尼亚大学文学学报》第8期，1951年10月，第49—58页）。

第23章　做一名自然主义者

1.《拉尔夫·瓦尔多·爱默生日记及札记集》第4卷第194页。

2.《拉尔夫·瓦尔多·爱默生日记及札记集》第4卷第75和77页。

3.《拉尔夫·瓦尔多·爱默生书信集》第1卷第390页；《拉尔夫·瓦尔多·爱默生日记及札记集》第4卷第76页。

4. 见冯·歌德《意大利之旅》（奥登和伊丽莎白·梅尔译，1962；重印本，圣弗朗西斯科：北点出版社，1982）。

5. 见玛丽瑞特·杜瓦尔《皇家花园》（夏洛茨维尔：弗吉尼亚大学出版社，1982）；《拉尔夫·瓦尔多·爱默生日记及札记集》第4卷第200页。

6. 见朱西厄《新分类系统》[《皇家科学院院志》76（1774）]，还有他的《植物属志》（巴黎，1789）；查尔斯·达尔文《物种起源》（巴诺编，纽约：企鹅出版社，1982）；库尔特·施普伦格尔和康多勒的《植物学基本理论》（1821）。

7.《拉尔夫·瓦尔多·爱默生日记及札记集》第4卷第198—199页。详细描述爱默生访问巴黎植物园的文章有克拉克的《爱默生与科学》（《语文学季刊》第10期，1931年7月，第225—260页）。尤为值得一提的还有戴维·罗宾逊的《爱默生的自然神学和巴黎自然主义者：活生生的自然理论》（《思想史杂志》第41期，1980，第69—88页）。

8.《拉尔夫·瓦尔多·爱默生日记及札记集》第4卷第199和198页；赫歇尔《自然哲学基础教程》（伦敦：朗文出版社，1831）第135—136页。

9. 赫歇尔《自然哲学基础教程》第140和141页；《拉尔夫·瓦尔多·爱默生日记及札记集》第4卷第200页。

第24章 我的幸运日

1.《拉尔夫·瓦尔多·爱默生日记及札记集》第4卷第78页。爱默生的儿子爱德华对其参观过约翰·亨特博物馆一事以及爱默生关于生物演进的观点尤为关注。他认为其父亲是早期进化论的独立支持者。

2.《拉尔夫·瓦尔多·爱默生日记及札记集》第4卷第408页；理查兹为《袖珍柯勒律治集》所写的介绍性文章（纽约：维京出版社）第6页。

3. 见《拉尔夫·瓦尔多·爱默生阅读过的著作》第65页；《拉尔夫·瓦尔多·爱默生书信集》第7卷第188页。

4.《拉尔夫·瓦尔多·爱默生日记及札记集》第4卷第408—411页。

5.《拉尔夫·瓦尔多·爱默生日记及札记集》第4卷第413页。毛地黄是一种美洲植物，属于玄参属类。爱默生敏锐的美国眼光一定是在英国发现了类似的东西。《拉尔夫·瓦尔多·爱默生日记及札记集》第4卷第219页。

6.《英国人的特性》(《拉尔夫·瓦尔多·爱默生全集》第5卷) 第15页；加内特《托马斯·卡莱尔传记》(伦敦：斯科特出版社，1887) 第23页；弗劳德《回忆托马斯·卡莱尔》(纽约：斯克里布纳出版社，1881) 第328、329和330页)。

7. 托马斯·卡莱尔《让·保罗》，摘自《评论及杂文集》(波士顿：达纳·埃斯蒂斯出版社，未署日期)，第1卷第13页。

8. 卡莱尔《德国文学现状》,《评论及杂文集》第1卷第20页。

9. 卡莱尔《德国文学现状》,《评论及杂文集》第1卷第79页。

10.《爱默生与卡莱尔书信集》(约瑟夫·斯莱特编，纽约：哥伦比亚大学出版社，1964)；卡莱尔《时代特征》,《评论及杂文集》第1卷第468—469、473—474、477、485和487页。

11. 卡莱尔《时代特征》,《评论及杂文集》第1卷第381页。

12.《英国人的特性》,《拉尔夫·瓦尔多·爱默生全集》第5卷第18页。

13. 卡莱尔《时代特征》第1卷第363页；弗雷德·卡普兰《托马斯·卡莱尔传》(纽约：1983) 第202页；理查兹《袖珍柯勒律治集》第6页。

14. C. J. 伍德伯里《与爱默生的谈话》(纽约：贝克尔和泰勒出版社，1890) 第46页；《拉尔夫·瓦尔多·爱默生日记及札记集》第4卷第63页。

15.《英国人的特性》,《拉尔夫·瓦尔多·爱默生全集》第5卷第19页；爱默生与华兹华斯会面的笔记，见《拉尔夫·瓦尔多·爱默生日记及札记集》第4卷第222—226页。

第25章　受过教育的眼睛

1.《拉尔夫·瓦尔多·爱默生日记及札记集》第4卷第81页。

2.《拉尔夫·瓦尔多·爱默生日记及札记集》第4卷第83、77和84页。

3.《拉尔夫·瓦尔多·爱默生日记及札记集》第4卷第84页。

4.《拉尔夫·瓦尔多·爱默生日记及札记集》第4卷第242页。爱默生认为美国应剔除一些东西，并列出一张清单，可与亨利·詹姆斯在《霍桑》中所列的类似表格做一比较（《霍桑》，1879；重印本，伊萨卡：康奈尔大学出版社，1956，第34页）；《拉尔夫·瓦尔多·爱默生日记及札记集》第4卷第237页。

5.《拉尔夫·瓦尔多·爱默生书信集》第1卷第397页；《拉尔夫·瓦尔多·爱默生日记及札记集》第4卷第93—94页；《布道集》第4卷第210页。

6. 托马斯·潘恩《理性时代》，见克拉克编《托马斯·潘恩》（纽约：希尔与王出版社，1944）第262页。

7.《拉尔夫·瓦尔多·爱默生日记及札记集》第4卷第95页。爱默生最后一个主要的写作主题是《智力的自然史》，这与他第一个主要计划在核心内容上几乎是一致的。

8.《拉尔夫·瓦尔多·爱默生早期演讲集》第1卷第17页。

9.《拉尔夫·瓦尔多·爱默生早期演讲集》第1卷第17、21和23页。

10.《拉尔夫·瓦尔多·爱默生早期演讲集》第1卷第26页。

11.《拉尔夫·瓦尔多·爱默生早期演讲集》第1卷第39、44和46页。

第26章　玛丽·罗奇：别无选择的生活

1.《拉尔夫·瓦尔多·爱默生日记及札记集》第4卷第256页；约翰·布拉德《罗奇》（马萨诸塞州新贝德福德，1947）第92—97页。

2. 对爱默生与贵格会之间的关系，最权威的描述当数由纪夫·入江的《爱默生和贵格会》（东京：研究者出版社，1967）。与新贝德福德相关的重要作品有弗雷德里克·托拉斯的《林恩和新贝德福德的新教义贵格会教徒》（《新英格兰季刊》1959年9月号，第219—316页）和他的《爱默生与贵格会》（《美国文学》，第10期，1938年5月，第142—165页）。对此有所帮助的还有伦纳德·埃利斯的《新贝德福德历史》（纽约：梅森出版社，1892）和皮斯所编的《塞缪尔·罗德曼日记：三十七年新贝德福德编年史，1821—1859》（马萨诸塞州新贝德福德，雷诺出版公司，未署日期）。

3. 关于斯特布勒的情况，见第13章注释1；关于图克的介绍，见由纪夫·入江的《爱默生和贵格会》第21页。玛丽·特皮在她的《爱默生圣餐布道演讲的贵格会渊源》里，认为爱默生深受克拉克森的影响［《新英格兰季刊》第1期第17页，(1944)］。

4. 戴维·格林·哈斯金斯《拉尔夫·瓦尔多·爱默生之母系祖先》第118页。

5. 托马斯·克拉克森《贵格会的肖像》(纽约：塞缪尔·斯坦斯伯里出版公司，1806) 第1卷第27—28页，第2卷第5页。

6. 托马斯·克拉克森《贵格会的肖像》第2卷第5页。

7. 威廉·布雷恩韦特和亨利·霍奇金《贵格会的启示和使命》(费城：温斯顿出版社，1912)，第21、24、95和26页。

8. 威廉·佩恩《贵格会的兴起和发展》(1694；重印本，费城：查普曼出版社，1855)，第45页及之后所有页。

9. 托勒斯《新教义贵格会教徒》(杜威编，《奥维尔·杜威自传与书信集》，波士顿：罗伯茨，1883，第67页)；黑尔·怀特《爱默生先生与贝德福德之缘》［《图书馆》第2846期 (1882)，第602—603页］；见希尔《穿石而行的小溪：新贝德福德的玛丽·罗奇》(《友人历史学会学报》第45期，费城：协会出版社，1956，第8—23页)。

10. 托勒斯《新教义贵格会教徒》第307页；《拉尔夫·瓦尔多·爱默生日记及札记集》第4卷第263页。

11. 《拉尔夫·瓦尔多·爱默生日记及札记集》第4卷第264和267页。

12. 《拉尔夫·瓦尔多·爱默生日记及札记集》第4卷第269页。

13. 《拉尔夫·瓦尔多·爱默生日记及札记集》第4卷第273页。

14. 《拉尔夫·瓦尔多·爱默生早期演讲集》第1卷第165、166、172、167和181页。

15. 《拉尔夫·瓦尔多·爱默生早期演讲集》第1卷第174页；威廉·休厄尔《贵格会史》(第3版，共2卷，费城：本杰明与托马斯·凯特出版社，1832) 第1卷第10—11页。

16. 《拉尔夫·瓦尔多·爱默生早期演讲集》第1卷第458页。

第27章　鲜活生动的理性

1. 乔治·爱默生 (1797—1881) 是爱默生的堂兄弟。他于1834年11月与玛丽·罗奇结婚，其作品《马萨诸塞州森林中自然生长的树木和灌木之记录》(波士顿：达顿与温特沃思出版社，1846) 为人所知；《拉尔夫·瓦尔多·爱默生书信集》第1卷第401页;《拉尔夫·瓦尔多·爱默生日记及札记集》第4卷第253页。

2. 约瑟夫·斯莱特编,《爱默生与卡莱尔书信集》第428页。

3. 赫奇《基督徒观察者》第15期第7篇(新丛刊第9期,1833年,第119页)。

4. 赫奇《基督徒观察者》第120和121页。超验主义的概念在柯勒律治的《朋友》第3卷第5篇文章里就已谈及,在爱默生的《自然》里,他在《理想》一章中写道:"哲学的问题是为所有有条件生存着的事物,找到一种绝对而无条件存在的理由。"

5. 赫奇《基督徒观察者》第124—125页。为使对比更加鲜明,我私下将赫奇那句以"在所有科学领域……"开头的原句重新调整为"自然和智力"。费希特和谢林对德国唯心主义的发展起了重要作用,这一点在黑格尔那里遭到诋毁,但现在人们又重新认识到了这一点。尤有帮助的是保罗·苏伯的《黑格尔:费希特和谢林哲学体系的差异》(加利福尼亚:里奇维尤出版社,1978)。

6. 《拉尔夫·瓦尔多·爱默生书信集》第1卷第412—413页;查尔斯未曾发表的关于苏格拉底的演讲词,见霍顿图书馆b Ms Am 1280.220(121)。

7. 《拉尔夫·瓦尔多·爱默生日记及札记集》第5卷第371页;《莉迪安·爱默生的生活》第10页。

8. 《莉迪安·爱默生的生活》第8、17、18、42和43页。

9. 莉迪亚·杰克逊诗作原稿见霍顿图书馆b Ms Am 1280.235(377—381)。

10. 《拉尔夫·瓦尔多·爱默生日记及札记集》第4卷第260页;斯塔尔夫人《柯丽娜》(戈德伯格译,新泽西:拉特格斯大学出版社,1987)第54、30和45页。爱默生通过这本书1808年的波士顿版本了解了该书。

11. 《拉尔夫·瓦尔多·爱默生日记及札记集》第4卷第279、278和276页。

12. 《拉尔夫·瓦尔多·爱默生日记及札记集》第4卷第274页。

第28章　生机盎然的自然理论

1. 《拉尔夫·瓦尔多·爱默生日记及札记集》第4卷第281—282页。

2. 《拉尔夫·瓦尔多·爱默生早期演讲集》第1卷第71、75页。

3. 约翰·赖斯利《自然哲学纲要》(爱丁堡,1823)。爱默生于1832年从波士顿图书馆借到该书;《拉尔夫·瓦尔多·爱默生日记及札记集》第4卷第288—289页。

4. 《爱默生从波士顿学会图书馆里借阅的书目》;肯尼思·卡梅伦《散文作家爱默生》第2卷第149—186页;托马斯·卡莱尔《歌德》(《评论及杂文集》,

波士顿：达纳·埃斯蒂斯出版社，未署日期，第1卷第195、198和204页）。关于歌德对爱默生的影响，见沃尔《爱默生和歌德》（密歇根：乔治·沃尔出版社，1915）、亨利·波奇曼《德国文化在美国》（麦迪逊：威斯康星大学出版社，1957）和克鲁姆霍特的《爱默生的现代性与歌德的范例》（哥伦比亚：密苏里大学出版社，1990）等著作。

5.《拉尔夫·瓦尔多·爱默生日记及札记集》第6卷第110页；冯·歌德《意大利游记》（奥登和伊丽莎白·梅尔译，旧金山：北点出版社，1982）第251—263页。

6.《代表人物》（《拉尔夫·瓦尔多·爱默生全集》第5卷第219页）；见歌德的《植物变形记》，登载于米勒编的《歌德的植物学著作》（檀香山：夏威夷大学出版社，1951）；《拉尔夫·瓦尔多·爱默生日记及札记集》第4卷第301页。

7.《拉尔夫·瓦尔多·爱默生日记及札记集》第6卷第113页。

8. 查尔斯·伍德伯里《与爱默生的谈话》（纽约：贝克尔与泰勒出版社，1890）第27页。

9. 同上，第28—29页。

10. 约瑟夫·斯莱特编，《爱默生与卡莱尔书信集》第99页；卡莱尔《萨特尔·雷萨特斯》（纽约：奥德赛出版社，1937）第67、27和68页。

11. 卡莱尔《萨特尔·雷萨特斯》第66、119和72页。

第29章 个体与整体

1.《爱默生与卡莱尔书信集》第105页；《拉尔夫·瓦尔多·爱默生书信集》第7卷第224—225和229—230页。威廉·亨利·钱宁（1810—1884）是著名学者威廉·钱宁之侄。

2. 爱默生从艾伦·塔克处继承的遗产，见巴里什《爱默生：先知之源》（普林斯顿：普林斯顿大学出版社，1989）第224页。此后数年，爱默生家里的生活比较富裕，他有足够的钱为奥尔科特、钱宁、梭罗、约翰·布朗以及其他很多人慷慨解囊。不过，当他的房子在1871年被烧毁时，他却缺乏足够的资金来修复重建。于是，大家在康科德和波士顿等地为他募捐，以帮助他摆脱窘境。关于老亨利·詹姆斯的经济状况，见卡普兰《亨利·詹姆斯》（纽约：威廉·玛洛出版社，1992）第10—11页。

3. 乔治·沃森《佩诺布斯科特河上的航船时代》（1932；重印本，纽约：诺顿出版社，1949）；《拉尔夫·瓦尔多·爱默生书信集》第7卷第277页；《拉尔夫·瓦尔多·爱默生日记及札记集》第4卷第390页。

4. 关于皮博迪对爱默生的印象，见《拉尔夫·瓦尔多·爱默生书信集》第1卷第417页；斯特劳奇《爱默生的大学生联谊会诗作》（《新英格兰季刊》第23期，1950年3月，第65—90页）。

5.《福尔图斯》，收录于《终身的朋友：记事录》（波士顿：霍顿·密弗林出版社，1910，第177—185页）；《拉尔夫·瓦尔多·爱默生书信集》第1卷第435页。

6. 斯特劳奇《爱默生的大学生联谊会诗作》第89页；《拉尔夫·瓦尔多·爱默生日记及札记集》第4卷第341页；《拉尔夫·瓦尔多·爱默生书信集》第1卷第435页；《拉尔夫·瓦尔多·爱默生日记及札记集》第4卷第340页。

7. 爱默生的诗歌尚未有现代版本，除了《拉尔夫·瓦尔多·爱默生全集》第9卷《诗集》外，可参阅《诗集》初版（1847）和《五朔节及其他》（1867）。斯特劳奇未曾发表的论文《爱默生诗集评注本》（耶鲁，1946），很有借鉴价值；另外尚有最近出版的《拉尔夫·瓦尔多·爱默生诗歌笔记》可供参考。

8.《拉尔夫·瓦尔多·爱默生日记及札记集》第4卷第263和291页。

9.《拉尔夫·瓦尔多·爱默生日记及札记集》第4卷第382页。

10.《拉尔夫·瓦尔多·爱默生书信集》第1卷第435页。

11. 斯特劳奇《爱默生诗歌创作成熟期：1834年》（《语文学季刊》第34期，1955年10月，第353—377页）；《拉尔夫·瓦尔多·爱默生日记及札记集》第4卷第266—267、286—287、307—308、310和323页。

12.《拉尔夫·瓦尔多·爱默生日记及札记集》第4卷第324页；伍德伯里《与爱默生的谈话》（纽约：贝克尔与泰勒出版社，1890）第23页；《拉尔夫·瓦尔多·爱默生日记及札记集》第4卷第357页。

13. 1834年8月30日查尔斯·昌西·爱默生写给伊丽莎白·霍尔的信；《拉尔夫·瓦尔多·爱默生日记及札记集》第4卷第315—316页；伍德伯里《拉尔夫·瓦尔多·爱默生》（纽约：麦克米兰出版社，1926）第43页；《信件和社交目的》（《拉尔夫·瓦尔多·爱默生全集》第8卷，第355页）；《拉尔夫·瓦尔多·爱默生日记及札记集》第4卷第316页。

第30章　合流

1. 爱默生的祖父，见A.爱默生编的《威廉·爱默生的书信和日记》（波士顿：私人出版社，1972）。

2.《拉尔夫·瓦尔多·爱默生日记及札记集》第4卷第349页。在爱默生的公开出版作品中，他对继祖父雷普利的描述要平和得多，见《拉尔夫·瓦尔多·

爱默生全集》第10卷《书信和传记速写》;《爱默生与卡莱尔书信集》第109页。

3. 1834年7月7日爱德华·布利斯·爱默生写给拉尔夫·瓦尔多·爱默生的信;詹姆斯·埃利奥特·卡伯特《拉尔夫·瓦尔多·爱默生回忆录》第1卷第221页;《拉尔夫·瓦尔多·爱默生日记及札记集》第4卷第325页。

4. 1834年9月12日,查尔斯·昌西·爱默生写给威廉·爱默生的信;1834年9月14日查尔斯·昌西·爱默生写给伊丽莎白·霍尔的信。

5. 玛丽·穆迪·爱默生笔记原稿第1卷[霍顿图书馆 b Ms Am 1280. 235(146)]的第3页摘录了查尔斯·昌西·爱默生在1835年1月20日的一封信里讲述的关于玛丽·穆迪·爱默生的部分。随后,这本笔记进一步回溯了玛丽姑妈19世纪20年代的一些情况。

6. 《拉尔夫·瓦尔多·爱默生日记及札记集》第4卷第324、357、331和377页。

7. 《拉尔夫·瓦尔多·爱默生日记及札记集》第4卷第345页。

8. 柯勒律治的这封信收录在《文学报和纯文学杂志》(伦敦,1834年9月13日),另见肯尼思·卡梅伦《散文作家爱默生》第155—156页;《拉尔夫·瓦尔多·爱默生日记及札记集》第4卷第335页。

第31章　莉迪安

1. 《拉尔夫·瓦尔多·爱默生日记及札记集》第4卷第328页;哈达斯《阅读古典作品的助益手段》(纽约:哥伦比亚大学出版社,1954)第309页;《拉尔夫·瓦尔多·爱默生日记及札记集》第4卷第331页。

2. 《拉尔夫·瓦尔多·爱默生日记及札记集》第4卷第333、336、348和353页。

3. 《拉尔夫·瓦尔多·爱默生日记及札记集》第4卷第353和376页。

4. 《拉尔夫·瓦尔多·爱默生日记及札记集》第5卷第11、395和8页。

5. 《拉尔夫·瓦尔多·爱默生日记及札记集》第5卷第8和10页。

6. 《拉尔夫·瓦尔多·爱默生书信集》第7卷第232页;《莉迪安·爱默生的生活》第48页。

7. 人们熟知的爱默生将"莉迪亚"改名为"莉迪安",以使其不致发成扬基方言里的"莉迪亚尔"一事,源于莉迪安的大女儿艾伦写给其妹妹伊迪丝的一封信,见《莉迪安·爱默生的生活》第43页,又见第28和29页。

8. 《莉迪安·爱默生的生活》第48页。

9. 《莉迪安·爱默生的生活》第47和69页。

10.《莉迪安·爱默生的生活》第68、42和77页。

11.《莉迪安·爱默生的生活》第83和79页。

第32章 新耶路撒冷

1. 爱德华·瓦尔多·爱默生《爱默生在康科德》第156页；詹姆斯·埃利奥特·卡伯特《拉尔夫·瓦尔多·爱默生回忆录》第69和678—679页；乔治·特雷恩《我在美国各州的生活》（纽约：阿普尔顿出版社，1902）第60页；豪尔特耶《爱默生在明尼苏达》（《明尼苏达历史》第2期，1930年6月，第145—159页；《拉尔夫·瓦尔多·爱默生书信集》第2卷第203页；《拉尔夫·瓦尔多·爱默生书信集》第3卷第221页；《拉尔夫·瓦尔多·爱默生早期演讲集》第1卷第40和41页。

2.《拉尔夫·瓦尔多·爱默生早期演讲集》第1卷第99、11和110页。

3.《拉尔夫·瓦尔多·爱默生早期演讲集》第1卷第120和132页。

4.《拉尔夫·瓦尔多·爱默生早期演讲集》第1卷第149和150页。

5.《拉尔夫·瓦尔多·爱默生早期演讲集》第1卷第166和186页。

6.《拉尔夫·瓦尔多·爱默生日记及札记集》第5卷第5页；《拉尔夫·瓦尔多·爱默生日记及札记集》第4卷第360页；《拉尔夫·瓦尔多·爱默生书信集》第1卷第425页。尼布尔《施莱尔马赫论基督与宗教》（纽约：斯克里布纳出版社，1964）。

7.《拉尔夫·瓦尔多·爱默生日记及札记集》第5卷第6页。

8. 米沃什《斯威登堡和陀思妥耶夫斯基》（《始自我的街道》，纽约：法拉尔、斯特劳斯和吉罗斯出版公司，1991，第164页）。关于斯威登堡对爱默生的影响，见肯尼思·卡梅伦《散文作家爱默生》中大量优秀的作品；另外还有霍特森的《爱默生的斯威登堡哲学根源》（《新哲学》，1828年10月，第482页及其后所有页）。最新的文章有霍伦吉伦的《斯威登堡对爱默生宗教信仰的重大影响》（《斯威登堡及其影响》，布罗克等编，宾夕法尼亚州：新教堂学会出版社，1988）。爱默生不仅仅从里德和纪尧姆那里了解了斯威登堡，也读了好友赫奇发表在《基督徒观察者》杂志上的精彩文章《伊曼纽·斯威登堡》（《基督徒观察者》第15期，1833，第193—218页）。

9. 桑普森·里德《心灵成长观察》（波士顿：卡明斯与希利亚德出版社，1826）第4页；纪尧姆《真正的弥赛亚》（法文原著版，1832），伊丽莎白·皮博迪译（波士顿：皮博迪出版社，1842）。古拉在《语言的智慧》（米德尔顿：卫斯里大学出版社，1981）一书中，描述了爱默生对语言的浓厚兴趣（见该书第三章

《爱默生范例》)。

10. 肯尼思·卡梅伦《散文作家爱默生》第2卷第84—85页。

11. 肯尼思·卡梅伦《散文作家爱默生》第2卷第85页；纪尧姆认为世界是在“向前流动”的观点与新柏拉图主义的“流溢说”甚为接近；肯尼思·卡梅伦《散文作家爱默生》第87页。

12. 刘易斯《爱情寓言》(纽约：牛津大学出版社，1936)第45页；罗伯-格里耶《自然，人文主义和悲剧》(《新小说》，纽约：格罗夫出版社，1965)。

第33章 写作艺术及雅各布·波墨

1. 《爱默生与卡莱尔书信集》第125页。

2. 《拉尔夫·瓦尔多·爱默生日记及札记集》第5卷第40页；《拉尔夫·瓦尔多·爱默生早期演讲集》第2卷第261页。

3. 《拉尔夫·瓦尔多·爱默生日记及札记集》第10卷第315页；《拉尔夫·瓦尔多·爱默生日记及札记集》第7卷第302页；“智力”,《拉尔夫·瓦尔多·爱默生全集》第2卷：《散文：第二辑》第340页；伊丽莎白·皮博迪写给GEP的信，1836年6月18日。爱默生记日记的方式，见琳达·阿拉德《拉尔夫·瓦尔多·爱默生日记及札记集》(共12卷)的精彩介绍。

4. 《拉尔夫·瓦尔多·爱默生日记及札记集》第9卷第341页；劳伦斯·罗森沃德《爱默生和日记的艺术》(纽约：牛津大学出版社，1988)。罗森沃德认为，爱默生的日记里有“巧妙的推理形式、格言、警句”以及“巧妙的叙述方式和众多逸闻趣事”，这一点对我们更有帮助。

5. 《拉尔夫·瓦尔多·爱默生书信集》第2卷第463页。

6. 伍德伯里《与爱默生的谈话》(纽约：贝克尔与泰勒出版社，1890)第149页；《爱默生与卡莱尔书信集》中1844年11月3日的书信；《拉尔夫·瓦尔多·爱默生日记及札记集》第7卷第247页；《拉尔夫·瓦尔多·爱默生日记及札记集》第5卷第79页；《爱默生与卡莱尔书信集》第185页。

7. 《拉尔夫·瓦尔多·爱默生日记及札记集》第9卷第77页。

8. 伍德伯里《与爱默生的谈话》第23页；《拉尔夫·瓦尔多·爱默生日记及札记集》第7卷第24页；《拉尔夫·瓦尔多·爱默生日记及札记集》第10卷第320页；《拉尔夫·瓦尔多·爱默生日记及札记集》第8卷第400页。

9. 《拉尔夫·瓦尔多·爱默生日记及札记集》第8卷第114页；《拉尔夫·瓦尔多·爱默生日记及札记集》第9卷第46和250页。

10. 威廉·豪伊特《四季书》(伦敦，1831)第129、234页；《拉尔夫·瓦尔多·爱默生日记及札记集》第5卷第25页。

11.《拉尔夫·瓦尔多·爱默生日记及札记集》第5卷第270页。

12.《拉尔夫·瓦尔多·爱默生日记及札记集》第5卷第63、140和46页。

13.《拉尔夫·瓦尔多·爱默生日记及札记集》第5卷第56—57页；约翰·诺里斯《关于理想与可知世界的理论》（伦敦：曼希普出版社，1701）第8页；《拉尔夫·瓦尔多·爱默生日记及札记集》第5卷第57页。

14.《拉尔夫·瓦尔多·爱默生日记及札记集》第5卷第58页。

15. 雅各布·波墨《曙光》第8章第7节，引自约翰·斯托特编辑的《雅各布·波墨及其思想》（纽约：西伯里出版社，1968）。斯托特对波墨和路德的评价见该书第61页。

16. 雅各布·波墨《神智学六观点》（尼古拉·别尔嘉耶夫作序，安阿伯：密歇根大学出版社，1958）第12页。别尔嘉耶夫认识到，波墨之于德国理想主义的重要性在于他认识到了"事物是通过与之相排斥的事物表现出来的"（第11页）。

17.《拉尔夫·瓦尔多·爱默生日记及札记集》第5卷第75页。

18.《拉尔夫·瓦尔多·爱默生书信集》第3卷第418页；《拉尔夫·瓦尔多·爱默生日记及札记集》第4卷第303页；《拉尔夫·瓦尔多·爱默生日记及札记集》第5卷第51和53页。

第34章　婚姻与康科德

1.《历史学讲演》（《拉尔夫·瓦尔多·爱默生全集》第11卷《杂辑》）。关于这次谈话，见爱默生的笔记《L. 康科德》（《拉尔夫·瓦尔多·爱默生日记及札记集》第12卷）。

2. 沙塔克《康科德的历史》（波士顿：罗素·奥迪奥恩出版社，1835）。另见《拉尔夫·瓦尔多·爱默生书信集》第1卷第451—456页。

3.《莉迪安·爱默生的生活》第79页。

4. 波士顿早在1805年和1833年就分别向牙买加和加尔各答运送冰块了。见约西亚·昆西《1830年前波士顿市志》（波士顿，1852）。

5.《拉尔夫·瓦尔多·爱默生书信集》第1卷第395页；《拉尔夫·瓦尔多·爱默生日记及札记集》第5卷第420页；沙塔克《康科德的历史》第14和15章。

6.《回忆康科德及梭罗一家：贺拉斯·霍斯默致琼斯博士信札》，亨德里克编辑（1977）。卡津的《美国纵览》（纽约，1984）第28页对此有讨论。关于对康科德图书馆的详尽叙述，包括各图书馆藏书情况，参见格罗斯的《梭罗故土康科德的图书馆及藏书》（伍斯特：美国古籍学会出版社，1988）。关于教会与州政府之间的关系，参见《绿野上的礼拜堂：康科德第一教区及其教堂之历史》（蒂尔编，康科德：康科德第一教区出版社，1985）第109页。

7. 沙塔克《康科德的历史》第217页。

第35章　奥尔科特及英国文学

1. 谢泼德《小贩发家史》（波士顿：利特尔和布朗出版社，1937）第41、34和83页。

2. 奥尔科特读过的关于裴斯泰洛齐的文章，见谢泼德的《小贩发家史》第84—85页。谢泼德读过的贵格会方面的文章见弗雷德里克·C. 达尔斯坦德《阿莫斯·布朗森·奥尔科特：智士传记》（拉瑟福德，新泽西州：费尔雷·迪金森大学出版社，1982）第31—32页。

3. 伊丽莎白·皮博迪《一个学校的历史》第2版（波士顿：詹姆斯·芒罗出版公司，1836）第111页；谢泼德《小贩发家史》第257和258页。

4. 奥尔科特《人类文化的信条及戒律》（波士顿：詹姆斯·芒罗出版公司，1836）。

5. 《拉尔夫·瓦尔多·爱默生日记及札记集》第5卷第98—99页；皮博迪《一个学校的历史》第24页；拉金《重塑凡生》（纽约：哈普尔与罗出版社，1988）第288页。

6. 奥尔科特《与学生论福音书》（伊丽莎白·皮博迪记录，两卷本，波士顿：詹姆斯·芒罗出版公司，1836—1837）第100页。

7. 《拉尔夫·瓦尔多·爱默生日记及札记集》第5卷第98页；《布朗森·奥尔科特信札》（谢泼德编，波士顿：利特尔和布朗出版社，1938）第69页。

8. 《拉尔夫·瓦尔多·爱默生早期演讲集》第1卷第215页。

9. 《拉尔夫·瓦尔多·爱默生早期演讲集》第1卷第233和237页。

10. 《拉尔夫·瓦尔多·爱默生早期演讲集》第1卷第237页；特纳《盎格鲁-撒克逊史》第7版第1卷第59、61和177页（共3卷，伦敦：朗文出版社，1852；原版本为1799—1805）；《拉尔夫·瓦尔多·爱默生日记及札记集》第5卷第100页。见菲利普·尼科拉夫《爱默生论种族与历史》（纽约：哥伦比亚大学出版社，1961）。

11. 《拉尔夫·瓦尔多·爱默生日记及札记集》第5卷第106页；柯勒律治《论教会与国家体制》（约翰·柯尔摩编，普林斯顿：普林斯顿大学出版社，1976）第12页。

12. 《拉尔夫·瓦尔多·爱默生早期演讲集》第1卷第218、219、225—

226页。

13.《拉尔夫·瓦尔多·爱默生早期演讲集》第1卷第256和284页。

14.爱默生引用了莎士比亚的十四行诗，见《拉尔夫·瓦尔多·爱默生早期演讲集》第1卷第293—295页及328页。

15.《拉尔夫·瓦尔多·爱默生早期演讲集》第1卷第358和361页。

第36章　整体即个体：创作《自然》

1.《旧衣新裁》的发表，关于罗素所起的作用，见《拉尔夫·瓦尔多·爱默生书信集》第7卷第254—255页。

2.1836年4月3日查尔斯·昌西·爱默生写给伊丽莎白·霍尔的信。

3.《拉尔夫·瓦尔多·爱默生日记及札记集》第5卷第77、83、90和76页。菲利斯·柯尔指出，在爱默生家人中，斯芬克斯是一个常用的象征。在不同的时期，它分别指爱默生本人、查尔斯·昌西·爱默生和玛丽·穆迪·爱默生。

4.《拉尔夫·瓦尔多·爱默生日记及札记集》第5卷第103、110、114、118和136页。

5.《孔子作品集》（马什曼编，瑟拉姆出版社，1809）第36、68和65页。上述所有引用中除最后一句话之外，爱默生均有记载，见《拉尔夫·瓦尔多·爱默生日记及札记集》第5卷第120—122页。

6.《拉尔夫·瓦尔多·爱默生日记及札记集》第13卷第352页；1836年4月3日查尔斯·昌西·爱默生写给伊丽莎白·霍尔的信。

7.奥尔科特《心灵：福音》，霍顿图书馆ms.*59M-306（9），第102页。

8.奥尔科特《心灵：福音》，霍顿图书馆ms.*59M-306（9），第102页。爱默生1836年读了《心灵，或童年之呼吸》[霍顿图书馆ms.*59M-306（8）]，该书只出版了爱默生圈出来的那部分，见肯尼思·卡梅伦《散文作家爱默生》第2卷第101页。1836年6月，爱默生读了奥尔科特对该书的改写本《心灵：福音》。爱默生还在这一年读了奥尔科特1835年的日记[见霍顿图书馆ms.*59M-308（8）]。在奥尔科特的手稿中，共有三处（第408页）都写到安娜的早年，一处（第332页）谈到了路易莎的早年，还有一部分[霍顿图书馆ms.*59M-306（6）]称为《关于我孩子们精神本质之观察》；奥尔科特《心灵，或童年之呼吸》；谢泼德《小贩发家史》（波士顿：利特尔和布朗出版社，1937）第73页。

9.《拉尔夫·瓦尔多·爱默生日记及札记集》第5卷第108和107页。

10.《拉尔夫·瓦尔多·爱默生日记及札记集》第5卷第127和136—137页。

11.《拉尔夫·瓦尔多·爱默生日记及札记集》第5卷第132、134和133页。

第37章　《自然》：世界的法则

1.《莉迪安·爱默生的生活》第65页；查尔斯·昌西·爱默生的日记，霍顿图书馆 b Ms Am 1280. 220（119），出版者不详。且该文标注的日期为1836年6月10日，应为明显错误，因为查尔斯在这年5月9日就已经去世了。

2.《拉尔夫·瓦尔多·爱默生书信集》第2卷第19、20和25页。

3.《拉尔夫·瓦尔多·爱默生日记及札记集》第5卷第174页。

4.《拉尔夫·瓦尔多·爱默生日记及札记集》第5卷第160页。乔纳森·菲利普斯是钱宁博士的密友，他在关键时刻总是默默地支持着爱默生兄弟。见《拉尔夫·瓦尔多·爱默生书信集》第1卷第251和429页。

5.《拉尔夫·瓦尔多·爱默生日记及札记集》第5卷第163、166和179页；《拉尔夫·瓦尔多·爱默生书信集》第2卷第26页。

6. 布朗森《基督教、社会与教会新观》（波士顿：詹姆斯·芒罗出版公司，1832）第3页；乔治·雷普利《致宗教的怀疑者：论宗教哲学》（波士顿：詹姆斯·芒罗出版公司，1836）第9和10页；弗内斯《论四福音书》（费城：凯里、利和布朗夏尔出版公司，1836）第22和146页。

7. 爱默生《自然》（波士顿：詹姆斯·芒罗出版公司，1836）第5页。爱默生后来对《自然》的修改并非全是对原文之提高，参见《拉尔夫·瓦尔多·爱默生全集》第1卷：《自然、演讲词和讲演录》。爱默生的《自然》与卢克莱修的《物性论》相似，这指的是二者在题目、讨论范围及作者雄心等方面都很类似，而不是指观点上一致。卢克莱修是一位激进的唯物主义者。

8.《自然》第5页。

9.《自然》第6和7页。

10.《自然》第21—24页。

11.《自然》（《拉尔夫·瓦尔多·爱默生全集》第1卷：《论自然、演讲词和讲演录》第9和10页）；关于神秘主义体验见伊夫琳·昂德希尔《神秘主义》（纽约：达顿出版社，1911）第1部分第4章以及第2部分第2章。

第38章　《自然》：心灵的启示

1. 乔治·珀金斯·马什《人与自然》（或《人类行动影响下的自然地理》，纽约，1864）。爱默生于1869年读到该书，见《拉尔夫·瓦尔多·爱默生阅读过的著作》第89页。

2.《自然》第29、30和118页。

3.《自然》第39页。

4.《自然》第32页。

5.《自然》第59—60、61、65和72页。

6.《自然》第65、72和91页。

7. 爱默生《自然、演讲词与讲演录》《超验主义者》，见《拉尔夫·瓦尔多·爱默生全集》第1卷第339页。爱默生在《道德权威》一文中讨论了斯多葛主义，见《拉尔夫·瓦尔多·爱默生全集》第10卷：《演讲词与自传速写》；爱默生《自立》，参见《拉尔夫·瓦尔多·爱默生全集》第2卷：《散文：第一辑》，另见《道德》，《拉尔夫·瓦尔多·爱默生早期演讲集》第2卷。马修·阿诺德将爱默生与现代斯多葛主义者并列，见《爱默生》（《麦克米兰杂志》第50期，1884年5月，第1—13页），R. M. 温利在《斯多葛派及其影响》一书中有着相同的看法。爱默生读过斯多葛派著名学者马可·奥勒留、爱比克泰德、西塞罗、塞内加以及普鲁塔克等的作品。爱默生曾分别于1826年11月16日和1829年2月1日将马可·奥勒留关于杰瑞米·科利尔之译本从哈佛图书馆借阅；同时，他自己也收藏了亨利·麦柯马克的译本和乔治·朗格1864年的译本。在库森的《哲学杂辑》（乔治·雷普利编，波士顿：希里亚德·格雷出版社，1838）里，分别各有一章谈到了宗教、神秘主义和斯多葛哲学派。另可参见《美国文学的斯多葛印记》（麦克米兰编，多伦多：多伦多大学出版社，1979）。

8. 温利《斯多葛主义》第167页。

9. 爱默生《自然》第92页。

第39章　玛格丽特·富勒

1.《拉尔夫·瓦尔多·爱默生书信集》第2卷第32页；《玛格丽特·富勒：美国浪漫主义作家》（佩里·米勒编，伊萨卡：康奈尔大学出版社，1963）第12页；玛格丽特·富勒《19世纪的女性》（1845；重印本，纽约：诺顿出版社，1971）第38—39页。见卡普尔《玛格丽特·富勒：一位美国浪漫主义作家的一生》（纽约：牛津大学出版社，1992）第1卷：《归隐岁月》。

2.《玛格丽特·富勒·奥索里回忆录》（爱默生、钱宁以及克拉克编，两卷本，波士顿：菲利普斯和桑普森出版社，1852）第482、92和488页。

3.《玛格丽特·富勒·奥索里回忆录》第95和113页。

4.《玛格丽特·富勒书信集》第1卷第219页。

5.《玛格丽特·富勒·奥索里回忆录》第139—141页。

6.《玛格丽特·富勒书信集》第1卷第348页。

7.《玛格丽特·富勒·奥索里回忆录》第96和471页；对玛格丽特·富勒的谈话风格，最恰当的评论来自卡罗琳·希利·道尔的《玛格丽特与她的朋友们》（波士顿：罗伯茨出版社，1895）；玛格丽特·富勒《19世纪的女性》第39页。

8.玛格丽特·富勒《19世纪的女性》第177、116、42和105页。

9.玛格丽特·富勒《爱默生》，选自她的《内在与外在生活》（富勒编，波士顿：布朗、泰格德和蔡斯出版公司，1860）第194和193页；康韦《爱默生在国内外》（波士顿：詹姆斯·奥斯古德出版社，1882）第89页。

10.《玛格丽特·富勒·奥索利回忆录》第107和65页；米勒编，《玛格丽特·富勒》第19页；《拉尔夫·瓦尔多·爱默生日记及札记集》第5卷第187页。

11.《拉尔夫·瓦尔多·爱默生日记及札记集》第8卷第459页。

12.《拉尔夫·瓦尔多·爱默生日记及札记集》第5卷第187和189页。

第40章 专题讨论会

1.迈尔森《超验主义俱乐部会议记录》（《美国文学》第44期，1972年5月，第197—207页）。

2.约西亚·昆西《哈佛大学史》（剑桥：欧文出版社，1840）；安德鲁斯·诺顿《福音书真本之证据》第1卷（波士顿：约翰·罗素出版社，1837），第2、3卷（剑桥：欧文出版社，1844）。诺顿的学识，尤其是他对德国学界的知识，是无法与爱默生、雷普利或者帕克相比的。《福音书真本之证据》一书似乎可以同雷普利的三本《书信集》做比较（第54章）。另外，德·韦特《旧约介绍》的帕克版（第2版，波士顿：布朗出版社，1850；原版为1843年）以及帕克评论施特劳斯的《耶稣传》的文章（见其《评论与杂辑》一书），也同《福音书真本之证据》相似（波士顿：贺拉斯·富勒出版社，1867；原版为1843年，第276—343页）；迈尔森《康维斯·弗朗西斯与爱默生》，《美国文学》第50期，1978年3月，第17—36页。

3.《拉尔夫·瓦尔多·爱默生书信集》第2卷第29页；《拉尔夫·瓦尔多·爱默生日记及札记集》第5卷第194页。

4.迈尔森《超验主义俱乐部会议记录》。

5.弗劳森汉姆《乔治·雷普利》（波士顿：霍顿·密弗林出版社，1882）第290和229页。

6.施莱辛格《布朗森：天路历程》（波士顿：利特尔和布朗出版社，1945）；另见柯克《布朗森：散文选》（纽约：通路出版社，1955）的介绍文章。

7. 希金森《莉迪亚·玛丽亚·蔡尔德》（《当代作家》，波士顿：霍顿·密弗林出版社，1899，第110和111页）。关于弗朗西斯和爱默生的自然观点之间的对比，见伍德尔《康维斯·弗朗西斯布道选》（第二部分）（《美国文艺复兴时期研究》，1988，第76—82页）。弗朗西斯的妹妹莉迪亚·玛丽亚·蔡尔德在1836年前就已成名，她出版的作品比其他超验主义作家所有的作品都多。

8. 威廉·哈钦森《西奥多·帕克和忏悔问题》（《超验主义牧师》，纽黑文：耶鲁大学出版社，1959；重印本，纽约：阿肯出版社，1972，第99页）。

9. 参见罗斯《作为社会运动的超验主义，1830—1850》（纽黑文：耶鲁大学出版社，1981）。卡普尔最近认为，超验主义运动的核心是"像富勒本人生活一样的悖论，即它是具有讽刺意义的突然转变：从主观主义的、与他人割裂的、自我意识的'私家'信念转变为激进的民主文化及社会（至少某种程度上）变通之工具"。卡普尔《玛格丽特·富勒：一位美国浪漫主义作家的一生》第1卷：《归隐岁月》（纽约：哈佛大学出版社，1992）第11页。

10. 爱默生《超验主义者》（《拉尔夫·瓦尔多·爱默生全集》第1卷：《论自然、演讲词和讲演录》）。

11. 梭罗《康科德河和梅里马克河上的一周》（普林斯顿：普林斯顿大学出版社，1980）第362页。

12. 关于对爱默生的超验主义与现代政治和社会思想之间联系的论述，近年来的主要论述有贝拉等人的《心之习惯》（伦敦：加利福尼亚大学出版社，1985）、拉希的《真正唯一的天堂》（纽约：诺顿出版社，1991）、施克拉的《爱默生与民主之压力》（《政治理论》第4期，1990年11月）、凯特比的《人类灭绝之思考》[《力登杂志》第2期（1986年秋）和第3期（1987年冬）的两部分]、凯特比的《内心之海洋：个人主义与民主文化》（伊萨卡：康奈尔大学出版社，1992）、马尔的《爱默生后的美国社会》（阿默斯特：马萨诸塞州立大学出版社，1988）和波伊莱尔《别处世界》（纽约：哈佛大学出版社，1966）等。

13. 《拉尔夫·瓦尔多·爱默生日记及札记集》第5卷第349页；弗朗西斯·福山《历史的终结》（《国际关系》，1989年夏）。

第41章　锚之锻造

1. 《拉尔夫·瓦尔多·爱默生日记及札记集》第5卷第200—201页。

2. 《拉尔夫·瓦尔多·爱默生日记及札记集》第5卷第207和247页，第8卷第70页；《拉尔夫·瓦尔多·爱默生书信集》第3卷第22页；爱默生《论时事之信件》，《日晷》第1期，1842年7月，第4页；《拉尔夫·瓦尔多·爱默生日记及札记集》第7卷第387页。

3. 爱默生《英属西印度群岛的解放》(《拉尔夫·瓦尔多·爱默生全集》第11卷:《杂辑》第123页)。

4.《拉尔夫·瓦尔多·爱默生日记及札记集》第5卷第218页;《拉尔夫·瓦尔多·爱默生书信集》第2卷第39页;《拉尔夫·瓦尔多·爱默生日记及札记集》第5卷第198、206、217、220、216—218页。

5.《拉尔夫·瓦尔多·爱默生书信集》第2卷第41页; 爱默生《诗集》(波士顿: 霍顿·密弗林出版社, 1874) 第287页。

6.《拉尔夫·瓦尔多·爱默生日记及札记集》第5卷第221页。

7.《拉尔夫·瓦尔多·爱默生日记及札记集》第5卷第221页。

8.《拉尔夫·瓦尔多·爱默生书信集》第2卷第54页;《拉尔夫·瓦尔多·爱默生日记及札记集》第5卷第241页;《莉迪安·爱默生书信集》第54页;《拉尔夫·瓦尔多·爱默生书信集》第2卷第55页。

第42章　我们并非时间之子

1.《拉尔夫·瓦尔多·爱默生早期演讲集》第2卷第8、13和15页;《历史》一文也可以看作是关于历史小说的理论。保罗·斯科特显然是在爱默生的《历史》基础上建立起了自己的《主教的重奏》。

2.《拉尔夫·瓦尔多·爱默生早期演讲集》第2卷第15、14和20页。

3.《拉尔夫·瓦尔多·爱默生早期演讲集》第2卷第11、12和17页。

4.《拉尔夫·瓦尔多·爱默生早期演讲集》第2卷第17、48、71、83—84页。

5.《拉尔夫·瓦尔多·爱默生早期演讲集》第2卷第99—100和151页。

第43章　美国学者

1. 关于威廉·爱默生的借贷情况, 见他分别于1836年12月12日和1839年7月1日写给爱默生的信。

2.《拉尔夫·瓦尔多·爱默生日记及札记集》第5卷第288页; 查尔斯的作品未曾修订过。这些作品中, 除了他与伊丽莎白·霍尔那些长期的感人肺腑的书信外, 还有散文、讲演、日记、诗歌等。查尔斯在1831年至1836年间的日记见霍顿图书馆 b Ms Am 1280. 220 (126); 爱默生的一本名为"查尔斯·昌西·爱默生"的笔记本里既抄录了查尔斯自己的文章, 也有讨论他的文章的内容, 见《拉尔夫·瓦尔多·爱默生日记及札记集》第6卷第255—286页, 及《拉尔夫·瓦尔多·爱默生日记及札记集》第5卷第327页。

3.《拉尔夫·瓦尔多·爱默生日记及札记集》第5卷第331、333和291页。

4.《拉尔夫·瓦尔多·爱默生日记及札记集》第5卷第307页。

5.《拉尔夫·瓦尔多·爱默生早期演讲集》第2卷第197和199页。

6. 关于爱默生致昆西的信，见桑伯恩的《亨利·梭罗》（波士顿：霍顿·密弗林出版社，1882）第52和57页；温莱特是近期另一位在演讲日布道的作者，见《私有财产的不平等乃天条及文明之本》（波士顿：达顿与温特沃思出版社，1835）。

7.《拉尔夫·瓦尔多·爱默生全集》第9卷：《诗集》第158页；《拉尔夫·瓦尔多·爱默生日记及札记集》第5卷第347页。

8. 约翰·皮尔斯及布利斯·佩里在《愚人颂及其他》一书中引用了《爱默生著名演讲词》（波士顿：霍顿·密弗林出版社，1923）；奥利弗·霍姆斯《拉尔夫·瓦尔多·爱默生》（波士顿：霍顿·密弗林出版社，1884）。

9.《拉尔夫·瓦尔多·爱默生日记及札记集》第9卷第382页。

10.《拉尔夫·瓦尔多·爱默生日记及札记集》第5卷第288—289、303和306页；《美国学者》，《拉尔夫·瓦尔多·爱默生全集》第1卷：《论自然、演讲词及讲演录》第91页。

11. 同上。

12.《拉尔夫·瓦尔多·爱默生早期演讲集》第2卷第231页；布朗森认为，这篇演讲里的“学者”一词实指“作者”。见布朗森评论爱默生的演讲（《波士顿季刊》第1期第106—120页）。对爱默生的学者观进行全面讨论的著作有西尔斯的《爱默生论学者》（哥伦比亚：密苏里大学出版社，1992）。

13.《美国学者》，《拉尔夫·瓦尔多·爱默生全集》第1卷：《自然》第108页。

14.《美国学者》，《拉尔夫·瓦尔多·爱默生全集》第1卷：《自然》第89页。

第44章　抛弃

1.《拉尔夫·瓦尔多·爱默生书信集》第2卷第95页。

2.《拉尔夫·瓦尔多·爱默生日记及札记集》第5卷第420和372页；《爱默生与卡莱尔书信集》第167页；布利斯·佩里《爱默生著名演讲词》（《愚人颂及其他》（波士顿：霍顿·密弗林出版社，1923，第95—96页）。

3.《拉尔夫·瓦尔多·爱默生书信集》第2卷第97页；《拉尔夫·瓦尔多·

爱默生日记及札记集》第12卷第181页；《拉尔夫·瓦尔多·爱默生日记及札记集》第5卷第410页。

4.《拉尔夫·瓦尔多·爱默生日记及札记集》第5卷第396和423页。

5.《拉尔夫·瓦尔多·爱默生日记及札记集》第5卷第405和411页。

6.《拉尔夫·瓦尔多·爱默生日记及札记集》第5卷第388页；《拉尔夫·瓦尔多·爱默生早期演讲集》第2卷第300页。

7.《拉尔夫·瓦尔多·爱默生日记及札记集》第5卷第398页；《爱默生与卡莱尔书信集》第23页；《拉尔夫·瓦尔多·爱默生日记及札记集》第5卷第432页。

8. 马比《黑人的自由：1830年到内战期间的非暴力废奴运动》（纽约：麦克米兰出版社，1970）第41页。

9. 卢茨《自由运动：废奴运动中的女性》（波士顿：灯塔出版社，1968）。关于爱默生对废奴运动的一贯支持，最权威的论述是莱恩·古日翁的《道义英雄爱默生：废奴运动和改革》（雅典：佐治亚大学出版社，1990）。

10.《拉尔夫·瓦尔多·爱默生日记及札记集》第12卷第153—154和152页。

11. 卢茨《自由运动：废奴运动中的女性》第103—104页。

12.《拉尔夫·瓦尔多·爱默生日记及札记集》第12卷第154页。

第45章　人类文化

1.《拉尔夫·瓦尔多·爱默生早期演讲集》第2卷第213、215、217和221页。

2.《拉尔夫·瓦尔多·爱默生早期演讲集》第2卷第222、232和243页。

3.《拉尔夫·瓦尔多·爱默生早期演讲集》第2卷第248页；关于爱默生关注的焦点——堕落，见帕克的《爱默生与人之堕落》（纽约：连续统出版社，1982）。

4.《拉尔夫·瓦尔多·爱默生早期演讲集》第2卷第285、295和306页。

5.《拉尔夫·瓦尔多·爱默生早期演讲集》第2卷第331页。

6.《拉尔夫·瓦尔多·爱默生早期演讲集》第2卷第330、313和332页。

7.《拉尔夫·瓦尔多·爱默生早期演讲集》第2卷第343、356和355页。

8.《拉尔夫·瓦尔多·爱默生日记及札记集》第5卷第445页。

第46章　和平原则与切罗基人的血泪之路

1.《拉尔夫·瓦尔多·爱默生全集》第11卷：《杂辑》，第154和155页。

2.《拉尔夫·瓦尔多·爱默生全集》第11卷：《杂辑》，第171、174和578页。

3. 见弗莱施曼《切罗基人的迁移，1838》（纽约：富兰克林·瓦兹出版社，1971）；斯塔尔《切罗基印第安人的历史》（阿肯色州费耶特维尔：印第安遗产联合会出版社，1967；原版本，俄克拉何马城：沃登出版公司，1921）；威尔金斯《切罗基的悲剧：里奇家史和一个民族的毁灭》（纽约：麦克米兰出版社，1970）。

4. 弗莱施曼《切罗基人的迁移》第19—20页。

5. 弗莱施曼《切罗基人的迁移》第21页。

6. 关于爱默生论切罗基人的信，见詹姆斯·埃利奥特·卡伯特《拉尔夫·瓦尔多·爱默生回忆录》第697—702页；该信在理查德森编的《爱默生：散文、演讲词及诗歌选》（纽约：班达姆出版社，1990）中再次收录。

7. 詹姆斯·埃利奥特·卡伯特《拉尔夫·瓦尔多·爱默生回忆录》第700页，《拉尔夫·瓦尔多·爱默生日记及札记集》第5卷第479、475和477页。

8. 弗莱施曼《切罗基人的迁移》第73页。爱默生于4月22日在康科德发表了这次讲演。罗伯特·格罗斯在国家档案馆里发现了署为1838年5月11日的一份备忘录（或称请愿书），该请愿书曾在第25届国会上被宣读过，由“埃兹拉·雷普利及其他491个康科德人署名，恳请政府不予实施与切罗基人中的里奇派在新伊考塔达成的协议”[国家档案馆，参院申诉及请愿书，关于与切罗基印第安人的协议（25A-G21），第25届国会第2次会议；记录组号46；可查阅《美利坚合众国参议院院刊》中的请愿书：第25届国会第2次会议（华盛顿特区：1937），第393页]。格罗斯教授慷慨地让我引述了这份请愿书。从这封请愿书可看出，爱默生对切罗基人的迁移的看法是当时比较普遍的观点；或者说其倡议与支持该请愿书的行为具有地区性的影响力。

第47章　亨利·梭罗

1. 《拉尔夫·瓦尔多·爱默生日记及札记集》第5卷第489和456页；《拉尔夫·瓦尔多·爱默生全集》第9卷：《诗集》，第145—147页。

2. 我们几乎可以确定，梭罗在与爱默生会面之前就已经开始写日记了。其中有他大学课程的笔记。他早期的笔记无疑是经过整理的课堂笔记。对爱默生与梭罗初次见面的详述，见恩格尔的《回忆爱默生一家》（洛杉矶：镜写时代出版社，1941），书里谈到海伦·梭罗聆听爱默生的演讲，并提到了她兄弟笔记里的一篇文章；《拉尔夫·瓦尔多·爱默生日记及札记集》第5卷第452、453、460和480页。最近，对爱默生与梭罗之间友谊有新发现的论述有萨特尔迈耶的《当他成为我的敌人时》（《新英格兰季刊》第62期，第187—204页）和鲁宾逊的《爱默生后来与梭罗反目》（美国文学学会上提交的论文，1991年5月24日）。

3. 阿尔比《回忆爱默生》（纽约：罗伯特·库克出版社，1901）第18—19和22页。

4. 《拉尔夫·瓦尔多·爱默生日记及札记集》第8卷第303页。

5. 《拉尔夫·瓦尔多·爱默生日记及札记集》第5卷第469和496—497页。

6. 《拉尔夫·瓦尔多·爱默生日记及札记集》第7卷第17页；康韦《爱默生在国内外》（波士顿：詹姆斯·奥斯古德出版社，1882）。

7. 《拉尔夫·瓦尔多·爱默生日记及札记集》第5卷第25和55页。

8. 奥托《荷马式的神祇》（1954；重印本，波士顿：灯塔出版社，1965）第78和79页。

第48章　决然独行：拒绝榜样

1. 《拉尔夫·瓦尔多·爱默生书信集》第2卷第114和115页。

2. 《拉尔夫·瓦尔多·爱默生书信集》第2卷第139和140页。

3. 关于威廉·爱默生的经济状况，见他分别于1838年5月9日和1838年5月31日写给爱默生的信。

4. 《拉尔夫·瓦尔多·爱默生日记及札记集》第5卷第464页。

5. 见伯克霍德尔《爱默生：尼兰德及神学院讲演录》（《美国文学》第58期，1986年3月，第1—4页）。

6. 《拉尔夫·瓦尔多·爱默生日记及札记集》第7卷第18页；《拉尔夫·瓦尔多·爱默生日记及札记集》第5卷第465和500页；《财富》（《拉尔夫·瓦尔多·爱默生全集》第6卷：《生活的准则》）；《拉尔夫·瓦尔多·爱默生日记及札记集》第7卷第10页。

7. 《拉尔夫·瓦尔多·爱默生日记及札记集》第5卷第72页；《拉尔夫·瓦尔多·爱默生日记及札记集》第13卷第406页。

8. 《拉尔夫·瓦尔多·爱默生日记及札记集》第5卷第467页；关于皮博迪牧师，引于戴维·格林·哈斯金斯《拉尔夫·瓦尔多·爱默生之母系祖先》第131页。

9. 《拉尔夫·瓦尔多·爱默生全集》第1卷：《论自然、演讲词和讲演录》，第119和134页。

10. 《拉尔夫·瓦尔多·爱默生全集》第1卷：《论自然、演讲词和讲演录》第129、134和132页；斯蒂文斯《上帝与我同在，或与我决裂》，见《柔板舞》，选自其《遗著》（纽约：诺夫出版社，1957）第172页。关于爱默生对斯蒂文斯的印象，尤见《两三个主意》（《遗著》第202—216页）。

11.《拉尔夫·瓦尔多·爱默生日记及札记集》第5卷第481和463页；见鲁宾逊的《诗作，人格与神学院讲演录》(《哈佛神学评论》第82期，1984，第185—199页)。

12. 施莱尔马赫《宗教中的社会因素》，乔治·雷普利译，收录在赫奇的《德国散文作家》(费城：卡雷与哈特出版社，1848)中(第441—445页)。

13.《讲演》,《拉尔夫·瓦尔多·爱默生全集》第1卷:《论自然、演讲词和讲演录》第142、144和150页。

14.《讲演》,《拉尔夫·瓦尔多·爱默生全集》第1卷:《论自然、演讲词和讲演录》第145—146页。

15.《拉尔夫·瓦尔多·爱默生日记及札记集》第7卷第28页。爱默生对奥古斯丁式笔调的厌恶是新评论主义家们对他不满的原因之一，如哈罗德·布鲁姆就说："罪恶、错误、时间、历史以及外在于自身的上帝和父辈获罪于子孙，这些都是艾略特及其南方追随者们文学世界里的传统主题，而这些对爱默生而言，却全然激发不起丝毫的兴趣。"《现代评论观：爱默生》(布鲁姆编，纽约：切尔西出版社，1985)第1页。特雷弗-罗珀指出，在对待加尔文主义的态度上，爱默生偏离了阿米尼乌斯·索齐尼的道路，转向了蒙昧主义，前者"具有明确的渊源，有着持续的历史传统以及比加尔文主义更为久远的谱系"。见特雷弗-罗珀的《启蒙运动的宗教渊源》(《宗教，改良和社会变革》，伦敦：麦克米兰出版社，1967，尤见第219及之后页)。

第49章　新著作，新问题

1.《文学的道德》,《拉尔夫·瓦尔多·爱默生全集》第1卷:《自然、演讲词和讲演录》第156、161—163和165页。

2.《文学的道德》,《拉尔夫·瓦尔多·爱默生全集》第1卷:《自然、演讲词和讲演录》第167—168、173—174和185—186页。

3. 格雷夫斯·霍顿《印度法典：列表法规》(伦敦，1825)；《拉尔夫·瓦尔多·爱默生日记及札记集》第7卷第60页；另见《拉尔夫·瓦尔多·爱默生日记及札记集》第7卷第53—54页；关于詹姆斯·奥康奈尔，见《新荷兰和加罗林群岛生活十一年记》(波士顿，1836)第12和168—169页；《拉尔夫·瓦尔多·爱默生日记及札记集》第7卷第78页。

4. 威廉·加德纳《大自然的音乐》(伦敦：朗文出版社，1840)，见肯尼思·卡梅伦《散文作家爱默生》第2卷第164页；加德纳《大自然的音乐》第18、26、24—25、75和42页。

5. 关于贝尔，见《拉尔夫·瓦尔多·爱默生日记及札记集》第7卷第53—54页和肯尼思·卡梅伦《拉尔夫·瓦尔多·爱默生阅读过的著作》第23页；贝尔《论绘画中的表情解构》（伦敦：朗文出版社，1806）第6—7、8和12页。

6. 关于歌德的《色彩论》，见《拉尔夫·瓦尔多·爱默生日记及札记集》第7卷第85页，以及《拉尔夫·瓦尔多·爱默生书信集》第2卷第164页和第7卷第319页；关于圭尔奇诺、皮拉内西、凡·莱登等人，见《拉尔夫·瓦尔多·爱默生日记及札记集》第7卷第6—7页。

7. 《拉尔夫·瓦尔多·爱默生日记及札记集》第7卷第47、92、52和74页。

8. 安德鲁斯·诺顿《文学及宗教新流派》（《波士顿每日广告》，1838年8月27日），此文收录在佩里·米勒的《超验主义者》（剑桥：哈佛大学出版社，1950）一书第193和195页；安德鲁斯·诺顿《论叛教之最新形式》（剑桥：约翰·欧文出版社，1839）第32页。

9. 钱德勒·罗宾斯《基督记录》评论文章（1839年2月2日）第18页。爱默生的《神学院献词》一文引发了广泛的争论，可见米勒的《超验主义者》。此外，更详细的描述见伯克霍尔德和迈尔森的《爱默生：附注之次要书目》（匹兹堡：匹兹堡大学出版社，1985）。

10. 《拉尔夫·瓦尔多·爱默生日记及札记集》第7卷第65—66和95页；《爱默生与卡莱尔书信集》第196页。

第50章 琼斯·维里

1. 《拉尔夫·瓦尔多·爱默生书信集》第7卷第324页；《莉迪安·爱默生书信集》第80页。

2. 《莉迪安·爱默生的生活》第80—81页。

3. 《伊丽莎白·皮博迪书信集》第215页。

4. 吉特尔曼《琼斯·维里》第243—244页。

5. 《伊丽莎白·皮博迪书信集》第219页；吉特尔曼《琼斯·维里》第147页。

6. 吉特尔曼《琼斯·维里》第146—147页。

7. 吉特尔曼《琼斯·维里》第194页；《伊丽莎白·皮博迪书信集》第406页。

8. 琼斯·维里《散文与诗歌》第101和85页。

9. 《莉迪安·爱默生的生活》第78页；吉特尔曼《琼斯·维里》第243—244页。

10.《拉尔夫·瓦尔多·爱默生日记及札记集》第7卷第122—123页。

11.《布朗森·奥尔科特信札》（谢泼德编，波士顿：利特尔和布朗出版社，1839）第108页；吉特尔曼《琼斯·维里》第269页；《拉尔夫·瓦尔多·爱默生书信集》第2卷第173页。

12. 语出西尔斯比，引自威廉·安德鲁斯编辑的《琼斯·维里诗选》（波士顿：霍顿·密弗林出版社，1830）。

第51章　可实现的自我

1.《拉尔夫·瓦尔多·爱默生书信集》第7卷第328页；《拉尔夫·瓦尔多·爱默生书信集》第2卷第175页。

2.《拉尔夫·瓦尔多·爱默生早期演讲集》第3卷第7—8页。

3.《拉尔夫·瓦尔多·爱默生早期演讲集》第3卷第15—16页。

4.《拉尔夫·瓦尔多·爱默生早期演讲集》第3卷第36页。

5.《拉尔夫·瓦尔多·爱默生早期演讲集》第3卷第26、28—29页。

6.《拉尔夫·瓦尔多·爱默生早期演讲集》第3卷第45页。

7.《拉尔夫·瓦尔多·爱默生早期演讲集》第3卷第22、89—90和94页。

8.《拉尔夫·瓦尔多·爱默生早期演讲集》第3卷第104、110和125页。

9.《拉尔夫·瓦尔多·爱默生早期演讲集》第3卷第170、168和69页。

10.《拉尔夫·瓦尔多·爱默生早期演讲集》第3卷第144和21页。

第52章　家与家人

1.《莉迪安·爱默生的生活》第77页；《拉尔夫·瓦尔多·爱默生日记及札记集》第7卷第170页；《拉尔夫·瓦尔多·爱默生书信集》第2卷第189页。

2.《莉迪安·爱默生的生活》第81—83页。

3.《拉尔夫·瓦尔多·爱默生日记及札记集》第5卷第479页；《莉迪安·爱默生的生活》第92和87页。

4.《莉迪安·爱默生的生活》第60页；《爱默生与卡莱尔书信集》第136页。

5.《拉尔夫·瓦尔多·爱默生书信集》第2卷第135页；《拉尔夫·瓦尔多·爱默生日记及札记集》第8卷第44页。

6. 霍顿图书馆 b Ms Am 1280. 227，第36页；《漫步康科德》（《拉尔夫·瓦尔多·爱默生全集》第12卷：《智力的自然史》，第174页）；恩格尔《回忆爱默生一家》（洛杉矶：镜写时代出版社，1941）第4页；爱德华·瓦尔多·爱默生

《爱默生在康科德》第130页。

7. 艾伦·爱默生《回忆父亲》第32和31页。

8. 《玛格丽特·富勒书信集》第1卷第336页。

9. 威廉·斯通《约瑟夫·布兰特·泰因德尼加的一生》(纽约:乔治·迪尔勃恩出版社,1838)第12页;《拉尔夫·瓦尔多·爱默生日记及札记集》第7卷第202页。

10. 《拉尔夫·瓦尔多·爱默生日记及札记集》第7卷第195、180和186页。

第53章 散文创作

1. 《拉尔夫·瓦尔多·爱默生书信集》第2卷第204页;《拉尔夫·瓦尔多·爱默生日记及札记集》第7卷第230—231和316页。

2. 《拉尔夫·瓦尔多·爱默生书信集》第2卷第212页;《拉尔夫·瓦尔多·爱默生日记及札记集》第7卷第210和219页;《拉尔夫·瓦尔多·爱默生全集》第9卷:《诗集》第6—7页。

3. 约瑟夫·斯莱特《拉尔夫·瓦尔多·爱默生选集》第2卷:《散文:第一辑》第15—16页;约翰·斯特林的《卡莱尔》(《伦敦及威斯敏斯特评论》,1839,这篇文章长达128页)。

4. 《拉尔夫·瓦尔多·爱默生书信集》第2卷第194页。

5. 《拉尔夫·瓦尔多·爱默生日记及札记集》第8卷第199页;《爱默生与卡莱尔书信集》第272页。

6. 《拉尔夫·瓦尔多·爱默生日记及札记集》第7卷第191页;《拉尔夫·瓦尔多·爱默生日记及札记集》第11卷第295页;爱默生手稿:《索引2,1847》,霍顿图书馆b Ms Am 1280 H 107,第421页。

7. 《历史》,《拉尔夫·瓦尔多·爱默生全集》第2卷:《散文:第一辑》第5、7—8和10页。

第54章 心有所喜

1. 《拉尔夫·瓦尔多·爱默生书信集》第2卷第221和241页。

2. 希伯特《伟大的叛乱》(伦敦:企鹅出版社,1980)第225页。

3. 乔治·雷普利《评〈叛逆之最新方式〉:致安德鲁斯·诺顿的一封信》(波士顿:詹姆斯·芒罗出版公司,1839);《为评〈叛逆之最新方式〉辩护:致安德鲁斯·诺顿的第二封信》(波士顿:詹姆斯·芒罗出版公司,1840);《为评〈叛逆之最新方式〉辩护：致安德鲁斯·诺顿的第三封信》（波士顿：詹姆斯·芒罗出版公司，1840）。

4. 伊丽莎白·霍尔，见马克斯菲尔德·米勒的《康科德的伊丽莎白：伊丽莎白·霍尔致爱默生家族、其家人及爱默生友人的信》（第一部分，《美国文艺复兴时期研究》，1984，第229—298页；第二部分，《美国文艺复兴时期研究》，1985，第95—156页；第三部分，《美国文艺复兴时期研究》，1986，第113—198页）；《友谊》，《拉尔夫·瓦尔多·爱默生全集》第2卷：《散文：第一辑》第192—193页。

5. 《拉尔夫·瓦尔多·爱默生书信集》第7卷第368页。

6. 《拉尔夫·瓦尔多·爱默生书信集》第2卷第333页；《拉尔夫·瓦尔多·爱默生书信集》第7卷第404页。

7. 贝蒂娜·冯·阿尼姆《歌德与一个孩子的通信》（波士顿：蒂克诺和费尔兹出版社，1836）第18—19页。关于这本书在美国的发行，见科林斯及雪莱《贝蒂娜·冯·阿尼姆的〈歌德与一个孩子的通信〉在美国的接受》（《德英与德美交流》，两卷本，雪莱和刘易斯编，查珀尔希尔：北卡罗来纳大学出版社，1962）。

8. 贝蒂娜·冯·阿尼姆《歌德与一个孩子的通信》第71和84页；《拉尔夫·瓦尔多·爱默生书信集》第2卷第210页；玛格丽特·富勒曾给贝蒂娜寄去一封赞扬她的信，后者一直活到1859年。

9. 《拉尔夫·瓦尔多·爱默生日记及札记集》第11卷第342页；《拉尔夫·瓦尔多·爱默生书信集》第3卷第77页。贝蒂娜的故事后来还有一个有趣的补篇，即1858年贝蒂娜的女儿吉赛尔寄给爱默生的长信。见利德基及施莱纳尔的《格林—爱默生通讯录中的新发现》，《哈佛图书馆学报》第25期，1977年10月，第399—465页；184？年10月17日卡罗琳·斯特吉斯写给爱默生的信；1840年9月11日卡罗琳·斯特吉斯写给爱默生的信；而爱默生写给斯特吉斯的信近几年才开始付印；见《拉尔夫·瓦尔多·爱默生书信集》第7卷和第8卷；而斯特吉斯写给爱默生的信收录在霍顿图书馆b Ms Am 1221，这其中只有部分书信以《拉尔夫·瓦尔多·爱默生书信集》的脚注形式发表过。斯特吉斯写给玛格丽特·富勒的信发表在《美国文艺复兴时期研究》1988年的期刊上，戴德蒙德编。

10. 因贝蒂娜引起的对爱默生的崇拜，这还不是最后一次。1847年左右，路易莎·梅·奥尔科特还是个15岁的少女，一天她去爱默生图书馆借书，发现了这本《歌德与一个孩子的通信》。她说："我一下子燃起了一种要成为贝蒂娜的欲望，让我父亲的朋友成为我的歌德。于是我写信给他，却从未寄出。午夜，我坐在高高的樱桃树上，望着月亮轻轻地吟唱，直到猫头鹰吓得我逃了下来；我将野花撒在‘主人’的台阶上，在他窗下用很蹩脚的德语唱着米尼翁的歌。”（埃德娜·切尼《路易莎·梅·奥尔科特的一生及其信札日记》（波士顿：利特尔和布朗出版社，1917，第57页）。关于贝蒂娜对艾米莉·狄金森的影响的故事，见圣阿曼德的《蒙面纱的女郎：狄金森——贝蒂娜和超验主义的灵媒》，《美国文艺复兴时期研究》，1987年，第1—52页；《拉尔夫·瓦尔多·爱默生日记及札记集》第7卷第391页；《拉尔夫·瓦尔多·爱默生书信集》第7卷第402页。

11.《拉尔夫·瓦尔多·爱默生书信集》第2卷第330页；《莉迪安·爱默生的生活》第83页；《自传》笔记，霍顿图书馆b Am 1280 H 195。

12.《拉尔夫·瓦尔多·爱默生日记及札记集》第7卷第532和544页。

13.《拉尔夫·瓦尔多·爱默生日记及札记集》第8卷第34、95和144页；《拉尔夫·瓦尔多·爱默生日记及札记集》第13卷第258页。

14.《爱》初版的开头，见爱默生的《散文》（波士顿：詹姆斯·芒罗出版公司，1841）和一些现代重印本，如1926年托马斯·克罗韦尔发行的重印本，后者在1951年的阿波罗版本里又被重新收录了。《拉尔夫·瓦尔多·爱默生全集》和《拉尔夫·瓦尔多·爱默生选集》中收录的都是第二种开头。

第55章　同一与形变

1. 关于《日晷》，见迈尔森的《新英格兰超验主义者与〈日晷〉》（拉瑟福德，新泽西：费尔雷迪金森大学出版社，1980）。

2.《拉尔夫·瓦尔多·爱默生书信集》第2卷第262页。

3.《拉尔夫·瓦尔多·爱默生早期演讲集》第3卷第187—188页。

4.《拉尔夫·瓦尔多·爱默生早期演讲集》第3卷第230页。

5.《拉尔夫·瓦尔多·爱默生早期演讲集》第3卷第240和284页。

6. 科普斯顿《哲学史》第7卷第1部分（纽约：道布尔戴出版社，1965年，第153页）；柯勒律治《文学传记》（恩格尔、巴特编，普林斯顿：普林斯顿大学出版社，1983）第260页。

7. 爱默生对自身认同感的一贯兴趣，可参见《次要索引》（霍顿图书馆 b Ms Am 1280 H 131）第44页、《索引2》（霍顿图书馆 b Ms Am 1280 H 107）第177页和《主要索引》（霍顿图书馆 b Ms Am 1280 H 106）第161页的内容。

8.《拉尔夫·瓦尔多·爱默生全集》第9卷：《诗集》第412页。

9.《超灵》，《拉尔夫·瓦尔多·爱默生全集》第2卷：《散文：第一辑》第268、276、281和296页。

10.《拉尔夫·瓦尔多·爱默生日记及札记集》第7卷第350、354和359页。

11.《拉尔夫·瓦尔多·爱默生书信集》第2卷第287页；《日晷》里所有的内容都可以在迈尔森的《新英格兰超验主义者和〈日晷〉》的附录中方便地找到，见第285—315页。

12.《日晷》第1期第1—4页；《拉尔夫·瓦尔多·爱默生日记及札记集》第7卷第364页。

13.《拉尔夫·瓦尔多·爱默生早期演讲集》第3卷第200页；《拉尔夫·瓦尔多·爱默生日记及札记集》第7卷第362页。

第56章　布鲁克农场与玛格丽特·富勒

1.《拉尔夫·瓦尔多·爱默生书信集》第7卷第398页。

2.《伊丽莎白·皮博迪书信集》第245页；《拉尔夫·瓦尔多·爱默生书信集》第7卷第399页；《拉尔夫·瓦尔多·爱默生书信集》第2卷第324页。

3.《拉尔夫·瓦尔多·爱默生书信集》第2卷第325页；《拉尔夫·瓦尔多·爱默生日记及札记集》第7卷第509—510页；《拉尔夫·瓦尔多·爱默生书信集》第7卷第407页；1840年9月11日卡罗琳·斯特吉斯写给爱默生的信。

4.《拉尔夫·瓦尔多·爱默生书信集》第2卷第327和336页。“我是你的”一句话里的“我”到底是指玛格丽特·富勒还是爱默生尚不明了。富勒的反应和她对爱默生所产生的不快，见《玛格丽特·富勒书信集》第2卷第159—161页，其中包括一篇笔记。爱默生对富勒反应的回应，见《拉尔夫·瓦尔多·爱默生日记及札记集》第7卷第400页。

5.《玛格丽特·富勒书信集》第2卷第160页。

6.《精神法则》，《拉尔夫·瓦尔多·爱默生全集》第2卷：《散文：第一辑》第135页；《圆》，《拉尔夫·瓦尔多·爱默生全集》第2卷：《散文：第一辑》第301、320、319、321和322页。

7. 弗劳森汉姆《乔治·雷普利》（波士顿：霍顿·密弗林出版社，1888）第307—308页；《爱默生与卡莱尔书信集》第283—284页。

8.《拉尔夫·瓦尔多·爱默生日记及札记集》第7卷第395、403、404、385和518页。

9.《拉尔夫·瓦尔多·爱默生书信集》第2卷第342页；《拉尔夫·瓦尔多·爱默生日记及札记集》第7卷第525页。

10. 弗吉尼亚·伍尔夫《爱默生的信札》（《书画集》，莱昂斯编，纽约：哈考特·布雷斯·约瓦诺维奇出版社，1977，第69页）。

11.《艺术》，《拉尔夫·瓦尔多·爱默生全集》第2卷：《散文：第一辑》第

363页。

12.《拉尔夫·瓦尔多·爱默生书信集》第2卷第353页。

13.《拉尔夫·瓦尔多·爱默生书信集》第2卷第369页。霍斯默对布鲁克农场的观点，见弗劳森汉姆的《乔治·雷普利》第317—318页和《拉尔夫·瓦尔多·爱默生书信集》第7卷第437—438页。

14. 布朗森《劳动阶级》(《波士顿季刊》第11期，1840年7月，第375页)。

15.《拉尔夫·瓦尔多·爱默生日记及札记集》第7卷第542和540页。

第57章　毕达哥拉斯与普罗提诺

1.《拉尔夫·瓦尔多·爱默生日记及札记集》第7卷第419和422页；《拉尔夫·瓦尔多·爱默生书信集》第2卷第444页。

2.《日晷》第4期第532和533页。

3. 爱默生读过托马斯·泰勒译的《波菲利作品选》(伦敦，1823)一书中“关于禁食动物食品”的文章。《拉尔夫·瓦尔多·爱默生日记及札记集》第7卷第429和433页。关于爱默生对自然的观点的改变，见斯蒂芬·惠切尔《自由与命运》(费城：宾夕法尼亚大学出版社，1953)第141及以后页。

4. 伊安布利霍斯《毕达哥拉斯生平》(托马斯·泰勒译，1818；重印本；伦敦：约翰·沃金出版社，1920)第28和78页；彼得·戈尔曼《毕达哥拉斯的一生》(伦敦：劳特莱奇出版社，1979)第2页。

5. 弗洛耶·西德纳姆和泰勒合译的《柏拉图作品集》(5卷本，伦敦：威尔克斯出版社，1804)；布莱克在《智力的哲学史》(伦敦：朗文出版社，1850，第37页)一书中引用过；《柏罗丁选集及悉思乌斯论天运节选》(托马斯·泰勒翻译，伦敦：布莱克父子出版社，1817)第6页。

6.《拉尔夫·瓦尔多·爱默生日记及札记集》第7卷第449、428—429页；关于爱默生对质变的兴趣，见《爱默生与美国质变》(《爱默生，先知，变态和影响》，戴维·莱文编，纽约：哥伦比亚大学出版社，1975年，第29—56页)。

7. 科普斯顿《哲学史》第1卷第2部分(1946；重印本，花园城，纽约：道布尔戴出版社，1962)；《拉尔夫·瓦尔多·爱默生日记及札记集》第7卷第430页。

第58章　奥斯曼的戒指：超脱之作

1.《拉尔夫·瓦尔多·爱默生日记及札记集》第7卷第442页。

2. 米沃什《诗的见证》(剑桥：哈佛大学出版社)第3页。

3. 德·哈默《约瑟夫·冯·哈默-浦格斯托尔》(《奥斯曼帝国史》，共13卷，巴黎：贝莱扎出版社，1835，第1卷第66—67页，笔者拙译；《拉尔夫·瓦尔多·爱默生日记及札记集》第7卷第450页。

4. 《拉尔夫·瓦尔多·爱默生全集》第9卷：《诗集》第52页。

5. 1832年4月18日，爱默生从波士顿图书馆里借出了《学术、文学与文学评论史》(共50卷，巴黎，1736—1808) 之第37卷。该卷包括安基提尔-杜佩隆的《古波斯语、帕拉维语和萨珊王朝波斯语文字记录中的古波斯神学体系》，该书于1767年前问世。安基提尔-杜佩隆的文字具有一定的权威性，因此，爱默生读过的颇令人生疑的文章事实上有可靠的来源。弗里德里克·卡彭特对此有所忽略；据此，《爱默生与亚洲》(1930) 里讨论琐罗亚斯德的那一章其实是一种曲解。关于爱默生与琐罗亚斯德，见《拉尔夫·瓦尔多·爱默生日记及札记集》第4卷第12页、第5卷第133页、第6卷第387—388页和第7卷第456页。爱默生曾阅读过威廉·高恩编的《长生鸟》(纽约，1835) 里那篇名为《琐罗亚斯德哲言》的文章。这本书里面两处选录了谈及琐罗亚斯德的文章。《琐罗亚斯德哲言》由科里译自希腊文，并附有皮埃尔·贝尔所写的传记文字和爱德华·吉本关于其神学思想的选文。另一部分名为《迦勒底的琐罗亚斯德哲言》，选自托马斯·泰勒《箴言录》，发表在《古籍》第22期。爱默生读过悉思乌斯的《论天运》，见《柏罗丁选集及悉思乌斯论天运节选》(托马斯·泰勒译，伦敦：布莱克父子出版社，1817)。

6. 《拉尔夫·瓦尔多·爱默生书信集》第2卷第422和419页。

7. 《拉尔夫·瓦尔多·爱默生书信集》第2卷第427页；《拉尔夫·瓦尔多·爱默生日记及札记集》第8卷第116和98—99页。

8. 《拉尔夫·瓦尔多·爱默生日记及札记集》第7卷第454—455页。

9. 拉斯奇《狂喜》(布卢明顿：印第安纳大学出版社，1962) 第5、45和49页；另见伊夫琳·昂德希尔《神秘主义》(纽约：达顿出版社，1911) 第427—448页；布里《马塞尔·普鲁斯特的世界》(波士顿：霍顿·密弗林出版社，1966) 第58页。

10. 《拉尔夫·瓦尔多·爱默生日记及札记集》第11卷第437页；《拉尔夫·瓦尔多·爱默生日记及札记集》第8卷第10页；《拉尔夫·瓦尔多·爱默生日记及札记集》第11卷第53页。

11. 《拉尔夫·瓦尔多·爱默生日记及札记集》第8卷第23页；《自然的方法》，《拉尔夫·瓦尔多·爱默生全集》第2卷：《论自然、演讲词与讲演录》第199页。参见戴维·罗宾逊的《自然的方法与爱默生的危机》，《爱默生百年散文集》(迈尔森编，卡本代尔：南伊利诺伊大学出版社，1982) 第74—92页。

12.《拉尔夫·瓦尔多·爱默生全集》第1卷:《论自然、演讲词与讲演录》第213和215页；参见戴维·罗宾逊《自然的方法与爱默生的危机》第85页。

第59章　可怕的虚空

1.《以斯拉·雷普利》(《拉尔夫·瓦尔多·爱默生全集》第10卷:《演讲词和传记速写》第383和389页);《莉迪安·爱默生的生活》第90页。

2.《莉迪安·爱默生的生活》第85页。

3.《拉尔夫·瓦尔多·爱默生书信集》第2卷第437页;《拉尔夫·瓦尔多·爱默生日记及札记集》第8卷第165页;《莉迪安·爱默生书信集》第89页。

4.《拉尔夫·瓦尔多·爱默生日记及札记集》第8卷第144—145页。

5.《拉尔夫·瓦尔多·爱默生日记及札记集》第8卷第142页。

6.《保守党》(《日晷》第3期，第182页)。

7.《诗人》,《拉尔夫·瓦尔多·爱默生早期演讲集》第3卷第359页。

8.《超验主义者》,《拉尔夫·瓦尔多·爱默生全集》第1卷:《论自然、演讲词与讲演录》第334页。关于这一思想的脉络，参见比克曼《沉默的中心》(查珀尔希尔：北卡罗莱纳大学出版社，1980)。

9.《前景》,《拉尔夫·瓦尔多·爱默生早期演讲集》第3卷第359页。

10.《莉迪安·爱默生书信集》第104页；路易莎·梅·奥尔科特的反应，见蒙丘尔·康韦的《爱默生在国内外》(波士顿：詹姆斯·奥斯古德出版社，1882)第141页。

11.《拉尔夫·瓦尔多·爱默生书信集》第3卷第8页;《爱默生与卡莱尔书信集》第317页;《莉迪安·爱默生书信集》第82和100页。

12.《莉迪安·爱默生书信集》第135页；《莉迪安·爱默生的生活》第90页。

13. 芒福德《生活的准则》(纽约：哈考特和布雷斯出版社，1951)第298页;《拉尔夫·瓦尔多·爱默生书信集》第7卷第50页;《哀歌》,《拉尔夫·瓦尔多·爱默生全集》第9卷:《诗集》第148页。

第60章　公社空梦

1. 林赛·斯威夫特《布鲁克农场》(1900；重印本，纽约：科林斯书局，1961)第200页。

2. 纽科姆《多隆》,《日晷》，1842年7月期，第122页。

3.《拉尔夫·瓦尔多·爱默生书信集》第3卷第23和19页。

4. 布里斯班的专栏《联合会》，于1842年3月1日开始在《纽约论坛报》上发表，收录于第1卷第278号。

5. 雷迪利亚·布里斯班《阿尔伯特·布里斯班：人物分析和精神传记》（波士顿，1893）第96页；阿尔伯特·布里斯班《人类的社会命运》（费城：斯蒂尔迈耶出版社，1840；重印于纽约：伯特·富兰克林出版社，1968），第2、5、6和11页。爱默生手头的这本书现珍藏于康科德公共图书馆。

6. 傅立叶《四种运动和普遍命运的理论》（1808），查尔斯·纪德在《乌托邦的设想：傅立叶文选》的序言中加以引用（1901；重印于纽约：舍肯出版社，1971）第14页。

7. 较新的对傅立叶持同情观点且便于人们研究的书籍见鲍斯特《哈耳摩尼亚人》（纽约花园城：道布尔戴出版社，1971）。

8. 关于布里斯班拥有的傅立叶的作品，见亚瑟·贝斯特的手稿《在英美两国发表的傅立叶的书籍和小册》，共39页，哥伦比亚大学图书馆。

9. 布鲁克农场里的傅立叶式的理想，参见查尔斯·克劳的《傅立叶主义和布鲁克农场的建立》（《波士顿公共图书馆季刊》第12期，1960年4月，第79—88页）；科德曼《布鲁克农场》（波士顿，1894）第74、77、84、87和152—153页，以及《柯蒂斯和德怀特的早期信函：布鲁克农场和康科德》（库克编，纽约：哈珀和布罗斯出版社，1898，第154、159和164页）。

10. 傅立叶关于爱的观点见其《关于家庭农业联合》（巴黎，1822）一书的第二部分。该书在《傅立叶全集》里为第4卷（巴黎，1841—1843），但卷名改为《博爱的理论》，尤见第363—579页。卡罗琳·斯特吉斯·塔潘手头有该书的1851年版（见《纳撒尼尔·霍桑的美国笔记》，哥伦布：俄亥俄州立大学出版社，1972，第446页）。霍桑读这本书的目的是为写《福谷传奇》一书做准备；见朱利安·霍桑《纳撒尼尔·霍桑及其妻子》（波士顿：詹姆斯·奥斯古德出版社，1884）第1卷第268—269页。

11. 傅立叶《博爱的理论》第353页。

12.《拉尔夫·瓦尔多·爱默生书信集》第3卷第20—21页。

13. 爱默生《傅立叶主义和社会主义者》，《日晷》，1842年7月，第88—89页；布里斯班《人类的社会命运》第30页。

14.《拉尔夫·瓦尔多·爱默生书信集》第7卷第494页；《拉尔夫·瓦尔多·爱默生日记及札记集》第8卷第215—216页。

第61章　激情似火的年轻人

1.《拉尔夫·瓦尔多·爱默生书信集》第3卷第35页；《日晷》第3期第103页。

2.《拉尔夫·瓦尔多·爱默生日记及札记集》第8卷第239页。

3.《拉尔夫·瓦尔多·爱默生日记及札记集》第8卷第172页；约翰·麦卡阿利尔《与拉尔夫·瓦尔多·爱默生邂逅的日子》（波士顿：利特尔和布朗出版社，1984）第209页；爱默生在《拉尔夫·瓦尔多·爱默生全集》第3卷：《散文：第二辑》中引述过约翰·阿尔比的文字（第306页）；《拉尔夫·瓦尔多·爱默生日记及札记集》第9卷第40页。

4.《拉尔夫·瓦尔多·爱默生日记及札记集》第7卷第458页；《护身符》（《拉尔夫·瓦尔多·爱默生全集》第9卷：《诗集》第99页）。

5.《诗人》，《拉尔夫·瓦尔多·爱默生全集》第3卷：《散文：第二辑》第4页。

6. 米沃什《诗的见证》（剑桥：哈佛大学出版社）第27页；《诗人》，《拉尔夫·瓦尔多·爱默生全集》第3卷第5页。

7.《诗人》，《拉尔夫·瓦尔多·爱默生全集》第3卷第78页。

8.《诗人》，《拉尔夫·瓦尔多·爱默生全集》第3卷第9—10和12页。

9.《诗人》，《拉尔夫·瓦尔多·爱默生全集》第3卷第14和16—17页。

10.《诗人》，《拉尔夫·瓦尔多·爱默生全集》第3卷第34和30页；阿利斯特·里德《微量与瞬间》（波士顿：利特尔和布朗出版社，1958）第39页；刘易斯《惊喜》（纽约：哈考特·布雷斯·约瓦诺维奇出版社，1955）第191页；《诗人》，《拉尔夫·瓦尔多·爱默生全集》第3卷第30页。

11.《诗人》，《拉尔夫·瓦尔多·爱默生全集》第3卷第37—38页；《经验》，《拉尔夫·瓦尔多·爱默生全集》第3卷第60页。

12.《诗人》，《拉尔夫·瓦尔多·爱默生全集》第3卷第22页；《万物之灵》，《拉尔夫·瓦尔多·爱默生全集》第9卷：《诗集》第19页；《拉尔夫·瓦尔多·爱默生日记及札记集》第8卷第228页。

第62章　爱默生的《日晷》

1.《拉尔夫·瓦尔多·爱默生日记及札记集》第7卷第459页；《拉尔夫·瓦尔多·爱默生日记及札记集》第8卷第195页。

2. 爱默生《一封信》(《日晷》第4期，1843年10月，第264页);《拉尔夫·瓦尔多·爱默生日记及札记集》第8卷第92页。

3. 迈尔森《新英格兰超验主义者和〈日晷〉》(拉瑟福德，新泽西：费尔雷迪金大学出版社，1980)，第307—308页。

4. 《日晷》，1842年7月期，第82页。

5. 斯莱特在《拉尔夫·瓦尔多·爱默生选集》第2卷：《散文：第一辑》的介绍中指出，爱默生的《历史》一文95%来自他的笔记，即使是对于最新的一篇散文《圆》，虽然1840年9月才动笔，但其中大部分内容仍来自1835年就已成文的笔记（见该书第25页)。

第63章　新观点

1. 《拉尔夫·瓦尔多·爱默生书信集》第7卷第514页;《拉尔夫·瓦尔多·爱默生日记及札记集》第8卷第289页。

2. 《拉尔夫·瓦尔多·爱默生日记及札记集》第8卷第306页;《诗人》,《拉尔夫·瓦尔多·爱默生全集》第3卷：《散文：第二辑》第21页。

3. 《拉尔夫·瓦尔多·爱默生日记及札记集》第8卷第310页。

4. 《拉尔夫·瓦尔多·爱默生日记及札记集》第8卷第245和182—183页。

5. 《拉尔夫·瓦尔多·爱默生日记及札记集》第8卷第232—233页。

6. 《拉尔夫·瓦尔多·爱默生日记及札记集》第8卷第228页;《拉尔夫·瓦尔多·爱默生日记及札记集》第7卷第310页;《拉尔夫·瓦尔多·爱默生日记及札记集》第8卷第175页;《拉尔夫·瓦尔多·爱默生日记及札记集》第10卷第392页;《拉尔夫·瓦尔多·爱默生日记及札记集》第8卷第380页;《拉尔夫·瓦尔多·爱默生日记及札记集》第9卷第452页;《拉尔夫·瓦尔多·爱默生日记及札记集》第7卷第48页;《拉尔夫·瓦尔多·爱默生书信集》第4卷第86页;《拉尔夫·瓦尔多·爱默生日记及札记集》第8卷第367和450页;《拉尔夫·瓦尔多·爱默生日记及札记集》第7卷第202页。

7. 《拉尔夫·瓦尔多·爱默生日记及札记集》第8卷第249页。勒鲁克斯是一位圣西门主义者，出版过《论人性》一书（1840)；他是法国第一位使用“社会主义”一词的作家。见瓜尔内里《乌托邦之外的抉择：19世纪美国的傅立叶主义》(伊萨卡：康奈尔大学出版社，1991）第55页。

8. 《拉尔夫·瓦尔多·爱默生日记及札记集》第8卷第229页。

第64章　世界

1. 詹姆斯·拉塞尔·洛威尔《评论家寓言》(纽约：帕特南出版社，1848)；埃德温·惠普尔《伟人回忆录》(波士顿：霍顿·密弗林出版社，1890) 第124页。

2. 《拉尔夫·瓦尔多·爱默生日记及札记集》第8卷第502页；《拉尔夫·瓦尔多·爱默生书信集》第2卷第100页。

3. 《爱默生与卡莱尔书信集》第341页；《宗教》，霍顿图书馆 b Ms Am 1280. 199 (1)，第16页；霍顿图书馆 b Ms Am 1280. 199 (5)，第1页。

4. 《拉尔夫·瓦尔多·爱默生书信集》第3卷第138页；《拉尔夫·瓦尔多·爱默生日记及札记集》第8卷第337—339页。

5. 《拉尔夫·瓦尔多·爱默生日记及札记集》第8卷第327、358和359页；《拉尔夫·瓦尔多·爱默生日记及札记集》第9卷第250页。

6. 《莉迪安·爱默生书信集》第114页。

7. 《摧残》，《拉尔夫·瓦尔多·爱默生全集》第9卷：《诗集》第139和141页。

8. 《致瑞亚》，《拉尔夫·瓦尔多·爱默生全集》第9卷：《诗集》第9页。

9. 《萨亚迪》，《拉尔夫·瓦尔多·爱默生全集》第9卷：《诗集》第30页。

10. 《诗人》，《拉尔夫·瓦尔多·爱默生全集》第3卷：《散文：第二辑》第37页；《拉尔夫·瓦尔多·爱默生日记及札记集》第8卷第430和381页。

11. 《玛格丽特》，《拉尔夫·瓦尔多·爱默生日记及札记集》第8卷第368—369页。

12. 《拉尔夫·瓦尔多·爱默生书信集》第3卷第146、176和180页；《莉迪安·爱默生书信集》第129页；《拉尔夫·瓦尔多·爱默生日记及札记集》第8卷第365页。

13. 《拉尔夫·瓦尔多·爱默生书信集》第7卷第549页；《拉尔夫·瓦尔多·爱默生日记及札记集》第8卷第400页；《拉尔夫·瓦尔多·爱默生日记及札记集》第10卷第41页。

第65章　年轻的美国人

1. 《拉尔夫·瓦尔多·爱默生书信集》第3卷第210和211页；《拉尔夫·瓦尔多·爱默生日记及札记集》第9卷第49和46页。

2. 《日晷》第4期 (1843年7月) 第135页；《拉尔夫·瓦尔多·爱默生书信

集》第3卷第230页；《拉尔夫·瓦尔多·爱默生日记及札记集》第9卷第86页。

3.《拉尔夫·瓦尔多·爱默生日记及札记集》第10卷第35页；《拉尔夫·瓦尔多·爱默生日记及札记集》第9卷第43—44页。

4.《拉尔夫·瓦尔多·爱默生日记及札记集》第9卷第38页；科利的作品里并没有抛弃“孝道”这一主题，参见《中国古典著作——四书》（高大卫译，1828；重印于佛罗里达州盖恩斯维尔：学者摹写与复本出版社，1970，第75页）。

5.尤金·伯恩诺夫《印度佛教史导论》（巴黎：皇家印刷局，1844）；对于亨利希·里特尔在《古代哲学史》（牛津：塔尔博伊斯出版社，1838，第1卷第63—64页）里对佛教的处理，爱默生较为熟悉。1846年11月，爱默生还读过爱德华·阿珀姆的《佛教的历史及教义》（伦敦，1829）一书。

6.《拉尔夫·瓦尔多·爱默生书信集》第7卷第583页。

7.《年轻的美国人》，《拉尔夫·瓦尔多·爱默生全集》第1卷：《论自然、演讲词与讲演录》第363、371、374和378页。

8.《年轻的美国人》，《拉尔夫·瓦尔多·爱默生全集》第1卷：《论自然、演讲词与讲演录》第378页，此文在《拉尔夫·瓦尔多·爱默生日记及札记集》第9卷第61页的日记版本中稍有改动。

第66章　爱默生的奴隶解放演讲

1.《新英格兰改革家》，《拉尔夫·瓦尔多·爱默生全集》第3卷：《散文：第二辑》第251—252和253—254页；参见约翰逊《改造改良者：爱默生、梭罗和波士顿艾默里大厅的学会演讲》（《爱默生学会季刊》第37期，1991年，第245—289页），约翰逊指出，爱默生的《新英格兰改革家》才是他反击鼓吹共产主义者的答案。

2.康科德当时还是郊区，见罗伯特·格罗斯《超验主义和城市化：康科德、波士顿和外部世界》（北欧美国研究学会论文，哥本哈根，1982年6月27日）。另参见托马斯·克拉克森《英国议会废除非洲奴隶贸易的起源、发展和实现》（两卷本，伦敦：朗文出版社，1808）、詹姆斯·A.托姆及J.霍瑞斯·金布尔《西印度群岛的解放运动：1837年在安提瓜、巴巴多斯和牙买加的六月纪行》（纽约：美国反对奴隶制学会，1838）和《反对奴隶制观察家》第7期。迄今为止，对爱默生反对奴隶制的活动进行了最完整的论述的作品是古日翁的《道义英雄爱默生：废奴运动和改革》（雅典：佐治亚大学出版社，1990）。

3.《拉尔夫·瓦尔多·爱默生日记及札记集》第9卷第90—91页；另参见卢克雷蒂娅·莫特《奴隶制度和妇女问题》（哈佛：友人历史联合会）第54页、卢克雷蒂娅·莫特“正义会珍视其主人”（1843年1月15日在华盛顿特区基督教堂的布道演讲）和《卢克雷蒂娅·莫特：演讲和布道全集》（格林编，纽约：埃德温·梅隆出版社，1980，第48页）。

4.《莉迪安·爱默生的生活》第83—84页。

5.《英属西印度群岛的解放》，《拉尔夫·瓦尔多·爱默生全集》第11卷：《杂辑》第100、104和113页。

6.《解放》，《拉尔夫·瓦尔多·爱默生全集》第11卷第118、130、131和132—133页。

7.《解放》，《拉尔夫·瓦尔多·爱默生全集》第11卷第141、144和147页；《拉尔夫·瓦尔多·爱默生日记及札记集》第9卷第125—126页。

8. 加里森1849年7月20日写给爱默生的信，霍顿图书馆b Ms Am 1280. 1184。

9.《论经验》，《拉尔夫·瓦尔多·爱默生全集》第3卷：《散文：第二辑》，第45页。

10.《爱默生与卡莱尔书信集》第359和369页；《拉尔夫·瓦尔多·爱默生书信集》第3卷第202页。

第67章　关于权力的散文

1.《拉尔夫·瓦尔多·爱默生书信集》第3卷第259页；《拉尔夫·瓦尔多·爱默生选集》第3卷：《散文：第二辑》，第31页；《拉尔夫·瓦尔多·爱默生日记及札记集》第9卷第97页。

2.《礼物》，《拉尔夫·瓦尔多·爱默生全集》第3卷：《散文：第二辑》第163页。《政治》，《拉尔夫·瓦尔多·爱默生全集》第3卷：《散文：第二辑》第215、201、202、203和208页。

3.《礼貌》，《拉尔夫·瓦尔多·爱默生全集》第3卷：《散文：第二辑》第131页。

4.《自然》，《拉尔夫·瓦尔多·爱默生全集》第3卷：《散文：第二辑》第172、179、170、176和178页；尼尔森《国中之岛》（旧金山：北点出版社，1989）第12页。

5.《经验》，《拉尔夫·瓦尔多·爱默生全集》第3卷：《散文：第二辑》第40、47和49页。

6.《经验》，《拉尔夫·瓦尔多·爱默生全集》第3卷第50、55、59、64、66和67页。

7.《经验》，《拉尔夫·瓦尔多·爱默生全集》第3卷第74、75—76和83页。

8.《经验》,《拉尔夫·瓦尔多·爱默生全集》第3卷第84、86和60页。

第68章 东方之光

1.《拉尔夫·瓦尔多·爱默生日记及札记集》第9卷第296页。

2. 亚历山大·亨利《1760—1776年间加拿大和印第安纪游与历险》(共2卷,纽约:利勒出版社,1809)第1卷第13—14页。

3.《1845年7月22日在佛蒙特州米德尔堡大学数学爱好者学会上的演讲》,霍顿图书馆b Ms Am 1280. 199(9),第13—14、41、43和51—52页。这次演讲中大部分内容后来收录在《学者》(《拉尔夫·瓦尔多·爱默生全集》第10卷:《讲演传记速写》,尤见第212、215—216和219页)一文中。

4. 詹姆斯·埃利奥特·卡伯特《拉尔夫·瓦尔多·爱默生回忆录》第2卷第752页。

5. 爱默生阅读了科尔的《俄罗斯:圣彼得堡、莫斯科、哈尔科夫、里加、敖德萨、波罗的海沿岸德国诸省、大草原、克里米亚以及帝国腹地》(伦敦:查普曼与霍尔出版社,1844)这本书,见《拉尔夫·瓦尔多·爱默生日记及札记集》第9卷第227页;关于谢林,见《拉尔夫·瓦尔多·爱默生书信集》第3卷第298页及《拉尔夫·瓦尔多·爱默生日记及札记集》第9卷第188页;关于洪堡,见《拉尔夫·瓦尔多·爱默生日记及札记集》第9卷第270页及《洪堡》(《拉尔夫·瓦尔多·爱默生全集》第11卷:《杂辑》第457—459页)。

6.《穆罕默德的实用哲学:自称与欧洲哲学相联系,故互为介绍;中波斯最受人尊敬的宗教作品阿克拉克-伊-贾拉利之翻译,来自波斯托钵僧穆罕默德·阿萨德》,汤普森(伦敦:东方翻译基金会,1839)第57、65、68、141和351页。关于爱默生就阿克拉克所做的笔记,见《拉尔夫·瓦尔多·爱默生日记及札记集》第9卷第200、263、278、284—288、291和385—386页;参见詹姆斯·埃利奥特·卡伯特《拉尔夫·瓦尔多·爱默生回忆录》(《爱默生与亚洲》,剑桥:哈佛大学出版社,1930,第7章)。

7.《玛格丽特·富勒书信集》第2卷第122页。

8. 关于《德萨蒂尔》,见沃尔特·哈丁《爱默生的藏书》第79页;《库洛格罗》(《拉尔夫·瓦尔多·爱默生日记及札记集》第9卷第359—361页)。

9.《拉尔夫·瓦尔多·爱默生日记及札记集》第9卷第321和319页;在《拉尔夫·瓦尔多·爱默生日记及札记集》第9卷里,爱默生大量引用了《毗湿奴往世书》的内容,尤其是在第288—290、312—314和318—322页。

10. 爱德华·萨义德《知识政治》(《力登杂志》,1991年夏季刊,第21页)。

有人认为，19世纪早期的“东方主义”一词，其含义与萨义德的提法恰好相反，参见《东方主义、福音派和19世纪早期印度的东方主义、福音教派和永久性兵站》（南希·卡塞尔斯编，纽约，刘易斯顿：埃德温·梅隆出版社，1991）；《拉尔夫·瓦尔多·爱默生日记及札记集》第9卷第72页。

11.《拉尔夫·瓦尔多·爱默生日记及札记集》第9卷第232和231页，引自查尔斯·威尔金斯翻译的《福音之歌》（伦敦：诺斯出版社，1785）第57页。

第69章 《代表人物》

1.《拉尔夫·瓦尔多·爱默生日记及札记集》第9卷第188页。自从当上牧师起，传记对爱默生就变得非常重要了。见苏珊·罗宾逊的《年轻的爱默生和传记之好》（《美国超验主义季刊》第5期，1991年9月，第3页）。

2.《爱默生与卡莱尔书信集》第396和381页；《查尔斯·萨姆纳作品集》（共15卷，波士顿，1874—1883）第1卷第268—283页。

3.《拉尔夫·瓦尔多·爱默生日记及札记集》第12卷第580页；《拉尔夫·瓦尔多·爱默生日记及札记集》第9卷第139页；查尔斯·波德莱尔《挚交笔记》，见卡尔·夏皮罗的《现代诗歌中的散文基调》（伊利诺伊州埃文斯顿：劳·彼得森出版社，1962）第35页；《艾米莉·狄金森的信函》（托马斯·约翰逊编，剑桥：哈佛大学出版社，1958）第569页；罗伯特·弗罗斯特《论爱默生》（《代达罗斯》，1959年秋，第712—718页），此文章后又被收录到孔威兹和惠切尔的《爱默生：评论文集》（新泽西州恩格尔伍德·克利夫斯：普林提斯-霍尔出版社，1962）第13页（请参考《蒙田》，《拉尔夫·瓦尔多·爱默生全集》第4卷：《代表人物》第168页）；《豪尔赫·路易斯·博尔赫斯》，《作家在写作：巴黎评论观感》，系列4（乔治·普利普顿编，纽约：维京出版社，1976）第130页。

4.关于《代表人物》与民主理想主义之间的关系，参见佩里·米勒《爱默生式的天才和美国民主》（《自然的国度》，剑桥：哈佛大学出版社，1967，第163—174页）和F. O. 马西森《美国复兴》（纽约：牛津出版社，1941，第631页及之后所有页）等。《伟人的作用》，《拉尔夫·瓦尔多·爱默生全集》第4卷：《代表人物》第6页；《拉尔夫·瓦尔多·爱默生日记及札记集》第9卷第315页；《伟人的作用》，《拉尔夫·瓦尔多·爱默生全集》第4卷第31页（更早版本见《拉尔夫·瓦尔多·爱默生日记及札记集》第9卷第246页）。

5.《柏拉图》，《拉尔夫·瓦尔多·爱默生全集》第4卷：《代表人物》第39、49和47—48页。

6.《伟人的作用》，《拉尔夫·瓦尔多·爱默生全集》第4卷第5页；《柏拉图》，《拉尔夫·瓦尔多·爱默生全集》第4卷第76页；《拉尔夫·瓦尔多·爱默生日记及札记集》第9卷第365页。

7. “斯威登堡”，《拉尔夫·瓦尔多·爱默生全集》第4卷：《代表人物》第97页；《拉尔夫·瓦尔多·爱默生日记及札记集》第9卷第301和342页；《斯威登堡》，《拉尔夫·瓦尔多·爱默生全集》第4卷第124—125和106—107页。

8. 《斯威登堡》，《拉尔夫·瓦尔多·爱默生全集》第4卷第134和144页。

9. 《拉尔夫·瓦尔多·爱默生日记及札记集》第9卷第343页；《怀疑论者蒙田》，《拉尔夫·瓦尔多·爱默生全集》第4卷第159、180和186页。

10. 《莎士比亚》，《拉尔夫·瓦尔多·爱默生全集》第4卷：《代表人物》第191和213页。

11. 《拉尔夫·瓦尔多·爱默生日记及札记集》第9卷第152页；《拿破仑》，《拉尔夫·瓦尔多·爱默生全集》第4卷：《代表人物》第224页。

12. 《歌德》，《拉尔夫·瓦尔多·爱默生全集》第4卷：《代表人物》第264、277、275和289页。

13. 《歌德》，《拉尔夫·瓦尔多·爱默生全集》第4卷第290页。

第70章　演说家

1. 戴维·米德《中西部扬基式的雄辩：俄亥俄州的吕克昂学派》（东兰辛：密歇根州立大学出版社，1951）；威廉·查沃特《爱默生的美国演讲之约》（纽约：纽约公共图书馆，1961）；埃莉诺·蒂尔顿《修订了的1837—1838爱默生讲演计划》（《哈佛图书馆学报》第21期，1973年10月）。

2. 威廉·查沃特《爱默生的美国演讲之约》第8页。

3. 拉尔夫·腊斯克《拉尔夫·瓦尔多·爱默生的一生》（纽约：斯基伯纳出版社，1949）第385页。

4. 关于学园演讲活动，见卡尔·波德《美国的学园派：精神的集会》（纽约：牛津出版社，1956）。

5. C. E. 肖勒《爱默生与威斯康星的学园派》，《美国文学》第24期，1954年1月，第473页；米德《中西部扬基式的雄辩》（简称）第39和61页；索菲亚·皮博迪写给伊丽莎白·帕默·皮博迪的信（1838年，贝尔格系列，纽约公共图书馆）；肖勒《爱默生与威斯康星的学园派》第467页；米德《中西部扬基式的雄辩》第55和36页；《昆西每日论坛》（1867年2月28日，第2页）；惠普尔《回忆伟人》（波士顿：霍顿·密弗林出版社，1890）第140页。

6. 戴维·波茨《卫斯理大学1831—1910》（康涅狄格州纽黑文：耶鲁大学出

版社，1992）第50—61页；惠普尔《回忆伟人》（波士顿：霍顿·密弗林出版社，1890）第146页。

7. 朱里安·霍桑《霍桑及其同道》（纽约：哈珀兄弟出版社，1903）第66页；米德《扬基式的雄辩》第43页。

8. 埃莉诺·斯科特《爱默生赢得了九百美元》（《美国文学》第17期，1945年3月，第84页）。

9. 路易斯·黑斯廷斯《爱默生在辛辛那提》（《新英格兰季刊》第11期，1938年9月）。

10. 米德《中西部扬基式的雄辩》第43页。

11. 艾伦·爱默生《回忆父亲》（霍顿图书馆b Ms Am 1280. 227）第40页；珍妮·克隆曼《爱默生三篇未发表的演讲》（《新英格兰季刊》第19期，1946年3月，第109页）；路易斯·黑斯廷斯《爱默生在辛辛那提》第464页；艾伦·爱默生《回忆父亲》第41页；惠普尔《回忆伟人》第132页。

12. 《拉尔夫·瓦尔多·爱默生日记及札记集》第9卷第70—71页。

第71章　波斯与诗歌

1. 《穆罕默德·哈菲兹诗集》（约瑟夫·冯·哈默译自波斯文，斯图加特与蒂宾根：科塔出版社，1812—1813）。

2. 伊德里斯·沙阿《苏菲派》（伦敦：乔纳森·凯普出版社，1964）第21和15页；《来自波斯的哈菲兹》（爱默生《诗集》，波士顿：詹姆斯·芒罗出版公司，1847，第209页）；沙阿《苏菲派》第27页。约瑟夫·冯·哈默在《德尔·迪万》一书的介绍文章里直接提到了苏菲主义，而在爱默生名为“东方主义者”的笔记里，摘录了苏菲主义的内容（霍顿图书馆 b Ms Am 1280. H 115），即《改良了的波斯苏菲主义》。在笔记里，爱默生还提到了“苏菲派的哲学派别”。该笔记现收录于《拉尔夫·瓦尔多·爱默生主题笔记》第2卷第131页。对哈菲兹寓言式的处理方式进行过完整而详细探讨的有威廉·琼斯的《论波斯和印度作家的神秘诗篇》（《威廉·琼斯作品集》，伦敦：斯托克代尔出版社，1807；《威廉·琼斯作品集》，纽约：加兰德出版社，1984，第2卷）。

3. 见“东方主义者”笔记，霍顿图书馆b Ms Am 1280. H 115；《拉尔夫·瓦尔多·爱默生日记及札记集》第9卷第352页。

4. 《拉尔夫·瓦尔多·爱默生日记及札记集》第9卷第382页；“东方主义者”笔记，第9、26、54、61和136页。

5. “东方主义者”笔记，第81和117页。

6. 爱默生在1847年的《诗集》里收录，但后来并未重印的哈菲兹的翻译作品有《来自波斯的哈菲兹》（第209—216页）和哈菲兹最长的诗《嘎扎勒：来自波斯的哈菲兹》（第217—218页）；这些作品译自贾勒特1881年的波斯文和克拉克的《迪万，我和哈菲兹》第686和61首颂歌（1891；重印于伦敦：八角书社，1974）。爱默生则译自约瑟夫·冯·哈默的德文版。冯·哈默在介绍文章里讨论了哈菲兹的诗歌韵律。威廉·詹姆斯《宗教的派别》（美国图书馆）第348页。

7. 《来自波斯的哈菲兹》（爱默生《诗集》，1847，第209页）；《克斯》，《拉尔夫·瓦尔多·爱默生全集》第9卷：《诗集》第125—126页。

8. 萨迪《蔷薇园》（弗朗西斯·格拉德温译，波士顿：蒂克诺与菲尔兹出版社，1865），附詹姆斯·罗斯介绍萨迪生平和诗才一文，以及爱默生的序一篇；见《东方主义者》笔记里关于设拉子的剪辑文章。

9. 见约阿努《爱默生译自德语的波斯诗歌》（《美国文学》第14期，1943年1月，第407—420页）、《波斯诗歌对爱默生的影响》（《美国文学》第15期，1943年3月，第25—41页）和《波斯诗歌在英美两国》（纽约：大篷车书局，1977）。另见盖伊·威尔森·艾伦《瓦尔多·爱默生传》（纽约：维京出版社，1981，第431和470—472页）。卡彭特《爱默生与亚洲》（剑桥：哈佛大学出版社）第六章《波斯诗歌》，但该文对波斯诗歌对爱默生的重要影响认识不足。

10. 《拉尔夫·瓦尔多·爱默生日记及札记集》第9卷第375页。

11. 《拉尔夫·瓦尔多·爱默生日记及札记集》第9卷第379页。

12. 《拉尔夫·瓦尔多·爱默生日记及札记集》第9卷第381页。

13. 《拉尔夫·瓦尔多·爱默生全集》第9卷：《诗集》第19页。

第72章　家庭新模式及诗集

1. 恩格尔《回忆爱默生一家》（洛杉矶：镜写时代出版社，1941）第116页；《莉迪安·爱默生的生活》第105页。

2. 《莉迪安·爱默生的生活》第106页。

3. 《拉尔夫·瓦尔多·爱默生书信集》第3卷第362页。

4. 《拉尔夫·瓦尔多·爱默生书信集》第3卷第344页；《拉尔夫·瓦尔多·爱默生日记及札记集》第9卷第366页；见玛格丽特·吉尔曼《波德莱尔与爱默生》（《浪漫主义评论》第24期，1943年10月，第211—222页）；《拉尔夫·瓦尔多·爱默生日记及札记集》第9卷第452页。

5. 《斯芬克斯》，《拉尔夫·瓦尔多·爱默生全集》第9卷：《诗集》第25页。见爱德华·瓦尔多·爱默生对《斯芬克斯》一诗布局的评论（《拉尔夫·瓦尔多·爱默生全集》第9卷第403页)。

6.《颂歌：为钱宁而作》,《拉尔夫·瓦尔多·爱默生全集》第9卷:《诗集》第79页。

7.《拉尔夫·瓦尔多·爱默生日记及札记集》第9卷第441页。

第73章　果园守护者

1. 见《树》笔记,《拉尔夫·瓦尔多·爱默生日记及札记集》第8卷第518—549页。

2. 爱默生对唐宁的兴趣见沃尔特·哈丁《爱默生的藏书》、《拉尔夫·瓦尔多·爱默生日记及札记集》第10卷第85页，以及《拉尔夫·瓦尔多·爱默生书信集》第8卷第112页。爱德华·瓦尔多·爱默生的评价见《拉尔夫·瓦尔多·爱默生全集》第5卷:《英国人的特性》第336—337页；安德鲁·杰克逊·唐宁《美国的水果和果树》(修订版，纽约：约翰·威利出版社，1864，第6页)。

3. 唐宁《美国的水果和果树》第4页。

4. 唐宁《美国的水果和果树》第1—2页。

5. 唐宁《美国的水果和果树》第2和3页。

6. 怀尔德上校有四百多种梨树，见《拉尔夫·瓦尔多·爱默生日记及札记集》第8卷第538页；英国园艺学会列出的有六百多种，见《用于艺术与国内经济的蔬菜种类及其历史》(波士顿：韦尔斯与利利出版社，1830；娱乐知识图书馆重印，实用知识传播学会出版)第234页。

第74章　我永远毕不了业

1. 见肯尼思·卡梅伦《拉尔夫·瓦尔多·爱默生阅读过的著作》和《图书目录》(《拉尔夫·瓦尔多·爱默生日记及札记集》第10卷第17—18页);《拉尔夫·瓦尔多·爱默生日记及札记集》第9卷第466页。

2. 霍顿图书馆 b Ms Am 1280 H 107,《索引2》。该索引首页有文字称“我1847年的手稿索引”；显然，从时间上看，这是最早的索引，而且它还不是爱默生的笔迹。霍顿图书馆 b Ms Am 1280 H 106,《主要索引》，其首页亦有“我1847年的手稿的主要索引”字样，但它是以《索引2》为基础做了较大修改的处理稿。

3.《拉尔夫·瓦尔多·爱默生日记及札记集》第10卷第93页；《爱默生与卡莱尔书信集》第420页；《拉尔夫·瓦尔多·爱默生日记及札记集》第10卷第28页。

4.《拉尔夫·瓦尔多·爱默生日记及札记集》第10卷第79、30、77、83和97页。

5.《拉尔夫·瓦尔多·爱默生日记及札记集》第10卷第60页。

6.《拉尔夫·瓦尔多·爱默生书信集》第3卷第411页。奥尔科特在《拉尔夫·瓦尔多·爱默生：评价其人其才》（1865；重印于波士顿：威廉斯出版社，1882）第56页对该凉亭有过简介。另外描述该房子的文章见梅·奥尔科特《康科德素描》（波士顿：奥斯古德出版社，1869）。

7.《拉尔夫·瓦尔多·爱默生书信集》第3卷第387、403和418页；《拉尔夫·瓦尔多·爱默生日记及札记集》第10卷第61页。

8.《拉尔夫·瓦尔多·爱默生书信集》第8卷第89和91页。

9.《拉尔夫·瓦尔多·爱默生书信集》第8卷第106—107页。

10.《拉尔夫·瓦尔多·爱默生书信集》第8卷第107页。

第75章　英格兰

1.《拉尔夫·瓦尔多·爱默生日记及札记集》第10卷第178页；《拉尔夫·瓦尔多·爱默生书信集》第3卷第425和438页。

2.《拉尔夫·瓦尔多·爱默生日记及札记集》第10卷第217、237和185页。

3.《拉尔夫·瓦尔多·爱默生日记及札记集》第10卷第224、215、179和218页。

4.《拉尔夫·瓦尔多·爱默生全集》第5卷：《英国人的特性》第182页；《拉尔夫·瓦尔多·爱默生日记及札记集》第10卷第182和254页。

5.《拉尔夫·瓦尔多·爱默生日记及札记集》第10卷第251和224页。

6.《拉尔夫·瓦尔多·爱默生书信集》第2卷第442—443页；《拉尔夫·瓦尔多·爱默生日记及札记集》第10卷第257页。

7.《拉尔夫·瓦尔多·爱默生全集》第5卷：《英国人的特性》第167—168页。

8.《拉尔夫·瓦尔多·爱默生书信集》第8卷第144页；雷蒙·波斯特盖特《1848年的故事》（伦敦：乔纳森·凯普出版社，1955）第139—140页。

9.《拉尔夫·瓦尔多·爱默生书信集》第3卷第424页。

10.《拉尔夫·瓦尔多·爱默生日记及札记集》第10卷第230和255页；《拉尔夫·瓦尔多·爱默生书信集》第4卷第43和49页；《爱默生与卡莱尔书信集》第38页。

11. 詹诺瑞·塞尔（乔治·塞尔·菲利普斯）《爱默生》（伦敦，1855）第

47页。

12. 见《爱默生与卡莱尔书信集》第37—43页约瑟夫·斯莱特对该书的介绍。

第76章　智力的自然史

1. 《拉尔夫·瓦尔多·爱默生日记及札记集》第10卷第143—144和395页。

2. 《拉尔夫·瓦尔多·爱默生日记及札记集》第10卷第176、156和181页。

3. 《雄辩》，1847年2月10日，霍顿图书馆b Ms Am 1280. 199 （11）。

4. 《家庭生活》，《拉尔夫·瓦尔多·爱默生全集》第7卷：《社交与独居》第107页。

5. 《阅读》，《拉尔夫·瓦尔多·爱默生全集》第7卷：《社交与独居》第189、196和204页。

6. 《自然贵族等，1848年略记》，霍顿图书馆 b Ms Am 1280. 200（2）。

7. 《最高级》，《拉尔夫·瓦尔多·爱默生全集》第10卷：《演讲与传记速写》第164和167页；《曼彻斯特演讲系列，1847年部分片段》，霍顿图书馆 b Ms Am 1280. 199（13）。

8. 《曼彻斯特演讲系列，1847年部分片段》，霍顿图书馆 b Ms Am 1280. 199（13）。

9. 《拉尔夫·瓦尔多·爱默生书信集》第4卷第51页。

10. 《思考的能力与法则I，1848》，霍顿图书馆 b Ms Am 1280. 200（3），第6和30页。

11. 《思考的能力与法则I，1850》，霍顿图书馆 b Ms Am 1280. 200（5）；梭罗《散步》（《亨利·戴维·梭罗作品集》，波士顿：霍顿·密弗林出版社，1906，第5卷：《游记与诗歌》第240页）。

第77章　宪章主义与革命

1. 见路易斯·勃朗《十年史：1830—1840》（共2卷，伦敦：查普曼与霍尔出版社，1844—1845）。《拉尔夫·瓦尔多·爱默生全集》第5卷：《英国人的特性》第150页。

2. 托马斯·库珀《托马斯·库珀自传》（伦敦：霍德与斯托顿出版社，1886）第312页。

3. 《改革与宪章主义》，霍顿图书馆 b Ms Am 1280. 201（7）。

4. 关于这次宪章运动的描述，见雷蒙·波斯特盖特的《1848年的故事》（伦敦：乔纳森·凯普出版社，1955）第112—128页。

5. 波斯特盖特《1848年的故事》第125页。

6.《改革与宪章运动》，霍顿图书馆 b Ms Am 1280. 201（7）；《拉尔夫·瓦尔多·爱默生日记及札记集》第10卷第325和311页。

7.《拉尔夫·瓦尔多·爱默生日记及札记集》第10卷第271页。在法国，首先对爱默生产生兴趣的似乎是波兰诗人亚当·密茨凯维奇，1838年他将自己手头的《自然》借给埃德加·基内阅读。知道《自然》的还有儒勒·米什莱、费拉雷特·夏斯莱、德·阿古伯爵夫人以及拉马丁等，参见莫里斯·查金的《基内，爱默生较早的崇拜者》（《美国现代语言学协会会刊》第48期，1933年3月，第147—163页）、霍华德的《法国对爱默生的最早评价》（《新英格兰季刊》第10期，1937年9月，第447—463页）和隆巴德的《丹尼尔·斯特恩论爱默生》（《笔记与探索》第201期，1956年5月，第217—218页）。

8. 波斯特盖特《1848年的故事》第150页。最近，探讨爱默生与社会主义之间关系的文章有萨克万·博尔科维奇的《爱默生、个人主义和模棱两可的异议》（《南大西洋季刊》第89期，1990年夏，第623—662页）；另见雷诺《欧洲革命和美国文学的复兴》（纽黑文：耶鲁大学出版社，1988）。

9.《拉尔夫·瓦尔多·爱默生日记及札记集》第10卷第273页；《拉尔夫·瓦尔多·爱默生书信集》第4卷第73页。

10.《拉尔夫·瓦尔多·爱默生书信集》第4卷第73页。

11.《拉尔夫·瓦尔多·爱默生书信集》第4卷第73页。

12.《拉尔夫·瓦尔多·爱默生日记及札记集》第10卷第266—267页。

13.《拉尔夫·瓦尔多·爱默生日记及札记集》第10卷第310页。

14.《拉尔夫·瓦尔多·爱默生日记及札记集》第10卷第310和328页。

第78章　回国：与梭罗之争

1.《拉尔夫·瓦尔多·爱默生日记及札记集》第10卷第339页。

2.《爱默生与卡莱尔书信集》第442—443页；《拉尔夫·瓦尔多·爱默生书信集》第4卷第101页。

3.《拉尔夫·瓦尔多·爱默生日记及札记集》第10卷第322和320页。

4.《拉尔夫·瓦尔多·爱默生书信集》第8卷第184页。

5.《亨利·戴维·梭罗书信集》（沃尔特·哈丁、卡尔·乔尔·波特编，纽约：纽约大学出版社，1958）第207页；《拉尔夫·瓦尔多·爱默生书信集》第4卷第108页。

6.《拉尔夫·瓦尔多·爱默生日记及札记集》第11卷第10—11页。

7. 瑟特迈耶《当他成为我的敌人时：爱默生与梭罗（1848—1849）》（《新英格兰季刊》第62期，1989年6月，第187—204和198页）。对莉迪安研究得最多的一位作家是卡彭特，她相信莉迪安和亨利确实是很要好的朋友。戴维·罗宾逊在1991年5月华盛顿特区举行的美国文学学会上提交了一篇题为《爱默生后来与梭罗反目》的论文，从爱默生的角度成功地阐释了二人的芥蒂。

8. 梭罗《康科德河与梅里马克河上的一周》（普林斯顿：普林斯顿大学出版社，1980），第327、330、336和339页。

9. 瑟特迈耶《当他成为我的敌人时》第189—190页。

10.《拉尔夫·瓦尔多·爱默生日记及札记集》第10卷第343—344页。

11. 蒙丘尔·康韦《爱默生在国内外》（波士顿：詹姆斯·奥斯古德出版社，1882）第283页；《亨利·大卫·梭罗书信集》（沃尔特·哈丁、卡尔·乔尔·波特编，纽约：纽约大学出版社，1958）第213页；《古利斯坦》笔记（霍顿图书馆b Ms Am 1280 H 108）第123、129和127页。另见理查德·布里奇曼的《独处的梭罗》（林肯：内布拉斯加大学出版社，1981）。

12. 梭罗《康科德河与梅里马克河上的一周》第354页。

第79章　瓦尔登山脉及凯特莱

1.《拉尔夫·瓦尔多·爱默生日记及札记集》第10卷第354和358页。

2.《拉尔夫·瓦尔多·爱默生日记及札记集》第11卷第29、36、56和132页；《拉尔夫·瓦尔多·爱默生日记及札记集》第11卷第358页。

3.《拉尔夫·瓦尔多·爱默生日记及札记集》第9卷第172页；《拉尔夫·瓦尔多·爱默生书信集》第4卷第110页。

4.《拉尔夫·瓦尔多·爱默生日记及札记集》第10卷第246页；《拉尔夫·瓦尔多·爱默生日记及札记集》第11卷第104页。

5.《拉尔夫·瓦尔多·爱默生日记及札记集》第11卷第103和108页。

6.《拉尔夫·瓦尔多·爱默生日记及札记集》第11卷第138页；《拉尔夫·瓦尔多·爱默生书信集》第4卷第145页；《拉尔夫·瓦尔多·爱默生日记及札记集》第11卷第117页。

7. 见戴蒙德对凯特勒的《论人及其能力之发展》（爱丁堡：威廉与罗伯特·钱伯斯出版社，1842）的学者摹写与复本出版社的版本介绍（佛罗里达州康斯韦利，1969）。

8. 凯特勒《论人及其能力之发展》（1969）第6、101、96和5页。

9.《拉尔夫·瓦尔多·爱默生日记及札记集》第11卷第67和91页；《拉尔夫·瓦尔多·爱默生日记及札记集》第13卷第340页；《拉尔夫·瓦尔多·爱默生日记及札记集》第10卷第105页。爱默生从相信自由到接受命运这一主题，权威的解释有斯蒂芬·惠切尔的《自由和命运：拉尔夫·瓦尔多·爱默生的内心世界》（费城：宾夕法尼亚大学出版社，1953）。

10.《拉尔夫·瓦尔多·爱默生日记及札记集》第11卷第85、161、147和160页。

第80章　塞里恩主义与黑格尔思想

1.《拉尔夫·瓦尔多·爱默生日记及札记集》第11卷第199、213和224—225页。

2.《拉尔夫·瓦尔多·爱默生日记及札记集》第11卷第192页。

3.《塞里恩主义》，霍顿图书馆 b Ms Am 1280. 214（123），第3—4页。

4.《塞里恩主义》，霍顿图书馆 b Ms Am 1280. 214（123），第4—5页。

5.《塞里恩主义》，霍顿图书馆 b Ms Am 1280. 214（123），第5和8页。

6.《塞里恩主义》，霍顿图书馆 b Ms Am 1280. 214（123），第8—9页。

7. 伊斯顿《黑格尔的第一批美国追随者：俄亥俄的黑格尔信徒》（雅典：俄亥俄大学出版社，1966）第44页。

8. 伊斯顿《黑格尔的第一批美国追随者：俄亥俄的黑格尔信徒》第33和310页；阿克顿“黑格尔主义”（《思想史词典》，韦纳编辑，纽约：斯克里布纳出版社，1973，第2卷第407—408页）。

9.《拉尔夫·瓦尔多·爱默生日记及札记集》第11卷第200页。

10.《拉尔夫·瓦尔多·爱默生日记及札记集》第11卷第199页；赫奇《德国散文作家》（1848）第452页。

11.《拉尔夫·瓦尔多·爱默生日记及札记集》第11卷第201页。

12.《拉尔夫·瓦尔多·爱默生日记及札记集》第11卷第210页。

13.《拉尔夫·瓦尔多·爱默生日记及札记集》第11卷第203页。

14.《拉尔夫·瓦尔多·爱默生日记及札记集》第11卷第221、240、202和221页；引自歌德的《温克尔曼》（《歌德作品集》，共55卷，斯图加特与蒂宾根，1828—1833年，第37卷第20页）。

15. 乔治·艾略特《米德尔马契》（波士顿：霍顿·密弗林出版社，1956）第195页。我引用的“我们知道自己制造什么”这个句式的灵感来自丹佛大学哲学教授杰里·苏伯尔；《拉尔夫·瓦尔多·爱默生日记及札记集》第11卷第161页。

第81章　西部

1. 沃尔特·惠特曼《早期诗歌和小说》(布拉谢尔编，纽约：纽约大学出版社，1963）第44和47页。

2. 路易斯·黑斯廷斯《爱默生在辛辛那提》(《新英格兰季刊》第11期，1938年春，第443—469页)。

3. 《拉尔夫·瓦尔多·爱默生书信集》第4卷第203页。

4. 《拉尔夫·瓦尔多·爱默生书信集》第4卷第204页。

5. 以法莲·斯奎尔及戴维斯《密西西比河谷的古代遗址》(华盛顿：《史密森对知识的贡献》，1948）第1卷；有关土城建造者的神话，参见罗伯特·西尔弗伯格的《古代美国的土城建造者：神话考古学》(纽约：图书学会，1968)。

6. 《拉尔夫·瓦尔多·爱默生书信集》第4卷第205页；《拉尔夫·瓦尔多·爱默生日记及札记集》第11卷第512页；对霍普韦尔文化与圆形石林文化之间的比较，参见伯尔的《史前之埃夫伯里》(纽黑文：耶鲁大学出版社，1979)。

7. 《拉尔夫·瓦尔多·爱默生书信集》第4卷第207和211—212页。

8. 《拉尔夫·瓦尔多·爱默生书信集》第4卷第213页。

9. 《拉尔夫·瓦尔多·爱默生书信集》第4卷第209页；《拉尔夫·瓦尔多·爱默生日记及札记集》第11卷第518页。

10. 《拉尔夫·瓦尔多·爱默生书信集》第4卷第210页。

11. 雷蒙·波斯特盖特《1848年的故事》(伦敦：乔纳森·凯普出版社，1955）第225和229页。

12. 《拉尔夫·瓦尔多·爱默生书信集》第4卷第216页。

13. 《拉尔夫·瓦尔多·爱默生书信集》第4卷第211页；《拉尔夫·瓦尔多·爱默生日记及札记集》第11卷第522和512页。

14. 《拉尔夫·瓦尔多·爱默生书信集》第4卷第528页。

第82章　玛格丽特之死

1. 《玛格丽特·富勒·奥索里回忆录》(爱默生、克拉克、钱宁编，波士顿：菲利普斯·桑普森出版社，1852）第2卷第337页。

2. 《玛格丽特·富勒·奥索里回忆录》第2卷第341—344页；关于玛格丽特·富勒1850年6月3日写给马库斯·斯普林的信，参见桑伯恩《康科德的女性》(《评论家》第48期，1906年，第254页)。

3.《玛格丽特·富勒·奥索里回忆录》第2卷第349页。

4.《拉尔夫·瓦尔多·爱默生日记及札记集》第11卷第256、257和258页。

5.《玛格丽特·富勒·奥索里回忆录》第2卷第258页。大家提出多种编辑该书的方案。最初，应该是由爱默生、沃德和钱宁集体进行编辑，但也有人提出只需一位编者即可，爱默生认为沃德是最好的人选。然而，沃德后来放弃了这项工作，该书最终由爱默生、克拉克、钱宁编辑出版。

6.该文题为《玛格丽特·富勒·奥索里》，收录在《拉尔夫·瓦尔多·爱默生日记及札记集》第11卷中；《拉尔夫·瓦尔多·爱默生日记及札记集》第11卷第474、477、488、494、495和415页。

7.可参见罗伯特·哈兹佩斯在《玛格丽特·富勒书信集》（伊萨卡：康奈尔大学出版社，1983）第1卷中对该书的介绍。

8.《拉尔夫·瓦尔多·爱默生日记及札记集》第11卷第471页；《拉尔夫·瓦尔多·爱默生书信集》第4卷第222页；《拉尔夫·瓦尔多·爱默生书信集》第8卷第257页；在《两个世界的评论》第16期（1838）上，爱默生读到了连载的乔治·桑的《斯匹里底翁》。

第83章　悲剧

1.《拉尔夫·瓦尔多·爱默生日记及札记集》第11卷第309页。

2.《拉尔夫·瓦尔多·爱默生日记及札记集》第11卷第291—292页。

3.《拉尔夫·瓦尔多·爱默生日记及札记集》第11卷第302和287页。

4.《拉尔夫·瓦尔多·爱默生日记及札记集》第11卷第322页。

5.弗劳德《信仰的因果》（共2卷，伦敦：约翰·查普曼，1849）第22—23和226—227页。

6.此处爱默生引自《克里斯托弗·哥伦布书信选》（梅杰译，伦敦，1847）一书；《拉尔夫·瓦尔多·爱默生日记及札记集》第11卷第290和315页。

7.《拉尔夫·瓦尔多·爱默生日记及札记集》第11卷第293页。

第84章　生活的准则

1.《拉尔夫·瓦尔多·爱默生书信集》第4卷第246页；《拉尔夫·瓦尔多·爱默生日记及札记集》第11卷第523页。

2.关于奥里森·斯威特·马登，见帕克《从内战至一战时期新英格兰的心灵疗法》（新罕布什尔州汉诺威：新英格兰大学出版社，1973）；在安德森的《伟大的自我》（纽约：诺夫出版社，1971）里，对爱默生作为物质主义的、剥削性的、粗鲁的个人主义的代言人这一主题，做过有力而且影响颇大的探讨。

3.《权力》，《拉尔夫·瓦尔多·爱默生全集》第6卷：《生活的准则》第56、62—63、71和74页。

4.《权力》，《拉尔夫·瓦尔多·爱默生全集》第6卷第73和62页。其他的一些果园意象见《拉尔夫·瓦尔多·爱默生全集》第6卷：《生活的准则》第104、115、149、203和214页。

5.《财富》，《拉尔夫·瓦尔多·爱默生全集》第6卷：《生活的准则》第99、89、97和101页。浸礼会牧师拉塞尔·康威尔的"钻石宝地"的演讲共发表了6000多次，共获得800万美元。

6.《财富》，《拉尔夫·瓦尔多·爱默生全集》第6卷第111—112、114和115页。

7.《财富》，《拉尔夫·瓦尔多·爱默生全集》第6卷第118、119和126页。

8.《文化》，《拉尔夫·瓦尔多·爱默生全集》第6卷第131、134、155和159页。

9.《崇拜》，《拉尔夫·瓦尔多·爱默生全集》第6卷第204、203和216页。

10.《崇拜》，《拉尔夫·瓦尔多·爱默生全集》第6卷第215、220、240和241页。

第85章　逃亡奴隶法案

1. 西伯特《马萨诸塞州的地下铁路》（《美国古籍学会公报》新丛刊第45期，1935年，第67—68页）。关于詹金斯（又名沙德拉赫·明金斯）在康科德逗留的详情，见爱默生的笔记原稿（现存康科德公共图书馆）里谈到的爱默生与比奇洛夫人的对话。

2. 在《沙德拉赫》这个章节中，爱默生使用了很多梅尔维尔似的讽喻。在为反对《逃亡奴隶法案》的演讲做准备时，爱默生坚持认为那些过时的正直似乎来自马萨诸塞州。他在《拉尔夫·瓦尔多·爱默生日记及札记集》第11卷第356页写到关于梅尔维尔的祖父时，说"老托马斯·梅尔维尔的时代已经过去了"。狄奥多尔·帕克《波士顿绑架案》（《狄奥多尔·帕克全集》，科比编辑，第5卷），以及《论奴隶制》（伦敦：特鲁伯纳出版公司，1863）第187页；西伯特《地下铁路》第38页。

3.《拉尔夫·瓦尔多·爱默生书信集》第8卷第273页。

4. 莱恩·古日翁《道义英雄爱默生：废奴运动和改革》（雅典：佐治亚大学

出版社，1990）第159—160页；《拉尔夫·瓦尔多·爱默生日记及札记集》第14卷第385页。

5.《逃亡奴隶法案》，《拉尔夫·瓦尔多·爱默生全集》第11卷：《杂辑》第181、183和201页。

6. 查恩伍德爵士《林肯》（纽约：霍尔特出版社，1917）第60页；《逃亡奴隶法案》，《拉尔夫·瓦尔多·爱默生全集》第11卷第190—192页。

7. 约翰·布罗德里克《爱默生与穆尔菲尔德·斯托里：重新发现的佚散书信》（《美国文学》第38期，1966年5月，第177—186页）。对霍姆斯和哈佛大学校长查尔斯·艾略特的曲解所造成的伤害，莱恩·古日翁有过透彻的分析，见其《道义英雄爱默生：废奴运动和改革》一书中《废奴运动与传记作家》和《结论》等章节（第342—343页）。古日翁的笔记亦有重要参考价值，尤见第394—397页；古日翁《道义英雄爱默生：废奴运动和改革》第1—23页；《拉尔夫·瓦尔多·爱默生日记及札记集》第14卷第421和423页；《拉尔夫·瓦尔多·爱默生日记及札记集》第11卷第412、352和363页。

8.《关于堪萨斯事件的演讲》，《拉尔夫·瓦尔多·爱默生全集》第11卷：《杂辑》第258和259页。

9. 贺拉斯·特劳贝尔《沃尔特·惠特曼在坎登》（费城：宾夕法尼亚大学出版社，1953）第293页；《在赈济约翰·布朗一家大会上的演讲》，《拉尔夫·瓦尔多·爱默生全集》第11卷：《杂辑》第268页；《解放奴隶宣言》，《拉尔夫·瓦尔多·爱默生全集》第11卷：《杂辑》第317页。

10.《拉尔夫·瓦尔多·爱默生日记及札记集》第11卷第406页。

第86章　自由之科学

1.《拉尔夫·瓦尔多·爱默生书信集》第4卷第252页。

2.《命运》，《拉尔夫·瓦尔多·爱默生全集》第6卷：《生活的准则》第5—7页。

3.《命运》，《拉尔夫·瓦尔多·爱默生全集》第6卷第8和19页。

4.《命运》，《拉尔夫·瓦尔多·爱默生全集》第6卷第22、23和28页。

5.《命运》，《拉尔夫·瓦尔多·爱默生全集》第6卷第29—30页。

6.《命运》，《拉尔夫·瓦尔多·爱默生全集》第6卷第31页。

7.《命运》，《拉尔夫·瓦尔多·爱默生全集》第6卷第31和35页；《拉尔夫·瓦尔多·爱默生日记及札记集》第11卷第452页。

8.《命运》，《拉尔夫·瓦尔多·爱默生全集》第6卷第43和48页。

9. 《逃亡奴隶法案》(同一题目的第二篇讲演稿，1854年作于纽约)，《拉尔夫·瓦尔多·爱默生全集》第11卷：《杂辑》第231—232页。

第87章 新朋旧友

1. 《拉尔夫·瓦尔多·爱默生书信集》第4卷第288—289页。

2. 小埃德温·爱默生《19世纪纪史》(纽约：科利尔出版社，1902) 第2卷第1108页；《致科苏特》，《拉尔夫·瓦尔多·爱默生全集》第11卷：《杂辑》第339页。

3. 《爱默生与卡莱尔书信集》第476页；《拉尔夫·瓦尔多·爱默生日记及札记集》第12卷第17、18和121页。

4. 卡尔·马克思《被迫迁徙》，最初发表于《纽约论坛报》(1853年3月22日)，后收录于卡尔·马克思与弗里德里希·恩格斯合著的《选集》(纽约：国际出版社，1979) 第11卷第528—534页。

5. 爱默生引用马克思的《被迫迁徙》一文，见《拉尔夫·瓦尔多·爱默生日记及札记集》第13卷第127页。该文对爱默生的震动很大，他还就此作了一首诗(见《拉尔夫·瓦尔多·爱默生全集》第9卷：《诗集》第357页)。关于爱默生与马克思，见路易丝·福伊尔《拉尔夫·瓦尔多·爱默生对卡尔·马克思的引用》(《新英格兰季刊》第33页，1960年9月，第378—379页)；《拉尔夫·瓦尔多·爱默生全集》第5卷：《英国人的特性》第158—159页。

6. 见肯尼思·卡梅伦《拉尔夫·瓦尔多·爱默生阅读过的著作》第27页。

7. 《拉尔夫·瓦尔多·爱默生日记及札记集》第11卷第447页；《拉尔夫·瓦尔多·爱默生日记及札记集》第13卷第66页。

8. 《拉尔夫·瓦尔多·爱默生日记及札记集》第13卷第61页；《拉尔夫·瓦尔多·爱默生书信集》第4卷第347页。

9. 《拉尔夫·瓦尔多·爱默生书信集》第8卷第282页。

10. 安斯沃思·斯波福德《理性和权威视角下的高等法律》(纽约：S.W.本尼狄克出版社，1851) 第21和27页；《拉尔夫·瓦尔多·爱默生书信集》第8卷第278页。

11. 《拉尔夫·瓦尔多·爱默生日记及札记集》第13卷第79页。

12. 约翰·阿尔比《回忆爱默生》(纽约：罗伯特·库克出版社，1901) 第8页。

13. 蒙丘尔·康韦《自传：回忆与经历》(共2卷，纽约：霍顿·密弗林出版社，1904)，第2卷第77页。

14. 霍雷肖·格里诺于1851年12月8日写给爱默生的信，霍顿图书馆 b Ms Am 1280（1275）；《拉尔夫·瓦尔多·爱默生书信集》第4卷第272页；贺拉斯·本德尔（霍雷肖·格里诺）《一个美国石匠的旅行、观察和体验》，纳撒尼尔·赖特编辑（纽约：普特南出版社，1852；重印于佛罗里达康斯韦利：学者摹写与复本出版社，1958）第37页。

15. 《拉尔夫·瓦尔多·爱默生书信集》第4卷第301页；《拉尔夫·瓦尔多·爱默生日记及札记集》第13卷第111页。

16. 《拉尔夫·瓦尔多·爱默生日记及札记集》第13卷第28页。

第88章　乡村漫步与大海

1. 《爱默生与卡莱尔书信集》第485页；《拉尔夫·瓦尔多·爱默生书信集》第8卷第369页；《拉尔夫·瓦尔多·爱默生书信集》第4卷第380和365页。

2. 《拉尔夫·瓦尔多·爱默生书信集》第8卷第375页。

3. 罗伯特·瑟特迈耶《1855年马萨诸塞州人口普查中的埃勒里·钱宁》，《梭罗研究通讯录》第2卷第8页；《拉尔夫·瓦尔多·爱默生日记及札记集》第13卷第177、59和61—62页；《拉尔夫·瓦尔多·爱默生书信集》第8卷第365页。

4. 威廉·爱默生于1853年8月22日写给拉尔夫·瓦尔多·爱默生的信（见沃蒂斯系列）；《拉尔夫·瓦尔多·爱默生日记及札记集》第13卷第41页。

5. 《拉尔夫·瓦尔多·爱默生书信集》第4卷第290—291页；《爱默生与卡莱尔书信集》第486页；《拉尔夫·瓦尔多·爱默生日记及札记集》第13卷第188、134和32页；爱德华·戴维斯的作品名称为《凯尔特研究》（伦敦，1804）；《拉尔夫·瓦尔多·爱默生日记及札记集》第13卷第180页。

6. 见《拉尔夫·瓦尔多·爱默生日记及札记集》第13卷第180页。

7. 见《拉尔夫·瓦尔多·爱默生日记及札记集》第13卷第180页。

第89章　《英国人的特性》

1. 《拉尔夫·瓦尔多·爱默生书信集》第4卷第398和401页；《爱默生与卡莱尔书信集》第498页。

2. 《拉尔夫·瓦尔多·爱默生日记及札记集》第13卷第284页；《诗歌与想象》，《拉尔夫·瓦尔多·爱默生全集》第8卷：《文学与社会目的》第11、27—28和34页。

3. 《法兰西或文雅》，霍顿图书馆 b Ms Am 1280. 202（6），第46、22、22

（1/2）（sic）页。这一演讲的部分内容又以《爱默生论法国与法国人》（纽约：美国的法国荣誉军团协会，1935）为题发表，作者为帕里什。

4.《拉尔夫・瓦尔多・爱默生日记及札记集》第13卷第333页。

5.《拉尔夫・瓦尔多・爱默生日记及札记集》第13卷第292、302和314页。

6. 库克《英国的美国》，1975年里德讲座（剑桥：剑桥大学出版社，1975）；《人种》，《拉尔夫・瓦尔多・爱默生全集》第5卷：《英国人的特性》第46、48—50页。

7.《能力》，《拉尔夫・瓦尔多・爱默生全集》第5卷第92、94和84页；《文学》，《拉尔夫・瓦尔多・爱默生全集》第5卷第233、241和242页；《性格》，《拉尔夫・瓦尔多・爱默生全集》第5卷第130页；《文学》，《拉尔夫・瓦尔多・爱默生全集》第5卷第244页；《人物》，《拉尔夫・瓦尔多・爱默生全集》第5卷第298页；《结果》，《拉尔夫・瓦尔多・爱默生全集》第5卷第308页。

8.《国土》，《拉尔夫・瓦尔多・爱默生全集》第5卷第37页；《人种》，《拉尔夫・瓦尔多・爱默生全集》第5卷第58和60页；《悬石坛》，《拉尔夫・瓦尔多・爱默生全集》第5卷第152页。

9.《悬石坛》，《拉尔夫・瓦尔多・爱默生全集》第5卷第152页。

10.《拉尔夫・瓦尔多・爱默生书信集》第4卷第457页；《拉尔夫・瓦尔多・爱默生书信集》第8卷第399页；《拉尔夫・瓦尔多・爱默生书信集》第4卷第460和466页。

第90章　声望

1. 关于爱默生的声望，详见罗伯特・伯克霍尔德和乔尔・迈尔森的《爱默生：参考书目题解》（宾夕法尼亚州匹兹堡：匹兹堡大学出版社，1985）；夏斯莱《英美文学与礼仪》（纽约：斯克里布纳出版社，1852）；见蔡辛《基内：爱默生的早期发现者》（《美国现代语言学协会会刊》第48期，1933年3月，第147—163页）、霍华德的《法国对爱默生的最早评价》（《新英格兰季刊》第10期，1937年9月，第447—463页）和利德基的《爱默生在英国和德国的最初印象（1835—1852）》（《笔记与检索》第22期，1975年3月，第106—108页）。

2. 威廉・索德《爱默生在英伦三岛与加拿大的影响》（夏洛茨维尔：弗吉尼亚大学出版社，1960）第3和45页；西尔弗曼《埃德加・艾伦・坡：沉痛而不朽的记忆》（纽约：哈普尔・科林斯出版社，1992）；罗伯特・伯克霍尔德和乔尔・迈尔森的《爱默生：参考书目题解》第71、100和101页。

3. 多伦多《每日领袖》报对这一事件的态度非常开明，认为演讲只是“一种维持生计的方式，因此演讲者理应受到和蒸汽犁发明者一样的保护”。《每日领袖》（多伦多，1860年1月28日，星期六）。此处援引自格雷格・盖滕比的文章。

4. 爱德华・瓦尔多・爱默生《爱默生在康科德》第162页；关于模仿《梵天》的诗文，见罗伯特・伯克霍尔德和乔尔・迈尔森的《爱默生：参考书目题解》及卡梅伦《爱默生〈梵天〉的接受度：模仿诗文及其释义》，《美国文艺复兴时期文学报告》（肯尼思・卡梅伦编，康涅狄格州哈特福德：超验主义图书社，1988）第2卷第165—190、197—233页。

5. 《声望》，《拉尔夫・瓦尔多・爱默生全集》第9卷：《诗集》第383页；《主要索引》，霍顿图书馆 b Ms Am 1280 H 106，第107页；《伟大》，《拉尔夫・瓦尔多・爱默生全集》第8卷：《文学与社会目的》第313页；《弥尔顿》，《拉尔夫・瓦尔多・爱默生全集》第12卷：《智力的自然史》第248页。

6. 《主要索引》第107页。

7. 索菲亚・皮博迪写给姐姐伊丽莎白・皮博迪的信，塞勒姆，1838，贝尔格女士；亨利・萨顿《爱的福音书》（伦敦：巴特利特出版社，1847）；蒙丘尔・康韦《爱默生的牧师生涯》（《公开法庭》第17期，1903年5月，第258页）；戴维斯《神使阿拉布拉》（波士顿：威廉・怀特出版社，1867）。亨利・阿格里帕就是亨利希斯・科尼利厄斯・阿格里帕・冯・内特尔希姆（1486？—1535），此人是一位基督教神秘主义者，是帕拉切尔苏斯的同龄人。

8. 《波士顿晚报》，1872年1月22日。

9. 《性格》，《拉尔夫・瓦尔多・爱默生全集》第3卷：《散文：第二辑》第89页。

第91章　惠特曼

1. 爱默生计划阅读的关于中国的书籍，参见《拉尔夫・瓦尔多・爱默生日记及札记集》第13卷第339页。爱默生读过乔治・特纳的《玛赫万苏，附介绍巴利佛教文学论文》（锡兰：科塔教会传教出版社，1837）；还读过巴托尔德・尼布尔的《生平及信函》（伦敦，1852）、《论罗马史的演讲》（伦敦，1849）及《论古代人种论的演讲》（波士顿，1854）。另外，他还读过威尔逊编的《梨俱吠陀——古印度赞美诗集》第4卷（伦敦，1850—1866）和夏洛特・盖斯特翻译的威尔士古典《马比诺吉昂：源自赫格斯特红书》三卷本译著（伦敦，1849）。见《拉尔夫・瓦尔多・爱默生日记及札记集》第13卷第485页。

2. 1862年桑伯恩与爱默生家人的这次通信，由乔治・古兹匹德私人收藏。我很荣幸地获准读到了该信。

3.《拉尔夫·瓦尔多·爱默生书信集》第4卷第493、497和504—505页。

4.《拉尔夫·瓦尔多·爱默生书信集》第8卷第442、445—446页。《拉尔夫·瓦尔多·爱默生书信集》第4卷第520—521页中评论爱默生与惠特曼之间关系的文字已过时，可见贾斯廷·卡普兰的《沃尔特·惠特曼》（纽约：西蒙与舒斯特出版社，1980）及洛文的《爱默生及惠特曼与美国诗才》（查珀尔希尔：北卡罗来纳大学出版社，1982）。

5. 关于惠特曼对特罗布里奇的评价，见沃尔特·惠特曼《日记与笔记》（共2卷，纽约：纽约大学出版社，1978）第2卷第409页。惠特曼引用的爱默生的信，见《拉尔夫·瓦尔多·爱默生书信集》第8卷第458页。

6. 沃尔特·惠特曼《通讯录》（米勒编，纽约：纽约大学出版社，1961）第1卷第65页。

7. 沃尔特·惠特曼《爱默生的作品及其影响》（《散文集》，1892）；《选集及其他》（斯托瓦尔编，纽约：纽约大学出版社，1964）第767—768页。贺拉斯·特劳贝尔《与惠特曼在卡姆登》第3卷（1888年11月1日至1889年1月28日，重印于纽约：罗曼与利特菲尔德出版社，1961）第439页。

8. 贺拉斯·特劳贝尔《与惠特曼在卡姆登》第1卷（1888年3月28日至7月14日，重印于纽约：罗曼与利特菲尔德出版社，1961）第23和285页。

9. 贺拉斯·特劳贝尔《与惠特曼在卡姆登》第1卷第256和397页，第2卷（1888年7月16日至10月31日）第2页，第3卷第52、353、318和354页，第4卷（1889年1月21日至4月7日）第289页。

10. 贺拉斯·特劳贝尔《与惠特曼在卡姆登》第4卷第413页。

11. 贺拉斯·特劳贝尔《与惠特曼在卡姆登》第4卷第167页，第5卷（1889年4月8日至9月14日）第119页。

12. 贺拉斯·特劳贝尔《与惠特曼在卡姆登》第1卷第466页。

第92章 亡羊补牢

1. 见伊丽莎白·卡迪、苏珊·安东尼和马蒂尔达·盖奇三人合编的《女权运动史》中关于在波士顿召开的第二届新英格兰妇女权利大会的详述（《女权运动史》，纽约：福勒与韦尔斯出版社，1881）第1卷，以及鲍琳娜·戴维斯编的《1850年至1970年国家女权运动史》（纽约：旅游出版合作协会，1871；重印于纽约：克劳斯出版社，未署日期）。关于露西·斯通，见埃莉诺·海斯的《晨星：露西·斯通传》（纽约：哈考特和布雷斯出版社，1961）。露西·斯通的丈夫亨利·布莱克威尔居住在辛辛那提。他在该地帮爱默生整理讲稿，并为其提供食宿。帕克在其《关于女性在公共事务中的作用的布道演讲》(1835年3月27日)里表达了对安托瓦内特·布朗的支持，见《狄奥多尔·帕克作品选集》(科布编，伦敦：特鲁伯纳出版社，1864)第8卷：《杂辑》。

2.《女性》,《拉尔夫·瓦尔多·爱默生全集》第11卷：《杂辑》第419页。

3.西奥多·帕克《关于女性在公共事务中的作用的布道演讲》第88页；玛格丽特·富勒《伟大的诉讼》(《日晷》第4期，1843年7月，第23页)；吉尔·康韦《18—19世纪美国女性的经历》(普林斯顿：普林斯顿大学出版社，1982)第207页；玛格丽特·富勒《19世纪的女性》(波士顿，1855；重印于纽约：诺顿出版社，1971)第36页。

4.《女性》,《拉尔夫·瓦尔多·爱默生全集》第11卷第425页。

5.《女性》,《拉尔夫·瓦尔多·爱默生全集》第11卷第423—424页。见克里斯蒂娜·兹瓦格美文《女性读者眼中的爱默生〈远景〉：非主流的女性批评诗章》(《社会教科书》第18期，1987—1988冬季刊，第129—144页)；《艾伦·塔克·爱默生书信集》(伊迪丝·克雷格编，共2卷，俄亥俄州肯特：肯特州立大学出版社，1982)第1卷第621页。

6.《缺席的演讲》，霍顿图书馆b Ms Am 1280. 202(13)，第12、16和21页。

第93章　思想的力量与恐怖

1.《关于堪萨斯事件的演讲》,《拉尔夫·瓦尔多·爱默生全集》第11卷：《杂辑》第259和261—262页。

2.《威廉斯敦学院阿德尔菲联合会致辞》，霍顿图书馆b Ms Am 1280. 202(8)，部分内容收录在詹姆斯·埃利奥特·卡伯特的《拉尔夫·瓦尔多·爱默生回忆录》中(第2卷第757—759页)。

3.《思想的力量与恐怖》，霍顿图书馆b Ms Am 1280. 203(11)，第3页。

4.《泰勒神父》(爱德华·瓦尔多·爱默生编，《大西洋月刊》，1905年，第177—181页)，未曾重印。

5.《美》,《拉尔夫·瓦尔多·爱默生全集》第6卷：《生活的准则》第290和294页；卡津《不加虚饰的光色与生硬表示》(《大西洋月刊》，1957年7月，第74页)。

6.《幻想》,《拉尔夫·瓦尔多·爱默生全集》第6卷：《生活的准则》第311—312和319—320页；威廉·詹姆斯《多维世界》,《威廉·詹姆斯作品集1902—1910》(纽约：美国图书馆，第670页)。

7.《幻想》,《拉尔夫·瓦尔多·爱默生全集》第6卷第311、324—325页。

8. 《幻想》，《拉尔夫·瓦尔多·爱默生全集》第6卷第325页。

9. 威廉·詹姆斯《不同的宗教体验》（《作品集，1902—1910》第357页）。

10. 《不朽》，《拉尔夫·瓦尔多·爱默生全集》第8卷：《文学与社会目的》第325页。该文部分内容最初是为沉睡谷公墓而作。详见《致沉睡谷公墓》，《拉尔夫·瓦尔多·爱默生全集》第11卷：《杂辑》第429—430页。

11. 《致沉睡谷公墓》，《拉尔夫·瓦尔多·爱默生全集》第11卷第433页。

12. 《拉尔夫·瓦尔多·爱默生书信集》第4卷第538页；《梵天》，《拉尔夫·瓦尔多·爱默生全集》第9卷：《诗集》第195页，初稿收录在《拉尔夫·瓦尔多·爱默生日记及札记集》第14卷第100—103页，其他稿本见《拉尔夫·瓦尔多·爱默生主题笔记》第2卷第96和104页。

13. 《致沉睡谷公墓》，《拉尔夫·瓦尔多·爱默生全集》第9卷第430页。

14. 普拉特《美国大森林》（纽约：普林提斯-霍尔出版社，1965）第8页；《莉迪安·爱默生的生活》第90页。

第94章 记忆

1. 《拉尔夫·瓦尔多·爱默生书信集》第4卷第439页；《TO笔记本》，1855，霍顿图书馆 b Ms Am 1280 H 87，第226页。

2. 《记忆》，《拉尔夫·瓦尔多·爱默生全集》第12卷：《智力的自然史》第90—100页；《拉尔夫·瓦尔多·爱默生日记及札记集》第13卷第359页。《塞缪尔·佩皮斯日记》（莱瑟姆和马修斯编，伯克莱与洛杉矶：加利福尼亚大学出版社，1970）第2卷1661年1月22日条目。关于理查德·格雷，见《拉尔夫·瓦尔多·爱默生日记及札记集》第14卷第224—225页。其他有关论记忆的文字，见《拉尔夫·瓦尔多·爱默生日记及札记集》第5卷第29页，《拉尔夫·瓦尔多·爱默生日记及札记集》第11卷第27、28和229页。弗朗切斯·耶茨《记忆的技巧》（芝加哥：芝加哥大学出版社，1966）。

3. 理查德·格雷《记忆的技巧》（新版，都柏林，1796）第6页。

4. 《拉尔夫·瓦尔多·爱默生日记及札记集》第14卷第225页；《记忆》，《拉尔夫·瓦尔多·爱默生全集》第12卷第110和104页。

5. 《日子》，《拉尔夫·瓦尔多·爱默生全集》第9卷：《诗集》第228页。

6. 《拉尔夫·瓦尔多·爱默生日记及札记集》第14卷第248页。

7. 关于这两位爱默生，见卡彭特《爱默生手册》（纽约：亨德里克斯书局，1953）第1—3页，以及卡津《不加虚饰的光色与生硬表示》（《大西洋月刊》，1957年7月，第75页）。

8. 拉尔夫·腊斯克《拉尔夫·瓦尔多·爱默生的一生》第402页。

9. 《拉尔夫·瓦尔多·爱默生书信集》第5卷第195页；《诗歌与想象》，《拉尔夫·瓦尔多·爱默生全集》第8卷：《文学与社会目的》第7页及旁注；查尔斯·达尔文《物种起源》（巴罗编，1859；重印于伦敦：企鹅出版集团，1968）第443页。

10. 达尔文《物种起源》第455页。

第95章　美国内战及梭罗之死

1. 《老年》，《拉尔夫·瓦尔多·爱默生全集》第7卷：《社交与独居》第323页。

2. 《老年》，《拉尔夫·瓦尔多·爱默生全集》第7卷第318和445页。

3. 《艾米莉·狄金森书信集》（梅布尔·托德编，纽约：格罗斯特与邓拉普，1951）第202页；蒙丘尔·康韦《自传：回忆与经历》（共2卷，波士顿：霍顿·密弗林出版社，1904）第1卷第345页。

4. 《爱默生眼中的梭罗：来自原稿的新发现》，迈尔森编，《美国文艺复兴时期研究》，1979，第37、39和40—41页。迈尔森的这篇文章可与《拉尔夫·瓦尔多·爱默生全集》第10卷中《演讲与传记速写》一文相媲美。

5. 《爱默生眼中的梭罗》第43页。

6. 《爱默生眼中的梭罗》第43—44和46页。

7. 《爱默生眼中的梭罗》第46和53—55页。随着最近发表的《种子的散播》《种子的信念》（迪安编，华盛顿特区：岛出版社，1993）等作品的问世，梭罗后期的作品开始被澄清。

8. 参见第91章注释2。

9. 《解放奴隶宣言》，《拉尔夫·瓦尔多·爱默生全集》第11卷：《杂辑》第319页。

10. 《莉迪安·爱默生的生活》第142页。

第96章　终结

1. 《波士顿赞歌》，《拉尔夫·瓦尔多·爱默生全集》第9卷：《诗集》第201—204页。关于1月1日在波士顿音乐厅的集会，见约翰·麦克阿利尔的《拉尔夫·瓦尔多·爱默生：邂逅的日子》（波士顿：利特尔和布朗出版社，1984）第573—574页。

2.《拉尔夫·瓦尔多·爱默生书信集》第5卷第326页。

3.《拉尔夫·瓦尔多·爱默生书信集》第5卷第344页。

4.《拉尔夫·瓦尔多·爱默生日记》(爱德华·瓦尔多·爱默生、威廉·福布斯编，共10卷，波士顿：霍顿·米夫林出版公司，1909—1914）第10卷第39—40页。

5. 艾伦·爱默生《回忆父亲》，霍顿图书馆 b Ms Am 1280-277，第46页；《拉尔夫·瓦尔多·爱默生书信集》第5卷第412页。

6.《亚伯拉罕·林肯》,《拉尔夫·瓦尔多·爱默生全集》第11卷:《杂辑》第329页。

7.《拉尔夫·瓦尔多·爱默生书信集》第5卷第459页。

8.《拉尔夫·瓦尔多·爱默生全集》第9卷:《诗集》第489—490页。

9.《拉尔夫·瓦尔多·爱默生诗歌笔记》第222—227、931—932页；奥登《激昂的洪水》(1950；重印于纽约：克诺普夫出版社，1967）第12页；卡赞扎基斯《关于格列柯的报告》(纽约：西蒙与舒斯特出版社，1965）第473页；《拉尔夫·瓦尔多·爱默生日记及札记集》第5卷第445页；《终结》,《拉尔夫·瓦尔多·爱默生全集》第9卷:《诗集》第252页。

第97章 《五朔节及其他》

1.《拉尔夫·瓦尔多·爱默生书信集》第5卷第492—494页。关于同时期对苏人桑蒂部的观点见《印第安事务官员的报告》(1866）第235页和《印第安事务官员的报告》(1868）第264页。

2. 斯特林《黑格尔的秘密》(共2卷，伦敦：朗曼斯与格林出版社，1865）第1卷第126页；《拉尔夫·瓦尔多·爱默生书信集》第5卷第514页；见波奇曼《新英格兰超验主义与圣路易斯的黑格尔派》(费城：卡尔·舒尔茨基金会，1948)。

3.《五朔节及其他》(波士顿：蒂克纳-菲尔兹出版社，1867）第38页。

4.《五朔节及其他》第167、188、25和203页。《尼梅托拉之歌》的早期版本，见《拉尔夫·瓦尔多·爱默生主题笔记》第2卷第57—60页。

5.《拉尔夫·瓦尔多·爱默生书信集》第5卷第496和531页；《拉尔夫·瓦尔多·爱默生日记及札记集》第16卷第80页,《在组建宗教信仰自由协会集会上的讲话》(波士顿，1867年5月30日,《拉尔夫·瓦尔多·爱默生全集》第11卷:《杂辑》第478页)；《在第二届宗教信仰自由协会年会上的演讲》(《拉尔夫·瓦尔多·爱默生全集》第11卷:《杂辑》第485页)。

6. 安妮·亚当斯·菲尔兹《作者与朋友》(波士顿，1897）第94页。

7. 《莉迪安·爱默生的生活》第173和182页。

8. 莉迪安·爱默生《梦中的诗》，霍顿图书馆 bMs Am 1280. 220（13）。

9. 《拉尔夫·瓦尔多·爱默生诗歌笔记》第504和783页。

第98章　哈佛、加利福尼亚及火灾

1. 1868年9月4日威廉·爱默生写给拉尔夫·瓦尔多·爱默生的信；《拉尔夫·瓦尔多·爱默生书信集》第6卷第33页。

2. 《玛丽·穆迪·爱默生》，《拉尔夫·瓦尔多·爱默生全集》第10卷：《演讲与传记速写》第399、402—403、432—433页。

3. 《知识颂》介绍篇，霍顿图书馆 b Ms Am 1280. 212（2），未注页数；《拉尔夫·瓦尔多·爱默生日记及札记集》第16卷第165页。

4. 《拉尔夫·瓦尔多·爱默生日记及札记集》第16卷第205页。

5. 查尔斯·哈斯金斯《艺术与科学研究生院》（《自艾略特校长宣誓上任以来哈佛大学之发展》，莫里森编，剑桥：哈佛大学出版社，1930，第451—462页），以及莫里森《哈佛三百年》（剑桥：哈佛大学出版社，1936）第333—334页。

6. 詹姆斯·埃利奥特·卡伯特《拉尔夫·瓦尔多·爱默生回忆录》第2卷第633页。

7. 《物理的超越》，霍顿图书馆b Ms Am 1280. 212（3），第25页。

8. 《哈佛课程介绍》（1871年），霍顿图书馆 b Ms Am 1280. 212（1），第21页。

9. 《论人的哲学》第1讲，霍顿图书馆 b Ms Am 1280. 209（1），第4和18页；《论人的哲学》第1讲，第3活页夹，霍顿图书馆bMs Am 1280. 209（3），第20页；《论人的哲学》第12活页夹，霍顿图书馆b Ms Am 1280. 209（3），第12和14页；《论人的哲学》第13活页夹，霍顿图书馆 b Ms Am 1280. 209（13），第19页。

10. 《艾伦·塔克·爱默生书信集》（伊迪丝·克雷格编，共2卷，俄亥俄州肯特：肯特州立大学出版社，1982）第1卷第552页。

11. 詹姆斯·埃利奥特·卡伯特《拉尔夫·瓦尔多·爱默生回忆录》第2卷第648页；《拉尔夫·瓦尔多·爱默生日记及札记集》第16卷第237—238页。

12. 约翰·缪尔《我们的国家公园》（波士顿：霍顿·密弗林出版社，1901）第135页。

13. 约翰·拉斯金《两条道路》（纽约：梅纳尔·梅里尔出版社，1893）第19

和16页；《拉尔夫·瓦尔多·爱默生书信集》第6卷第239页。根据艾伦的书信推断，关于每次用餐都赞美拉斯金的评论并没有出现在《艾伦·塔克·爱默生书信集》里。

14.《艾伦·塔克·爱默生书信集》第1卷第677—682页。

第99章 菲莱岛与《诗集》

1.《艾伦·塔克·爱默生书信集》第1卷第688页；《论埃及》，霍顿图书馆bMs Am 1280. 214（221）；《拉尔夫·瓦尔多·爱默生日记及札记集》第16卷第285、290和286页。

2. 彼得·克莱顿《古埃及再发现：19世纪的艺术家和旅行家》（伦敦：托马斯与哈德孙出版社，1982）第150页。

3.《拉尔夫·瓦尔多·爱默生日记及札记集》第16卷第292页。

4. 詹姆斯·埃利奥特·卡伯特《拉尔夫·瓦尔多·爱默生回忆录》第2卷第652页；《TO笔记本》，霍顿图书馆 b Ms Am 1280 H 87；《拉尔夫·瓦尔多·爱默生日记及札记集》第16卷第145页；麦克斯·缪勒于1880年4月19日写给爱默生的信，收录于《弗雷德里赫·麦克斯·缪勒阁下的生平与信件》（纽约：朗曼斯与格林出版社，1902）；《爱德华·瓦尔多·爱默生的论文、演讲与诗歌》（私人印刷，1930）第280页。

5. 珍·英格洛《森德兰阁下的毁灭》（《诗集》，爱默生编，波士顿：霍顿·密弗林出版社，1874年，第320—321页）。关于《诗集》，见鲍斯高《“面向读者世界之诗”与“吟唱诗人自身之诗”：论爱默生〈诗集〉中的理论及文本的同一性》（《美国文艺复兴时期研究》，1989年，第257—312页）。

6. 引自约瑟夫·斯莱特在《爱默生与卡莱尔书信集》中的介绍篇（第61页）。

7.《爱默生与卡莱尔书信集》第62—63页。

第100章 地核之火

1.《拉尔夫·瓦尔多·爱默生日记及札记集》第8卷第251和329页。

2.《艾伦·塔克·爱默生书信集》第2卷第672—674页。

译后记

拉尔夫·瓦尔多·爱默生（1803—1882）出身牧师家庭。他14岁进入哈佛大学，26岁开始担任波士顿第二教堂的牧师，30岁开始以演说家和作家的身份崭露头角。他的主要作品包括《自然》（1836）、《散文集》（第1辑，1841；第2辑，1844）、《诗集》（1847）、《代表人物》（1850）、《英国人的特性》（1857）、《生活的准则》（1860）、《五朔节及其他》（1867）、《社会与孤独》（1870）和《文学与社会目的》（1875）等。他发表的公开演讲有1500篇之多。此外，他还留下了数量惊人的笔记和书信，为后人了解和研究爱默生的生活和成长历程及美国的社会与文化等提供了珍贵的一手资料。

爱默生集思想家、文学家和诗人于一身，他是确立美国文化精神的代表人物，是新英格兰超验主义最杰出的代言人。他主张建立独立的民族文化与文学；他反对任何定论，宣扬新大陆的精神独立；他要求美国哲人做独立的思考者，而不是思想的追随者。爱默生一度成为美国公众生活中不可或缺的人物，曾被美国前总统林肯称为“美国的孔子”及“美国文明之父”；其代表作《自然》被认为是新英格兰超验主义的《圣经》，而《美国学者》被誉为“美国思想文化领域的独立宣言”。

本书是罗伯特·D. 理查德森继《梭罗传：瓦尔登湖畔的心灵人生》（1986）之后的又一部传记力作。作者在书中旁征博引，所涉及的历史跨度两千多年，提及的人物近千位，涵盖了历史、文学、宗教及哲学等领域，全方位地为读者展示了一个鲜活而真切的爱默生。但这同样也给作品的翻译带来了极大的挑战。由于译者水平有限，专业知识欠缺，尽管在翻译中努力查找和参考相关知识，但难免有错误和不足之处，恳请专家、学者及广大读者批评指正。

翻译过程虽然艰难，且时常感到心力交瘁，但同时也得到了很多热情的帮助和支持。正是由于这些帮助和支持，才让我最终完成了这项艰巨的任务。非常感谢资深翻译家李尧教授把我推荐给浙江文艺出版社，并在翻译过程中给予我父亲与师长般无私的关怀和指导。深深感谢北京第二外国语学院包彩霞副教授在翻译策略和过程方面对我的指导和帮助。本书在翻译过程中还得到了我的单位内蒙古师范大学外国语学院的领导和老师们的支持和帮助，特别是姜鸿玉老师无私地帮我通读译稿并提出很多宝贵意见，在此深表谢意。

感谢浙江文艺出版社给我这个难得的出版机会。特别感谢柳明晔副总编辑给予我的关怀、理解和支持，让我能够最终完成译稿。

陈建刚

内蒙古师范大学